सूर्य प्रणाम

बिमल दे

जन्म सन् 1940, कोलकाता में। बचपन से बंधनमुक्त होकर घर से भागकर बहुत बार हिमालय का चक्कर लगाया। 1956 में जब तिब्बत का दरवाजा विदेशियों के लिये लगभग बंद हो चुका था, एक नेपाली तीर्थयात्री दल में शरीक होकर तमाम अड़चनों से जूझता हुआ बिमल ल्हासा से कैलास तक की यात्रा कर आया।

बिमल 1967 में साइकिल पर विश्व-भ्रमण के लिए निकला। एक पुरानी साइकिल, जेब में कुल अठारह रूपये, मन में अदम्य उत्साह और साहस, यही उसकी पूँजी थी। रास्ते में छिटपुट काम कर रोटी का जुगाड़ करता, फिर आगे बढ़ता। इस तरह पाँच साल तक दुनिया की सैर करने के बाद वह 1972 में भारत लौटा। इन यात्राओं का विवरण 'दूर का प्यासा' नामक ग्रंथ में उसने 7 खण्डों में लिखा। बिमल सन् 1972 से 1980 तक मुख्यतः पर्वतारोही पर्यटक के रूप में विश्व के पर्वतीय स्थलों की यात्रा करता रहा। 1981 से 1998 के बीच उसने तीन बार उत्तरी ध्रुव और दो बार दक्षिणी ध्रुव की यात्रा की। उसका अन्य ग्रंथ हैं **महातीर्थ के अन्तिम यात्री**।

फ्रांस की संस्थाओं ने तथा वाशिंगटन के नेशनल ज्योग्राफिक सोसाइटी ने बिमल को कई बार सम्मानित किया है। बिमल अमेरिकी पोलर सोसाइटी का आजीवन सदस्य है तथा ब्रितानवी पोलर सोसाइटी का परामर्शदाता भी। अपने ढंग का अनूठा पर्यटक और दार्शनिक होने के साथ ही बिमल एक मानव प्रेमी है और वह निरंतर जनहितकर कार्यों में जुटा रहता है।

आवरण : लोकभारती स्टूडियो

भू-पर्यटक बिमल दे

सूर्य प्रणाम

अनुवाद : दिलीप कुमार बनर्जी

लोकभारती पेपरबैक्स

पहला पेपरबैक संस्करण : 2012
दूसरा पेपरबैक संस्करण : 2014

लोकभारती पेपरबैक्स : उत्कृष्ट साहित्य के लोकप्रिय संस्करण

लोकभारती प्रकाशन
पहली मंजिल, दरबारी बिल्डिंग, महात्मा गाँधी मार्ग,
इलाहाबाद-211 001

वेबसाइट : www.lokbhartiprakashan.com
ईमेल : info@lokbhartiprakashan.com

शाखाएँ : 1-बी, नेताजी सुभाष मार्ग, दरियागंज, नई दिल्ली-110 002
अशोक राजपथ, साइंस कॉलेज के सामने, पटना-800 006 (बिहार)
36-ए, शेक्सपियर सरणी, कोलकाता-700 017

इण्डियन प्रेस प्रा.लिमिटेड
इलाहाबाद-211002
द्वारा मुद्रित

मूल्य : ₹ 175

SURYA PRANAM
Translated by Dilip Kumar Benerji

ISBN : 978-81-8031-737-8

भूमिका

मेरे दूसरे ग्रंथों की तरह 'सूर्य प्रणाम' ग्रंथ का स्थान-काल पात्र तथा घटनाएं सभी वास्तविक हैं। मैं पर्यटक हूँ, वास्तविक घटनाओं का उल्लेख करना ही मेरा धर्म है। यथार्थ के वर्णन में अक्सर एकरसता आ जाती है। मैंने अपनी हर पुस्तक में इस बात को स्वीकार किया है कि मैं कोई लेखक नहीं हूँ, भाषा के अलंकारों से जो लोग वास्तव और सत्य को परे धकेलकर एक मिथ्या जगत में अपने पाठक को कल्पना के सहारे ले जाते हैं मैं उनमें नहीं हूँ। मैं एक पथिक हूँ, अपनी यात्राओं के दौरान जो भी मैं देखता हूँ, मुझे जो अनुभव होता है, उसी को मैं अपने पाठकों तक पहुँचाने का प्रयत्न करता हूँ।

मैंने अपनी यात्राओं के दौरान बहुत से मंदिर, मठ और पूजास्थल देखे हैं, बहुत से तीर्थों में जाकर शीश नवाया है। हिमालय के बहुतेरे तीर्थस्थलों में मैंने देव-स्पर्श पाया, ऐसा और कभी कहीं भी देख पाऊंगा मुझे इसकी उम्मीद नहीं थी। सोचा था कि हिमालय की पुण्यभूमि में ही पुण्यात्माओं का आविर्भाव संभव है। एंडीज़ की यात्रा के बाद मेरी वह सोच बदल गयी, वहाँ मुझे आइयापाप्पा नामक एक अद्‌भुत महापुरुष का दर्शन मिला, मेरा भ्रमण सार्थक और परिपूर्ण हो गया। यह बात मेरी समझ में आ गयी कि धरती पर कहीं भी महापुरुषों का आविर्भाव संभव है। एंडीज़ की यात्रा ने मुझे तपस्या की अंतिम सोपान पर पहुँच दिया था। वहाँ मेरे मन में जो परिवर्तन आया था और मुझे जो अनुभव हुआ था उसे मैं परिपूर्णता का अहसास कहूँगा जब लगता है कि जीवन धन्य हो गया है, अब आगे कुछ नहीं है। मैंने कभी सोचा भी नहीं था कि दुनिया में मुझे कभी ऐसे अनुभव भी होंगे, मुझे नहीं मालूम ये अनुभव किस तपस्या के बल पर मुझे प्राप्त हुए।

एंडीज़ तथा मध्य व दक्षिणी अमरीका की प्राचीन सभ्यता में ज्यों सूर्य को मूल देवता का स्थान प्राप्त था त्यों ही जापान का मूल देवता भी सूर्य है। जापान के सम्राट को अब भी सूर्य का प्रतिनिधि मानते हैं, जापानी पताका का प्रतीक चिह्न भी सूर्य है। सूर्य का प्रभाव जापानियों के चरित्र में भी दिखायी देता है। सूर्य शक्ति और ओज का प्रतीक है। जापानियों के राष्ट्रीय चरित्र में कर्म का स्थान सर्वोपरि है, वे अत्यंत कर्मठ

हैं, कर्मठता में वे सर्वश्रेष्ठ हैं। यह कहना अतिशयोक्ति नहीं होगी कि वे सभी कर्मयोगी हैं। एक छोटा सा देश, जिसके पास प्राकृतिक सम्पदा कुछ खास नहीं, अपने उद्यम और परिश्रम से उत्पादन क्षमता को जिस ऊँचाई पर ले गया है, वह चौंकाने वाली है। यूनाइटेड स्टेट्स जैसे धनी देश के पास भी ऐसी कर्मक्षमता नहीं, रूस जैसे बड़े देश को भी जापान से ऋण लेना पड़ता है।

जापान मैं बहुत कम समय के लिए गया था और भारतीय होने के नाते वे मुझे बुद्ध के प्रति अधिक निष्ठावान समझकर विभिन्न बौद्ध-मंदिरों का दर्शन कराते रहे तथा जेन धर्म के विषय में बताते रहे। मुझे खेद है कि मैं जापान के आदि तथा वर्तमान धर्म शिन्तों धर्म पर अधिक तथ्य नहीं बटोर सका।

शिन्तो धर्मावलम्बी प्रकृति के पुजारी हैं। प्रकृति के हर रहस्यमय प्रकाश को वे भगवान का प्रकाश मानते हैं। झरना, नदी, पहाड़, जंगल से लेकर छोटे झाड़-झंखार, पत्थर, बालू आदि हर प्राकृतिक चीजों को प्रकृति का प्रतीक मानकर पूजते हैं। अतः यह कहना उचित होगा कि शिन्तो धर्म प्राकृतिक धर्म है, सृष्टिकर्ता की हर सृष्टि को भक्तिभाव से श्रद्धा दिखाना ही शिन्तो धर्म की मूल शिक्षा है।

सूर्य प्रणाम ग्रंथ सूर्य-देवता के प्रति मेरा अर्घ है। सूर्य को देवता मानने वाले जापान और एंडीज़ में मैंने जो कुछ देखा, सुना और जाना, उसी अनुभव को मैं इस लेखन के जरिये अपने पाठकों तक पहुँचा रहा हूँ।

आल्पस्, फ्रांस **बिमल दे**
जनवरी 1995

अनुक्रम

खंड-1

जापान

टोकियो

पेरिस से टोकियो हवाई यात्रा में बीस घंटे लगते हैं। खाते-पीते सोते-जागते अखबार और किताब पलटते तथा स्क्रीन पर फ़िल्म देखते हुए मैंने यह वक्त गुजार दिया था जब प्रशांत महासागर लांघते हुए घोषणा की गयी कि और दस मिनट में हम टोकियो पहुँचने वाले हैं। जब प्लेन धीरे-धीरे नीचे उतरने लगा तब मुझे थाली के आकार का ढलता सूरज दिखाई दिया जो सूर्योदय के समय के सूर्य जैसा ही लाल था। यह लाल सूरज जापानी राष्ट्रध्वज में शोभित था, यह लाल सूरज उस देश और जाति की उन्नति का प्रतीक था। कुछ ही समय बाद बोइंग सात-सौ-सात जेट विमान टोकियो के नए अन्तर्राष्ट्रीय हवाई अड्डे पर, जिसका नाम नारिता है, उतर गया। टोकियो को स्थानीय जापानी तोकियो कहते हैं। अंग्रेज़ी में 'त' के स्थान पर 'टी' लिखा जाता है, इसीसे तेकियो टोकियो बन गया।

एयरपोर्ट में कस्टमस् की लाइन लम्बी थी किन्तु मुझे अधिक समय नहीं लगा क्योंकि मेरे पास डिक्लेयर करने लायक कुछ नहीं था- न सिगरेट, न मदिरा, न कोई कीमती सामान।

एयरपोर्ट बहुत ही साफ-सुथरा था, बिजली की व्यवस्था भी अच्छी थी। एयरपोर्ट में पर्यटकों को हर प्रकार की सूचना देने की व्यवस्था थी, ट्रेन-बस-होटल तथा कहीं भी जाना हो तो उसकी आवश्यक सूचना यहीं मिल जाती।

एयरपोर्ट से एक होटल में कमरा बुक कराने के बाद मैं वहाँ से बस से रवाना हुआ। बस एकदम नयी थी, लगता था उसे आज ही सड़क पर उतारा गया है। बस में सवार होते ही एक टेप से कुछ जापानी शब्द सुनाई दिए, बाद में अंग्रेज़ी में 'वेलकम' तथा फ्रांसिसी में 'बियाँ भ्यनु' सुनकर समझा कि जापानी भाषा में भी हमें स्वागत कहा गया था। शहर पहुँचने में लगभग डेढ़ घंटे लगे। बस ड्राइवर मुझे होटल के सामने उतारकर चला गया।

होटल की रिसेप्शनिस्ट युवती ने स्वागतम् कहने की औपचारिकता निभाने के बाद मुझसे बुकिंग का कागज लेकर अपने कम्प्यूटर पर जाँचा, फिर मुस्कराकर बोली, "सात हजार येन लगेंगे, उसमें ब्रेकफास्ट शामिल नहीं।" इस मझोले होटल की कीमत सुनकर मैं चौंका, फिर बोला, "ठीक है।" होटल टोकियो शहर के लगभग मध्य में

था, नक्शा देखकर मुझे ऐसा ही लगा था।

कमरे में पहुँचकर मैंने पहले स्नान किया, फिर खुद को बिस्तर के हवाले कर दिया। विमान में जो कुछ खाया-पिया था, उसके बाद भूख नहीं थी। बीस घंटे की विमान यात्रा ने थका भी दिया था, अतः विश्राम की बहुत आवश्यकता थी। मुझे जल्दी ही नींद आ गयी।

अगली सुबह लगभग साढ़े-सात बजे मेरी नींद खुली। यूँ मैं बहुत तड़के उठने का आदी हूँ, आज नहीं उठ पाया था। खाट से उतरकर मैंने खिड़की खोली तो सामने गगनचुम्बी इमारतें तथा नीचे एक विशाल एवेन्यू दिखाई दिए। चीटियों की तरह सरकते लोगों का ताँता लगा हुआ था, सड़क पर अनगिनत गाड़ियाँ दौड़ रही थी, लेकिन कहीं कोई शब्द नहीं था। टोकियो के इस कर्म-व्यस्त इलाके का नाम शिवजुकू-कू था। यह मई का महीना था, यानी गृष्मकाल। मौसम खुशगवार था।

बाहर निकलने के लिए तैयार होकर दरवाजे के निकट पहुँचकर देखा, वहाँ बड़े-बड़े अक्षरों में लिखा था, 'भूकम्प के समय धैर्य न खोएँ।' मैं लिफ्ट के जरिए छठी मंजिल से ग्राउण्ड-फ्लोर पहुँचा, वहाँ सुबह की ड्यूटी पर एक अन्य रिसेप्शनिस्ट लगी थी। उसने मुस्कराकर पूछा, "नींद अच्छी हुई?"

"जी हाँ, धन्यवाद।" मैंने कहा।

"ध्यान रखिएगा, टोकियो पेरिस जैसा नहीं है।" वह कुछ आत्मीय ढंग से बोली।

"मैं पेरिस से यहाँ आया हूँ, लेकिन असल में मैं कोलकाता का हूँ, यानी भारतीय।"

"तो फिर टोकियो की आबादी आपको त्रासद नहीं लगेगी।"

"आप ठीक कहती हैं। कोलकाता में आबादी की समस्या विकट है और हम उसमें अभ्यस्त हैं।"

"आप उस कमरे में चले जाएँ, वहाँ आपको अमरीकी स्टाइल ब्रेकफास्ट यानी चाय-कॉफ़ी-टोस्ट-बिस्किट आदि मिल जाएगा।"

जलपान से निपटकर मैं अपने कमरे में लौट आया ताकि अपने कुछ परिचितों को टेलीफ़ोन कर सकूँ। सबसे पहले मैंने अपने जापानी मित्र सुसुमु ओकुमुरा का नम्बर मिलाया। उससे मेरा परिचय जेनेवा में हुआ था। उससे, उस की पत्नी एमिको तथा उनकी बेटी साचीओ के साथ मेरी काफी घनिष्ठता थी। सुसुमु एक नामी बैंक के ओवरसीज विभाग का मैनेजर था। मैंने बैंक में ही फ़ोन किया था। उससे बात होते ही सुसुमु ख़ुशी से चिहुँक पड़ा, "अरे, बिमल। तुम कहाँ से फ़ोन कर रहे हो?"

"टोकियो के एक होटल से।"

"यहाँ कब पहुँचे, कब तक ठहरोगे? अपने होटल का नाम-पता मुझे नोट करा

दो। रुको, तुम अभी होटल से बाहर मत निकलना, वहीं रहो, मैं किसीको भेजता हूँ तुम्हें लाने के लिए। तुम मेरा फ़ोन अपने रिसेप्शन डेस्क के साथ कनेक्ट करा दो- बहुत जल्द मिलते हैं।'' मेरे लिए और बातें करने का मौका नहीं था। मैंने टेलीफ़ोन का लाल बटन दबाकर लाइन रिसेप्शन को दे दिया।

लगभग चालीस मिनट बाद मेरे दरवाज़े की घंटी बज उठी। दरवाज़ा खोलकर देखा, श्रीमती एमिको ओकुमुरा सामने खड़ी मुस्कुरा रही थी। मुझे देखते ही वह लगभग मुझसे लिपट गयी और यूरोपीय ढंग से मेरा चुम्बन लेकर बोली, ''उफ्फ! कितने अर्से बाद मुलाकात हुई, बहुत अच्छा लग रहा है। देवी नहीं आयी तुम्हारे साथ?''

''नहीं, इस समय हम दोनों का एक साथ निकलने में कई दिक्कतें थीं। उसने तुम्हें और तुम्हारे परिवार को हार्दिक प्यार और शुभकामनाएँ भेजी है। साचीओ नहीं आयी?''

''साचीओ स्कूल गयी है, तुम्हें देखकर वह तो नाचने लगेगी। ठीक है, अब अपना सामान सहेजकर, मेरे साथ चलो।''

''कहाँ?''

''हमारे घर।''

मुझे उम्मीद नहीं थी कि ओकुमुरा दम्पत्ति मुझे होटल छोड़कर उनके घर पर ठहरने को कहेंगे। वे जापानी होने पर भी उनका रहन-सहन हाव-भाव सब यूरोपीय जैसा था। उनसे काफी अंतरंगता रहने के बावजूद मुझे किसी आत्मीय आवभगत की उम्मीद नहीं थी। उनकी ऐसी आत्मीयता देखकर लगा कि उनमें ओरिएन्टल मानसिकता अब भी जीवित है।

होटल का हिसाब चुकताकर मैं एमिको के साथ बाहर निकला। वहाँ सुसुमु के दफ्तर की गाड़ी मय ड्राइवर के हमारा बाट जोह रही थी। व्यस्तता के कारण सुसुमु खुद नहीं आ पाया था, उसने गाड़ी घर पर भेजी थी ताकि एमिको मुझे होटल से घर ले जा सके।

गाड़ी चल पड़ी तो एमिको बताने लगी, ''यह शिनजुकू इलाका टोकियो के व्यस्ततम इलाकाओं में से एक है। यहाँ से बहुत करीब है यहाँ का सेन्ट्रल रेलवे स्टेशन। यहाँ चारों ओर नाइट क्लब, कैबरे, बार, विभिन्न प्रकार की दुकानों और असंख्य रेस्ताराँओं का जाल बिछा है।''

चौड़ी सड़क के दोनों ओर की गगन-चुम्बी अट्टालिकाओं पर मेरी निगाहें जमी थीं जब एमिको ने मुझे चौंकाया, ''यहाँ मौज-मस्ती करने और समय काटने के इतने साधन हैं जो तुम्हें दुनिया में और कहीं नहीं मिलेगा।''

''क्या कहती हो? अमस्टर्डम, पेरिस, न्यूयर्क....।''

''नहीं, नहीं, वह सब पुरानी बाते हैं। इस इलाके का सम्पूर्ण विकास सन्

1971-72 में हुआ। टोकियो के कई नामी प्रेक्षागृह भी इसी क्षेत्र में हैं।''

गाड़ी यथासंभव धीरे चल रही थी ताकि मैं सब ठीक से देख सकूँ। लेकिन पीछे आती गाड़ियों के कारण बहुत धीमे चलना भी असंभव था। टोकियो व्यस्त शहर था, कोई वाहन थोड़ा भी धीमा होते ही पीछे वाहनों का ताँता लग जाता। शहर अत्यंत साफ-सुथरा था, यह पहले दिन ही देख चुका था, अब भी देख रहा था। रास्ते में दुमंज़िला बस भी बहुत दिखे, वे सब भी नयी बसों की तरह चमक रहे थे।

एमिको ने ड्राइवर को बाँए मुड़कर कहीं जाने को कहा, फिर मेरी ओर देखकर बोली, ''घर पहुँचकर हम समझ-बूझकर घूमने की योजनाएं बनाएंगे। अभी चलो, तुम्हें मेइडि श्राइन दिखा दें। इस तीर्थ मंदिर को सम्राट मेइजि ने बनवाया था। नया साल शुरू होने पर यहाँ श्रद्धालुओं की भीड़ उमड़ पड़ती है, टोकियो से सभी यहाँ आते हैं प्रार्थना करने। यह मंदिर शिन्तो धर्मावलम्बियों का है। तुमने तो दुनिया के बहुत से धार्मिक स्थल देखे हैं, मुझे लगता है तुम्हें यहाँ अच्छा लगेगा।''

पाँच मिनट का रास्ता तय करके गाड़ी रुकी, हमें उतरकर फाटक तक पैदल पहुँचने में और पाँच मिनट लगे। शिनजुकू क्षेत्र से काफ़ी समीप होने के बावजूद यहाँ का परिवेश सर्वथा भिन्न था, लगा कि हम किसी और जगत में पहुँच गये हैं। फाटक के अन्दर विशाल पेड़ों की जमघट थी, मानो यहाँ कोई मंदिर नहीं, बोटानिकल गार्डेन है। मंदिर कहीं पेड़ों की आड़ में छिपा था। चलते-चलते हम एकायक मंदिर के दरवाजे पर पहुँचे जो किसी वानस्पतिक बागीचे से घिरे राजप्रासाद जैसा दीखा। यहाँ का वातावरण एकदम शांत था। मंदिर के भीतर सम्राट मेइजि के स्मृति-चित्र रखे थे। वहाँ अधिक समय न गँवाकर हमने मंदिर के बाहर से ही प्रणाम किया, फिर गाड़ी पार्किंग के स्थल पर लौट आए।

वहाँ से आगे बढ़कर हम चून्कू क्षेत्र में पहुँचे जहाँ ओकुमुरा दम्पत्ति का अपार्टमेंट था। सातवी मंजिल पर स्थित उनका अपार्टमेंट या फ्लैट अधिक बड़ा तो नहीं था, किन्तु एक परिवार के लिए काफ़ी जगह थी। खिड़कियाँ बहुत बड़ी-बड़ी थीं। सभी दरवाजे स्लाइडिंग दरवाजे थे। उनपर इमिटेशन काठ और भारी केमिकल काग़ज चढ़ाए गये थे। हर कमरे का फर्श देखकर लगता था उनपर चटाई बिछी है, किन्तु वह चटाई नहीं बल्कि सिमेंट से फर्श पर लगाये गये नकली काठ की डिजाइन थी। मैं फ्लैट के सेट-अप और फिनिशिंग को ध्यान से देखता रहा, उसके क्लोजेंटस् यानी दीवार पर लगी आलमारियाँ भी बहुत सुन्दर ढंग से लगायी गयी थीं।

मैं कमरे की सजावट देखने में व्यस्त था जब पीछे से आकर एमिको बोली, ''लो बिमल, चाय पियो।''

''धन्यवाद एमिको, तुम्हारे आर्टिस्टिक मन की तारीफ़ करनी पड़ेगी, कमरों को

बहुत सुन्दर ढंग से सजायी हो।''

''हम लोग यहाँ और लगभग महीने भर रहेंगे, उसके बाद कहीं बाहर जाने की इच्छा है। टोकियो में मकान की जो समस्या है उसकी तुम कल्पना भी नहीं कर पाओगे।''

एमिको के साथ बैठकर चाय पीने के बाद मैंने सुसुमुको एक बार टेलीफ़ोन करके धन्यवाद दिया, रात में उससे मुलाकात होगी ही, इसलिए फ़ोन पर अधिक बातें नहीं की। मुझे अचानक ले आने के कारण एमिको को भी अपने काम में दिक्कत हो रही होगी सोचकर मैं उठ पड़ा और उससे कहा कि मैं शहर घूमने जा रहा हूँ, भोजन बाहर ही करूँगा, संध्या के बाद लौट आऊंगा।

मेरी किस्मत अच्छी थी कि टोकियो शहर के लगभग केन्द्रस्थल में मुझे डेरा मिल गया था। मेरे साथ टोकियो का एक नक्शा था, उसमें देखा कि चू-कू क्षेत्र टोकियो मेन-स्टेशन के बहुत करीब है, अतः मेरे भटक जाने की संभावना नहीं थी तथा खास आवश्यकता न होने पर मुझे किसी से कुछ पूछने की ज़रुरत भी नहीं पड़ेगी।

टोकियो शहर के विभिन्न अंचलों के नाम के अन्त में 'कू' शब्द जुड़ा था, लगता है कि जापानी भाषा में 'कू' का मतलब अंचल, क्षेत्र या मोहल्ला था। चू-कू टोकियो का दक्षिणी क्षेत्र था, यहाँ से और दक्षिण में टोकियो की खाड़ी थी। शहर के अन्य अंचलों का नाम चीइयोदा कू, मेगुरा-कू, शीनागावा-कू, मिनातो-कू, शिबुइया-कू, शिन्ज़ुकू-कू, बुनकीओ-कू, तोषिमा-कू, किता-कू, आराकावा-कू, ताइतो-कू तथा नदी के दूसरे तट पर सुमिदा-कू और कोतो-कू था। इन स्थानों के नामों के जापानी उच्चारण और अंग्रेज़ी उच्चारणों में बहुत प्रभेद था।

टोकियो के जिस सड़क पर मैं चल रहा था वहाँ की इमारतों को देखकर लगता कि मैं यूरोप या अमरीका के किसी बड़े शहर में हूँ, किन्तु रास्ते के चहुँओर जापानियों की भीड़ और ऊपर से नीचे लटकते जापानी भाषा के साइनबोर्ड याद दिलाते कि मैं जापान में हूँ। इन रंग-बिरंगी साइनबोर्डों को सरसरी निगाह से देखने पर लगता जैसे ऊँचे-ऊँचे मकानों से रंग-बिरंगी कपड़े सूखने के लिए टांग दिए गये हों। रास्ते और दुकानों के नाम सब जापानी भाषा में लिखे थे जिन्हें मुझ जैसा गंवार व्यक्ति नहीं पढ़ सकता था। मुझे वह लिखावट कोई स्केच जैसा लगता।

टोकियो की सड़कों की भीड़ और कोलकाता के सड़कों की भीड़ में एक खास अन्तर यह था कि यहाँ सब भगदड़ में व्यस्त थे, कोई रुकता नहीं था, कहीं लोगों का जमघट नहीं होता था, कोई किसी के लिए विघ्न नहीं बनता था, किसी से हल्का धक्का भी लग जाता तो सिर झुकाकर माफ़ी मांग लेता, फिर आगे बढ़ जाता। फुटपाथ से लेकर गाड़ियों तक सब यंत्रवत् चलते। रास्ते में शोरगुल नहीं था, आवाज़ें बहुत कम थी।

नक्शा देखकर मैं टोकियो के पर्यटक सूचना केन्द्र में पहुँचा। वहाँ दस-बारह स्मार्ट हँसमुख युवक-युवतियाँ सूचनाएँ देने में व्यस्त थे। मुझे एक मिनट भी खड़े होना नहीं पड़ा, आगे बढ़कर एक काउन्टर पर कुर्सी खींचकर एक के सामने बैठते ही उसने हँसकर पूछा, "क्या मैं आपकी कोई मदद कर सकता हूँ?"

"अवश्य, इसीलिए तो आया हूँ।" कहकर मैं भी मुस्कुराया। फिर हमने आवश्यक बातचीत शुरू की। मैंने बताया कि मैं पहली बार टोकियो आया हूँ, यहाँ के बारे में मुझे कुछ नहीं मालूम। मैंने अपने प्रश्न पहले से ठीक कर रखे थे। टोकियो तथा जापान के विषय में मैंने सभी आवश्यक सूचनाएँ लगभग आधे घंटे के अन्दर प्राप्त कर ली, फिर धन्यवाद देकर वहाँ से उठ पड़ा।

पर्यटक सूचना केन्द्र के कर्मचारियों की कर्मतत्परता और उत्साह देखते ही बनती थी, किसी भी पर्यटक के पहुँचने पर उसकी मदद करने के लिए जैसे उनमें आपस में होड़ लग जाती। इस कार्यालय के साथ मैं कोलकाता के अनुरूप कार्यालय की तुलना नहीं करूँगा, दिल्ली की तो क़तई नहीं। न्यूयर्क या कैलिफोर्निया के साथ भी इसकी तुलना नहीं हो सकती। इनकी तत्परता के साथ एकमात्र स्विटज़रलैंड पर्यटक सेंटर की तुलना की जा सकती है। किन्तु स्विटज़रलैंट छोटा देश है, वहाँ की आबादी कम है, अतः काम का बोझ भी कम। लेकिन टोकियो एक बड़ा शहर है, यहाँ की आबादी बहुत अधिक है और यहाँ आने वाले पर्यटकों की संख्या भी बहुत ज्यादा है। फिर भी पर्यटक सूचना केन्द्र में कोई भीड़ नहीं थी, इसका कारण पर्यटकों को वहाँ का बारबार चक्कर नहीं लगाना पड़ता था, एक बार में यथाशीघ्र सारी सूचनाएँ मुहैया कर दी जाती।

टूरिस्ट सेंटर से निकलते बारह बज चुके थे, अब कहीं सैंडविच वगैरह खा लूँगा सोचकर मैं आगे बढ़ा। इस क्षेत्र में ज्यादातर कार्यालय थे जहाँ इस समय लंच-टाइम था। इसलिए मुझे भोजनालय की तलाश में घूमना न पड़ा। भोजन छाँटने में भी दिक्कत नहीं हुई क्योंकि शो-केस में डिश सजे थे और हर डिश के साथ उसका मूल्य लिखा था। मैंने पाँच सौ इयेन देकर भात-साग-सोयाबिन और साथ में सोया-सॉस लिया, भोजन कुछ बुरा नहीं था।

यान वाहन :

टोकियो में यान-वाहनों की समस्या नहीं दिखायी देती। सड़कों पर काफ़ी लोग थे। मौसम ख़ुशगवार था और मई का महीना, इससे भी जापान के अन्य शहरों से काफ़ी संख्या में जापानी टोकियो पहुँचे थे, विदेशी पर्यटकों की भी काफ़ी भीड़ थी। इसके बावजूद यहाँ सबकुछ एक अनुशासन द्वारा आबद्ध था। जापान के किसी भी शहर में जाने के लिए वायुयान, रेलगाड़ी, बस तथा टैक्सियाँ उपलब्ध थी। यहाँ के

लोगों का धैर्य और अनुशासन देखकर लगता कि यह कोई जादुई नगरी है। टोकियो शहर से बाहर जाने के लिए बहुत तरह की ट्रेनों का इन्तज़ाम था। स्पीड के अनुसार उन ट्रेनों को सुपर एक्सप्रेस, लिमिटेड एक्सप्रेस, एक्सप्रेस, रैपिड ट्रेन या साधारण ट्रेन कहा जाता था। इनमें शीनक्रानसेन सुपर एक्सप्रेस, जो मेन लाइन पर चलती थी और विभिन्न तस्वीरों में फुजि पहाड़ के नीचे इस ट्रेन की छवि से यहाँ आने वाले सभी पर्यटक परिचित होंगे, कुछ साल पहले तक दुनिया की सबसे द्रुतगामी ट्रेन थी। अब फ्रांस की टीजीवी ने उस रिकार्ट को तोड़ दिया है। मुझे यह जानकर आश्चर्य हुआ कि जापान में बहुत-सी प्राइवेट ट्रेन लाइनें भी है। टोकियो की ट्रेनों का उल्लेख करते हुए स्काइलाइन ट्रेन के विषय में भी बताना ज़रूरी है। केइसेइ ट्रोनों में सामान लेकर चढ़ने की मनाही है। धरती पर मैंने बहुत तरह की ट्रेनें देखी हैं, किन्तु इस तरह के झूलते ट्रेन शायद कहीं नहीं हैं। टोकियो में पहलीबार आने वालों को यह मजेदार लगता है।

टोकियो के भीतर यातायात के लिए सब-वे बने हैं जिन्हें पेरिस तथा लंदन की मेट्रो की तरह अलग-अलग रंग से रंग कर शहर और क्षेत्र का मानचित्र दर्शाया गया है जिससे भटकने का अन्देशा नहीं रहता तथा पर्यटक बिना किसी से पूछे-जाँचे आवजाही कर सकते हैं।

राह में चलते हुए मुझे विभिन्न प्रकार के बस दिखायी पड़े, दुमंजिले बस भी काफ़ी थे। अन्दर चाहे जितनी भी भीड़ क्यों न हो, कोलकाता की तरह बस के दरवाजे पर या हैंडिल पकड़कर लटकता हुआ एक भी सवारी नहीं दिखा। ऐसे लटकने वाले सवारी शायद कोलकाता के अलावे दुनिया में और कहीं नहीं है। यहाँ टैक्सियों की भी भरमार थी। जापान चूँकि प्रशांत महासागर में चार बड़े द्वीपों तथा लगभग एक हजार छोटे-छोटे द्वीपों को लेकर गठित एक देश था, यहाँ द्वीपों के बीच यातायात के लिए असंख्य फेरी-सर्विस भी उपलब्ध थी।

गिंजा :

मैं टहलते हुए गिंजा इलाके में पहुँच गया। यह टोकियो का असली शापिंग सेन्टर था। इस इलाके में पहुँचकर लगा जैसे किसी मेले में पहुँच गया हूँ। बड़े-बड़े एवेन्यू और उसकी दोनों ओर दुकानें ही दुकानें। छोटी दुकानों से लेकर बड़ी-बड़ी सुपरमार्केट सब एक ही स्थान पर मौजूद थे। सैनफ्रांसिस्को की कुछ सड़कों पर और रिओ-डी-जेनिरो तथा ब्यूनस-आयर्स शहरों में मैंने ऐसे शापिंग सेन्टर अवश्य देखे थे, किन्तु वे सब बड़े-बड़े देश की शहरें हैं, इसीलिए जापान जैसे छोटे देश की एक शहर में ऐसे शापिंग सेंटर की मौजूदगी की मुझे उम्मीद नहीं थी। मैं घूम-घूम कर इस क्षेत्र का मुआयना करता रहा। मेले जैसी भीड़ थी, फिर भी हर व्यक्ति व्यस्त नज़र आता

था। जापानियों को देखकर लगता कि उन्हें अपने उद्देश्य और लक्ष्य का पता था, हर व्यक्ति अपने काम में व्यस्त रहता था।

टोकियो का हर इलाका जिले में बँटा था। गिंजा को ये लोग गिंजा जिला कहते थे। मैं यहाँ की विभिन्न गलियों का चक्कर लगाता रहा। मुझे कोई खरीददारी नहीं करनी थी, सिर्फ़ घूमना और देखना। क्रमशः शाम हो गयी, यहाँ की व्यस्तता कुछ घटी या बढ़ी समझ में नहीं आ रहा था। लड़कियों के पोशाक मुझे आकर्षित कर रहे थे। ज्यों-ज्यों शाम ढलने लगी, किमोनो पहनी लड़कियों की संख्या बढ़ती गयी। जापानी लड़कियों के पोशाकों का आभिजात्य यहाँ पहली बार मेरी नजर में पड़ी। कुछ लड़कियों के पोशाक एयर-होस्टेस जैसे भी थे।

एक बार में बैठकर मैंने सोया जार्म के दो स्प्रिंगरोल और एक कप चाय का आर्डर दिया। यह मेरा प्रिय नाश्ता था, देवी का भी। चाय सुड़कते हुए मैं काँच की दीवार के बाहर का गतिशील दृश्य देख रहा था। यह सोचना भी अजीब लगा कि दुनिया के एक नामी शापिंग सेंटर में पहुँचकर मैंने केवल स्प्रिंगरोल के साथ एक प्याली चाय खरीदी।

चाय पीने के बाद मैं पुनः सड़क पर आ गया था और मेनरोड पर आगे बढ़ रहा था। अभी अंधेरा नहीं छाया था किन्तु नियोन बत्तियाँ जगमगाने लगी थी। लगभग बीस मिनट चलने के बाद मैं एक मोड़ पर पहुँचा जिसका नाम योन चोम था। यहाँ 'सोनी' लिखे एक विशाल साइन बोर्ड पर मेरी दृष्टि थम गयी, यह बोर्ड दूर से भी दिखायी देता था। एक आलीशान भवन की निचली मंजिल से लेकर ऊपर तक सोनी कम्पनी के उत्पादनों का प्रदर्शन किया गया था। इलेक्ट्रानिक सोनी कम्पनी की ख्याति सामूचे विश्व में थी। यहाँ उनका कारखाना नहीं था, यह भवन सोनी कम्पनी का मूल डिसप्ले सेंटर होने के साथ ही उनका प्रबन्धकीय भवन भी था।

गिंजा की सड़कों पर मैंने और एक घंटा बिताकर वापस लौटने की सोचा। अबतक सुसुमु लौट आया होगा और मेरा इंतज़ार करता होगा। मैंने नक्शा देखकर वापसी के लिए सीधा रास्ता चुना। अब दिन का उजास पूरीतरह गायब हो चुका था और उसका स्थान नियोन रोशनी ने ले लिया था।

सुसुमु पहले लंदन में था, फिर बैंक के काम से तबादले पर पहले जूरिख और फिर जेनेवा पहुँचा था। उसके परिवार से मेरी और देवी की काफ़ी अंतरंगता हो गयी थी। साचीओ तब बहुत छोटी थी। सुसुमु एक व्यस्त इंसान था, जापानी मात्र ही शायद व्यस्त रहते हैं, उनके जीवन में मानों विश्राम का कोई स्थान ही नहीं था। कर्म ही जीवन है, यह जापानी चरित्र की एक विशेषता है। इस व्यस्तता को जो जितना गले लगा सकता है जीवन के संग्राम में वह उतना ही सफल होता है।

लगभग आठ बजे मैंने सुसुमु के अपार्टमेंट का बेल दबाया। एमिको ने दरवाजा खोलकर कहा कि सुसुमु अभी तक नहीं लौटा है। मैंने पूछा, "और साचीओ, साचीओ कहाँ है?"

मेरा प्रश्न पूरा होते न होते कोने के कमरे से एक लड़की निकलकर आयी और मेरे सामने पहुँचकर सिर झुकाकर मेरा अभिवादन किया। मैं समझ गया कि वही साचीओ है जो अब नन्हीं नहीं रही, अब पन्द्रह साल की बड़ी लड़की हो गयी है। साचीओ को लज्जा और संकोच से उबरने में थोड़ा वक्त लगा। माँ के निर्देश पर उसने मुझे मेरे रहने का कमरा और बाथरूम आदि दिखा दिया।

मुँह-हाथ धोकर मैं सुसुमु के लौटने का इंतजार करता रहा। वह लौटा रात के नौ बजे। उसने मुझे पहले यूरोपीय ढंग से और फिर शीश नवाकर जापानी ढंग से स्वागत जताया। मुझसे और रहा नहीं गया, मैंने उसे आलींगन में भर लिया। बहुत दिनों के बाद दो दोस्तों में मुलाकात हुई थी। यूँ सुसुमु बातें बहुत कम करता था किन्तु था वह एक दिलदार इंसान। बहुत अधिक काम के दबाव और समस्याओं से घिरे रहने के कारण उसका असली रूप हमेशा दिखायी नहीं देता था। उसे देखते ही लगता कि उसपर काम का तनाव बहुत ज्यादा है। उसका बैंक शाम के छह बजे तक खुला रहता, उसके बाद भी अक्सर मीटिंग या विज़िटर्स के कारण उसे देर तक रुकना पड़ता है। वह मुझसे बार-बार आग्रह करता रहा कि मैं जितने दिन भी टोकियो में रुकना चाहूँ, उसके अपार्टमेंट में ही रहूँ, इससे उसे और उसके परिवार को हार्दिक ख़ुशी होगी। मेरे मनाही का कोई कारण नहीं था, क्योंकि वहाँ रहने में ही मुझे हर तरह की सुविधा थी।

इसके बाद हम सब खाने की मेज पर बैठे। एमिको एक कुशल गृहिणी थी, उसमें बहुत से गुण थे। वह सिलाई जानती थी, इकेबाना में दक्ष थी, गाना जानती थी और रसोई में भी पटु थी।

जापानी खाद्य के साथ मैं काफी समय से परिचित था जिसके लिए मैं यूरोप प्रवासी अपने जापानी मित्रों के प्रति आभारी था। यूँ जापानियों को बंगालियों की तरह भात बहुत पसंद था, किन्तु वे बंगालियों की तरह चावल बहुत नहीं खाते थे, उनके लिए एक कटोरी भात यथेष्ट होता। ये समुद्र की मछलियाँ बहुत खाते थे। समुद्र की काई सुखाकर अथवा कूटकर या टटका खाने की भी रीति थी। समुद्री सीपियों के बीड़े तथा घोंघा भी इन्हें पसन्द थे। आजकल अमरीकी प्रभाव से हॉट डॉग, हैम्बुर्गर तथा विभिन्न प्रकार के सैंडविचों का प्रचलन हो गया था। इनके खानपान पर चीन का भी काफ़ी प्रभाव था। दो सींखो की मदद से भोजन करना जापानियों की भी पारम्परिक प्रथा हो गयी थी। चीन की तरह स्पघेटी तथा इटली की तरह पिज्जा का भी यहाँ काफी प्रचलन था। राह चलते मैंने इन बातों पर नज़र डाली थी। अमरीका द्वारा प्रभावित अल्ट्रा

मॉर्डन सोसाइटी के चलते जापानी व्यंजन दूसरे दर्जे पर खिसक गया था। दफ़्तर के समय जितनी जल्दी सैंडविच निगला जा सकता है शायद उतनी जल्दी जापानी पारम्परिक भोजन से नहीं निपटा जा सकता, शायद जापानी भोजन की मांग घटने का एक यह भी कारण हो।

उस रात हमलोगों ने एमिको के बनाए तानपुरा तेइशोकु परम् चाव से खाया, उसके बाद सोफा पर जा धँसे। फिर गपशप करते हुए रात के ग्यारह बज गये थे।

अगले दिन से मैंने गौरैया की तरह टोकियो का चक्कर काटना शुरू किया। सब-वे ट्रेन पकड़ना और पैदल चलना मुझे अधिक सुगम लगा। टोकियो में देखने लायक बहुत कुछ था, केवल राह चलने पर भी जो अनुभव होते हैं उसका मूल्य भी कुछ कम नहीं।

आज गिंजा जिले के दक्षिणी अंश का चक्कर काटता हुआ मैं मछली बाज़ार में पहुँच गया। मेरे लिये यह एक नया अनुभव था। मछली बाज़ार बहुत ही बड़ा था, वहाँ बहुत तरह की मछलियाँ थीं जिनके नाम भी मुझे नहीं मालूम। टोकियो में जितने होटल थे वे सब यहीं आते मछली ख़रीदने के लिए। यहाँ थोक व खुदरा, दोनों प्रकार की व्यवस्था थी। इस तरह का बड़ा मछली बाज़ार मैंने दक्षिणी फ्रांस में देखा था। इस बाज़ार की तुलना में कोलकाता के बैठकखाने का मछली बाज़ार एक छोटा-सा दुकान जैसा लगेगा। मछली बाज़ार से आगे सीपी, घोंघा और दीगर समुद्री खाद्य-पदार्थों का बाज़ार था। यहीं आकर मुझे मालूम हुआ कि समुद्र में मछलियों के अलावा भी कितने तरह के खाद्य-भंडार हैं। सीपी, घोंघा आदि खाद्य को फ्रांसीसी फ्रुई द+य् ला म्यार कहते हैं। जापान में मछलियाँ सर्वत्र प्रिय है और उन्हें पकाने की बहुत सी विधियाँ भी हैं। किन्तु मछली पकाने में वे बंगालियों की तरह उतनी तेल का इस्तेमाल नहीं करते थे। ज्यादातर उबालकर, सेंक कर या आग में झुलसाकर मसाले के साथ खाया जाता। कुछ मछलियों को कच्चा खाने की भी प्रथा थी। मछली बाज़ार से थोड़ी दूर पर कई गलियाँ थी जिनमें रेस्तराओं की भरमार थी। वहाँ लोग अपने पसन्द की मछली का आर्डर देकर खा सकते थे, वहाँ कीमतें भी बहुत कम थी। मछलीखोरों के लिए वे गलियाँ आदर्श स्थान थीं। मछली-चावल जापानियों का पसन्दीदा भोजन था।

मछली बाज़ार से आगे बढ़कर मैं एक और इलाके से परिचित हुआ जिसका नाम था आकिहाबारा। इसे डिस्काउन्ट डिस्ट्रिक्ट भी कहते थे। यहाँ की सजी-धजी दुकानें सुबह दस बजे खुलतीं और शाम छह बजे बन्द होतीं। यहाँ की विशेषता यह थी कि यहाँ सभी सामान डिस्काउन्ट पर बेची जातीं, हर दुकानदार दावा करता कि उससे ज्यादा छूट और कोई नहीं देगा। यहाँ मुख्यतः इलेक्ट्रिक तथा इलेक्ट्रॉनिक उपकरण जैसे कैमरा, टेप रिकार्डर, कैसेट, वीडिओ, टी॰वी॰, छोटे-बड़े कम्प्यूटर आदि की

असंख्य दुकानें थीं, अधिकांश दुकानों में थोक के भाव सामान बिकते। डिस्काउन्ट देमे के साथ ही दुनिया के किसी भी कोने में सामान भिजवाने का जिम्मा भी ये दुकानदार लेते। एक ही स्थान पर बिजली तथा इलेक्ट्रॉनिक उपकरण की इतनी दुकानें मैंने दुनिया में और कहीं नहीं देखी थी। गिंजा तथा आकिहाबारा के शापिंग सेन्टरों को देखने से ही पता लग जाता है कि टोकियो या समूचे जापान में कौन से उद्योग-धंधे पनप रहे हैं।

टोकियो जापान की राजधानी तो थी ही, जापान की राजनीति, आर्थिक नीति, शिल्प, व्यवसाय, वाणिज्य आदि का नियंत्रण यहीं से होता। टोकियो विस्तार की दृष्टि से बहुत बड़ा शहर नहीं था, शाहीभवन को केन्द्र बनाकर उसके चारों ओर के शहरीक्षेत्र को मिलाकर कुल विस्तार तीस मील के व्यास में था। मूल शहर की आबादी अस्सीलाख तथा शहरी क्षेत्रों को मिलाकर दो करोड़ सत्तर लाख थी। टोकियो के विशाल एवेन्यू, आधुनिक यान-वाहन, उन्नत जीवनस्तर आदि यही साबित करते कि वह दुनिया का एक उन्नत शहर है।

टोकियो कोई ऐतिहासिक नगर नहीं था। जापान की प्राचीन राजधानी पहले अन्यत्र थी। लगभग डेढ़ सौ साल टोकियो एक साधारण बंदरगाह था जहाँ मछली मारने का धंधा चलता था, उस समय राजधानी कीयोतो में थी। वर्तमान टोकियो का विकास शुरू हुआ सन् 1867 ई० में जब सम्राट मेइजिने क्योटो से अपनी राजधानी का टोकियो में स्थानांतरण किया और यहाँ अपना शाहीमहल तथा उसके सन्निकट शिन्तो मंदिर बनवाया। क्रमशः व्यापारी, कलाकार, कारीगर और दीगर कर्मचारी टोकियो में आकर बसने लगे और यह बन्दरगाह एक शहर में तब्दील होता गया।

शाही महल के ईर्द-गिर्द खूबसूरत लेक और पार्क बनवाए गये थे जो आम लोगों के लिए खुला रहता। दफ़्तर के लोग यहाँ लंच करने और विश्राम करने के लिए आते। इस क्षेत्र का परिवेश पुराने दिनों की तरह ही है, खुली जगह, पेड़-पौधे और शांत वातावरण। शाहीमहल के पश्चिम का पार्क और भी ख़ूबसूरत था जहाँ आकर्षक पत्तों वाले पौधों और चेरी पेड़ों की भरमार थी। यहाँ के चेरी-ब्लॉसॅम का सौंदर्य सारी दुनिया में ख्यात था। जब मेइजि मंदिर के फूलों के बाग में अथवा नववर्ष के समय शाही प्लाजा के चेरी फूल के बगीचे में लोग घूमने आते उस समय यहाँ का सौंदर्य और प्रशांति उन्हें मंत्रमुग्ध कर देता।

टोकियो में पार्कों का अभाव नहीं था, हाँलाकि पार्क सभी क्षेत्रों में नहीं थे। पार्कों के बगल में रेलवे स्टेशन अथवा बस स्टॉप की व्यवस्था थी।

शाही महल के दक्षिण में परिखा या खाई थी, ठीक उसके बाद सरकारी भवनें। डियेट अथवा डायट बिल्डिंग नाम से परिचित यहाँ का संसद भवन भी देखने लायक

था। प्रसंगतः मैं यहाँ बता दूँ कि नयी दिल्ली का संसद भवन तथा राष्ट्रपति भवन भी बेहद खूबसूरत हैं।

टोकियो शहर के उत्तर की ओर आसाकुसा एवेन्यू से थोड़ी ही दूरी पर प्रख्यात उयोनो पार्क अवस्थित है। इसी क्षेत्र में आसाकुसाकानोन नाम का एक अति प्राचीन मंदिर है। इस मंदिर का निर्माण सन् 645 ई॰ में हुआ था। मंदिर तथा उसके पार्श्व का बागीचा पुराने जमाने का था। सम्राट मेइजि द्वारा टोकियो शहर बसाए जाने से पहले यहाँ जो प्राचीन बन्दरगाह था उसका नाम एदो था तथा आसाकुसाकानोन एदो का सबसे महत्वपूर्ण मंदिर था। इसी मंदिर के प्रभाव से स्थानीय जनता में एकता थी। सम्राट मेइजि द्वारा टोकियो शहर बसाने तथा अपना अलग मंदिर बनवाने के बाद उन्होंने इस मंदिर की अवहेलना की। मुझे यह मंदिर और उसका परिवेश बहुत भा गया क्योंकि यहाँ वास्तविक जापान की गंध मौजूद थी। मंदिर का प्रवेश पथ मुझे अच्छा लगा, दोनों ओर छोटी-छोटी दुकानें थीं और कागज़ के लालटेन लटक रहे थे। मंदिर में पूजा की कोई व्यवस्था नहीं थी, यहाँ केवल पर्यटकों की भीड़ होती। इस मंदिर के निकट ही नेशनल म्यूजिअम आफ वेस्टर्न आर्ट, टोकियो नेशनल म्यूजियम, नेशनल साइंस म्यूजियम आदि संग्रहालय थे। कई नामी शिक्षा प्रतिष्ठान भी यहीं थे। आसाकुसाकानोन मंदिर के बहुत करीब से टोकियो की सुमिदा नहीं बहती थी।

वेनिस शहर की तरह सुमिदा नदी पर भी वाटर बस या साफ-सुथरे आधुनिक लंचों की व्यवस्था थी, आवागमन की सुविधा के लिए बहुत से डेली पैसिंजर जल-मार्ग का इस्तेमाल करते। मुझ जैसे पर्यटक के लिए भी शहर घूमने का यह अच्छा विकल्प था। टोकियो बन्दरगाह से शहर के अभ्यंतर में जाने की यह एक अच्छी व्यवस्था थी। नदी पार करने के लिए नदी पर बहुत से पुल थे।

टोकियो आने वाले सभी यात्रीवाही जहाज़ सीधे टोकियो बन्दर में प्रवेश करते जबकि बड़े-बड़े मालवाही जहाज़ों के लिए टोकियो से लगभग सटे योकोहामा बन्दरगाह का इस्तेमाल किया जाता था।

मैं दिनभर टोकियो की सड़कों पर चक्कर लगाता, विभिन्न अंचलों के दर्शनीय चीजें देखता और रात में सुसुमु के घर पर उससे और उसके परिवार से टोकियो तथा जापान पर और भी तथ्य संग्रह करता। इसी तरह देखते-देखते चार दिन बीत गये थे।

मुझे टोकियो शहर अमरीका के किसी भी शहर जैसा ही लगता, अगर कहीं फ़र्क़ था तो वह यहाँ की भाषा और लोगों के चेहरों की। दिनभर घूमने के बाद जब मैं रात में जापानियों की उपलब्धियों के बारे में सोचता तब मुझे वाकई हैरानी होती कि जिस देश के पास प्राकृतिक सम्पदा कुछ भी नहीं उस देश ने इतना विकास कैसे किया। जापान एक छोटा सा देश था, फ्रांस से काफ़ी छोटा और ब्रिटिश द्वीप पुंज से थोड़ा

ही बड़ा। प्रकृति देवी ने यहाँ अपना सौंदर्य उड़ेल दिया था, किन्तु प्राकृतिक संपदा या खनिज बिलकुल नहीं। जापान के पास सामुद्रिक खाद्य तथा चावल उत्पादन के सिवा अपना कुछ भी नहीं था। लगभग नब्बे प्रतिशत ऊर्जा यानी तेल तथा खनिज उसे आयात करना पड़ता था। इसके बावजूद कार्यक्षमता, संघ-शक्ति, उत्साह और उद्यम से एक सम्पन्न और विकसित देश बनकर उसने दुनिया को चौंका दिया था। व्यापार के लिये पर्याप्त मात्रा में खनिज पदार्थों का होना परमावश्यक है, इसके अभाव में भी जापान ने कैसे सारी दुनिया को अपने फिनिश्ड प्रोडक्ट का बाज़ार बना लिया यह अवश्य ही आश्चर्य की बात थी।

हमारे भारत वर्ष में खनिज पदार्थों का अथाह भंडार है, दूसरे देशों से सम्पर्क साधना भी हमारे लिए आसान है, इसके बावजूद हम क्यों इतने पिछड़े हैं यह सोचने की बात है। क्या हम जापानी कौशल और कार्य-क्षमता को अपना नहीं सकते हैं।

आज जापान के पास सबकुछ है, किन्तु प्राचीन जमाने में जब इनके पास कुछ भी नहीं था तब भी ये अभाव ग्रस्त नहीं थे। जापान के चारों ओर पानी ही पानी है, नहर काटकर उस पानी को अन्दर लाकर इन्होंने फसल उगाया। बरसात के पानी और लेक के पानी का इन्होंने सफल व्यापक ढंग से इस्तेमाल किया। प्राचीन जमाने में इतनी व्यापक कृषि केवल भारत, चीन और मेसोपोटेमिया के अलावा और किसी सभ्यता में नहीं थी। नदी के पानी के उपयोग का कौशल भी जापानी जानते थे। यह साबित करता है कि पुराने जमाने में भी जापानी अत्यंत परिश्रमी थे। उद्यम के साथ कौशल जोड़कर जापान का वर्तमान स्वरूप बना है, टोकियो उसी का प्रतीक है। मेइजि सम्राट के जमाने का वह जापान आज उद्योग-धंधे के क्षेत्र में विश्व-सम्राट बन गया है। उद्योग जगत की प्रतिस्पर्धा में वह किसी से पीछे नहीं है।

अमरीका तथा यूरोप में मैंने कई बार सुना था कि प्राचीन दर्शन, संस्कृति और ओरिएंटल मानसिकता लेकर वर्तमान युग में कोई देश तरक्की नहीं कर सकता। यह सोच कितनी ग़लत है इसे जापान ने ही सिद्ध कर दिया। जापान ने यह दर्शा दिया कि दार्शनिक मनोभाव लेकर भी बदलती परिस्थितियों के साथ समझौता संभव है। आधुनिकीकरण का मतलब प्राचीन विचार-धारा का वहिष्कार नहीं अपितु उनका समायोजन होता है। दुनिया की गति के साथ खुद की गति का तालमेल बिठाना या समायोजन करना ही बहादुरी है।

उस रात विश्वविख्यात काजिमा कन्सट्रकशन कम्पनी के बगल से गुजरते समय मैंने देखा कि हर लैम्पपोस्ट के नीचे गॉल्फ-कोर्स के गड्ढों की तरह छिद्र बने थे और हर पोस्ट के करीब गॉल्फस्टिक से धकेल कर गेंद छिद्र में डालने की कोशिश करते लोग भी मौजूद थे। यह कोई छोटा मैदान भी नहीं था, लैम्पपोस्ट के नीचे लगभग दो

मीटर का व्यास उनके खेलने की जगह थी। ये खिलाड़ी सामने की बिल्डिंग में काम करने वाले कर्मचारी थे, काम करते-करते थक जाने पर इस तरह वे अपना मनोरंजन भी करते और गॉल्फ का प्रैक्टिस भी। थकान मिटाकर हलका होने का यह एक नायाब तरीका था। इससे कम्पनी का उत्पादन भी अच्छा होता। काम के बोझ के साथ खुद को एडजस्ट करने का यह एक कारगर ढंग था।

विशेषज्ञों का मत था कि लॉस ऐंजेलिस की तरह टोकियो की मिट्टी भी हिल रही है, किसी भी समय भू-गर्भ की हलचल से यहाँ भू-कम्प की संभावना है। गगन चुम्बी इमारतों के कारण कभी भी बड़ी दुर्घटनाएँ घट सकती हैं। विशेषज्ञों द्वारा सावधान किये जाने के बाद भी लाँसएंजेलिस में स्काई-स्क्रैपरों की संख्या बढ़ती चली गयी। लेकिन टोकियो की स्थिति भिन्न थी। यहाँ भू-विशेषज्ञों की राय जानने के बाद आर्किटेक्टों ने सिर खपाकर नयी योजनाएँ बनायीं। उन्होंने ऊँची भवनें एक ही ब्लॉक पर बनाना शुरू किया और पार्टिशन तथा अंदरूनी सजावट के लिए बहुत हल्की चीजों का इस्तेमाल किया। इससे भवनों का लचीलापन बढ़ गया और उनका भार भी कम हो गया। इस तरह उन्होंने टोकियो की विकट आवासीय समस्या को किसी हद तक काबू में किया। भूकंप के ख़ौफ़ में हाथ पर हाथ धरे बैठे न रहकर वैज्ञानिक और विशेषज्ञों ने भूकंप का सामना करने की तैयारी की। विकास के लिए इनके तकनीकी चिंतन के साथ ही इनकी योजनाएँ तथा उद्यम प्रशंसनीय हैं।

टोकियों ऐसा व्यस्त शहर है जहाँ किसी से मुलाकात करना भी मुश्किल होता है। एकमात्र जहाँ विज़िटर्स-सर्विस उपलब्ध है वहीं अंपाइंन्टमेंट मिलने में आसानी होती। थोड़ी दौड़-धूप के बाद मुझे कुछ लोगों से नियोजित सम्मिलन का मौका मिल गया। सोचा, अबतक शहर को बाहर से देखा है, थोड़ा अन्दर की व्यवस्था भी देख लूँ।

टोकियो में बहुत से थियेटर तथा कन्सर्ट हॉल हैं जिनमें प्रमुख हैं टोकियो बुंका कन्सर्ट हॉल, टोकियो कोसेइ नेनकिन कैकान हॉल तथा एन.एच.के. हॉल। जापान ब्राडकास्टिंग कार्पोरेशन को संक्षेप में एन.एच.के. कहते थे। एन.एच.के. में मेरा परिचय मिस्टर हिरानू से हुआ जो युवा कार्यक्रम से जुड़े थे। मेरा परिचय पाकर उन्होंने मुझे कोई प्रोग्राम देने को कहा। मैंने बताया कि मैं बहुत कम समय के लिए व्यक्तिगत सफ़र पर आया हूँ, मेरे पास प्रोग्राम तैयार करने का वक्त नहीं है। इस पर उन्होंने कहा कि मैं जबतक रहूँ, उनसे सम्पर्क बनाए रहूँ तो उन्हें अच्छा लगेगा। इसके बाद उन्हीं की मदद से मुझे विश्वविख्यात सोनी कम्पनी के एक विशेषज्ञ और अव्वल दर्जे के वैज्ञानिक डॉ॰ किकुचि से मिलने की अनुमति मिल गयी। यह तय हुआ कि वे मुझे पन्द्रह-बीस मिनट समय देंगे।

मिस्टर हिरानू स्वयं मुझे अपनी गाड़ी में बैठाकर ले गये डॉ. किकुचि से मिलवाने के लिए। टोकियो शहर के बाहर एक शांत सुरम्य परिवेश में उनका निवास था। वे

दफ्तर नहीं जाते थे, घर ही उनका ऑफिस था।

वहाँ पहुँचने पर उनकी सेक्रेटरी ने हमें बैठक में इंतज़ार करने को कहा, फिर वह अन्दर चली गयी। बैठक का कमरा अमरीकी फर्निचर से सुसज्जित था। कुछ ही देर बाद सेक्रेटरी लौट आयी, बोली, ''आइए''।

हम उसका अनुसरण करते हुए बरामदे से होकर दो कमरा छोड़ तीसरे कमरे में दाखिल हुए जहाँ एक ही कुर्सी थी जिसपर लगभग पचपन वर्षीय डॉ. किकुचि विराजमान थे। उन्होंने आगे बढ़कर हमारा अभिवादन किया, मैंने भारतीय कायदे में हाथ जोड़कर नमस्ते कहा।

डॉ. किकुचि बोले, ''भारत एक विशाल देश है। इस समय सारे विश्व को भारतीय दर्शन और शांति की आवश्यकता है। मुझे भी बहुत कुछ जानना था, लेकिन देखिए न, कुछ दिनों से एक नयी आवाज़ पर अनुसंधान कर रहा हूँ, मेरे पास एकदम समय नहीं है।''

''फिर भी इतनी व्यस्तताओं के बीच आपने मेरे लिए थोड़ा समय निकाला, इसके लिए मैं आभारी हूँ।'' मैंने कहा। इस बीच न जाने कब एक महिला चुपचाप आकर हमारे पीछे खड़ी हो गयीं थीं। उनकी ओर देखकर डॉ. किकुचि बोले, ''उनसे मिलिए, मेरी पत्नी।''

मैंने घूमकर सिर झुकाकर जापानी क़ायदे से उनका अभिवादन किया। वे हँसकर बोलीं, ''चलिए, हम दूसरे कमरे में जाकर बैठते हैं।''

डॉ. किकुचि के कमरे में एक कुर्सी, एक मेज और एक कम्प्यूटर के सिवा और कुछ नहीं था। मैं चकित था डॉ. किकुचि का कमरा देखकर। यह छोटा-सा कमरा ही उनका अनुसंधान कक्ष था और उस कम्प्यूटर में ही उनका कारखाना और प्रयोगशाला था। मुझे यह सोचते हुए हौरानी हुई कि यह एक विश्व-विख्यात वैज्ञानिक का कमरा था।

डॉ. किकुचि पुनः कम्प्यूटर लेकर बैठ गये और मिसेस किकुचि हमें बैठक में वापस ले आयीं। वे खेद प्रकट करती हुई बोलीं, ''बुरा मत मानिएगा, वे हमेशा से ऐसे ही हैं। उनके दिमाग में कोई नया आइडिया आने पर वे कम्प्यूटर छोड़कर उठना ही नहीं चाहते।''

मिसेस किकुचि हमें बैठने को कह रही थी, पर मिस्टर हिरानूने उनसे कहा, ''हम फिर कभी आएंगे।''

रास्ते में आकर मि॰ हिरानू ने अफसोस जताया, ''इन वैज्ञानिकों की बात पर कभी यकीन नहीं करना चाहिए। उनकी दुनिया ही अलग होती है। मुझसे बोले, चले आओ, और हम पहुँच गये तो उनके पास बात करने की फुर्सत नहीं।''

"मैं उन्हें देख पाया, उनसे मिल पाया, इसीसे मैं ख़ुश हूँ। मैंने कुछ खोया नहीं, बल्कि पाया। आप मुझे ले आए, इतना वक्त दिया, इसके लिए मैं आपका आभारी हूँ।"

गाड़ी चलाते हुए मि॰ हिरानू मुझे जापानियों के खेलकूद के बारे में बताने लगे। जापानी स्कूल-कालेज के बच्चों का रुझान अब अन्तर्राष्ट्रीय खेलकूद में अधिक था। आलिम्पिक गेम्स में जापान ने विशेष स्थान बना लिया है बहुतेरे पदक जीतकर। जापान में बेसबाल का भी काफ़ी प्रचलन है। प्राचीन खेलों में जापानी कुश्ती 'सूमो' अब भी जनप्रिय है। सूमो के लिए टोकियो में एक स्टेडियम भी है जिसका नाम 'कुरामाये कोकुगिकान सूमो हॉल' है। जापान में प्रतिवर्ष सूमो की छह बड़ी प्रतियोगिताएँ होती हैं, जिनमें से तीन टोकियों में तथा तीन अन्यत्र। जापानियों को हर प्रकार का खेल-कूद पसंद था, किन्तु और देशों की तरह यहाँ भी खेलने वाले कम थे, देखने वाले बहुत ज्यादा।

मैंने एकदिन बातों ही बातों में सुसुमु से पूछा, "तुम यूरोप में रहे हो, अमरीका भी गये हो, क्या तुम मुझे संक्षेप में बता पाओगे कि तुम जापानियों की सफलता का मूल कारण क्या है? हाँ, यह अगर तुमलोगों का ट्रेड सिक्रेट हो तो मैं अपना प्रश्न वापस लेता हूँ।"

सुसुमु ने हँसकर कहा, "हमारा कोई ट्रेड-सिक्रेट नहीं है। हमलोग काम करना पसंद करते हैं। हम अपने काम के प्रति वफ़ादार हैं और हम अपने ऊर्ध्वतन अधिकारियों का सम्मान करते हैं। हर कर्मचारी अपना काम करता है। हममें आपसी रंजिश या ग़लतफ़हमी नहीं होती।"

"किन्तु आपस में होड़ न हो तो उत्पादन बढ़ेगा कैसे?"

"यह मैंनेजरों की जिम्मेदारी है। हम सभी जापानी कर्मी हैं। यदि किसी हॉल में सौ लोग काम कर रहे हैं तो पूरे सौ लोग अपने-अपने कार्यों में व्यस्त रहेंगे। अतः आपस में वैमनस्य का प्रश्न ही नहीं उठता। कहीं हमसे कोई भूल-चूक हो तो उसे तुरंत सुधार लिया जाता है। एकता और अनुशासन हममें बहुत ज्यादा है।"

सुसुमु ने ठीक ही कहा था। इनमें एकता और अनुशासन वाक़ई बहुत अधिक था। मुझे लगता है कि अनुशासन के बल पर ही जापान ने इतनी जल्दी इतनी उन्नति की है।

जापान में सबकुछ बनता था। अपनी आवश्यक्तानुसार ये जो कुछ बनाते उसे भी बाहर भेजकर देखते कि इसकी वहाँ खपत होगी या नहीं। इस तरह एक बाज़ार पकड़कर वे वहाँ के आसपास के क्षेत्रों में भी अपना उत्पाद पहुँचाते। इस तरह उनका उत्पादन भी बढ़ता और निर्यात भी।

रास्ते और दुकानों की भीड़ तथा ठेलम-पेल के बावजूद टोकियो में अशोभन बहस और चिल्लपों नहीं दिखायी देता था। सब जैसे सभी से समझौता करते हुए

चलते। दुकानों, खासकर सुपर मार्केट या डिपार्टमेन्टल स्टोर्स में महिलाओं का राज था। क्रेता भी महिलाएं, विक्रेता भी महिलाएँ। जापान में महिलाओं का दबदबा सर्वत्र था। वे बाज़ार जातीं, खरीददारी करतीं और घर भी संवारतीं। अधिकांश दुकानों में महिलाएँ ही ग्राहकों से निपटतीं। टोकियों में सर्वत्र, ट्रेन, बस, होटल, सूचना केन्द्र यानी जहाँ भी रिसेप्शन की बात हो, वहीं हँसमुख महिला होस्टेस ही दिखायी देतीं।

एक दिन टूरिस्ट इनफारमेशन सेंटर ने मुझे चौंका दिया था जब उनके दिए गये गाइड ने मेरे साथ लगभग तीन घंटा घूमने के बाद भी एक इयेन भी नहीं लिया। उसदिन मुझे मालूम हुआ कि ये गाइड फ्री-सर्विस देते हैं यानी स्वेच्छा-सेवक हैं।

जापान में अमरीकी प्रभाव बहुत अधिक था। हॉलाकि रास्ते में किमोनो परिहित लड़कियाँ भी दिखतीं किन्तु कामकाजी महिलाएँ पतलून अधिक पसन्द करतीं क्योंकि उससे उनके काम-काज या चलने फिरने में अधिक सहूलियत मिलती। जो महिलाएँ यूनिफार्म पहनती उनका पहनावा स्कर्ट-फ्रॉक होता यानी होस्टेस जैसा ड्रेस। सारे पुरुष शर्ट-पैन्ट-सूट पहनते।

इस बीच मैंने एक दिन मारुनुचि बिजनेस डिस्ट्रिक्ट का चक्कर लगाया। वहाँ ज्यादातर एक्सपोर्ट यानी निर्यात के सेंटर थे। आयात-निर्यात का मूल केन्द्र होने के कारण वहाँ भी काफ़ी व्यस्तता थी। यूँ पर्यटकों को गिंजा और शिनजुकू ही अच्छा लगता।

घूमते-घूमते उसदिन मैं टोकियो के उत्तर में पहुँच गया। टोकियो घूमने का सबसे सहज उपाय था कि एक साइकिल किराए पर लिया जाय अथवा हाथ में समय हो तो पैदल घूमा जाय। किसी भी बड़े शहर को जानने के लिए यदि दिन पर दिन पैदल घूमा जाय तो जो अनुभव होता है वह अतुलनीय होता है। मैं जहाँ पहुँचा था वहाँ के रेलवे-स्टेशन, सब-वे तथा बस-स्टॉप का नाम ओचानोमिजू था। ओचानोमिजू रेलवे स्टेशन से सड़क नीचे की ओर गयी थी।

कुछ आगे बढ़कर मैं एक बार में गया और एक प्याली चाय का आर्डर देकर बैठ गया। बगल की मेज में एक सज्जन का ध्यान अखबार पढ़ने में लगा था। उन्हें देखकर लगा कि यह व्यक्ति मिलनसार हो सकता है।

मैंने स्वयं ही उनसे बातचीत की पहल की। मैंने कहा, "सारी, डू यू स्पीक इंगलिश, सर?

मेरा प्रश्न कानों में जाते ही उन्होंने सिर उठाकर मुझे देखा, फिर मुस्कराकर कहा, यस, यस, आई स्पीक इंगलिश।"

अपनी मेज छोड़कर मैं उनके सामने जाकर बैठता हुआ बोला, "मैं जापान घूमने आया हूँ, भारतीय हूँ।"

"बहुत अच्छा, बहुत अच्छा।"

"यह मेरी खुशकिस्मती है कि यहाँ आप मिल गये जिन्हें अंग्रेज़ी आती है। अंग्रेज़ी जानने वाले बहुत कम मिलते हैं। जिन्हें अंग्रेज़ी आती है उनके पास समय नहीं रहता।"

"ठीक, ठीक, ठीक कहते हैं आप। लेकिन यहाँ पर आपको अंग्रेज़ी जानने वाले बहुत लड़के-लड़कियाँ मिल जायेंगे, क्योंकि यह कॉलेज एरिया है।"

इसके बाद उन्होंने बताया कि ओचानोमिजू कॉलेज डिस्ट्रिक्ट है। टोकियो के मूल शिक्षालय सब यहीं हैं। मेइजि यूनिवर्सिटी यहाँ से बहुत करीब है। इसके अलावे कालेज और कालेज होस्टल भी हैं। उन्होंने अपना नाम तोरिशावा बताया। एक किताब की दुकान पर वे काम करते थे।

चाय पीकर मैं उन्हीं के साथ बाहर निकला। थोड़ी दूर चलने के बाद हम लिमबोग चौराहे पर पहुँचे। तोरिशावा मुझे गुडबाई कहकर अपनी दुकान पर चले गये। यहाँ चारों ओर पुस्तकों की असंख्य दुकानें थी। टोकियो का यही मूल पुस्तक विक्रय केन्द्र था। कुछ देर वहाँ टहलने के बाद मैंने वहाँ से वापसी का रास्ता पकड़ा।

मेरे टोकियो पहुँचने के बाद से अबतक मैंने सुसुमु को दफ़्तर के काम में बहुत व्यस्त पाया था, तनावग्रस्त भी। रविवार को उसकी और साचीओ की छुट्टी रहती, इसलिए यह दिन इस परिवार के लिए एक खास और आनंद दायक दिन होता।

रविवार आया और एमिको तथा साचीओ ने पिकनिक का कार्यक्रम बनाया। तय हुआ कि टोकियो टावर और डियेट बिल्डिंग होकर हम शिनजुकू पार्क पहुँचेंगे और वहीं पिकनिक मनाएंगे। उसदिन पहली बार मैंने सुसुमु को तनाव मुक्त देखा। गाड़ी वही चला रहा था, मैं उसकी बगल की सीट पर बैठा। एमिको और साचीओ पीछे की सीट पर बैठे। साचीओ बहुत ख़ुश थी। माँ और बेटी में संबंध दो सहेलियों जैसा था, उन्हें आपस में इतना फ्री और फ्रैंक होते देखकर मुझे अच्छा लगा।

सुसुमु के पास जापान में बनी टोयोटा ब्रेक वैन की नवीनतम मॉडल की गाड़ी थी। ड्राइव करते समय दह बहुत कम ही बोलता और यह एक अच्छी आदत थी क्योंकि चालक का ध्यान हमेशा सड़क और ट्रैफिक पर रहना चाहिए। कभी-कभी आवश्यक होने पर एमिको भी गाड़ी चलाती थी। हम टोकियो के एक्सप्रेस-वे से गुज़र रहे थे, चौड़ा एवेन्यू था। इस एक्सप्रेस-वे के बीच से बिना रुकावट कहीं भी जा सकते थे। एकमात्र यू.एस.ए. की सड़कों के साथ इन सड़कों की तुलना की जा सकती थी। पीछे बैठी एमिको और साचीओ आसपास की चीजों पर मेरा ध्यान खींचती और उसके बारे में बताती जाती।

टोकियो टावर होकर हमलोग लगभग ग्यारह बजे शिनजुकू राष्ट्रीय उद्यान पहुँचे। वहाँ एक सौ बीस इयेन का प्रवेश शुल्क देकर हम पार्क के अन्दर गये। टोकियो

पहुँचने के बाद पहले ही दिन एमिको मुझे इस पार्क के निकट के एक और पार्क में ले गयी थी मेइजि मंदिर दिखाने के लिए। अब तक मैंने टोकियो के बहुत से पार्क देखे थे, गगन-चुम्बी इमारतों और कांक्रिट के जंगल के बीच ये पार्क टोकियो की जान लगते।

हम पिकनिक बैग और एक दर्री लेकर पार्क में दाखिल हुए थे। थोड़ा चलकर हमने एक लकड़ी का पुल पार किया और पहुँच गये चेरी-ब्लॅसम के साम्राज्य में। डालियाँ फूलों से लबालब भरी थीं। यूँ मैंने यूरोप और अमरीका में भी चेरी फूलों का सौन्दर्य देखा था, किन्तु टोकियो के खूबसूरत परिवेश में इन फूलों का सौन्दर्य बहुत अधिक बढ़ गया था। फूलों का बहार देखते हुए हम लोग एक चौड़ी स्थान पर पहुँचकर अपनी दर्री बिछाकर बैठ गये। यहाँ दोनों ओर केवल चेरी की कतारें थीं। मैंने चारों ओर नज़र घुमाकर देखा कि और भी बहुत से लोग पिकनिक मनाने आए थे और दर्री या चटाई बिछाकर बैठे थे।

बातों ही बातों में एमिको बोली, "साधारणतः अप्रैल के महीने में चेरी-ब्लॅसम होता है, मई में अधिकांश फूल झर जाते हैं और नए पत्ते उगने लगते हैं। आश्चर्य है कि इस साल मई में भी चेरी फूल खिले हुए हैं।"

सुसुमुने चुटकी ली, "असल में फूलों का यह सौगात बिमल के स्वागत में है। वह मेडिटेशन करता है, इसीसे जो चाहता है वही पा जाता है।"

मैंने कहा, "ठीक कहते हो, तभी तो मैं तुम जैसा दोस्त भी पा गया।"

कुछ ही दूरी पर एक और परिवार बैठा था। वहाँ किसी से निगाह मिलते ही सुसुमुने झुककर उनका अभिवादन किया, उसकी देखा-देखी हमलोगों ने भी ऐसा ही किया। इसके बाद सुसुमुने उनसे मेरा परिचय कराया, उनके बारे में मुझे बताया कि वे सुसुमु के मित्र हैं, यूनिवर्सिटी में इतिहास पढ़ाते हैं। मेरा परिचय जानने के बाद उन्होंने अपने बैग से एक कार्ड निकालकर मुझे थमाते हुए कहा, "आप मुझसे सम्पर्क बनाए रखने से मुझे ख़ुशी होगी— भारत के विषय में मुझे बहुत दिलचस्पी है।"

मैंने उन्हें धन्यवाद देकर कहा, "मैं आपसे अवश्य मिलूंगा, खासकर इसलिए कि मैं भी आपके देश के बारे में बहुत कुछ जानना चाहता हूँ।"

इसके बाद उनसे और बातचीत नहीं हुई। वहाँ सभी परिवार का साथ देने और पिकनिक मनाने के लिए आए थे। बारह बजे के आसपास मैंने देखा कि पूरी जगह दर्रियों और चटाइयों से भर गयी है। इतने लोग पिकनिक मनाने आए हैं देखकर मैं चकित हुआ। लगता था कि पूरा शहर ही यहाँ उमड़ पड़ा है। मेरा विस्मय ताड़कर साचीओ बोली, "आज फिर भी भीड़ कम है। पन्द्रह दिन पहले यहाँ आते तो खड़े होने की जगह भी नहीं मिलती।"

एमिको बोली, "साचीओ ठीक कहती है, किन्तु तुम उस समय आते तो बहुत मजा आता क्योंकि तब चेरी-ब्लॅसम उत्सव का समय था।"

साचीओ अब खुलकर बातें करने लगी थी। वह बोली, "टोकियो के सभी पार्कों में और यहाँ के मंदिरों में फ्लावर फेस्टिवल मनाया जाता है। मैं माँ के साथ हर जगह जाती हूँ, है न माँ?"

"तुम्हारे पापा कहाँ जाते हैं भला? उनका तो बस दफ्तर और दफ्तर!" एमिको ने बेटी को उत्तर दिया।

हमलोग भोजन के लिए बैठे तो मैंने देखा एमिको ने बहुत इंतजाम किया था। मेरे लिए भात, तली हुई समुद्री काई और उबले आलू। औरों के लिए सशिमि। सशिमि एक तरह की मछली है जिसे अच्छी तरह धोने के बाद उसके केवल पीठ के अंश को छोटे छोटे टुकड़ों में काट लेते हैं, उसमें कांटा नहीं होता। इसे उबालते नहीं, घना सूखा अथवा सॉस के साथ कच्चा खाते हैं। साथ में प्यॉज और गोभी की एक सब्जी भी थी, सब्जी में ये लोग बहुत ही कम मसाला डालते थे। भोजन करते-करते आलोचना विभिन्न जापानी व्यंजनों पर जा टिकीं।

सुसुमु का प्रिय पकवान सुकियाकि था जिसे मैं मांस की सब्जी कहना पसंद करूँगा। इस पकवान में स्लाइस्ड बीफ बहुत बारीक काटकर उसे विभिन्न सब्जियों के साथ मिलाकर उबाला जाता। कुछ लोग सब्जियों को अलग उबाल लेते। उसके बाद बीन, दही और सेवई मिलाकर उसे परोसा जाता। मसाला जिसे जैसा पसंद वैसा ही मिलाया जाता। मुझे लगता है कि बीफ के बदले स्लाइस्ड मटन का भी इस्तेमाल हो सकता है। साचीओ ने अपना प्रिय पकवान याकितोरि बताया, उसने पकवान विधि जिस ढंस से समझाया उससे मुझे लगा कि वह सीक कवाब जैसी कोई चीज है। मांस में मसाला मिलाकर उसे लकड़ी की आँच में सेंक लेते हैं, उसके बाद सीक में पिरोकर उसके साथ विभिन्न सब्जियाँ मिलाकर खाते हैं।

जापान में भात के अलावे नूडल का भी काफ़ी प्रचलन था। यदि नूडल आटे से बनता तो उसे उदोन कहते, दूसरी चीजों से बनाने पर उसे सोबा कहते। इसे टोमाटो सॉस या किसी घने सॉस के साथ खाते। समूचे जापान में बियर और शराब का प्रचलन था जो भोजन के साथ दिया जाता।

खाते-खाते मैंने गौर किया कि आस पास सैकड़ों लोग पिकनिक मना रहे थे लेकिन आवाजें बहुत कम थी। लगता था कि सभी लोग औरों का भी ख़्याल रखते थे। जापानियों की यह विशेषता टोकियो पहुँचने के बाद से ही मैं देखता आया था।

एमिको ने अचानक मुझसे कहा, "तुमने अवश्य ही यहाँ के रेस्तोरॉओं के शो-केस में सुकीइया- कि सजाया हुआ देखा होगा— लेकिन इसका अलग-अलग दुकानों में स्वाद भी अलग-अलग होता है।"

मैं बोला, "साधारणतः अकेला होने प॰ मैं किसी रेस्तोराँ में नहीं जाता, रास्ते की छोटी दुकानों से कुछ ख़रीद लेता हूँ।"

रेस्तोराँ की बात उठी तो सुसुमुने मेरी ओर देखकर कहा, "टोकियो के रेस्तोराँओं की सारी दुनिया में क़द्र है, यह जानते हो कि नहीं?"

"हाँ, सुना है। क्या फ्रांस के कुलिनारि के साथ इनकी तुलना कर सकते हैं?"

"नहीं, नहीं, यह संभव नहीं, क्योंकि फ्रेंच क्विज़ीन विश्व-विख्यात है।" सुसुमु ने स्वयं ही स्वीकार कर लिया।

अब बातचीत टोकियो के बार एवं रेस्तोराँओं पर होने लगी। सुसुमु ने बताया कि दुनिया में ऐसे शहर बहुत कम ही होंगे जहाँ टोकियो की तरह विविध प्रकार के रेस्तोराँ हैं। खासकर रात में इनकी रौनक बहुत बढ़ जाती है। बार, कैबरे, नाइट क्लब, स्नैक्स, डिस्कोथेक, बियर हॉल आदि की संख्या दिन-ब-दिन बढ़ती ही जा रही है। केवल टोकियो में ही इनकी संख्या दस हजार के आसपास पहुँच गयी है, पूरे जापान में न जानें कितनी हो। जापानियों को दिनभर कड़ी मेहनत करनी पड़ती है। काम के समय सिर्फ़ काम, कोई बातचीत नहीं। ड्यूटी समाप्त होते-होते श्रमिक थककर चूर हो जाते हैं, दफ़्तरों में काम करने वाले कर्मचारियों की हालत भी वैसी ही होती है। इनमें से अधिकांश कार्य निपटाकर इन्हीं सब स्थानों में पहुँचते हैं। वहाँ थोड़ा पीते हैं, हँसकर बातें करते हैं, दोस्तों से बातचीत करते हैं और फिर घर लौटते हैं। कहते हैं इससे उनका तनाव काफ़ी कम हो जाता है। लेकिन इसका एक बुरा पक्ष भी है। बहुत लोग खुद पर काबू नहीं रख पाते, नशाग्रस्त होकर घर लौटते हैं और खुद के लिए तथा परिवार के लिए मुसीबतें खड़ी करते हैं। बहुत-से नाइट क्लबों में जापानी संगीत की व्यवस्था थी तथा बहुत जगह संग देने के लिए लड़कियाँ भी मिलती थी।

भोजन करते हुए हम इस तरह के विविध प्रसंगों पर बातें करते रहे। साचीओ ने भी अपने स्कूल के बारे में बताया। उसका मानना था कि जापान में स्कूली जीवन बहुत कठिन था, शिक्षक-शिक्षयित्री बहुत कड़े थे और अनुशासन के लिए बहुत दबाव दिया जाता था। फिर भी एक अच्छी बात यह थी कि स्कूलों में खेलकूद और मनोरंजन के लिए पर्याप्त समय दिया जाता था। वहाँ सुविधाएँ भी बहुत थीं, किन्तु प्रतियोगिताएँ भी बहुत।

भोजनोपरांत पेपर प्लेटों को सहेजकर मैं बास्केट में डालने गया तो वहाँ फिर एकबार सुसुमु के मित्र से मुखातिब हो गया। उन्होंने मुझे अपना कार्ड दिया था जिसपर उनका नाम मासुमि आकियामा लिखा था। मैंने उनसे कहा, "मेरा नाम बिमल है, यदि कभी फ़ोन करूँ तो नाम सुनकर चौंकिएगा नहीं।"

उन्होंने विनय के साथ कहा, "धन्यवाद। हमलोग भी भोजन कर चुके हैं, यदि आपके पास समय हो तो हम कुछ देर बातें कर सकते हैं।"

सुसुमुने उन्हें हमारे साथ आकर बैठने को कहा तो वे अपनी पत्नी के साथ चले आए। आकियामा की उम्र चालीस के असपास थी। उनकी पत्नी ने किमोनो पहन रखा था और वे बेहद खूबसूरत थीं। पिकनिक में आकर औरों का अधिक समय बर्बाद नहीं करना चाहिए सोचकर ही शायद उन्होंने पहले ज्यादा बातें नहीं की थी, मुझे ऐसा महसूस हुआ, क्योंकि अब देख रहा था कि वे काफ़ी मिलनसार हैं। अंग्रेज़ी तोड़-तोड़ कर धीरे-धीरे बोलने पर मिसेस आकियामा समझ लेतीं, नहीं तो मुस्कान के साथ सिर्फ़ देखती रहतीं।

एमिको ने फ्लास्क से प्लास्टिक की गिलासों में चाय उड़ेल कर सबको दिया, उसके बाद हम दो दलों में बँट गये। एमिको, साचीओ और मिसेस आकियामा एक ओर बैठकर आपस में जापानी भाषा में बातचीत करने लगे, दूसरी ओर बैठकर मेरे, सुसुमु और प्रोफेसर आकियामा के बीच अंग्रेज़ी में बातचीत शुरू हुई और बातचीत जापानी शिक्षा व्यवस्था पर होने लगी।

मेरे एक प्रश्न के उत्तर में आकियामा ने बताया, "दुनिया के अन्य बड़े शहरों की तरह छात्र-आन्दोलन और विक्षोभ यहाँ भी है लेकिन बहुत कम। कोई भी आन्दोलन व्यापक आकार लेने से पहले ही कौशल से उसपर नियंत्रण पा लिया जाता है। जापान में चीन पंथी या रूस पंथी जैसा कुछ नहीं है, अतः यहाँ छात्र-आन्दोलनों के पीछे कोई राजनैतिक दल या विराट किसी संस्था का हाथ नहीं होता। हमारे यहाँ सबकुछ कल्चरल और इंडस्ट्रियल है। जापानी मात्र ही अनुशासन प्रिय होते हैं। अतः अनुशासनहीनता आए तो उसे छात्रों के अभिभावक भी बर्दाश्त नहीं करेंगे। इसलिए हमारे यहाँ जिस कारण से भी छात्र आन्दोलन पनपे, वह बड़ा आकार नहीं लेता।"

मैंने कहा, "जापानी शिक्षा व्यवस्था के सम्बन्ध में मुझे कोई जानकारी नहीं है। आप जो कुछ बताएंगे, मैं उससे संतुष्ट रहूँगा— अवश्य यदि आपको एतराज़ न हो।"

प्रोफेसर आकियामा घुटना मोड़कर वज्रासन में बैठते हुए बोले, "मैं बोल तो सकता हूँ, लेकिन क्या आपको मेरी अंग्रेज़ी समझ में आ रही है?"

मैंने सम्मतिसूचक सिर हिलाया तो वे बोलने लगे— "सन् 1978 ई. के बाद से जापान की शिक्षा व्यवस्था में आमूल परिवर्तन हुआ। आप जानते हैं कि हमारे यहाँ मटेरियल रिसोर्स या कच्चामाल बिलकुल नहीं है। इसलिए हमारे देश की अग्रगति के लिए ज़रूरी है शिक्षा। एकमात्र शिक्षा के जरिये ही हम और देशों से सम्पर्क कर सकेंगे और उनसे विज्ञान लाकर बना पाएंगे नया देश। इस मामले में हमारे दो क़ानून बहुत कारगर सिद्ध हुए, एक है 'फंडामेंटल लॉ ऑफ एडूकेशन' और 'द स्कूल एडूकेशन लॉ'। अब जापान में शिक्षा का मतलब है: "To produce self reliant citizen of a peaceful and democratic state and community with respect for human rights and a love for truth and peace."

"हमारी शिक्षा व्यवस्था पूरे राष्ट्र के लिए है, जिससे हर जापानी को हर प्रकार की शिक्षा का अवसर मिले। इसमें कोई भी भेदभाव नहीं है यानी जाति, धर्म-पंथ, सामाजिक प्रतिष्ठा, आर्थिक स्थिति और पारिवारिक पृष्ठभूमि का कोई महत्व नहीं, शिक्षा का समान अधिकार सबके लिए है। जापानियों के लिए नौ साल तक शिक्षा अनिवार्य है यानी छह साल एलिमेन्ट्री स्कूल तथा अगले तीन साल लोवर सेकेंडरी स्कूल की शिक्षा अनिवार्य एवं निःशुल्क है, अर्थात् 15 वर्ष की आयु तक निःशुल्क अनिवार्य शिक्षा की व्यवस्था है। जापान में सरकारी तथा गैर-सरकारी सब तरह के स्कूल हैं। यहाँ की शिक्षा व्यवस्था अन्तर्राष्ट्रीय स्तर की तथा अमरीकी शिक्षा व्यवस्था जैसी है।

"लोवर सेकेंडरी स्कूल के बाद अपर सेकेंडरी स्कूल में तीन साल का पाठ्यक्रम है, उसके बाद यूनिवर्सिटी में चार साल। सभी स्तरों के लिए प्राइवेट इंस्टीट्यूशन भी हैं। भविष्य की ओर देखते हुए विज्ञान की शिक्षा पर अधिक बल दिया जाता है। कॉमर्स और आर्ट्स में भी इधर उन्नति हुई है। लेकिन यह मानना ही होगा कि वर्तमान समय में किसी भी देश को आगे बढ़ना हो तो सबसे ज़रूरी है विज्ञान की उन्नति।"

"जापान ने जो उन्नति की है, उसके मूल में शिक्षा है अथवा जातीय चरित्र? आपका विचार क्या है?" मैंने पूछा।

मेरा प्रश्न सुनकर प्रोफेसर थोड़ा चौंके, फिर ऐनक साफ़ करते हुए बोले, "शिक्षा। शिक्षा के बिना जातीय चरित्र का गठन कैसे होता?"

"ठीक।" मैंने कुछ झेंप के साथ कहा, क्योंकि मुझे लगा कि मेरा प्रश्न ही अटपटा था। फिर पूछा, "आपको तो मालूम है कि मैं भारत से आया हूँ, भारत एक प्राचीन देश है। हमारे जातीय चरित्र में पुराने दिनों का अभ्यास टिका हुआ है। हजारों साल पहले का धर्म हमारे चरित्र के साथ घुला मिला है। इसीलिए मेरी जिज्ञासा है कि आप लोगों की पुरानी सांस्कृतिक दृष्टिकोण क्या शिक्षा के प्रभाव से पूरी तरह बदल सकी है?"

लगा कि प्रोफेसर को अपना मन-पसंद प्रश्न मिल गया था। उन्होंने अपने बैठने की भंगिमा बदल ली, फिर बोले, "हाँ, हाँ बहुत अच्छा प्रश्न है। मैं भारतवर्ष तो नहीं गया, लेकिन उसका इतिहास कुछ पढ़ा है। रवीन्द्रनाथ टैगोर की कविताएँ तथा गांधी जी का दर्शन कुछ-कुछ पढ़ा है। इसीलिए मैं समझ रहा हूँ कि आप क्या कहना चाहते हैं। हमारा जापान एक छोटा-सा देश है, ऐसे नौ जापान मिलें तो एक इंडिया बनेगा। आपकी मूल समस्या धर्म और राजनीति है। हमारे देश में ऐसी कोई समस्या नहीं है। आध्यात्मिक स्तर पर भारत जैसा उन्नत देश बहुत कम है, लेकिन आप लोगों के पास सबकुछ होते हुए भी उसका उचित उपयोग नहीं होता। मैं इस प्रसंग पर कुछ बोलना नहीं चाहता। जापान में सन् 1886 से, यानी मेइजि आन्दोलन के समय से जापानी

सोच-विचार ने सम्पूर्ण नया रूप लिया। हमने शिक्षा को अहमियत दी क्योंकि शिक्षा से ही उन्नति संभव है। शिक्षा के साथ कर्म और कर्म के साथ एडजस्टमेंट पर बल दिया गया।

"हाँ, एडजस्टमेंट या समायोजन कर्मपद्धति शिक्षा का ही अंग है और उसे राष्ट्रीय चरित्र में अच्छी तरह पिरो दिया गया है। आज हर जापानी जानता है कि जीवन में सफल होने के लिए मेहनत करनी पड़ेगी। केवल विश्वविद्यालय की डिग्री से देश की उन्नति नहीं होगी, उस उपाधि या शिक्षा को काम में लगानें के लिए सोचना होगा, समायोजन करना होगा। हम भी धर्म और एकदलीय शासन पद्धति के चंगूल में थे, किन्तु आज हम उससे मुक्त हो गये हैं। आपको शायद ज्ञात हो कि एक समय रूस ने जापान को लगभग दो हिस्सों में बाँट दिया था, जैसा कि विएतनाम में हुआ था। जापान की किस्मत अच्छी थी कि उस समय मैक अर्थर ने मजबूत हाथों से स्थिति को संभाला था, तभी हम बच गये। हॉलाकि यह दूसरा प्रसंग है। सन् 1960 में हमारे उस समय के प्रधानमंत्री मि॰ इकेदा ने बारबार कहा था, 'गरीब जापान की बातें अब इतिहास की बातें हैं, अब नया जापान है और यह जापान धनी जापान है। हम सब मिलकर और धनी बनना चाहते हैं, दो एक लोग नहीं, प्रत्येक जापानी। हम सब मिलकर और भी मेहनत करेंगे। यहाँ रुकने से काम नहीं चलेगा, हम अपनी मासिक आय दुगना करेंगे, हमारा जीवन-स्तर और भी सुधारेंगे। जापान अब से उद्योग-क्रांति के लिए संग्राम करेगा। इसके लिए चाहिए शिक्षा और परिश्रम। हम और भी कारखाना स्थापित करेंगे, इसके लिए चाहिए लाखों कारीगर। सबके परिश्रम द्वारा हम और भी शक्तिशाली तथा और भी उन्नत जापान बनाएंगे।' उनकी ये बातें आज वास्तविकता में बदल गयी है।"

इतना कहकर प्रोफेसर रुके। औरों की ओर देखकर मुझे लगा कि यह प्रसंग मुझे चाहे जितना भी अच्छा क्यों न लगे, पिकनिक के लिए आए इन लोगों को अच्छा नहीं लग रहा था। एमिको और साचीओ के चेहरे भी यही बता रहे थे। इसलिए मैंने प्रोफेसर आकियामा को अपना आभार जताकर धन्यवाद दिया। आमतौर पर जापानी लोग ज्यादा बोलते नहीं थे, वे अपवाद थे, उनमें उत्साह और आग्रह भी काफ़ी था। उनकी सारी बातें तर्क-संगत थीं।

हमने दरीं समेट ली। हमसे विदा लेते हुए प्रोफेसर ने आग्रह किया मैं उनके घर पर अवश्य जाऊँ, वे भी भारत के विषय में कुछ जानना चाहते थे। मैंने मिलने का वादा किया।

साचीओ की इच्छा थी कि हम शाम को सुमिदा नदी पर मोटर-लांच की सैर करें। मैंने उससे सहमति जताकर सुसुमु से कहा, "लांच का टिकट मैं लूंगा, वह राजी न हो तो मुझे तकलीफ़ होगी।"

उसने कहा, "ठीक है, कोई बात नहीं।"

नदी पर सैर करते हुए टोकियो का रात का दृश्य देखने का और ही मजा है।

घर लौटते हमें रात के दस बज गये।

'जापानीज़ मिराकल' या जापानी चमत्कार के बारे में मैंने अक्सर सुना है। यूरोप तथा अमरीका में जापानी व्यापार और वाणिज्य का प्रसंग छिड़ने पर लोग इसे जापानी चमत्कार की आख्या देते। टोकियो शहर में घूमते हुए ये शब्द बारम्बार मेरे जेहन में आते रहे। व्यापार की जगत में इन्होंने वाकई अलौकिक शक्ति का परिचय दिया था।

टोकियो के बिजनेस ड्रिस्ट्रिक्ट मारुनुची के सजे-सँवरे विशाल अट्टालिकाओं को देखते हुए मैंने इस जापानी सफलता का राज़ ढूँढ़ना चाहा। दुर्भाग्यवश मैं व्यापारी नहीं हूँ और व्यापार जगत के विषय में मुझे कोई जानकारी नहीं है। फिर भी बतौर एक पर्यटक मैं जो कुछ जान पाया यहाँ उसी का उल्लेख करूंगा।

यह मानना पड़ेगा कि पश्चिमी देशों का विज्ञान और पूरब की देशों का सस्ता श्रम मिलाकर ही सस्ता माल बनाना संभव हो सका। हमारे भारत में भी मजदूरी सस्ती है और यूरोप तथा उत्तरी अमरीका में विज्ञान है, किन्तु इन दोनों के सम्मिश्रण से हम वह नहीं कर सके जो जापान और कोरिया ने कर दिखाया। मैं किसी निजी कम्पनी की बात नहीं कर रहा, मैं एक राष्ट्र की बात कर रहा हूँ। यूरोप तथा उत्तर अमरीका में विज्ञान की उन्नति के साथ ही वहाँ का जीवन-स्तर भी काफ़ी ऊपर उठ गया। वहाँ सस्ते में मजदूर पाने की बात कोई सोच भी नहीं सकता। मैंने कनाडा में देखा कि वहाँ सड़कों पर से कूड़ा उठाने वालों के पास भी अपनी गाड़ियाँ हैं। जापानियों ने शुरू में अपना जीवन-स्तर न बढ़ाकर अपनी रोजमर्रा की जिन्दगी से तालमेल बैठाकर विदेशी तकनीक अपने काम में लगाया। आज हॉलाकि उनके दैनन्दिन जीवन का खर्च बहुत बढ़ गया है, किन्तु वह यूरोप और अमरीका की तुलना में बहुत कम है। यह कम आश्चर्यजनक नहीं कि जापान ने उन्नीसवीं शताब्दी के अंत में टेक्सटाइल इंडस्ट्री की शुरूआत की थी और उसके उत्पादन का आधा हिस्सा विदेशी बाज़ारों में खपता था। जापान ने सन् 1930-35 के दरम्यान लघु उद्योग की स्थापना की और आज भारी उद्योग में वह दुनिया का अन्यतम श्रेष्ट देश है।

जापान की प्रारंभिक योजना लघु-उद्योग में पारंगत होकर सारे विश्व में व्यापार करने की थी। इस्पात तथा भारी उद्योग की शुरूआत जापान में पहले-पहल प्रतिरक्षा तथा सामरिक कारणों से हुई थी और इसीकारण से जापान ने जहाज़ निर्माण का काम शुरू किया था। जापान में छोटे-बड़े बहुत से द्वीप हैं। अन्दरूनी परिवहन एवं और देशों से सम्पर्क के लिए तथा सुरक्षा कारणों से उन्हें जहाज़ों की अति आवश्यकता थी। जापान छोटा-सा देश होने के बावजूद यहाँ श्रमिकों की संख्या काफ़ी थी। शिक्षा और श्रम की बदौलत जापान ने बहुत कम समय के अन्दर ही जहाज़ निर्माण के कारखानों

को स्थापित कर लिया। यहाँ का हर श्रमिक शिक्षित तथा देश प्रेमी है, जापान की उन्नति के पीछे इन निष्ठावान श्रमिकों का बहुत बड़ा योगदान है। जापान में औद्योगिक विकास तो हुआ किन्तु पश्चिमी देशों की तरह यहाँ के श्रमिकों का वेतनमान नहीं बढ़ा, इसीसे कम लागत में उत्पादन करते हुए सस्ते में सामान बेचने में वे सफल रहे।

जापानी सरकार हमेशा व्यापारियों के सम्पर्क में रहती है और उन्हें प्रोत्साहित करती है। देश की विकास के लिए आवश्यक विदेशी मुद्रा जो लोग अधिक लाते हैं सरकार उन्हें सहूलियत देती है। तैयार माल निर्यात के लिए जो भी सरकारी सहयोग आवश्यक हो वह सरकार देती है। सरकार और व्यापारियों के बीच यह घनिष्ठ संबंध और सहयोग भी जापान की तरक्की का एक और कारण है।

ईंधन तथा ऊर्जा की आवश्यकता का लगभग नब्बे भाग जापान को विदेशों से आयात करना पड़ता है। कोयला, खनिज तेल, जल-विद्युत, नेचरल गैस तथा न्यूकिलयर पावर, इंडस्ट्री के लिए परमावश्यक है। पेट्रोल तथा खनिज तेल जापान में बिलकुल नहीं है जो कि उनके लिए प्रथम और प्रधान आवश्यकता है। यह बाहर से मंगाना पड़ता है। इस समय सरकार का ध्यान वैकल्पिक ऊर्जा स्रोत ढूंढ़ने में लगा है तथा इसपर अनुसंधान चल रहा है।

जापान के भारी उद्योगों में सबसे पहले लौह तथा इस्पात उद्योग की बात करनी पड़ेगी। पिछले महायुद्ध के बाद से जापान ने इस उद्योग में सराहनीय उन्नति की है। यह सोचकर आश्चर्य होता है कि एक छोटा-सा देश जापान, जिसके पास अपना एक खदान तक नहीं है, रूस तथा संयुक्त राज्य अमरीका के बाद दुनिया का तीसरा वृहत्तम लोहा तथा इस्पात उत्पादक है। सन् 1980 ई. में लोहा तथा इस्पात उत्पादन में जापान ने सबको चौंका दिया था। जब उसकी पैदावार इस प्रकार रही— पिग आयरन : 87,041 टन, क्रूड स्टील : 111,395 टन, हॉट रोल्ड स्टील : 101, 760 टन।

उच्चकोटि का आयरन एंड स्टील बनाने के लिए कच्चा लोहा, कोकिंग कोयला और स्क्रैप आयरन की आवश्यकता होती है। जापान इन कच्चे मालों का आयात भारत, ब्राजील और चीली से करता है तथा अमरीका से भी काफ़ी मात्रा में स्क्रैप-आयरन मंगाता है। मुझे भारत के चित्तरंजन, टाटा और राउरकेला के इस्पात कारखानों को देखने का सौभाग्य मिला था, मैं वहाँ के विभिन्न फर्नेसों को देखकर चकित हुआ था। भारत भी अब आयरन एवं स्टील के उत्पादन में पीछे नहीं है। लेकिन फिर भी मुझे लगता है कि हमारी पुरानी फैक्टरियों में नए यंत्र या उपकरण नहीं लगाये गये हैं, जो था उसीसे काम चल रहा है। हमारे पास क्या नहीं है? वैज्ञानिक, कच्चा माल और मजदूरों की भारत में कोई कमी नहीं। आवश्यक है सरकारी सहयोग, कुशल श्रमिक और शिक्षा।

आधुनिक उपकरण यानी अत्याधुनिक कारखाने और तकनीक का उपयोग। जापान के इस्पात कारखानों में बड़े-बड़े ब्लास्ट-फरनेस, एल-वी कन्वर्टर्स तथा स्ट्रिप

मिलों को चलाने के लिए संचालन की कुशलता मौजूद है। इस समय जापान में तेईस हॉट स्ट्रिप मिल तथा बहत्तर कोल्ड स्ट्रिप मिल हैं। यहाँ दुनिया का अन्यतम वृहत्तम ब्लास्ट फरनेस भी है जिसकी दैनिक उत्पादन क्षमता बारह हजार टन पिग आयरन की है। इस उद्योग में विश्व के तीसरे स्थान पर पहुँचकर भी जापान रुका नहीं है, उसकी मंशा और तेजी से आगे बढ़ने की है। आयरन एंड स्टील के एक वार्षिक रिपोर्ट में कहा गया है— 'To maintain its competetive productivity in the future, the steel industries will require further updating of facilities and technological development for energy conservation.'

'मेड इन जापान' वाक्य के साथ हम सब परिचित हैं। भारतीय बाज़ारों में जापानीज़ कैमरा, टेपरिकार्डर, घड़ी, पेन, खिलौने से लेकर गाड़ियों तक सब मानों आसमान से टपकते हैं। दुनिया के बड़े-बड़े शहरों का भी यही हाल है। लगता है जिस बाज़ार में जापानी सामान नहीं है वह बाज़ार ही नहीं है। यूरोप की सड़कें जापानी मोटर गाड़ियों बसों और ट्रैक्टरों से छा गये हैं।

जापान की एक और विशेषता है कि वे हर सामान का मिनी मॉडल भी बना लेते हैं। बड़े-बड़े टेलीविज़न और इसके विपरीत घड़ी के आकार का भी मिनी टेलीविज़न। बड़े कम्प्यूटर और उसके विपरीत मिनी पाकिट-कम्प्यूटर। मिनी सामानों के बाज़ार से मिनी देश जापान मैक्सी मनी बटोर रहा है.... यानी छोटी आकार की इलेक्ट्रानिक सामानें बेचकर भी अच्छा धंधा कर रहा है। बहुत दिनों पहले मेरे एक सैनफ्रांसिस्को निवासी अमरीकी दोस्त ने मुझसे कहा था, 'सुबह मैं जिस घड़ी का अलार्म सुनकर जागता हूँ वह जापानी है, उसके बाद हजामत बनाता हूँ जापानी शेवर से, फिर पावरोटी सेंकता हूँ तो वह टोस्टर भी जापानी, फ्लैट से नीचे उतरने के लिए लगा है जापान मेड लिफ्ट, सड़क पर आकर टैक्सी या प्राइवेट कार पकड़ता हूँ तो वह वाहन भी जापानी, दफ्तर पहुँचकर टाइपराइटर और कम्प्यूटर जो देखता हूँ वे भी मेड इन जापान हैं, शाम घर लौटकर टी.वी. देखता हूँ तो वह टेलीविज़न भी जापानी ही है, यानी हमारे दैनन्दिन जीवन से मेड इन जापान सामानों को अलग करना असंभव है।'

जापान के एक्सपोर्ट मार्केट में पहुँचकर मैं विस्मय से सोचता रहा कि ये जापानी वाक़ई मनुष्य हैं या मनुष्य के रूप में विश्वकर्मा के निजी कर्मचारी। लगता था कि धरती के सारे कुशल कर्मचारी यहीं जन्म लेकर 'जापानीज मिराकल' दिखा रहे थे।

'मेड इन जापान' प्रसंग पर बातें करता रहूँ तो यह प्रसंग कभी समाप्त नहीं होगा। इस प्रसंग को समाप्त करते हुए और कुछ जापानी द्रव्यों का उल्लेख करना चाहूंगा।

अमरीका जर्मनी तथा फ्रांस में मैंने सुना था कि वे मन्दी के दौर से गुजर रहे हैं। उनके बहुत से कारखानें बंद हो गये थे। और उसी साल मैं ज़ापान पहुँचकर देखा कि यह एक भिन्न जगत है। यहाँ जो लोग बाज़ार को मंदा कहते हैं वे भी मुनाफा कमा रहे हैं, लेकिन उन्होंने जितने लाभ की अपेक्षा की थी लाभ शायद उतना नहीं हो सका।

पिछले साल जापान ने सत्तर लाख ब्लैक एंड ह्वाइट टी.वी, एक करोड़ साठ लाख कलर टी.वी. सेट बाहर भेजा। सत्तर लाख मोटर गाड़ियाँ तथा लगभग अस्सी लाख मोटर साइकिलों का निर्यात किया।

अत्याधुनिकता के लिए तथा बाज़ार की मांग के अनुसार सामग्री तैयार करने में तथा निर्यात करने में जापान की किसी से तुलना नहीं की जा सकती। अत्याधुनिक मॉडल बनाकर किस तरह पृथ्वी के बाज़ारों पर अधिकार जमाया जा सकता है इस पर निरंतर अनुसंधान की जाती है।

जापान ने विज्ञान को क्रीतदास बना लिया है। अलाउद्दीन के जादुई चिराग की तरह यह क्रीतदास करोड़ों विदेशी मुद्रा जापान में हर साल ला रहा है।

बाहर निर्यात करने के लिए जापान लगभग नब्बे भाग माल बाहर से ही मंगाता है। जापान की स्थिति लगभग कुम्हारों जैसी है। बाहर से मिट्टी लाकर प्रतिमा बनाकर उन्हें बाहर बेचने में ये सिद्धहस्त हैं। ये लोहा, रूई, कपास, बॉक्साइट् आदि विभिन्न देशों से मंगाकर उसे मनुष्य के व्यवहार के उपयोगी बनाकर ऊँची कीमतों पर विदेशों में ही खपाते, इस दृष्टि से जापानी वाक़ई जादुगर थे।

जापानियों की इस उन्नति के पीछे उनके बहुत गुणों का हाथ है। उनकी एकता और अध्यवसाय सराहनीय है। यहाँ के कई विशिष्ट व्यक्तियों से परिचित होने के बाद मैंने जानना चाहा था उनके संगठन एवम् सांघटनिक कौशल के बारे में। इस तरह की जानकारी लेना बहुत कठिन है। उन्हें देखकर लगेगा कि वे चीनी खिलौने की तरह हैं। सिर झुकाकर वे सारी बातें सुनते हैं लेकिन कुछ समझते नहीं। असलियत ठीक इससे परे थी। वे सब सुनते थे, सब समझते थे, किन्तु अपना मतामत व्यक्त नहीं करते थे। कोई जापानी प्रोफेसर हो या ऊँचे दर्जे के कर्मचारी, वे किसी भी प्रसंग पर सहजता से अपना मतामत नहीं देते थे। सबकुछ सुनने और समझने के उपरांत ही वे सोच-समझ कर उसका उत्तर देते।

सामान निर्यात के मामले में जापानियों की तत्परता देखते ही बनती है। बन्दर, रेल गुदाम या एयर पोर्ट, कहीं भी किसी सामान को वे बाद में भेजने के उद्देश्य से रोकते नहीं थे, त्वरित सेवा इनकी विशेषता थी। जापान का विकास त्वरित औद्योगिक क्रांति के बलबूते हुआ है। जापान के प्रधानमंत्री ने कहा है, "हमारी तरक्की अन्तर्राष्ट्रीय सहयोग पर निर्भर करती है।" इस कथन में सच्चाई है क्योंकि जापान का विकास पूरी तरह बाहरी दुनिया पर निर्भरशील है। अन्तर्राष्ट्रीय क्षेत्र में यदि कभी कोई गलतफ़हमी हुई तो जापान की संसद तत्काल उसके संशोधन के लिए आवश्यक क़दम उठाती है। जापान चाहे जितना भी छोटा देश क्यों न हो, विशाल एवं सम्पन्न अमरीका के साथ वह मुक़ाबला कर रहा है। जापान की हिटाची, तोशिबा, टोयोटा, सोनी आदि कम्पनियाँ अमरीकी दैनन्दिन जीवन का हिस्सा बन गये हैं। इसके श्रेय जापानियों की रचनात्मक ऊर्जा को जाता है। विदेशी मसलों पर वहाँ अक्सर सुना जाता हैः 'अ टाइम

फार क्रियेटिव डिप्लोमेसी'। वहाँ हर क्षेत्र में प्रतियोगिता है, इन प्रतियोगिताओं से कोई थकता नहीं। यदि कोई थक भी जाय तो तुरंत दूसरा उसका स्थान ले लेता है। बड़ी बड़ी कम्पनियों के मैनेजमेंट में परामर्श, प्रतियोगिता एवं नियंत्रण पर ध्यान दिया जाता है। उत्पादन बढ़ाने के लिए कुशल श्रमिक चाहिए तथा कम्प्यूटर चलाने के लिए शिक्षित कर्मचारी, इस ओर जापान ने खास ध्यान रखा। श्रमिकों पर काम का बोझ बहुत रहता है, इसीलिए हर कारखाने में उनके मनोरंजन की विविध व्यवस्था की गयी है, कहीं कहीं काम के दौरान ही समवेत व्यायाम की भी व्यवस्था है। काम के समय तनाव कम हो और दिमाग ठीक रहे तो काम भी अच्छा होता है। मेरा ख्याल है कि वहां ऐसी व्यवस्थाएँ मानवता के खातिर नहीं बल्कि उत्पादन बढ़ाने के लिए की जाती है।

जापान आगे बढ़ रहा है, द्रुत विकास कर रहा है, किन्तु हर क़दम पर वह अपनी जमीनी हक़ीक़त और भविष्य की संभावनाओं को तौलता भी जाता है। यह भी जापान की एक और विशेषता है। सेल्फ-डिसिप्लिन भी जापानी चरित्र की विशेषता है, अनुशासन बनाए रखने के प्रति हर नागरिक सजग है। जंगल तभी हरा दिखता है जब उसका हर पेड़ हरा भरा हो। समाज की उन्नति तभी संभव है जब समाज अनुशासित हो।

ऐसा नहीं कि जापान का ध्यान केवल व्यापार में लगा है, वह विश्व की समस्याओं के प्रति भी सजग है। वे भी धरती के लोग हैं, धरती की समस्या उनकी भी समस्या है। वे भी चाहते हैं कि धरती पर हमेशा शांति क़ायम रहे। इसीलिए जापान के संसद ने घोषणा की कि यूनाइटेड नेशनस् की नीति ही जापान की विदेश नीति है। धरती की संस्कृति की रक्षा करना राजनीतिज्ञों का मूल ध्येय होगा। हमें एक ऐसी सार्वजनिक भावना रचनी होगी जो विश्व के सारे लोगों में शांति और समृद्धि लाये।

जापान ज्यों विदेशों से आय करता है त्यों ही वह अब बहुत सी अन्तर्राष्ट्रीय सभा-समितियों एवं संगठनों को विश्वशांति, खेलकूद तथा विकासशील योजनाओं के लिए आर्थिक मदद भी करता है। जापान को किसी से परहेज नहीं, उसका मानना है कि धरती की सभी जातियों से सीखने लायक बहुत कुछ है जिन्हें धीरे-धीरे समझ-बूझ कर अपना लेने में कोई हर्ज नहीं बल्कि लाभ ही है।

ऐसा मानना सही भी है, तभी विभिन्न संस्कृतियों एवं भावनाओं के बीच तालमेल बिठाया जाना संभव है। शायद तभी टोकियो में जहाँ एक ओर गगनचुम्बी इमारतों का सिलसिला है वहीं दूसरी ओर सुंदर शान्त परिवेश में सुरम्य उद्यानों से घिरा प्राचीन मंदिर भी। एक ओर ब्लू-जिन्स और मिनी स्कर्ट तो उसी के बगल में किमोनो पहनी जापानी सुंदरियाँ। इस विविधता में जापान का सौंदर्य और विशेषता दोनों दिखायी देता है। प्राचीन धर्म का उन्होंने पूरी तरह त्याग नहीं किया, बल्कि उसे समयोपयोगी बनाकर सँवार लिया है।

फ्यूजी

कई दिनों तक टोकियो घूमने के बाद मैंने टोकियो शहर से बाहर जाने का निर्णय लिया। स्थानीय पर्यटक सूचना केन्द्र से मुझे आवश्यक जानकारियाँ मिल गयी तथा सुसुमु से विचार-विमर्श कर मैंने अपनी यात्रा की तैयारी की। यह तय किया कि सबसे पहले फ्यूजी पहाड़ देखने जाऊँगा, फिर वहाँ से नागोइया, क्योटो, नारा। ये सभी शहर टोकियो से पश्चिम में थे। और देशों की तरह जापान में भी पर्यटकों के लिए रेलवे-पास की व्यवस्था थी किन्तु यह टिकट जापान के बाहर से लेना पड़ता है। सात दिवसीय एक साधारण टिकट का मूल्य पचीस हजार येन तथा चौदह दिवसीय टिकट का मूल्य इकतालीस हजार येन था, अतः चौदह दिन का टिकट लेने पर भारी छूट मिलता था। मैं बाहर से पर्यटक रेल पास या टिकट लेकर नहीं आया था, इसलिए टिकट प्राप्त करने में मुझे काफ़ी दिक्कतें आयीं। जब मैंने अपने भू-पर्यटक होने के कुछ प्रमाण-पत्र पेश किए तो उन्होंने मुझे चौदह दिन का एक टिकट दे दिया। उनका यह सहयोग प्रशंसनीय है।

जापान में जितने दर्शनीय स्थल हैं उनमें फ्यूजी पहाड़ सर्वाधिक परिचित एवं चर्चित है। टोकियो से इसकी दूरी 85 किमी॰ है। रेल यात्रा में एक बार ट्रेन बदलनी पड़ती है। टोकियो से वहाँ पहुँचने में दो घंटे लगते हैं।

इस यात्रा में मुझे शिनकानसेन एक्सप्रेस से, जिसे बुलेट ट्रेन भी कहा जाता था और उस समय वह दुनिया की सबसे द्रुतगामी ट्रेन थी (बाद में फ्रांस की टी.जी.वी. ने यह गौरव प्राप्त किया), यात्रा करने का मौका मिला। टोकियो से चलकर यह ट्रेन योकोहामा स्टेशन पर दो मिनट के लिए रुकने के बाद लगभग आधे घंटे में ओदावरा स्टेशन पहुँची जहाँ उतरकर मुझे फ्यूजी जाने के लिए लोकल ट्रेन पकड़नी थी। यहाँ से पन्द्रह मिनट बाद मुझे ओडाक्यू प्राइवेट लाइन की एक साधारण गाड़ी मिली। इस ट्रेन की गति अधिक नहीं थी, इससे आराम से बाहर के दृश्य का आनंद लिया जा सकता था। ट्रेन हायाकावा रिवर वैली से गुज़र रही थी और बाहर का दृश्य बहुत सुहाना था। मैंने ट्रेन की खिड़की से पहली बार माउन्ट फ्यूजी देखा, उसे इस क्षेत्र में कहीं से भी देखा जा सकता था। वह एक त्रिभुजाकृति पहाड़ था जो किसी शीर्ष कटे

पिरामिड जैसा दीखता था। घने नीले आकाश के नीचे उसकी ऊपरी सतह बर्फ से ढकी थी।

माउंट फ्यूजी जापान का सर्वोच्च पहाड़ था और शीश कटे त्रिभुजाकृति एवं सौंदर्य के लिए वह जापान के कैलेंडरों, पिक्चर-पोस्टकार्डों, पुस्तकों तथा चलचित्रों में हमेशा छाया रहता। यह पहाड़ मुझे ईरान के उत्तर में स्थित माउंट आराबा जैसा लगा। ट्रेन किसी स्टेशन पर रुकती तो मै जापानी हरफ़ में लिखा नाम नहीं पढ़ पाता, सहयात्रियों से पूछकर जान लेता। ओदावरा से चलकर यूमोतो, म्यानोशिता, कोयाकिदनी होकर मैं गोरा स्टेशन पर उतरा। फ्यूजी देखने के लिए यहीं उतरना पड़ता था। यह ट्रेन काफ़ी दूर के गोतेम्बा जंक्शन तक जाती थी। स्टेशन का नाम गोरा देखकर मुझे अपने भारतीय मित्र गोरा सर्वाधिकारी की याद आ गयी। मैंने माउंट फ्यूजी का एक पिक्चर पोस्टकार्ड ख़रीदकर उसे शांतिनिकेतन के पते पर भेज दिया।

माउंट फ्यूजी मुझे विस्मयकर नहीं लगा क्योंकि मैं कई बार माउंट एवरेस्ट, कंचनजंगा, अन्नपूर्णा, नंगा पर्वत देख चुका था, कैलास पर्वत की परिक्रमा की थी, आल्पस के सर्वोच्च शिखर मँ ब्लँ पर चढ़ा था, रॉकी पर्वत और एंडीज़ पर्वत भी देख आया था। इसलिए मैंने तय किया कि पहाड़ पर न चढ़कर मैं दूर से ही उसकी शोभा देखूँगा। कहते भी हैं कि पहाड़ दूर से ही सुंदर लगते हैं। यूँ पहाड़ पर चढ़कर सूर्योदय और सूर्यास्त देख पाने का आनंद भी कुछ और होता है।

फ्यूजी पहाड़ पर चढ़ने के लिए उसके चारों ओर कुल छह सड़कें थीं जो ऊपर तक जाती थी। इन सभी सड़कों पर थोड़ी थोड़ी ऊँचाई पर पर्वतारोहियों के विश्राम के लिए विश्रामागार बनाए गये थे, हर सड़क पर ऐसे दस विश्रामागार थे। इन सभी विश्रामकेन्द्रों के आसपास हर तरह की दुकानें थीं जिनमें मुख्यतः राहगीरों के लिए लाठियाँ, पीठ पर लादने के बैग, जूते, टीन के डिब्बों में बंद खाने-पीने के सामान, कैमरा, फ़िल्म तथा विभिन्न कलाकारों द्वारा बनाए गये फ्यूजी पहाड़ की पेंटिंग और नाम लिखे सूवेनिर या यात्रा-चिह्न की दुकानें थीं।

पहाड़ की तलहटी में चारों ओर खूबसूरत वन तथा कई झीलें थीं जो यहाँ के दृश्य को बहुत आकर्षक बनाते और कर्म व्यस्त जापानियों को यहाँ आकर सुकून मिलता। लोग यहाँ थकान मिटाने और आराम करने के लिए आते, इसीलिए यहाँ सैलानियों की भीड़ लगी रहती। फ्यूजी पहाड़ के उत्तर में पाँच जलाशय थे, कोई छोटा, कोई बड़ा, कोई उथला, कोई गहरा। इन जलाशयों को देखकर मुझे नैनीताल के सात तालों की याद आ गयी। यह अंचल फ्यूजी-हाकोने इजु नेशनल पार्क कहलाता था। हाकोने लेक इस क्षेत्र का सर्वाधिक प्रसिद्ध लेक है जिसके जल में फ्यूजी पहाड़ का प्रतिबिम्ब देखने के लिए काफ़ी पर्यटक आते। यूँ यह पूरा क्षेत्र ही रमणीक प्राकृतिक दृश्य के लिए मशहूर था।

जापान में सर्वत्र पर्यटकों की सुविधा के लिए वहाँ के द्रष्टव्य स्थलों की चित्रों के साथ मार्ग संकेत के फलक लगे थे। मुझे गोरा का केबल-कार स्टेशन पहुँचने में दिक्कत नहीं हुई। मुझे फ्यूजी पहाड़ तथा हाकोने लेक का सौंदर्य देखने के लिए केबल कार से सूनजान पहुँचना था जो गोरा से काफ़ी ऊँचाई पर था। केबल कार ने मुझे बीस मिनट में सूनजान पहुँचा दिया और वहाँ पहुँचकर वहाँ का मनोरम दृश्य देखकर मुझे लगा कि मेरा यहाँ तक आना सार्थक हो गया है। सूनजान तथा उसके आसपास का दृश्य तो दिखायी पड़ता ही था, सरोवर के जल में फ्यूजी पहाड़ की प्रतिच्छवि देखते हुए आँखें नहीं थकती थीं। कश्मीर के डल लेक के साथ हाकोने की तुलना की जा सकती है, किन्तु यहाँ लेक के चारों ओर का दृश्य और भी खूबसूरत था। इस लेक पर एक बैरेज भी बना था और पर्यटकों की सुविधा के लिए पास ही एक ओपन एयर संग्रहालय भी बनाया गया था। सूनजान से हाकोने शहर की दूरी भी खास नहीं थी। एक चाय की दुकान की कगार पर बैठकर मैंने एक प्याली चाय ली और वहाँ के दृश्य का आनंद लेने लगा।

चाय पीते समय ताकायेशी तानुमा नामक एक जापानी दम्पति से मेरा परिचय हुआ। वे टोकियो से आये थे और दोनों ही अध्यापक थे। वे होकैडो के निवासी थे, टोकियो में नौकरी करते थे। वे यहाँ अक्सर हवाखोरी के लिए आते, पिछले महीने फ्यूजी पहाड़ की चोटी तक चढ़े थे। यह सब बताते हुए ताकायेशी ने हँसकर कहा, ''जापान में एक कहावत है, फ्यूजी पहाड़ की चोटी पर ज्ञानी एक बार चढ़ता है और मूर्ख बारबार चढ़ता है।'' उन्होंने आगे बताया कि फ्यूजी एक ज्वालामुखी है जिससे आखरी बार 4 दिसंबर 1707 ई. में धूम और लावा का उद्‌गीरन हुआ था, तब चारों ओर छह इंच मोटी राख की परत जम गयी थी, टोकियो का आकाश भी भष्म से भर गया था। उसके बाद से यह ज्वालामुखी सुप्त है, वैज्ञानिकों का मानना है कि अब इससे कोई ख़तरा नहीं।

मिस्टर तानुमा ने बताया कि फ्यूजी पहाड़ पर चढ़ने के लिए पाँच-छह विश्रामस्थलों तक टैक्सियाँ जाती हैं, घोड़े भी उपलब्ध हैं, उसके बाद पैदल चलना पड़ता है। ज्वालामुखी के मुँह तक पैदल चढ़ने में सात-आठ घंटे लग जाते हैं।

मिस्टर तानुमाने मुझे रात में ठहरने के लिए हाकोने यूथ होस्टल का पता बताया। वे बोले, ''यह यूथ होस्टल नया खुला है, अभी लोगों को इसकी जानकारी नहीं, अतः वहाँ आसानी से जगह मिल जाएगी।''

हाकोने लेक :

हाकोने लेक के बगल में हाकोने नामक छोटा-सा कस्बा था जो पर्यटकों के लिए ही बसा था। लेक का असली नाम था आशी। इस क्षेत्र में बहुत से गर्म पानी के सोते थे, उन्हीं के ईर्द-गिर्द बहुत से अभिजात वर्ग के थर्मल होटल बने थे। इस क्षेत्र के

सर्वोच्च स्थान में बैठकर फ्यूजी पहाड़ का सौंदर्य देखने में यथार्थ ही रोमैनटिक आनंद मिलता था।

हाकोने लेक चारों ओर से हरे पहाड़ों द्वारा घिरा होने के कारण बहुत ही सुंदर लगता। वह एक विशाल सरोवर था, एकायक देखने पर लगता जैसे जापान सागर इस क्षेत्र में घुस आया हो। इसका प्राकृतिक सौंदर्य बेजोड़ था। पर्यटकों की सुविधा हेतु सरोवर में आधुनिक नावों की व्यवस्था थी। लेक के पानी में फ्यूजी पहाड़ की उल्टी प्रतिच्छवि दिखाई देती, उसके बाद लहरों की तरह छोटी-छोटी पहाड़ियाँ और उसके आगे बर्फ़ से ढंका फ्यूजी पहाड़। यह मेरी ख़ुशकिस्मती थी कि आकाश में बादल नहीं थे, बादल होने पर फ्यूजी पहाड़ की प्रतिच्छवि लेक में नहीं पड़ती। लेक के दॉयीं ओर हाकोने श्राइन का लाल तोरण दिखायी देता था। कुल मिलाकर यहाँ का दृश्य शांत और पवित्र था।

इस क्षेत्र की तुलना हमारे देश के किसी भी पर्वतीय क्षेत्र के साथ की जा सकती थी। यहाँ के पहाड़ की हरियाली और कहीं-कहीं झरने मनाली की याद दिलाते।

गोरा के यूथ होस्टल की तुलना में हाकोने यूथ होस्टल छोटा था, किन्तु यह हरतरह की सुविधाओं से युक्त था। जापान में दो तरह के यूथ होस्टल थे, सरकारी और गैर सरकारी। सरकारी यूथ होस्टलों का नाम पब्लिक यूथ होस्टल तथा गैर सरकारी होस्टल का नाम जापान यूथ होस्टल था। पब्लिक यूथ होस्टल में रहने के लिए मेंबरशीप ज़रूरी नहीं था, कोई भी पासपोर्ट या परिचय पत्र दिखाकर जगह पा सकता था, उम्र की भी पाबन्दी नहीं थी। किन्तु जापान यूथ होस्टल में प्रवेश के लिए उनका मेम्बरशिप कार्ड रहना आवश्यक है। जापान यूथ होस्टल, इन्टरनेशनल यूथ होस्टल फेडरेशन के अन्तर्गत था। खर्च की बात करें तो दोनों होस्टलों के खर्च लगभग एक जैसे थे।

यूथ होस्टल के रिसेप्शन डेस्ट के सामने बड़े अक्षरों में लिखा था—

Bed	1400 Yen
Break fast	500 Yen
Dinner	800 Yen
Sleeping Sheet	200 Yen

जापान यूथ होस्टलों में सर्वत्र खर्च एक जैसा नहीं था, अलग-अलग शहरों में अलग-अलग रेट थे। परन्तु साधारण होटलों से यूथ होस्टलों का रेट काफ़ी कम था।

हाकोने के इस यूथ होस्टल में केवल पचीस बेड थे। वहाँ ठहरे सभी पर्यटक बहुत थके हुए लग रहे थे। दिनभर घूम-घाम कर रात में आए थे कलांत शरीर को बिस्तर के हवाले करने के लिए।

हाकोने में कुल बारह गर्म पानी के सोते थे। बड़ी-बड़ी होटलों में सोते के गर्मपानी को इकट्ठा करने की बेसिन बनी थी, जहाँ नहाने की व्यवस्था थी। इसके अलावा छोटे-छोटे स्विमिंग पूल भी बहुत से थे। आम जनता के लिए, यानी जो लोग होटलों में नहीं ठहरते, पब्लिक बाथ हाउस या स्नानागार बने थे जहाँ कोई भी मामूली दक्षिणा देकर नहा सकता था या तैर सकता था। प्रत्येक हॉट स्प्रिङ का उत्ताप कितना है तथा पानी में कौन-कौन से धातु किस मात्रा में है यह स्पष्ट दर्शाया गया था। जापानी भाषा में गर्म पानी के सोते को ओन्सेन् कहते हैं। इन गर्म सोतों का उत्ताप कहीं 130^0, कहीं 149^0, कहीं 152^0 और कहीं 172^0 फॉरेनहाइट था। सभी सोते चर्मरोग निवारण के लिए प्रसिद्ध थे।

उस दिन शाम को मिशिमा जंक्शन के लिए बस द्वारा रवाना हुआ। मुझे वहाँ से नगोया जाने के लिए मेन लाइन की ट्रेन पकड़नी थी।

नगोया

मिशिमा से मुझे शाम पाँच बजे वाली लोकल ट्रेन मिल गयी। शाम 6.32 पर वह नगोया पहुँचा देगी। लोकल ट्रेन का अलग ही मजा था, इसमें अधिक यात्री यातायात करते, उनका चढ़ना उतरना देखते हुए मेरा समय बीत गया। शिज़ुओका, हमात्सु, तोयोहाशि होते हुए ट्रेन नगोया पहुँच गयी। नगोया टोकियो से 366 किमी. यानी मिशिमा से 246 किमी. की दूरी पर था। लोकल ट्रेन से 246 किमी. लगभग डेढ़ घंटे में, इसे द्रुतगति ही कहेंगे।

नगोया जापान के चार बड़े शहरों में से एक था। टोकियो, क्योटो, ओसाका तथा नगोया। औद्योगीकरण की दृष्टि से टोकियो तथा ओसाका के बाद ही नगोया का स्थान था। इस शहर को अमरीकी "the heart of the nation's economic activities" यानी राष्ट्र की आर्थिक गतिविधि का हृदय कहते थे।

सुसुमुने मुझे नगोया में ठहरने के लिए किसी के घर का पता नोट कर दिया था। पता तथा वहाँ पहुँचने का निर्देश उसने जापानी लिपि में लिखा था, उसे दो-एक लोगों को दिखाने के बाद मैं बस में सवार हुआ और गंतव्य स्थल तक बीस मिनट में पहुँच गया। मकान ढूँढ़ने में भी दिक्कत नहीं हुई। वह एक चार मंजिला स्वतंत्र मकान था। वह जगह थी तो नगोया शहर के अंदर ही, लेकिन वहाँ चहल-पहल नहीं थी। दरवाज़े का बेल-पुश दबाते ही एक महिला ने दरवाज़ा खोला और मुस्कराकर मेरा अभिवादन करते हुए मुझे अंदर आने को कहा। फिर मुझे बैठाकर वह अंदर चली गयी।

कमरा बहुत सुसज्जित था। सोफा सेट वेस्टर्न स्टाइल का था, लेकिन ठीक उसीके बगल में ओरिएन्टल स्टाइल में चटाई पर दरी बिछी हुई थी। मेज पर करीने से इकेबाना सजाया गया था। इससे इनकी रुचि का अहसास होता था। मैं अपना बैग रखकर दरी पर जा बैठा। कुछ देर बाद एक प्याली चाय लेकर एक लड़की कमरे में

आयी। वह लम्बा गाउन पहने थी। स्मित मुस्कराहट के साथ चाय रखकर सिर झुकाकर वह बोली, "मेरा नाम शिरिमा है, दरवाज़ा मेरी माँ ने खोला था, पिताजी से बाद में मुलाकात होगी।"

शिरिमा हँसमुख और मिलनसार थी। सुंदरी और स्मार्ट भी। उम्र शायद बाईस-तेईस के आसपास होगी। विश्वविद्यालय में पढ़ती थी, अर्थशास्त्र में उसका फाइनल इयर था। वह अंग्रेज़ी जानती थी, इसीसे मैं उससे बातचीत कर पा रहा था। मैंने अपना परिचय दिया और मेरी आवभगत के लिए इस परिवार को धन्यवाद दिया। मैं चाय पी चुका तो वह मुझे मेरा बेडरूम दिखाने ले गयी और बाथरूम दिखाकर बोली कि टॅब का पानी बहुत गरम है अतः मैं नहाते समय पानी का उत्ताप देख लूँ। साधारण जापानी बहुत गर्म पानी इस्तेमाल करते हैं क्योंकि नहाते समय पसीना छूटने पर शरीर की मांसपेशियाँ नरम पड़ जाती हैं। मैंने उसे आश्वस्त किया कि मैं स्कैंडिनेविया में कई बार सौना बाथ ले चूका हूँ।

टोकियो के सुसुमु परिवार के साथ इस परिवार का अच्छा परिचय था, इसीलिए सुसुमो ने मुझे इनका पता दिया था और टेलीफ़ोन पर इन्हें सूचित कर दिया था। पहली मंज़िल में सिरिमा और उसके माता-पिता रहते थे, शेष तीनों मंजिलों में अस्थायी किराएदार रखे जाते। नगोया में विभिन्न काम से जो लोग कुछ दिनों के लिए आते उन्हें ही फ्लैट किराए पर दिए जाते। हर फ्लैट में रसोई और बाथरूम संलग्न था। सपरिवार आने वालों के लिए ये फ्लैट बहुत सुविधाजनक थे। मेरी तरह अकेले आने वाले इस परिवार के साथ ही भोजन करते। वस्तुतः यह एक पारिवारिक होटल था जिसे जापानी भाषा में मिनशुकु कहते हैं। शिरिमा के माता-पिता इस मिनशुकु के मालिक थे। इस मिनशुकु में जापानी लोग ही आते, विशेषतः जापानी परिवार। विदेशियों को रखने से एक तो भाषा की दिक्कत होती, दूसरे विदेशियों की खान-पान को लेकर भी समस्या होती। इसीलिए साधारणतः विदेशियों को यहाँ नहीं टिकाते। सुसुमु के विशेष अनुरोध पर ही वे मुझे रखने के लिए सहमत हुए थे।

शिरिमा के पिता से परिचय हुआ। वे भी मिलनसार थे, किन्तु उन्हें अंग्रेज़ी नहीं आती थी। मुझे यहाँ रहने-खाने का पाँच हजार येन देना था, यूँ इनका रेट छह हजार येन था, मुझे रिआयत दी गयी थी। रात में उन्हीं की मेज पर सबने साथ भोजन किया। वे स्टिक से खाना खाते थे। मुझे इसकी आदत नहीं थी। शिरिमा से सीखकर मैंने पहली बार स्टिक से खाने की कोशिश की।

नगोया सेन्ट्रल जापान की राजधानी थी। यहाँ लगभग पच्चीस लाख की आबादी थी। सड़कें, यान-वाहन, दुकानें सब टोकियो जैसी थी। प्रशांत महासागर का इशे-बे नामक जो खाड़ी अंदर तक आ गयी थी उसी के तट पर नगोया बन्दरगाह तथा नगोया शहर बसा था।

जापान की औद्योगिक क्रांति की शुरुआत इसी शहर से हुई थी। कहा जाये तो विदेशों में 'मेड इन जापान' सामग्रियाँ भेजने का केन्द्र भी नगोया ही था। सन् 1610 से नगोया शहर का महत्व बढ़ गया जब उसी समय टकुगावा इयासु ने यहाँ पहला क़िला बनवाया। टकुगावा इयासु ने ही जापान के प्रसिद्ध टकुगावा शगुनेत राजवंश का प्रवर्तन किया। इस परिवार का दीर्घ 265 साल तक जापान पर शासन रहा। लेकिन इस परिवार ने कभी इस शहर में निवास नहीं किया। नगोया दुर्ग के चारों ओर बाद में, यानी दूसरे महायुद्ध से पहले, अस्त्र-शस्त्रों के बहुत से कारखाने पनप उठे थे। उन कारखानों ने इतनी द्रुत उन्नति की थी कि आख़िर तक शत्रुओं की उन पर निग़ाह पड़ी और सन् 1945 में यानी युद्ध के समय बमबारी से उन्हें ध्वस्त किया गया। उस बमबारी से यह दुर्ग भी काफ़ी क्षतिग्रस्त हुआ था। लेकिन जापान कुशल कर्मियों का देश है, महायुद्ध के बाद अति द्रुत सब मरम्मत कर लिया गया। उस भग्न दुर्ग को अब पहले की तरह ही आकर्षक बना लिया गया है।

जापानी लघु-उद्योग के इतिहास में नगोया की देन अतुलनीय है। जापान की स्मॉल स्केल इन्डस्ट्री की शुरुआत यहीं से हुई थी और वह क्षुद्र शिल्प क्रमशः जापान की हेवी इन्डस्ट्री में तब्दील हो गयी। उद्योग-धंधे और वाणिज्य के विषय में अनुसंधान करने वालों के लिए नगोया किसी तीर्थस्थान जैसा है। हम भारतीयों के लिए भी नगोया उद्योग की शिक्षा का पीठस्थान है। यद्यपि अब पूरे जापान में उद्योग पनप उठे हैं किन्तु नगोया की अपनी विशिष्टता अब भी अक्षुण्ण है। नगोया बन्दर तथा वहाँ के वाणिज्य केन्द्र की व्यस्तता ही यह स्पष्ट कर देती है कि वहाँ उत्पादन का परिमाण क्या होगा।

भारी उद्योग के साथ ही नगोया का लघु उद्योग अब भी क़ायम है। चीनी मिट्टी पर सूक्ष्म शिल्प अब भी नगोया की विशेषता है। यह शिल्प नोरिटेक चायना तथा ऐन्डो क्लोइसोने नाम से परिचित है।

नगोया के दर्शनीय स्थलों में अव्वल तो नगोया कसल या वहाँ का दुर्ग है जो पाँच मंजिला ऊँचा है। दूसरे विश्व युद्ध के बाद इसका पुनर्निर्माण हुआ और इसे पहले जैसा ही बनाया गया। पाँचवीं मंजिल तक चढ़ने-उतरने के लिए दो लिफ़्ट लगाये गये हैं। ऊपर से नगोया शहर का सुंदर दृश्य दिखायी देता है। यहाँ का म्यूजियम भी दर्शनीय है। सम्पूर्ण नगोया शहर का विहंगम दृश्य देखने के लिए टी.टी. टॉवर उपयुक्त स्थल है।

बड़ी-बड़ी इमारतें, एवेन्यू तथा चौड़ी सड़कों ने शहर का सौंदर्य अवश्य बढ़ाया है किन्तु यहाँ टोकियो की तरह उतने हरे-भरे पार्क नहीं हैं। शहर का अधिकांश क्षेत्र कोलकाता जैसा ही व्यस्त लगता।

अगले दिन किसी कारण से यूनिवर्सिटी बन्द थी, शिरिमा ने ख़ुद ही प्रस्ताव दिया कि वह मुझे मछली मारना दिखाने के लिए नागारा नदी के तट पर ले जाएगी। इस

प्रस्ताव ने मुझे चौंकाया, क्योंकि इनके मिनशुकु में किराएदारों की आवाजाही लगी रहती है और किसी से हेलमेल बढ़ाने से इनका बिजनेस नहीं चलेगा। मैं भी इनके लिए अजनवी तथा विदेशी था। जो हो, मैं इस प्रस्ताव से ख़ुश हुआ।

हमलोग शाम को निकल पड़े। गिफु तक ट्रेन से पहुँचने में आधा घंटा लगा। शहर से बाहर ख़ूबसूरत वन और नदी पार कर हम गिफु पहुँचे, वहाँ से लोकल बस द्वारा नागारा नदी के किनारे। अभी सूरज नहीं ढला था। हम एक चाय की दुकान पर जा बैठे।

मैंने कभी कल्पना भी नहीं की थी कि नदी से मछली पकड़ना कोई दर्शनीय चीज होगी। लेकिन शिरिमा बोली कि यह दृश्य बहुत ही दिलचस्प है, जापान आने वाले पर्यटकों के लिए यह एक कौतूहल की चीज़ है।

जापान के सभी टी-स्टॉल यूरोप या अमरीका जैसे थे, यह म्यूज़िक बार और बार-गर्लों से घिरी एक छोटी-सी दुनिया थी। अड्डा मारने के लिए या समय काटने के लिए उपयुक्त स्थान था। शिरिमाने पूछा, "तुम यहाँ कितने दिन ठहरोगे?" मैंने कहा, "बस, दो-एक दिन। टोकियो देख चुका हूँ, अतः किसी बड़े शहर में रुकने की इच्छा नहीं है। मैं क्योटो और नारा में कुछ दिन रहना चाहूँगा।"

शिरिमा बोली, "नगोया के आसपास बहुत से दर्शनीय स्थल हैं, यह क्षेत्र प्राकृतिक सौंदर्य से भरा है। यहाँ का इसु पेनिनसुला पर्यटकों को बहुत प्रिय है। यहाँ का आर्टिफिशियल पर्ल कल्चर विश्वविख्यात है। यहाँ बहुत से प्राचीन मंदिर भी हैं। इसोमिया क्षेत्र में विभिन्न प्रकार की मछलियाँ पकड़ने के केन्द्र हैं। इसे-बे के सागर तट बहुत खूबसूरत हैं। इसे ग्रैंड श्राइन तथा आतसुता श्राइन बहुत निर्जन स्थानों में हैं, वहाँ तुम विश्राम कर सकते हो तथा जापानी धर्म-चर्चा के विषय में काफ़ी जानकारी ले सकते हो।"

थोड़ा रुककर शिरिमा आसपास के और भी दर्शनीय स्थलों का विवरण देने लगी, "यह क्षेत्र जापान आल्पस एरिया में है, यहाँ दक्षिण में सागर है तथा दूसरी ओर पहाड़। सागर और पहाड़ के बीच एक घंटा और कहीं-कहीं आधा घंटा की दूरी है। हॉलाकि नगोया औद्योगिक नगर है, लेकिन यहाँ से सिर्फ़ दो घंटे की दूरी पर ताकायामा नामक एक छोटी ग्रामीण बस्ती है, पहाड़ की गोद में बसी, वहाँ का हर घर जापानी ढंग से बना है और लोग भी प्राचीन परंपरा में विश्वास रखते हैं। सड़कों पर हमेशा किमोनो पहनी लड़कियाँ दिखेंगी। शहर के इतने करीब होकर भी वे अबतक वेस्टर्न इनफ्लुएंस से अछूते हैं। मुझे यकीन है कि वहाँ जाकर तुम्हें अच्छा लगेगा।"

मैंने कहा, "अगर तुम मेरे साथ जाना चाहो तो चलो।"

शिरिमा सिर झुकाकर बोली, "धन्यवाद। मेरे यूनिवर्सिटी में छुट्टी नहीं है, अन्यथा अवश्य जाती।"

इसके बाद शिरिमा प्रश्न पूछने लगी। उसके प्रश्न भारत के विषय में थे—

भारत की सड़कों पर क्या अब भी हाथी दिखते हैं?

हाथियों को कौन पालता है?

भारतीय धर्म बहुत प्राचीन है। इस धर्म को वर्तमान युग में भी थामे रहना कैसे संभव हुआ?

भारतीय दर्शन किसने या किन लोगों ने लिखा?

ऐसे ही कुछ और प्रश्न। मुझसे जहाँ तक हो सका, मैं संक्षिप्त उत्तर देता रहा।

शाम ढल चुकी थी। चाय की दुकान से निकल कर हम नदी तट पर पहुँचे। नदी किनारे बहुत से परिवार टहल रहे थे। वे भी हमारी तरह मछली पकड़ना देखने आए थे। रात में यह दृश्य देखना जापानियों को बहुत प्रिय था। हम नदी तट के पक्के फुटपाथ पर धीरे-धीरे चहल-कदमी कर रहे थे। अचानक जैसे सब सचेष्ट हो उठे, कुछ कानाफुसी सुनाई दी। जापानी भाषा का एक ही शब्द मुझे सुनायी दे रहा था— उकाव.... उकाव। शिरिमा मुझसे बोली, "वह देखो, उकाइ आ रहा है।" मैंने नदी पर दृष्टिडाली तो मुझे एक नाव आती दिखायी दी। हम लोग भी नाव की ओर बढ़े। नाव के सामने एक मंच जैसा लटकाया गया था जिसमें मशाल की तरह आग जल रही थी। नाव और क़रीब आने पर पूरा दृश्य दिखायी दिया। वह मचान शायद लोहे की जाल से बना था। उस आग के आकर्षण से पानी की सतह पर मछली का झुण्ड तैर रहा था। मछली के उस झुण्ड को बंसी या जाल में न फँसाकर उन्हें एक अजीब तरीके से पकड़ रहे थे। नाविकों में से एक ने सारस की तरह दिखने वाले पाँच-छह पक्षी पानी में छोड़ दिया। घोड़े की लगाम की तरह इन पक्षियों के गले में डोर बँधे थे। रोशनी के आकर्षण से ज्योंही मछलियाँ पानी की सतह से ऊपर उठतीं त्यों ही ये पक्षी उन्हें अपनी चोंच में फँसा लेते। यानी मछली पकड़ने का काम ये पक्षी कर रहे थे लेकिन वे मछलियों को निगल नहीं पाते थे क्योंकि डोर के कारण उनके गले का छिद्र संकीर्ण हो गया था। कोई पक्षीं ज्यों ही मछली पकड़ता, नाव के ऊपर का व्यक्ति डोर खींचकर पक्षी को नाव पर लाता और उसकी चोंच से मछली निकालकर फिर उसे पानी में वापस भेज देता अगली शिकार के लिए। यूँ देखकर लगता कि इसमें कोई बहादुरी नहीं है। किन्तु इस काम के लिए बहुत दिनों का अभ्यास तथा पक्षियों की ट्रेनिंग के पीछे श्रम अवश्य किया गया होगा। इस पद्धति से मछली पकड़ने की प्रक्रिया बहुत तेजी से चल रही थी। अत्यंत फुर्तीला न होने पर यह कौशल अपनाना संभव नहीं होता। पक्षी मछली पकड़ रहे थे, और उन्हें खाते थे इंसान। इसी तरीके को जापानी भाषा में उकाव कहते थे।

लगभग एक घंटा मछली पकड़ने के बाद नाव नदी किनारे आ लगी और नाव पर इकट्ठी की गयी मछलियों को नाव पर ही आग में भून कर दर्शकों को बेचा गया।

यह कहने की आवश्यकता नहीं कि केवल अंधेरी रातों में ही इस तरह मछली पकड़ते हैं। पूर्णिमा या उसके आसपास तथा बारिश या बदली के दिनों गंदले पानी में उकाव पद्धति नहीं अपनाते, ऐसे समय मछुआरे मछली पकड़ने के लिए नहीं निकलते।

नागारा नदी का यह मछली शिकार बहुत प्रसिद्ध था। नागारा नदी के अलावा और भी कई नदियों में इस उकाव पद्धति से मछली पकड़ते थे। यह जापान की बहुत प्राचीन पद्धति थी, जापान की बिलकुल अपनी, हजारों साल से जापान में इस पद्धति का समादर था। अंग्रेज़ी में इसे कॉरमोरॅन्ट फिशिंग कहते हैं। ग्रीष्म ऋतु मे मछुआरे हर रात नागरा नदी के विभिन्न क्षेत्रों में पक्षियों के जरिये मछली पकड़ कर हजारों लोगों का मनोरंजन करते हुए अपनी जीविका चलाते।

मैंने शिरिमा को धन्यवाद दिया और आभार व्यक्त किया, क्योंकि वही आग्रह करके मुझे यहाँ लायी थी। यहाँ से गिफु होकर नगोया लौटने की दिक्कत नहीं थी, रात के बारह बजे तक ट्रेन चलती थी। रात साढ़े दस बजे हम उसके मिनशुकु में लौट आए और खा-पीकर मैं सोने के लिए चला गया।

नगोया में तीन दिन रहकर मैं क्योटो के लिए रवाना हुआ। जापान का एक मजा यह था कि देश छोटा होने के कारण एक शहर से दूसरे शहर में पहुँचने में अधिक समय नहीं लगता था, और द्रुतगति ट्रेनों के कारण सबकुछ और भी निकट लगता था।

नगोया से क्योटो ट्रेन से पहुचने में केवल एक घंटा समय लगा।

•

क्योटो

क्योटो जापान की प्राचीन राजधानी थी। क्योटो जापान का आध्यात्मिक केन्द्र है। जापान के जेन धर्म का मूल तीर्थस्थान भी क्योटो है। टोकियो जापान की वर्तमान राजधानी होने के बावजूद धर्म और संस्कृति की दृष्टि से क्योटो ही जापान का प्राण था।

टोकियो से ट्रेन द्वारा क्योटो पहुँचने में मात्र तीन घंटे लगते। फिर भी वहाँ पहुँचकर लगता कि बहुत दूर के किसी शहर में आ पहुँचे हैं। स्टेशन बहुत बड़ा था, भीड़ और व्यस्तता थी, किन्तु कहीं धक्कम-धक्का नहीं था। नगोया तथा आसपास के दूसरे स्टेशनों से बहुत सी भीड़-बहुल ट्रेनें आतीं, सभी लोग अत्यंत शालीनता और अनुशासन से स्टेशन से बाहर निकलते। किसी के साथ शरीर हल्का छू भी जाता तो वे तत्काल सिर झुकाकर खेद प्रकाश करते। बातचीत बहुत कम ही सुनाई पड़ती, यूँ भी जापानी साधारणतः चुप ही रहते। इनका चेहरा देखकर नहीं लगता था कि ये मिलनसार हैं। उन्हें देखकर लगता कि उनमें वाग्विदग्धता की कमी है। किन्तु ऐसा नहीं था। वे भी रसिक थे, किन्तु मुझ जैसे विदेशी के लिए भाषा आड़े आती थी।

स्टेशन के अंदर स्थित सूचना केन्द्र से मुझे 'रीओकान' यानी जापानी ढंग के होटल तथा विभिन्न दर्शनीय स्थलों की जानकारी मिल गयी। स्टेशन के लॉकर बॉक्स में अपना बैग रखकर मैं खाली हाथ शहर का मुआयना करने के लिए निकल पड़ा।

क्योटो शहर राजधानी थी क्योटो जिले की। सन् 794 ई. में सम्राट क्वाम्मु ने यह शहर बसाया और इसे जापान की राजधानी बनाकर इसका नाम हेइयान कुओ रखा। यह नाम चीनी भाषा से लिया गया था जिसका मतलब होता है नीरवता और शांति की राजधानी। इससे पहले जापान की राजधानी नारा में थी। सम्राट क्वाम्मु चीन पंथी थे। उनके समय से ही हेइयान युग आरम्भ हुआ था जिसकी अवधि सन् 794 ई. से सन् 1192 ई. तक रही। हेइयान युग की समाप्ति के बाद काफ़ी परिवर्तन हुए, किन्तु क्योटो जापान की राजधानी बनी रही। हेइयान युग के बाद आया एदो युग, उसके बाद मेइजि युग। सम्राट मेइजि ने सन् 1868 ई. में क्योटो से राजधानी टोकियो में स्थानांतरित किया।

कहते हैं कि बिना क्योटो घूमे जापान की परम्परा का साक्षात्कार नहीं होता। शुरू में इस शहर को ज्यों चीनी नाम दिया गया था, त्यों ही शहर का निर्माण भी चीनी शैली

में किया गया था। शहर का हर हिस्सा चौकोने वर्ग में बंटा था। न्यूयर्क, वाशिंगटन जैसे दुनिया के अत्याधुनिक शहर भी इसी क़ायदे से बने हैं। शहर का नक्शा सरसरी निगाह से देखकर मैं निश्चिंत हो गया कि यहाँ भटकने का भय नहीं था और बिना किसी से पूछे किसी भी पते पर पहुँचा जा सकता था। शहर का हर रास्ता पूर्व-पश्चिम और उत्तर-दक्षिण दिशाओं में शतरंज के खानों की तरह समांतराल बना था। पश्चिम की सभी सड़के समांतर चलकर पूरब की किसी मंदिर या श्राइन पर जाकर समाप्त होती। इन रास्तों का नाम भी सुंदर था, जैसे, किताइयामा डर्फ, इ़मादेगावा डर्फ, मारुतामाचि डर्फ आदि। पूरब-पश्चिम के एवेन्यू में नौ एवेन्यू मुख्य थे जिन्हें एक नम्बर, दो नम्बर, तीन नम्बर आदि सड़कें कह सकते थे। एक नम्बर सड़क का नाम इचिजो और नौ नम्बर सड़क का नाम कुजो था।

क्योटो स्टेशन के अंदर के सूचनाकेन्द्र से मैं कुछ आवश्यक सूचनाएँ ले चुका था, फिर भी बाहर निकल कर पर्यटक सूचना केन्द्र का फलक देखा तो उस ओर बढ़ गया। यह कार्यालय काफ़ी बड़ा था जहाँ पर्यटकों को हर प्रकार की सूचनाएँ दी जाती। सूचना डेस्क की सभी होस्टेस विनयी और हँसमुख थीं। उनसे और कुछ आवश्यक सूचनाएँ लेकर मैं सड़क पर आ गया। दुनिया के किसी भी बड़े शहर की तरह क्योटो स्टेशन के चारों ओर भी होटल, रेस्तराँ, बड़ी-बड़ी दुकानें, सुपर मार्केट, गाड़ियों की कतारें तथा भीड़-भाड़ दिखीं। सड़क के हर मोड़ पर पत्थर, लोहा या प्लास्टिक के स्मारक बने थे। ऊँची इमारतों तथा साइन बोर्ड से आकाश लगभग ढक गया था।

मैं पैदल धूम रहा था। किसी भी शहर को जानने-समझने का सर्वोत्तम तरीका था सड़कों पर पैदल घूमना। इससे व्यक्तिगत अनुभव बढ़ता है और सबकुछ अपनी नज़रों से देखने का मौक़ा भी मिलता है। मुझे ऊँची इमारतों और बिजनेस सेंटरों में रुचि नहीं थी। इस औद्योगिक शहर में लगभग पन्द्रह लाख लोगों का निवास था, अतः उसी अनुपात में बस, टैक्सी तथा प्राइवेट कारें। यहाँ पेट्रोल प्रदूषण अत्यधिक थी।

क्योटो के दर्शनीय स्थलों में चार स्थान प्रमुख थे। निजो क़िला, हेइयान श्राइन, सानुज सानगेन दो तथा किनकाकुजि मंदिर। निजो क़िला दर्शनीय स्थल होने के बावजूद जब मैं घूमता हुआ वहाँ पहूँचा, वह मुझे आकर्षक नहीं लगा। दिल्ली का लाल किला आदि देखने के बाद हम क़िले के रूप में वैसा ही कुछ देखने की उम्मीद करते हैं। यह क़िला एक बड़े तोरण के बाद एक बड़ी इमारत थी, मासिफ काठ द्वारा निर्मित पैगोडा जैसी। सन् 1603 में बना यह दुर्ग असल में उस समय के मिलिटरी शासक शगुन का निवास स्थल था। जापान के इतिहास में इस दुर्ग की अहमियत थी। 6 अप्रैल सन् 1868 को जब क्योटो से राजधानी टोकियो स्थानांतरित हुई तब सम्राट मेइजिने इसी क़िले से शगुन युग के अवसान की घोषणा की थी।

पूर्वी छोर के लोहे के फाटक से अंदर जाने पर एक सिंह द्वार मिला, उसके भीतर महल था। सिंह द्वार लकड़ी की थी, उस पर की गयी नक्काशी देखने लायक थी। विशाल चबूतरे से आगे एक कतार मे लगातार पाँच मकानें एक साथ जुड़े थे। मकान की लकड़ी पर भी बेलबूटे बने थे जो उतने खास नहीं थे। भवन के चारों ओर बगीचा था।

हेइयान श्राइन

हेइयान श्राइन का निर्माण सन् 1895 ई. में क्योटो शहर की स्थापना का ग्यारह सौ वर्ष पूर्ण होने का उत्सव मनाने के लिए किया गया था। यह एक शिंतो मंदिर था।

इस मंदिर में क्योटो शहर के स्थापक सम्राट काम्मु तथा मेइजि सम्राट के जनक कोमेई की मूर्तियाँ रखी गयी हैं। प्राचीन जापान में दो प्रमुख धर्म थे जो आज भी हैं, एकः शिंतो धर्म तथा दूसराः बुद्ध-जेन। शिंतो धर्म जापान का आदि धर्म था। वे सूर्य को माता मानकर पूजते तथा प्रकृति की विभिन्न शक्तियों को देवता का प्रतीक मानकर श्रद्धा करते। हॉलाकि बाद में सम्राट को भी देवता का प्रतिनिधि मानकर कभी-कभी सम्मान दिखाया गया है। इस हेइय।न श्राइन में भी इसीलिए दो सम्राटों को देवता का आसन दिया गया है। मुझे लगा कि यह श्राइन मंदिर नहीं बल्कि एक स्मारक है ज्यों भारत में शांति घाट तथा वाशिंगटन में अब्राहम लिंकन मेमोरियल आदि हैं। जापान में सर्वत्र पौगोडा तथा तोरणों का प्रभाव था, यह जापान की खासियत थी। हेइयान श्राइन के पीछे विशाल और सुंदर चेरी बाग था। चेरी फूल और सुंदर कमल फूल के लिए इस बाग की ख्याति थी।

सान्जुसानगेन दो :

यह एक बौद्ध-मंदिर था। मंदिर में प्रवेश करते ही मन और प्राण को सुकून मिलता। बौद्ध-मंदिर होने के बावजूद अब यह जापान की राष्ट्रीय संपत्ति है। इस मंदिर के प्रमुख देवता के रूप में सहस्त्रबाहू भगवान् बुद्ध की मूर्ति लगायी गयी है, इसके आसपास और भी एक हजार मूर्तियाँ हैं। सारी मूर्तियाँ बेहद सुंदर थीं। 'बुद्ध के अट्ठाईस भक्त' शीर्षक से लगी छोटी-छोटी मूर्तियों पर हर दर्शक की निगाहें थम जातीं, वे इतनी आकर्षक थीं। मुझे यह जानकर घोर आश्चर्य हुआ कि तेरहवीं शताब्दी में जब अमर मूर्तिकार तानकेइ ने इस सहस्त्रबाहू बुद्ध की मूर्ति का निर्माण किया तब उनकी उम्र 82 वर्ष थी। 393 फीट लम्बे इस मंदिर का निर्माण कौशल भी काफ़ी उन्नत था। शिल्पकला से जुड़े लोगों के लिए यह मंदिर और यहाँ की मूर्तियाँ अब भी शोध का विषय है।

किनकाकुजि :

चौदहवीं शताब्दी में पौगोडा की तरह बना किनकाकुजि क्योटो का सबसे उल्लेखनीय मंदिर है जिसे 'टेम्पल ऑफ द गोल्डेन पॅविलियन' भी कहते हैं। क्योटो

शहर में होने के बावजूद इस मंदिर के आसपास का प्राकृतिक दृश्य तथा यहाँ की नीरवता से लगता कि बहुत दूर के किसी स्पप्न-राज्य में पहुँच गये हैं। एक सरोवर के किनारे सुंदर हरे-भरे वन के बीच बना पैगोडा की शक्ल का तीनमंजिला मकान शिल्पी-मन तथा आध्यात्मिक रुचि का ही परिचय देता। शिल्पकला के पुजारी तृतीय आशिकागा शगुन सम्राट (1358-1408 ई.) योशिमित्सु ने अपने कर्मव्यस्त राजनैतिक जीवन से अवसर लेकर विश्राम व ध्यान के लिए इसी स्थान को चुना था। उनकी मृत्यु के उपरांत इस सुंदर भवन को जेन मंदिर में तब्दील किया गया। दुर्भाग्यवश आध्यात्मिक ऊँचाई प्राप्त करने में असफल एक जेन पुरोहित ने क्षुब्ध होकर सन् 1950 ई. में उस प्राचीन मंदिर भवन में आग लगा दी थी और लकड़ी का बना पूरा भवन जलकर राख हो गया था। सन् 1955 ई. में उसी प्राचीन भवन के अनुकरण में हू-बहू वैसा ही मंदिर भवन यहाँ बनाया गया।

दिन भर धूम-फिर कर मैंने शहर के बहुत से दर्शनीय स्थल देखलिए थे। सुबह स्टेशन से बाहर निकल कर भीड़भाड़ और व्यस्तता देखकर सोचा था कि मैं दुनिया के बहुत से बड़े शहर देखचुका हूँ, अतः मैं क्योटो में रुकना नहीं चाहूँगा। किन्तु शाम होते होते मेरा निश्चय बदल गया। क्योटो शहर के दो रूप थे। एक ओर अत्याधुनिकता का आकर्षण, गाड़ी की आवाज़ और धुँए से भरा औद्योगिक शहर तथा दूसरी ओर शांत निर्जन परिवेश में मंदिरों का आकर्षण और क्योटो के चारों ओर पहाड़ों की शृंखलाएं जो कोहरे की चादर ओढ़े रहस्यमय लगते। यहाँ के बौद्ध मंदिर आत्म-विभोर होने की प्रेरणा देते तो दूसरी ओर वाणिज्य और पूंजी का आह्वान था। ऐसा विपरीत धर्मी दो स्रोत और कभी और कहीं मैंने नहीं देखा था। मुझे क्योटो अच्छा लगा और मैंने महसूस किया कि यदि सिर्फ़ क्योटो देखने के लिए मैं भारत से यहाँ आया होता तो भी अपनी यात्रा सार्थक मानता। एक पर्यटक की हैसियत से सारी दुनिया में निरंतर घूमते हुए मुझे इतना तज़ुर्बा तो हो ही गया था कि किसी शहर में पहले दिन ही यह समझ जाऊँ कि वहाँ मुझे अच्छा लगेगा या नहीं। मैंने यहाँ कुछ दिन ठहरने का निर्णय लिया।

स्टेशन के लॉकर से अपना बैग निकालकर मैं पुनः बाहर निकला। इस स्टेशन के उत्तर और पश्चिम में आधुनिक क्योटो शहर फैला था, पूरब की ओर केवल श्राइन और मंदिर थे। पर्यटक दफ़्तर के सुझाव के अनुसार मैं एक ट्राली बस से आधे घंटे में आराशियामा मुहल्ले में पहुँच गया। वहाँ रीओकान तलाशने में मुझे कोई परेशानी नहीं हुई। यह होटल एक मझोले आकार का काठ का घर था। दरवाज़े का कालिंग बेल दबाते ही एक अधेड़ महिला ने दरवाज़ा खोला। मैं अन्दर दाखिल हुआ तो एक अठारह-बीस वर्षीय लड़के ने मुझसे अंग्रेज़ी में पूछा, "आप कितने दिन रहेंगे?"

"यह अभी तय नहीं है, लेकिन दो-दिन अवश्य ठहरूंगा।"

मेरा उत्तर सुनकर लड़का भीतर चला गया, कुछ ही पलों के बाद वह उसी महिला के साथ हॉल में आकर बोला, "ठीक है, चलिए आपको कमरा दिखा दूँ।"

कमरा दिखाकर वह चला गया। रात के भोजन के लिए उसने बाहर के एक रेस्तराँ में जाने को कहा। कमरा छोटा था, लकड़ी क पार्टिशन ऐसा कि हलके धक्के से भी टूट जाये। फ़र्श पर करीने से बिस्तर लगया गया था, बगल में एक टेबिल लैम्प था और लकड़ी का एक नीचा डेस्क। दरवाज़े के साथ कपड़ा रखने का कक्ष था। दीवार पर फ्यूजी पहाड़ की एक तस्वीर टंगी थी और कमरे के एक कोने में रखे गुलदस्ता में किसी पौधे का सूखा डाल था जो शायद इकेबाना का कोई नमूना हो, मुझे इस विषय की कोई जानकारी नहीं थी। बरामदे के कोने में टॉयलेट था। यह एक साधारण और सस्ता होटल था।

बैग रखकर और जूते-मोजे उतारकर मैं विश्राम लेने के लिए बिस्तर पर पसर गया। कुछ ही देर बाद दरवाज़े पर दस्तक सुनकर उठकर दरवाज़ा खोला तो देखा वही महिला चाय की प्याली लिए खड़ी थी। वह मुस्कराकर धीमे स्वर में बोली, "चाय"। मैंने हँसकर प्याली थामते हुए उन्हें धन्यवाद दिया। जापानी हरी चाय थी जिसमें दूध-चीनी नहीं डालते। चाय की हरी पत्तियों को ऊबालकर छान लेते, फिर उसे पीते। दिनभर चक्कर लगाकर मैं बहुत थक गया था, अतः भोजन के लिए बाहर निकलने की इच्छा नहीं हुई। चाय पीकर बत्ती बुझाकर मैं सो गया।

अगली सुबह दरवाज़े पर दस्तक पड़ते ही मेरी नींद उचट गयी। खुद को थोड़ा सहेज कर मैंने दरवाज़ा खोला। बाहर काफ़ी रोशनी थी और घड़ी की सूई भी नौ बजे का समय बता रहे थे। दरवाज़े पर एक लड़की खड़ी थी, उसने हाव-भाव से सुझाया कि नाश्ता तैयार है। मैं जल्दी से मुँह-हाथ धोकर हॉल में पहुँचा। वहाँ और भी सात लोग बैठे थे जो संभवतः स्टूडेन्टस् थे। मैं खिड़की की बगल में जाकर बैठ गया। कुछ ही देर बाद एक सज्जन ने उसी मेज पर बैठते हुए मुझे गुड-मार्निंग कहा। वे इस होटल के मालिक थे।

हमें चाय और टोस्ट दिया गया। नाश्ता से निपटते हुए मैंने उनसे इस रीओकान के खर्च के बारे में पूछा। वे बोले, "यहाँ कोई नियम नहीं है, यह घर जैसा है। बेड एण्ड ब्रेकफास्ट का आट हजार येन लगता है। यहाँ केवल बारह कमरे हैं। यह हमारा पारिवारिक धंधा है। यदि दोपहर को सब लोग भोजन करना चाहें तो हम इसकी व्यवस्था करते हैं, लेकिन दो-एक व्यक्ति के लिए भोजन बनाने की व्यवस्था करना संभव नहीं है।" उनका नाम सातो था, वे बहुत शिष्ट थे। मैंने उन्हें दो रात के लिए सोलह हजार येन दे दिए। चाय पीकर कमरे में लौटा तो देखा इसी बीच कमरे की सफ़ाई हो गयी थी, बिस्तर लपेट कर उसे दरी से ढप दिया गया था और चटाई भी लगा कि गीले कपड़े से पोंछा गया है।

मैं तैयार होकर कमरे से बाहर निकला, सड़क पर पहुँचते ही रीओकान में ठहरे विद्यार्थियों से मुलाक़ात हो गयी। मैंने मुस्कराकर उनका अभिवादन किया और अपना परिचय दिया। वे अंग्रेज़ी बोलते थे, अतः उनसे वार्तालाप की दिक्कत नहीं थी। उनसे मालूम हुआ कि वे सब पुरातत्व-विज्ञान के छात्र हैं और टोकियो से यहाँ घूमने आए हैं। वे काटसुरा विला देखने जा रहे थे। मैंने सुना था कि काटसुरा सुंदर जापानी आर्किटेक्ट के लिए मशहूर है। अतः यह सोचकर कि वहाँ इनके साथ जाना ही मेरे लिए ठीक होगा और इनसे ही मुझे सब जानकारियाँ मिलेंगी, मैंने पूछा, "क्या मैं आप लोगों के साथ जा सकता हूँ?"

उनमें से एक ने मुझसे पूछा, "क्या आपने अनुमति ली है?"

"अनुमति?" मैंने विस्मय से पूछा।

"जी हाँ, क्योटो इमपिरियल पैलेस, काटसुरा और शुगाकुइन विला— इन तीन स्थानों में प्रवेश के लिए सरकार से अनुमति लेनी पड़ती है। सुबह जाने पर तत्काल अनुमति मिल जाती है और किसी दल के लिए एक दिन पहले आवेदन करना पड़ता है।"

मैं पर्यटक कार्यालय पहुँचा, वहाँ से पता लेकर इम्पिरियल हाउसहोल्ड एजेंसी के कार्यालय में जो कि शहर के लगभग मध्यस्थल में इम्पिरियल पैलेस से संलग्न था। मुझे अनुमति मिल गयी। फिर मैं काटसुरा के लिए बस से रवाना हुआ इस उम्मीद से कि शायद मुझे छात्र-छात्राओं का वह दल पुनः मिल जाय।

काटसुरा इम्पिरियल विला :

इस विला का जापानी नाम काटसुरा रिक्यू था। मुझ जैसे साधारण पर्यटकों को यह सुंदर ढंग से सजाया गया किसी बंगला जैसा लगेगा। सरसरी निगाह से देखने पर ऐसा कभी नहीं महसूस होगा कि यह स्थापत्यकला का एक अनूठा निदर्शन है। दूर से यह एक विशाल दुमंजिला काठ का बंगला जैसा दिखता। मुझे यहाँ का बगीचा अत्यंत आकर्षक लगा। यहाँ न तो फूलों का बहार था और न ही दुष्प्राप्य पेड़-पौधों का संग्रह। इस बाग में जो कुछ था वह प्रकृति की देन थी। वहीं पर उगे पेड़, पौधे, लता-गुल्म, काई और घास। इसी नैसर्गिक छटा के साथ सामंजस्य रखकर बंगले का रंग, रूप और ढाँचा तय किया था। यह किसी अमूर्त-शिल्प की याद दिलाता।

मैं रोम के सज्जित प्रासाद, वेनिस के अभिजात बंगले, फ्लोरेंस की शिल्प-कला आदि देख चुका था, इसीलिए मैंने इस राजकीय बंगले में वैसा ही कुछ देखने की प्रत्याशा की थी। जापान में मेरी वे अवधारणाएँ टूटती गयी। राजमहल से मैं बड़ी-बड़ी चट्टानखंडों से निर्मित भवन समझता था, क़िला का अर्थ मेरे लिए परिखा के उसपार विशाल दुर्भेद्य प्राचीर था, ख़ूबसूरत बाग का मतलब रंग-बिरंगी दुष्प्राप्य दुर्मूल्य फूलों

और पौधों का बहार था और कलाकृतियों के नाम पर माइकल ऐंजोलो की अमर कृतियाँ आँखों के सामने तैर उठते। जापान पहुँचकर मुझे अपनी पुरानी मान्यताएँ हटानी पड़ी, क्योंकि जापान में सबकुछ तिशुद्ध जापानी था। यहाँ का सबकुछ और देशों से भिन्न था। यहाँ का मठ, मंदिर, प्रासाद, बाग आदि सबकुछ यहाँ की दृष्टि से देखना पड़ेगा। अपनी पुरानी मान्यताओं से उबरकर इस विला का सौंदर्य परखने में मुझे कुछ समय लगा। क्रमशः मुझे लगा कि इन मानव निर्मित भ्वनों में मानव-मन की गहराई का निदर्शन छिपा है।

काटसुरा बंगला पूरी तरह स्थानीय सामग्रियों से बना था। बंगला तथा बाग का सौंदर्य बढ़ाने के लिए कुछ भी बाहर से नहीं मंगाया गया था। एक छोटी तालाब के किनारे लता-गुल्म उगे थे, दूसरी ओर सदाबहार ख़ूबसूरत पत्तों के पौधे। चार ऋतुओं के चार रंगों से सजाया गया था यहाँ का चाय-घर, इनकी संख्या चार थी। बाग का हर कोना सुसज्जित था। तालाब के निकट बड़े-बड़े पेड़ों के नीचे का लॉन बहुत साफ़-सुथरा था, कहीं भी एक भी पत्ता पड़ा हुआ नहीं दिखता। बगीचे के अंदर बहुत-सी छोटी-छोटी बगिया थीं।

काटसुरा विला का निर्माण सत्रहवीं शताब्दी में जापान के प्रसिद्ध वास्तु-विद्या विशेषज्ञ कोबोरी एनशू (1579-1647 ई.) ने की थी। उन्हें आज भी जापान का सर्वश्रेष्ठ गार्डन-डिज़ाइनर कहा जाता है। इस विला के भवनों तथा बागों का निर्माण शुरू करने से पहले उन्होंने उस समय के सामरिक शासक हिदेयोशि को तीन शर्त मानने को कहा था। पहली शर्त : इस परियोजना में आर्थिक व्यय की कोई सीमा नहीं होगी; दूसरी शर्त : जब तक कार्य पूरा न हो तब तक न कोई सुझाव दिया जाय न ही कोई बाधा डाली जाय; और तीसरी शर्त : कार्य पूरा करने में जो समय लगेगा उसपर कोई प्रश्न न किया जाय। मतलब यह कि इन शर्तों द्वारा उन्होंने अपनी स्थापत्य-कला के लिए पूरी आज़ादी मांगी थी।

बंगले में लगाया गया हर खंभा प्राकृतिक लगता। यूँ सम्पूर्ण बंगला तीन हिस्से में बँटा था, हर हिस्से में बहुत से घर थे जिनमें अत्यंत मनोहर शिल्प का नमूना मिलता। इन घरों के अंदरूनी हिस्सों का काम उस समय के प्रसिद्ध कामोस्कूल के नामी शिल्पकारों द्वारा करवाया गया था।

सौभाग्यवश इस विला में आने के बाद वे जापानी छात्र मुझे मिल गये थे और उन्हीं लोगों से मुझे काटसुरा की विशेषताओं की जानकारी मिली। उनसे यह भी ज्ञात हुआ कि क्योटो में ऐसे उद्यान-गृह और भी हैं, लेकिन काटसुरा ही सर्वश्रेष्ठ है। बाग के चाय-घरों का भी अपना महत्व था, युगों से इन चायघरों में जमने वाली मजलिस जापानी परंपरा का द्योतक थी।

क्योटो मुझे अच्छा लग गया था, इसीलिए यहाँ की मंहगाई के बावजूद मैंने यहाँ और कुछ दिन ठहरने का निश्चय किया। नैसर्गिक छटा और निर्जन परिवेश में स्थित यहाँ की मंदिरों ने मुझे बहुत आकर्षित किया था। आगे मैं अपने देखे कुछ मंदिरों का ज़िक्र करूँगा।

रीवान-जि मंदिर :

रीवानजि टेम्पल का अर्थ होता है शांति-ड्रैगॅन मंदिर। 1473 साल में बने इस मंदिर के संलग्न बगीचे को जेन बुद्ध के एक भक्त को उत्सर्ग किया गया था। इस महाभक्त का नाम सो-यामी था। उच्चारण में थोड़ा प्रभेद होने पर भी लगता है कि यह शब्द संस्कृत के स्वामी शब्द से आया था। जेन सम्प्रदाय में बहुतेरे संस्कृत तथा पाली शब्दों का प्रचलन था। यह भी गौर करने योग्य है कि यहाँ के हर मंदिर के साथ सम्मान सूचक 'जी' या 'जि' शब्द जुड़ा था।

'शांति-ड्रैगॅन' नाम के साथ मंदिर और बगीचे का उद्‌भुत मेल था। जापान में बौद्धधर्म तथा ड्रैगॅन का आविर्भाव हुआ था चीन से। इस मंदिर के बाग में प्रवेश करते ही ठंडक महसूस होती। विशाल पेड़ों की झुरमुट से धूप काई ढँके पत्थरों पर पड़ती। हरी काई तथा रंग-बिरंगी पत्तियों के साथ सूरज लुकाछिपी खेलता और अति क्षीण प्रवाह में पानी का स्रोत बहता रहता। सीलन की ठण्डक और निस्तब्ध अरण्य की आबोहवा में भारीपन हमेशा मौजूद रहता। लगता कि कहीं कोई विशाल ड्रैगॅन सो रहा है और उसी के भय से सबकुछ स्तब्ध है। मंदिर के बगल में बालू का एक लॉन था जिसपर पन्द्रह बड़े-बड़े पत्थर विभिन्न ढंग से रखे गये थे, एक स्थान पर पाँच, दो स्थानों में तीन-तीन तथा और दो स्थानों में दो-दो। मुझे पहले ऐसा लगा कि बाग बनाते समय शायद इन पत्थरों को हटाना संभव नहीं हो पाया था। लेकिन यह मेरी भूल थी। असल में उन्हें मानव मन के प्रतीक के रूप में उस तरह रखा गया था। बालू के लॉन में रखे ये पत्थर आकर्षक नहीं थे। किन्तु धैर्य के साथ एकाग्र होकर उन्हें देखने पर उनका स्वरूप और रहस्य समझ में आ जाता। विभिन्न व्यक्ति इन पत्थरों की विभिन्न व्याख्या देगा। यहाँ के शांत परिवेश में जो जितना समय दे पाएगा, जो जितने मनोयोग से देखेगा, वह उतनी गहराई में पैठ पाएगा। यहाँ के विशेषज्ञों का मत है कि ये पत्थर करोड़ों लोगों के करोड़ों मन का प्रतीक हैं। ये पन्द्रह पत्थर मनुष्य के मन की स्थिति दर्शाती हैं। शांत मन और स्वाधीन चिंतन द्वारा हम उन स्थितियों को समझ सकते हैं।

साइहो-जि कोकेदेरा या दि मॉस टेम्पल :

सन् 1339 में बने इस मॉस या काई मंदिर का ख़ूबसूरत बगीचा भी देखने लायक है। विस्तृत क्षेत्र में ऑर्किड, विभिन्न प्रकार के फूल तथा आकर्षक पत्तों की बहार से अधिक आकर्षण इस बाग में फैली काई का था। लगता था कि समूचे बगीचे को हरे

मखमल के गलीचे से ढँप दिया गया है। इस हरियाली में धूप-छाँव का खेल मन को आनंद से सराबोर कर देता। प्रकृति की गोद में मानव-निर्मित इन बगीचों का मनोहारी दृश्य देखकर मन अनायास किसी और जगत् में पहुँच जाता।

दाइतोकु-जि मंदिर :

इस मंदिर का बगीचा सत्ताईस एकड़ जमीन पर विस्तृत था। विशाल पाइन वृक्षों की छाँह में बना था यहाँ का बौद्ध-मंदिर। तोरण, ध्यानोपसना गृह, साधकों का आवास, चाय-घर और विशाल बाग नन्दन कानन जैसा परिवेश रचते। सन् 1394 में स्थापित यह मंदिर शिल्प तथा साधना का तीर्थक्षेत्र था। पर्यटक दाइतोकु-जि मंदिर को टेम्पल ऑफ ग्रेट वॅर्च्यू कहते। मूल मंदिर में शाक्यमुनि की मूर्ति थी और उसके आसपास छोटे-बड़े और भी बाईस मंदिर बने थे। सभी मंदिर लकड़ी के बने पैगोडा जैसे थे। भारी खंभे तथा बीमों को देखकर लगता कि वे काष्ठनिर्मित भवन वाक़ई बहुत पुराने हैं जब भारी लकड़ियों का प्रयोग होता था। आगज़नी से बचाव के लिए बीच में एक बड़ा तालाब बना था। अब तालाब शुष्क था, वर्तमान व्यवस्था में यहाँ पानी का समुचित प्रबंध था। अतः काष्ठनिर्मित भवनों में कहीं आग लगने पर अग्निशमन के लिए जलाशय के पानी की आवश्यक्ता नहीं थी। दाइतोकु-जि मंदिर और ध्यान केन्द्र का परिवेश अत्यन्त शांत था। कोई भी पर्यटक यहाँ प्रवेश कर सकता था, इनका दरवाज़ा सबके लिए खुला रहता।

देखते-देखते आराशियामा के रीओकान में ठहरे मुझे सात दिन हो गये थे। रोजाना सुबह निकल जाता, रात में लौटता। रात में ही दिन के अनुभव के बारे में डायरी में संक्षेप में लिख लेता। क्योटो के बागों ने मुझे अत्यंत प्रभावित किया था, वहाँ जैसे मन की गहराई बढ़ जाती, उदारता बढ़ जाती। मन जब अच्छा रहता तब सबकुछ अच्छा लगता। ये बाग राजमहल के सुसज्जित बाग नहीं थे। इनका निर्माण करने वाले प्रकृति के पुजारी थे। वे मानव मन के पुजारी थे। इन बागों में कहीं मालिक की छाप नहीं थी, दिखावा या अहंकार का गंध नहीं था, केवल मन की अनुभूतियों का छन्द था। इन बागों में प्रवेश करते ही लगता कि कोई जादूगर मेरे मन को शनैः शनैः उपलब्धि की गहराई में लिये जा रहा है। इन बागों के आकर्षण में ही मैं क्योटो में रुक गया था।

उस रात डायरी लिखते समय मुझे अचानक एक नाम याद आ गया। कोशो उचियामा रोशि। नाम के साथ ही उनका चेहरा भी याद आया। फ्रांस में बौद्धधर्म के एक सेमिनार में उनसे मेरा परिचय हुआ था सन् 1974 ई. में। उन्होंने मुझसे आग्रह किया था कि कभी मैं जापान आऊँ तो क्योटो अवश्य आऊँ। अब 1977 ई. था, यानी ठीक तीन साल बाद मुझे सहसा उनकी याद आते ही मैं उछल पड़ा। मुझे यह भी हैरानी थी कि इतने दिनों से जापान में ही नहीं, खास क्योटो में रहकर भी मुझे उनकी याद पहले क्यों नहीं आयी? मैं बैठक में पहुँचा जहाँ टोलीफ़ोन रखा था।

दुर्भाग्यवश टेलीफ़ोन निर्देशिका जापानी भाषा में थी, अतः मुझे रीओकान के मालिक सातो से मदद मांगनी पड़ी। वे लगभग आधा घंटा निर्देशिका में कोशो उचियामा रोशि का नाम तलाशते रहे किन्तु समस्या यह हुई कि मुझे उस नाम के तीन शब्दों में कौन सा नाम है, कौन सा वंश का नाम आदि मालूम न था। इन शब्दों को उलट-पुलट कर देखने पर भी तीन शब्द एक साथ नहीं मिले। तब मैंने सातो से कहा कि वे टेलीफ़ोन पूछताछ कार्यालय से मेरा सम्पर्क करा दें। पूछताछ डेस्क मिलने में दिक्कत नहीं हुई। मैंने उनसे कहा, "मैं विदेशी हूँ, क्योटो आया हूँ। मुझे कोशो उचिमाया रोशि से मिलना है, वे जेन धर्म के शिक्षक हैं। दुर्भाग्यवश मैंने उनका पता खो दिया है, यदि आप उनका फ़ोन मिला दें तो बड़ी मेहरबानी होगी।"

दूसरे छोर से फ़ोन अटेंड करती लड़की बोली, "ठीक है, आप अपना नम्बर दे दीजिए, हमें यह नाम मिल जाये तो आपको सूचित करेंगे।"

मैंने तत्काल रिसीवर सातो को थमाया। फ़ोन नम्बर देने के बाद मुझे बैठाकर सातो कहीं चले गये। लगभग बीस मिनट बाद टेलीफ़ोन की घंटी बजी। फ़ोन उठाने पर उसी लड़की ने कहा, "हाँ, हमें उस नाम का एक व्यक्ति मिल गया है। लेकिन उनसे बात नहीं हो सकी, जिन्होंने फ़ोन उठाया था उन्हें अंग्रेज़ी नहीं आती, अब बताइए क्या करें?"

"आप उनसे पूछिए कि वे सन् 1974 में फ्रांस गये थे या नहीं तथा वे बिमल दे नाम के किसी भारतीय को पहचानते हैं या नहीं?"

उस लड़की ने तत्क्षण एक और टेलीफ़ोन पर किसी से देरतक बातें की। उसके बाद मुझे यह मालूम हुआ कि कोशों उचियामा रोशि सोतो जेन मंदिर के प्रधान हैं, वे रात में फ़ोन से किसी से बातचीत नहीं करते। उनके सहकारी ने सारी बातें नोट कर ली है। सुबह कोशो जी को वे सब बतायेंगे, फिर जैसा होगा मुझे सूचित करेंगे।

सुबह मैं जल्दी उठ गया था और टेलीफ़ोन की प्रतीक्षा में था। साढ़े सात बजे फ़ोन आया, फ़ोन पर कोशो उचियामा स्वयम् थे। मैंने अपना संक्षिप्त परिचय दिया तो वे मुझे पहचान गये। उन्होंने अपना पता देकर कहा कि मैं वहाँ पहुँच जाऊँ। उनके मंदिर का नाम आन्ताइजि मंदिर था। मैं बहुत ख़ुश था और उनसे मिलने के लिए तैयार होकर निकल पड़ा।

तीन साल पहले दक्षिण फ्रांस के एक सेमिनार की परिचालक मंडली में मैं था। वहीं मुझे कोशो उचियामा का पन्द्रह दिनों तक साथ मिला था, उनसे काफ़ी आलोचनाएँ हुई थी। सेमिनार में अंतिम दो दिन महामना दलाईलामा भी हमारे साथ थे। जापान पहुँचकर मुझे उनकी याद पहले क्यों नहीं आयी, यह बात मुझे रह रहकर कचोट रही थी।

आन्ताइजि मंदिर :

आंताइजि मंदिर में उनके बारे में पूछते ही एक व्यक्ति ने मुझे सीधे कोशो उचियामा रोशि के पास पहुँचा दिया। मंदिर संलग्न एक बड़े काष्ठ-निर्मित पुराने मकान में वे रहते थे। मैंने उन्हें प्रणाम किया, उन्होंने पहले सिर झुकाकर, बाद में मेरे दोनों हाथ थामकर मुस्कराते हुए मेरी आवभगत की। उनकी उम्र सत्तर के करीब होगी। उन्होंने मुझे अपने कार्यालय में बिठाया। वे इस मंदिर के सर्वेसर्वा थे। रोशि यहाँ की पदवी थी, महन्त या गुरु जैसी।

मेरी जापान यात्रा के विषय में सुनते हुए उन्होंने खेद जताया कि क्योटो पहुँचकर ही क्यों मैंने उनसे सम्पर्क नहीं किया। आधे घंटे के अंदर उन्होंने यहाँ के अन्य बौद्ध भिक्षुओं से मेरा परिचय कराया। मैं भगवान् बुद्ध के देश से आया था, इसीलिए शायद यहाँ मेरा सम्मान कुछ ज्यादा ही था। वे मुझसे बोले, "आज से ही तुम हमारे अतिथि हो। जितने दिन क्योटो में रहना चाहो, यहीं रहोगे और भोजन भी हमारे साथ करोगे। हाँ, तुम जब जहाँ जाना चाहो, घूमने-फिरने के लिए अवश्य जा सकते हो।" यह प्रस्ताव मेरे लिए आशातीत था, मैंने तुरंत हामी भर दी। मुझे अतिथिशाला में काठ का एक छोटा-सा घर दिया गया। फिर मुझे भोजन कक्ष, लाइब्रेरी, बैठक, ध्यान करने की जगह आदि सब दिखाया गया। इसके बाद उन्होंने कहा कि जितनी जल्दी हो सके मैं रीओकान छोड़ दूँ और वहाँ से अपना सामान उठा लाऊँ।

इतनी सहजता से क्योटो के एक मंदिर में मेरे रहने का प्रबंध हो जाएगा यह मेरी सोच से परे थी। रीओकान का भुगतान मिटाकर मैं अपना बैग लेकर आन्ताइजि मंदिर लौट आया। मेरे पास केवल पीठ का एक बैग देखकर रोशिजी बोले, "बस, इतना ही, और कुछ नहीं है? इसी को असली पर्यटक कहते हैं। मैं यूरोप गया था तीन-तीन भारी-भरकम सूटकेस लेकर।" मैंने हँसकर कहा, "आपके पास ले जाने लायक बहुत कुछ था, इसीलिए ले गये थे। मेरे पास कुछ भी नहीं है, जो है बस यही है।"

इस मठ के सभी रोशिजी के भक्त तथा शिष्य थे। उनमें से तीन इनके विशेष अनुगामी थे। इन्हीं में से एक का नाम था यूमा जिसे अंग्रेज़ी आती थी। रोशिजी ने उसे कहा कि वह मुझे क्योटो शहर घूमा दे। मैंने कहा कि मैं काफ़ी घूम चुका हूँ, बाकी भी मैं ख़ुद ही घूम लूंगा। लेकिन वे जोर देकर बोले कि यूमा इन कामों में माहिर है, और मठ में तीन गाड़ियाँ हैं, कोई असुविधा नहीं होगी। यह सुनकर तो मुझे सिर झुकाना ही था।

दोपहर के भोजनोपरांत मैं यूमा के संग निकल पड़ा। मेरी इच्छा तो नहीं थी, पर रोशिजी की बात भी रखनी थी। यूमा की उम्र कम थी, सड़क पर पहुँचकर वह बहुत ख़ुश नजर आया। शायद मठ से अधिक उसे सड़कें पसंद थीं। ड्राइविंग अच्छी करता था। यूमा बौद्ध भिक्षु था, रोशि जी का सहकारी भी।

रोशिजी को कहीं जाना होता तो वही उन्हें ले जाता। पिछले पाँच वर्षों से वह मठ से जुड़ा था। मैं क्योटो में कहाँ कहाँ जा चुका हूँ सुन लेने के बाद वह बोला कि चलो, आज दूसरी ओर चलते हैं। तुम्हें क्योटो इन्टरनेशनल कॉन्फ्रेंस हॉल दिखा दूँ। हम क्योटो शहर के उत्तर की ओर के उपनगरीय क्षेत्र से गुज़रने लगे। मैं इधर पहले नहीं आया था। दोनों ओर के मकानों का निर्माण बेतरतीब ढंग से हुआ था। लगभग बीस मिनट चलने के बाद यूमा ने दूर के एक मकान की ओर इशारा करते हुए गाड़ी रोकी। गाड़ी से उतरकर ध्यान से देखा तो वह कोई मकान नहीं, एक अद्‌भुत ढाँचे की विशाल इमारत थी जिसके पीछे लहरों की तरह पहाड़ों का सिलसिला था। ऊपर की छाजन पैगोडा जैसी और नीचे की डिज़ाइन आधुनिक। मैंने आधुनिक सभागृह बहुत देखे हैं किन्तु प्राकृतिक सौंदर्य के साथ ताल मेल बिठाकर बनाया गया इतना बड़ा सभागृह कहीं नहीं देखा था। यूमा ने बताया कि इस तरह की वास्तुशिल्पीय शैली दुनिया में और कहीं नहीं है, यह जापानी शिल्प की अपनी विशेषता है जिसे गैश्शयो ज़ुकुरि कहते हैं। इस सभागृह के सामने एक जलाशय था। यह सभागृह एशिया का अन्यतम वृहद् सभागार था जिसे कान्फ्रेंस हॉल न कहकर कनवेनशन सिटी कहते थे। इसका कारण यह कि सभागृह के साथ ही होटल, रेस्तराँ, चाय घर, सूवेनिर स्टॉल, क्रीड़ा-घर तथा विभिन्न प्रकार के शापिंग सेन्टर भी बने थे। आधा घंटा यह सब देखने के बाद हम फिर अन्यत्र जाने के लिए गाड़ी में बैठ गये।

कुशल गाइड की तरह यूमा राह में जो भी दीखता उसके बारे में बताने लगता। उसने बताया कि क्योटो के उपनगरीय क्षेत्र की जापानी महिलाएँ किमोनो पहनती, जिसका प्रचलन टोकियो में काफ़ी कम था क्योंकि वहाँ अमरीकी प्रभाव अधिक था। क्योटोवासी स्वयं को जापानी समझकर गर्व महसूस करते। टोकियो के स्कूल-कॉलेजों में जिंस अब राष्ट्रीय पोशाक जैसा हो गया था। यूमा को अफ़सोस था कि चुस्त जिंस के शर्ट-पैंट पहनकर लड़कियों का सौंदर्य नहीं बढ़ता था, बल्कि वे चुस्त पोशाक के कारण अपनी स्वाभाविक लोच भी खो देती थीं।

मैंने उससे सहमति जताकर कहा, 'तुम्हारा कहना सही है भाई, हमारे देश में भी आजकल लड़कियाँ साड़ी के बदले चुस्त पैंट पहनने लगी हैं, हाँलाकि वास्तविक भारतीय रुचिवाली लड़कियाँ या महिलाएँ साड़ी ही पसंद करती हैं। परंतु यह भी सच है कि पतलून पहनकर यातायात तथा काम-काज में सुविधा होती है।''

यूमा मुझसे असहमति जताकर बोला, ''क्या हमारी नानी-दादी काम नहीं करती थी?'' इसका कहना सही था, यह मुझे मानना पड़ा। बातों ही बातों में हम एक अलग क्षेत्र में पहुँच गये थे। यूमा ने पूँछा, ''तुमने यासाका श्राइन देखा था?'' मैंने कहा, ''नहीं।''

"बाँयी ओर का वह श्राइन ही यासाका श्राइन है।"

मैंने बाँयी ओर देखा जहाँ रथ के आकार का एक मंदिर नहीं, बल्कि शिन्तो श्राइन था। यूमा बोला, "यहाँ हमेशा पर्यटकों की भीड़ लगी रहती है। इस आर्किटेक्ट डिज़ाइन को गिओन ज़ुकुरि कहते हैं। बाहर से श्राइन को देखकर हम आगे बढ़े। आगे रास्ता पहाड़ी था जो हिगाशियामा पहाड़ पर चढ़ता था। कुछ ऊँचाई पर जाकर हम बाँए मुड़े। उसके बाद सहसा पहाड़ी बैकग्राउण्ड में पैगोडा शक्ल का एक अद्‌भुत सुंदर इमारत ने हमारी दृष्टि खींची। गाड़ी रोककर तृप्त मुस्कान के साथ यूमा ने पूछा, "कैसा लग रहा है?" अवाक् विस्मय से मैं केवल कह सका, "बि-उ-टि-फु-ल।" तस्वीर की तरह ख़ूबसूरत शायद इसी को कहते हैं।

यूमा बोला, "यही है कियोमिज़ु मंदिर।"

धीरे-धीरे गाड़ी बढ़ाकर वह मंदिर के निकट के पार्किंग स्थल तक ले आया। वहाँ से हम पैदल और ऊँचाई पर पहुँचे। सामने एक तोरण था जिसमें किवाड़ नहीं थे। तोरण से आगे बढ़ते ही बगल के एक छोटे से काठ के कमरे से कोई सामने आ गया, फिर यूमा को देखकर सिर झुकाकर उसके रास्ते से हट गया।

मैं बोला, "लगता है वे तुम्हें पहचानते हैं।"

वह हँसकर बोला, "वह सब को पहचानता है। असल में टिकट बेचना उसका काम है।"

मैंने कहा, "यहाँ टिकट लेनी पड़ती है तो कोई बात नहीं। कितना लगता है?"

"डेढ़ सौ येन।"

मैंने हम दोनों के लिए तीन सौ येन निकालकर दिए, लेकिन उस सज्जन ने केवल डेढ़ सौ येन रखकर बाकी मुझे लौटा दिए। तब मैं समझ गया कि संघ के भिक्षुओं या पुरोहितों को प्रवेश शुल्क नहीं देना पड़ता था। यूमा कुछ लज्जित होकर बोला, "बुरा मत मानिएगा, यही यहाँ का नियम है।"

मैं बोला, "यही स्वाभाविक है। क्योटो में हर जगह मुझे टिकट लेकर ही प्रवेश करना पड़ा, कहीं-कहीं तो टिकट के अलावा विशेष अनुमति भी लेनी पड़ी।" मैंने मन ही मन सोचा कि मंदिरों में दक्षिणा देना हम सुकर्म समझते हैं।

सन् 1633 ई. में तकुगावा शगुन द्वारा बनवाया गया मंदिर का मूल पैगोडा तीन मंजिल का था। इसका मूल आकर्षण यहाँ का बरामदा था जहां से पूरे क्योटो शहर का विहंगम दृश्य दिखाई देता। बरामदे के भारी लकड़ी के खंभे देखने लायक थे। 49 फीट ऊँचे कुल 139 खंभे थे। मंदिर के संलग्न काठ के ही और भी बारह-तेरह मकान बने थे। यहाँ पहुँचकर लगा शरीर और मन बहुत हलका हो गया है। मंदिर में भगवान बुद्ध की मूर्ति थी, ध्यान मुद्रा में। सांझ होने को थी, अतः वहाँ प्रार्थना करने के उपरांत हम अपने मठ के लिए रवाना हुए।

अतितिशाला में बिजली की रोशनी थी। रोशी जी के विदेशी भक्त कभी-कभी यहाँ आकर ठहरते। बरामदे के कोने में सण्डास था। स्नान तथा भोजन के लिए बगल के घर में जाना पड़ता। यह किसी धर्मशाला जैसा ही था।

रात में मैंने सुसुमु के घर फ़ोन किया। एमिको ने फ़ोन उठाया तो कुशल-क्षेम के बाद मैंने बताया कि मैं क्योटो में हूँ और यहाँ मुझे बहुत अच्छा लग रहा है।

वह बोली, "तुम और कितने दिन वहाँ रहोगे? हम चार दिन के बाद नारा पहुँचेंगे, साचीओ के स्कूल की छुट्टी है। मैंने तुम्हें मेरे पिताजी के घर का पता दिया था, उसे खोया तो नहीं?"

"नहीं, वह मेरे पास सुरक्षित है।"

"ठीक है, तुम वहाँ आ जाना, मैंने उन्हें टेलीफ़ोन कर दिया है।"

"ठीक है, धन्यवाद। सायोनारा।"

यूमा एक ही दिन में मेरा अन्तरंग बन गया था। वह उम्र में मुझसे काफ़ी छोटा था, उसकी उम्र सत्ताईस-अट्ठाईस के करीब होगी। मठ में उसके लिए और काम तो थे, लेकिन उसका मुख्य काम था अतिथियों को शहर दिखाना तथा रोशिजी को कहीं जाना हो तो उन्हें वहाँ ले जाना। इस समय अतिथि गृह लगभग खाली था, इसलिए मौका मिलते ही वह मुझे लेकर निकलता। यूमा की मुझमें दिलचस्पी का एक और कारण था। उसकी हार्दिक इच्छा एकबार भारत जाने की थी, वह भगवान् बुद्ध से जुड़े स्थानों को देखना चाहता था। भारत में रोशिजी का कोई शिष्य नहीं था, अतः यदि मैं उसकी भारत यात्रा में मदद कर सकूँ तो वह हमेशा मेरा आभारी रहेगा। उसके इस अनुरोध पर मैंने उसे आश्वस्त किया कि भारत में उसे कोई असुविधा नहीं होगी, बुद्ध-गया, सारनाथ आदि सभी स्थानों में मेरे परिचित लोग हैं।

अगले दिन घूमते-घूमते हम शाम को कावाइ कानजिरो हाउस पहुँचे जो असल में पॉटॅरि का म्यूज़ियम था। विश्वविख्यात कुम्हार कावाइ कानजिरो के सूक्ष्म शिल्प तथा आसबाबों का संग्रहालय था यह। चिकनी मिट्टी के बर्तनों पर की गयी नक्काशी और कारीगरी के विषय में मुझे कोई जानकारी नहीं, किन्तु यूमा जैसे इन बर्तनों के आकार तथा उनपर किए गये विभिन्न सूक्ष्म कार्यों का दीवाना था, वह मुझे बहुत कुछ समझाता रहा। मिट्टी की विभिन्नता, कुम्हार के चाक, अलग प्रकार की भट्टियाँ आदि के विषय में उसने जो बताया वह मेरे पल्ले नहीं पडा, मैं सिर्फ़ ख़ूबसूरत मृण्पात्रों को देखता रहा।

शाम को उसने मुझे कामो नदी के तट के कुछ रास्तों का नाम बताकर कहा, "विदेशी पर्यटक, खासकर अमरीकी, इन रास्तों पर घूमना बहुत पसंद करते हैं। शाम को इधर बहुत चहल-पहल रहती है। मैं नहीं रह पाऊंगा। तुम घूम-घाम कर बस से आ जाना। कोई दिक्कत हो तो मुझे फ़ोन करना।"

मैंने कहा, "मुझे कोई दिक्कत नहीं होगी। ठीक है, तुम जाओ। मैं मठ में पहुँच जाऊंगा। हाँ, रात का खाना मैं इधर ही खा लूंगा, मेरे लिए कुछ मत रखना।"

गिओन कारनर :

यूमा के निदेशनानुसार मैं चलते हुए वहाँ आ पहुँच जिस जगह को गिओन कारनर कहते थे। अब तक मंदिर और मठों का चक्कर लगाते रहने के बाद अब जैसे किसी और दुनिया में पहुँच गया था। चारों ओर छोटे-छोटे कॉफ़ी हाउस, चाय घर, भाँति-भाँति के फूलों की दुकानें, शो-केस ख़ूबसूरत इकेबाना द्वारा सज्जित, थियेटर हॉल, नाचघर, कठपुतलियों का नाच घर और असंख्य गिशा नाच के केन्द्र। गिशा या गेशॅ जापानी शब्द था। गिशा उन लड़कियों को कहते थे जिन्होंने पेशेवर तरीके से नृत्य-गीत तथा मनोरंजन का पेशा अपनाया था। यहाँ चाय घरों के अलावा बहुत से टी-सेरिमॅनी-सेन्टर भी नज़र आए जहाँ उत्सव जैसा वातावरण था। टी-सेरिमनी, इकेबाना तथा गिसा गर्ल जापानी संस्कृति के द्योतक थे। गिओन कार्नर में इन तीनों का ही प्राचूर्य था। चलते-चलते एक अंग्रेज़ी साइन बोर्ड पर निगाह पड़ी : यासाका काइकाव हॉल। जापानी नाम ऊपर से नीचे लिखे जाते थे। मैंने हॉल में प्रवेश किया। प्रवेश पथ पर ही यहाँ की गतिविधि की सूचना उपलब्ध थी : नृत्य-गीत-गिसा-टी-सेरिमॅनी-कठपुतली नाच-इकेबाना शो आदि। यहाँ जापानी भाषा का अंग्रेज़ी में रूपांतर की भी व्यवस्था थी।

दस मिनट चलने के बाद मैं यहाँ के बड़े मार्केटिंग-सेंटर पहुँचा जहाँ सुपर मार्केट, डिपार्टमेंटल स्टोर, रेस्तराँ और कॉफ़ी घरों की भरमार थी। लेकिन यहाँ की मकानें छोटी-छोटी थीं। काफ़ी दूर तक चलने के बाद मैंने सोचा कि इस भीड़-भाड़ और शोर-शराबे से तो अच्छा होता नदी के किनारे टहलना। कावारामाची स्ट्रीट पकड़कर मैं कामो नदी के तट पर पहुँचा। नदी का दूसरा तट अपेक्षाकृत शांत था। मैंने पुल पार किया और आगे बढ़ा। यहाँ अधिकांश मकानें लकड़ी की थी। मुहल्ला-काफ़ी शांत था। सड़क के किनारे के चाय घर, कॉफ़ी घर और रेस्तराँओं में चहल-पहल थी। रात के करीब आठ बजे थे, भूख भी लगी थी, अतः एक मझोले रेस्तराँ में दाखिल होकर कोने की एक खाली कुर्सी पर बैठ गया। रेस्तराँ लगभग भर गया था। यहाँ का परिवेश खास जापानी परिवेश था। अधिकांश लड़कियाँ किमोनो पहने थीं।

एक लड़की ने आकर मुझसे पूछा, "कहिए, आपको क्या दें?"

"दाल-भात और कुछ नहीं।"

वह स्मित मुस्कराकर बोली, "साके या बिअर अथवा वाइन भी मिल जाएगा।"

"नहीं, मुझे वाइन वगैरह नहीं चाहिए।"

"ठीक है, समझ गयी।" कहकर वह चली गयी। लगभग तीन मिनट बाद वह एक छोटा पॉट और गिलास मेजपर रखकर चली गयी। पॉट में साके यानी जापानी

बियर था। शायद वह मेरी बात समझ नहीं पायी थी।

कुछ दूरी पर एक व्यक्ति अकेले बैठे हुए थे। वे शायद मुझे देखकर समझ गये थे कि मैं विदेशी हूँ और मेरे साथ भाषा की समस्या है। वे मेरे करीब आकर बैठते हुए बोले, "विदेशी हो वह तो स्पष्ट है, कहाँ से आए हो?"

"टोकियो से, लेकिन मैं भारतीय हूँ।"

"मुझे भी ऐसा ही लगा था।"

उनकी उम्र पचास के आसपास थी। अंग्रेज़ी अच्छी बोलते थे। उन्होंने वेटर को बुलाकर मेरे लिए दाल-भात-भूंजी मछली और आलू-भुजिया का ऑर्डर देते हुए मुझसे कहा कि पूरा मेन्यू लेने में और केवल दाल-भात लेने में खर्च एक-सा ही है, अतः पूरा ही लेना चाहिए। उनकी यह उपकारिता मुझे कुछ खटकी, कहीं ये कोई दलाल तो नहीं है? मैं चुपचाप खाने पर जुट गया। एक सिगरेट सुलगाकर उन्होंने फिर कहा, "यह तो मालूम होगा कि यह गिओन इलाका है।"

"इसका मतलब?" मैंने पूछा।

सिगरेट का धुँआ मुँह से निकाल कर वे मेरी ओर झुककर बोले, "मेरा अनुमान सही था, तुम्हें नहीं मालूम। क्योटो का यह एकमात्र इलाका है जहाँ तुम्हें पारंपरिक गिसाएँ मिलेंगे। यहाँ जो दोनों ओर मकानें हैं वे सब गिसाओं के क्वार्टर हैं।"

मैंने अनजान बनते हुए पूछा, "गिसा? वे क्या करती हैं?"

"तुम्हारी ख़ातिर करेगी। तुम्हारी सेवा करेगी, यत्न से तुम्हें खिलायगी-पिलायगी, तुम्हें गाना सुनाएगी, जो नाच जानती है वह तुम्हें नाच भी दिखाएगी यानी तुम्हारा पुरा मनोरंजन करेगी। एक घंटे का बीस हजार येन लगेगा। ये सब खानदानी पेशेवर गिसा हैं, कुछ सस्ते में भी मिल जाती है।"

मेज पर रखे साके के पात्र की ओर इशारा कर मैंने कहा, "आप चाहें तो इसे पी सकते हैं क्योंकि मैं नहीं पी पाऊंगा।" उन्हें इनकार नहीं था, गिलास में साके उड़ेल कर वे पीने लगे।

मैंने पूछा, "यह तो समझ गया कि गेइसा या गिसा मेरा संग देगी, देखभाल करेंगी और गाना भी सुनायगी। लेकिन उसके आगे?"

वे अचानक बहुत गंभीर हो गये। उसके बाद मुझे घूरते हुए भारी आवाज़ में बोले, "नहीं-नहीं, उसके आगे कुछ भी नहीं। सावधान रहना, ये स्ट्रीट-गर्ल नहीं हैं, ये देह-व्यापार नहीं करतीं जो पैसे लेकर शरीर बेचेंगी। गेइसा जापान का सम्मानित पेशा है। औरों के साथ इनकी तुलना मत करना।"

रेस्तराँ का बिल चुकाकर, उन्हें धन्यवाद देकर, मैं बाहर निकला। राह चलते अब इस इलाके को मैं गौर से देख रहा था। सड़क के दोनों किनारे लगातार लकड़ी की

बनी कोठियाँ थीं। कोठी के बारजे से टिककर अथवा सीढ़ियों पर खड़ी होकर गिसा लड़कियाँ आपस में गपशप कर रही थीं। उनमें विनय और नम्रता के भाव थे। गिसा लड़कियों द्वारा मनोरंजन पुरानी जापानी संस्कृति का ही अंग था और ये उसी परंपरा का निर्वहण कर रही थीं।

मठ में वापस लौटते मुझे रात के साढ़े दस बज गये। पोशाक बदल कर मैं डायरी लेकर बैठा ही था कि दरवाज़े पर दस्तक हुई। दरवाज़ा खोला तो सामने यूमा था।

"कैसा लगा?" उसने पूछा।

"अच्छा," कहकर मैंने उसे दर्री पर बैठाया, फिर अपने घूमने का ब्योरा देकर रेस्तराँ में मिले उस व्यक्ति के बारे में बताया। यूमा बोला, "क्योटो में सभी शांत और सज्जन मिलेंगे, टोकियो में होंशियार रहना पड़ता है।"

मैंने कहा, "अब मंदिर में बैठकर गिसा की चर्चा न करें तो अच्छा। रात हो गयी, अब जाकर सो जाओ, मुझे भी नींद आ रही है।"

उसके जाने के बाद मैं डायरी लिखता रहा, उसके बाद सो गया।

जेन धर्म में ध्यान की पद्धति :

सुबह विशाल पेड़ों के नीचे बिछी हरी काई की शोभा देखता हुआ मैं काफ़ी देर तक टहलता रहा। उसके बाद बुद्ध मंदिर के प्रार्थना कक्ष में पहुँच गया जहाँ सुबह की प्रार्थना के लिए भिक्षुगण पहुँचने लगे थे। प्रार्थना का संचालन करने के बाद जब रोशिजी बाहर आए और मुझे अकेले मिल गये तब मैंने उनसे पूछा, "जापान पहुँचकर मैंने यहाँ का दर्शनीय स्थल, मीनार, स्मारक, मठ, मंदिर आदि बहुत कुछ देखा और इसकी मुझे ख़ुशी है। इसके बावज़ूद मुझे लगता है कहीं कोई कमी रह गयी है, ऐसे पवित्र स्थल में आकर मन जो चाह रहा है वह मैं उसे नहीं दे पा रहा हूँ। आप बताइए मैं क्या करूँ?"

"मैं समझ गया। तुमने जो कुछ देखा, वह पूर्ण उपलब्धि नहीं है। इसके लिए तुम्हें कुछ देर मेरे संग बैठना पड़ेगा।"

"ठीक है, मैं राजी हूँ।"

"तो फिर तुम आधे घंटे बाद जाजेन घर में चले आना, मैं वहीं मिलूंगा।"

जाजेन का मतलब था ध्यान। जाजेन घर वह प्रकोष्ठ था जहाँ बैठकर भिक्षुगण ध्यान करते थे। इस कमरे की दीवारें सफेद थीं, कहीं कोई तांखा या तस्वीर नहीं थी। चटाई पर बहुत से कुशन बिछे थे, मैं उन्हीं में से एक पर बैठ गया। कमरा निस्तब्ध था, बाहर का कोई शब्द यहाँ से सुनाई नहीं देता।

कुछ देर पश्चात् रोशिजी पहुँचे और उन्होंने मुझे एक दीवार के सामने दीवार की ओर चेहरा रखकर बैठने को कहा। मैंने ऐसा ही किया। मेरे पीछे बैठकर उन्होंने कहा, "अब आँखें मूंदकर अपने मन का पर्यवेक्षण करो।"

थोड़ी देर बाद वे बोले, "अब मन की गतिविधियों पर ध्यान दो।"

इसके बाद तीसरा निर्देश आया, "अब जाजेन का अभ्यास करो।"

मुझे नहीं मालूम था कि जाजेन का अभ्यास क्या होता है। लेकिन मैंने सुना था कि जानेन जापानी में ध्यान का पर्यायवाची शब्द है। अतः आँखें मूंदकर मैं ध्यान करने की कोशिश करता रहा।

लगभग एक घंटे बाद हम लोग उस कमरे से बाहर निकले। रोशिजी के कमरे में पहुँचकर मैंने कहा, "क्या आप मुझे जाजेन के अभ्यास के बारे में कुछ विस्तार से समझाएंगे?"

"जाजेन का सिद्धांत बहुत सरल है और सरल होने के कारण ही इसका अभ्यास अत्यंत कठिन है।" ऐसा कहकर उन्होंने एक कागज़ और क़लम लिया और उसपर एक सरल रेखा खींचकर एक छोर पर 'अ' तथा दूसरे छोर पर 'ब' लिखा, फिर वे मुझे समझाने लगे, "समझ लो कि तुम ध्यान करने के लिए बैठे हो और तुम्हारा मन अभी 'अ' स्थिति में है जहाँ से तुम्हें 'ब' स्थिति में पहुँचना है, यानी यह सरल रेखा ही दूरी तथा समय दर्शाती है। तुम यदि 'अ' स्थिति में बैठकर अपने मन का पर्यवेक्षण करो तो पाओगे कि तुम्हारा मन इधर-उधर भटक रहा है। मन में यदि 'क' चिंता आए तो उस चिंता को हटाकर मन अपनी लाइन पर ले आओ। मन में क्रमशः 'ख' और 'ग' चिंताएं आने पर उन चिंताओं को हटाकर तुम्हें पुनः मन को ध्यान में केंद्रित करना पड़ेगा। मन को चिंतामुक्त करते हुए शून्यावस्था में पहुँचाना ही जाजेन है।" ऐसा कहकर उन्होंने कागज़ पर खींचा गया नक्शा मुझे थमा दिया। "क्या तुम मेरी बात समझ पाए?" उन्होंने पूछा।

मैंने विनय के साथ कहा, "आपका समझाने का ढंग अनूठा एवं सरल है, अब जाजेन का अर्थ मेरे लिए स्पष्ट है।"

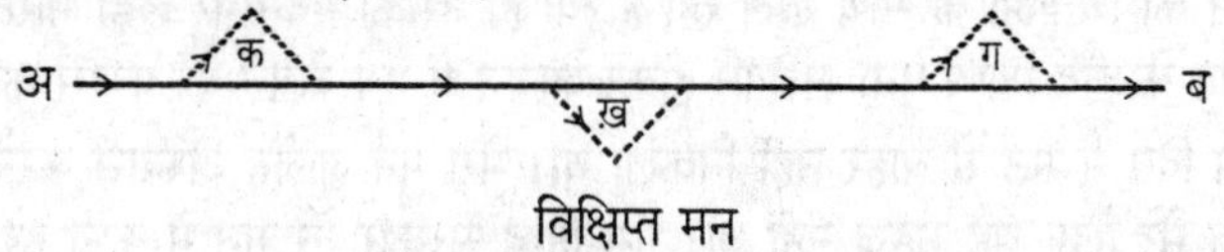

विक्षिप्त मन

'अ' से 'ब' तक जाते हुए मन न भटके। मन को सीधे रास्ते ले जाना ही जाजेन है।

अ ———————————————— ब

जाजेन में अभ्यस्त शांत मन

मैं समझ गया कि मन को संयम करने का एक कारगर उपाय था जाजेन। मन जब भी भटके, उसे जाजेन या ध्यान द्वारा अपने पथ पर वापस लाया जा सकता है। यह एक सहज और सरल बात थी। मैंने रोशिजी से पूछा, "यह पथ बहुत सहज लगता है। तो फिर सभी लोग स्वयम् को चिंतामुक्त कर सकते हैं, है न?"

"अवश्य। किन्तु इसके लिए चाहिए समय तथा अभ्यास। तुम्हें मालूम ही होगा कि अब 'टाइम इज़ मॅनी', अतः इस लाइन में आने वाले विरला ही हैं।"

"जी, मेरा प्रश्न यह नहीं था। मैं जानना चाहता था कि जो लोग बुद्धत्व प्राप्ति के लिए साल-दर-साल प्रयत्न करते हैं उन्हें इस पथ में समय अवश्य कम लगेगा?"

उन्होंने लम्बी उसाँस लेकर कहा, "बुद्धत्व प्राप्ति या निर्वाण लाभ ही हमारा भी लक्ष्य है, किन्तु उसके लिए चाहिए मुक्त मन। घट खाली हो तभी तुम उसे अच्छी चीजों से भर सकोगे।" उसके बाद अपना मस्तक दिखाकर बोले, "यदि इसमें कूड़ा-कर्कट भरा हो तो तुम अच्छी चीजें पाकर भी रख नहीं पाओगे।"

उनकी इस रसिकता पर मैं हँस पड़ा। फिर बोला, "तो इसका अर्थ यह निकलता है कि जाजेन करना निर्वाण प्राप्ति का पहला सोपान है?"

"अवश्य।"

"हमारे देश में ध्यान में बैठने से पहले कुछ सीढ़ियाँ लांघनी पड़ती हैं, जैसे-यम, नियम, आसन, प्राणायाम, धारणा और फिर ध्यान का कठिन पथ, हाँलाकि गुरु और महर्षि सहज पथ का संधान भी देते हैं। लेकिन सहज पथ शायद सहज और सरल लोगों के लिए ही है जिसका इस जमाने में बहुत अभाव है।"

"तुम ठीक कहते हो, लेकिन विभिन्न पथ आख़िर एक ही सत्य तक पहुँचाते हैं।"

उनसे विदा लेकर मैं लौट आया। शाम को कुछ देर जाजेन घर में बैठने के बाद समवेत प्रार्थना में हिस्सा लिया, फिर भोजन से निपटकर लाइब्रेरी पहुंचा। वहाँ तोहोकु से आए एक भिक्षु से परिचय हुआ। वे दीक्षा तथा जाजेन अभ्यास के लिए यहाँ पन्द्रह दिन ठहरेंगे। उन्होंने बताया कि बहुत से जाजेन शिक्षक शिष्य को जाजेन पर बैठाकर धीरे-धीरे चहलक़दमी करते हैं और ज्यों ही देखते हैं कि कोई जाजेन नहीं कर रहा बल्कि मन की चिंताओं के साथ खेल रहा है त्यों ही उसकी गर्दन पर छड़ी मारते हैं। इस आघात के बाद शिष्य पुनः सचेतन होकर जाजेन में मन बैठाने का प्रयास करता।

उस दिन मैं मठ से बाहर नहीं निकला था। मेरा मन जाजेन अभ्यास करने का था। किन्तु मेरे लिए यह सहज नहीं था। मेरा हिन्दू संस्कार मेरे मन में कभी हरे राम हरे कृष्ण, कभी ओम् नमोः शिवाय तो कभी गायत्री मंत्र भर देता। फिर भी यह मठ, मंदिर, ख़ूबसूरत बाग और यहाँ की निस्तब्धता ने मेरा मन भर दिया था, मुझे यहाँ जो शब्दहीन तरंगों का स्पर्श मिला था। उसी से मैं धन्य था।

जाजेन घर में बातचीत की मनाही थी। जाजेन से पहले तथा बाद में रोशिजी बगल के कमरे में बैठकर बुद्ध की वाणी, शिक्षा आदि विषयों को समझाते। जाजेन के विषय में एकदिन उन्होंने कहा था, "कोई यदि नशाग्रस्त होकर गाड़ी चलाएगा तो उसकी विपदा स्वाभाविक है। हमारा मन भी चिंता के नशे में विभोर रहता है, उसे चिंतामुक्त करने का तरीका ही जाजेन है। जाजेन का अर्थ है जीवन की जाग्रत शक्ति को

अपनाना। हमें जाग्रत रहना होगा, मन की जाग्रत शक्ति को थामे रहना होगा। ऐसा करने में मन में भय, मलिनता, दुर्बलता आदि नहीं रहेगी। निर्वाण लाभ की मूल प्रस्तुति यही है।" उचियामा रोशि को यह वाणी और विभिन्न पद्धतियाँ उनके गुरु कोड़ो सावाकि रोशि ने दिया था।

एक दिन मैंने उनसे पूछा, "आपको तो ज्ञात होगा कि हमारे शास्त्रों में निःस्वार्थ कर्म की बात कही गयी है। साथ ही कर्मफल त्याग करने, मायामुक्त होने आदि की बातें। सिद्ध गुरु या योगी साधना करते हैं परमात्मा के साथ एकात्म होने के लिए। उन्हें देखकर लगता है कि वे ऊर्ध्वमार्ग में पहुँच गये हैं जहाँ दुःख-कष्ट उन्हें स्पर्श नहीं करता। वहाँ पहुँचकर वे सबको बराबर समझते हैं, सब में ईश्वर को देखते हैं। आपके जाजेन के उच्चमार्ग के विषय में कुछ बताएँ तो मैं आभारी रहूँगा।"

रोशिजी बोले, "उच्चमार्ग में सब बराबर होते हैं, फ़र्क़ केवल नीचे रहता है। बौद्धधर्म भारत से आया था, अतः बुद्ध-दर्शन भी भारतीय दर्शन है, व्याख्या एवं भाष्य में कुछ अंतर अवश्य है। जाजेन में सिद्धी प्राप्ति के बाद भी वे साधारण इंसान ही रहेंगे क्योंकि उनका जन्म साधारण मनुष्य के देह में हुआ था। और जो प्रभेद होगा वह होगा आंतरिक परिवर्तन जिसे हम देख नहीं पाते। बोधिसत्व की प्राप्ति दिव्यज्ञान की प्राप्ति है। पहले आती है आत्म चेतना, उससे हमें सुध होती है कि साधारण इंसान हैं किन्तु हममें बुद्धात्मा है। इस ज्ञान के आते ही हमारे मन में तीन भाव उदित होते हैंः करुणा, आनंद तथा परिपूर्णता। जब ये तीनों भाव मन में स्थायी रूप से बैठ जाएँ तभी समझना चाहिए कि मेरा जीवन परिपूर्ण हो गया है।" इतना कहकर रोशिजी चुप हो गये। शायद वे अपने भीतर इन तीन भावों की उपस्थिति महसूस कर रहे थे।

देखते-ही-देखते और चार दिन बीत गये। अब और मैं क्योटो में नहीं रुक सकता था, मेरी छुट्टियाँ समाप्त होने वाली थी तथा मुझे जापान में अभी और कुछ जगह देखने थे।

मैंने रोशिजी को प्रणाम कर उनसे विदा ली। मैंने उन्हें भारत आने का आमंत्रण भी दिया। मैंने कहा कि जिनके अर्न्तमन में बुद्ध का वास है वे सभी भारतीय हैं, अतः आप भी एक भारतीय हैं जो जापान में रह रहे हैं। इस बात से वे बहुत आह्लादित हुए और मेरे भविष्य के लिए शुभकामनाएँ देते रहे।

यूमा मुझे क्योटो स्टेशन छोड़ने आया था। मैंने उसे आलिंगन में भरकर आत्मीय ढंग से कहा, "तुम अवश्य भारत आओगे। तुम सिर्फ़ टोकियो से कोलकाता यातायात का टिकट ख़रीदोगे, भारत का पूरा खर्च मेरा, मैं खुद तुम्हें घुमाऊंगा।"*

यूमा ने कृतज्ञता से मेरी बाहों को कसकर थामा। बोला, "तुम फिर आओगे। देखा तो, यहाँ रहना, खाना, घूमना सबकुछ फ्री है, खासकर तुम रोशिजी के विशेष मेहमान हो।" मैंने कहा, "अवश्य, मैं कोशिश करूंगा।"

मैंने क्योटो से नारा के लिए प्रस्थान किया। क्योटो एक हजार साल से अधिक समय तक जापान की राजधानी थी और उससे भी पहले राजधानी थी नारा में।

नारा

क्योटो मेन स्टेशन के संलग्न स्टेशन से लोकल ट्रेन छूटती थी। ट्रेन में मेरे अलावा और कोई विदेशी नहीं था। क्योटो से नारा पहुँचने में केवल पैंतीस मिनट लगे। नारा अंतिम स्टेशन था, यहाँ प्लैटफार्म में कोई हड़बड़ी नहीं थी। मैं भी धीरे-आस्ते स्टेशन से बाहर निकला। बाहर किसी ने मुझे मेरा नाम लेकर पुकारा तो मैं चौंका, पुकारने वाले को देखा तो उसे दूर से पहचान भी नहीं पाया, इससे मैं और भी अचंभित था क्योंकि किमोनो पहनी एक जापानी सुंदरी मुस्कराती हुई मेरी ओर बढ़ती आ रही थी। वह निकट आयी तो मैंने ख़ुशी से उसे बाहों में भर लिया। वह साचीओ थी। कोई भारतीय किशोरी साड़ी पहनने से ज्यों एकायक बड़ी लगती है, किमोनो में साचीओ भी वैसी ही लग रही थी।

"तुम्हें कैसे मालूम कि मैं इस ट्रेन से आऊँगा?" मैंने पूछा।

"माँ ने क्योटो फ़ोन किया था। वहाँ से किसी ने बताया कि तुम रवाना हो चुके हो। मैं खाली थी, सो चली आयी।"

"चलो अच्छा किया, नहीं तो मुझे तुम्हारे मामा का घर ढूँढ़ना पड़ता।"

उसके मामा का घर दूर नहीं था और मेरे पास पीठ के बैग के सिवा सामान नहीं था, अतः हम पैदल ही चले। शहर में कोई व्यस्तता नहीं थी। दुकानों और लकड़ी के बने मकानों में पुरानेपन की छाप थी। कुछ दूर जाने के बाद साचीओ एक विशाल स्मारक की ओर इशारा कर बोली, "वह सम्राट काइका का स्मृति-मंदिर है।" वहाँ से कुछ और आगे एक सुंदर सा पार्क था, साचीओ ने बताया कि उस पार्क का नाम डियर पार्क था जहाँ काफ़ी हिरण थे और कोई हथेली में खाना लेकर उन्हें पुकारे तो वे हाथों से खाना खा लेते हैं। कुछ हिरण इत्मीनान से चरते हुए भी दिखायी दिए। लकड़ी के एक पुराने मकान के सामने रुककर साचीओ बोली, "यही मेरे नाना का घर है।"

मकान सौ साल से भी अधिक पुराना था, लेकिन इसका रख-रखाव अच्छी तरह किया गया था। काफ़ी साफ़-सुथरा था। बैठक में कोई कुर्सी नहीं थी। पूरे कमरे में चटाई बिछी थी, दीवारों पर भी चटाई लगाये गये थे। हम चटाई पर बैठे। एमिको उच्छवास से बोली, "मैं इसी कमरे में पली-बढ़ी हूँ, यानी यही मेरा कमरा था। बगल

का कमरा मेरी बहन का था, उसकी भी शादी हो गयी है। उसके बाद वाला कमरा मेरे भाई का है, वह क्योटो में आर्किटेक्ट इंजीनियरिंग की पढ़ाई कर रहा है। पढ़ाई पूरी करके यहीं नौकरी करेगा। उसकी क़िस्मत अच्छी है, घर पर रह पाएगा।''

इस बीच पीठ से दरवाज़ा ठेलकर चाय का ट्रे लिए कमरे में दाखिल हुईं एमिको की माँ, जिनकी उम्र साठ वर्ष के आस-पास थी। चाय की कटोरियाँ बीच में रखकर कुछ देर तक हम चारों बातचीत करते रहे। उसके बाद एमिको की माँ उठ पड़ी, उन्हें रसोई से निपटना था। मैंने एमिको से कहा कि वह माँ की मदद करे, मैं कुछ देर आस-पास का चक्कर लगाकर लौट आऊंगा। इस पर साचीओ बोली कि वह भी मेरे साथ जाएगी, लेकिन कपड़े बदलकर, क्योंकि किमोनो पहनकर अधिक देर तक चलने की उसकी आदत नहीं थी।

कुछ देर बाद हम डियर पार्क के निकट के एक मुख्य सड़क पर पहुँच गये, सड़क का नाम था सान जो डोरि। इस सड़क पर आते ही दूर एक पैगोडा दिखायी दिया। साचीओ बोली, ''वही कासुना श्राइन है।''

और आगे बढ़ने पर एक बड़ा तालाब मिला, उसका चारों ओर पक्का था तथा टहलने के लिए संकीर्ण सड़क भी बनी थी। बैठने के लिए बेंच भी लगे थे। इस तालाब की नियमित सफाई की जाती थी। तालाब का चक्कर लगाकर हम सड़क पर आ गये और आगे एक चौराहे पर बहुत से सूवँनिअॅर स्टॉल देखकर एक दुकान में साचीओ को लेकर मैं घुसा जहाँ चटाई की छतरीने मेरा ध्यान खींचा था। इस पर अति सूक्ष्म कारीगरी थी, मैंने ऐसा छाता पहले कभी नहीं देखा था। कई बार छाता खोलकर और बन्द करके देखने के बाद साचीओ बोली, ''बहुत सुंदर है, लेकिन बहुत महंगा भी।'' छाते की कीमत छह हजार येन थी। छाते में हमारी रुचि देखकर दुकानदार ने बताया, ''यह छाता हमारी सहकारी-समिति में बना है, यह पूरी तरह हस्त-निर्मित है। ऐसे छाते अधिक नहीं बनते, दो-एक तैयार होते ही मैं ले आता हूँ। क्योटो या टोकियो में यह छाता पन्द्रह हजार येन से कम में नहीं मिलेगा।'' मैंने उसकी बातों पर ध्यान नहीं दिया, मैंने गौर से छातों को परखा, फिर दो छाते अलग-अलग पैक करने को कहा। यह कहने की आवश्यकता नहीं कि सामान पैक करने में जापानी माहिर होते हैं।

घर लौटकर मैंने वे पैकेट एमिको और उसकी माँ को थमाकर कहा, ''मुझे यह बहुत पसंद आया इसीलिए ख़रीद लाया। इसमें से एक नारा में रहेगा, दूसरा टोकियो में।''

साचीओ सकुचाकर बोली, ''हाय, मैं तो समझी कि तुम ख़ुद ले जाओगे, नहीं तो मैं कभी ख़रीदने नहीं देती।''

उपहार पाकर एमिको और उसकी माँ दोनों ही शरमाई, लेकिन ख़ुश भी दिखीं। पैक खोलकर छातों पर किए गये बारीक काम देखकर वे चौंकी भी और बहुत आनंदित

भी हुई। एमिको की माँ ने मीठी झिड़की दी, "यह तुम्हारा पागलपन है, इतनी कीमती उपहार लाने की क्या ज़रुरत थी?"

जापान की सृष्टि के विषय में एक रोचक किंवदन्ती प्रचलित है। शिन्तो धर्म जापान का मूल धर्म है तथा इस धर्म में सूर्य को भगवान् के रूप में नहीं बल्कि भगवती के रूप में मूल देवता का स्थान दिया गया है। सूर्य माता का जापानी नाम है आमातेरासु-नो-आमिकोतो। सूर्य देवी ने ही इस धरती की सृष्टि की। एक दिन उन्होंने अपने नाति निनिगि-नो-मिकोतो को बुलाकर आदेश दिया, "मैंने धरती की रचना की है, अब तुम वहाँ जाकर सुख से रहो।"

दादी का आदेश शिरोधार्य कर निनिगि-नो-मिकोतो देव स्वर्ग से धरती पर आ गये, उनके साथ उनकी पत्नी, पुत्र, मित्र आदि भी चले आए। धरती पर वे जहाँ उतरे वह स्थान अब क्यूशि द्वीप के नाम से जाना जाता है। काफ़ी साल तक वहाँ रहने के बाद निनिगि-नो-मिकोतो के पौत्र ने, जिसका नाम जिम्मु था, धीरे-धीरे जापान के अभ्यंतर में प्रवेश किया और जहाँ पर उन्होंने निवास के लिए पड़ाव डाला वहीं यह नारा जिला है। जापानी शिन्तो कैलेंडर के अनुसार ईसा पूर्व 660 साल के 11 फरवरी को दिन में 11 बजे जापान के प्रथम शासक के रूप में जिम्मु का नाम घोषित हुआ और उसी दिन से जापान का वास्तविक इतिहास भी शुरू हुआ। उन्होंने राज्य का नाम इमामोतो यानी महा शांति का राज्य रखा तथा स्वयम् शांतिराज के रूप में अधिष्ठित हुए। चूँकि उस समय और कोई राजा या शासक नहीं था, जिम्मु का कोई विरोध नहीं हुआ।

उक्त कथा किंवदंती होने पर भी जापान में आज भी 11 फरवरी दिन के 11 बजे का समय एक पुण्यतिथि के रूप में स्वीकृत है। इतिहास वेत्ताओं का मत है कि उक्त किंवदंती में कुछ सच्चाई भी है। यह सच है कि जापान की सभ्यता की शुरूआत क्यूशि से ही हुई थी, विभिन्न ध्वंसस्तूपों से यही प्रणाणित हुआ है। प्रथम शासक जिम्मु ने कोई प्रासाद नहीं बनवाया था, किन्तु उस समय के व्यवहृत माटी तथा पत्थरों के आसबाब प्राप्त हुए हैं।

जापान के शुरूआती शासक यायावर प्रकृति के थे। जिम्मु अपने बाप-दादा का स्थान त्यागकर नारा में आ बसे थे। उनकी मृत्यु के उपरांत उनका बेटा अपने परिवार और सांगों-पांग के साथ और उत्तर में जा बसे। उसके बाद यही परंपरा बन गयी कि एक शासक की मृत्यु के पश्चात् नया शासक किसी और स्थान को राजधानी बनाता। इस तरह कुल बयालीस मर्तबा जापान की राजधानी वंश-परंपरा में क्योटो-नारा-ओसाका आदि स्थानों में स्थानांतरित होती रही। आख़िर तैंतालीसवीं बार जिन्होंने सत्ता संभाली उन्होंने यह घोषणा की कि अब आगे राजधानी में कोई परिवर्तन नहीं होगा और हमारा परिवार एक ही स्थान में स्थायी रूप से निवास करेगा। सन् 710 ई. में सम्राट गेम्मिओ की घोषणानुसार नारा

जापान की प्रथम स्थायी राजधानी बनी। जापानी इतिहास का यह एक नया अध्याय था। अगले चौहत्तर वर्षों तक लगातार सात शासकों ने नारा से ही शासन किया। स्थायी राजधानी बनने से जापानी सभ्यता के विकास में इसका सकारात्मक प्रभाव पड़ा। किंवदंती, कविता, कहानी, शिल्प-कला, भास्कर्य, देश का भौगोलिक विवरण, इतिहास आदि की सूचना इसी समय हुई। जापानी सभ्यता पर चीन का अत्यधिक प्रभाव था। उस समय चीन का तांग-चीना समाज अपनी राजनीति, शासन-व्यवस्था, धर्म, रीति-नीति, शिल्पकला, स्थापत्य, साहित्य आदि सभी क्षेत्रों में उन्नत होने के कारण विश्व-विख्यात था। चीन एक अति प्राचीन और उन्नत देश था, जापान में स्थायी राजधानी निर्माण और उसके विकास में चीन का काफ़ी योगदान था। जापान का हर प्राचीन तथा नवीन पैगोडा आकार का भवन चीनी प्रभाव को ही उजागर करता है।

नारा छोटा शहर था। टोकियो या क्योटो से इसका कुछ भी सादृश्य नहीं था। मेरी इच्छा पैदल घूमने की थी, किन्तु एमिको टोकियो से गाड़ी लेकर आयी थी और बहुत उत्साहित थी कि वह मुझे उसका अपना शहर घुमा पाएगी। वह मैं और साचीओ घूमने निकले तो वह बोली, "यहाँ सीट-बेल्ट बाँधना ज़रूरी नहीं है।"

रास्ते में एक आधुनिक ढंग का भवन पड़ा जो यहाँ का मुख्य सरकारी कार्यालय था। उसके कुछ आगे बगीचे और बड़े-बड़े पेड़ों से घिरा एक विशाल बिल्डिंग था जिसे दिखाकर साचीओ बोली, "यही है नारा वीमेन यूनिवर्सिटी, माँ यहीं पढ़ती थी।"

"हाँ, मैंने यहीं अपनी पढ़ाई पूरी की। जब भी नारा आती हूँ, एकबार यहाँ ज़रूर आती हूँ। अन्दर का बाग बहुत ख़ूबसूरत है। समय मिलने पर तुम्हें एकदिन यहाँ ले आऊंगी।" एमिको बोली। लगा उसे अपने विश्वविद्यालय पर नाज़ था। हो भी क्यों न, वहाँ का परिवेश था ही इतना आकर्षक।

प्राचीन काल में जब नारा शहर राजधानी थी तब राजधानी क्षेत्र का नाम था यामोतो और नारा को यामोतो दामाशी कहा जाता था जिसका अर्थ है 'जापान की वास्तविक आत्मा।' शहर में बहुत-से पार्क थे, पश्चिम में कुछ दूरी पर पहाड़। चारों ओर असंख्य मंदिर थे, पहाड़ों पर भी। इनमें बौद्धमंदिर ही अधिक थे। शहर का कुछ चक्कर लगाकर हम एक विशाल तोरण के निकट आकर रुके। गाड़ी पार्क करने के बाद एमिको बोली, "यही है विश्व-विख्यात तोदाइजि मंदिर।"

तोदाइजि मंदिर :

तोदाइजि मंदिर में प्रवेश के लिए बहुत से तोरण बने थे, जिनमें से मुख्य तोरण का नाम था नन्दाइमोन। इसमें कोई दरवाज़ा नहीं था, अठारह विशाल खंभों पर एक सुंदर सा छत था। तीन फीट दो ईंच परिधि वाले ये खंभे तिरसठ फीट ऊँचे थे। छत यूँ साधारण था, लेकिन उन्नत स्थापत्य का नमूना था वह। तोरण की नक्काशी में बहुत

से रक्षा देवताओं की मूर्तियाँ भी थी, इन मूर्तियों को कवगो रिकिशि कहते थे और वे ही यहाँ के विशाल बौद्ध मूर्ति के पहरेदार थे। ध्यानी बुद्ध के ध्यान में कोई ख़लल न डाले यह देखने के लिए तोरण के दाएँ और बाएँ उनग्यो तथा आ-ग्यो नामक सदा जाग्रत दो मुख्य प्रहरी थे, वे ही मंदिर की पवित्रता व शांति बनाए रखते। इसके अलावे शत्रुओं से रक्षा के लिए तोरण पर दो सिंह की मूर्तियाँ भी थीं। कामाकुरा युग में सन् 745 ई. में भगवान् बुद्ध के परम भक्त सम्राट शमू ने तोदाइजि मंदिर बनवाया था।

तोरण से आगे चौड़ी सड़क थी जिसपर चलते हुए हम एक विशाल भवन के सामने पहुँचे। दूर से लकड़ी का दुमंजिला मकान लगने पर भी करीब पहुँचकर हैरानी हुई कि लकड़ी के खंभों पर इतना भारी भरकम ईमारत खड़ी करना कैसे संभव हुआ? इस भवन का नाम 'दाइबुत्सु-देन' था जिसका मतलब होता है भगवान् बुद्ध का महागृह। यह महागृह ही तोदाइजि मंदिर का मुख्य आकर्षण है। इस गृह के चारों ओर खंभायुक्त बरामदा है। कहते हैं कि मंदिर का यह भवन दुनिया का सबसे बड़ा काष्ठ-निर्मित भवन है जिसकी ऊँचाई 161 फीट, लम्बाई 187 फीट तथा चौड़ाई 164 फीट है।

कुछ चौड़ी सीढ़ियों से होकर हम मंदिर के विशाल दालान में पहुँचे, फिर वहाँ से महागृह के अंदर। महागृह भी एक बड़ा हॉल जैसा था जिसमें बीच में एक भी खंभा नहीं था। अत्यंत कुशल स्थापत्य कला का ऐसा नमूना देखकर मैं बहुत ही अचंभे में था जब साचीओ ने मेरा हाथ खींचकर कहा, "उधर देखो।"

दीवार और छत से ध्यान हटाकर मैंने निगाहें उधर घुमायीं जिधर साचीओ ने इशारा किया था और अगले ही क्षण मैं विस्मय से हतवाक् था। मेरी आँखें फटी की फटी रह गयी, मुँह से कोई शब्द न निकले। मैं स्तब्ध, अचंभित था। एकटक सामने देखते हुए उस अचंभे से मुक्त होने में मुझे कुछ समय लगा। एमिको ने मेरे कानों में फुसफुसाकर कहा, "यही है दुनिया की सबसे बड़ी बौद्ध मूर्ति।"

मैंने मंदिरों में लाइफ-साइज़ या उससे दुगने आकार की मूर्तियाँ देखी थी, इतनी विशाल मूर्ति पहली बार देख रहा था। मूर्ति अड़तालीस फीट ऊँची थी, मूर्ति का सिर छत को छू रहा था। बुद्ध-देव पदमासन में बैठे थे, उनके दाएँ हाथ में अभय मुद्रा तथा बाएँ हाथ में दान मुद्रा दर्शाया गया था। और मंदिरों से इस मंदिर में एक भिन्नता यह थी कि यहाँ महागृह की अन्दरूनी सजावट या अलंकरण पर कोई ध्यान नहीं दिया गया था। और मंदिरों में दर्शकों का ध्यान बाहरी तथा भीतरी अलंकरण में ही अधिक जाता, मूर्ति या विग्रह पर कम। यह मूर्ति इतनी विशाल थी कि मूर्ति का चेहरा देखने के लिए गर्दन ऊँचा करना पड़ता और काफ़ी दूर खड़े होकर भी सम्पूर्ण मूर्ति को एक साथ देख पाना मुश्किल होता। हम जैसे और भी दर्शनार्थी मंदिर में उपस्थित थे किन्तु हॉल में पूरी स्तब्धता थी। तोदाइजि मंदिर के इस विशाल ध्यानी बुद्ध की मूर्ति को देखकर मुझे हार्दिक ख़ुशी और शांति मिली।

मूर्तिकार के लिए छोटी मूर्तियों को सुंदर बनाना और उनमें सूक्ष्म शिल्प उकेरना सहज होता है। छोटी मूर्तियों की मुखाकृति में भाव पिरोना भी सहज होता है। किन्तु मूर्तियाँ जितनी बड़ी होती हैं, यह भाव पिरोना उतना ही कठिन होता है। मूर्ति अति विशाल हो तो वह गिरफ़्त से बाहर चली जाती है। मैंने इजिप्ट में लुकास मंदिर की मूर्ति से लेकर ईस्टर आइलैण्ड की मूर्तियों तक सर्वत्र यही पाया कि मूर्ति अधिक बड़ी होने पर उसके चेहरे का सटीक हाव-भाव उजागर करने में कलाकार को कठिनाई होती है। यहाँ यह मूर्ति अत्यंत विशाल थी, किन्तु भगवान बुद्ध के मुखावयव में धीर और निरासक्त शांतभाव को जितनी सुंदरता से व्यक्त किया गया था वह आश्चर्यजनक था।

इस प्रकाण्ड मूर्ति के विषय में कुछ तथ्य यूँ हैं: बेदी समेत मूर्ति की ऊँचाई 71 फीट 6 ईंच, चेहरा 16 फीट, आँखें 3 फीट 9 ईंच, नाक 1 फीट 6 ईंच, ओंठ 3 फीट 9 ईंच, कान की ऊँचाई 8 फीट 5 ईंच, करतल 6 फीट 5 ईंच, वजन 551 टन।

कुछ देर तन्मय होकर विग्रह देखने के बाद मैंने साचीओ से कहा, "तुम शायद बोर हो रही हो साचीओ, लेकिन यह विशाल कांस्य-मूर्ति और यहाँ का परिवेश मुझे बहुत अच्छा लग रहा है।"

साचीओ बोली, "मैं समझ रही थी कि यहाँ तुम्हें समय लगेगा, माँ भी यहाँ देर तक ठहरती है। ठीक है, तुम लोग देखो, मैं बाहर बगीचे में जा रही हूँ। मैं सीढ़ी के पास इंतज़ार करूंगी।"

एमिको फुसफुसाकर बोली, "मैंने कहा था न, नारा तुम्हें अच्छा लगेगा।"

"तुमने ठीक ही कहा था, लेकिन मैं खुद न देखता तो यह अनुभव नहीं कर पाता।"

"तुम बुद्ध के देश के हो, तुम्हें सब मालूम होगा। लेकिन मैं तुम्हें इस प्रतिमा के विषय में दो-एक बातें बताना चाहूँगी।"

"अवश्य।"

हम दोनों हॉल के एक कोने में बैठ गये। एमिको बहुत धीमी आवाज़ में बोली कि सम्राट शमू के जमाने में सन् 749 ई. में किसी कोरियन आर्टिस्ट ने इस प्रतिमा का निर्माण किया था। सम्राट शमू तथा सम्राज्ञी कोमिओ बुद्ध के पुजारी थे। उन्होंने भगवान् बुद्ध को सूर्य का प्रतीक माना था। सम्राट एवं सम्राज्ञी दोनों ने चीनी गुरु ज्ञान जी से दीक्षा लेकर बौद्ध धर्म अपनाया था और गुरु के लिए यहाँ हरतरह की व्यवस्था कर दिया था। इस मंदिर के संलग्न गुरु ज्ञानजी का मकान बनवाया गया था। बौद्धधर्म से पहले जापान की आदि देवता सूर्य देवी को माना जाता था। शायद इसी प्रभाव से उन्होंने बुद्ध को सूर्य का प्रतीक माना था। इस दाइबुत्सु-देन मंदिर का विग्रह असल में ऐतिहासिक या धार्मिक बुद्ध नहीं हैं, सम्राट ने इनका नाम रखा था दाइनचि-निवराइ

यानी महा सूर्य-बुद्ध। सूर्य ज्यों सभी सृष्टि के मूल में हैं त्यों ही बुद्ध जग के समस्त सत्य के मूल में हैं, यानी यह बुद्ध ही चरम सत्य है। ये ही आदि बुद्ध हैं। अन्य सभी बुद्ध तथा बोधिसत्व इन्हीं बुद्ध द्वारा सृष्ट हुए हैं। सम्राट शमू के समय तथा आगे भी कुछ समय तक यह मंदिर सम्पूर्ण जापान के बौद्ध सम्प्रदाय का मूल केन्द्र तथा प्रधान तीर्थस्थल के रूप में परिचित था। एमिको ने यह भी बताया कि यह मूर्ति बहुत प्राचीन है किन्तु इसके चेहरे तथा अन्य अंग-प्रत्यंगों की दो-एक बार मरम्मत की गयी है। यूँ मूर्ति का पुराना स्वरूप ज्यों का त्यों है।

हम दाइबुत्सु-देन मंदिर से बाहर निकले तो देखा साचीओ बगीचे में कुछ पत्थर के टुकड़ों से खेल रही थी। मंदिर के पश्चिम में काइदान-इन नाम का एक मकान था जिसे सम्राट ने सन् 754 ई. में ज्ञान जी के लिए बनवाया था। लकड़ी के बने इसी मकान से गुरु ज्ञान जी ने राजपरिवार के बहुतों को दीक्षा दी थी और बुद्ध के अमरवाणी का प्रचार किया था। यह पुराना मकान ज्ञान और पवित्रता का प्रतीक माना जाता है।

दाइबुत्सु-देन के ठीक पीछे वैसा ही एक लकड़ी का मकान था जिसके चारों ओर बाड़ा लगा था और यहाँ एक चौकीदार था। पहले यह सम्राट समू का कोषागार था, अब संग्रहालय है। लकड़ी की आलमारियों में उस जमाने का सेरामिक टेक्सटाइल, भाँति-भाँति के गहने, नाना प्रकार के वाद्य-यंत्र तथा सम्राट शमू द्वारा देश-विदेश से प्राप्त मूल्यवान सामग्रियाँ रखी थीं। इस मकान को देखकर उस जमाने के कोषागार की झलक मिल जाती, आगज़नी के अलावे यहाँ से कुछ भी हटाना लगभग असंभव लगता था। एमिको ने बताया कि ऐसे प्राचीन कोषागार जापान में बहुत कम अवशिष्ट रह गये हैं। क्योंकि युद्ध-विग्रह के समय आग लगकर वे ध्वंस प्राप्त हो गये हैं। यह मकान बारह सौ साल से भी अधिक समय तक टिका हुआ था यह आश्चर्य की बात थी।

उत्तर की ओर आगे काफ़ी देर तक चलने के बाद पत्थर की सीढ़ियाँ मिलीं जो ऊपर पहाड़ की ओर जाती थी। उस पथ पर दस मिनट चलने के बाद बहुत से लकड़ी के बने खूबसूरत मकान दिखे। एमिको ने बताया कि वे पुरोहितों के मकान थे। पुरोहितों की वह छोटी-सी बस्ती थी प्राचीन जमाने में। वहीं पैगोडा जैसा एक मकान भी था जो कि बुद्ध-मंदिर बनने से पहले का मूल तोदाइजि मंदिर था। प्राचीन मंदिर और पुरोहितों के अधिकांश पुराने मकान नष्ट हो गये थे, उनके स्थान पर नए मकान बनाए गये थे। प्राचीन तोदाइजि मंदिर अब पब्लिक के लिए नहीं खुलता था ऐसा वहाँ उपस्थित एक बौद्ध-भिक्षु ने बताया।

काफ़ी ऊपर चढ़कर हम एक बेंच पर बैठ गये। वहाँ से सम्पूर्ण नारा शहर का विहंगम दृश्य नज़र आता था। नीचे की समूची समतल भूमिको यामोतो मैदान कहते थे। शहर के उत्तरी भाग में प्राचीन सम्राटों के प्रासाद तथा स्मारक थे। पहाड़ से सटे पूरे भाग में मंदिरों की भरमार थी। फरवरी-मार्च हॉल नाम से परिचित एक भवन दूर

में दिखायी दे रहा था, विभिन्न पर्व और अनुष्ठानों का प्रबंध वहाँ किया जाता था। कुछ देर विश्राम करने के बाद हम नारा और यामोतो मैदान का दृश्य देखते हुए नीचे उतर आए, शहर में दाखिल होकर चाय पी और शाम ढलते घर लौट आए।

घर की दहलीज पर जो सज्जन मुस्कराते हुए मिले और जापानी ढंग से मेरा अभिवादन किया वे एमिको के पिता जी थे। साचीओ अपने नाना से लिपट कर जापानी भाषा में लगातार बड़बड़ाती रही, शायद दिनभर का रिपोर्ट दे रही थी। एमिको ने कहा कि उसके पिता प्रोफेसर उइयेमा स्थानीय इंजीनियरी कॉलेज में अध्यापक हैं, वे बहुत मिलनसार हैं किन्तु दुर्भाग्यवश उन्हें अंग्रेज़ी नहीं आती। मैंने हँसकर कहा कि इसमें क्या परेशानी है जब मेरे साथ वह और साचीओ जैसी दुभाषिया मौजूद है। मेरी बात सुनकर साचीओ बोली, "ठीक है, मुझे मंज़ूर है, मैं नाना जी से घंटे के हिसाब से पैसे लूंगी।"

प्रोफेसर उइयेमा की उम्र साठ से कुछ ऊपर थी। उन्होंने बताया कि सम्प्रति नारा की आबादी काफ़ी बढ़ गयी है। बीस साल पहले जो लोग घरबार छोड़कर क्योटो जा बसे थे, अब वे अफ़सोस करते हैं। निरंतर ट्रेन और सड़क परिवहन की वज़ह से नारा और क्योटो की दूरी घट गयी है, काफ़ी लोग रोजाना आवाजाही करते हैं। विज्ञान की उन्नति के कारण अब नारा के हर घर में टी.वी., फ्रिज़, वीडीयो और मोटरगाड़ियाँ हैं। रोज़मर्रा के जीवन में कोई भी अभाव नहीं है, यदि अभाव है तो वह केवल शिक्षा का। प्रचीन मंदिरों और स्मारकों को संरक्षण देकर क्या फ़ायदा अगर हम अपनी सांस्कृतिक परंपरा से ही बिछड़ जाएँ? उन्होंने अफ़सोस जताया कि जापान अब जापान नहीं रह गया है, अमरीका बन गया है। नयी पीढ़ी के पास पैसे नहीं है, लेकिन उनका घर इलॉक्ट्रानिक सामानों से भरा है, नित्य नयी गाड़ियाँ ख़रीद रहे हैं, सब क़र्ज की बदौलत, यानी यहाँ कर्ज़ में सबकुछ मिलता है। हम एक दिशाहीन जग की ओर बढ़ रहे हैं। आज हमारा धर्म नहीं है, परंपरा नहीं है, देश के अस्सी प्रतिशत लोगों के पास अपना मकान तक नहीं है। मकान ख़रीदना आम आदमी के सपने से परे है। जिस देश के जन-साधारण के पास सिर छिपाने की जगह नहीं, अपनी जमीन नहीं, क्या उस देश को विकसित देश कहेंगे?

एमिको ने अपने पिता को टोंका, फिर मुझसे मुस्कराकर बोली, "तुम बुरा मत मानना, पिताजी हमेशा से ऐसे ही हैं, उन्हें मन-माफिक कोई मिल जाए तो लेक्चर देने लगते हैं।"

मैंने कहा, "नहीं, यह लेक्चर नहीं है, मुझे उनकी बातें अच्छी लग रही है, उन्हें बोलने दो।"

उनसे कुछ देर तक इसी तरह की बातचीत होती रही। उनकी मान्यता यही थी कि केवल धन रहने से कोई देश परिपूर्ण नहीं बनता, देश का वास्तनिक गर्व उसकी

शिक्षा और संस्कृति में निहित है।

रात का भोजन सबने साथ खाया। चावल, दाल, मछली, आलू-फ्राई और तली हुई समुद्री-काई। व्यवस्था सब सही था, लेकिन मेरी एक समस्या ज्यों की त्यों थी, दो स्टिक की मदद से भोजन करना मुझे अब भी आसान नहीं लगता था।

अगली सुबह मैं तड़के निकल पड़ा था प्रातः भ्रमण के लिए। यूँ भी मुझे सूर्योदय देखना बहुत अच्छा लगता, सूर्योदय का प्रकाश मन को ताज़गी और स्फूर्ति देता। लगभग एक घंटा टहलकर जब लौटा, प्रोफेसर उइयेमा दरवाज़े पर खड़े मुस्करा रहे थे। हमने निःशब्द परस्पर का अभिवादन किया, इसके बाद उन्होंने कुछ पूछा जो मैं समझ नहीं पाया। मैंने सॉरी कहा और इशारे से बताया कि मैं थोड़ा टहलने गया था। इसके बाद हम दोनों बैठक के कमरे में जाकर बैठ गये।

कुछ देर बाद चाय और टोस्ट लेकर एमिको बैठक में आयी तो उसके माध्यम से मैंने प्रोफेसर से कहा कि मैं उनके परिवार की आन्तरिकता का कायल हो गया हूँ।

वे बोले, "दामो आरिगातो (यानी बहुत धन्यवाद)। तुम जबतक चाहो यहाँ रहो। तुम एमिको का दोस्त हो, यानी हमारे परिवार का दोस्त हो। मुझे अफ़सोस है कि मैं अंग्रेज़ी बिलकुल नहीं जानता।"

मैं बोला, "यह दुःख मुझे भी है कि मैं जापानी भाषा नहीं जानता, लेकिन अगली बार जब आऊंगा तब अवश्य काम चलाऊ जापानी सीख कर आऊँगा।"

एमिको की माँ और साचीओ भी चाय पीने के लिए आ गये थे। एमिको ने कहा कि वह मुझे होरीउ-जि मंदिर ले जाएगी जो कि वहाँ का एक और प्राचीन मंदिर था। साचीओ बोली कि वह आज अपनी नानी के पास रहेगी क्योंकि मंदिर का बोझिल परिवेश उसे अच्छा नहीं लगता था। उसकी इस बात से नानी तो खुश थीं ही, नानाजी बोले कि वे भी दोपहर को घर लौट आएंगे,तब खूब मजा आएगा। साचीओ ख़ुश होकर उछलने लगी।

होरीउ-जि मंदिर :

नारा शहर से पश्चिम में सात मील की दूरी पर अवस्थित होरीउ-जि मंदिर हम बस से पहुँचे। मंदिर का पांच मंजिला पैगोडा दूर से ही दिखायी देता था। बस से उतरकर हम जिस रास्ते मुख्य फाटक तक पहुँचे उस रास्ते के दोनों ओर पाइन वृक्ष की कतारें स्थान की रमणीयता बढ़ा रहे थे। फाटक के पास एक जापानी सज्जन ने जानना चाहा कि हमें गाइड चाहिए या नहीं। एमिको ने कुछ कहकर उसे परे हटा दिया। मुख्य फाटक के अंदर सफेद बालू की सड़क पर चलते हुए हम और एक गेट के पास पहुँचे जिसके बाद चढ़ाई थी। एक ओर खड़े होकर हम उस निस्तब्धता का आनंद लेने लगे जो वहाँ के वातावरण में फैली हुई थी।

कुछ क्षण विश्राम लेने के बाद एमिको मुझे इस मंदिर के विषय में बताने लगी। होरीउ-जि मंदिर जापानी सांस्कृतिक ऐतिह्य का प्रतीक है, जापान की शिक्षा, धर्म तथा सभी शिल्पकलाओं की शुरूआत यहीं से हुई थी। कहा जाए तो जापानी सभ्यता की नींव यहीं पड़ी थी। सन् 607 ईस्वी में युवराज शोतोकु ताइशि ने यह मंदिर बनवाया था। जापान की इतिहास में इस युवराज का नाम स्वर्णाक्षरों से लिखा गया है। उन्होंने ही सर्वप्रथम यहाँ शिक्षा संस्थान की स्थापना की और देश-विदेश से ज्ञानी-गुणियों को बुलवाकर अपने दरबार में उन्हें स्थान दिया।

देश की उन्नति के लिए आवश्यक है उचित शिक्षा तथा धर्म। युवराज ने इस मंदिर को उपयुक्त शिक्षा एवम् धर्म का केन्द्र बनाया था। इसकी तुलना भारत के नालन्दा से की जा सकती है। फ़र्क़ यह कि नालन्दा ध्वंसस्तूप में तब्दील हो गया था जबकि यह मंदिर अब भी पहले जैसा ही है। पुराने विग्रह अब भी जाग्रत लगते हैं।

होरीउ-जि इस मंदिर क्षेत्र का नाम था, इस नाम का न कोई मंदिर था और न ही कोई विग्रह। इस क्षेत्र के मूल मंदिर या महागृह का नाम कोन्दों था जिसके अंदर बुद्ध की त्रिमूर्ति थी। कमल के फूल पर पद्मासन में अभयमुद्रा में भगवान बुद्ध की मूर्ति थी और उनके अगल-बगल उनके दो प्रिय सहचर याकुओ तथा याकुजो खड़े थे, इन दोनों भक्तों ने बाद में बोधिसत्व प्राप्त किया था। यहाँ बुद्ध शाक्यमुनि के रूप में दर्शाए गये थे। कांस्य की बनी ये मूर्तियां बहुत प्राचीन थीं, सन् 623 ईस्वी में बनी थी। इस तरह की बुद्ध मूर्ति जापान में और कहीं नहीं थी। मूर्ति के चेहरे का भाव अत्यंत सरल और भोलाभाला था।

मूल मंदिर के पार्श्व में पैगोडा आकार का पाँच मंजिला भवन था जिसके निर्माण में लकड़ी के खंभे की जगह पत्थर के खंभों का इस्तेमाल किया गया था। भीत के पास ये खंभे बहुत चौड़े थे और ऊपर क्रमशः संकरे होते गये थे। इससे पहले मैंने जापान में और कोई ऐसा पैगोडा नहीं देखा था जिसमें पत्थर के खंभों का उपभोग किया गया हो। पैगोडा की निचली मंजिल के प्रधान प्रकोष्ठ में बुद्ध के जीवन के चार दृश्य प्रदर्शित किए गये थे : भगवान बुद्ध के साथ उनके दो प्रधान भक्तों की बातचीत, शाक्य मुनि का अस्थि दहन, भगवान बुद्ध का निर्वाण लाभ तथा स्वर्ग लोक। ये दृश्य मिट्टी से बनाए गये थे किन्तु इतने वर्षों बाद भी उनके देखभाल की अच्छी व्यवस्था थी।

महागृह के चारों ओर बहुत से छोटे-बड़े मंदिर और मकान बने थे जो ऊँचाई से देखने पर पैगोडा के चारों ओर की दीवार जैसा दिखते। पुरोहितों का निवास तथा भिक्षुओं के ठहरने का स्थान इन्हीं मकानों में था। मूल मंदिर से बहुत से विग्रह विभिन्न समय में हटाए गये थे लेकिन मंदिर का कोई भी सामान नष्ट या क्षतिग्रस्त नहीं हुआ था। मंदिर संलग्न ट्रेज़री हॉल में अजायबघर की तरह उन सामग्रियों को सजाया गया था। अब यह स्थान जापान की राष्ट्रीय सम्पत्ति थी। पैगोडा के बीच के खंभे को

दिखाकर एमिको ने मुझे यह कहकर चौंका दिया कि उस खंभे के अन्दर भगवान बुद्ध की एक अस्थि संरक्षित है।

हम लोग चलते हुए आठ खंभे वाले एक गेट पर पहुँचे जिसके आगे युवराज शोतोकु का राजप्रासाद था ऐसा बताया जाता है, किन्तु अब उस प्रासाद का कोई चिह्न नहीं है। ग्रेट ट्रेजर हॉल में संग्रहित दुर्मूल्य और दुष्प्राप्य मूर्तियों में कुदारा कान्नोन नामक एक सात फुट ऊँची मूर्ति उल्लेखनीय है जो आसुका युग में कर्पूर काठ के एक ही काष्ठखंड में बनायी गयी थी और बुद्धिस्ट स्कल्पचर में अद्वितीय है। यहाँ मुझे रह रहकर उत्तर भारत की याद आ रही थी जहाँ युद्ध-विग्रह के कारण प्राचीन स्थापत्य ध्वंसस्तूप में बदल गयी थी।

यहाँ एक स्थान पर खनन कार्य चल रहा था। सन् 1172 के मार्च में यहाँ मिट्टी तले दबे प्राचीन युग के कुछ पत्थरों के मकान तथा एक दीवाल पर भित्तीचित्र आविष्कृत हुआ था। जहाँ खनन कार्य चल रहा था उधर आम लोगों का प्रवेश वर्जित था।

इसी परिसर में देम्पो जो नामक एक भवन में प्राचीन काल में धर्म-शिक्षा दी जाती थी तथा भिक्षुओं को बौद्ध-दर्शन की व्यख्या सुनायी जाती थी। अब वह भवन भी संग्रहालय में तब्दील कर दिया गया है।

होरीउ-जि के मूल मंदिर में अब भी पूजा होती थी। यहाँ भिक्षुओं का दल आता तीर्थाटन के लिए और ज्ञानी आते ज्ञान की लालसा में। एक मठाध्यक्ष दीक्षा एवम् शिक्षागुरु की हैसियत से मठ की देखभाल करते थे और विशेष अवसरों पर दर्शकों को अपना दर्शन देते थे। यहाँ का पूरा परिसर साफ-सुथरा एवं शांत था।

घर लौटते हमें लगभग एक बज गये थे। साथ में भोजन करने के लिए सब हमारा बाट जोह रहे थे जानकर मैंने शर्मिन्दगी महसूस की, वे हमारा इंतज़ार करेंगे मालूम होता तो हम और पहले लौट सकते थे। भोजन करते हुए प्रोफेसर बोले, "तुम्हारी क़िस्मत अच्छी है, तुम्हें बढ़िया गाइड मिल गया है। स्कूल-कॉलेज में इतिहास और बाद में फाइन आर्टस एमिको का प्रिय विषय था, उसे इन सब मंदिरों के विषय में विस्तृत जानकारी है।"

"ऐसा? मैं वाक़ई ख़ुशकिस्मत हूँ। इतनी अच्छी दोस्त पाना मेरा सौभाग्य ही है। मैं एमिको के प्रति आभारी हूँ।" मैंने कहा।

भोजनोपरांत जब मैं डायरी लिख रहा था तब साचीओ दस मिनट मेरे पास आकर बैठी, कुछ बातें की, फिर चली गयी। अपराह्न में उसकी नानी ने मुझसे कहा कि वे चानोयू का इंतजाम कर रही हैं, अतः मैं शाम को कहीं न जाऊँ। मुझे उनकी बात समझ में नहीं आयी तो एमिको ने समझाया कि वे शाम को टी-सेरिमॅनि यानी चाय-पर्व का इंतज़ाम कर रही हैं। यह जानकर मुझे बहुत प्रसन्नता हुई क्योंकि जापान में चाय-पर्व

के विषय में मैंने सुना तो था, कहीं इसमें शरीक होने का मुझे मौक़ा नहीं मिला था।

शाम को साढ़े चार बजे करीब प्रोफेसर अपनी गाड़ी में बिठाकर मुझे नारा स्टेशन ले आए। मुझे सरप्राइज़ देने के लिए किसी ने मुझे नहीं बताया था कि सप्ताहांत की छुट्टियाँ बिताने के लिए सुसुमु आ रहा है। मुसाफिरों की भीड़ के साथ चलता हुआ जब उसने हाथ हिलाया तब भी मैं समझ नहीं पाया था कि वह सुसुमु है क्योंकि दूर से मुझे हर जापानी एक जैसा लगता था। वह क़रीब आया तो मेरी बाँछें खिल गयी।

गाड़ी में बैठकर मैंने सुसुमु से कहा कि उसकी सास चाय-पर्व का आयोजन कर रही है, मैं कुछ फूल ख़रीदना चाहता हूँ, वह मुझे किसी फूल के दुकान पर ले जाए।

मुख्य चौराहे पर पहुँचकर प्रोफेसर ने गाड़ी रोकी। सुसुमु के साथ एक दुकान से मैंने कुछ फूल ख़रीदे। सुसुमु ने अपनी सास की रुचि के अनुसार एक जापानी भावलेट का छोटा पौधा छाँटा। दुकानदार ने पौधा घूमा-फिरा कर हमें दिखाया, उसके बाद एक टहनी लाकर उसके बगल में रखा। फिर दो और डंठल लाकर वहाँ रखा। उसके बाद दो-तीन मिनट वह दूर से तथा करीब से डंठल को आगे-पीछे करते हुए मुआयना करता रहा कि कौन ज्यादा सटीक लग रहा है। इसके बाद केवल एक मुड़ा हुआ जड़ लेकर भावलेट के गुच्छे के साथ एक टब पर बैठाकर एक सुन्दर सा गुच्छा तैयार किया। फिर उसे अच्छी तरह सजाकर बहुत सावधानी से सुंदर रैपिंग पेपर द्वारा मोड़कर फीता बांधकर हमें थमा दिया। मुझे आश्चर्य हुआ कि एक ग्राहक को इतना समय देने वाला दुकानदार दुकान कैसे चलाता होगा। मेरा सोच चाहे जो हो, जापान का यही नियम था। इसको इकेबाना कहते थे, थोड़े से फूलों से असामान्य सजावट। एक सूखा डाल, कुछ पत्थर, थोड़ी सी काई और उनके बीच एक साधारण फूल। विशेष दुकानों में इसी की कीमत दस हजार येन होगी।

घर लौटते हमें साढ़े पाँच बज गये थे। गाड़ी का हॉर्न सुनकर साचीओ, एमिको और उसकी माँ बाहर निकल आये, वे सभी किमोनो पहने थी। सुसुमु को देखकर वे सभी बहुत ख़ुश थीं। हम कमरे में दाखिल हुए तो वहाँ बैठी एक सुंदरी से एमिको ने मेरा परिचय कराया। उसका नाम आइको था और वह एमिको की बचपन की सहेली थी। हमने सिर नवाकर एक दूसरे का अभिवादन किया। आइको पर से आँखें हटाना मुशकिल हो रहा था, वह बेहद ख़ूबसूरत थी।

चानोयू या जापानी चाय अनुष्ठान :

हम सब ड्राइंग रूम में बैठकर बातचीत कर रहे थे जब एमिको की माँ ने आकर हमें चाय अनुष्ठान के लिए बुलाया। हम सबने उनका अनुसरण किया, पहले आइको, उसके पीछे एमिको, साचीओ, मैं, सुसुमु और सबसे पीछे गृहस्वामी। दुमंजिले के एक कमरे के बाहर हमने जूते उतारे, फिर कमरे में बिछे चटाई पर घुटने मोड़ कर बैठ गये।

हम सब अर्ध-वृत्ताकार में बैठे थे, सभी चुप थे, लगता था हम चाय पीने के लिए नहीं बल्कि किसी मंदिर में अंजलि देने के लिए उपस्थित हुए थे। हमारे ठीक सामने हमारी ओर मुखातिब होकर पुजारिन की तरह बैठी थी एमिको की माँ जिन्हें चाय परोसना था। उनके सामने था एक लकड़ी का चूल्हा जिसमें आग जल रही थी, एक बर्तन में चाय का पानी, हरी चाय की पत्ती का चूरा, केतली, बाँस का करछुल, कुछ लकड़ी के चम्मच और डिश के साथ चाय की कटोरियाँ (प्यालियाँ नहीं)। हम सब घुटने के बल उठंग कर बैठे थे। श्रीमती उइयेमा ने एक छोटी कटोरी में चाय का चूर्ण नापकर उसे गरम पानी में डाल दिया और तुरंत ही वह चाय केतली में उड़ेल दिया। उसके बाद उन्होंने एक सुंदर बेलबूटेदार टी-कोज़ि द्वारा केतली ढक दिया ताकि वह गर्म रहे।

उसके बाद उन्होंने केतली से कटोरियों में चाय उड़ेल कर सबको दिया। बांयी करतल में तश्तरी रखकर हमने कटोरी से चाय सुड़कना शुरू किया। मैं कभी-कभी कटोरी घुमा-फिरा कर उसपर चित्रित सूक्ष्म बेलबूटों को देखता। हरी चाय मैंने पहले भी पी है। यह ब्लेंडेड नहीं होता, यानी इसमें किसी प्रकार का रासायनिक मिश्रण नहीं होता। शुद्ध चाय बिना दूध, बिना चीनी के। इसे स्वादिष्ट तो नहीं ही कहेंगे। हम अपने देश में जिस तरह की चाय पीते हैं, यह उससे बिलकुल अलग है, किसी वैद्य की हाजमे की दवा जैसी।

सभी लोग चुपचाप चाय सुड़क रहे थे। सब शांत थे। कोई कुछ भी नहीं कह रहा था। सभी के चेहरे पर निर्मलता और पवित्रता झांक रही थी, सब शायद चाय के माध्यम से अपने अन्तर्मन से बातें कर रहे थे। काफ़ी देर तक हम इसी अवस्था में रहे, कमस्सकम एक घंटा तो अवश्य। श्रीमती उइयेमा बीच-बीच में चाय की कटोरियों में और चाय उड़ेल देती। मैंने दो कटोरी चाय पी, औरों ने तीन-चार कटोरियाँ लीं। घंटे भर के इस मौन चाय अनुष्ठान के बाद हमलोग उठकर बैठक में वापस आ गये।

आइको के पति किसी औषधि-निर्माण कम्पनी में नौकरी करते थे, उन्हें अक्सर घर लौटने में देर हो जाती। यह प्रसंग छिड़ते ही प्रोफेसर उइयेमा बोले, "वर्क प्रेशर, मेंटल टेंशन और स्ट्रेस के कारण हमारा जीवन चौपट हो गया है।"

मैंने बातचीत का रुख बदलते हुए उनसे पूछा, "अच्छा, आप यह बताएं कि आपके देश में यह चाय-अनुष्ठान कबसे शुरू हुआ।"

"बहुत अच्छा प्रश्न है, तब तो मुझे शुरू से ही बताना होगा। नहीं, नहीं, तब तो प्रसंग बहुत लम्बा खींच जाएगा। इससे अच्छा, मैं संक्षेप में बताता हूँ।"

इसके बाद प्रोफेसर ने बताया कि जापान में चाय का आयात चीन से हुआ था। जापान पर चीनी सभ्यता का बहुत प्रभाव है। शासन व्यवस्था से लेकर शिक्षा तक सर्वत्र चीन का प्रभाव है। चीन में हाल-युग से चाय का प्रचलन हुआ, जापान में संभवतः आठवीं शताब्दी में पहली बार चाय का आयात हुआ। आगे बारहवीं शताब्दी से जापानी

समाज में चाय की व्यापक खपत होने लगी। जापान में चाय की कीमत बहुत थी, इसीलिए पहले इसका सेवन राजपरिवार तथा संभ्रांत परिवारों तक सीमित था। पन्द्रहवीं शताब्दी में चाय अनुष्ठान को संभ्रांत समाज में शिल्प का दर्जा मिला और इसी शती के अंतिम चरण में जेन-बुद्ध सम्प्रदाय ने चाय-अनुष्ठान को आध्यात्मिक उन्नति के पथ के रूप में मान्यता दी। अब जापान में सर्वत्र चाय-अनुष्ठान प्रचलित है। यह हमारी समाज व्यवस्था का एक अंग बन गया है। इस अनुष्ठान के माध्यम से हमारी मैत्री और सद्भाव और सुदृढ़ होती है। हम बातें नहीं करते, नीरवता के माध्यम से हम और भी आंतरिक होते हैं। जेन बौद्ध मानते हैं कि चाय अनुष्ठान के जरिये हमारा अन्तर्मन शुद्ध होता है। सब एक साथ बैठकर मौन रहते हैं तो एक सुन्दर परिवेश बनता है जो मन की शुद्धि और विकास का एक सहज पथ है। इसीलिए प्रत्येक जेन मंदिर में अलग चाय घरों की व्यवस्था है। बगीचों में सुंदर नैसर्गिक परिवेश में वे चाय घर बनाए गये हैं।

प्रोफेसर ने आगे बताया कि हमने चाय अनुष्ठान मात्र एक घंटे में समाप्त कर दिया, यूँ यह अनुष्ठान साधारणतः तीन-चार घंटे तक चलता है। मंदिर प्रांगण में जो चाय-घर हैं वहाँ लोग निःशब्द बगीचे से टहलते हुए मुँह-हाथ धोकर चाय घर में जाकर उठंग कर बैठते हैं और मौन रहकर प्रार्थनाएं करते हैं। फिर मंदिर के प्रधान अथवा जिन्होंने चाय-अनुष्ठान की व्यवस्था की है वे सबसे संलग्न कमरे की बेंच पर जाकर बैठने को कहते हैं। कुछ देर बाद वहाँ टंगे घंटे को पाँच-सात बार बजाते हैं। घंटा बजने के बाद सब लोग पुनः चाय घर में वापस जाकर घुटने के बल चुपचाप बैठते हैं। इसके बाद सबको कटोरी में चाय दिया जाता है।

चाय प्रसंग पर प्रोफेसर ने अपनी बात समाप्त की तो आइको के विषय में सुसुमु ने कहा, "आइको इकेबाना में सिद्धहस्त है, वह यहाँ की संस्था में सप्ताह में दो-दिन सिखाने जाती है।"

पति से सहमति जताकर एमिको बोली, "वह केवल सिद्धहस्त नहीं, इस क्षेत्र का सबसे मशहूर फ्लावर डेकॅरेटर भी है। हमारे कॉलेज और यहाँ की नगर निगम में उसी का डेकॅरेशॅन भरा हुआ है।"

मैंने सिर झुकाकर आइको को अभिनन्दन जताया, "बहुत मुबारक आपको।"

उसने प्रत्युत्तर में सिर झुकाकर कहा, "दोमो आरिगातो गोजाइमासु", यानी असंख्य धन्यवाद। उसका कंठस्वर बहुत सुरीला था।

मैंने एमिको से कहा, "मुझे इकेबाना के विषय में कोई जानकारी नहीं। यदि ये कुछ बताएँ तो मुझे ख़ुशी होगी।"

एमिको से मेरा प्रश्न जानकर आइको ने अपनी सुरीली आवाज़ में इकेबाना के विषय में कुछ जानकारी दी।

इकेबाना :

सुंदर ढंग से फूल तथा फूलों का गुच्छा सजाने की पद्धति को इकेबाना कहते हैं। छोटी-छोटी टहनियों, छोटे फूल, सदाबहार पत्तों में जो प्राकृतिक सौन्दर्य छिपा होता है उसी को इकेबाना के माध्यम से सहज ढंग से उजागर करते हैं। फूल के छोटे पौधों की डालियों में प्रकृति की गति छिपी है, लाइन या रेखा उसी का प्रतीक है। किसी भी इकेबाना में कुछ विषय बहुत आम होते हैं, इनका आधार एक जैसा होता है। किसी घट या गुलदस्ते में फूल सजाने का मतलब है विशाल प्रकृति को बहुत छोटे आकार में क़ैद करना। फूल या डालियों में समय यानी अतीत, वर्तमान या भविष्य प्रतीक के रूप में आता है। ज्यों सूखे फूल, सूखी टहनी, सूखे पत्ते अतीत के प्रतीक हैं। खिले फूल,, हरे पत्ते वर्तमान के तथा कलियाँ या अंकुर भविष्य के प्रतीक हैं। कम या अधिक फूल सजाकर कलाकार विभिन्न ऋतुओं को भी दर्शाता है। वस्तुतः इकेबाना एक शिल्प है, विभिन्न ढंग से फूलों को सजाकर कलाकार विभिन्न मनोभाव या मानसिक स्थितियों को दर्शाता है। कुछ फूल नन्हें शिशुओं के प्रतीक के रूप में तो कुछ फूल लड़कों तथा लड़कियों के प्रतीक के रूप में इस्तेमाल किए जाते हैं। फूल तथा डालियों को चाहे जैसे सजाया जाए, उनमें कलाकार के मन का अन्तर्निहित भाव अवश्य होता है। इकेबाना की सजावट में फूल के पौधों की टहनियों का विशेष ढंग से उपयोग किया जाता है। फूलदानी में बीच में डाल रहेगा वही मुख्य है, इसकी तुलना आकाश से की जाती है, जापानी भाषा में इसे 'शीन' कहते हैं। इसमें जो दूसरा डाल रखा जाता है वह 'सो' यानी पुरुष का प्रतीक है तथा 'हिका' नामक एक छोटी-सी टहनी तिरछे रखते हैं वह धरती या मिट्टी का प्रतीक। इस तरह इकेबाना का हर फूल, टहनी, पत्ता सब किसी न किसी भूमिका में वहाँ मौजूद होते हैं। फूलों को सजाने के लिए घट, फूलदानी, कटोरी आदि का व्यवहार करते हैं।

आइको की व्याख्या सुनकर मुझे लगा कि हमारे देश में पूजा तथा अन्य पर्वों में आम्र-पल्लव, नारियल, केला आदि से जो मंगल घट सजाने की परंपरा है वह भी तो हमारे मन और प्रकृति का प्रतीक ही है। संभव है कि भारत में भिन्न नाम से इकेबाना का अस्तित्व रहा हो। मैंने यह बात कही तो आइको ने माना कि ऐसा हो सकता है क्योंकि बौद्ध-धर्म भारत से चीन होकर जापान पहुँचा था, संभव है कि और भी बहुत कुछ भारत से जापान पहुँचा हो क्योंकि इकेबाना खास जापानी शिल्प होने के बावजूद इतिहासवेत्ता कहते हैं कि इकेबाना की शुरूआत बौद्ध-मंदिरों में हुई थी। भारतीय मंगलघट, कलश आदि के विषय में आइको को रुचि लेते देखकर मैंने वादा किया मैं भारत से उन्हें इन चीज़ों की तस्वीरें अवश्य भेजूंगा।

आइको रात के भोजन के लिए आमंत्रित थीं, इसलिए उनसे काफ़ी देर तक विभिन्न विषयों पर बातचीत होती रही।

अगली सुबह सुसुमु और साचीओ के साथ मैं डियर पार्क देखने गया। इस पार्क को मैंने बाहर से कई बार देखा था, अंदर पहुँच कर बहुत अच्छा लगा। पार्क के एक ओर कासुगा श्राइन तथा दूसरी ओर पहाड़ की हरियाली। पार्क किसी तपोवन जैसा था, चारों ओर हिरण कुलाचें भर रहे थे। साचीओ हिरणों के लिए पावरोटी लायी थी, उसकी हाथ से पावरोटी खाने के लिए बहुत से हिरण उसकी ओर दौड़े आए। शायद भारत में ऐसा ही कोई परिवेश देखकर महाकवि कालिदास ने अमर काव्य की रचना की थी।

ये पार्क जापान को अलग पहचान देते हैं। एक ओर गगन चुम्बी इमारतें, व्यस्तता, भागमभाग, यान-वाहनों की कतारें, पेट्रोल की महक, डीज़ल का धुँआ यानी लगभग दमघोंटू महानगरीय परिवेश तो वहीं दूसरी ओर असंख्य मंदिरों, मंदिर के बगीचों तथा पार्कों की नैसर्गिक छटा, पाइन के वृक्ष, फूल और सदाबहार पत्तों की सजावट और चारों ओर व्याप्त प्रशांति का मनोहर परिवेश। यही विरोधाभास जापानी चरित्र में भी दिखायी देता है, देखने में वे शांत और भोलेभाले लगते हैं किन्तु काम के मामले में वे ही दुनिया के श्रेष्ठ कर्मी हैं।

पार्क में टहलते हुए मैंने सुसुमु से कहा, 'तुमलोग तो यहाँ कल भी रुकोगे, किन्तु अब मेरे पास समय कम है इसलिए कल तड़के मैं ओसाका के लिए निकल जाऊँगा, टोकियो में फिर मुलाकात होगी।'

घर लौटने पर सुसुमु ने सबको मेरे प्रस्थान की जानकारी दी। प्रोफेसर बोले, "तुम तो हमारे घर के सदस्य जैसे हो गये हो। जब भी मौक़ा मिले, फिर आना और अगली बार ज्यादा समय लेकर आना।"

एमिको की माँ बोली, "मैं तुम्हें अपनी मनपसंद पकवान बनाकर नहीं खिला पायी इसका मुझे दुःख है। एक तो तुम बहुत कम समय के लिए आए, दूसरे तुम बहुत कुछ खाते ही नहीं।"

मैंने कहा, "आप लोगों ने जो कुछ किया और जो आंतरिकता दिखायी, उसीसे मेरा मन भर गया है। जापान के साथ नारा और नारा के साथ आप लोग मुझे हमेशा याद रहेंगे।"

मुझे तड़के निकलना था, इसलिए रात ही में सबको अलविदा कह दिया।

•

ओसाका

नारा से ओसाका पहुँचने में मात्र पैंतालीस मिनट लगे। नारा, क्योटो और ओसाका त्रिभुज की तीन बिंदुओं की तरह समान दूरी पर अवस्थित थे। ओसाका जापान का दूसरा वृहत्तम महानगर था। सन् 1970 में जब मैं कैलिफोर्निया पहुँचा था तब उस समय आयोजित ओसाका विश्व-मेला की खूब चर्चा थी और अमरीकी पत्रकार ओसाका को एशिया का वृहत्तम वाणिज्यिक बंदर के रूप में पेश कर रहे थे। तभी से मेरे मन में ओसाका देखने की चाह थी।

मैंने क्योटो से ही ओसाका का एक नक्शा संग्रह कर लिया था, उसी को देखकर मैं स्टेशन से बाहर निकलकर सामने की एक सड़क पर चल पड़ा।सड़क काफ़ी चौड़ी थी किन्तु वाहनों की भरमार के कारण सड़क की चौड़ाई कम लगती थी। भारी-भरकम ट्रेनों की आवाजाही इस महानगर के वाणिज्यिक महत्व की ओर इशारा कर रहे थे। काफ़ी दूर तक चलने के बाद मैं योदो नदी के किनारे पहुँचा। यह नदी शहर के बीच से बहती थी, डेल्टा की तरह उसकी बहुत सी शाखाएँ भी थी और सबसे चौंकाने की चीज़ थी नदी पर बने बहुतेरे पुल, सड़क के ऊपर सड़क, फ्लाइओवरों की तो जैसे भरमार थी। जापान धनकुबेरों का देश था और सड़क तथा पुल निर्माण में इन्होंने काफ़ी पूंजी निवेश किया था। किसी किसी पुल पर ट्रेन, हलकी तथा भारी वाहनों के लिए अलग व्यवस्था थी। ओसाका में कई भागों में बँटकर योदो नदी आगे ओसाका की खाड़ी में जा मिली थी। प्राचीन काल में योदो तथा उसकी प्रशाखाओं से नौबहर द्वारा यातायात की व्यवस्था थी। ट्रेन, ट्यूब, बस, टैक्सी के अलावे इन सभी नदियों में फेरी -सर्विस उपलब्ध थी। मुहाने के आसपास नदी की इतनी शाखाएँ थी कि यह क्षेत्र वेनिस की तरह नदी-नाले-नहरों का क्षेत्र लगता था, फ़र्क़ यह कि वेनिस में कोई सड़क ही नहीं है, वहाँ शहर के अंदर यातायात केवल नाव या जलयानों द्वारा ही होता है।

तीस लाख की आबादी वाले इस शहर के एक छोर से दूसरे छोर की मैंने लोकल बस द्वारा यात्रा की, उसके बाद एक द्वीप जैसे अपेक्षाकृत शांत स्थान में उतर गया। इस स्थान का नाम नाकानोशिमा था, यहाँ कुछ सरकारी दफ़्तर और कुछ बहुत ही सुंदर मकान थे। यहाँ एक पार्क था जिसके एक छोर पर तेम्मांगु श्राइन था जो जापानी

महापंडित मिचिजान सुभावरा की स्मृति में बनवाया गया था। परीक्षा से पहले जापानी छात्र-छात्राएँ अपनी सफलता के लिए यहाँ प्रणाम करने आते। पार्क का चक्कर लगाकर मैं पुनः नदी के किनारे पहुँचा और नक्शा देखकर ओसाका क़िले की ओर बढ़ गया।

पौने दो मील लम्बे और सवा मील चौड़े क़िले का चक्कर लगाने के लिए मुझे सात मील के करीब चलना पड़ता, सो मैंने क़िले को बाहर से देखना ही उचित समझा। यह था तो दुर्ग ही, किंतु यहाँ के पैगोडाओं के सौंदर्य से यह स्पष्ट था कि जब यह क़िला बना तब अवश्य ही तोपों का डर नहीं था। मैं यही सब सोच रहा था जब एक नवयुवक ने "गुड मार्निंग" कहकर अपना परिचय पत्र दिखाता हुआ बोला, 'मैं यहाँ का गाइड हूँ, आपको सस्ते में यहाँ का सबकुछ दिखा दूंगा।'

"मुझे गाइड नहीं चाहिए, मेरे दोस्तों ने मुझे यहाँ के बारे में बता दिया है। मैं थका हूँ, अतः मुझे घूमना नहीं है।" मैंने कहा।

उसने झोली से एक किताब निकाल कर कहा, "तब आप यह ओसाका-गाइड ले लीजिए, अंग्रेज़ी में है, इसमें आपको सारी सूचनाएँ मिल जाएगी। इसकी कीमत आठ सौ येन है बाज़ार में, इस पर यही मूल्य छपा है, मुझसे लेने से छह सौ येन में मिल जाएगा।"

मैंने उससे एक किताब ख़रीद ली। लेकिन वह चुप नहीं हुआ। कहने लगा, "यह क़िला 1586 साल में सम्राट तपोतोमि हिदेयोशि ने बनवाया था, सन् 1583 से 1586 के बीच तीन साल में इसका निर्माण पूरा हुआ, इसे बनाने में छह लाख तीस हजार मजदूर लगे थे। इसकी नींव पत्थर की है, निचली मंजिल पूरी पत्थर की है, ऊपर पैगोडा का शक्ल है। बाहर से पाँच मंजिल दिखायी देते हैं जबकि अन्दर से आठ मंजिला है। इसकी ऊँचाई 189 फीट है। सन् 1615 ईस्वी में तोकुगावा ने इसपर अधिकार जमाया था। कई बार आग लगने से और सन् 1665 में बिजली गिरने से इसका काफ़ी हिस्सा जल गया था जिसे फिर से बनवाया गया। सन् 1931 में लोहे की पात और कांक्रिट लगाकर क़िले को मजबूती दी गयी।"

गाइड चुप करने के मूड में नहीं था, यही उसका धंधा था। मैंने उसे चाय पीने के लिए पाँच सौ येन देकर उससे छुटटी ली। आगे चलते हुए मैं यहाँ के प्रसिद्ध ओसाका टावर की बगल से गुजरा जिसकी ऊँचाई पाँच सौ चालीस फीट थी। ऊपर टेलीविज़न टावर था जिसका ब्योरा एक फलक में लिखा हुआ था। मुझे इन सबसे अधिक आश्चर्यजनक यहाँ के पुल और सड़कें लग रही थी। घूम-फिर कर मैं बार-बार नदी किनारे पहुँचता और सेतु- निर्माण का जापानी कौशल देखकर हैरान होता। रोजाना लाखों लोग इन पुलों पर से गुजरते।

दोपहर को एक रेस्तराँ में भोजन करके मैं पुनः शहर की परिक्रमा पर निकल पड़ा। ओसाका में मठ-मंदिर और पार्क या बगीचे अधिक नहीं थे। यह कर्म-व्यस्त शहर

था और लोगों की यहाँ आवाजाही कार्य या व्यवसाय के लिए ही होती थी।

उमेदा स्टेशन के भूतल का आर्केड शपिंग के लिए मशहूर था। इसी के निकट और भी दो नामी शापिंग सेंटर थे। कुछ बिना ख़रीदे भी इन स्थानों की चहल- पहल और दुनिया भर की सामानों को देखने में मज़ा आता। शाम ढलते ही रंग-बिरंगी रोशनियों से स्नात हो उठा ओसाका शहर। सिनेमा, रेस्तराँ, नाइट-क्लब और विभिन्न प्रकार के 'मनोरंजन केन्द्र ग्राहकों को आकर्षित करने लगे। ओसाका में भी बहुत से गुड़िया नाच के केन्द्र थे, उन हॉलो के सामने शो केस में गुड़िया सजे थे तथा प्रोग्राम का समय और निर्देशक का नाम लिखा था।

रात में ठहरने के लिये कोई साधारण होटल तलाशना मेरे लिए टेढ़ी खीर बन गयी। ओसाका पहुँचकर मैंने कोई होटल बुक नहीं किया था, अपना बैग कंधे पर टांगे मैं दिनभर घूमता रहा था। जब किसी भी साधारण होटल में जगह नहीं मिली तो मैं ओसाका इन्टरनेशनल होटल पहुँचा यह सोचकर कि पैसे ज्यादह लगेंगे, लेकिन जगह मिल जाएगी। वहाँ मालूम हुआ कि किसी अधिवेशन के कारण सारे कमरे बुक हैं, आसपास किसी भी होटल में जगह नहीं मिलेगी। तब मेरा माथा ठनका। लेकिन सौभाग्य से इन्टरनेशनल होटल की रिसेप्शनिस्ट ने मुझे मायूस होते देखकर मुस्कराकर कहा, आप अकेले हैं और आपके पास कोई सामान भी नहीं है, आप ओसाका के वाई.एम.सी.ए. चले जाइए।''

मैंने कहा, ''धन्यवाद, यह अच्छा प्रस्ताव है। मैंने यूथ-होस्टल के बारे में सोचा था, किन्तु वह शहर से बहुत दूर है। मुझे वाई.एम.सी.ए. का ख्याल नहीं था। आप मुझे वहाँ का पता और फ़ोन नम्बर दे पाएँ तो मैं आपका आभारी रहूँगा।''

वह अपनी डेस्क से उठकर बगल में गयी और भारी भरकम ओसाका टेलीफ़ोन डायरेक्टरी के पन्ने पलटने के बाद लौटकर किसी नम्बर पर बातें करने लगी। उसके बाद मुस्कराकर बोली, ''वहाँ आपको जगह मिल जाएगी।'' उसने मुझे अंग्रेज़ी में पता लिख दिया- ओसाका वाई.एम.सी.ए.,2/12 तोसबोरि,निशि-कु। इसके बाद वह बोली,''आप सामने जाकर दाँयी ओर का कोई भी बस पकड़ लें। वाई.एम.सी.ए. कहने पर ड्राइवर आपको वहाँ उतार देगा।''

उसे धन्यवाद कहने के साथ ही मैंने उसे एक भारतीय पिक्चर पोस्टकार्ड भेंट की। वहाँ से निकलकर मैं वाई.एम.सी.ए. में ठहर गया। अगली सुबह मैं ओसाका पर्यटक दफ़्तर पहुँचा। वहाँ एक महिला ने मुझसे पूछा, ''आप बिजनेस-मैंन हैं। आप किस तरह की फैक्टरी या फार्म देखना चाहेंगे? हेवी इण्डस्ट्री, लाइट इंडस्ट्री, इलेक्ट्रॉनिक फैक्टरी अथवा....''

''नहीं, क्षमा कीजिएगा, मैं व्यापारी नहीं हूँ। मैं एक साधारण पर्यटक हूँ।''

"ठीक है, तब आप चार नम्बर डेस्क पर जाएं।" चार नम्बर डेस्क के सज्जन ने कहा," कहिए ,मैं आपके लिए क्या कर सकता हूँ!"

मैंने पूछा, "ओसाका में दर्शनीय क्या-क्या है!"

"ओसाका कैसल, टी.वी. टावर, बिजनेस डिस्ट्रिक्ट। आप साइट सीइंग टूर लें तो चार घंटे में यहाँ वापस आ जाएंगे।"

"मैं शहर से बाहर कुछ दर्शनीय हो तो वहाँ जाना चाहूँगा।"

"ठीक है, आप इन पुस्तिकाओं को देखें।" कहकर उन्होंने मुझे एक दर्जन पुस्तिकाएँ थमा दी। उन्हे ध्यान से देखने के बाद मैंने कोबे- पोर्ट जाने का निश्यच किया। कोबे- पोर्ट के लिए हर दो घण्टे बाद पर्यटक दफ़्तर से बस छूटती थी। यथारागय बरा आयी,अत्याधुनिक दुमंजिला बस, बड़ी-बड़ी खिड़कियाँ। मुझे ड्राइवर के ठीक पीछे सीट मिल गयी। मुझे देखकर आश्चर्य हुआ कि हवाईजहाज़ की तरह बस में अलग लाइट और वेंटिलेशन की व्यवस्था थी। बगल में इयर-फ़ोन और रेडियो था। सामने तहाया हुए पिकनिक टेबल। कुर्सी को तीन स्थिति में करने के लिए एक हैंडल लगा था और गाइड को बुलाने के लिए कालिंग बेल। सामने की बैग में रखे विजिटर्स बैग में हाथ से झलने के लिए एक छोटा कागज का पंखा, ओ-डी-कॉलन सुगंधी तथा ओसाका के कुछ पिक्चर पोस्टकार्ड रखे थे।बस यहाँ से ओसाका बंदरगाह होकर खाड़ी के किनारे-किनारे कोबे डेढ़ घंटे में पहुँचेगी, यानी यातायात में तीन घंटे तथा बीच में कॉफ़ी के लिए पन्द्रह मिनट का ब्रेक। इस यात्रा का खर्च था तीन हजार येन। यह सरकारी रेट था। क्रमशः बस में सवारी पूरी हो गयी, अधिकांश विदेशी पर्यटक थे, अमरीका और यूरोप से आये हुए। नियत समय पर बस छूटी। बस छूटने से पहले गाइड की सीट पर एक युवती आ बैठी और उसने सबको गुड-मार्निंग कहकर अपना काम शुरू किया।

गाइड कह रही थी, "अभी हम मिदोसुजि बूलवार्ड पार कर रहे हैं, यह सड़क उमेदा से नामबा तक जाती है। इस सड़क की चौड़ाई चौवालीस मीटर है, इसमें आठ कतारे हैं। रास्ते के दोनों ओर जो सुंदर पेड़ लगे हैं वे गिंको पेड़ हैं। दोनो ओर की इमारते अत्याधुनिक हैं।इस सड़क पर डिपार्टमेंटल स्टोर, मंदिर और अंतराष्ट्रीय कार्यालयों की भरमार है। इस सड़क के समानांतर ओसाका के उत्तर से दक्षिण जाने के और भी कई सड़के हैं। साकाइमो सुजि, मातसुइयामाचि, तानिमाचियों सुजि तथा इस सड़क को जानने से ओसाका का मोटेतौर पर परिचय मिल जाता है। यह मिदोसुजि सड़क ओसाका का प्राण है।"

वह आगे कहती गयी, "ओसाका जापान का अन्यतम महानगर ही नहीं, ओसाका शब्द दुनिया में वाणिज्य का पर्याय बन गया है। ओसाका शहर का लगभग

हर मकान किसी फैक्टरी या फार्म का मुख्यालय है। उधर टोकियो से योकोहामा और इधर ओसाका से कोबे तक के दोनो क्षेत्र में जापानी वाणिज्य अत्यंत विकसित है। इन्हीं क्षेत्रो से जापानी टेक्सटाइल, केमिकल तथा हेवी इंडस्ट्री के सामान विदेशों में निर्यात किए जाते हैं। जापान में लगभग पचास हजार छोटी-बड़ी फैक्टरियाँ हैं जिनसे सालाना लगभग तेरह बिलियन डॉलर मूल्य की सामग्रियाँ निर्यात की जाती है। वृहत्तर ओसाका को मिलाकर यहाँ की आबादी लगभग साढ़े आठ मिलियन है। ओसाका एक व्यस्त शहर है, किन्तु यहाँ की व्यस्तता वाणिज्यिक तथा आर्थिक क्षेत्रों में ही अधिक है।''

गाइड की बातें सुनते हुए और बाहर का दृश्य देखते हुए मुझे लगा कि ओसाका शायद मारवाड़ी, पारसी और गुजराती व्यापारियों का श्रेष्ठ तीर्थ हो, मेरे लिए इस शहर में दिलचस्प कुछ भी नहीं था। यह शहर अत्यधिक प्रदूषित था, यहाँ विशाल पार्कों, बगीचों और खुले आकाश का अभाव था। यहाँ लोगों के पास समय की कमी थी, वे मंदिरो में घुसकर समय नहीं गँवाते, गाड़ी में बैठे रहते हैं और पुरोहित उनपर शांतिजल छिड़क जाते हैं। मैंने कोलकाता में देखा था सैकड़ों पुजारी गंगाजल लेकर दुकानों में पहुँचते हैं दुकानों की पूजा करने के लिए। यहाँ लोग पुजारियों के पास आते हैं, गाड़ी से उतरते भी नहीं, पुजारी उनकी ओर से पूजा चढ़ा देता है।भारत में कहीं कितनी भी भीड़ हो, लोग एक दूसरे के प्रति सहानुभूति रखते हैं और बिना मांगे भी मदद के लिए हाथ बढ़ा देते हैं, ओसाका में ऐसा कुछ नहीं है,यहाँ सब पैसे के पीछे भागते रहते हैं। और किसी चीज से उन्हें सरोकार नहीं।

गाइड लगातार कुछ न कुछ बोले जा रही थी, दिलचस्पी न होने के कारण मेरा ध्यान उधर कम था। ओसाका खाड़ी के निकट बस पहुँची तो मुझे तसल्ली हुई कि शहर के दमघोंटू वातावरण से कुछ तो राहत मिली। आगे मुंबई के मेरिनड्राइव जैसे एक रास्ते पर पहुँचकर गाइड ने घोषणा की,''हम कोबे पहुँच गये हैं।''

कोबे :

कोबे लगभग मुंबई जैसा था, किन्तु यहाँ व्यस्तता और अधिक थी। बस शहर से होकर गुजर रही थी। गाइड ने बताया कि बस सीधे बंदरगाह तक जाएगी लेकिन कहीं रुकेगी नहीं, जो देखना है वह बस की खिड़की से ही देखना है। कुछ देर बाद जब जापान का अन्दरूनी समुद्र दिखायी पड़ा तब बहुत अच्छा लगा। दूर में हरा-भरा पहाड़ और उसी के बगल में शांत नीला समुद्र। बंदरगाह क्षेत्र में प्रवेश करते ही असख्य मोटर गाड़ियाँ दिखायी पड़ीं जो निर्यात के लिए वहाँ लायी गयी थी। समुद्र में बड़े-बड़े जहाज़ लंगर डाले खड़े थे। बस ज्यों-ज्यों आगे बढ़ती रही, हम त्यों-त्यों चकित होते रहे। मोटर गाड़ियाँ नहीं, गाड़ियों का मानो सागर था यहाँ। विभिन्न कम्पनियों के विभिन्न जहाज़। दूर से ही बड़े-बड़े अक्षरों में लिखे शब्द नज़र आ रहे थे- टोयोटा,

होण्डा, मित्सुबिशि। और भी कई नाम। आगे एक जहाज़ी मालघाट पर हजारों यामाहा मोटर-साइकिलें रखी थी। आगे एक मालघाट पर काफ़ी सामान पैक किए रखे थे, शायद उनमें टी.वी., रेडियो, हाई-फाई स्टिरिओ आदि भरे थे। एक एक जहाज़ में लगता था पूरा गांव समा जाएगा। विपुल आयतन वाले जहाज़ों ने मुझे चौंकाया नहीं क्योकि दुनिया के बहुत से बंदरगाहों में मैंने ऐसे विशाल जहाज़ बहुत देखे हैं। मैं चकित हो रहा था निर्यात की जाने वाली गाड़ियों तथा दीगर सामानों की संख्या देखकर। इन्हें देखकर कौन कहेगा कि जापान एक छोटा देश है। मैंने डेट्रॉयट की फोर्ड कम्पनी तथा फ्रांस की पेजो कम्पनियों का उत्पादन देखा था और उनका उत्पाद देखकर विस्मित हुआ था, यहाँ तो उत्पादन उससे भी बहुत अधिक था। जापान की औधोगिक क्षमता देखकर अनायास सिर झुक जाता है। इस छोटे से देश ने अपनी अमानवीय कार्यक्षमता और कुशलता से सारे विश्व को स्तंभित कर दिया है।

मुझ जैसे साधारण व्यक्ति के लिए पढ़ने-सुनने और देखने में बहुत फ़र्क़ होता है। मिलियन और बिलियन का अंक कितना बड़ा अंक है यह सुनकर उतना समझ में नहीं आया था जितना जहाज़ों में लाखों गाड़ियों को लदते देखकर समझ में आया कि ये अंक कितने बड़े हैं। मैंने कोलकाता तथा दूसरे बंदरगाहों में जहाज़ों में सामान लदते देखा है, वहाँ अत्यधिक कर्मव्यस्तता के साथ ही भंयकर कोलाहल भी रहता है। उठाओ, उतारो, हटजाओ, सावधान, ख़तरा आदि हजारों शब्द वहाँ सुनायी देते हैं। कोबे में इसके ठीक विपरीत सारा काम निःशब्द चल रहा था, सबको अपना काम मालूम था और वे चुपचाप सामान जहाज़ों में लादे जा रहे थे, कहीं कोई शोर-गुल था ही नहीं। इससे यही साबित होता था कि जो वास्तविक कर्मी हैं वे जुबान बन्द रखकर अपना काम करते रहते हैं। जापान की उन्नति का शायद यह भी एक राज़ हो।

गाइड मिका ने सबको धन्यवाद देकर कहा, "जापानी व्यापार मंडल तथा पर्यटन विभाग के सौजन्य से आपलोगों को यह क्षेत्र दिखाया गया। किसी भी जानकारी के लिए आप ओसाका सिटी ऑफिस से सम्पर्क कर सकते हैं। यहाँ बहुत से मालघाट हैं, सर्वत्र जाने का प्रश्न भी नहीं उठता, वह हमारे टूर-प्रोग्राम में भी नहीं है। हमारे बन्दरगाह के कार्य का नमूना पेश करने के लिए आपको यहाँ लाया गया था। अब हम कोबे शहर में प्रवेश कर रहे हैं। तेरहवीं शताब्दी से ही कोबे बंदरगाह की ख्याति रही है, बंदरगाह के कारण ही यह शहर बसा है। यहाँ लगभग पचास हजार विदेशी रहते हैं। सालाना लगभग दस हजार विदेशी जहाज़ यहाँ आते हैं। आबादी की दृष्टि से कोबे जापान का छठा बड़ा शहर है।"

शहर में पहुँचकर एक स्थान पर बस रुकी। मिका ने स्पीकर का माउथ-पीस हाथ में लेकर कहा, "आप लोग सामने के यामा रेस्तराँ में चले जाएँ, वहाँ चाय-कॉफ़ी-गरम दूध-कोल्डड्रिंक आदि सब मिल जाएगा। यदि भोजन करना चाहें तो उसके लिए अलग

पैसे देने पड़ेंगे। याद रहे, यह एक बन्दरगाह है और यहाँ की मछली बहुत स्वादिष्ट है, ये लोग बहुत लज़ीज़ खाना पकाते हैं। दो घंटे बाद हम ओसाका लौट जाएंगे।''

एक एक कर सभी यात्री बस से उतर गये तो मुझे मिका से बातचीत करने का मौका मिल गया। मैंने कहा, ''ओसाका से इतना करीब होने पर भी यहाँ का प्राकृतिक द्रश्य बहुत रमणीय है।पहाड़, समुद्र, खुली हवा देखकर नहीं लगता कि यह स्थान ओसाका से मात्र तीस मील दूर है।''

''सीधे रास्ते जाने से केवल बीस मील।'' मिका बोली।

रेस्तराँ की ओर बढ़ते हुए उससे बातें होने लगी। उसकी उम्र केवल बाईस साल थी, गाइड की नौकरी पर लगे केवल चार महीने हुए थे। उसकी इच्छा अगले महीने से टोकियो के नेशनल टूरिस्ट ऑफिस से जुड़ने की थी, तीन महीने की ट्रेनिंग के बाद नौकरी शुरू होगी। मैंने अपने बारे में बताया कि मैं भारत से आया हूँ, जापान, जापान की उन्नति और यहाँ के बौद्ध-मंदिरों का शातिंपूर्ण परिवेश मुझे बहुत अच्छा लगा है। यह सुनकर वह बोली, ''मैं भी बुद्धिस्ट हूँ, लेकिन मंदिर नहीं जाती। माँ और पिताजी जाते हैं। हम भाई-बहन यह सब समझ नहीं पाते।''

रेस्तराँ में चाय और मसि नामक यहाँ का प्रसिद्ध चावल का बड़ा मंगाने के बाद उसने पूछा, ''आप ओसाका में ठहरे हैं?''

''हाँ।''

''आप माउंट कोया मंदिर में गये हैं?''

''नहीं। वह कहाँ है?''

''ओसाका से लोकल ट्रेन में दो घंटे लगते हैं।आपको बुद्ध मंदिरों में रुचि है इसीलिए कह रही हूँ। वह एक बुद्ध-बिहार है, अतिथियों के लिए वहाँ बहुत कम खर्च में रहने-खाने की भी व्यवस्था है। पहाड़ के ऊपर वहाँ का परिवेश बहुत सुंदर है।''

इस जानकारी ने मुझे बहुत ख़ुशी दी। मैंने उसे धन्यवाद देकर कहा कि आज शाम को ही मैं माउंट कोया के लिए प्रस्थान कर जाऊंगा।

मिका ने मुझे कोबे पोर्ट के विषय में और कुछ जानकारियाँ दी।यहाँ के स्थानीय पोर्ट से इनलैंड- सी के विभिन्न स्थानों में जाने के लिए जहाज़ों की व्यवस्था थी। क्यूशू द्वीप के बेपु बंदर, शिकोकु द्वीप के ताकामांसु बंदर तथा और भी बहुत से स्थानों में जाने की अच्छी व्यवस्था थी। जापानी हैण्ड ड्रम के आकार में निर्मित एक सौ आठ मीटर ऊचाँ कोबे पोर्ट टावर एक अत्याधुनिक आकर्षक स्थान था जहाँ से कोबे शहर और कोबे बंदर का सुंदर दृश्य दिखायी देता था। इसी टावर पर रोटरी वेधशाला है।

दो घंटे बाद हमलोग कोबे से ओसाका के लिए चल पड़े। वापसी यात्रा में मिका ने पर्यटकों के प्रश्नों का उत्तर देने के सिवाय माइक नहीं थामा।

माउन्ट कोया :

ओसाका से माउन्ट कोया पहुँचने में लगभग दो घंटे लगे। 986 मीटर की उन्नतांश पर माउन्ट कोया एक छोटा सा स्टेशन था जिसके चारों ओर घना वन और पहाड़ों का सिलसिला था। जापान की यह खासियत थी कि दमघोंटू शहरी वातावरण से कुछ ही दूरी पर सागर और पर्वतों का ऐसा ख़ूबसूरत शांत नज़ारा था। स्टेशन पर लगे जापानी फलकों को न पढ़ पाने के कारण मैं इधर-उधर देख रहा था जब एक सज्जन ने आगे बढ़कर मुझसे टूटी-फूटी अंग्रेज़ी में पूछा, "आपको मठ में जाना है?"

मैंने हामी भरी तो उन्होंने मुझे उनका अनुसरण करने को कहा। लगभग आधा घंटा चलने के बाद एक पुराने लकड़ी के भवन के सामने रुककर उन्होंने अंगुली से इशारा किया, फिर कहा, "थैंक यू।"

उनका हाव-भाव देखकर मैं थैंक-यू का मतलब समझ गया। मैंने जेब से एक हजार येन निकाल कर उन्हें थमा दिया। वे देर तक येन के नोट उलट-पुलट कर देखते रहे, फिर मुझे बहुत बहुत धन्यवाद देकर एक ओर चले गये। ऐसे तीर्थस्थल पर पहुँच कर दान करने का मौका मिलने से मैं भी ख़ुश था।

शाम के पाँच बजे थे। आकाश स्वच्छ था। पहाड़ी पृष्ठभूमि में विशाल पाइन की दरख्तों ने तपोभूमि जैसा माहौल रचा था! शायद माउन्ट कोया का यही सर्वोच्च अंश था। सामने बहुत से घर थे, लकड़ी के बहुत पुराने। तोरण पार करने पर एक बड़ा कमरा मिला जो कार्यालय जैसा लगा। वहाँ कुछ भिक्षु बैठे थे।उनमें से एक मेरे पास आया, लेकिन हम दोनों एक दूसरे की बातें नहीं समझ सके।

मैंने कई बार अपने लिए टूरिस्ट शब्द का इस्तेमाल किया यह सोचकर कि इस शब्द से वे परिचित होंगे। लेकिन इससे बात नहीं बनी क्योकि वह भिक्षु अपनी मंडली में वापस जा बैठा और वे लोग आपस में पहले की तरह बातें करते रहे। तब मैंने सांकेतिक भाषा का प्रयोग किया। मैंने हाथ- पॉव हिलाकर उन्हें समझाया कि मैं यहाँ रहूँगा, सोऊंगा और भोजन भी करूंगा, इसके लिए जो मुद्रा चाहिए वह मैं दे दूंगा। मेरा इशारा समझकर एक भिक्षु उठकर बाहर चला गया और काफ़ी देर के बाद एक सज्जन को साथ लेकर लौटा। उन्होंने अपना परिचय दिया, उनका नाम नागाइ था, वे क्योटो के भूतपूर्व सरकारी इंजीनियर थे, यहाँ वे शांति के साथ साधना करने के लिए आए थे। मठ में उपस्थित भिक्षुओं में किसी को अंग्रज़ी नहीं आती, इसलिए मदद के लिए उन्हें बुलाया गया था।

मैंने अपने विषय में बताया तो उन्होंने यह कहकर मुझे आश्वस्त किया कि मठ में ठहरने की कोई असुविधा नहीं है, भक्तों के लिए पर्याप्त कमरे हैं। भेजन की भी दिक्कत नहीं है। लेकिन रहने-खाने के लिए कुछ चार्ज देने पड़ते हैं जिसमें शायद मुझे आपत्ति न हो।

नागाइ जी के नम्र व्यवहार ने मुझे मुग्ध किया। यहाँ नाम नहीं लिखाना पड़ा, पासपोर्ट नहीं दिखाना पड़ा, कोई भी औपचारिकता नहीं थी। एक भिक्षु मुझे एक मकान में ले जाकर दुमंजिले का एक कमरा दिखाकर लौट गया। कमरा साफ-सुथरा था। यूथ-होस्टल की तरह कमरे में दो खाट बिछे थे। खाट पर गद्दा और दो कम्बल रखे थे। कमरे में और कुछ नहीं था। दीवाल की लकड़ियाँ सदियों पुरानी लगती थी। खाट पर अपना बैग रखकर मैं कार्यालय में लौट आया। नागाइजी वहाँ मौजूद थे। उन्होंने मुझे इस मठ के विषय में कुछ संक्षिप्त जानकारी दी।

सन् 816 ई. में महामना कोबो दाइशि ने इस मठ और बुद्ध-मंदिर की प्रतिष्ठा की थी। उन दिनों उनके अगणित भक्त यहाँ आकर उनसे दीक्षा लेते और पवित्र देह-मन के साथ बौद्ध धर्म के पथ पर अग्रसर होते। बौद्धधर्म का यह सम्प्रदाय शिंगन नाम से परिचित है। कोया पहाड़ पर बने सारे घर उन्हीं के जमाने के हैं। इस पहाड़ पर अब भी एक सौ बीस मंदिर हैं। छोटे छोटे मंदिरों के साथ भी भक्तों तथा भिक्षुओं के लिए कोठियाँ बनी हैं। यहाँ का विशाल धर्मशाला सभी के लिए खुला रहता है।

नागाइजी यहाँ के वर्तमान दाइशि द्वारा दीक्षित हुए थे। वे पिछले दो वर्षों ये यहीं रह रहे हैं। सम्प्रति मठ में कुल सत्तर भिक्षु और साठ अतिथि रह रहे थे। यान-वाहन तथा दुकानें न होने के कारण परिवेश बहुत शांत था। मठ में एक पुस्तकालय भी था जहाँ अध्ययन के लिए कुछ लोग आते थे।

शाम को समवेत प्रार्थना के बाद भोजन से निवृत होकर मैं अपने कमरे में लौट आया। अगले दिन नागाइजी मुझे उनके कमरे में ले गये। उनके पास बहुत पुस्तकें थी, जिनमें अधिकांश चीनी तथा जापानी भाषा में लिखित बौद्ध-धर्म विषयक ग्रंथ थे। उन पुस्तकों की भीड़ में से उन्होंने एक किताब निकालकर मुझे दिखाया, वह भगवद्गीता का अंग्रेज़ी अनुवाद था। मैंने उत्सुक होकर ग्रंथ हाथ में लेकर देखा तो पाया कि वह अनुवाद ऋषिकेश के डिवाइन लाइफ सोसाइटी के संस्थापक स्वामी शिवानन्द सरस्वती महाराज जी का था।मैंने नागाइजी को बताया कि स्वामी शिवानन्द जी के साथ मेरा व्यक्तिगत परिचय था और उनका यह अनुवाद काफ़ी अच्छा है, इसकी व्याख्या में बढ़ा- चढ़ाकर कुछ भी नहीं कहा गया है।

नागाइजी बोले, "गीता दुनिया का अन्यतम श्रेष्ठ दर्शन-शास्त्र है। इसमें एक सुंदर मानव समाज के लिए शांतिपूर्ण उपदेश है।" इसके बाद बातचीत श्री कृष्ण तथा कौरव-पांडवों पर आ गयी तो नागाइजी ने अफ़सोस जताया," मुझे खेद है कि मूल ग्रंथ महाभारत के विषय में मैं कुछ नहीं जानता।"

मैंने कहा, "मेरी स्थिति भी सम्प्रति आप जैसी है। टोकियों, क्योटो, नारा के एतिहासिक मंदिर, मठ आदि सब घूम आया लेकिन मुझे जापान का इतिहास कुछ भी ज्ञात नहीं। सोगुन, सम्राट, इयेशु आदि में उलझ जाता हूँ।"

वे ठठाकर हँस पड़े। फिर बोले, "ठीक अमरीकी पर्यटकों की तरह, है न? वे सबकुछ कैमरे में क़ैद कर लेते हैं, इतिहास वगैरह नहीं पूछते।"

"लेकिन मैं अमरीकी नहीं। जापान का सामान्य इतिहास न जानने से मुझे लगता है कि मेरी यह यात्रा अधूरी रह गयी है।"

नागाइजी सहसा कुछ गंभीर हो गये। फिर कुछ सोचकर बोले, "मैं तुम्हें एक प्रस्ताव देना चाहता हूँ। लेकिन पहले यह बताओ कि तुम यहाँ कितने दिन रहोगे।"

"दो चार दिन तो अवश्य, आवश्यक हुआ तो उससे कुछ अधिक भी हो सकता है।"

"ठीक है, तुम जब तक रहोगे, मुझे रोज महाभारत की कथा संक्षेप में सुनाओगे। इसके बदले में मैं तुम्हें जापान का इतिहास बतांऊगा।" मैंने सानंद हामी भरते हुए कहा, "यह तो बहुत ही उत्तम प्रस्ताव है।"

उसी दिन नागाइजी पुस्तकालय से जापानी इतिहास की कुछ किताबें ले आए और उसी रात से उन पुस्तकों की मदद से मुझे जापान का इतिहास बताने लगे। मैं भी उन्हें महाभारत की कथा सुनाता रहा। भारत से सुदूर जापान में इस तरह का संयोग मुझे किसी दैवी लीला जैसा लग रहा था।

•

जापान का इतिहास

ज्यों प्राचीन भारत के विषय में कुछ कहना हो तो पौराणिक युग से बात शुरू करनी पड़ेगी, त्यों ही प्राचीन जापान की बात करनी हो तो सर्वप्रथम शिन्तो तथा बौद्धधर्म की चर्चा करनी पड़ेगी। शिन्तो जापान का आदि धर्म है। उनका आदि देवता है सूर्य, उसके बाद अहमियत दी गयी है विभिन्न प्राकृतिक दृश्यों एवं रूपों को। पहाड़, नदी, झरना, पेड़-पौधों के सुंदर नैसर्गिक रूपों के अलावे और चीजों में भी उन्होंने प्रकृति का प्रकाश ढूँढ़ा। ज्यों एक फूल में प्राकृतिक सौंदर्य व्यक्त होता है त्यों ही एक सूखी टहनी में भी प्रकृति का कोई अव्यक्त छंद पाया जाता है। आमलोग किसी साधारण पत्थर में कोई छन्द या सौन्दर्य नहीं देख पाएंगे, किन्तु शिल्पी उसी में कोई अद्भुत सौन्दर्य ढूँढ़ लेता है। इकेबाना तथा जापान के विभिन्न शिल्प में शिन्तो धर्म के पुजारियों ने हमेशा उस प्राकृतिक सौंदर्य को तलाशा है, वे वस्तुतः प्रकृति के पुजारी थे। वे सूर्य को देवी के रूप में पूजते थे और जापान के राष्ट्रीय ध्वज में भी प्रतीक के रूप में सूर्य को स्थान दिया गया है।

ईसा मसीह के जन्म के लगभग सौ वर्ष बाद कोरिया तथा चीन के साथ जापान का सम्पर्क हुआ। वह सम्पर्क आम लोगों की आवाजाही तक सीमित थी, उसमें कोई व्यावसायिक,धार्मिक या साम्राज्य-विस्तार जैसी बात नहीं थी। दक्षिण कोरिया से दक्षिण-पश्चिम जापान यानी क्यूशू क्षेत्र के साथ समुद्र मार्ग द्वारा सम्पर्क के कारण जापान पर चीन का प्रभाव आ पहुँचा। चीन की सभ्यता दुनिया की एक प्राचीन सभ्यता थी। कोरिया के माध्यम से जापान पर चीन का प्रभाव पड़ा। उन्हीं दिनों चीनी लिपि ने भी जापान को प्रभावित किया। उस समय जापान में कोई राजा या दल नेता नहीं था, विभिन्न स्थानों और गांवों में जापानी एकजुट होकर शंतिपूर्ण ढंग से रहते थे। कोरिया से काफ़ी लोगों के आवाजाही करने पर भी उस समय किसी युद्ध या आक्रमण की संभावना नहीं थी। सन् 552 ईस्वी से पूर्व का कोई सिलसिलेवार जापानी इतिहास उपलब्ध नहीं है, वह समय प्राचीन युग के नाम से जाना जाता है। सन् 552 ईस्वी से जापान का धारावाहिक इतिहास उपलब्ध है, इसी समय से जापान में राजा, राजपरिवार, राजधानी आदि का सुनियोजित आविर्भाव शुरू हुआ था।

552 ईस्वी से 710 ईस्वी तक का समय असुकायुग के नाम से परिचित है। जापान में बहुत से महत्वपूर्ण अध्यायों की सूचना इसी समय हुई। सन् 552 में बुद्ध की एक मूर्ति पहली बार जापान पहुँची और उसी के साथ बौद्ध-वाणी भी। सन् 587 में युवराज सोतोकु ने विभिन्न राज्यों के उन्नयन की परिकल्पना बनायी और उन्हीं के समय चीनी लिपि के अनुसरण में जापानी लिपि की रचना हुई और बौद्धधर्म का प्रचार शुरू हुआ। चीन के साथ सम्पर्क दृढ़ हुआ और चीन के हान् राजवंश के अनुसरण में जापान ने राज्य शासन का व्यापक नियम-क़ानून अपनाया। इसी अवधि में नारा को स्थायी राजधानी बनाया गया।

794 से 1185 ईस्वी तक का समय हेइयान युग कहलाता है। इस समय जापान में चीनी समाज के अनुसरण में राज-परिवार तथा संभ्रात परिवारों ने खान-पान तथा सामाजिक रीति नीति तथा आचार-व्यवहार को अपनाया और जापान में फुजिवारा नामक एक नया अभिजात वर्ग पनप उठा।

सम्राट काम्मुने नारा से राजधानी क्योटो स्थानांतरित किया था दो कारणों से। एक तो तब तक जापान में बौद्ध धर्म का व्यापक प्रचार-प्रसार हो चुका था और सम्राट को डर था कि कहीं धर्मगुरु लोग राज्य की सत्ता हथिया न लें। दूसरा कारण यह कि सम्पूर्ण जापान में शासन करने के लिए मंत्रिमंडल का विस्तार और बहुत से भवनों की आवश्यकता थी जिसके निर्माण के लिए नारा में स्थानाभाव था। राजधानी हटाने के बाद सम्राट काम्मुने यह प्रयास तो किया कि उनकी चीन-पंथी छवि भूलकर लोग उन्हें जापान-पंथी या देश के लिए समर्पित मानें, किंतु चीन के प्रभाव से स्वयम् को मुक्त नहीं कर पाए। उल्टे वे बौद्ध-धर्म के साथ और अधिक जुड़ गये। जापान के दो धार्मिक नेता चीन जाकर धर्मालोचना तथा दर्शनशास्त्र में विशेष पांडित्य लेकर लौटे और जापान में और भी जोरशोर से बुद्ध की वाणी का प्रचार शुरू कर दिया। इन दो पंडितों का नाम साइचि तथा कुकाइ था। पंडित साइचि ने हियाइ पर्वत पर अपना नया बौद्ध-मंदिर बनवाया तथा अपनी सम्प्रदाय का नाम तेन्दाइ रखा। पंडित कुकाइ ने कोया पहाड़ पर अपना मंदिर बनवाया और उन्होंने अपने सम्प्रदाय का नाम शीनगन रखा।

कुकाई पंडित ने सहजता से लोगों का मन जय कर लिया। बुद्ध की अमरवाणियों को उन्होंने सहज ढ़ंग से भक्तों को समझाया। उन्होंने कहा, "देह का संयम बरतना होगा,समझ-बूझकर बातें करनी होगी और मन को काबू में रखना होगा। जो ये तीन सत्य का पालन कर पाएंगे वे ही बुद्धत्व प्राप्त कर स्वर्ग जाएंगे, और जो संयम बरतने में असमर्थ होंगे वे नरक में जाएंगे।" क्रमशः कुकाइजी का आश्रम अगणित भक्तों को आकर्षित करने लगा। सम्राट काम्मु इन दोनों पंडितों को सम्मान दिखाते हुए अपने दरबार में बुलाते थे,किंतु वे सतर्क भी रहते थे कि कहीं देश की राजनीति में धर्म हावी न हो जाए।

इस धार्मिक स्थिति से अलग जापान के फजिवारा वर्ग ने, जो वस्तुतः तत्कालीन जमींदारों का वर्ग था,क्रमशः राजपरिवार से घुलमिल कर अपना वर्चस्व स्थापित किया। यह वर्ग अदब-कायदा, शिक्षा-दीक्षा तथा आचार-व्यवहार में जापान में सबसे अधिक सम्मानित था। फजिवारा परिवार की लड़कियों ने राजपरिवार में शादियाँ की और अपने सगे-सम्बधियों को राज्य के विभिन्न महत्त्वपूर्ण पदो पर बैठाने में मदद की। इससे क्रमशः राजपरिवार में तथा समस्त जापान में फजिवाराओं का प्रभाव फैल गया और एक समय वह आया जब सम्राट नाम मात्र का सम्राट रह गया और सत्ता का नियंत्रण फजिवाराओं के हाथ में चला गया। इस स्थिति का लाभ उठाकर विभिन्न बौद्ध तथा शिन्तो धर्म की संस्थाओं ने उत्तरी तथा दक्षिणी जापान में अपने को मजबूत किया और एक जुट होकर धर्म प्रचार शुरू किया। इससे शांतिप्रिय जापान में धर्म और राजनीति के बीच टकराव की स्थिति आ गयी। इन्हीं दिनों दो महिला साहित्यिकों ने जापान में सर्वप्रथम साहित्यिक रचनाएँ की।

सन् 1185 से सन् 1333 की अवधि को जापान के इतिहास में कामाकुरा युग कहा जाता है। कामाकुरा युग में जापान को अतिरिक्त कलह और विद्रोह आदि से जूझना पड़ा, प्रबल शक्तिशाली मंगोल सम्राट कुबलाइ खान ने जापान पर कब्जा जमाने के इरादे से उसपर हमला बोल दिया। कुबलाइ खान थे विश्वविख्यात मंगोल सम्राट चेंगिज खान के वंशधर। चीन पर अधिकार जमाने के बाद राज्य का और विस्तार करना उनका स्वप्न था। उन्होंने कोरिया से जापान के क्यूशू क्षेत्र में आक्रमण की तैयारी की थी। इस आक्रमण के लिए उन्होंने एक लाख सैनिक भेजा था। इस एक लाख सेनाके लिए रहने-खाने का प्रबंध तथा उपयुक्त नौबहर का इतंजाम करने में कोरिया के राजा की हालत पतली हो गयी थी। किंतु उनके पास उपाय ही क्या था, वे कुबलाइ खान की आदेश न मानते तो उन्हें अपने राज्य से हाथ धोना पड़ता। इस युद्ध में दोनो पक्षों को भारी जान-माल का नुकसान उठाना पड़ा। कुबलाइ खान सोच भी नहीं सकते थे कि क्षुद्र जापान हिम्मत से एक लाख हमलावरों का मुकाबला कर पाएगा। उन्हें पराजित होकर लौटना पड़ा। किन्तु इस युद्ध ने जापान की आर्थिक दशा बिगाड़ दी, राज्य का खजाना लगभग खाली हो गया। अनगिनत जापानियों ने देश की रक्षा के लिए अपने जीवन की कुर्बानी दी।

कामाकुरा युग में सबसे बड़े नेता के रूप में मिनामो तो योरितोमु उभरकर सामने आए। वे एक वीर योद्धा थे और अपने पराक्रम के बलबूते शीघ्र ही राज्य के प्रमुख सेनापति बन गये। आगे चलकर राजपरिवार की दुर्बलता का अवसर लेकर उन्होंने मिलिटरी डिक्टेटरशिप कायम की जिससे पूरी शासन व्यवस्था सेनापतियों के हाथ में आ गयी। उन्होंने स्वयम् को प्रथम शोगुन शासक होने की घोषणा की और जापान में शोगुन शासन व्यवस्था शुरू हुई। राजस्व वसूली से लेकर शासन के सभी कार्य सेना के सुपूर्द होने

से सम्राट तायरा के हाथों कोई क्षमता नहीं रह गयी थी।

उनदिनों जापान में योद्धाओं और सेनापतियों के बीच मल्लयुद्ध का प्रचलन था। एक दलनेता दूसरे दलनेता को मल्लयुद्ध के लिए ललकारता और जो परास्त होता उसे विजेता की वश्यता माननी पड़ती। योरितोमु के एक भाई ने उन्हें मल्लयुद्ध के लिए ललकारा और परास्त होने के बाद उसने खुदख़ुशी कर ली। एकबार एक युद्ध के समय एक बौद्ध-भिक्षुणी ने योरितोमु की जान बचायी थी, इसके प्रतिदान में उन्होंने भी भिक्षुणी के पुत्र की रक्षा की थी और स्वयम् जेन-बौद्ध सम्प्रदाय के पृष्ठोषक बन गये थे।

योरितोमु के समय ही जापान में जेन-बौद्ध धर्म का प्रवर्तन हुआ, एइसाइ नामक एक जापानी पुरोहित इस धर्म के प्रवर्तक थे। वे काफ़ी दिन चीन में थे और वहीं से जेन-बौद्ध धर्म तथा चाय के कुछ पौधे जापान ले आए थे। जेन-बौद्ध धर्म आत्मा की मुत्ति का उपाय तथा चाय देह की बलकारक महौषधि मानी गयी। एइसाइ ने चीन से धर्म,दर्शन और महौषधि जापान लाकर चीन से पुनः घनिष्ठता बढ़ा तो दी लेकिन इसका अंजाम बुरा हुआ। सम्राट कुबलाइ खान को जापान के विषय में और भी विस्तृत जानकारी मिल गयी तथा उन्होंने तत्कालीन जापानी सम्राट गो-डियागो को उनकी अधीनता मान लेने का प्रस्ताव भेजा। कुबलाइ खान की शक्ति को देखते हुए सम्राट गो-डियागो संधि के लिए प्रस्तुत थे, किन्तु उनकी बात कौन सुनता, वे तो नाम मात्र के सम्राट थे और शासन की पूरी बागडोर शोगुन सेनापतियों के हाथों में थी। शोगुन शासकों ने कुबलाइ खान से संधि नहीं की, इससे भयंकर युद्ध हुआ। काफ़ी जानमाल का नुकसान सहकर जापानी कुबलाइ खान की सेना को धूल चटाकर वापस भेजने में तो कामयाब रही, किन्तु इस युद्ध के बाद राज्य का कोषागार रिक्त हो जाने से जापानी सम्राट तथा शोगुन शासक, दोनो ही कमजोर हो गये।

इस पराजय के उपरांत कोरिया के राजा ने कुबलाइ खान से अनुरोध किया कि वे दुबारा रणपोतों की मांग न करें। लेकिन कुबलाइ खान की श्येन दृष्टि जापान पर पड़ चुकी थी, वे सहजता से जापान को छोड़ने वाले नहीं थे। उन्होंने दुबारा चालीस हजार सेना के साथ रणपोत भेजा। इसबार भी युद्ध के लिए नौकाओं का पूरा इतंजाम कोरिया के राजा को ही करना पड़ा। सैनिकों में मंगोल, उत्तरी चीन तथा कोरिया के सैनिक थे। पराक्रमी मंगोल सेना इसबार कटिबद्ध थी कि छल, बल, कौशल से जैसे भी हो जापान पर कब्जा जमाना ही है।

इस बीच धन-भंडार रिक्त होने के कारण जापान के लिए रणपोत निर्माण करना संभव नहीं हो पाया था। उन्होंने युद्ध के लिए विशेष प्रस्तुति यह ली कि बंदरगाह के चारों ओर पत्थर की दीवार खड़ी कर दी। कुबलाइ खान की सेना ने आक्रमण कर दिया और सात सप्ताह तक घमासान युद्ध होता रहा। युद्ध में पारंगत चीनी फौज़ ने धीरे-धीरे जापानी फौज़ की शक्ति को तौलना शुरू किया। उनकी मंशा यह थी कि

जापानियों को निरतंर युद्ध में उलझाए रखने के बाद वे एक दिन अचानक पूरी ताकत से उन पर टूट पड़ेंगे और जीत हासिल कर लेंगे।

कितुं होनी को कुछ और ही मंजूर था। अचानक प्रचंड समुद्री तूफान उठा और बारिस शुरू हो गयी। समुद्र उत्ताल हो उठा। समुद्री तूफान के उस तांडव में चीनी और कोरियाई रणपोतों का टिकना दुभर हो गया। कुछ डूब गये और कुछ चकनाचूर हो गये।अधिकांश चीनी फौज़ समुद्र में डूब मरे। जो जीवित बचे, वे आंधी थमते ही साबूत बचे नौकाओं को लेकर भाग गये। इस झंझावात् के माध्यम से प्रकृति देवी ने जापान को शत्रुओं के चंगुल से छुटकारा दिलाया। इतिहास के पन्नों पर उस समुद्री तूफान का इतिहास स्वर्णाक्षिरों से लिखा गया। जापानी भाषा में यह तूफ़ान कामिकाजे कहलाता है।

मंगोल आक्रमण से भले ही जापान को निजात मिल गया, लेकिन उसकी दशा पहले से भी बदतर हो गयी। प्रथम युद्ध के बाद ही राजकोष लगभग शून्य हो गया था, दूसरे युद्ध की तैयारी में किए गये खर्च ने उसकी कमर ही तोड़ दी। जापान भयंकर आर्थिक तंगी में था और शोगुन शासक चाहे जितने वीर क्यों न हो, आर्थिक तंगी से निपटने का कोई गुर उन्हें नहीं मालूम था। इसके अलावे, लगातार दो बार आक्रमण झेलने के बाद उनके मन में यह शंका घर कर गयी कि शायद उन पर फिर से आक्रमण होगा। अगले बीस साल तक जापानी इस आतंक से ग्रस्त रहे। फिर कुबलाइ खान की मौत का समाचार मिलने पर उनकी जान में जान आयी तथा धीरे धीरे देश में स्वाभाविक स्थिति लौटने लगी। इस बीच जनसाधारण के मन से भय दूर करने के लिए बौद्ध भिक्षु बुद्ध की अमरवाणी लेकर जापान के अभ्यंतर में फैल चुके थे। इससे बौद्व-धर्म का और भी व्यापक प्रचार हुआ। बुद्ध की अभयवाणी ने लोगों को प्रभावित किया। बुद्ध की विभिन्न मूर्तियों, महायान प्रथा के विभिन्न भाष्य तथा जापानी बौद्व-पंडितों की निजी व्याख्याओं से जापान के मठ, मंदिर और घर परिपूर्ण हो उठे। लोगों ने भय और दीनता के स्थान पर अभय और आशा की किरणें देखना सीखा।

सन् 1333 से सन् 1568 तक का समय मुरोमाचि युग के नाम से जाना जाता है। मंगोल आक्रमण के बाद से ही जापान में अशांति, गरीबी, आतंक और भय का दौर चल रहा था जिसके फलस्वरूप राज्य एंव शक्ति को लेकर आंतरिक वैमनस्य चल रहा था। सन् 1333 में सम्राट गो-दाइगो ने अपने राजपरिवार के कुछ सदस्यों की मदद से शोगुन शासक कामाकुरा को क्षमता च्युत करने की घोषणा की। लेकिन शोगुन इस आदेश को मानने को राजी नहीं था। फलतः सम्राट गो-दाइगो तथा शोगुन शासक दोनों का ही एक ही राज दरबार पर कई साल तक अधिकार बना रहा।दो शक्तियों की इस टकराव का लाभ उठाकर राजपरिवार का ही एक और शक्तिशाली पुरुष आशिकागा तागाउजि ने सर उठाया और इससे द्विशक्ति अब त्रिशक्ति में बदल गयी।

इसके बाद वही हुआ जो होना था। जापान में गृहयुद्ध शुरू हो गया। सभी सत्ता चाहते थे। सभी शासन की क्षमता और राजस्व अदायगी का अधिकार चाहते थे।

राजपरिवार तथा सेनापतियों के बीच क्षमता की यह लड़ाई लगभग पचास वर्षों तक चली। इस स्थिति का फ़ायदा उठाकर जापान के विभिन्न प्रदेशों के छोटे-मोटे जमीदारों ने खुद को अपने क्षेत्र का राजा घोषित कर दिया और खुद को समृद्ध करते रहे। छोटे इलाके के इन राजाओं को दाइम्यो कहा जाता था। इन दाइम्यों के अधीन जनसाधारण शांति में थे। हर दाइम्यों ने अपने क्षेत्र के विकास के लिए कारगर क़दम उठाए तथा शिल्प एंव साहित्य को प्रोत्साहन दिया। देश में साहित्य, काव्य एंव कविता का विकास हुआ तथा नए ढ़ंग के गणनाट्य का आगाज हुआ। इस मुरोमाचि युग में ही जापान का विख्यात 'नो' नाट्य तथा रंगमचों का निर्माण हुआ। जापान की घाटियों में भरपूर धान की खेती की जाने लगी और इसी समय जापान के प्रसिद्ध समुराइ तलवारों की सूक्ष्म नक्काशी और भी उन्नत बनायी गयी। हमारे देश के सिखों के कृपाण तथा तलवार की तरह जापानी समुराइयों के तलवार भी विख्यात हैं।

समुराइ उस साधारण कर्मचारी अथवा भृत्य को कहते हैं जो अपने प्रभु के लिए काम करता है। वह सैनिक अथवा जमीदार या किसी धनी परिवार का अंगरक्षक हो सकता है। प्रभु की रक्षा करना उसका मुख्य काम है। समुराइ दो तलवार रखता है, एक छोटी जो कमर की पट्टी में रखी जाती है तथा दूसरी लम्बी जो कमर से लटकी रहती है। बड़ी तलवार से युद्ध करते हैं तथा छोटी तलवार द्वारा शत्रु का गर्दन काटते हैं। वीर समुराइ यदि परास्त हो जाता है अथवा अपना कर्तव्य पालन करने से चूक जाता है तो वह अपनी छुरी से आत्महत्या कर लेता है। इस तरह की व्यवस्था को सेप्पुकु कहते हैं।

समुराइ के तलवार को पवित्र माना जाता है। बहुधा अपनी जान पर खेलकर भी समुराइ तलवार की सम्मान बचाता है। नामी समुराइयों के तलवार उनकी मृत्यु के उपरांत मंदिर या मठों में अन्य पवित्र सामग्रियों के साथ रखा जाता है। इन तलवारों तथा म्यानों पर की जाने वाली सूक्ष्म नक्काशी अब भी जापानी शिल्पकला में अग्रणी है।

सन् 1543 ईस्वी में जापान के क्यूशू द्वीप के दक्षिणी प्रांत ओसुमि के तानेगासिमा नामक सागर तट से दूर समुद्र में एक विशाल नाव देखा गया। वह एक विदेशी वाणिज्यिक नाव थी। द्वीपवासी भयभीत भी हुए, उत्सुक भी। धीरे-धीरे वह विशाल नाव बंदर पर आ लगी। उस नाव में सौ लोग तथा काफ़ी सामान ढोने की क्षमता थी। नाव से जो उतरे उनके पहनावे में पाँव के पास चुस्त और ऊपर काफ़ी फूले हुए पाजामें थे तथा उनकी कमीजें छोटी एंव भारी थी। वे एक विचित्र भाषा में बातें करते थे। वे बहुत अक्कड़ लगते थे। जापानियों ने उन्हें देखकर उनका नाम 'नामबान' यानी दस्यु रखा। वे थे भी दस्यु ही, व्यापारी जलदस्यु। वह एक पोर्तुगीज व्यापारी नाव थी

और जापान में पहली बार यूरोपियों का पर्दापण हुआ था। उस नाव में सवार थे पुर्तगाल के सब कुख्यात जलदस्यु और उनके पास थी एक अमूल्य पाडुंलिपि जिसमें मार्कोपोलो ने जीपांशु द्वीप की यूँ वर्णना की थी- 'चीन देश के दक्षिण में स्वप्नपुरी जैसा एक देश है जिसका नाम है जीपांशु। उस देश में बहुत सोना है। राजप्रसाद के चारों ओर तथा उसकी खिड़कियाँ स्वर्णालंकार द्वारा सज्जित है। उस देश में मोतियों का भी प्राचूर्य है। वहाँ किसी की मौत होने पर मृतक के मुँह में एक मोती का दाना डाल देने की प्रथा है। वह देश स्वतंत्र है तथा वहाँ सभी गुड़ियों की पूजा करते हैं।'

इसी द्वीप की तलाश में क्रिस्टोफर कोलम्बस ने अतंलातिक महासागर पार किया था तथा अमरीका आविष्कार किया था। कोलम्बस एक ऐसे अभियात्री थे जिनका मक़सद नए देशों का आविष्कार करना,पर्याप्त धन-दौलत इकट्ठा करना तथा ईसाई धर्म का प्रचार करना था। लेकिन पुर्तगाल के जलदस्युओं के अभियान का एकमात्र उद्देश्य धन-सम्पत्ति लूटना था उन्हें समस्त जलमार्ग का पता था। इस पोर्तुगीज दल के जापान पहुँचने के बहुत पहले पोर्तगीज नाविक बास्को-दा-गामा भारत के कालीकट पहुँचे थे और पुर्तगाल के जलदस्यु समुद्रीमार्ग से इस बीच गोवा पहुँच कर गोवा पग कब्जा कर लिया था।

तानेगोसिमा बंदर पर नाव भिड़ाकर दलनेता घाट पर उतर आए। उनके साथ था एक चीनी दुभाषिया। उन्होंने द्वीपवासियों से कहा, "हम बहुत दूर से यहाँ व्यापार करने के लिए आए हैं। हम तुमसे जो ले सकें लेंगे, बदले में तुम्हें एक नया धर्म, ईसाई धर्म देंगे। हम पुर्तगाल के राजा और रोम के पोप के प्रतिनिधि हैं। हम संभ्रांत परिवार की तरह भद्र और विनयी नहीं हैं, हम जो करना चाहते हैं डंके की चोट पर करते हैं। हमें युद्ध का कौशल और गोला-बारुद का इस्तेमाल मालूम है।"

इन पुर्तगालियों के पास उस जमाने की प्रथम बंदुकें थीं। उन्होंने सागर तट पर बन्दूक की क्षमता का प्रदर्शन किया। एक छोटी सी लाठी की आसाधारण क्षमता देखकर लोग अचंभे में पड़ गये। स्थानीय शासक राजा तोकिताका ने इन पुर्तगालियों को अपने दरबार में बुलाया और बंदूक की क्षमता देखना चाहा। बन्दूक का कमाल अपनी आँखों से देखने के बाद राजा तोकिताका समझ गये कि इन पुर्तगालियों के पास बहुत शक्ति है और उनसे युद्ध करना बेवकूफी होगी। उन्होंने विनयपूर्वक पूछा, "मैं यह मानता हूँ कि इस शस्त्र के विषय में मुझे कोई जानकारी नहीं। इसीलिए जानना चाहता हूँ कि इस अस्त्र के व्यवहार का कौशल क्या है।"

एक पुर्तगाली व्यापारी नाविक ने गर्व के साथ कहा, "अपने मन को एकाग्र कर एक आँख मूंदकर इस छोटे से छिद्र से दूर लक्ष्य की ओर निक्षेप कीजिए।' इस उत्तर से राजा बहुत प्रसन्न हुए। वे बोले, "बहुत ही युक्ति-संगत बात है यह। मन को एकाग्र कर दूर निक्षेप करना पड़ेगा। मानव- जीवन की अग्रगति का यही तो परम सम्पदा है।

मन को संयमी करना बहुत कठिन कार्य है, आप लोग अवश्य ही बहुत ही संयमी और धार्मिक हैं।'' वस्तुतः पुर्तगालियों के चरित्र के विषय में ओसुमि के राजा को कुछ भी ज्ञात नहीं था, इसलिए बन्दूक में निशाना साधने के बारे में कही गयी उक्ति को उन्होंने एक दार्शनिक उक्ति समझा था। जो हो, राजा तोकिताका ने पुर्तगाली नाविकों को व्यापार करने की अनुमति दे दी और उन्हें यह अधिकार भी दिया गया कि वे जापान में ईसाई धर्म का प्रचार कर सकते हैं। इससे जापान को एक लाभ यह हुआ कि पुर्तगालियों के आगमन के कुछ समय बाद ही जापानी बन्दूक का इस्तेमाल करना सीख गये और बहुत शीघ्र ही उद्यमी जापानी बन्दूक निर्माण में पांरगत हो बैठे।

सन् 1568 से सन् 1600ई. मोमोयामा युग के नाम से परिचित है। इस अवधि में बन्दूकों का व्यवहार,ईसाई धर्म का प्रवेश और छोटे-छोटे दाइम्यों द्वारा अपना धन-भंडार बढ़ाने के लिए स्वेच्छाचारिता की प्रधानता रही। इसके फलस्वरूप जापान में बहुत से दल और बहुत से मत पनप उठे। जापान कई भागों में बँट गया। क्यूशू द्वीप के ईसाई दाइम्योलोग एकजुट होकर रोम में अपना प्रतिनिधि भेजा पोप को श्रद्धाज्ञापन के लिए। यानी जापान में भाई-भाई में संग्राम छिड़ गया था। जापानी कृषकों ने भी बन्दूक से लैस होकर विद्रोह की घोषणा कर दी।

इस परिस्थिति से निपटने के लिए सम्राट ओगिमचि ने हिदेयोशि नामक एक सचिव नियुक्त किया और उन्हें अपने ढंग से कार्य करने की पूरी आज़ादी दे दी। कार्यभार संभालते ही हिदेयोशि ने सबसे पहले किसानों से उनकी बन्दूके छीन ली, यह क़ानून बना कि किसी भी किसान को बंदूक रखने का अधिकार नहीं है। इसके बाद उन्होंने क़ानून बनाया कि कोई भी सैनिक अपने क्षेत्र के राजा को छोड़कर किसी और राजा की सेना में शरीक नहीं हो पाएगा। हिदेयोशि से पहले नोबूनागा नामक एक जापानी नायक ने पूरे जापान को एकजुट करने की कोशिश की थी, हिदेयोशि उसी अधूरे काम को पूरा करने में लगे थे। उनके प्रयास से जापान में पुनः शांति लौट आयी। उन्होंने क़ानून बनाया कि सैनिकों के अलावा कोई भी व्यक्ति बंदूक,धनुष, भाला आदि कोई भी अस्त्र नहीं रख पाएगा। उन्होंने कहा कि देश की प्रथम आवश्यकता खाद्यान्न उपजाने की है,धर्म,सामाजिक अनुष्ठान और शिल्प का स्थान उसके बाद है। उनकी प्रचेष्टा से जापान की समतलभूमि शीघ्र ही धान की फसल से लहलहा उठी। एक साधारण कृषक परिवार में जन्मे हिदेयोशि के प्रयत्नों से जापान में शीघ्र ही एकता और शांति लौट आयी और वे जापान के महानायक कहलाने लगे।

हिदेयोशि ने देखा कि जापान के छोटे-छोटे राजा और जमीदारों के पास अपनी सेना है। जबतक ऐसी सेनाओं का अस्तित्व रहेगा तबतक छोटे-मोटे युद्ध चलते रहेंगे और देश में शांति बनाए रखना संभव नहीं होगा। इस स्थिति से निपटने के लिए उन्होंने एक नयी योजना बनायी। उन्होंने सोचा कि देश के इस अतिरिक्त फौज़ को यदि बाहर

ले जाया जाय तो सामरिक शक्ति का सदुपयोग भी होगा और जापान का विस्तार भी, एशिया के अन्य देशों में जापानी ध्वज लहराएगा।

हिदेयोशिने पूरे जापान में अपनी योजना का प्रचार कर दिया जिसके फलस्वरूप उनके विजय अभियान में शामिल होने के लिए हजारों की संख्या में सैनिक आ जुटे। उन्हें विपुल समर्थन प्राप्त होने पर भी हो जो तथा ईयासु नामक दो शक्तिशाली सामरिक नेता इससे पूरी तरह निर्लिप्त रहे। चालीस हजार नौसेना लेकर हिदेयोशिने कोरिया के मूल भूखण्ड पर आक्रमण कर दिया किन्तु उनके कौशल में कुछ खाामियाँ थी जिससे उन्हें सफलता नहीं मिली। जापान लौटकर उन्होंने नौसेना और थलसेना को और भी मजबूत बनाया, उसके बाद दुबारा कोरिया पर हमला बोल दिया। किन्तु इस बार भी उन्हें मुँह की खानी पड़ी। उनकी कोरिया आक्रमण की योजना ही गलत थी क्योंकि कोरिया की नौसेना उस समय विश्व-विख्यात थी। चेंगिज खान और कुबलाइ खान से जूझने रहने के फलस्वरूप कोरिया को रणकौशल का काफ़ी अनुभव था। इन विफलताओं से हिदेयोशि का मनोबल काफ़ी टूट गया और उनकी शक्ति भी क्षीण हो गयी थी। पूरे जापान को एकताबद्व करने का उनका सपना भी अधूरा रह गया था। इस बीच कोरिया आक्रमण का समर्थन न करने वाले वीर व चतुर योद्धा ईयासु काफ़ी शक्तिशाली बन गये थे।

दक्षिणी जापान में दाइम्यो अभ्युत्थान के कारण पुनः एकबार हिदेयोशि को विद्रोह दमन के लिए युद्ध में लिप्त होना पड़ा। हाकोने पहाड़ के शक्तिशाली दाइम्यो होजो को वश में लाने के लिए हिदेयोशि ने तत्कालीन कुशल एवं वीर नेता तकुगावा ईयासु से मदद मांगी।हिदेयोशि के आक्रमण पर ईयासु ने अपनी विशाल फौज़ के साथ होजो विद्रोह दमन करने में उनका साथ दिया। इसके बाद हिदेयोशि ने ईयासु को विशेष सम्मान से भूषित किया और दोनों में स्थायी मैत्री हो गयी।

जीवन के अंतिम क्षण हिदेयोशि ने ओसाका क़िले में बिताए और सन् 1598 में उनकी मौत हो गयी। उस समय उनका पुत्र नाबालिक था, अतः देश को नेतृत्व देने और शासन की बागडोर संभालने की जिम्मेदारी तकुगावा ईयासु पर आ गयी।

प्रसंगतः उल्लेखनीय है कि जापान में सम्राट की भूमिका और देशों से भिन्न है। यहाँ सम्राट को ईश्वर का प्रतिनिधि माना जाता है। जापान का अधीश्वर होकर भी कार्यक्षेत्र में उनकी क्षमता कुछ नहीं है, वे नाम मात्र के सम्राट हैं। कुछ सहचर और थोड़ी सी सेना के सिवाय सम्राट के पास कुछ नहीं है। राज्य में एक के बाद एक नेता का आविर्भाव होता है जो योद्धा तथा प्रधान सेनापति होते हैं और ये सेनापति ही देश के शासक होते हैं। लेकिन शासनकर्ता चाहे जो हो उन्हें सम्राट की कृपा और उनका आशीष चाहिए। सम्राट के साथ इन शासकों का कोई संघर्ष नहीं था, सम्राट राष्ट्रीय गुरु जैसे थे।

एदो-तकगावा युग :

सन् 1603 ई. में जापान के सम्राट ने तकुगावा ईयासु को शोगुन उपाधि प्रदान की। शोगुन का अर्थ वीर नेता या युद्ध-नेता होता है। इस उपाधि से ईयासु को जापान का एकछत्र नेता होने की स्वीकृति मिली। जापान में शोगुन आधिपत्य शुरू हुआ।

अब तक जापान की राजधानी नारा, क्योटो और ओसाका तक सीमित थी, शोगुन ईयासु ने वहाँ से काफ़ी दूर एदो नामक एक शांतिपूर्ण गाँव को चुना और अपनी सेना के साथ वहाँ पहुँचकर देश गठन के कार्य में जुट गये। समुद्र तट पर बसे एदो गाँव के लोगों का मुख्य धंधा मछली मारना था। समुद्र किनारे बांध बनाकर उन्होंने बन्दरगाह बनवाया और चारों ओर पत्थर की दीवार खड़ी करके समूचे गाँव को एक दुर्ग में बदल दिया।

ईयासु के पिता एक प्रतिष्ठित व्यक्ति थे और युद्ध-विग्रह के समय उनके परामर्श की बहुत कद्र थी, इसीलिए उन्हें अधिकतर बाहर रहना पड़ता था। इस कारण ईयासु की शिक्षा विघ्नित रही और उन्हें कम उम्र में ही सामरिक प्रशिक्षण लेनी पड़ी। बाद में अपनी कुशाग्र बुद्धि और बाहुबल के जोर पर उन्होंने बहुत से युद्ध जीते और आगे चलकर एक विशाल सेनावाहिनी के नेता बन गये। योद्धा होने पर भी उनका मन उदार था और वे देशभक्त थे। देश की अखण्डता और श्री वृद्धि उनका ध्येय था। देशनिर्माण का दायित्व लेने के बाद उन्होंने सर्वप्रथम हिदेयोशि द्वारा की गयी गलतियों का संशोधन किया और इस ओर सतर्क निगाह रखी कि देश में कोई नया राजा न उभर पाए और कहीं विद्रोह न हो। ईयासु के शासन काल से ही जापान में शोगुन युग की सूचना हुई।

ईयासु चीनी राजनीतिज्ञ और संस्कारक कनफुशियास (ईसा पूर्व 551 से 478 साल) के भक्त थे। उन्होंने धार्मिक विषयों में काफ़ी रुचि दिखायी और इस ओर ध्यान दिया कि शिन्तों तथा बौद्ध धर्म का विस्तार समूचे देश में हो। वे एक कुशल संगठक थे। शांति और एकता बनाए रखने के लिए वे हमेशा जाग्रत रहते थे। वे कहते थे, "हम आपस में शांति और भाईचारे से न रह पाएँ तो समाज और शासन व्यवस्था चरमरा जाएगी। शांति व एकता बनाए रखने के लिए चाहिए उपयुक्त शिक्षा। शिक्षा ही जाति का मेरुदण्ड है।"

जापानियों में देशभक्ति तथा राष्ट्रप्रेम की भावना जगाने के लिए ईयासु ने कई क़ानून बनाए और सामाजिक व्यवस्था में संस्कार किया। उन्होंने देखा कि जापान हमेशा से चीन का अंधा अनुकरण करता आया है जिससे देश की अपनी मौलिक संस्कृति और शिल्प का उत्थान नहीं हो सकता। पुर्तगाली,इतालवी तथा दूसरे यूरोपीय देशों के व्यापारियों के आवागमन के कारण देश में ईसाई धर्म का प्रभाव भी बढ़ता जा रहा था। ईयासु ने अचानक एक घोषणा द्वारा बाहरी दुनिया के साथ जापान का सम्पर्क लगभग छिन्न कर दिया। उन्होंने विदेशियों के लिए जापान का दरवाजा बन्द कर दिया। उन्होंने

जापान के हर नागरिक को सचेत किया कि वे देश की अपनी विशेषताओं को थामें रहें।

ईयासु ने जापान में युद्ध-पोत और वाणिज्यिक नाव का निर्माण बन्द करवा दिया। देश में जब एकता और शांति लौट आयी तब उन्होंने धीरे- धीरे स्वयम् को धर्म की ओर मोड़ दिया। इस तरह जापान का शांतिपूर्ण अध्याय शुरू हुआ और यह स्वर्णयुग लगभग ढाई सौ वर्षों तक कायम रहा।

जीवन के अंतिम पड़ाव में ईयासु अपने दुर्ग से ही धर्म और शांति के पथ पर देश को चलाते रहे। देशवासियों को उनसे इतनी श्रद्धा और भक्ति थी कि उनकी मृत्यु के उपरांत उनकी स्मृति में जापान का सबसे सुंदर शिन्तो श्राइन का निर्माण हुआ। निक्को क्षेत्र में तोशोगु नामक यह श्राइन अब जापान का एक अनमोल राष्ट्रीय स्मारक है। यह स्मृति-सौध जापानी शिल्पकला का परिचायक है।

जीवन के शेष भाग में पहुँचकर ईयासु ने विदेशियों के लिए देश का दरवाज़ा भले बंद कर दिया हो, शुरू में वे विदेशियों के पक्ष में थे। सन् 1600 ईस्वी में एक युवा अंग्रेज़ नाविक विल आदमस् से उनका परिचय हुआ था और यह परिचय दोस्ती में बदल गयी थी।ईयासु के नौसेना गठन में इस आदमस् का महत्वपूर्ण योगदान रहा। बाद में जब ईयासु देखा कि पुर्तगाली नाविक दस्युता के हिंस्र भाव से ग्रस्त हैं, ईसाई पादरियों के धर्मप्रचार में राजनीतिक और व्यावसायिक मनोवृत्ति है तथा स्पेन और पुर्तगाल के नाविक हमेशा लूटपाट और राज्यदखल के चक्कर में रहते हैं तब उन्होंने इनसे सम्पर्क छिन्न करने का फैसला लिया था।

प्रथम तकुगावा ईयासु के समय सैंतीस हजार जापानी ईसाइयों ने विद्रोह किया था। ये सभी ईसाई कृषक थे। वे और अधिक जमीन तथा सुविधाओं की मांग कर रहे थे। उनका विद्रोह बाद में भयंकर युद्ध में तब्दील हो गया था। इसके बाद ही शगुन प्रशासन ने जापान में ईसाई धर्म के प्रचार पर रोक लगा दी थी। इन्हीं दिनों हर प्रकार के विदेशी जहाज़ों का जापानी बंदरगाह में प्रवेश पर निषेधाज्ञा जारी की गयी। यह आदेश दिया गया कि कोई भी विदेशी जहाज़ बिना अनुमति के बंदरगाह में प्रवेश करे तो उसे ध्वंस कर दिया जाय। कुछ पुर्तगाली नाविकों द्वारा इस निषेधाज्ञा का उल्लघंन करने पर उन्हें प्राणदंड दिया गया। किन्तु अंग्रेज़, रूसी, डच तथा चीनी नाविकों को विशेष शर्त के तहत जापान में आने की अनुमति दी गयी थी। इस समय जापानियों के लिए विदेश की यात्रा पर पूरी पांबदी थी।

देश की शांति, एकता और समृद्धि के लिए यह शोगुन क़ानून अगले कई सौ वर्ष तक जारी रखा गया। बाहरी दुनिया से सम्पर्क न रहने से देश का भला ही हुआ। जापान में सर्वत्र शांति थी और नागरिकों का ध्यान शिक्षा और शिल्प में लगा था। जापान का प्रख्यात काबूकी थिएटर इसी समय शुरू हुआ।

थिएटर के साथ ही विभिन्न प्रकार के नाटक भी लिखे गये। विख्यात हाइकु कविता का जन्म भी इसी काल में हुआ। विभिन्न शिल्प रचना में मौलिक जापानी चिंतन देखा गया। जापान के इतिहास में पहली बार जापानियों को युद्ध की संस्कृति, शिल्प और साहित्य में रमते देखा गया। खुद की पहचान बनाने की कामयाबी का यह श्रेय तकुगावा ईयासु को ही जाता है जो जापान के सर्वश्रेष्ठ राष्ट्रीय नेता थे।

दुर्भाग्यवश दुनिया का कोई भी देश दीर्घकाल तक शांति कायम नहीं रख पाया है। नए वंश की नयी चिंताधारा पुरानी पीढ़ी की प्राचीन चिंताधारा की एकरसता को बर्दाश्त नहीं कर पाता है तो संघर्ष छिड़ता है। यथाशक्ति बनाए रखने वाले और परिवर्तन चाहने वालों के बीच एकदिन जापान में भी टकराव या मतभेद होना ही था। जब शांति थी और समृद्धि थी तब व्यापारियों ने क्रमशः समाज में प्रथम स्थान अधिकार कर लिया। सोने की क़ीमत बढ़ गयी। युद्ध-विद्रोह न रहने के कारण बेकार हुए समुराइ विभिन्न पेशे में चले गये। उन्हीं में से कोई मेधावी छात्र, कोई लेखक, शिल्पी, शिक्षक, व्यवसायी, राजनीतिज्ञ, कुशल कारीगर बना तो कोई संभ्रांत किसान। समुराइ वंश की लड़कियाँ भी ऊँचे घरानों में ब्याही जाने लगी।

राष्ट्रीय एकता अक्षुण्ण रखने के लिए तथा विभिन्न विकासशील योजनाओं के कार्यान्वयन के लिए तकुगावा सरकार को काफ़ी पूंजी की आवश्यकता थी। राजस्व अदायगी का कोई कारगर नियम और क़ानून न रहने के कारण एक ओर बुद्धिजीवी मानसिक द्वन्द्व में थे तो दूसरी ओर सरकारी तंत्र असमंजस में। ठीक ऐसे समय जापान की खाड़ी में दिखायी दिया एक भारी भरकम अमरीकी रणपोत। वह समय था सन् 1853 का जुलाई महीना।

कमोडर पेरी अपनी नौसेना के साथ जापान की खाड़ी में आ धमके थे। कमोडोर पेरी शोगुन सरकार के नाम अमरीकी राष्ट्रपति द्वारा लिखित एक पत्र ले आए थे जिसमें आग्रह किया गया था कि जापान अमरीका के साथ वाणिज्यिक संबंध कायम करे। सरकार को पत्र देकर कमोडोर पेरी ने कहा, "आप लोग इस प्रस्ताव पर विचार-विमर्श कर लें, मैं इस पत्र का उत्तर लेने के लिए एक साल के बाद पुनः आऊंगा।"

कमोडोर पेरी के आगमन ने जापान सरकार को सकते में डाल दिया था। केवल पत्र के वक्तव्य के कारण नहीं, बल्कि अमरीकी रणपोतों ने सबको चौंका दिया था। कमोडोर पेरी के भारी भरकम काले जहाज़ ने जापानी नाविकों के होश उड़ा दिए। ये जहाज़ पाल चढ़ाकर नहीं आए थे। सभी जहाज़ यंत्र चालित थे और सभी जहाज़ों में कमान लगे थे। जापानियों ने इससे पहले कभी ऐसे रणपोत नहीं देखे थे।

शोगुन सरकार के नेताओं और बुद्धिजीवियों के बीच इस मसले पर विचार करने के लिए बहुत सी बैठकें हुई जिनका कोई नतीजा नहीं निकला। प्राचीन ईयासु पंथी

इस बात पर अड़ गये कि बंदरगाह बंद रखने का सिद्धान्त ठीक था और उसे बंद ही रखा जाए। दूसरा पक्ष, जो इस सिद्धान्त में बदलाव चाहता था, उनका तर्क था कि इन आधुनिक हथियारों से लैस अमरीकी जंगी जहाज़ों से लड़ने की शक्ति और सामर्थ्य जापान के पास नहीं था, अतः बंदरगाह खोल दिए जाएँ। सरकारी नुमाइन्दों और परामर्श-समिति के बीच अनेक बैठकें हुईं किन्तु डॉवाडोंल की स्थिति बनी रही क्योंकि दोनो पक्ष अपनी बात पर अड़े रहे।

सन् 1854 के फरवरी महीने में कमोडोर पेरी अपने वादानुसार अमरीकी जंगी जहाज़ों का बेड़ा लेकर पुनः जापान पहुँचे तथा उन्होंने जापान सरकार की राय जानना चाहा। वस्तुतः जापान सरकार ने तब तक कोई फैसला नहीं किया था, किन्तु अमरीकी जंगी जहाज़ों का बेड़ा देखकर वे इतना घबरा गये थे कि मजबूरन समझौता पत्र में हस्ताक्षर कर दिया। इस समझौते के फलस्वरूप लगभग ढाई सौ साल से बंद बंदरगाह का दरवाज़ा विदेशियों के लिए खोल दिया गया। कमोडोर पेरी को जापान के दो बंदरगाह में प्रवेश की अनुमति दी गयी,एदो प्रायद्वीप के शिमोद तथा हक्काइदो द्वीप के हाकोदा बंदर में। इस समझौते के तहत एक अमरीकी सलाहकार स्थायी रूप से शिमोदा में रहने लगे। सन् 1858 में प्रथम अमरीकी सलाहकार के रूप में मिस्टर टाउनसेंड हैरिस को जापान भेजा गया।

बंदर खुलने के दो वर्षों के अंदर ब्रिटिश,रूसी तथा डच व्यापारियों ने भी एदो बंदर में प्रवेश करने तथा व्यवसाय करने के समझौते पर हस्ताक्षर किए । दुनिया के अन्य देशों की तरह जापान में भी अब विदेशी सोच का आदान-प्रदान होने लगा। पुर्तगाल, स्पेन, ब्रिटिश, अमरीकी, रूस, फ्रांस तथा डच अपना विचार जापान में फैलाने लगे जिससे संघर्ष भी बढ़ता गया। नयी पुरानी नीतियों पर फिर से बहस छिड़ गयी। तकुगावा पंथी पुरानी विचारधारा अक्षुण्ण रखना चाहते थे जबकि समुराइ तथा युवा पीढ़ी परिर्वतन के पक्षधर थे। उनका मानना था कि परिवर्तन द्वारा ही देश का विकास संभव है। इस मतभेद तथा बहस के बावजूद जापान में नया आंदोलन शुरू हुआ। जापान क़ो सम्पन्न और शक्तिशाली बनाने के लिए देश की नयी पीढ़ी आगे बढ़ी और शीघ्र ही इस आंदोलन को सभी वर्गो का समर्थन मिला। संभ्रात परिवार से लेकर किसान तक इस आंदोलन का हिस्सा बन गये। नए युवा सम्प्रदाय को नेतृत्व दे रहे थे इवाकुर तोमोमि, साथ ही चशु क्षेत्र के किदो केइन, ओकिबों तोशिभिचि तथा साइगो ताकामोरि। इस आन्दोलन के फलस्वरूप तकुगावा शासन का अंत हुआ और जापान में पहली बार साझा सरकार बनी। सम्राट पहले की तरह सम्मानीय सम्राट बने रहे। युवा पीढ़ी ने नए सिरे से जापान के विकास के लिए काम शुरू किया। युवा पीढ़ी के इन नेताओं की सबसे बड़ी खूबी यह थी कि उनमें से कोई भी खुद को स्थापित करने या अपना हित साधने के चक्कर में नहीं था, वे सभी देश की उन्नति के प्रति समर्पित थे। देश

की कल्याण के लिए पुरानी जमीदारी प्रथा और एकाधिपत्य क़ानून को बदला गया। सन् 1853 से 1868 तक का समय जापान के इतिहास में परिर्वतन का युग या ट्रांजिशन पिरियड कहलाता है।

अमरीकी कमाडोर पेरी का काला जहाज़ जापान पहुँचने के बाद से ही जापान में बहुत द्रुत परिर्वतन हुआ। जापान के युवा वर्ग ने सत्ता की बागडोर संभाली और वे यह समझ गये कि देश की उन्नति के लिए आवश्यक है तकनीकी ज्ञान और तकनीकी के लिए आवश्यक है शिक्षा व्यवस्था में आमूल परिर्वतन। जापान के हर नागरिक को शिक्षित बनाना होगा और ये शिक्षित नागरिक ही सरकारी योजनाओं के कार्यान्वयन में समर्थ होंगे। इस चितंन से जापान में विदेशी भाषा की शिक्षा पर भी बल दिया गया। हाँलाकि ईसाई मिशनरी ने मुफ्त में भाषा शिक्षा की व्यवस्था की थी, किन्तु यह व्यवस्था धर्म परिर्वतन करने वालों के लिए धर्म की शिक्षा तक सीमित थी। डच व्यापारियों के माध्यम से जापान में पहले डच भाषा का आगमन हुआ, बाद में अमरीकी और अंग्रेज़ी के माध्यम से अंग्रेज़ी का। भाषा समस्या की समाधान के साथ ही जापान में विज्ञान और तकनीकी शिक्षा का प्रचलन हुआ।

जापान में विकास का नया दौर शुरू हो चुका था। हजारों की सख्ंया में स्कूल, कालेज, विश्वविद्यालय बनाए गये। हजारों कारखानों का गठन हुआ। यूरोप और अमरीका यातायात की व्यवस्था सुगम की गयी। हजारों जापानी उच्चशिक्षा एंव तकनीकी प्रशिक्षण के लिए विदेश भेजे गये। जापान ने विज्ञान और तकनीकी को काम में लगाया, देश की रक्षा व्यवस्था सुदृढ़ की। चतुर और कर्मठ जापानियों ने , जो देश की आर्थिक दशा सुधारने और देश की विकास के लिए कटिबद्ध थे, आज जापान को दुनिया के अग्रणी सवम् सम्पन्न देशों की कतार में पहुँचा दिया है। इस सफलता के पीछे राष्ट्रीय भावना, अध्यवसाय तथा उपयुक्त निःस्वार्थ दलनेताओं का ही हाथ है।

माउन्ट कोया पहुँचे मुझे सात दिन हो गये थे। रोज सुबह-शाम नागाइजी मुझे जापान का दिलचस्प इतिहास सुनाते और मैं उन्हें संक्षेप में महाभारत की कथा सुनाता। उनकी इच्छा मुझे मेइजि सम्राट तथा जापान के पुर्नगठन का वर्तमान इतिहास भी बताने की थी किन्तु मेरे पास अब और यहाँ रुकने का समय नहीं था। एक साधारण पर्यटक की हैसियत से जापान का संक्षिप्त इतिहास जानना ही मेरे लिए पर्याप्त था। उन्होंने मुझे जो समय दिया और जानकारी दी उसके लिए मैंने उन्हें आभार व्यक्त किया। बातों ही बातों में उन्होंने मुझे वुड ब्लाक प्रिंट या उकिया आर्ट के विषय में भी बताया जिसमें मात्र कुछ रेखाओं के माध्यम से जापानी दैनन्दिनी का चित्र दर्शाया जाता है। उकियों आर्ट में चाय अनुष्ठान, लड़कियों की पोशाकों तथा संभ्रांत परिवार के घरेलू जीवन को सुंदर ढंग से अभिव्यक्ति दी गयी है।

मैंने वहाँ से हिरोशिमा जाने की इच्छा जाहिर की तो नागाइजी बोले वहाँ देखने लायक कुछ भी नहीं है। ऐटम बम के प्रभाव से ध्वंस हुए मकानों का नमूना दिखेगा तथा एक संग्रहालय में उस भयंकर हादसे की तमाम तसवीरें रखी हैं। मुझे नहीं लगता कि वहाँ तुम्हें अच्छा लगेगा। पश्चिमी जापान में ऐतिहासिक स्मारक कम ही हैं किन्तु वहाँ का नैसर्गिक दृश्य पर्यटकों को लुभाता है। मियाजिमि द्वीप बहुत आकर्षक और प्रसिद्ध है। जापान का सबसे पुराना शिन्तो मन्दिर इजुमों श्राइन भी विख्यात है जहाँ नव-दम्पति देवताओं का आशीर्वाद लेने के लिए जाते हैं। किन्तु वह बहुत दूर है। यदि समय मिले तो केाबे और योकोहामा के बीच में हिमेजि शहर में तयोतोमी हिदेयाशि का बनवाया क़िला देख लेना, वह जापान का सबसे सुंदर क़िला है। ओसाका क़िला भी उन्होंने ही बनवाया था।

नागाइजी तथा मठ के अन्य भिक्षुओं से विदा लेकर मैं ओसाका के लिए चल पड़ा। कोया पहाड़ पर कुछ दिन बिताकर मेरा मन तृप्त हो गया था। अतः मैंने तय किया कि अब और कहीं नहीं जाऊगां, टोकियो के आसपास का एक चक्कर लगाकर वापस लौट जाऊंगा। इसी सोच के साथ मैंने शिनकानसेन एक्सप्रेस यानी बुलेट ट्रेन पकड़ी और टोकियो के लिए रवाना हुआ।

•

टोकियो के आस-पास

टोकियो पहुँचकर मैं सीधे सुसुमु के घर पर उपस्थित हुआ। दरवाज़ा खोलकर साचीओ मुझसे लिपट गयी, मानों बहुत दिनों बाद उसकी अपने प्रिय चाचा से भेंट हुई हो। मैंने पूछा, ''आज कालेज नहीं गयी''।

वह खिलखिलाकर हँस पड़ी, ''आज संडे है।''

आज इतवार है, इसका मुझे ध्यान नहीं था। साचीओ बोली, ''पापा ज्यूरिक और लंदन होकर सात-आठ दिनों में लौट आएंगे, तुम्हें रुकने के लिए बोले हैं। तुम बैठो,मैं चाय लाती हूँ।''

कुछ ही देर बाद वह हँसती हुई चाय लेकर आयी, बोली, ''मैं माँ की तरह बढ़िया चाय नहीं बना पाती, फिर भी, पी पाओगे।''

जेनेवा की वह नन्ही सी गुड़िया अब कालेज स्टूडेन्ट थी और जापानी परिवेश में उसका रूप और भी निखर गया था। वह बोली, ''मेरे नाना-नानी तुम्हारी बहुत तारीफ कर रहे थे। तुम उनके यहाँ फिर ज़रूर जाना।''

लगभग एक घंटे बाद जब एमिको लौटी, साचीओ को शरारत सूझी और उसने दरवाज़ा खोलने से पहले मुझे दरवाज़े के ओट में खड़ा कर दिया। उसके बाद आहिस्ता दरवाज़ा खोलकर वह एमिको से बातें करने लगी। माँ-बेटी का जापानी भाषा में वार्तालाप सुनना मुझे बहुत अच्छा लगता था, वे दोनो ही बहुत द्रुत बोलतीं थीं। मेज पर रखी चाय की प्याली पर निगाह पड़ते ही एमिको ने पूछा, ''कौन आया था?''

''कौन आया था, खुद ही देख लो।'' कहकर साचीओ ने मेरी ओर इशारा किया।

मुझे देखकर एमिको चौंकी, फिर उसने साचीओ से कहा ''तू बहुत शरारती हो गयी है दुष्ट! पहले बताना चाहिए था न?''

कुशल क्षेम तथा इधर-उधर की कुछ बातों के बाद मैंने एमिको से कहा, ''आज साचीओ की छुट्टी है। चलो न, कामाकुरा घूम आएँ, सुना है यहाँ से ज्यादा दूर नहीं है।''

''हाँ बहुत करीब है, आधा घंटा-पौन घंटा करीब लगते है।'' उसके बाद साचीओ से मशविरा करने के बाद वह बोली, ''ठीक है, चलो।''

टोकियो से कामाकुरा लोकल ट्रेन से पहुँचने में चालीस मिनट लगे। यहाँ सभी ट्रेन निर्धारित समय पर चलती थी, उसमें कभी कोई हेरफेर नहीं होता था। योकोहामा तथा कामाकुरा वृहत्तर टोकियो महानगर का ही हिस्सा थे। योकोहामा टोकियो का बंदरगाह था तथा जापान का तीसरा बड़ा शहर। हमारी रेल-गाड़ी योकोहामा होकर और भी दक्षिण में स्थित कामाकुरा पहुँची।

कामाकुरा :

कामाकुरा जापान का एक प्राचीन तीर्थस्थल है, खासकर जेन सम्प्रदाय के लिए। जापानी मध्ययुग में जब चीन से जेन- बुद्ध धर्म का जापान में प्रचार हुआ तब कामाकुरा की काफ़ी अहमियत थी, उन दिनों यहीं जापान की राजधानी भी थी। यहाँ छोटे-छोटे बौद्ध-मंदिरो और अजायबघरों की भरमार थी। क्योटो की तरह यहाँ भी असंख्य मंदिर थे, फ़र्क़ यह कि यहाँ की घनी आबादी और मकानों की जमघट में इनका अस्तित्व किसी तरह टिका था, बनारस के बाबा विश्वनाथ मंदिर की तरह।

रास्ते में एक स्थान पर मुझे रोककर साचीओ बोली, "वह देखो, दाइ बुत्सु।"

एक विशाल वेदी पर ध्यानमग्न भगवान बुद्ध की एक विशाल कांस्य-मूर्ति थी जो बहुत दूर से दिखायी देती। मूर्ति के पीछे सुंदर पहाड़ी वन की हरियाली और नीला-आकाश दाइ बुत्सु का शांत परिवेश आकर्षक बना रहे थे। आगे बढ़ने पर मुझे हैरानी हुई कि वहाँ कोई मंदिर या पुरोहित नहीं था, खुले आसमान से नीचे इतनी बड़ी बुद्ध-मूर्ति मैंने पहले कभी नहीं देखा था। नारा के तोदाइजि मंदिर की बुद्ध-मूर्ति इससे भी बड़ी थी, किंतु वह मंदिर के अन्दर थी। कुछ छोटी होने पर भी तोदाइजि की तुलना में यह बुद्ध मूर्ति कलात्मक सौन्दर्य के लिए उससे अवश्य आगे थी।

इस मूर्ति का निर्माण सन् 1252 में हुआ था। सन् 1923 के टोकियो-योकोहामा भयंकर भूकंप के समय इस मूर्ति की कोई क्षति नहीं हुई और लोग कहते हैं कि भगवान् बुद्ध की इस जाग्रत मूर्ति के कारण ही कामाकुरा भूकंप के प्रकोप से बच गया था।

मूर्ति की वेदी एक व्यक्ति जितनी ऊँची थी, मूर्ति की ऊँचाई लगभग चार व्यक्तियों की ऊँचाई के बराबर। नौ सीढ़ियों के बाद एक दान- पात्र रखा था, कोई चाहे तो दान दे सकता था। एक चक्कर लगाने के बाद मैंने मूर्ति को दडंवत् प्रणाम किया तो साचीओ बोली, "तुम जेन-बौद्ध धर्म के अनुयायी हो।"

"नहीं, मैं बौद्ध-धर्मावलम्बी नहीं, हिन्दू हूँ। हम भगवान् के हर तरह के अस्तित्व को मानते हैं। भगवान बुद्ध ईश्वर का एक अवतार थे। लोगों को तीन दुःखो से मुक्त होने का उपाय बताने के लिए उनका आविर्भाव हुआ था।"

"कौन से तीन दुःख।" साचीओ ने पूछा।

"जरा, व्याधि और मृत्यु। धरती का हर व्यक्ति इन तीन दुःखों से पीड़ित है। रोग, बुढ़ापा और मृत्यु से किसी को परित्राण नहीं मिलता। तुम जापानी हो, मैं भारतीय, लेकिन हजारों मील की दूरी में रहकर भी हमलोगों का दुःख एक जैसा ही है। भगवान् बुद्ध ने अपनी अमृतवाणी द्वारा हमें शांति का पथ दिखाया था।"

"तो फिर हम रोगमुक्त क्यों नहीं हो सके।"

साचीओ का प्रश्न सुनकर एमिको हँस पड़ी। मैंने कहा कि इसमें हँसने की कोई बात नहीं है, साचीओ का प्रश्न तर्कसंगत है। मैंने साचीओ से कहा,"हम अब भी पीड़ित हैं क्योंकि हमने भगवान् बुद्ध का अनुसरण नहीं किया। जो उनके बताए पथ पर चलते है उनके लिए रोग, बुढ़ापा और मृत्यु कुछ भी दुखदायी नहीं है। मैं बाद में तुम्हें समझा दूंगा।" मेरा उत्तर सुनकर साचीओ कुछ देर तक भगवान् बुद्ध के शांत-सौम्य ध्यानी मूरत को घूरती रही। कुछ पल के लिए ही सही, इस मूर्ति के दर्शन मात्र से शांति मिलती।

एक ओर सागर और तीन ओर छोटे पहाड़ों से घिरा कामाकुरा एक सुरक्षित क्षेत्र था। इसी कारण मिनामोतो यूरितोमो सरकार ने सन् (1147-1199) अपनी आजादी की रक्षा के लिए तथा विभिन्न परियोजनाओं को कारगर करने के लिए कामाकुरा को राजधानी बनाया था। जापानी धर्म बौद्ध धर्म की ही एक शाखा थी जिसकी यहाँ स्वतंत्र नाम था जेन-बौद्ध धर्म। इस धर्म की कई प्रशाखाएँ थीं जिसमें केनचोजि, एंगोकुजि, जुफुकुजि, जोमियोजि आदि उल्लेखनीय हैं। जापान में जेन-बुद्ध सम्प्रदाय की प्रतिष्ठा चीनी भिक्षु रानकेइ दोरयू ने की थी। सन् 1253 में शगुन सामरिक शासन ने केनचोजि मंदिर बनवाया था जहाँ रानकेई दोरयू स्थानीय रूप से बस गये थे तथा जीवन के अंतिम प्रहर तक यहीं रहे। अब भी यह मंदिर कामाकुरा का सबसे सुंदर मंदिर है।

हाचिमैन श्राइन के निकट एक विशाल दरख़्त दिखाकर एमिको बोली, "यही प्रसिद्ध गिंकों पेड़ है।" निकट एक फलक पर जापानी भाषा में पेड़ के विषय में कुछ लिखा था। वह पेड़ एक हजार साल पुराना था तथा उसकी परिधि सत्ताईस फीट थी।

वहाँ से आगे बढ़ते हुए एमिको बोली, "शहर के दूसरे छोर पर एनकाकुजि मंदिर संभवतः तेरहवीं शताब्दी में बना था। वहाँ भगवान् बुद्ध का एक दाँत संरक्षित है जो चीन से लाया गया था।"

इस सूचना ने मुझे चौंकाया। भगतान् बुद्ध का दाँत चीन कैसे पहुँचा था यही मुझे नहीं मालूम।

समुद्र के किनारे पक्के घाट पर चलते हुए अच्छा लगा। लेकिन यहाँ हवा में भूनी मछली की महक तैर रही थी। साचीओ बोली, "कामाकुरा आने पर ममी-डैडी सीधे यहीं सागर तट पर आ जाते हैं। तली हुई मछलियाँ मुझे भी बहुत प्रिय है, इनकी महक से ही मुँह में पानी आ जाता है।"

कामाकुरा सागर तट मुझे मुंबई के जूहू सागर तट की याद दिला रहा था। वहाँ शाम ढलते ही भेल-पूरी की दुकानें सजतीं और मेला जैसा लग जाता। यहाँ भी वैसा ही था, फ़र्क़ यह कि यहाँ के दुकानदार सागर तट के स्थायी निवासी थे और मछली इनका मुख्य व्यवसाय था। तली हुई, ऊबली यहाँ की प्रसिद्ध टुना मछली तथा अन्य मछलियों का विशाल बाजार था यह। यहाँ तली हुई मछलियाँ खाते हुए लोग सागर तट की सड़कों पर चलते हुए दिखाई पड़ते। इस आनंदमय परिवेश से हम भी जुड़ गये और वहीं भरपेट भोजन से निपटकर टोकियो लौट आए।

रात ही में मैंने अगला कार्यक्रम तय कर लिया। अगले दिन तड़के मैं अकेले योकोहामा चला जाऊंगा और दिनभर घूमकर रात में लौट आंऊगा। उसके अगले दिन मैं निक्को जाऊंगा और उस यात्रा में एमिको तथा साचीओ मेरा साथ देंगे। साचीओ कभी निक्को नहीं गयी थी, इसलिए वह कालेज से छुट्टी लेगी क्योंकि यह यात्रा उसके लिए शिक्षाप्रद होगी।

योकोहामा :

मैं सुबह की ट्रेन से योकोहामा पहुँच गया था जो टोकियो से लगभग सटा हुआ था। टोकियो -योकोहामा की सम्मिलित आबादी लगभग दो करोड़ चालीस लाख थी, यानी यह दुनिया की अन्यतम घनी आबादी का क्षेत्र था।

सन् 1868 में जब क्योटो से पूरब में टोकियो में जापान की राजधानी का स्थानांतरण हुआ, तभी से योकोहामा के इतिहास की शुरूआत हुई। कानागावा नामक छोटे से बंदर का विशाल बंदरगाह में तब्दीली का काम 1859 में ही शुरू हो गया था। 1923 के भूंकप तथा विध्वंसक अग्निकांड में टोकिया की भयंकार क्षति हुई थी, आगे 1945 में उसे अमरीकी हवाई हमला झेलना पड़ा। प्रकृति के हाथों और मनुष्यों के हाथों मार खाने के बाद टोकियो ने पुनः सिर उठाया था, उस समय योकोहामा के लोगों को भी शोचनीय स्थितियों से गुजरना पड़ा था। सन् 1970 में योकोहामा को जापान का तीसरा महानगर होने का गौरव प्राप्त हुआ। पहला टोकियो, दूसरा ओसाका और तीसरा योकोहामा। योकोहामा बंदरगाह अब सफाई, शृंखला और द्रुत कार्य की क्षमता के कारण सारे विश्व में ख्यात है।

जापान की उन्नति की चर्चा करने में योकोहामा का प्रसंग अवश्य आएगा। 5सितंबर 1872 में मेइजि सम्राट ने जापान में प्रथम रेलगाड़ी का उद्घाटन किया था, वह रेलगाड़ी योकोहामा और टोकियो के बीच चली थी। योकोहामा की विदेशी बस्तियाँ बहुत प्राचीन है। एक ओर बंदरगाह और दूसरी ओर पहाड़ी क्षेत्र में शहर बसा था। इस शहर के निर्माण में मूलतः विदेशियों का हाथ है। योकोहामा बंदर के कारण ही ब्रिटिश, डच और अमरीकी नाविकों ने यहाँ बस्तियाँ बसायी थी जो धीरे धीरे शहर

में तब्दील हो गया। यानी विदेशी नाविकों के आवागमन तथा अस्थायी निवास के कारण ही यह शहर बसा था, और वह परंपरा अब भी क़ायम है।

शोगुन शासकों ने काफ़ी वर्षों के लिए जापान का दरवाज़ा विदेशियों के लिए बंद कर रखा था। बाद में जब कुछ बंदरगाह खोले गये और विदेशियों को व्यापार की अनुमति दी गयी तब भी उनके योकोहामा प्रवेश पर पाबंदी थी। यही नहीं , संभ्रात परिवार की जापानी लड़कियों के लिए भी योकोहामा क्षेत्र में प्रवेश की मनाही थी।

योकोहामा में राह चलते बहुत अधिक संख्या में विदेशी दिखायी पड़ते। बंदरगाह में विदेशी जहाज़ों की भरमार थी, उनमें सामान लादा जा रहा था। कुछ जेटियों को छोड़कर अन्य जेटियों में प्रवेश की पाबंदी नहीं थी। कोलकाता-मुबंई में ऐसा नहीं था, वहाँ आम आदमी किसी जहाज़ के निकट फटक भी नहीं सकता था। बंदर का और कोई व्योरा मैं नहीं दूंगा क्योंकि इसके लिए विशेष दृष्टिकोण, अनुभव और काफ़ी समय आवश्यक था और मेरे पास समय के साथ ही अनुभव की भी कमी थी। शहर में पीअर नाम का एक स्थल था जहाँ से चारों ओर सड़कें गयीं थीं। राह चलते मुझे लगा कि टोकियो की तुलना में योकोहामा में व्यस्तता कुछ कम थी, यहाँ लोगों के पास समय की कमी नहीं थी। चाय की दुकानों और रेस्तराओं में नाविकों की जमघट और बंदर के चारों ओर के पक्के चबूतरों पर लोगों की भीड़ देखकर ही लगा कि वे फुसर्त में हैं। पीयर के दक्षिण और पश्चिम की दो सड़कों इसेजोकि चो तथा मोतोमाची में बहुत चहल-पहल थी। इन्हीं सड़कों पर बहुत से सुपर मार्केट तथा विभिन्न दुकानें थीं। यहाँ सिल्क की दुकानें काफ़ी थी,इसके अलावा इलेक्ट्रानिक सामान तो जापान में सर्वत्र दिखते ही थे।

दिन भर योकोहामा का चक्कर लगाकर मैं शाम को टोकियो लौट आया। मुझे लगता था कि जापान में केवल मैं ही एक ऐसा इंसान था जिसके पास कोई काम नहीं था, और सभी या तो व्यस्त थे, अथवा बहुत ही व्यस्त।

निक्को :

टोकियो से निक्को पहुँचने में एक्सप्रेस ट्रेन द्वारा डेढ़ घंटे लगते, लोकल ट्रेन द्वारा ढाई घंटे। एक्सप्रेस ट्रेन में पहले से आरक्षण कराना पड़ता था जिसके लिए हमारे पास समय नहीं था, अतः हम सुबह आठ बजे के लोकल ट्रेन से रवाना हुए। मुझे और साचीओ को जानकारी देने के लिए एमिको ने रात में निक्को के विषय में कुछ अध्ययन कर लिया था।

एमिको ने हमें संक्षेप में बताया कि निक्को जापान का अन्यतम प्रसिद्ध राष्ट्रीय उद्यान है। समूचे जापान में कुल सत्ताईस राष्ट्रीय उद्यान हैं जिनमें निक्को सबसे उल्लेखनीय है। इस राष्ट्रीय उद्यान में सबसे आकर्षणीय है तोशोगु श्राइन तथा निक्को

स्मारक। तोशोगु श्राइन शिंतो धर्मावलम्बियों का है तथा सौन्दर्य और शिल्प के लिए विश्व विख्यात है। जापान के जनप्रिय नेता सामरिक डिक्टेटर तकुगावा इयासु इस श्राइन के साथ जुड़े थे इसीलिए उन्हीं की स्मृति में यहाँ का निक्को स्मारक बनवाया गया था। इयासु का जन्म सन् 1542 में तथा निधन सन् 1616 में हुआ था। उन्होंने ही जापान में शोगुन शासन नाम से परिचित सामरिक शासन का प्रवर्तन किया था। उन्हीं के जमाने में जापान में राष्ट्रीय चेतना तथा शिक्षा का प्रचार-प्रसार हुआ। सन् 1603 से 1867 तक जापान शोगुन शासकों के अधीन रहा। उसके बाद मेइजि आन्दोलन शुरू हुआ तथा इसी आन्दोलन के फलस्वरूप जापान के सम्राट को उनका सम्मान और अधिकार पुनः प्राप्त हुआ। तभी से जापानी सम्राट को मेइजि सम्राट कहा जाता है। जापानियों का मानना है कि प्रथम शोगुन शासक तकुगावा इयासु ने ही जापान को विकासशील योजनाएँ दी थीं और अब जापान ने जो उन्नति की है उसका श्रेय उन्हीं को जाता है। उनके प्रति श्रद्धा और आंतरिक कृतज्ञता का द्योतक है उनकी स्मृति में निहित पार्क का स्मृति-सौध।

ढाई घंटे की यात्रा के बाद हम निक्को स्टेशन पर उतरे। यह एक छोटा-सा पहाड़ी स्टेशन था। स्टेशन पर उतरते ही मैंने महसूस किया कि यहाँ की हवा में ताज़गी है। यहाँ पेट्रोल और औद्योगिक प्रदूषण की कोई गंध नहीं थी। स्टेशन पर या स्टेशन से बाहर कोई भागमभाग नहीं थी। छुट्टियो में टोकियो से लोग यहाँ पिकनिक के लिए या हवाखोरी के लिए आते। यहाँ की ताजी हवा तन-मन में ताज़गी भर देती। विस्तृत पहाड़ी क्षेत्र में फैले निक्को नेशनल पार्क की सुरम्य प्राकृतिक दृश्यावली सैलानियों को लुभाने के लिए पर्याप्त थे, साथ ही सरकार ने भी हाइकिंग, फिशिंग, स्विमिंग आदि की सुव्यवस्था कर रखी थी। उद्यान के विभिन्न क्षेत्रों में सरकारी तथा गैर-सरकारी गेस्ट हाउस बने थे। यहाँ सबकुछ जैसे प्रकृति के साथ सामंजस्य रखकर ही बनाए गए थे।

लगभग दस मिनट पैदल चलकर हम लोग एक पुल पर पहुँचे। यूँ निक्को शहर आकर्षक नहीं था। पुल के नीचे काइया नदी बहती थी। निकट ही एक और पुराना पुल था जिस ओर ध्यान खीचंकर एमिको बोली, "वह बहुत पुराना है और उसकी अपनी अहमियत है। पहले केवल प्रधान पुरोहित उसपर से यातायात करते थे। बाद में शोगुन शासक और उनके परिवार के लोगों के सिवाय और किसी को उस पुल पर से आवाजाही करने की अनुमति नहीं थी। यह पुल अब भी पवित्र माना जाता है और उस पुल पर से जाने के लिए भिक्षु या पुरोहित का वस्त्र पहनना पड़ता है तथा एक हजार येन दक्षिणा देनी पड़ती है। पुल के निकट के दफ़्तर में पोशाक किराए पर मिल जाती है। पुल से प्राप्त यह धन मंदिर के काम में लगाया जाता है।"

हमने नए पुल से नदी पार की और हमारे सामने का दृश्य सहसा बदल गया। सामने सीडर यानी सदाबहार देवदार के असंख्य पेड़ों की कतारें थी और उनके पीछे

से झाँकता पहाड़। पुल के निकट ही मात्सुदाइरा मासा त्सुना नामक एक भक्त का छोटा सा स्मारक था। वे इस क्षेत्र के एक मशहूर जमीदार थे तथा शिन्तो मंदिर के परम् भक्त। इयासु का स्मारक बनवाने में उनका महत्वपूर्ण योगदान रहा और इस क्षेत्र में सोलह हजार देवदार पेड़ लगवाकर उन्होंने ही यहाँ की आबोहवा और दृश्य बिलकुल बदल दिया था। दूर से झाँकता पहाड़ नानताइ पहाड़ था और प्राचीन काल में वह एक पवित्र पहाड़ माना जाता था।

एक सुंदर प्रशस्त मार्ग पर आगे बढ़ते हुए कुछ मंदिरों के बाद हमें एक खूबसूरत तोरण मिला जहाँ वस्तुतः तीन ओर तीन तोरण थे। भारत के साँची स्तूप में तथा बौद्ध युगीन विभिन्न ध्वंसावशेषों में मैंने इस तरह के तोरण या तोरीगेट अनेक देखे हैं। हो सकता है कि बौद्ध-धर्म की तरह तोरण निर्माण की यह कला भी यहाँ भारत से ही पहुंची हो

तोरण के आगे एक पाँच मंजिला पैगोडा था जिस पर नक्काशी का काम बहुत सुंदर था। उसे देखकर कुछ आगे बढ़ने पर दाँयीं ओर कुछ दूरी पर स्थित एक आलीशान भवन के अलंकरण और रंगों की बहार ने मुझे एक बारगी चौंका दिया। वही था तकुगावा इयासु का स्मारक। उसके करीब पहुँचने पर मुँह से एक ही शब्द निकला, अति सुंदर। लकड़ी के खंभे, छत, दीवारें, जहाँ भी निगाह पड़ती वहीं सुंदर नक्काशी का काम दिखायी देता। पत्थर की वेदी पर मानों किसी इन्द्रपुरी को सजाया गया था। इसके सौंदर्य और शिल्प-नैपुण्य को व्यक्त करने की क्षमता मुझमें नहीं है, मैं केवल विस्मय से देखता रहा कि सिर्फ़ लकड़ी द्वारा कैसा सुंदर स्मारक मंदिर बनाया गया था। इस मंदिर के साथ बैंकांक के ग्रांड पैलेस की तुलना की जा सकती थी किन्तु यहाँ के प्राकृतिक दृश्य और पहाड़ी परिवेश ने इस मंदिर को और भी पवित्र बना दिया था।

स्मारक के चारों ओर का चक्कर लगाने के बाद एमिको ने बताया कि इस स्मारक या शिन्तो श्राइन के निर्माण में 1634 से 1636 के बीच दो साल का समय लगा था। यहाँ सोने का जो काम हुआ था उसके लिए चौबीस लाख नवासी हजार नौ सौ सोने की पन्नी का इस्तेमाल हुआ था। इसका मतलब यह कि यहाँ प्रयुक्त सोने से छह एकड़ जमीन को सोने की पन्नी द्वारा मढ़ा जा सकता था। यहाँ उपयोग किए गये लकड़ियों को एक के बाद एक रखने से टोकियो से क्योटो तक की दूरी पाटी जा सकती थी। यह जापान का इकलौता स्मारक था जो मोमोयामा स्टाइल में बना था। हाँलाकि निक्को की ख्याति शिन्तो तीर्थक्षेत्र के रूप में काफ़ी दिनो से थी, किन्तु हिदेयोशि और इयासु के कारण उसकी प्रसिद्धि सारे विश्व में फैल गयी थी। इयासु का स्मारक बनने के बाद से नानताइ पहाड़ और शिन्तो मंदिर का प्रभाव और आकर्षण पहले जैसा नहीं था।

सीढ़ियों से ऊपर चढ़ने के बाद मैंने पाया कि यह स्मारक भी एक बुद्ध-मंदिर है और वहाँ स्थापित प्रतिमा में महामना इयासु को बुद्ध के अवतार के रूप में दर्शाया गया था। सन् 1868 तक इस स्मृति- मंदिर की देखभाल की जिम्मेदारी सम्राट परिवार की थी। अब यह राष्ट्रीय धरोहर है।

इयासु स्मारक की देखभाल के लिए स्थायी कारीगर व शिल्पी रखे गये हैं। लकड़ी पर की गयी नक्काशियों और बेलबूटों पर नया रंग भरते समय वे खास ध्यान रखते हैं कि पहले जैसी मौलिकता बनी रहे। यह रख-रखाव इतना अच्छा था कि स्मृति-मंदिर बिलकुल नया लगता। एमिको ने हमें एक और महत्वपूर्ण जानकारी दी। नारा, क्योटो, कमाकुरा के असंख्य बुद्ध-मंदिरो के निर्माण के लिए चीनी कारीगर या शिल्पी बुलवाए गये थे, इसलिए उनमें विदेशी या चीनी स्थापत्य की झलक दिखायी देती है। किन्तु इस स्मृति-मंदिर के निर्माण में कुल पंद्रह हजार कारीगर समग्र जापान से इकट्ठे किए गये थे, उनमें एक भी चीनी या विदेशी नहीं था। इयासु स्वयम् जापान में राष्ट्रीय चेतना के प्रेरक थे, उनकी स्मृति-सौध निर्माण में जापानियों ने अपने श्रेष्ठ शिल्प-कौशल का परिचय दिया था।

यहाँ के सूर्य-तोरण का आकर्षक रंग दूर से ही दर्शकों को आकर्षित करता।, उनमें बारह प्रकार के उज्जवल रंग भरे गये थे। निकट पहुँचने पर फाटक पर की गयी नक्काशी का काम चकाचौंध कर देता, उनपर से आँखें हटाना मुश्किल हो जाता। दो मंजिल जैसे ऊँचे इस तोरण का सौंदर्य देखते ही बनता था। वहाँ लकड़ी के बहुत से विग्रह भी थे जिनमें सियार, सिंह, बाघ और नाना प्रकार के बत्तख मुख्य थे। किंवदंतियो में वर्णित मूर्तियाँ भी थीं जैसे राजकुमार, ऋषि, मुनि आदि। विभिन्न प्रकार के पेड़-पौधे भी थे जिन्हें या तो रंगा गया था अथवा उनपर नक्काशी की गयी थी। मुझे लगा कि अत्यधिक शिल्प संभार का बोझ तोशोगु स्मारक में कुछ अधिक ही था। अन्य सुंदर मूर्तियों में 'सुप्त बिल्ली' तथा तीन बंदरों की त्रिमूर्ति-बुरा नहीं देखूगा, बुरा नहीं सुनूंगा,बुरा नहीं कहूंगा-विशेष उल्लेखनीय है। स्मारक के चारों ओर तोरण,पैगोडा,कोषागार, कुँआ, अतिथियों के लिए ढँका बरामदा आदि के अलावे और भी तीन उल्लेखनीय मंदिर थे।

तोशोगु श्राइन के इर्दगिर्द और भी मंदिर थे जिनमें तीन उल्लेखनीय हैं। जेन बुद्ध सम्प्रदाय के तेनदाइ शाखा का मंदिर था रिननोजि मंदिर जहाँ भगवान् आमिदा नीवरास यानी पश्चिम स्वर्गराज्य के भगवान् बुद्ध की मूर्ति थी। इस मंदिर की इमारत यहाँ के मंदिरों में सबसे बड़ी थी। फुतारासान मंदिर एक बहुत प्राचीन मंदिर था जहाॅ कभी तीन शिन्तों देवताओं की पूजा होती थी। प्राचीन विश्वास के अनुसार इन्हीं देवताओं ने जापान को समृद्धि दी थी। दाइयु स्मारक मंदिर तृतीय तकुगावा शोगुन शासक इयेमित्सु की स्मृति में बनवाया गया था, यह तोशोगु स्मारक जैसा ही था किन्तु आकार में उससे

छोटा। लेकिन यहाँ एक फ़र्क़ यह था कि दाइयु स्मारक का तोरण पूरी तरह चीनी ढंग से बना था।

निक्को पार्क की मंदिर को देखकर लगता था कि यहाँ बुद्व, जेन बुद्ध तथा शिन्तो धर्म का संगम था। एक दिन में सारी मंदिरों का चक्कर लगाना संभव नहीं था, ऐसा करने से भ्रम उत्पन्न होता। यहाँ का मुख्य आकर्षण तोशोगु स्मारक तथा आसपास के कई और मंदिरों का चक्कर लगाकर हम निक्को शहर लौटे, एक रेस्तराँ में भोजन किया और चुजेनजि झील के लिए केबल कार द्वारा रवाना हुए। बीस मिनट में हम चुजेनजि पहुँच गये। यहाँ एक विशाल सरोवर था जहाँ के तट पर आमोद-प्रमोद की तमाम व्यवस्थाएँ थीं। सरोवर में घूमने के लिए छोटे-छोटे नाव से लेकर अत्याधुनिक टूरिस्ट-बोट की व्यवस्था थी। हमने एक बोट लिया, दर था एक घंटे के लिए एक हजार येन। बोट में छोटे-छोटे केबिन बने थे, खिड़कियाँ बड़ी बड़ी थीं। डेक चारोओर से पारदर्शी प्लास्टिक से ढँका था जो ठंडी हवा और बारिश का पानी रोकता और उससे बाहर का दृश्य भी स्पष्ट दिखायी देता। सरोवर के चारों ओर छोटी-छोटी पहाड़ियाँ थी जिससे सरोवर का सौंदर्य और भी बढ़ गया था।

जापान के हर नगर और औद्योगिक केन्द्रों के काफ़ी निकट ये पहाड़, जंगल, सरोवर, सागरतट, श्राइन, बगीचे, पार्क आदि सदा व्यस्त कर्मठ जापानियों को हवाखोरी और भरपूर विश्रांति का अवसर प्रदान करते। ये सभी स्थल तनावग्रस्त लोगों को तनावमुक्त करते हुए उनकी कार्यक्षमता बढ़ाते।

संध्या के समय ट्रेन पकड़कर हम टोकियो लौटे। साचीओ और एमिको दोनों ख़ुश थे। उन्हीं के सहयोग से मेरी यह यात्रा भी सफल हुई थी।

•

शिन्तो या कामि पथ

जापान नेशनल ब्रॉडकास्टिंग के मिस्टर हिरोशि से पुनः मुलाकात हुई तो उन्होंने प्रोफेसर ओशावा से मेरा परिचय कराया। ओशावा तीन बार भारत की यात्रा पर गये थे। वे अक्सर विजिटिंग प्रोफेसर की हैसियत से जापान के विषय में बोलने के लिए अमरीका और यूरोप की यात्रा करते। पर्यटन पर बातचीत करते हुए उन्होंने कहा कि यूरोपीय जापान आते हैं तो उनका उद्देश्य सैर-सपाटा और मनोरंजन होता है और जापानी विदेश जाते हैं तो उनका प्रधान लक्ष्य शिक्षा और ज्ञानार्जन होता है। साधारणतः जापानी जापान से बाहर घूमने के लिए नहीं, बल्कि कुछ सीखने के लिए जाते हैं। कोई जापानी विदेश जाकर समुद्र तट पर हवाखोरी की बात सोच भी नहीं सकता। कम से कम समय में अधिक से अधिक तथ्य और अनुभव बटोरना ही उनका उद्देश्य होता है, इसमें चाहे जितनी भी मेहनत हो।

मैंने पूछा, "इस अक्लात परिश्रम के लिए काफ़ी ऊर्जा चाहिए,उन्हें यह ऊर्जा कहॉ से मिलती है"

ओशावा बोले, "बहुत अच्छा प्रश्न है। यह ऊर्जा उन्हें अंदर से मिलती है। प्रत्येक जापानी दिलो-दिमाग से जापानी है,. देश की उन्नति के लिए समर्पित। वे बोलते कम हैं, काम अधिक करते हैं। जापानी ध्यानी,भद्र,विनयी और शांत स्वभाव के होते हैं। शांत-भाव जापानी चरित्र की विशेषता है ज्यों दर्शन और अहिंसा भारतीय चरित्र की विशेषता है।"

"उनमें यह शांत-भाव कहाँ से आता है"

"हमारी पंरपरा से, यानी शिन्तो पथ से।"

"मैंने जापान में कई शिन्तो श्राइन देखे हैं, लेकिन शिन्तो के संबंध में मुझे कुछ भी नहीं मालूम। आप मुझे कुछ जानकारी दें तो कृपा होगी।" ओशावा चाहते तो दो चार बातें बता कर मुझसे छुटकारा पा लेते। ऐसा करने के बजाए वे बोले, "जानकारी किसी जानकार व्यक्ति से लेनी चाहिए। मैं तुम्हें टोकियो के नामी शिन्तो श्राइन यासुकुनि के पुजारी गुरु साकामोतो से मिला दूंगा। उनसे समय लेकर मैं तुम्हें सूचित करूंगा।"

अगले दिन शाम को प्रोफेसर ओशावा ने फोन पर बताया कि गुरु साकामोतो ने सुबह नौ बजे का समय दिया है।प्रोफसर स्वयम् भी गुरुजी से मिलना चाहते हैं, अतः वे आठ बजे गाड़ी लेकर मेरे पास पहुँच जाएंगे।

सुबह यथा समय हम यासुकुनि श्राइन पहुँच गये। वहाँ का परिवेश अत्यंत मनोरम था। तपोवन के अन्दर एक काठ की प्राचीन इमारत, उसके चारों ओर पेड़-पौधे, लता गुल्म। चलने की राह पर बालू और पत्थरों की सजावट। यहाँ पक्षी के कूजन, छोटे-छोटे जल स्त्रोत,डोलते फूल-पत्तों आदि में जीवन का स्पंदन था। यहाँ नीरवता मानों मुखर थी और मन अनायास ध्यानस्थ हो जाता। यह शांत परिवेश प्रत्येक शिंतो श्राइन की विशेषता थी।

इमारत की सीढ़ी के निकट पहुँचते ही एक प्रौढ़ व्यक्ति मुस्कराते हुए हमारे निकट आए। प्रोफेसर ने परिचय कराया-"ये ही हैं यहाँ के प्रधान पुजारी सदाओ सकामोतो। मैंने उन्हें प्रणाम किया तो उन्होंने मेरी बाँह पकड़कर मुझे अपने करीब खींच कर कहा, "वेकलम।" उसके बाद वे हमें अपने बैठक में ले गये जहाँ गद्दे पर चटाई बिछी थी। सादगी भरा कमरा था जहाँ मेज-कुर्सी अलमारी फोटो आदि कुछ भी नहीं था।

उन्होंने मुझे एक घंटा समय दिया था। अतः समय न गवाँकर मैं उनसे प्रश्न करता रहा और वे उनका उत्तर देते रहे।

प्रश्न : कामि क्या कोई देवता है।

उत्तर : देवता को ही कामि कहते हैं, यानी कामि का मतलब है देवता। अतः कामि पथ देवता का पथ है।

प्रश्न : तो अवश्य शिन्तो मंदिरों में देवता की मूर्ति रखते होंगे। लेकिन मैंने बहुत से शिन्तो मंदिर देखें जहाँ मुझे कोई निर्दिष्ट देवता क़ी मूर्ति नहीं दिखी।

उत्तर : कामि पथ असल में धर्म नहीं है। ईसाई धर्म में ईसामसीह की मूर्ति है,बौद्ध धर्म में बुद्ध की मूर्ति, हिन्दू धर्म में ब्रह्मा, विष्णु, शिव की मूर्तियाँ। मुसलमान पैगम्बर हजरत मोहम्मद का लिखा कुरान पाठ करते हैं। कामि पथ में ऐसा कुछ नहीं है, शिन्तो धर्म में किसी खास देवता का स्थान नहीं है, कोई विशेष ग्रंथ भी नहीं है। यह एक सामाजिक व्यवस्था है। जापान के प्राचीन निवासी प्रकृति के विभिन्न रूप और शक्ति की पूजा करते आए हैं, उसी को कामि पथ कहते हैं।

प्रश्न : प्रकृति का रूप और शक्ति तो हर चीज में है।

उत्तर : अवश्य। धरती की हर वस्तु में प्रकृति का प्रभाव है। प्रकृति ने जग रचा है,जग की हर चीज में प्रकृति की शक्ति छिपी है। उसी अन्तर्निहित शक्ति की पूजा

की जाती है। पूजा के माध्यम से आंतरिक सम्मान का अर्घ भेंट करते हैं तथा आत्मरक्षा, धर्म और ऐश्वर्य की मांग करते हैं।

प्रश्न : पूजा की वेदी पर किस तरह के देवता बैठाये जाते हैं, इस विषय में कुछ बताइए।

उत्तर : हिन्दू धर्म में ज्यों जितने मत उतने पथ यानी असख्यं देवताएँ हैं, कामि पथ में भी वैसा ही है। हर व्यक्ति अपने मन की सुनता है। अतः मन जिसे चाहे उस देवता को वह पूजा की वेदी पर बैठाता है, इसके लिए कोई निश्चित नियम नहीं है।विज्ञ या ज्ञानी व्यक्ति ईश्वर से शांति, आत्मोन्नति, आत्मरक्षा तथा देश की उन्नति और रक्षा की प्रार्थना करता है, इसके लिए विभिन्न दैवी शक्तियों जैसे वज्र,विद्युत, आंधी, पानी, मिट्टी, आकाश आदि की पूजा की जाती है। मान्यता यह है कि ज्यों हर देह में आत्मा है, त्यों ही हर जड़ पदार्थ में भी आत्मा है और वे भी समान रूप से पूज्य हैं। इसलिए मनुष्य ,जानवर आदि से लेकर पेड़-पौधे, पत्थर, सूखी टहनी, काठ आदि कुछ भी प्रकृति के प्रतीक के रूप में बैठाया जा सकता है।

प्रश्न : विभिन्न कामि या देवताओं की शक्ति के विषय में कुछ बताएँ।

उत्तर : शिन्तो धर्म में मूल शक्ति या मूल रहस्य या आदि देवता नामक कुछ नहीं है। बहुत से कामि या देवता हैं जिनमें कोई मेल नहीं और न ही उनकी शक्तियों को परखने का कोई निश्चित मापदंड। समाज व्यवस्था या स्थान काल भेद के अनुरूप विभिन्न कामियों को विभिन्न आसन में बैठाया गया है। कोई कामि अनाज उत्पादन के लिए प्रसिद्ध है तो कोई कामि संतान उत्पत्ति के लिए। कोई कामि शत्रु का नाश करता है तो कोई रोगनिवारक है।इस तरह हजार कामि के हजार पथ है।

प्रश्नः शिन्तो धर्म के विषय में आप कुछ ऐसे ग्रंथों के विषय में बताएँ जिनमें शिन्तो धर्म और पूजा-पद्धति के बारे में जानकारी मिल सके।

उत्तर : बाइबिल, वेद, महायान या हीनयान की तरह शिन्तो धर्म का कोई धर्मग्रंथ नहीं है। निश्चित पूजा-पद्धति भी नहीं। जो जैसे चाहे वैसे पूजा कर सकता है। 'सम्राट का राजकीय इतिहास' के कोजिकि अध्याय में शिन्तो या कामि पथ के विषय में विभिन्न तथ्य उपलब्ध है। प्राचीन काल में शिन्तो एक सामाजिक उत्सव था जिसके आधार पर जापान का विभिन्न लोकाचार,नियम- कानून, सामाजिक परंपरा और शिल्पकला का विकास हुआ था। शिन्तो के विषय में कोई आदिग्रंथ न रहने पर भी जापान की सांस्कृतिक परंपरा और इतिहास के साथ शिन्तो या कामि पथ पूरी तरह जुड़ा है।

प्रश्न : शिन्तो या कामि पथ में गुरु, पुरोहित या पंडा आदि श्रेणियों का विभाजन है या नहीं।

उत्तर : पहले था, अब नहीं है। शिन्तो जापान सम्राट का आदि धर्म था। प्राचीनकाल में सम्राट की पृष्ठपोषकता में बहुत से शिन्तो मंदिरों की स्थापना हुई। राजपरिवार तथा धनी परिवारों ने भी बहुत मंदिर बनवाए। वंश परंपरा में उन मंदिरों का रखरखाव जारी रहा। सम्राट अब भी बहुत से मंदिरों के पृष्ठपोषक हैं। शिन्तो श्राइन के लिए जमीन,पूंजी और कीमती सामग्री उपहार देने की प्रथा अब भी प्रचलित है। जापान के इतिहास के प्रांरभ से लेकर मेइजि सम्राट की पुनर्व्यवस्था तक लगभग अधिकांश मंदिरों का रखरखाव का जिम्मा साधारण स्थानीय ग्रामीणों के हाथों था। बाद में यह जिम्मा सरकार ने लिया। सन् 1945 में पारित एक क़ानून के तहत अब यह जिम्मेदारी पुनः गैरसरकारी प्रतिष्ठानों को सौंप दी गयी। साधारणतः मंदिर का प्रधान पुरोहित ही मंदिर परिचालना की सारी जिम्मेदारी लेते हैं और धर्म की शिक्षा भी वे ही देते हैं। यहाँ कोई गुरु नहीं है और पंडा भी नहीं।

प्रश्नः आपने इतिहास तथा मंदिरो की व्यवस्था के विषय में बताया। जापानी पूजा-पद्धति के विषय में भी कुछ बताएँ।

उत्तर : भारतीय पूजा-पद्धति और जापानी पूजा पद्धति में खास फ़र्क़ नहीं है। ज्यों भक्तों की जमायेत,भोग या नैवेद्य का चढ़ावा, आरती, प्रार्थना तथा प्रसाद वितरण। राजकीय शिन्तों श्राइन में भोग राजपरिवार से भेजा जाता है। अन्यत्र पुरोहित स्वयम् भोग पकाते हैं अथवा भक्तगण व्यक्तिगत तौर पर भी भोग की व्यवस्था करते हैं। यहाँ भोग को मर्सि कहते हैं जिसमें मुख्यतः भात और समुद्री काई होता है जिसे पत्ते में परोसकर बाँटते हैं। बहुत से मंदिरों में पूजा के बाद नृत्य-गीत की व्यवस्था रहती है। शिन्तो मंदिर की वेदी की ही अहमियत है जहाँ भक्तगण अपना अर्घ चढ़ाते हैं। भगवत् कृपा लाभ के लिए पूजा और उत्सव तो भक्ति और श्रद्धा का प्रतीक मात्र है। बहुत मंदिरों में पूजा घर है, विग्रह नहीं। इसका कारण यह कि विराट् को सीमा में बांधना संभव नहीं,जैसे सूर्यदेव, पहाड़, सागर, वज्र आदि।

प्रश्न : आपकी व्याख्या से मैं समझ गया कि बहुत से नामी मंदिरों में विग्रह क्यों नहीं है। ओमिवा मंदिर से बाहर निकलकर लोग दूर के मिवा पहाड़ को प्रणाम करते हैं। क्या मिवा पहाड़ ही उस मंदिर का जाग्रत देवता है।

उत्तर : तुमने ठीक समझा। लेकिन यह स्मरण रहे कि प्रत्येक मंदिर देवस्थान है, पीठस्थान है, मंदिर की वेदी पर विग्रह है या नहीं उससे कोई फ़र्क़ नहीं पड़ता। शिन्तो श्राइन भक्तों का मिलन केन्द्र होता है। सबकी प्रार्थना से भगवान् वहाँ अवश्य आविर्भूत होंगे। भगवान् यानी कामि। कामि यानी भगवत- देव जिसका और एक नाम है शिन्ताइ। अधिकांश मंदिरों में विभिन्न वस्तुओं को अथवा विग्रह को शिन्ताइ के प्रतीक के रूप में रखा जाता है।

प्रश्न : हिन्दूधर्म में जीवन के परम् लक्ष्य के विषय में आनंद,समाधि, जीवनमुक्ति आदि की बातें कही गयी है। शिन्तो धर्म में क्या ऐसा कोई उपदेश है। मानव जन्म का मूल लक्ष्य क्या है?

गुरु साकामोतो कुछ पल नीरव रहे,फिर वे खिड़की के बाहर झाँकते हुए बोलेः इस जग में प्राणी-अप्राणी,स्थायी-अस्थायी, दृश्य-अदृश्य आदि सब कुछ में ही कामि हैं। कामि गुणी तथा निर्गुण, बहुत रूपों में हमारे चारों ओर मौजूद रहते हैं। उन्हें उपलब्धि कर पाना ही इस जीवन का लक्ष्य है।क्योकि मुझमें तथा मेरे चारों ओर मेरा परिवेश जितना शांत स्वच्छ व शुद्ध होगा उतना ही उस पवित्र कामि का प्रकाश मुझसें प्रकाशित होगा। नीरवता आवश्यक है। इस धरती के सारे लोग उस अमर चिरंतन कामि के संतान हैं। कामि की पवित्रता और शक्ति हम सबमें है।यह धरती अशांति से शांति की ओर बढ़ गयी है,विशृंखला त्यागकर शृंखलाबद्ध हो रही है, समाज तथा जातियाँ उन्नति कर रही हैं। धरती की सभी जातियाँ, सभी समाज एक अखण्ड महाजाति में तब्दील होने लगी है। धरती के सभी उस महान् कामि के अंश में हैं, अतः हम सभी एक एकता और ऐक्य-शक्ति के पथ में हैं, यही कामि पथ है। सर्वभूते कामि दर्शन-शिन्तो धर्म की यही मूल बात है।

गुरु साकामोतो से शिन्तो या कामि पथ की व्याख्या सुनकर मुझे श्री कृष्ण की यह उक्ति याद आयी—

यो माँ पश्यति सर्वत्र सर्वंच मयि पश्यति।

तस्याहं न प्रणश्यामि स च में न प्रणश्याति।।

प्राचीन कामि पथ की परंपरा जापानियों के अंतःकरण में अब भी विद्यमान है। महानगरों की व्यस्तता, कोलाहल और भागमभाग के बावजूद विकास की ओर धावित जापानी कामि पथ की शांति और नीरवता को जकड़े हुए है जो उन्हें शक्ति देती है। उनकी पताका में सूर्य है, उसका तेज उनकी शक्ति है। जापान एक छोटा सा देश है किन्तु इस समय सभ्य दुनिया में जापानी चरित्र एक आर्दश है। धीरज, शांति और एकता ही उनकी अग्रगति का मूल कारण है।

•

खंड-2

एंडीज़

एंडीज़ यात्रा की तैयारी

यथार्थ ही यह दुनिया बड़ी विचित्र है। अभी कुछ ही दिन पहले प्रयाग के कुंभ मेले में जाकर देखा, वहाँ छोटे से परिसर में लाखों लोग एकत्र होकर विश्व को शंतिपूर्ण सहावस्थान, एकता, प्रेम और अमृत की वाणी तथा मैत्रीपूर्ण मिलन का महामंत्र सुना रहे हैं। 17 मार्च 1989 को जेनेवा में लौटते ही ठीक इसकी विपरीत बातें सुनाई पड़ी। रूसियों के काबूल से प्रस्थान करते ही वहाँ गृहयुद्ध छिड़ गया था। ईराक और ईरान भी शांत नहीं बैठे थे। सीरिया में हताहतों की संख्या बढ़ती ही जा रही थी। उधर नामीबिया में शांतिपूर्ण चुनाव करवाने के लिए राष्ट्र संघ को आमंत्रित किया जा रहा था। सम्प्रति राष्ट्रसंघ की जिम्मेदारी बढ़ गयी है, काम का बोझ भी पहले से काफी बढ़ गया है, बाहर की अशांति राष्ट्रसंघ के अभ्यंतर में भी अपना प्रभाव विस्तार करने लगी थी। इस सब के बावजूद, यद्यपि मैं राष्ट्रसंघ से युक्त था, एंडीज़ यात्रा की मेरी इच्छा बलवती होती जा रही थी।

मेरे अधिकारी ने बताया, वर्तमान स्थिति में मुझे छुट्टी देने का सवाल ही नहीं उठता। छुट्टी के लिए मैंने बहुत प्रयत्न किए, किन्तु मेरी सारी कोशिशें बेकार गयीं। आखिर प्रचण्ड विरोध का सामना करते हुए मुझे एक ही उपाय सूझा - वह था, नौकरी से त्यागपत्र दे देना। मन की तागिद इतनी प्रबल थी कि मैंने यही किया। यार -दोस्तों की उलाहना, आलोचना, अधिकारियों की धमकी आदि मुझे नहीं रोक पायी और मैंने पुनः अपने पुराने मित्र सड़क को चुनना ही बेहतर समझा।

नौकरी छोड़ देना तो फिर भी आसान था, परंतु गृहस्थी के बंधन और कर्तव्य से कैसे छुटकारा पाता? मेरी क़िस्मत अच्छी है कि मुझे देवी जैसी पत्नी मिली है जिसने ख़ुशी से सहयोग का हाथ बढ़ाकर मेरे इस विघ्न को भी दूर कर दिया। यूँ देवी को यह ज्ञात था कि कहीं भी जाने का मैं एकबार संकल्प कर लूँ तो फिर मुझे कोई नहीं रोक सकता। ख़ैर, देवी ने अनुमति दे दी तो मैं अपनी नयी यात्रा की तैयारी में जुट गया।

माच्चूपिच्चू एंडीज़ पर्वत- श्रृंखला के मध्यभाग में लुप्त एक छोटा-सा पर्वतीय नगर है जो इंका सभ्यता का एक महत्वपूर्ण पड़ाव था। माच्चू-पिच्चू जहाँ स्थित है उस

देश का नाम है पीरू जो दक्षिण अमेरिका के पश्चिम भाग में स्थित है। मैं वहाँ जाना चाहता था - क्यों जाऊंगा, वहाँ क्या मिलेगा, वहाँ दर्शनीय क्या है आदि मेरे सोच का विषय नहीं था। एंडीज़ का वह ऐतिहासिक स्थल मैने नहीं देखा है, अतः मुझे वहाँ जाना है। बस, इतना ही कारण मेरे पर्यटक मन को उत्साह देने के लिए पर्याप्त था। पता लगाने पर विभिन्न सूत्रों से यह ज्ञात हुआ कि वहाँ पहुँचने में वस्तुतः कोई दिक्कत नहीं है। केवल मध्य - एंडीज़ के कुछ स्थानों में जाने के लिए विज़ा के अलावा भी वहाँ के स्थानीय प्रशासन से विशेष अनुमति लेनी पड़ेगी। गोरिल्ला विद्रोहियों के कारण ही पर्यटकों के लिए इस तरह की विशेष अनुमति की व्यवस्था की गयी थी। भारतीय होने के नाते मैं इस तरह के 'स्पेशल एन्ट्री परमिट' से भली-भाँति परिचित हूँ, क्योंकि भारत में विदेशी पर्यटकों को, भारतीय विज़ा रहने के बावजूद, कश्मीर के उत्तरांचल, पंचकेदार, मेघालय, आसाम, दार्जिलिंग आदि क्षेत्रों में घूमने के लिए अलग से विशेष अनुमति पत्र लेना पड़ता है।

इंका सभ्यता के लिए ख्यात मध्य एंडीज़ के ऐतिहासिक स्थान काफ़ी महत्वपूर्ण हैं। कुज़को, माच्चू-पिच्चू, टिटिकाका लेक, तियावानाको, आदि ऐसे ही स्थल हैं। अच्छी तरह नक्शा देखने तथा छानबीन करने पर मालूम हुआ कि मुझे पीरू, बोलीविया और चिली, इन तीन देशों के संगम-स्थल पर जाना होगा। अतः इन तीनों देशों का विज़ा प्राप्त करना आवश्यक था। विज़ा लेने गया तो वहाँ अलग ही राजनैतिक बखेड़ा झेलना पड़ा। अमेजान के जंगल में पेड़ों की कटाई, बांध बनाकर पानी के प्रवाह में परिवर्तन और इसके फलस्वरूप वहाँ के आदिवासियों को विस्थापित करने की योजना के खिलाफ संयुक्त राष्ट्र अमेरिका और यूरोप में सम्प्रति "अमेजान बचाओ आंदोलन" जोर पकड़े था और यह आन्दोलन ब्राजील सरकार के खिलाफ था। मुझे अपने कागजात भेजने के साथ ही यह शपथ लेनी पड़ी कि मैं यहाँ अथवा वहाँ अमेजान के किसी आन्दोलन से न जुड़ा हूँ और न ही भविष्य में जुड़ूंगा; मैं अमेजान जंगल के मूल क्षेत्रों में नहीं जाऊंगा तथा उस क्षेत्र के किसी भी आदिवासी संस्था के साथ सम्पर्क नहीं करूंगा।

मैंने पीरू तथा बोलीविया के अधिकारियों को समझाया कि 'अमेजान बचाओ आंदोलन' अमेजान के विशाल घने जंगल क्षेत्र को लेकर शुरू हुआ है ओर वह पूरा क्षेत्र ब्राजील में पड़ता है। उस आंदोलन से जुड़े नेतागण ब्राजील सरकार के साथ उस क्षेत्र की रक्षा के लिए बातचीत कर रहे हैं। आन्दोलन का कुछ प्रभाव कोलम्बिया तथा इक्वेडोर राज्यों पर पड़ा है। मैं इन तीन देशों में से किसी भी देश के लिए विज़ा नहीं मांग रहा हूँ और उन देशों में जाने की मेरी कोई योजना भी नहीं है। मैं एक भारतीय पर्यटक हूँ, भारत के हिमालय के साथ एंडीज़ का काफ़ी सादृश्य है। मैंने सुना है कि इन दोनो पहाड़ी क्षेत्रों में ऐतिहासिक और धार्मिक विषयों की भी काफ़ी समानता है।

हिमालय और एंडीज़ में वास्तविक समानता कितनी है यही मैं अपनी आँखों से प्रत्यक्ष करने के लिए वहाँ जाना चाहता हूँ। मेरी यात्रा का यही उद्देश्य है।

इस तरह समझाने के बाद स्विटजरलैंड स्थित पीरूवियन तथा बोलीवियन दूतावास मेरी बात मानकर मुझे विज़ा देने के लिए तैयार हो गये। किंतु उन्होंने मुझसे यह लिखवा लिया कि वहाँ पहुँचने के बाद, यात्रा के दौरान, मुझे वहाँ के बड़े-बड़े शहरों के थाने में बीच-बीच में अपनी उपस्थिति दर्ज करानी पड़ेगी। इस शर्त से मुझे लाभ ही हुआ, क्योंकि रेफरेंस के लिए मुझ कई पते मिल गये।

कोलम्बिया, इक्वेडोर, बोलीविया, पीरू तथा चिली, ये कुछ देश मिलकर 'एंडीज़ वाणिज्य समझौता' द्वारा एकजुट होकर एक संयुक्त संस्थान बनाए हुए हैं। इसलिए इनमें से किसी एक देश का विज़ा मिलजाने पर अन्य देशों का विज़ा गिलने में दिक्कत नहीं होती। यह वैसा ही है जैसे यूरोप में नीदरलैंड, बेलजियम तथा लुक्सेमबुर्ग एकत्र हो जाने के कारण एक ही विज़ा से इन तीनों देशों में जाने का अधिकार मिल जाता है।

पीरू के लिए विज़ा मिलते ही मैं बोलीविया के विज़ा के लिए पहुँचा। वहाँ कोई अड़चन नहीं आयी। बोलीवियन कनसुलेट ने मुझसे कहा, "आप जितने दिन चाहें, उतने दिन वहाँ रह सकते हैं। लेकिन जहाँ तक हो सके, गोरिल्ला विद्रोहियों से दूर ही रहिएगा।" मैंने उन्हें आश्वस्त करते हुए कहा, "मैं महान् हिमालय की शांति और एकता की वाणी लेकर एंडीज़ के लिए रवाना हो रहा हूँ।" मेरी बात पर कनसुलेट ने हँसकर मुझसे हाथ मिलाते हुए कहा, "आपकी यात्रा शुभ हो। यदि आप वहाँ पर्वतारोहण पर जाना चाहें तो एक पता रख लें, उन्हें मेरा नाम बताने पर वे आपकी मदद करेंगे।" इतना कहकर वे अपने सचिव से बोले, "बेरनारदो गुयाराचि का पता मिस्टर दे को लिख दो।" इसके बाद उन्होंने मुस्कराकर मुझसे विदा लिया।

मध्य अमेरिका जाने के लिए मुझे विज़ा मिल गया था - अब सिर्फ़ टिकट लेना था। मध्य अमेरिका के लिए सस्ते में रेगुलर फ्लाइट पैरिस तथा माद्रिद से उपलब्ध है। मुझे पैरिस से लीमा आवाजाही का टिकट सात हजार फ्राँ में मिल गया। यह टिकट सालभर के लिए वैध था।

•

पीरू

मई 1, 1989 । यह मजदूर दिवस होने के कारण पैरिस में अवकाश का दिन था। इसी दिन मै एयर-फ्रांस के एक सेवेन-फोर-सेवेन बोयिंग विमान से रवाना हुआ। फ्लाइट के सभी आसन भरे हुए थे। यात्रियों की संध्या 350 थी। मय समान फ्लाइट का वजन तीन-सौ टन था। इस आकाश-दानव ने निर्धारित समय पर विकट आवाज़ करते हुए अपनी उड़ान शुरू की। मुझें अक्सर हवाई यात्रा करनी पड़ती है। महीने भर पहले दिल्ली से जेनेवा लौटा था एयर-इंडिया का हाल ही में संग्रह किया हुआ कोम्बि विमान द्वारा। कोम्बि पैसेंजर और कार्गो का एकत्र मिलाया हुआ सम्पूर्ण आधुनिक विमान है। हवाई यात्रा में अभ्यस्त होने पर भी पैरिस से लीमा की यह यात्रा मेरे लिए एक विशेष यात्रा थी। वायुयान लगभग दस हजार मीटर ऊँचाई पर उठकर अतलांतिक महासागर के ऊपर से एक सीध में चल रहा था। आसमान की इस ऊँचाई से नीचे के नीले सागर की ओर देखते हुए मैंने खुद से ही पूछा कि मैं कहाँ जा रहा हूँ, किस चीज की तलाश है मुझे? लगभग बीस घंटे की उड़ान ओर इंजिन की एकरस आवाज़ के बाद अचानक हेड-फ़ोन पर बजता गीत रूक गया ओर कप्तान का एक स्वर सुनाई दिया, "हम कुछ ही देर में लीमा के अंतर्राष्ट्रीय हवाई अड्डे पर पहुँचेंगे। आपलोग बेल्ट बाँध लें तथा धूम्रपान बन्द कर दें। सीट पर सीधे बैठें।" इसके बाद हवाई-जहाज एंडीज़ पर्वत लांघकर प्रशांत महासागर के ऊपर पहुँचा और एक चक्कर लगाकर एयरपोर्ट पर उतरा। मैं एंडीज़ क्षेत्र में पहुँच गया था।

लीमा :

एयरपोर्ट में कस्टमस् की औपचारिकता पूरी करने में काफ़ी समय लग गया था। उसके बाद बाहर निकल कर शहर पहुँचने के लिए बस पकड़ा। बस के कन्डक्टर को मैंने स्पैनिश भाषा में सुप्रभात जताया - "बुयेनस दियास सिनियर।" स्पैनिश सुनकर उसने मुस्कराकर कहा, "बुयेनस दियास," उसके बाद मेरी ओर एक टिकट बढ़ाता हुआ बोला, "एक मास वेनटाहोसो आदकुइरिट उन किलोमिट्रिको। के एस भालादेरो पारा तोदास लास लिनेयास दे लीमा (अर्थात, सुप्रभात, आप यह टिकट लें, इस टिकट से आप आज दिनभर शहर के कहीं भी आवाजाही कर सकते हैं, इससे आपको सहूलियत होगी)।"

स्पैनिश भाषा मालूम हो तो पेरू में कोई दिक्कत नहीं है। यही यहाँ की सरकारी भाषा है। सुना है कि शहर के होटलों में थोड़ी-बहुत अंग्रेज़ी का भी प्रचलन है।

एयरपोर्ट से लीमा शहर की दूरी केवल पन्द्रह किलोमीटर है। सड़क काफ़ी चौड़ी थी। आसपास के दृश्य से लगा कि यह एक औद्योगिक नगर है। शहर में दाखिल होते ही वहाँ के विशाल एवेन्यू ओर आलीशान इमारतों पर नज़र पड़ी। शहर देखकर नहीं लगा कि यहाँ गरीबी होगी।

सान मार्टिन नामक एक चौराहे के निकट बस रुकी। वहाँ से होटल तक पैदल जाना था। एयर फ्रांस से ही दो दिनों के लिए मैंने होटल का कमरा बुक करा लिया था, इससे मुझे कोई परेशानी नहीं हुई। होटल एइफेल, 949 काइये वाशिंगटन नामक यहाँ के एक नामी एवेन्यू में था। होटल काफ़ी साफ-सुथरा था। रिसेप्शनिस्ट को स्पैनिश के अलावे अंग्रेज़ी तथा फ्रेंच भाषाएँ भी आती थी, यद्यपि यहाँ फ्रेंच जानने वाले लोग अधिक नहीं हैं।

मैंने यह पहले ही तय कर रखा था कि लम्बी हवाईयात्रा की थकान मिटाने के लिए मैं लीमा में दो दिन विश्राम करूंगा और उसके बाद ही एंडीज़ की ओर बढ़ूंगा।

लीमा प्रशांत महासागर के किनारे बसा एक ख़ूबसूरत शहर है। यद्यपि मुंबई को इससे बेहतर और उन्नत शहर कहा जाएगा, लेकिन लीमा भी कुछ बुरा नहीं। पहले दिन खाने की मेज पर पेलिकन सूप (यानी पेलिकन पक्षी के गोश्त का सुरवा) और उसके साथ चावल और आलू की भुजिया परोसा गया। होटल के बाँय ने बताया कि यही यहाँ की कीमती डिश है। बंगालियों के भोजन के साथ उनके भोजन में काफ़ी सादृश्य है। बाद में मैंने जाना कि यहाँ मछली बहुत मिलती है, हाँलाकि लोग मांस ज्यादा पसन्द करते हैं।

किसी भी शहर में पहुँचकर मैं सबसे पहले वहाँ के पर्यटन कार्यालय में जाता हूँ, उसके बाद वहाँ के विश्वविद्यालय तथा अन्य सांस्कृतिक संस्थाओं के बारे में पता लगाता हूँ। यहाँ का पर्यटन दफ्तर का हाल कलकत्ता स्थित पश्चिम बंगाल तथा भारत सरकार के पर्यटन दफ्तरों जैसा ही था- यानी कर्मचारी तो हैं परंतु वे टूरिस्टों के किसी काम नहीं आते, और पर्यटन संबंधी जानकारी देने लायक उनके पास कागज़ात भी खास नहीं थे। यदि किसी को वास्तव में कोई जानकारी चाहिए तो उसे किसी प्राइवेट टूर एजेंसी में ज़ाना पड़ेगा। मैंने भी यही किया और एक एजेंसी से मुझे कुछ पते मिल गये। उसके बाद पता लगाता हुआ पीरू तथा लीमा के सबसे बड़े यूनिवर्सिटी में पहुँचा। लीमा शहर में लैटिन अमेरिका का सबसे पुराना विश्वविद्यालय है। कैथोलिक सन मारकोस नामक इस विश्वविद्यालय की स्थापना सन् 1551 ई0 में हुई थी।

विश्वविद्यालय का कैम्पस काफ़ी खुला हुआ है। वहाँ के कुछ छात्र-छात्राओं तथा प्रोफेसरों से मैंने लीमा शहर के बारे में संक्षिप्त जानकारी प्राप्त कर ली।

पिस्सारो :

कंकिस्टाडर एस्पानिअल फ्रांसिस्को पिस्सारो (Conquistador Espagnol Fransisco Pizarro) नामक एक व्यक्ति ने लीमा शहर की स्थापना की थी।

पिस्सारो कंकिस्टाडर का नाम प्रसिद्ध होने पर भी वास्तविकता यह है कि वह एक कुख्यात जलदस्यु था। उसे लिखना-पढ़ना नहीं आता था। अपनी ताकत और हिम्मत के जोर पर उसने कई सामुद्रिक अभियान में सफल होकर स्पेन के तत्कालीन राजा चार्लकाँ को प्रसन्न कर दिया था। उसके साहसिक अभियानों से खुश होकर राजा ने उसे दक्षिण अमेरिका में सोने की तलाश में भेजा। पिस्सारो एक जलपोत पर एक सौ तिरासी सैनिक, सैंतीस घोड़े और आवश्यक गोला-बारूद लेकर दक्षिण अमेरिका के अभियान पर निकल पड़ा था सोना संग्रह करने के लिए।

जब मैं स्पेन में था, तभी पिस्सारो का इतिहास सुन चुका था। वह एक क्षमता लोभी नृशंस जलदस्यु था। दक्षिण-अमेरिका के अभियान में उसके साथ उस जैसा ही मूर्ख मित्र भी था, जिसका नाम था पेद्रो अल्माग्रो। अभियान दल में चतुर व्यक्ति एक ही था, जिसका नाम हेरनान्दो दे लुक था। हेरनान्दो एक पादरी थे और इस अभियान में उनके शरीक होने का एक ही उद्देश्य था - नए देश के लोगों को ईसाई धर्मावलम्बी बनाना। जहाज़ में लंगर डालकर पिस्सारो का दल एंडीज़ का पहाड़ लांघकर टिटिकाका सरोवर के क्षेत्र में जा पहुँचा और वहाँ से परागुवे के कुछ आदिवासी दुभाषियों की मदद लेकर तत्कालीन इंका राज्य की राजधानी कुज़को पहुँचा। दक्षिण अमेरिका में उन दिनों घोड़े नहीं थे। एंडीज़ पर्वत श्रृंखला भी तब अलग-अलग देशों में विभाजित नहीं थी। पिस्सारो के पास घोड़े होने के कारण वहाँ के स्थानीय लोगों ने अपार विस्मय से इन अश्वारोही आगंतुकों को बहुत ही सम्मान जताया। पहाड़ी जनजातियों ने तो तत्काल ही इन अश्वारोहियों को नए अवतार के रूप में स्वीकार कर लिया। धूर्त पिस्सारो ने इस मौके का पूरा फ़ायदा उठाया और इंका राज्य के काफी लोगों को बिना युद्ध के अपने वश में कर लिया। उसके बाद एक रात वह चोर की तरह महल में घुसा ओर इंका राज अताहुयालया को अपने बिस्तर से उठाकर ले गया और उन्हें बाहर कहीं क़ैद कर रखा। यह घटना 16 नवंबर सन् 1532 में घटी थी। वर्तमान समय की भाषा में हम कह सकते हैं कि पिस्सारो ने राजा अताहुयालया को किडनैप (अपहरण) किया था। अगले दिन जब लोगों को इस घटना की जानकारी मिली, तो चारों ओर युद्ध की तैयारियाँ शुरू हो गयी। यदि युद्ध छिड़ जाता तो उस पर्वतीय क्षेत्र में पिस्सारो की रक्षा के लिए कोई नहीं आता। एक तो स्पेन से कुज़को की दूरी बहुत थी और दूसरे स्पेन

के राजा चार्लकां को तो यह भी नहीं मालूम था कि पिस्सारो दक्षिण अमेरिका के किस क्षेत्र में है।

पिस्सारो ने इंका- राजा के परिवार को ख़बर भेजी कि युद्ध करने से कोई फ़ायदा नहीं होगा, क्योंकि युद्ध शुरू होते ही वह क़ैद राजा को मार डालेगा। वह राजा को छोड़ सकता है, यदि राज्य का सारा धन-भंडार उसके हवाले कर दिया जाए। इस शर्त का मतलब यह था कि इंका राज्य में जितना भी सोना और चांदी था, वह पिस्सारो के हवाले करने पर वह राजा अताहुयालया को मुक्त कर देगा।

इंका की प्रजा अत्यंत राज-भक्त ओर दयालु थी, राजा के प्राणों की रक्षा के लिए उन्होंने यह शर्त मान लिया। ईमानदार और भोले-भाले पहाड़ियों ने पिस्सारो की बात पर विश्वास करते हुए राजभंडार का सारा सोना-चाँदी और युगों पुराने मंदिरों की पूजा-सामग्री तथा सोने के बर्तन आदि एकत्र कर पिस्सारो के हवाले कर दिया। धन-दौलत, सोना-चाँदी और मंदिरों की पवित्र सामग्रियों से भी अधिक क़ीमती था उनके लिए राजा अताहुयालया का जीवन। यह तय हुआ था कि सारा धन मिलते ही पिस्सारो राजा को छोड़ देगा। तब उन भोले इंकावासियों को क्या पता था कि पिस्सारो एक अत्यंत क्रूर ओर हीन प्रकृति का जलदस्यु था। राजा की मुक्ति के नाम पर बटोरा गया धन और कई सौ मन सोना लेकर पिस्सारो ने दूसरे रास्ते से चम्पत दिया और जब सेना काफ़ी दूर पहुँच गया तब उसने राजा को छोड़ने के बजाए उनकी नृशंस हत्या कर दी। इस तरह इंका की प्रजा ने अपने राजा को खोया, साथ ही खो दिया राज्य का अमूल्य धन-भंडार। अगाध सोना-चाँदी लेकर पिस्सारो अपने पोत से स्पेन के लिए चल दिया। किंतु उसका बटोरा धन-भंडार इतना अधिक था कि सारा ले जाना संभव नहीं हुआ, इसलिए उसने उसका एक भाग लैटिन अमेरिका में ही छिपाकर रख दिया। स्पेन की राजा ने पिस्सारो की इस सफलता से ख़ुश होकर उसे लैटिन अमेरिका के वाइसराय की उपाधि से सम्मानित किया। इस तरह इस बर्बर जलदस्यु को संभ्रात राजकीय उपाधि मिली।

पिस्सारो के अभिन्न मित्र पेद्रो अल्माग्रो की क़िस्मत में कोई राजकीय सम्मान नहीं बदा था क्योंकि सोने का बंटवारा लेकर उसकी पिस्सारो से अनबन हो गयी थी और इस कारण पिस्सारो ने उसकी गर्दन उड़ा दी थी।

सोना-चाँदी का विशाल भंडार स्पेन में पहुँचते ही चारों ओर इस बात की चर्चा छिड़ गयी। लोगों के मन में जो प्राचीन विश्वास था कि ऐसा कोई देश है जहाँ की सड़कों, नदीतट ओर नदियों में सोना ही सोना है, अब सच प्रतीत होने लगा था। इसके बाद ही सोना की तलाश में भारी संख्या में स्पेन के लोग दक्षिण अमेरिका के अभियान पर निकलने लगे। और इस तरह दक्षिण अमेरिका स्पेन के स्वर्णलोभी लोगों से भर उठा। एंडीज़ के साथ स्पेन का संघर्ष भी इसीतरह शुरू हुआ।

इंका राज्य के धन-भंडार का जो अंश पिस्सारो लाँतिन अमेरिका में छोड़ गया था, दुबारा लौटने पर उसने उसी धन के एक अंश से लीमा शहर बसाया। उसने शहर का नाम 'सिउदाद द लोस रियेस' यानी 'राजा का शहर' रखा था। परंतु पिस्सारो इस राजा के शहर में अधिक दिनों तक जी नहीं सका, किसी आततायी के हाथों वह मारा गया। पिस्सारो की मौत के बाद इंकाओं के साथ स्पेन के प्रतिनिधियों का संघर्ष बढ़ता ही गया। दोनों ही पक्ष के काफ़ी लोग हताहत होने लगे। इससे भी दुखद घटना यह हुई कि सफेद चमड़ी वाले स्पैनिश लोगों की विभिन्न संक्रामक बीमारियों से स्थानीय एंडीज़ वासी आक्रांत हो उठे।

सन् 1543 ई0 में लीमा पीरू की राजधानी बनी, तब यह स्पेन के कब्जे में था। दक्षिण अमेरिका मे स्पेन के लोगों की भीड़ लगातार बढ़ती ही गयी थी, आगे चलकर उनके बच्चे यहीं बस गये। इसके बाद दक्षिण अमेरिका से स्पेन को शुल्क भेजने के औचित्य को लेकर यहाँ विवाद उठा और गृह युद्ध छिड़ गया। सन् 1821 में सान मार्टिन नामक एक नेता ने पीरू की स्वाधीनता की घोषणा कर दी। पीरू के निवासी इस नए दल मे शामिल होकर खुद को स्वतंत्र महसूस करने लगे।

लीमा प्रशांत महासागर का तटवर्ती शहर है, किंतु यहां से पहाड़ की दूरी अधिक नहीं। तट से पचास मील के अंदर ही एंडीज़ की ऊँचाई सहसा बढ़ गयी है। लीमा से सीधे पूरब की ओर बढ़ते ही एंडीज़ पर्वतमाला रास्ता रोक देगी। प्रशांत महासागर के किनारे की यह ऊँची पर्वतमाला सम्पूर्ण दक्षिण अमेरिका की बाह्य शत्रुओं से रक्षा करती है। हिमालय ज्यों पूरब से पश्चिम में विस्तृत है, त्यों ही एंडीज़ उत्तर से दक्षिण तक फैला है।

लीमा शहर में बड़े-बड़े एवेन्यू, पार्क, समुद्री तट आदि सबकुछ है। यहाँ की वर्तमान जनसंख्या (1989 में) लगभग 25 लाख है। इस शहर की एक खासियत यह है कि यहाँ का धनी इलाका ओर निर्धन इलाका सहज ही पहचान में आ जाता है। मिराफत्तोरेस के अति सुसज्जित पार्क और मैदान ज्यों देखते ही बनता है, ठीक उसके विपरीत है चारों ओर की बस्तियाँ जिसे यहाँ 'बारियादास' कहा जाता है। हर दिन ग्रामीण क्षेत्रों से तथा पूरे पीरू से निर्धन लोग काम की तलाश में लीमा पहुँचते हैं और बारियादास क्षेत्र में अपना पड़ाव डालते हैं। कहा जाए तो शहर का एक चौथाई भाग बस्ती इलाका है। चूँकि मैं कल्कत्तिया हूँ, यह दृश्य ही मेरे लिए स्वाभाविक लगा।

लीमा के पर्यटन विभाग का दफ्तर देखकर मैं हताश हुआ था, किंतु यहाँ का राष्ट्रीय संग्रहालय देखने के बाद मुझे अपना मत बदलना पड़ा। सान माता के उत्तरी ओर आधा घंटा पैदल चलने पर इस म्यूजियम में पहुँचा जा सकता है। यह सड़क कोलकाता के चौरंगी जैसा है। संग्रहालय का स्थानीय नाम है 'मुसेओ नासिवनाल दे

आनत्रापत्रगिया', यानी 'नेशनल अन्थ्रोपॅलॉजिकल म्यूजियम'। रिसेपशन में कहा, "उस ओर बढ़ जाइए।"

जहाँ 'विजिटर्स' लिखा था, वहाँ बढ़ने पर एक महिला दिखायी दी। मैंने उनसे पूछा, "आप बता सकती हैं कि मैं टिकट कहाँ से लूँ?"

महिला ने स्पैनिश में कहा, "टिकट की आवश्यकता नहीं। आप अकेले हैं? कोई बात नहीं, चालिए, आपको संग्रहलय दिखा दूँ।"

मुझे घोर आश्चर्य हुआ। टिकट नहीं, उसपर फ्री गाइड सर्विस!

एक विशाल हॉल के सिरामिक (मृत्तिका-शिल्प) संग्रह से उन्होंने शुरू किया, फिर हम उस हॉल में पहुंचे जहाँ फ्रेस्को (भित्तिचित्र) के साथ ही एक आबेलिस्क (सूच्याकार स्तंभ) भी था। प्राचीन पोशाकें ओर ग्रामीण नीमहकीमों के औजार तथा अन्य उपकरण देखकर मुझे बहुत मजा आया। गाच्चू-गिच्चू मंदिर की एक प्रतिकृति दिखाते हुए महिला ने उसके बारे में विस्तार से बताया। संग्रहालय इंका सभ्यता और उसके पूर्व की स्मृतियाँ संजोए हुए थी। गाइड की हैसियत से मेरा संग देती महिला को जब मालूम हुआ कि मैं एशियन भारतीय हूँ, तो उनके आश्चर्य का ठिकाना न रहा। उनके देश का इतिहास और वहाँ की जनता के विषय में जिज्ञासा लेकर मैं इतनी दूर से वहाँ गया हूँ जानकर वे बहुत ख़ुश हुईं और बोलीं कि यह पहला अवसर था जब उनका किसी एशियन भारतीय से परिचय हुआ।

संग्रहालय में दर्शनार्थियों की भीड़ नहीं थी, इसलिए मैंने उनसे अनुरोध किया, "यदि आपके पास समय हो तो चलिए न कहीं बैठकर एक प्याली कॉफ़ी जी जाए।"

"ठीक है, चलिए, यह मेरा सौभाग्य है।" उन्होंने सम्मति जताते हुए कहा।

म्यूजियम के अंदर कोई कॉफ़ी-बार नहीं था, अतः हम बाहर निकल आए। महिला वाक़ई बहुत शरीफ़ थीं, साथ ही बहुत मिलनसार। उनका नाम सिनिओरिता साँसेस् था। एक छोटे से बार में खिड़की की बगल में बैठते हुए मैंने फ्रेंच कायदे से उन्हें धन्यवाद देते हुए कहा, "मुझे बहुत ख़ुशी है कि आप मेरे साथ कॉफ़ी पीने के लिए राजी हो गयीं। कृपया मेरा आभार स्वीकार करें।"

सिनिओरिता से बातचीत के दौरान मैंने उन्हें बताया कि मैं एक घुमक्कड़ हूँ और मेरी इच्छा एंडीज़ के माच्चू-पिच्चू क्षेत्र में जाने की है। वे उत्तर में बोली, "उस तरफ जाने में कोई दिक्कत नहीं है, यहाँ से सीधे छोटे फ्लाइट द्वारा आवाजाही की व्यवस्था है। पब्लिक बस से यात्रा करने से खर्चे में किफ़ायत होगी, परंतु बहुत ज्यादा समय लगेगा - रास्ता भी तकलीफ़देह है। लीमा से ओरोइया होकर ह्वानकाइओं तक ट्रेन जाती है, उसके बाद ऊँचाई के कारण आगे ट्रेन नहीं जाती। वहाँ से बस द्वारा कुज़को जाना पड़ेगा। कुज़को से माच्चू-पिच्चू बहुत क़रीब है। सान् मार्टिन बस टर्मिनस में जाने से वहाँ से सारी व्यवस्था हो जाएगी।"

संक्षेप में इतनी जानकारी देने के बाद एक सिगरेट सुलगाकर वे आगे बोलीं, "यदि आप इंका सभ्यता के इतिहास के बारे में जानना चाहते हैं तो कुछ दिन यहाँ रहिए, मैं आपको विस्तार से सब बताऊँगी।"

मैंने कहा 'धन्यवाद। इस समय मुझे एंडीज़ जाने की जल्दी है और माच्चू-पिच्चू न पहुँचने तक मैं कहीं स्थिर होकर नहीं बैठ पाऊँगा। मैं यहाँ बाद में फिर आऊँगा और तब आपकी बातें अवश्य सुनूंगा। इस वक्त माच्चू-पिच्चू तक पहुँचने के लिऐ मेरा मन बहुत व्याकुल है।"

सिनिओरिता बोलीं, "ठीक है, बाद में देखा जाएगा। अभी मैं आपको संक्षेप में जो बता रही हूँ वह सुन लें।" इतना कहकर उन्होंने आगे कहना शुरू किया, "मुझे मालूम है कि आप एक बड़े देश के नागरिक हैं, भारतीय सभ्यता और भारतीय इतिहास पढ़कर हम सभी लोग मुग्ध हैं। भारत की तुलना में हम यानी पीरू के लोग वाकई गरीब हैं, किंतु इसके बावजूद हमारा इतिहास आप पूरी तरह नकार नहीं सकते। यह सच है कि सिर्फ़ स्पेन द्वारा आक्रांत होने के सिवा हमारे देश में बाहरी शत्रुओं का खास हमला नहीं हुआ। ऐनथ्रोपालॅजि तथा आर्कियोपालॅजि विभाग अब पीरू के प्राचीन तत्वों पर अनुसंधान करने में जी-जान से जुट गयी है। संयुक्त राष्ट्र अमेरिका की विभिन्न संस्थाएँ इस अनुसंधान में आर्थिक मदद जुटा रही है। प्रागैतिहासिक युग की सभ्यता के बहुत-से प्रमाण हमें मिले हैं। कालक्रमानुसार वे तथ्य यूँ हैं :

ईसा पूर्व 5000। एंडीज़ पर्वतीय क्षेत्र में संभवतः इसा पूर्व 5000 साल में प्रथम शिकारी आदिवासियों का आविर्भाव हुआ। उन शिकारी आदिवासियों के समय में इस क्षेत्र के बहुत से जानवरों का अस्तित्व पूरी तरह समाप्त हो गया था। पिकिमाचाइ, जयामाचाइं और आइकुचो के विभिन्न ध्वंसावशेष से इस बात की सत्यता प्रमाणित हुई है कि उस युग के आदिवासी संभवतः एशिया से बेरिंग के रास्ते यहाँ पहुँचे थे। यह दुखद है कि उस जमाने के विषय में बहुत अधिक प्रमाण हमें प्राप्त नहीं हो सका।

ई0 पू0 3000 । ईसापूर्व तीन हजार से दो हजार तक के आर्केइक (पुराकालीन) सबूत हमें मिले हैं। इसी अवधि में एंडीज़ के ऊँचे पठारी मैदानों में पहले पहल मकई की खेती होती थी ओर यह खेती गाँव के लोग एकजुट होकर करते थे। इसी अवधि में पहली बार कपास की खेती शुरू की गयी तथा बिना किसी यंत्र के कपास से सूत निकाल कर कपड़े बुने गये। हुयाका, प्रियेता तथा लाँस एंडीज़ नाम स्थानों में विभिन्न प्रकार के बर्तनों के नमूने भी मिले हैं।

ई0 पू0 1800 से 500। इस समय खेती और भी सामूहिक ढंग से शुरू हुई और प्रारंभ में विभिन्न देवताओं के नाम पर बर्तन और पोषाक न्योछावर किए जाने लगे। धातु का इस्तेमाल संभवतः इसी समय शुरू हुआ। विभिन्न किस्म की धातुओं के अविष्कार के फलस्वरूप समाज के मानदंड ओर शिल्प-पतिभा का विकास हुआ,

एंडीज़ का शाविन, हुयानटार, पाकोपाम्पा, कोटोस आदि के ध्वंसावशेष ही इसके प्रमाण हैं। धातु का प्रयोग शुरू होते ही जीवन स्तर काफ़ी उन्नत हो गया था। इसके फलस्वरूप नेता, गुट ओर विभिन्न सम्प्रदायों का आविर्भाव हुआ। बहुत से गाँव शहर में तब्दील हो गये। लीमा, नाजका, तियाहुयानाका तथा टिटिकाका सरोवर का क्षेत्र इसी तरह समृद्ध होता गया।

ई0 पू0 500 से सन् 500 ईस्वी तक एंडीज़ क्षेत्र में एक अभूतपूर्व परिवर्तन हुआ। सामाजिक स्थिति में विकास के साथ ही उन्नत किस्म के सम्प्रदाय का अविर्भाव हुआ जिसने दक्षिण अमेरिका का इतिहास बदल दिया। इसी समय छोटे-छोटे क्षेत्रों को लेकर राज्यों का गठन हुआ। एंडीज़ के उत्तर में मेचिका, माध्यांचल में लीमा, दक्षिणांचल में नाजका तथा बिलकुल दक्षिण में स्वतंत्र पुकारा राज्यों का गठन इसी समय हुआ था।

सन् 1000 ईस्वी। राज्य हो तो राजा चाहिए और राजा हो तो प्रजा चाहिए, राज्य की सुरक्षा तथा सुचारु शासन-व्यवस्था के लिए सेना भी चाहिए। राज्य के बुद्धिजीवियों ने मिलकर पहलीबार 'वारि' नामक एक व्यक्ति को राजा बनाकर उन्हें क्षमता सौंपा। आइयाकुचो के ध्वंसावशेष में हमें यह तथ्य मिला था।

इंका सभ्यता का श्रीगणेश संभवतः 1000 ई0 से 1450 ई0 के बीच हुआ था। मध्य और दक्षिण अमेरिका में तीन सभ्यताओं का ध्वंसावशेष मिलता है– माया, आजटेक तथा एंडीज़ के इस क्षेत्र में इन्का। इंका सभ्यता, उसका प्रभाव तथा उसका धार्मिक और सामाजिक उत्कर्ष बहुत कम समय में ही विस्तृत हो गया था। कहा जाय तो लगभग तीन सौ वर्षों के अन्दर ही इंका सभ्यता ने एंडीज़ के हर गांव में अपना विस्तार पा लिया था।

1513 ई0 में वास्को नूनेस दे बालबोया ने पहली बार प्रशांत महासागर के इस क्षेत्र की जानकारी यूरोप को दी, उसके कुछ ही वर्षों बाद स्पेन का युद्ध-पोत पनामा में आकर भीड़ा।

सन् 1526 में फ्रांसिस्को पिस्सारो (बहुत से लोग पिसारो भी कहते हैं) ने एंडीज़ और पीरू में अपना अभियान चलाया और उसने इंका के अंतिम राजा अताहुयालपा को छलपूर्वक राजमहल से अपहरण करने के बाद उसकी हत्या कर दी। पिस्सारो की इस कुत्सित दस्युवृत्ति के विरुद्ध सम्पूर्ण इंका की प्रजाने युद्ध की घोषणा कर दी, किन्तु स्पेन के उन्नत किस्म के अस्त्र और युद्ध के कौशल के सामने उन्हें पराजित होना पड़ा।

सिनियोरिता साँसेस ने जो क्रमिक इतिहास सुनाया, मैंने उसे नोट कर लिया। इससे उत्साहित होकर वे आगे पीरू और पीरू की स्वतंत्रता का इतिहास सुनाने को हुई, किन्तु मुझे यह कहकर उन्हें निरूत्साह करना पड़ा कि अब मैं उनका कीमती वक्त

नहीं लूंगा। इतिहास तथा पुरातत्ववेत्ताओं को मैं अच्छी तरह जानता हूँ, उन्हें एकबार कोई मनपसंद श्रोता मिल जाए तो वे घंटों भाषण दे सकते हैं। इजिप्ट के अलेकजान्द्रिया शहर में इस तरह के एक प्रोफेसर से परिचय होने के बाद मुझे लगातार तीन दिनों तक उनका भाषण सुनना पड़ा था। लेकिन ऐसे लोगों की विद्या और गुणों की तारीफ़ करनी ही पड़ेगी।

कॉफ़ी-बार में कुछ 'इन्तिस' (पीरू की मुद्रा) देकर मैंने कॉफ़ी की क़ीमत चुकायी, फिर हम वहाँ से उठ पड़े। सिनिओरिता साँसेस को अपने होटल का पता देकर मैंने अनुरोध किया कि वे यदि समय निकालकर मुझे बुला सकें तो मुझे बहुत ख़ुशी होगी। तब फिर मन लगाकर मैं उनकी बातें सुनूंगा। उसके बाद उन्हें असंख्य धन्यवाद देकर मैंने उनसे विदा ली।

लीमा में एक चीज की ओर पर्यटकों का ध्यान अवश्य जाता है, वह है यहाँ की बुटिक या सुवेनिर (यादगार सामग्रियों) की दुकानें। ज्यों नेपाल के दरबार मार्ग में तांखा और ताँबा की उपहार सामग्रियों की दुकानें हैं, वैसा ही। फ़र्क़ यह कि यहाँ की दुकानें बहुत ही सुसज्जित हैं। कोलकाता में इसतरह का सुवेनिर स्टॉल शायद एक भी नहीं है। हमारे देश में विभिन्न मेलों तथा समुद्र तटों पर ही मुझे सुवेनिर स्टॉल दिखाई पड़े हैं, स्थायी दुकाने कहीं गोचर नहीं होतीं। यहाँ की कुछ बुटिक वाकई प्रशंसनीय है, जिनमें उल्लेखनीय है मेरकादो दे आरतेसानिया, एप्पा, सेन्द्रो दे आरते पेरूयानो। लीमा का ओपेन मार्केट भी मुझे बहुत अच्छा लगा। ओपेन मार्केट में लालरंग के सरकरी विज्ञापनों पर राहगीरों की बारबार निगाह पड़ती है, उनमें लिखा है- 'जेबकतरों से सावधान।' प्रत्येक सड़क पर कॉफ़ी की असंख्य दुकानें हैं। कॉफ़ी की दुकानों को यहाँ 'बिस्ट्रो' कहते हैं। यह शब्द शायद यहाँ फ्रांस से आया है।

लीमा में 'ला प्लासा दे आरमास' नामक एक खूबसूरत मुहल्ला है जहाँ इमारतों में लकड़ी के बने बारजे तिब्बत की याद दिलाते हैं। इस क्षेत्र का मुख्य आकर्षण एक सुंदर कैथीड्रल है जिसमें फ्रांसिस्को पिसारो का कब्र है। वह कैथीड्रल भवन ही कभी पिसारो का महल था।

लीमा में गिरजाघरों का अभाव नहीं। किसी भी सड़क से आगे बढ़ने पर गिरजा का नुकीला गुम्बज दिखायी पड़ेगा।

लीमा में होटल का खर्च लगभग भारत के होटलों जैसा ही है जो यूरोप से सस्ता है। मैं लीमा में लगभग तीन दिन रहा। इस बीच सिनिओरिता साँसेस से कॉफ़ी का निमंत्रण पाकर उनसे फिर एकबार मुलाकात हुई। इस बार भी दो घंटे की बातचीत में उनसे मुझे बहुत-सी जानकारियाँ मिली। इसके बाद मैंने उन्हें अलविदा कहा, क्योंकि अगली सुबह ही मुझे लीमा से प्रस्थान करना था।

अब मेंरा अगला गंतव्यस्थल था पीरू का मूल केन्द्र यानी इंका सभ्यता की राजधानी कुज़को जो एक ऐतिहासिक स्थल है। माच्चू-पिच्चू कुज़को से बहुत ही निकट था।

लीमा से कुज़को की दूरी लगभग ग्यारह सौ किलोमीटर है। सीधे हवाईजहाज़ से यात्रा की अच्छी व्यवस्था है। सड़क परिवहन से जाने पर कॉफ़ी घूमकर जाना पड़ता है। लीमा से साठ-सत्तर किमी दूर से ही पहाड़ शुरू हो जाता है। रेल लाइन भी घूम-फिर कर कॉफ़ी उँचाई तक उठी है, उसके बाद और उँचाई पर पहुँचने के लिए बस का सहारा लेना पड़ता है। लीमा से रेल सिर्फ़ तीन सौ किमी तक जाती है, अंतिम स्टेशन का नाम है ह्वानकाइयो। ह्वानकाइयो से आगे की यात्रा के लिए पैसेंजर बस, एक्सप्रेस बस, ट्रक तथा जीप मिलते हैं। लीमा से सीधे कुज़को तक अनेकों बसें जाती हैं।

पीरू एक विशाल देश है, परंतु देश और जनसंख्या की तुलना में यहाँ रेलमार्ग बहुत ही कम है। पूरे देश में केवल एक हजार किमी रेल लाइन है।

लीमा से सप्ताह में केवल दो दिन ट्रेन छूटती है और बाहरी प्रदेशों से यहाँ सप्ताह में तीन दिन ट्रेन का आगमन होता है। रेल परिवहन की हालत कतई अच्छी नहीं। इसके बावजूद मैंने तय किया कि हुयानकाइयो तक मैं ट्रेन से ही जाऊंगा क्योंकि रेलयात्रा का एक अलग ही आनंद है, दूसरे रेल द्वारा स्थानीय लोग आवाजाही करते हैं, इससे उनसे मिलने का और उनके देश को जानने का मौका भी ज्यादा मिलता है।

•

लीमा से ह्वानकाइयो

लीमा से ह्वानकाइयो के लिए सुबह सात बजकर चालीस मिनट पर मेरी रेलयात्रा शुरू हुई। लगभग एक घंटे का सफर समतल भूमि पर बीता। खिड़की के बाहर एक नज़र देखते ही पता लग जाता है कि यह देश धनी नहीं है। आगे पहाड़ी क्षेत्र शुरू हो गया था और ट्रेन दो पहाड़ों के बीच घाटी से कभी तेज तो कभी धीमी गति से आगे बढ़ रही थी। ट्रेन के डिब्बे पुराने थे, डीजल इंजन लगा था। मैं खिड़की के बगल में एक सिंगल सीट पर बैठा था। और मेरे ठीक सामने की सीट पर एक अधेड़ व्यक्ति बैठे थें। मेरी दाँयी ओर एक परिवार था, पति-पत्नी और उनके चार बच्चे। महिला को देखकर लगा कि शीघ्र ही वे परिवार की संख्या में एक और संयोजन करेंगी। जी चाह रहा था कि उस परिवार से कुछ बातचीत करूँ, परंतु इसका उपाय नहीं सूझ रहा था। एक स्टेशन पर ट्रेन रुकते ही खिड़कियों पर वेंडर पिल पड़े, ठीक ज्यों हमारे देश के जंक्शन स्टेशनों पर ट्रेन रुकने पर चाय-समोसा वालों की जमघट होती है। बगल के बच्चे कुछ ख़रीदने के लिए उतावले दिखे। इस मौके पर मैंने चार प्याली कॉफ़ी (प्लास्टिक के गिलास में) का आर्डर दिया और बच्चों के लिए टाफियाँ ख़रीदी। मेरा ऑफर मेरे सहयात्रियों ने बेझिझक स्वीकार कर लिया। इससे मुझे लगा कि यहाँ के निवासी भी भारतीयों जैसे हैं जहाँ हम-सफर दोस्त बन जाते हैं।

ट्रेन जब स्टेशन से चल पड़ी तो बगल वाले सज्जन ने जेब से इंतिस निकालकर कॉफ़ी और टाफियों का पैसा चुकाना चाहा। मैंने हँसकर कहा, "आप लोगों के साथ सफर करते हुए मुझे बहुत अच्छा लग रहा है। आप मुझे पैसे न दें। अगली बार आप पिला दीजिएगा, मैं पी लूंगा।"

मेरी बात उन्होंने ध्यान से सुना, पर लगा कि वे कुछ समझ नहीं पाये। मैं स्पैनिश विदेशी लहजे में बोलता हूँ, इसके अलावा मैं अवश्य ही बहुत अच्छी स्पैनिश नहीं बोल पाता, सिर्फ़ कामचलाऊ ढंग से कुछ बोल लेता हूँ।

इस बीच मेरे सामने बैठे सज्जन, पाँव फैलाते समय जिनके जूतों से मेरे जूते इस बीच कईबार टकरा चुके थे, ने भी इन्तिस निकालकर मेरी ओर बढ़ाते हुए कहा, "यह लीजिए, कॉफ़ी की कीमत।"

मैंने मुस्कराकर उनसे भी कहा, "कृपया कीमत न दें। आपने कॉफ़ी ली, इसकी मुझे ख़ुशी है।"

उन्होंने मुस्कराकर धन्यवाद कहा, फिर बोले, "आपकी बात वे लोग समझ नहीं पाए, मैं उन्हे समझा देता हूँ।"

इसके बाद उन्होंने बगलवाले व्यक्ति को समझाया कि मुझे पैसे देने की ज़रूरत नहीं, कॉफ़ी और टाफियाँ मैंने अपनी ख़ुशी से ख़रीदी थी। इसपर बगल वाले ने फिर कुछ कहा जो सामने वाले ने मुझे समझाया। मैं उन दोनों की बातचीत बहुत ध्यान से सुन रहा था, परंतु मुझे एक भी शब्द समझ में नहीं आया। मजबूरन मैंने सामने बैठे सज्जन से पूछा, "आप लोग किस भाषा में बातचीत कर रहे हैं?"

उन्होंने स्पैनिश में उत्तर दिया, "हम केचुआ भाषा में बोल रहे हैं। पीरू और बोलीविया की सरकारी भाषा हाँलाकि स्पैनिश है परन्तु यहाँ साठ प्रतिशत लोग केचुआ भाषी हैं। यह भाषा पीरू और बोलीविया की आदिभाषा , यानी इंका भाषा है। केचुआ के अलावा पर्वतीय क्षेत्र में एक और भाषा बहुत ही प्रचलित है, उस भाषा का नाम आइमारा है।"

भाषा के विषय में उनसे मिली इस जानकारी ने मुझे बहुत ही निराश कर दिया, क्योंकि मैंने सोचा था कि अंग्रेजी और स्पैनिश मालूम हो तो यहाँ कोई दिक्कत नहीं होगी।

मैं कभी-कभी खिड़की के बाहर का दृश्य देख रहा था। यहाँ का दृश्य पहाड़ी होने पर भी अत्यंत शुष्क था और कहीं जंगल का नामोनिशान तक नहीं था– केवल पत्थर और रूखी जमीन।

मेरे सामने बैठे सज्जन ने अपना नाम बताया-होसे। होसे नाम अंग्रेज़ी जोसेफ का अपभ्रंश है। होसे कुज़को के निवासी थे, लीमा में वे सरकारी नौकरी करते थे। कभी-कभी वे छुट्टियां लेकर कुज़को जाते अपने वृद्ध माता-पिता से मिलने। सरकारी काम में उन्हें देश के विभिन्न क्षेत्रों का दौरा करना पड़ता था। उन्होंने मुझे बताया कि इस देश का उत्तरी भाग, जिसे अमेज़न जिला कहते हैं, वहाँ बहुत घना जंगल है। पीरू का लगभग पचास प्रतिशत क्षेत्र अमेज़न का जंगल है, चालीस प्रतिशत एंडीज़ का पर्वतीय क्षेत्र और मात्र दस प्रतिशत समतल मैदान। देश की सम्पूर्ण आय वनज सम्पद तथा खनिज पर निर्भरशील है। खेती में मकई मुख्य उपज है। कोको की भी अच्छी पैदावार होती है। होसे थोड़ी-बहुत अंग्रेज़ी भी बोल लेते थे।

रेल यात्रा की सबसे बड़ी खूबी यही है कि क़ायदे से बैठने की जगह मिल जाए तो सहयात्रियों से अनायास परिचय और मैत्री हो जाती है। हाँलाकि ऐसा सिर्फ़ तीसरी

दुनिया में ही होता है, क्योंकि धनी देशों में ट्रेन से घंटो यात्रा करने पर भी शायद ही किसी से दोस्ती हो पाती है। हाँ, क़िस्मत अच्छी हो तो और बात है। नार्वे, स्वीडन, डेनमार्क, जर्मनी, स्विटजरलैंड, कनाडा, संयुक्त राष्ट्र अमेरिका, जापान आदि देशों में रेलयात्रा के दौरान बातचीत करने वालों का जैसे अभाव रहता है। पूर्वी यूरोप यानी पोलैंड, चेकोस्लोवाकिया, बुल्गारिया, हंगरी, यूगोस्लाविया तथा फ्रांस, स्पेन, इटली, ग्रीस आदि देशों में ट्रेन में अवश्य ही मिलनसार प्रकृति के यात्री मिल जाते हैं।

लीमा से चलने के लगभग तीन घंटे बाद हमारी ट्रेन बहुत ही सतर्कता– पूर्वक धीमी गति से चढ़ाई पर बढ़ रही थी। चारों ओर का दृश्य अब और मनोहर था। डेकन क्वीन से पुणे की ओर अथवा पुणे से मुंबई की ओर यात्रा करने पर जैसा दृश्य दिखता है, लगभग वैसा ही दृश्य था यहाँ का। अब बाहर का दृश्य देखते हुए समय बिताना संभव था।

लगभग साढ़े ग्यारह बजे ओरोया नामक एक स्टेशन पर ट्रेन रुकी। हम लगभग आधा रास्ता तय कर चुके थे। यहाँ ट्रेन काफ़ी देर तक रुकती है, इसलिए मैंने होसे से कहा कि वे मेरे सामान का ध्यान रखें, मैं थोड़ा प्लैटफार्म पर चहलक़दमी कर लौट आऊंगा। अबतक राह में जितने भी स्टेशन मिले, वे सब बहुत ही छोटे-छोटे स्टेशन थे, शिलिगुड़ी से दार्जिलिंग के बीच जैसे स्टेशन पड़ते हैं, वैसे ही। ओरोया स्टेशन फिर भी कुछ बड़ा था। लीमा का देसाम्पारादोस यहाँ का बड़ा स्टेशन है जो हावड़ा-बोलपुर या शियालदह रूट के सबसे छोटे स्टेशन से भी छोटा था। ओरोया स्टेशन छोटा होने पर भी यहाँ दोपहर का भोजन बेचने के लिए बहुत-से हॉकर थे तथा खाने-पीने का सामान पर्याप्त मात्रा में उपलब्ध था।

खाने के अधिकांश सामान मांस के बने थे, इसके अलावा आलू की भुजिया तथा आलू-चाप भी अपलब्ध था। वेंडर इंका-कोला की बोतलें लिए घूम रहे थे। इंका-कोला अमरीकी कोका-कोला का स्थानीय संस्करण है। थोड़ी देर टहलने के बाद मैं अपनी सीट पर लौट आया। होसे उनकी सीट और सामान मेरी निगरानी में छोड़कर भोजन के लिए नीचे उतर गये। स्टेशन पर ही यात्रियों के भोजन के लिए मेज और कुर्सियाँ बिछी हुई थीं। मेरे बगल वाले सज्जन और उनके परिवार घर से भोजन-सामग्री लेकर चले थे।

ट्रेन आगे सरकने पर मुझे सहसा यह देखकर हैरानी हुई कि यह ट्रेन बिजली से चल रही थी। बातचीत करते हुए मैंने पहले बिजली के खंभों पर ध्यान नहीं दिया था। लगता है कि यहाँ के इंजनों को बिजली और डीजल, दोनों से ही चलाने की व्यवस्था है, यानी एक ही इंजन बिजली से भी चलती है, डीजल से भी। पूरे ट्रेन में कुल पाँच डिब्बे थे। सभी सीट आरक्षित होने के कारण सीट के लिए धक्कम-धक्का नहीं था। यह भी यहाँ की एक विशेषता थी।

ओरोया के बाद ट्रेन दक्षिण की ओर मुड़ गयी। अब दृश्य और भी सुहावना था। मुझे लगा मानों मैं नीलगिरि छोड़कर सहसा ऊटकमंड की ओर बढ़ रहा हूँ। होसे जैसा सहयात्री पाकर मैं लाभान्वित था, वे मुझे आसपास के बारे में विस्तार से बताते जा रहे थे। यहाँ के पेड़-पौधों को देखकर ही लगता था कि हम काफ़ी ऊँचाई पर आ गये थें। हवा में सील की महक थी। यात्रियों ने अपना शीतवस्त्र निकाल रखा था। गहरी खाई, पहाड़ी दीवाल और दूर-दूर तक फैली वादियों का दृश्य देखकर मन तृप्त हो रहा था। किन्तु अब भी मुझे हिमालय या आल्पस जैसे सदाबहार वृक्ष नहीं दिखाई पड़े थे। फिर भी बाहर का नैसर्गिक दृश्य अब वाकई मनोरम था। बीच-बीच में जब ट्रेन रुकती तो मुझे लगता कि मैं हिमालय के बीच से रेलयात्रा कर रहा हूँ, क्योंकि स्थानीय लोगों का चेहरा भूटियाओं के चेहरे रो काफ़ी गिलता जुलता था। यूँ हिमालय में इतनी ऊँचाई पर कहीं रेल-लाइन नहीं है। यह कहने की आवश्यकता नहीं पीरू का यह रेलमार्ग दुनिया का सर्वोच्य रेलमार्ग है। केवल स्विटजरलैंड के आल्पस में सास-फे तथा ज़ेरमात् क्षेत्र में हाई आल्टिटयूड रेललाइन है, किन्तु उन्हें पैसेंजर रेलवे नहीं कहा जा सकता क्योंकि वह पर्यटकों के साइट-सीइंग या पैनोरॉमिक टूर के लिए है। अतः रेलवे से जो तात्पर्य है, उस अर्थ में यह रलमार्ग ही धरती का उच्चतम रेलमार्ग है। (यह सिथति अब बदल गयी है। इस समय दुनिया का उच्चतम रेलमार्ग/स्टेशन तिब्बत में है)। रेलगाड़ी की गति धीमी थी, डिब्बे छोटे होने पर भी ये दार्जिलिंग जाने वाली ट्रेन के डिब्बों से बड़े ही थे।

लगभग ढाई बजे अपराह्न के आसपास बहुत ठंड लगने लगी थी। अब ट्रेन के डिब्बों में ही कॉफ़ी बिक रही थी। हमारी ट्रेन इस मसय 4500 मीटर की ऊँचाई पर थी। हर स्टेशन पर वहाँ का उन्नतांश लिखा हुआ था।

एक रेलगाड़ी, बिना चेन के, इतनी सीधी ऊँचाई पर चढ़ सकती है, इसका मुझे गुमान नहीं था। हॉलाकि अब डबल इंजन लगे थे। दुनिया के सबसे ऊँचे रेलमार्ग पर सफर कर रहा हूँ, इसी आनंद और उत्तेजना से मैं सराबोर था। बाहर की दृश्यावली अब और भी मनोरम थी। मैं अवाक् विस्मय से उस नैसर्गिक दृश्य को अपनी जेहन में भर रहा था। मुझे इसतरह विभोर होते देखकर होसे ने मुझे चौकन्ना करते हुए कहा, "बाहर का दृश्य देखिए अवश्य, किन्तु अपने सामान पर भी निगाह रखिएगा। इस लाइन पर बहुत चोरियाँ होती हैं। पर्यटकों के बैग और सामान इस लाइन पर अक्सर उठाईगीर उठा ले जाते हैं, अतः सतर्क रहिएगा।"

उन्हें धन्यवाद देकर मैंने एकबार अपने बैग की ओर देखा, उसके बाद पुनः बाहर का दृश्य देखने लगा। बाहर के दृश्य का बदलता रूप देखकर बारम्बार यही लग रहा था कि सुदूर भारत से मैं सिर्फ़ इस रेलयात्रा के लिए ही अगर यहाँ आया होता तो भी

सोचता कि मेरी यात्रा सफल रही। दृश्य के आकर्षण में समय भी मानो तेजी से बीत रहा था। टिकलिओ स्टेशन पर ट्रेन रुकते ही दरवाज़ा खोलकर कुछ यात्री उतर गये और उस खुले दरवाज़े से भयंकर ठंडी हवा भीतर घुस आयी। मेरा सारा शरीर ठंड से कॉप उठा। मैंने अनोराक से अपना गला पूरी तरह ढ़ँप लिया। होसे ने एक सिगरेट सुलगा ली। बगल की महिलाने अपनी छोटी कन्याको गोद में लेकर उसे अपने 'पुंचो' या चादर से ढंक लिया। स्टेशन कोहरे से लगभग ढँका हुआ था, उस धुंध के कारण बाहर कुछ भी स्पष्ट नहीं दिखायी दे रहा था। स्टेशन पर जो लोग दिखे भी, वे टोपी और पुंचो में अपना पूरा शरीर मानो छुपाए हुए थे। मैंने एक चेकर से पूछा, "यह स्टेशन कितनी ऊँचाई पर है?" मेरी ओर देखकर वे बोले, "नोट कर लीजिए। टिकलिओ स्टेशन, ऊँचाई 4883 मीटर। यह धरती का सर्वोच्च रेलवे स्टेशन है।"

होसे चेकर महोदय के कथन का समर्थन करते हुए बोले, "हाँ, इस मार्ग का यही सबसे ऊँचा रेलवे स्टेशन है। आगे ह्वानकाइयो स्टेशन इससे नीचे है।

शाम के पाँच बजे हमलोग इस रूट के अंतिम स्टेशन ह्वानकाइयो पहुँचे। यहाँ से हमें और भी ऊँचाई पर जाना था और इसके लिए हमें बस पकड़नी पड़ेगी।

ह्वानकाइयो

स्टेशन से बाहर निकलने पर मुझे ह्वानकाइयो शहर दार्जिलिंग के घूम जैसा लगा। कुज़को के जो यात्री ट्रेन से यहाँ आते हैं वे यहाँ रातभर ठहरकर सुबह बस पकड़ते हैं। सड़क और ऊँचाई पार करने के बाद पूरब की ओर उतरती थी। अल्मोड़ा से बस से तिब्बत जाने की व्यवस्था होती तो वह मार्ग भी ऐसा ही होता। फ़र्क़ यह कि यहाँ और अधिक दूरी तय करनी पड़ती थी।

मेरे लिए यह स्थान नया होने के साथ ही भाषा की समस्या बहुत आड़े आ रही थी। लोग अंग्रेज़ी पसंद नहीं करते थे। स्पैनिश भाषा का प्रचलन तो था, किन्तु राह में मिलने वाले अधिकांश लोग स्पैनिश नहीं, केचुआ बोलते थे। मेरी किस्मत अच्छी थी जो मुझे होसे का साथ मिल गया था। उन्ही की मदद और सुझाव से मुझे रोसाहे नामक होटल में जगह मिल गयी।

होटल काफ़ी साथ-सुथरा था। होटल-मालिक अंग्रेज़ी भी अच्छी बोल लेते थे। मुझे अभ्यर्थना जताकर होटल-मालिक ने पहले ही पूछा कि मेरे पास इन्तिस है या नहीं, क्योंकि वे विदेशी मुद्रा नहीं लेंगे। विदेशी-मुद्रा लने से पुलिस का झमेला सहना पड़ता है। और यदि मेरे पास केवल विदेशी मुद्रा हो तो उसे स्थानीय मुद्रा में बदलने की व्यवस्था वहाँ बैंक में है। उन्होंने यह भी बताया कि होटल में हीटर नहीं है, बिस्तर पर हॉट वाटर बैग दिया जाएगा, भारी रजाई भी रहेगा, इससे ठंड लगने का भय नहीं।

भोजन के लिए निचली मंजिल के भोजनालय में जाना पड़ेगा। यदि मैं बाहर किसी रेस्तराँ में भोजन करना चाहूँ तो इसमें उन्हें आपत्ति नहीं है।

लीमा से यहाँ तक यात्रा में मुझे कोई शारीरिक श्रम नहीं करना पड़ा था, परंतु यहाँ की ऊँचाई और ठंड के अधिक्य के कारण लग रहा था कि तुरंत गर्म बिस्तर मिल जाए तो ठीक रहे। अगले दिन तड़के उठकर ही शहर देखूंगा।

अगले दिन तड़के सड़क की चहल-पहल की आवाज़ से ही नींद उचट गयी थी। फिर भी उठकर तैयार होते-होते सुबह के सात बज गये। फिर सुबह का नाश्ता मैंने होटल में ही निपटाया-गरम ब्रेड और कॉफ़ी। उसके बाद होटल से निकलने लगा तो होटल-मालिक ने मुझे सचेत करते हुए कहा कि आज हाट का दिन है, अतः सड़क पर बहुत भीड़ होगी, मैं जेबकतरों और बैग चोरों से अवश्य ही सतर्क रहूँ।

उन्हें धन्यवाद कहकर मैं बाहर निकला और पैदल बस अड्डे की ओर बढ़ा। सुबह के लगभग आठ बजे थे, इसी बीच शहर में चहल-पहल शुरू हो चुकी थी। अन्य शीत-प्रधान देशों में लोग साधारणतः और देर से बाहर निकलते हैं। संभवतः यहाँ रविवार हाट का दिन होने के कारण असदिन लोग जल्दी उठ जाते थे। होसे ने मुझे बता दिया था कि पहले बस का टिकट लेकर सीट बुक करा लूँ, नहीं तो बाद में मुश्किल होगी। मैंने कई बस वालों से बातचीत की, परंतु सभीने नकारात्मक ढंग से सिर हिलाकर कहा कि आज फेरिया यानी हाट का दिन होने की वजह से कोई टिकट उपलब्ध नहीं है। मैं बहुत परेशान हो उठा। समझ में नहीं आ रहा था कि अब क्या किया जाए। जब कोई उपाय नहीं समझा तो मैं स्थानीय पर्यटक दफ़्तर पहुँचा। पर्यटक दफ़्तर में उपस्थित अधिकारी ने गौर से मुझे देखा, फिर उन्होंने ध्यान से मेरी बातें सुनी। मैं इंडियन हूँ सुनकर उन्होंने बड़े उत्साह से यह जानना चाहा कि मैं असल में किस देश का हूँ। मैंने उन्हें बताया कि मैं एशियाटिक-इंडियन हूँ, यानी इंडियन फ्राम इंडिया, हमारी राजधानी न्यू-दिल्ली है और मैं कालकूता (कोलकाता) से आया हूँ। एकायक जैसे उनके लिए सारी बातें स्पष्ट हो गयी थीं, इस अंदाज़ से हामी भरते हुए वे बोले, "गांधी, गांधी।" इसके बाद अपने बगल में रखे स्टूल पर मुझे बैठाकर उन्होंने वहीं से चीख़कर बगल के दुकानदार से एक कप कॉफ़ी दे जाने को कहा। अब मैं निश्चिंत था कि यहाँ से आगे की यात्रा कैसे करूँ इस बारे में उनसे सुझाव मिल जाएगा। उनसे बातचीत के दौरान मालूम हुआ कि यहाँ से कुज़को के लिए बसें जिस रास्ते से जाती हैं वह पथ बहुत दुर्गम तो है ही, साथ ही एक मुश्किल यह है कि आतंकवादी अकसर बसों और ट्रकों पर घात लगाकर हमला करते हैं तथा यदि पर्यटक मिल जाएँ तो उन्हें आगाह कर ले जाते हैं। फिर इन पर्यटकों के बदले में उनके सरकार पर दबाव डालते हैं। इसी कारण बस ड्राइवर टूरिस्टों को अपनी बसों में नहीं लेना चाहते। इसके अलावे

सड़क की दशा अत्यंत ख़राब हैं, हमेशा ख़तरा बना रहता है। कॉफ़ी आ गयी तो मैंने स्वयम् ही पहल करके कॉफ़ी की कीमत दे दी, फिर उस सज्जन से अनुरोध किया कि जैसे भी हो, मेरी यात्रा के लिए उन्हें कुछ न कुछ व्यवस्था करनी ही पड़ेगी।

उन्होंने मुझसे कहा, "टैक्सी मिल जाए, तो टैक्सी से चले जाइए।"

मैंने कहा, "हिमालय के देश से यहाँ आया हूँ एंडीज़ को अपनी आँखों से अच्छी तरह देखने के लिए। हवाईजहाज़ से जाता तो मैं असली अनुभव से वंचित रह जाता। इसलिए मैं बस से यात्रा करना चाहता था।"

वे कुछ देर तक सोचते रहे, फिर बोले, "आप लीमा से ही बस पकड़ते तो आपको यह परेशानी नहीं होती।"

मैंने हामी भरते हुए कहा, "आपका कहना सही है, किन्तु मुझसे यह मूर्खता तो हो ही गयी है, असल में यहाँ तक ट्रेन से आने की इच्छा मैं जब्त नहीं कर पाया था। अगली बार मैं ऐसी बेवकूफी नहीं करूंगा, परंतु इसबार तो अब आप ही उपाय निकाल सकते हैं।"

मुझे इंतज़ार करने को कहकर उन्होंने रिसीवर उठाया और चीख़कर कुछ कहा। मुझे लगा कि वे एक्सचेंज से कोई नम्बर मांग रहे थे। कई मिनट के बाद उन्हें लाइन मिला। टेलीफ़ोन पर वे किस भाषा में बोल रहे थे यह तो मैं समझ नहीं पाया, अंदाज़ किया कि शायद केचुआ हो। रिसीवर उतारकर वे बोले, "ठीक है।"

मैंने तुरंत पूछा, "क्या जुगाड़ हुआ?"

"चलिए मेरे साथ," वे बोले।

दफ़्तर खुला छोड़कर ही वे मुझे लेकर बाहर निकले। यूँ उनकी मेज पर टेलीफ़ोन के अलावा चोरी जाने लायक और कोई सामान नहीं था।

हाट लग चुका था। यह हाट मुझे किसी मेले जैसा लगा। कपड़े-लत्ते, जड़ी-बूटियाँ, बर्तन, खिलौने और खाने-पीने की दुकानों की भरमार थी। चहल-पहल और शोर-शराबा किसी हाट जैसा न होकर मेला जैसा ही था। पर्यटक दफ़्तर के सज्जन ने मेरी ओर देखकर कहा, "आप पीठ पर जो झोली टांगे हैं, उसे संभालकर रखिएगा, यहाँ के चोर राह चलते बैग काटकर सामान निकाल लेने में उस्ताद हैं।" उनकी चेतावनी से मैं कुछ सतर्क हो गया। राह पर चलते हुए उन्होंने फिर कहा, "रविवार का फेरिया (हाट) इस क्षेत्र का प्रमुख आकर्षण है। दूर-दराज से लोग यहाँ दिनभर के लिए आते हैं।"

हमलोग हाट की धक्कम-धक्का के बीच से होकर बस स्टैंड पहुँचे। कई लोगो से बातचीत करने के बाद वे मुझे एक दफ़्तर के सामने ले गये। दफ़्तर न कहकर उसे कॉफ़ी का अड्डा कहना ही उचित होगा। एक फलक पर लिखा था 'सेन्ट्रो एन्डिनो'। मेरी ओर इंगित कर वे वहाँ उपस्थित लोगों से बातचीत करने लगे। फिर मेरी ओर मुखातिब होकर उन्होंने पूछाः

"ठीक है, आप यहाँ से सीधे कुज़को जाना चाहते हैं?"

"जी हाँ।" मैंने कहा।

"यहाँ से ग्यारह बजे कलक्टिवो छूटेगा, आप अभी टिकट लेकर अपनी सीट बुक करालें।"

उनके इस प्रस्ताव का अर्थ न समझकर मैंने पूछा, "कलेक्टिवो क्या है?"

उन्होंने अपने इर्द-गिर्द निगाह दौड़ाने के बाद दूर खड़े एक अमरीकी रेंजरोवर की ओर इशारा कर कहा, "वह। उसमें सात-आठ लोग जा सकते हैं। आप आराम से जा पाएंगे, किन्तु उसका किराया बस के किराये से दुगना है। आज रात एक स्थान पर ठहरकर फिर कल सुबह आगे की यात्रा कर पाएंगे। लगभग पाच्चीस घंटे लगेंगे। यहाँ से कुज़को की दूरी नौ सौ पचासी किमी है। आप किस होटल में ठहरे हैं?"

"सन आनतोनिओ स्ट्रीट पर होटल रोसाहे में।" सभी लोग चौंक कर एकसाथ बोल उठे, "रोसाहे।" उनकी भंगिमा से लगा कि यह यहाँ का नामी होटल है।

उस सज्जन ने कहा, "आप साढ़े दस बजे से अपने होटल में ही रहिएगा। गाड़ी आपको लेने के लिए वहाँ पहुँच जाएगी।"

टिकट लेने और सीट आरक्षण कराने में कोई दिक्कत नहीं हुई। इस कार्यालय के लोगों को देखकर मुझे थिम्पू (भूटान) के बस-स्टैंड से साइट-सीइंग के लिए लैंडरोवर किराये पर लेने की बात याद आ रही थी। इनका चेहरा भूटियाओं जैसा था, स्वभाव भी लगा कि बहुत कुछ उन जैसा ही है।

उस सज्जन ने मुझे अपना पता देकर अनुरोध किया", यदि आप अपने देश के कुछ डाक-टिकट मुझे भेजें तो मैं आभारी रहूँगा।"

मैंने कहा, "अवश्य। अवश्य भेजूंगा। आपने मेरी जो मदद की इसे मैं नहीं भूलूंगा।"

पर्यटक अधिकारी से विदा लेकर मैं होटल लौट आया और तैयार होकर साढ़े दस बजे से रेंजरोवर का इंतज़ार करता रहा।

ग्यारह नहीं, लगभग बारह बजे वह जीप आयी। होटल-मालिक ने मुझे पहले ही कह दिया था, "एक घंटा इधर-उधर हो सकता है, इससे आप चिंतित न हों।"

ड्राइवर की बगल में एक सीट खाली थी, मैं सीधे जाकर वहीं बैठ गया और होटल-मालिक के सुझाव के अनुसार ड्राइवर को चार इन्तिस थमा दिया। होटल मालिक ने एक आँख थोड़ा दबाकर इशारा किया कि उनका सुझाव मानकर मैंने ठीक किया।

ह्वानकाइयो छोड़ने के बाद हम एक ऊँची घाटी पर पहुँचे। सड़क बहुत बुरी नहीं थी, परंतु अत्यंत सतर्कता से ड्राइव करना पड़ रहा था। चारों ओर का दृश्य वैसा ही

था जैसा मैंने भारत में दिमापुर से कोहिमा के बीच यात्रा करते हुए देखा था। जीप का मीटर बोर्ड बता रहा था कि यह गाड़ी अबतक 56000 किमी चल चुकी है, जबकि गाड़ी की दशा अब भी बहुत अच्छी थी। यानी इंजन और बॉडी की देखभाल बहुत अच्छी तरह की गयी थी।

मैं अपनी स्लीपिंग-बैग सीट पर रख लिया था, उसे खोलकर बिछा लिया। उसके बाद जेब से चुइंगम निकालकर सहयात्रियों में बाँटा। इससे वे ख़ुश हुए। जीप पर केवल छह यात्री थे। वे सब शिक्षित एवं विनयी लग रहे थे। उनमें से एक के पहनावे में नेकटाई और ओवरकोट था, और लोग टोपी, पुंचो तथा पतलून में थे। वे सभी इसी क्षेत्र के थे। आज की रात हमें आइयाकुचो में ठहरना पड़ेगा। बाकी रास्ता अगले दिन तय होगा। इस यात्रा की एकरसता, रोवर की घर्राहट और ड्राइवर तथा उसके सहकारी के सिगरेट के धुंए के बीच खुद को खपाने में मुझे थोड़ा समय लगा। इनका स्वभाव हिमालय के पहाड़ियों जैसा लग रहा था। दुर्गम सड़क थी, किन्तु इसकी परवाह किए बिना वे लगातार बतियाते जा रहे थे। हाँलाकि वे केचुआ बोल रहे थे, परंतु उनकी बातचीत में कभी-कभी स्पैनिश के दो-एक शब्द भी सुनाई पड़ते।

मैंने ड्राइवर से पूछा, "क्या आप स्पैनिश जानते हैं?"

"अवश्य। अंग्रेज़ी भी समझता हूँ। टूरिस्ट गाड़ी चलाता हूँ, विदेशी भाषा न जानें तो हमारा काम कैसे चले?" ड्राइवर ने गर्व के साथ मुझे स्पैनिश में उत्तर दिया।

दो घंट की यात्रा के बाद लगा कि सड़क की दशा और भी भयानक हो गयी है। हाँलाकि तारकोल की सड़क थी, लेकिन एक तो गड्ढों की भरमार थी और दूसरे सड़क पर पत्थर भी बहुत थे। सड़क का एक हिस्सा मरम्मत कर वाहन निकलने लायक बना दिया गया था, दोनों ओर से वाहन आ जाएँ तो एक को रुकना ही पड़ता। सड़क की दशा चाहे जो हो, पहाड़ का नयनाभिराम दृश्य देखकर मेरा मन उत्फुल्ल था।

एक छोटे से गाँव में कॉफ़ी के लिए हम पन्द्रह मिनट रुके। रोवर से उतरते ही टाई पहने सज्जन ने खुद ही आगे बढ़कर मुझसे बातचीत शुरू की। उन्होंने अंग्रेज़ी में पूछा, "आप कहाँ तक जाएंगे?"

"कुज़को।" मैंने संक्षिप्त उत्तर दिया।

"वहाँ से?"

"माच्चू–पिच्चू।"

"उसके बाद?"

"उसके बाद नहीं मालूम, वहाँ पहुँचने के बाद तय करूंगा।"

मेरा उत्तर सुनकर उन्होंने कुछ आंतरिकता के स्वर में कहा, "जीप पर हम लोग ड्राइवर के बगल की सीट पर नहीं बैठते, क्योंकि खाई और सड़क की हालत देखकर हमेशा दिल में हड़कम्प होती है। आप बहुत हिम्मती हैं।"

"नहीं, मैं हिम्मती तो नहीं हूँ, असल में अच्छीतरह सामने का दृश्य देखने के लिए ही मैं वहाँ बैठा हूँ। इस सड़क पर यह मेरी पहली यात्रा है।"

"मैं भी पहली बार जा रहा हूँ। मैं लीमा में रहता हूँ, वहाँ अध्यापक हूँ। मेरा नाम एडुयार्डो है।" कहकर उन्होंने अमरीकी अंदाज़ में मेरी ओर हाथ बढ़ाया।

"मैं भारतीय हूँ, कोलकाता से आया हूँ, मेरा नाम बिमल है।" उनसे हाथ मिलाते हुए मैंने कहा। इस तरह हम एक-दूसरे से परिचित हुए।

आगे की यात्रा शुरू हुई। राह में कोई गाँव नहीं दिखता, कभी-कभी एक दूसरे से दूर दो-एक झोपड़ियाँ दिख जाती। इस देश के पहाड़ी क्षेत्र की आबादी बहुत ही कम थी।

शाम को फिर एक बार जीप रुकी। वहाँ भुना हुआ मांस और स्थानीय बियर के लिए सभी एक दुकान की ओर तेजी से बढ़ गये। मैं अपने साथ होटल से ही चाय लेकर चला था और कुछ सूखे मेवे भी थे मेरे पास, इसलिए मुझे खाने-पीने की चिंता नहीं थी। वहीं पर ड्राइवर ने जीप में पेट्रोल भरा, फिर हम आगे बढ़े। क्रमशः साँझ होने लगी। पहाड़ के रंग में परिवर्तन होता रहा, उसके बाद धीरे-धीरे अंधेरा छाने लगा। जीप के हेडलाइट की रोशनी क्रमशः सपष्ट होने लगी थी। ड्राइवर अवश्य ही इस क्षेत्र की सड़कों से भलीभाँति परिचित था। अब समझ में आ रहा था कि यहाँ के यात्री सामने की सीट पर क्यों नहीं बैठते। रह रह कर लग रहा था कि हम अपनी जिन्दगी मुट्ठियों में लेकर इस पथ पर यात्रा कर रहे हैं, किसी भी क्षण क्षणिक असावधानी से हम गहरी खाई में जा गिरेंगे। ड्राइवर के मन में आवश्य ही इस तरह की कोई दुर्भावना नहीं थी, सफर की एकरसता से यात्रियों को उबारने के लिए उसने ट्रांजिस्टर ऑन कर दिया था। ड्राइवर की सहज मुद्रा देखकर मुझे लगा कि वह खुद ड्राइव नहीं कर रहा था, बल्कि उसका छठा इंद्रिय ही उसे आगे लिए जा रहा था। क्रमशः रात का अंधेरा और भी घना हो उठा, अब दूर का कोई भी दृश्य गोचर नहीं हो रहा था। एक घंटा इसी तरह बीतने पर यात्रा की जोखिम से मन ने समझौता कर लिया, फिर भय भी अपने आप काफूर हो गया।

एक स्थान पर जीप रोक कर ड्राइवर बदला गया। जिस व्यक्ति को मैं ड्राइवर का सहकारी समझा था, वह असल में दूसरा ड्राइवर था।

रात के लगभग साढ़े ग्यारह बजे हम अवानकाइ नामक एक छोटे शहर में पहुँचे। ड्राइवर ने ही एक छोटे से होटल में हमारे टिकने की व्यवस्था कर दी। उस होटल

के एक हॉलनुमा बड़े कमरे में हम सभी को स्थान मिला। कमरे के बीचोबीच एक चुल्ली में लकड़ी की आग थी। होटल वाला तथा वहाँ के कर्मचारियों को देखकर लगा कि वे बहुत भले और भोले लोग हैं। वे सभी पीरूवासी थे। होटल में सबके लिए एक जैसा भोजन बना–दलिया, सब्जी और मांस। हॉल में सबके लिए कैम्प-खाट बिछा दिया गया। लगा हम सब एक ही परिवार के सदस्य हैं। रहनेखाने का ख़र्च भी बहुत कम था वहाँ।

अगले दिन सुबह आठ बजे हम कुज़को के लिए रवाना हुए। बहुत तेज सर्दी थी, यात्रीगण अपना कम्बल आदि गोद में लिए बैठे थे। सभी का चेहरा बता रहा था कि वे ठंड से परेशान होने लगे थे।

कल की तरह आज का नैसर्गिक दृश्य भी सुंदर था। लोगों की कद काठी, भाषा और पर्वतीय दृश्य, ये सब मुझे पीरू में होने का अहसास दे रहे थे। मेक्सिको, ग्वाटेमाला और मध्य अमेरिका में भी स्पैनिश की संख्या बहुत है, इससे वहाँ जाने पर मुझे यह भान होता रहा जैसे मैं स्पेन में ही था। त्यों ही पनामा में मुझे अमरीकी गंध मिलता था। किन्तु इस एंडीज़ क्षेत्र में पहुँचने के बाद से मुझे यूँ प्रतीत होता रहा कि मैं किसी दूरवर्ती पर्वतीय देश में पहुँच गया हूँ जहाँ स्पैनिश भी विदेशी है। यहाँ का परिवेश, लोग और भाषा मुझे किसी नए अनजान देश में होने का आभास दे रहे थे।

आज सड़क पर गहरी खाई के दृश्य ही अधिक थे। बीच बीच में घाटियाँ मिलती थी, किन्तु उनकी लम्बाई अधिक नहीं थी। कभी-कभी दोनों ओर के पहाड़ करीब आते-आते मानों सड़क को ही लील लेना चाहते थे। यह दृश्य भारत के अरुणाचल प्रदेश के उत्तरी भाग जैसा था। एंडीज़ के इस भाग की ऊँचाई शायद पाँच हजार मीटर के करीब थी, चारों ओर का दृश्य देखकर ऐसा ही लग रहा था। वन नहीं था, केवल ठंडा नग्न पहाड़। राह में जीप रुकती तो दुकानों में कॉफ़ी और सूखी रोटी के अलावे कुछ नज़र नहीं आता। दोपहर को हम लोगों ने एक छोटे से सराय जैसे दुकान पर बैठकर कुछ खाया-पिया। जीप में हिचकोले खाते-खाते सभी की हालत पस्त थी, एक यात्री की दशा तो बार बार उल्टी करते-करते मुर्दा जैसी हो गयी थी। इस राह के दृश्य उनके लिए एकरस हो गया था। मुझे उम्मीद थी कि ड्राइवर मुझे बीच बीच में इस क्षेत्र के बारे में बताता रहेगा, परंतु मेरी बदकिस्मती से दोनों ड्राइवर लगातार आपस में केचुआ भाषा में बतियाते हुए सफर तय कर रहे थे। उनकी बातचीत का कुछ भी मेरे पल्ले नहीं पड़ता था। और रास्ता इतना खतरनाक था कि ड्राइवर को अपने साथ बातचीत में उलझाने की मुझे हिम्मत नहीं हुई।

दोपहर के बाद जीप धीरे-धीरे नीचे की ओर उतरने लगी थी। दृश्यावली भी बदलने लगी थी। यात्रा की थकान झेलते हुए हमलोग अपराह्न में ऐतिहासिक नगरी

कुज़को पहुँच गये। इस शहर की भौगोलिक स्थिति और यहाँ की नैसर्गिक छटा ने मुझे मोह लिया। लगा कि मेरा यहाँ आना सार्थक हो चुका है।

कुज़को

हम पीरू के केन्द्रस्थल में पहुँच गये थे। कुज़को कभी इंका सभ्यता की राजधानी थी, अब यह जिले का मुख्यालय होने के साथ ही पीरू का प्रमुख टूरिस्ट सेंटर था। जीप कुज़को के निकट पहुँचते ही यहाँ की दृश्यावलीने मुझे मोह लिया था। यहाँ की तुलना मसूरी से की जा सकती है, किन्तु कुज़को मसूरी से भी ज्यादा आकर्षक था। यूँ मैं कुज़को के इस क्षेत्र का मिलान हिमालय के किसी भी क्षेत्र के साथ नहीं कर पा रहा था। मसूरी का उन्नतांश 2005 मीटर था, जबकि कुज़को 3400 मीटर के उन्नतांश पर था। हिमालय के लेह तथा केदारनाथ तीर्थों पर पहुँचते ही मन में पवित्र भावनाएँ उभरती हैं। किन्तु यहाँ अभी तक वैसी भावना का स्पर्श नहीं मिल पाया था। जीप से उतरते ही ठंड ने और भी जोर से जकड़ लिया, क्योंकि बाहर हवा भी थी। ड्राइवरों को आंतरिक धन्यवाद और शाबाशी देकर मैंने अपना बैग पीठ पर लादा ही था कि एडुयार्डो नामक मेरे सहयात्रीने मेरे क़रीब पहुँचकर पूछा, "आपने कोई होटल बुक किया है?"

"नहीं।" मैंने जवाब दिया।

"तो, कहाँ ठहरेंगे? यहाँ तो काफ़ी पर्यटक दिखाई दे रहे हैं, इससे होटल भी शायद महंगा मिलेगा।"

उनकी इस बात से लगा कि वे बहुत चिंतित हो पड़े थे। मैंने उन्हें आश्वस्त करते हुए कहा, "आप फ़िक्र न करें, चलिए न पहले टूरिस्ट ऑफिस में जाकर पूछताछ करें।"

मैंने एडुयार्डो को अपने साथ रखना ही उचित समझा। मैंने सोचा कि मेरे साथ भाषा की दिक्कत थी, अतः एडुयार्डो का संग मेरे लिए हितकर होगा। दो-एक जगह पूछते ही टूरिस्ट दफ़्तर पहुँचने का मार्ग-दर्शन मिल गया। जहाँ हम जीप से उतरे थे, वह स्थान कुज़को का मध्यस्थल था, पर्यटक दफ़्तर के सज्जन ने हमें मानचित्र देकर समझा दिया कि हम उस समय कुज़को में कहाँ पर थे। इसके बाद उन्होंने तीन-चार होटलों का पता नोट कराकर कहा, "आप इन होटलों में देखिए, उम्मीद है कमरा मिल जाएगा। कोइ परेशानी हो तो यहाँ आ जाइएगा। हमारा दफ़्तर शाम के छह बजे तक खुला रहता है।"

उनके सुझाव के अनुसार हम कुज़को का नक्शा देखते हुए पहले जिस होटल में पहुँचे, वहाँ कोई कमरा खाली नहीं था। दुर्भाग्यवश दूसरे होटल में भी जगह नहीं थी। एडुयार्डो मुझसे बारबार कह रहा था, "ये सब बहुत महंगे होटल हैं, कोई सस्ता

होटल ढूँढ़िए।" उनके इस आग्रह की ओर ध्यान न देकर मैं तीसरे होटल की ओर बढ़ा। मेरे हावभाव या चालचलन से एडुयार्डो कुछ झुंझला अवश्य रहा था, परंतु लगा कि मुझपर उसे आस्था भी थी। पर्यटक दफ़्तर से सुझाया गया तीसरा होटल प्लासा आरमास के निकट मिल गया। होटल का नाम था 'हुयानापाता'। यह नाम मुझे बहुत प्यारा लगा। रिसेपशनिस्ट ने मुसकराकर हमें स्वागत कहा। यहाँ कमरा खाली था, आसानी से मुझे एक डबलबेड रूम मिल गया। हॉलाकि यह होटल काफ़ी महंगा था, किन्तु होटल की व्यवस्था बहुत अच्छी थी। किराये में गरम पानी और ब्रेकफास्ट का चार्ज सम्मिलित था। मैंने लोकल करेंसी में एक रात के लिए भुगतान कर दिया।

मैंने एडुयार्डो को अपने साथ टिका लिया। कमरा था भी काफ़ी बड़ा। इसी देश के एक सहयात्री का साथ पाना मुझे अच्छा लगा।

कमरे में पहुँचकर एडुयार्डो ने बताया कि लीमा से बाहर निकलने का उनका यह पहला मौका था, इसीलिए जीप से उतरने के बाद उन्हें बहुत घबराहट होने लगी थी। मैंने उन्हें आश्वस्त करते हुए कहा, "घबराइए नहीं, मैं बहुत घूम चुका हूँ, ऐसी समस्याओं का सामना करते हुए मैं अभ्यस्त हूँ।"

"अच्छा ही है कि मुझे आपका संग मिला। स्थानीय भाषा समझने में मैं आपकी मदद करूंगा।"

हमारा परिचय शीघ्र ही दोस्ती में बदल गया। एडुयार्डो मुझे कुज़को के प्राचीन ऐतिहासिक तथ्यों के बारे में बताने लगा। कुछ तथ्य मैंने अन्य सूत्रों से भी प्राप्त किया था।

कुज़को का इतिवृत्तः कोलम्बस द्वारा अमेरिका की खोज से पूर्व किसी को लैटिन अमेरिका के बारे में जानकारी नहीं थी। उसका अस्तित्व स्वतंत्र था। इंका सभ्यता लैटिन अमेरिका का एक गौरवमय अध्याय था। सम्पूर्ण लैटिन अमेरिका को मोटे तौर पर तीन भांगों में बाँटा जा सकता है -- समुद्रतटवर्ती समतल भूमि, अमेजन का वन्य क्षेत्र और एंडीज़ का पर्वतीय क्षेत्र। समतल मैदान में मुख्यतः साधारण लोग रहते थे, मछली मारना और बेचना उनका प्रमुख धंधा था। गहन अरण्य में बर्बर आदिवासियों का वास था, उनका जीवन-स्तर कभी उन्नत रहा हो इसका प्रमाण नहीं मिलता। जानवरों को मारकर खाना ही उनके जीवन का एकमात्र उद्देश्य था। शिकार के लिए वे तीर धनुष का इस्तेमाल करते थे ओर तीरंदाजी में माहिर थे। बाहरी शत्रुओं द्वारा अरण्य पर हमला होने पर वे एकजुट होकर आत्मरक्षा के लिए लड़ते। पहाड़ी क्षेत्र में जीवन-स्तर काफ़ी विकसित था। वहाँ उन्नत समाज - व्यवस्था थी। पहाड़ी क्षेत्र का यह उन्नत समाज ही इंका के नाम से जाना जाता था। इंका एक ओर तो एक सभ्यता का नाम है, एक जाति का नाम है, और दूसरी ओर उस समय के शिल्प और कला का भी नाम है। उनके

राजा का नाम भी इंका था। इसतरह कहा जाए तो इंका राज्य में इंका प्रजा थी और इंका राजा था। इंका स्थापत्य और इंका शिल्प से समृद्ध था वह इंका जगत।

उन दिनों यहाँ सारे मकान पत्थर से बनाए जाते थे। पत्थर के बड़े-बड़े खंड काटकर एक पर एक बैठाकर यहाँ का राजमहल बनाया गया था। राजमहल के बाद ही यहाँ का उल्लेखनीय भवन था सूर्य-मंदिर। सूर्यमंदिर इस तरह बनाए जाते थे कि वर्ष भर सूर्य की स्थिति का पता मंदिर के अन्दर से ही चल जाए। इस जमाने की भाषा में इसे 'आबजरवेटरी' (वेधशाला) कह सकते हैं। इंका राज तो राजा थे ही, वे सूर्य-देवता के प्रतीक भी माने जाते थे। राजा स्वयम् ही मंदिर के प्रधान पुरोहित होते। पत्थर का काम और सोने-चाँदी का काम यहाँ के दो प्रमुख उद्योग थे। इंका राज्य में सोना बहुत था, सोने का इतना विशाल भंडार किसी भी युग में धरती पर और कहीं नहीं था, ऐसा इतिहासवेत्ताओं का मानना है। राजमहल के सभी आसबाब तथा मंदिरों में पूजा के सभी सामान सोने के थे। राजा के जन्मदिन पर राजा के वजन के बराबर का सोना तौलकर उससे राजा की मूर्ति बनाकर प्रजा राजा को भेंट करती। किसी-किसी साल प्रधान रानी की आदमकद स्वर्ण-मूर्ति बनाकर भेंट की जाती। राजमहल के बगीचे की सभी सड़कें सोने की पात से मढ़ी हुई थीं। राजमहल के चारों ओर सोने की विभिन्न मूर्तियाँ लगी थीं जिन्हें वहाँ की सजावट के लिए राज्य के प्रमुख स्वर्णकारों ने गढ़ा था। कुज़को राजप्रासाद के बगीचे में सोने के कृत्रिम पेड़-पौधे लगाकर वहाँ की शोभा बढ़ायी गयी थी।

कहते हैं कि कोई कोई इंका राज मृत्यु से पहले सारे शरीर पर स्वर्ण-भस्म लगाकर सोने की नाव पर एक स्वर्ण-पात्र में पाँव डुबोए हुए सरोवर के मध्य तक जाते थे। अपने इस सोने की नाव पर वे अपनी प्रिय सामग्रियाँ भी ले जाते थे। तत्पश्चात् सूर्य को प्रणाम करके नाव डूबोकर वे अपनी जीवन-लीला समाप्त कर देते थे। इसीलिए आज भी बहुतों को यह यकीन है कि यहाँ की गहरी झील में काफ़ी मात्रा में सोने का भंडार मौजूद होगा।

उपरोक्त कथा से ही यह स्पष्ट होता है कि कभी यहाँ स्वर्ण किस परिमाण में रहा होगा। किंतु इससे भी अधिक आश्चर्य की बात यह है कि यह सोना कहाँ मिलता था इसकी जानकारी राजपरिवार के सिवा और किसी को नहीं थी।

सूर्य भगवान को राजा एवं प्रजा अपना प्रधान तथा एकमात्र देवता मानते थे। राजा प्रधान पुजारी होने के साथ ही सूर्य देवता का प्रतीक माना जाता था। राजाओं का वर्ण भी सुनहरा था। राजा दूसरे राज्यों से रानियाँ नहीं लाता था। राज्य की सुंदरी युवतियों को राजा के चरणों में अर्पण किया जाता था। उन युवतियों को गुण के कारण नहीं, उनके रूप के कारण ही राजा उन्हें ग्रहण करता था। परंतु चूंकि राजा देवता का प्रतीक था, अतः इन युवतियों का कुमारी रहना आवश्यक था- उनमें से एक को राजा अपनी

प्रधान रानी बना लेता था तथा औरों को या तो राजप्रसाद में ही स्थान दिया जाता अथवा उन्हें देवदासी की हैसियत से सूर्योपासना के काम में जुटना पड़ता। सूर्योपासना के गूढ़ रहस्य तथा पद्यति के बारे में अभी तक कुछ पता नहीं चल पाया है। पूजा के समय राज्यभर में पर्व मनाया जाता। रानी और देवदासियों में सखियों जैसा रिश्ता था।

इंका राजाओं के इतिहास के बारे में पूरी जानकारी नहीं मिल पायी है। राजदरबार के कवि, साहित्यिक, इतिहासवेत्ताओं के बारे में भी किसी को नहीं मालूम। लेकिन इंका सभ्यता की वास्तुकला देखने से प्रतीत होता है कि राजदरबार में दर्शन, गणित और वास्तुकला की जानकारी रखने वालों का अभाव नहीं था। राज्य में युद्ध तथा संघर्ष भी नहीं था।

इंका सभ्यता की मूल उत्पत्ति तथा इतिहास अज्ञात होने पर भी आधुनिक वैज्ञानिक गण इस कोशिश में लगे हुए हैं कि इस विषय पर विस्तृत विवरण एकत्र किए जाएँ। पूरातत्ववेत्ताओं का मत है कि जंगली आदिवासियों से दूरी बनाए रखने के लिए इंकाओं ने एंडीज़ का यह ऊँचा पर्वतीय भाग चुन लिया था। हाँलाकि यह क्षेत्र कृषि के योग्य नहीं था, किंतु शांतिपूर्ण ढंग से निवास करने के लिए अवश्य ही उपयुक्त था।

स्पेन के अभियात्रियों ने जब सोने की तलाश में लैटिन अमेरिका का अभियान शुरू किया, तब उनके साथ ईसाई पाद्री भी आते थे। अभियात्री सोने की तलाश में लोगों का घरबार फूँककर लूटपाट करते थे, त्यों ही पादरीगण भी मंदिर तथा देव-मूर्तियों को तोड़कर लोगों को जबर्दस्ती ईसाई बनाते थे।

अब सवाल यह है कि इस विशाल सभ्यता को सिर्फ़ कुछ सौ अभियात्रियों ने किस तरह धूल में मिला दिया? आगे इसी प्रसंग पर रोशनी डालना चाहूंगा।

भारत के इतिहास की तुलना में अमेरिका का इतिहास काफ़ी नया है। कोलम्बस द्वारा अमेरिका की खोज अधिक पुरानी घटना नहीं है। कोलम्बस द्वारा अटलांटिक महासागर पार करने की घटना के बाद से ही यूरोप में नए देशों को ढूँढने और उनपर कब्जा करने की होड़ लग गयी थी। किसे कहाँ भेजा जाए, इसपर यूरोपीय देशों के बीच भयानक प्रतियोगिता शुरू हो गयी। तत्कालीन बहुत से राजाओं ने इस होड़ की आग में घी डालने का काम किया। इन राजाओं में से जिन राजाओं ने अभियान के लिए खुले हाथ धन खर्च करने का जोखिम उठाया, आखिर में वे ही लाभान्वित हुए। उन दिनों यूरोप के दो देश, स्पेन ओर पुर्तगाल, नौ-संचालन तथा जल-युद्ध में काफ़ी उन्नत थे।

जब यूरोपीयों ने सुना कि लैटिन अमेरिका की सड़कों में भी सोना पड़ा है, तब सोना बटोरने के लिए जल-दस्युओं ने भी नए देश के अभियान में जाने का निश्चय किया। कोलम्बस तथा उसके बाद के दो अभियान दलों को कहीं सोना नहीं मिला था।

उनकी व्यर्थता और निराशा की कथा इतिहास में है। बाद में धीरे-धीरे यूरोपीयों को मालूम हुआ कि अमेरिका में 'एल डोराडो' नामक एक परिकथा प्रचलित है। और भी आगे चलकर यह ज्ञात हुआ कि दक्षिण में एक ऐसा देश है जहाँ का राजा सोने की पलंग पर लेटकर खिड़की के बाहर फैले बगीचे की शोभा निहारता है और यह बगीचा सोने से मढ़ा गया है। वहाँ मंदिर में सोना ही सोना है और राजमहल का हर सामान तथा आसबाब सोने के हैं।

स्वर्ण-भंडार की इस कहानी ने निराशा में डूबी स्पैनिश जाति में जैसे प्राण फूँक दिया। उस समय स्पेन का राजा चार्लकँ बहुत शक्तिशाली था - फ्रांस और जर्मनी का काफ़ी हिस्सा उसके अधीन था। जैसे भी हो, चार्ल कँ को यह सोना अवश्य चाहिए। सोने की खोज में अभियात्रियों को भोजने का जितना भी खर्च लगे, वे अपने राजकोष से देंगे। उन्हें यकीन था कि अभी जो भी व्यय होगा, बाद में वह वसूल हो जाएगा। इस काम के लिए उन्हें एक योग्य व्यक्ति मिल भी गया। फ्राँसिस्को पिस्सारो नामक एक अशिक्षित खूंखार जलदस्यु को राजा ने यह काम सौंपा। अब पिसारो का यह बीजमंत्र हो गया कि उसे सोना लाना है। इसके लिए कोई भी हीनतम काम करने में उसे आपत्ति नहीं थी। अपने एक मूर्ख मित्र और एक पादरी को लेकर वह जलपोत द्वारा रवाना हुआ। वह अपने साथ लगभग सौ व्यक्ति, उससे भी कम घोड़े तथा आवश्यक आग्नेयास्त्र लेता गया।

सोलहवीं शताब्दी के शुरू में इंकाराज के दरबार में एक अभूतपूर्व ख़बर पहुँची। यह समाचार जितना आकस्मिक था उतना ही विस्मयकर। सामाचार यूँ था : "सागर (अटलांटिक महासागर) के बीच से कई विशाल मकान (जलयान) तैरते हुए आए हैं। उन मकानों में अजीब तरह के आदमी हैं जिनकी दाढ़ी और पोशाक भी अजीब है। उन तैरने वाले मकानों से वे लोग तट पर उतरे हैं। वे आधे इंसान और आधे जानवर हैं, चार पावों पर वे बहुत तेज़ भागते हैं (घुड़सवार नाविकों को देखकर उन्हें ऐसा लगा था)। वे अजीब ढंग से बातचीत करते हैं और इससे भी आश्चर्य की बात यह है कि उनके पास वज्र है। उनकी एक लाठी गरज उठती है तो दूर खड़ा व्यक्ति मर जाता है। वे अवश्य ही सफेद देवता होंगे।"

इंका राजा ने यह समाचार सुना, परंतु उन्हें नहीं लगा कि इसमें उन्हें कुछ करना है। बल्कि यह जानने के लिए कि इस समाचार में कितनी सच्चाई है, वे उत्सुक बने रहे।

इंका राजा अताहुयालया इन विदेशियों के आगमन के समाचार से तनिक भी विचलित नहीं हुए। असल में इस ओर विशेष ध्यान देने का समय भी नहीं था उनके पास। उनके पिता राजा हुयाइना कापाक के हाल ही में गुजर जाने से राज्य का दायित्व उन पर पड़ा था। अनुज युपांकि मांको इस बात से असंतुष्ट था कि उसे सिंहासन नहीं मिला। बड़े भाई के प्रति वह ईर्ष्या से सुलग रहा था। अताहुयालया ने भाई को बहुत

समझाया, परंतु वह मानने को राजी नहीं था कि एक भाई देवता माना जाए और दूसरे भाई को राजपरिवार के एक साधारण सदस्य की हैसियत से जीना पड़े , जबकि दोनो का खून एक ही है। मांको इसे अन्याय मान रहा था और उसे इस बात का सख्त अफ़सोस था।

पिसारो का दल लैटिन अमेरिका की जमीन पर उतरते ही यहाँ के हजारो लोगों ने घोड़े और बंदूकें देखकर उन्हें नर-देवता मान लिया। बिना युद्ध के ऐसी सफलता से पिसारो ख़ुशी से पागल हो उठा। स्थानीय आम जनता की इस मूर्खता का फ़ायदा लूटने के लिए वह मनसूबे बांधने लगा। यह कहने की आवश्यकता नहीं कि दक्षिण अमेरिका के लोगों ने इससे पहले कभी घोड़ा नहीं देखा था।

पिसारो के साथ जो पादरी गया था, वह लोगों के सिर पर पानी का छिड़काव करता हुआ यह प्रचार करने लगा, "तू लोग पापी था, मैंने भगवान् ईसामसीह के नाम पर तू लोगों को उबार दिया। अब हमारी तरह तू लोग भी स्वर्ग जाएगा।"

परागुवे के कुछ स्वार्थान्वेषी लोग पिसारो से जा मिले और उसे हर तरह का सहयोग देने का वादा इस शर्त पर किया कि बदले में पिसारो भी उन्हें कुछ देगा। परागुवे के इन्हीं लोगों से पिसारो को एंडीज़ के पठार पर स्थित सोने के देश के बारे में मालूम हुआ। ये सुविधावादी लोग ही पिसारो के दल में गाइड के रूप में शामिल हो गये थे। काफ़ी दिनों तक एक के बाद एक पहाड़ लांघने की तकलीफ़ें झेलते रहने के बाद आख़िर एकदिन यह दल इंका राज्य तक पहुँच ही गया।

उन दिनों काजामारका नामक स्थान पर इंका राज की राजधानी थी। शहर के निकट पहुँचकर पिसारों को ठिठकना पड़ा। उसके पास घोड़े और बंदूकें होने पर भी इंका की विशाल शक्ति के सामने उसे घुटने टेकने पड़ते। वहाँ की हजार हजार प्रजा राजा के एक आह्वान पर देश की रक्षा के लिए अपना जीवन उत्सर्ग करने को प्रस्तुत थे। पिसारो स्वयम् भी यहाँ युद्ध करने के लिए नहीं आया था, वह आया था सोना बटोरने। चाहे जिस उपाय से हो, उसे सोना चाहिए। इंका राज्य में प्रवेश करते ही उसे सोने की महक मिल गयी थी। वैसे भी वह समुद्री दस्यु था, कोई योद्धा नहीं। उसके सब साथी भी दस्यु थे। अतः सम्मुख समर का प्रश्न ही नहीं था। राजा अताहुयालया पिसारो के आगमन का समाचार पाकर विचलित नहीं हुए थे, बल्कि वे तो उस शुभ घड़ी का इंतज़ार कर रहे थे जब वे उन अजूबे लोगों को देख पाएंगे।

पिसारो स्थिति का जायका लेता रहा, उसके बाद एकरात अवसर भाँपकर अपने दल के केवल सत्तर दस्युओं को संग लेकर सतर्कता के साथ घुड़सवारी करता हुआ वह राजमहल में जा पहुँचा। महल के पहरेदार इन्हें देखकर तो भौंचक्क रह गये, उन्होंने जीवन में पहली बार घोड़ा देखा था। घुड़सवारी तो उनके लिए सपने से भी परे की बात थी। उनका अचंभा कटने से पहले ही रानी की आँखों के सामने से राजा

अताहुयालया को उनके बिस्तर से उठाकर दस्युओं का दल चम्पत हो गया। अगले दिन जब सबको राजा के अपहरण की सूचना मिली, तब तक काफ़ी देर हो चुकी थी। पिसारो ने राजा को अन्यत्र ले जाकर क़ैद कर रखा, फिर यह सूचना भेज दी कि राजा को छुड़ाने के लिए यदि सेना भेजा गया तो वह राजा की हत्या कर देगा। वह सोना के लिए आया है, उसे पर्याप्त मात्रा में सोना मिल जाए तो वह राजा को छोड़ देगा। अतः राजा के जीवन की रक्षा का एकमात्र उपाय यह है कि पिसारो को पर्याप्त सोना दिया जाए।

पिसारो के इस संदेश से ही इंका देश की जनता यह समझ गयी कि ये आगंतुक नर-देवता नहीं, बल्कि नर के वेश में शैतानों का पदार्पण हुआ है वहाँ। किंतु यह समझने में उन्हें देर तो हो ही चुकी थी और राजा का जीवन संकट में था। अतः राजा के प्राणों की रक्षा के लिए सारे देश से सोना इकट्ठा करने का प्रयास किया जाने लगा। कुछ ही दिनों में काफ़ी सोना एकत्र कर लिया गया। लगभग दो सौ किलो। मंदिर तथा राजमहल में सजावट के लिए लगायी गयी स्वर्ण-मूर्तियाँ भी पिसारो के हवाले करनी पड़ी। पिसारो ने अपने जीवन में कभी इतना सोना नहीं देखा था। जो सोना उसने बरामद कर लिया था उसके समक्ष स्पेन का राजकोष भी कुछ नहीं था। सोने का विशाल भंडार पाकर पिसारो निश्चिंत हो गया कि उसने अपना मकसद पूरा कर लिया है, इसलिए घुड़सवारों के एक दल के जरिए उसने पहले सोना जहाज़ की ओर भेज दिया। उसके बाद राजा को मुक्त करने के बजाए उसने उसकी निष्ठुर हत्या कर दी। इंका का सोना भी गया, राजा का जीवन भी।

राजा का भाई मांको यूपांकि एक दूसरे महल में रहता था। बड़े भाई को खोकर और पिसारो की सफलता देखकर उसे एक शक्तिशाली दानव मान मांको महल छोड़कर भाग खड़ा हुआ। इतिहासकारों का मत है कि इंका के इतिहास ने यहीं से नया मोड़ लिया। महल से भागने के बजाए मांको अगर इंका ताकत एकजुट कर पिसारो पर हमला बोल देता, तो पिसारो को रौंदने में एक घंटा से ज्यादा समय नहीं लगता। सौ घुड़सवार और बंदूकें दस हजार इंका फौज के सामने टिक नहीं पाते। इतिहासकारों का कहना है कि मांको भैया की मौत से कुछ प्रसन्न अवश्य हुआ था, इसीलिए उसने जानबूझ कर पिसारो पर आक्रमण नहीं किया। यूँ पिसारो ने भी राजमहल पर आक्रमण नहीं किया था, क्योंकि उसे भलीभाँति मालूम था कि युद्ध होने पर उसे जमीन सूंघनी पड़ेगी।

कुछ दिन छिपे रहने के बाद मांको महल में लौट आया। किंतु उसके लौटने का उद्देश्य राज्य का पुनरूद्धार, भाई की हत्या का प्रतिशोध या प्रजापालन नहीं था, बल्कि वह लौटा था बहुत दिनों से लालित उसकी मनोकांक्षा पूरी करने के लिए। उसकी इंकाधिपति बनने की ख्वाहिश तीव्र हो उठी थी। बड़े भाई की मौत ने उसे यह अवसर

ला दिया था। इंकाराज के सिंहासन पर बैठने का उसे पूरा हक था।

मांको को न तो इंकाराज के महल के लोग पसंद करते थे, न ही देश की प्रजा। वहाँ के मंत्रियों एवं दरबार के परामर्शदाताओं को यह अच्छी तरह ज्ञात था कि मांको ईर्ष्यालु था तथा उसे गद्दी का लालच था। वहाँ किसी का सहयोग नहीं मिलेगा सोचकर ही मांको ने पिसारो से संधि कर ली और उसे अपना सहयोगी तथा अंगरक्षक बना लिया। इस तरह पिसारो मांको का प्रधान सलाहकार बन बैठा। उस समय मांको यह सोच भी नहीं पाया था कि उसने नहर काटकर मगरमच्छ को घर में आमंत्रित किया है। पिसारो ने पहले भी इंका में युद्ध नहीं छेड़ा था, इससे राज्य के लोग घोड़े को तो रहस्यमय मानते थे किंतु उन्हें बन्दूक की शक्ति का पता नहीं था। मांको यदि पिसारो की मदद नहीं लेता तो उसे कभी भी राजमहल में घुसने की हिम्मत नहीं होती। राज्य में सभी को यह भी पता था कि मांको असल में भयानक डरपोक था। मांको का बुलावा पाकर पिसारो अत्यंत ख़ुश हुआ, उसे तो बिना युद्ध के राजत्व मिल गया था।

मांको राजा बना। साथ ही अब वह सूर्यदेवता का प्रतिनिधि भी था। कुछ दिनों के बाद मांको को अपनी गलती का अहसास हुआ। कुज़को के राजमहल में प्रवेश करने के बाद पिसारो शिकारी कुत्ते की तरह सोना-चाँदी की तलाश में लग गया। और इसके लिए उसे कोई मेहनत भी नहीं करनी पड़ी, उसे सोने के पेड़ जो दिखायी दिए। हाँ, सोने के पेड़, जो महल के बगीचे की खूबसूरती बढ़ाने के लिए बाग में लगाये गये थे। बाग में बैठने के लिए बहुत से सोने के आसन थे। यह सब सोना पिसारो को नहीं दिया गया था। पिसारो को केवल राजा अताहुयालया के हिस्से का सोना, मंदिर का सोना तथा प्रजा के व्यक्तिगत संग्रह का सोना दिया गया था राजा की जान बचाने के लिए। कुज़को महल में पहुँचने के बाद पिसारो बेझिझक उस महल में स्थापित सोने की मूर्तियाँ, सोने के पेड़ तथा अन्य सजावट के सामानों को तोड़ने और पिघलाने में जुट गया और भी सोना बटोरने के लिए। उसने इसके लिए राजा मांको से कोई अनुमति भी नहीं मांगी। देखते-देखते कुज़को का सारा धन-भंडार पिसारो की मुट्ठी में आ गया। मांको अपनी आँखों से यह सब देखता रहा, परंतु अब वह कर ही क्या सकता था। अपनी लालच और मूर्खता के कारण वह स्पेन के जलदस्युओं के हाथों की कठपुतली बन चुका था, और इसकी उसे कीमत तो चुकानी ही थी।

कुज़को की सोना-चाँदी और दूसरी कीमती वस्तुएँ बटोरकर पिसारो ने जहाज़ पर भेज दिया। इस तरह सुसज्जित कुज़को नगर नंगा हो गया। प्रजा भी कुछ नहीं कह पा रही थी क्योंकि उनके राजा स्वयम् पिसारो से मिले हुए थे। देश को इस तरह बर्बाद होते देखकर प्रजा नीरवता के आँसू बहाती रही ओर अंर्तयामी से राज्य की रक्षा के लिए प्रार्थना करती रही।

धन-भंडार के बाद भी पिसारो शांत नहीं हुआ। उसके दस्यु मन की पुरानी पाशविक मनोवृत्ति अब कुलाँचें भरने लगी थी। पिसारो और उसके साथियों ने अब इंका नारियों पर अत्याचार यानी बलात्कार करना शुरू कर दिया। पिसारो और उसके यार दोस्तों ने राजमहल में रहने वाली लड़कियों को लेकर हारेम बना डाला। राजा मांको के महल में जितनी कुमारी लड़कियाँ थीं, सभी की इज्जत लूटी गयी। राजमहल शराबखोरी और औरत बाजी का अड्डा बन गया। पिसारो राजा मांको के सामने ही उसकी रानी को भोग करने लगा। कहते हैं कि आदमी किसी सीमा तक ही बर्दाशत कर सकता है। पिसारो सीमा लांघ चुका था, परंतु मांको विवश था। राज्य की सेना वह पहले ही पिसारो के सुपूर्द कर चुका था। अपनी आँखों के सामने अपनी पत्नी का सतीत्व नाश होते देखकर मांको तिलमिला गया, परंतु उसे खून के घूंट पीकर रह जाना पड़ा क्योंकि वह समझ गया था कि प्रतिवाद करते ही पिसारो उसकी गर्दन उड़ा देगा। इसीलिए काफ़ी सोच-विचार के बाद मांको ने महल से भागने का निश्चय किया और उसने इसके लिए एक उपाय भी ढूँढ़ लिया। राजा मांको को अब होंश तो आ गया था, किंतु उसे होंश आने में बहुत-बहुत विलम्ब हो चुका था।

मांको ने पिसारो को बुलाकर अत्यंत गोपनीयता के स्वर में कहा कि पहाड़ के किसी खास स्थान पर उसके पूर्वजों का धन-भंडार सुरक्षित है, मांको के सिवा और कोई उस गुप्त-स्थान के बारे में नहीं जानता। पिसारो की मदद से ही वह इंका का राजा बना था, अतः इस दोस्ती का कर्ज़ पटाने के लिए वह सुरक्षित सोना पिसारो के हवाले करना चाहता है। लेकिन वह स्थान अत्यंत दुर्गम है, वहाँ घोड़े नहीं जा सकते। अतः मांको अकेला ही जाएगा, परंतु अगाध सोना-चाँदी ढोने के लिए उसे एक हजार विश्वस्त आदमी चाहिए। मांको का प्रस्ताव सुनकर स्वर्ण लोभी पिसारो ख़ुशी से झूम उठा और उसने मांको को आलिंगन में भरकर कहा, "तुम ही मेरे असली मित्र हो। मुझे कोई एतराज नहीं है। तुम अपनी पसंद से एक हजार व्यक्ति चुन लो। इसीक्षण इस यात्रा पर निकल पड़ो।"

मांको ने एक हजार विश्वस्त सैनिक और राजभक्तों को चुनकर राजमहल त्याग किया। पिसारो को वह आश्वासन दे गया कि जितनी शीघ्र हो सके वह धन भंडार लेकर लौट आएगा।

इंकाराज मांको को महल छोड़कर जाते देख देशवासी राजा को देखने के लिए उमड़ पड़े। कुमारी सुंदरी लड़कियों ने जिद पकड़ी कि वे भी राजा के साथ जाएंगी। मांको ने उन्हें निराश नहीं किया, सिर्फ़ कहा, "चलो, परंतु रास्ता बहुत दुर्गम है।" राह में और भी बहुत से राजभक्त मांको के साथ हो लिए। कुज़को के राजमहल से मांको धीरे-धीरे पहाड़ के दुर्गम रास्ते बढ़ता गया। वह कहाँ गया, किसी को इसकी भनक नहीं मिली।

पिसरो ऐश्वर्य पाने की उम्मीद में व्यग्रता के साथ प्रतीक्षा करता रहा।

धीरे-धीरे इंका के पूरे राज्य में यह ख़बर फैल गयी कि राजा मांको अपनी सेना के साथ राजमहल छोड़कर अन्यत्र चला गया है। इससे लोग यह समझ गये कि राजा पिसारो के चंगुल से मुक्त हो गया है। यद्यपि पिसारो को यह ज्ञात नहीं था कि मांको कहाँ गया, परंतु राज्य के पुराने योद्धा और सलाहकार परिषद को यह मालूम था कि राजा इस समय कहाँ हैं। क्रमशः ऐसे लोग भी आकर राजा के दल में शामिल होने लगे। देखते-देखते राजा की फ़ौज में सैनिकों की संख्या बढ़ गयी। उनकी आस्था मांको पर धीरे-धीरे जमने लगी थी। देशवासियों ने मांको को इंकाराज मान लिया और जो गौरव वह पिसारो से संधि करके खो चुका था, वह लौट आया। पिसारो काफ़ी दिनों तक इंतज़ार करते रहने के बाद समझ गया कि मांको उसे धनभंडार का धोखा देकर भाग गया है। किंतु पिसारो कुज़को पर अपना अधिपत्य खोना नहीं चाहता था। राजमहल और उसके आसपास जो सेना अब भी रह गयी थी, उन्हें एकत्र कर पिसारो ने अपनी फ़ौज गढ़ ली।

बहुत दिनों के बाद मांको अपने शहर कुज़को वापस लौटा। किंतु किसी शोर-शराबे के साथ नहीं, अत्यंत सावधान होकर। दिन के उजाले मे भी नहीं, रात के अंधकार का आड़ लेकर। उस समय कुज़को शहर गहरी नींद में था। परंतु पिसारो और उसके गिरोह के लोग तो जन्म से ही डाकू थे, वे चैन की नींद सोना नहीं जानते थे। दस्युओं को हमेशा चौकन्ना रहना पड़ता है क्योंकि उनपर हमला होने का ख़तरा सदैव बना रहता है। इसलिए पिसारो के चारों और हर वक्त सशस्त्र पहरेदार तैनात रहते थे।

मांको पिसारो के साथ बहुत दिन गुजार चुका था और उसकी हीनवृत्ति और हीन कार्यों का वह प्रत्यक्षदर्शी था। मांको सीधे रास्ते से न आकर अपने दल को लेकर विभिन्न कमरों के अंदर से तथा दीवार और छत लांघकर महल में घुसा। रात के अंधेरे में पिसारो के पहरेदारों ने पहले उन्हें नहीं देखा था, लेकिन उनपर नज़र पड़ते ही प्रहरियों ने औरों को चौकन्ना कर दिया जिससे बाकी जलदस्यु भी जाग गये। साथ ही गोला-बारूद की भयंकर आवाज़ से निद्रित कुज़को शहर भी जाग उठा।

मांको की फ़ौज वीर और राजभक्त होने पर भी उन्होंने कभी गोला-बारूद नहीं देखा था। बन्दूकों का गर्जन सुनकर वे पहले बहुत घबरा गये थे, बाद में योग्य सेनापतियों का उत्साह पाकर वे आमरण संग्राम के लिए कमर कस लिए। इंका के बहुत- से योद्धा शहीद हो गये। आग्नेयास्त्र के सामने भला तीर-धनुष टिकता भी कैसे? इसके अलावा पिसारो की फ़ौज में भी तो कुज़को के असंख्य योद्धा शामिल थे। मांको की सेना को यह पहले से पता था कि गोला-बारूद के सामने वे टिक नहीं पाएंगे, इसीलिए उन्होंने आमने-सामने युद्ध करने के बजाए विभिन्न महलों के छत ओर दीवारों का आड़ लिया था। पिसारो के दल को ऐसी उम्मीद नहीं थी, इसलिए उन्हें भी मुँह की खानी पड़ रही थी। मांको की सेना को कुज़को के हर घर और गलियों की पहचान

थी। इसलिए जब उन्होंने देखा कि अब आगे बढ़ना नामुमकिन है, तब उनलोगों ने तीर की नोक में मशाल बांधकर राजमहल तथा शहर के हर क्षेत्र में फेंकना शुरू किया। कुछ ही क्षणों में सारा शहर आग की लपेट में था। जब असली राजा राजमहल और शहर पर कब्जा नहीं कर पाया, तब उसका अस्तित्व बचाकर भी क्या होगा? विदेशियों के हवाले छोड़ने से तो बेहतर था कि उसे ध्वंस ही कर दिया जाए। आग की लोलिहान शिखा से जब कुज़को शहर का चारों ओर लाल हो उठा था, तब मांको अपनी सेना लेकर फिर उसी पहाड़ पर वापस लौट गया।

मांको के आक्रमण से पिसारो बच तो गया, पर मन ही मन वह बेहद घबरा गया था। शहर शांत होते ही उसने अपना असली चेहरा दिखाना शुरू किया। भोले देशवासियों पर अकथ्य अत्याचार शुरू हो गया। मांको की तलाश में चारों ओर गुप्तचर भेजे गये। किसी भी क़ीमत पर उसे मांको चाहिए, इसके लिए उसने पुरस्कार की घोषणा की और मांको को पकड़ने या उसका पता बतानो वाले को ऊँचा ओहदा देने का भी लालच दिखाया। किंतु उसकी ये सारी कोशिशें बेकार गयी। इंका की प्रजा जाग उठी थी और राजा मांको पर उनकी आस्था भी लौट आयी थी। देशवासी दो भागों में बँट गये थे, कायर और अवसरवादी पिसारो के दल में शामिल हो गये जबकि देश प्रेमी राजभक्त मांको से जा मिले। मांको किस पहाड़ पर था, यह ख़बर या वहाँ पहुँचने का रास्ता कोई भी पिसारो को नहीं दे पाया। जिन्हें उस रास्ते का पता था, वे हर तरह का अत्याचार सहने और प्राण न्योछावर करने तक को प्रस्तुत थे, पिसारो द्वारा कहर ढाये जाने के बाद भी उन्होंने मांको का पता नहीं बताया। पिसारो पागल सियार की तरह पहाड़ दर पहाड़ छानता रहा, फिर उसी आग से झुलसे कुज़को शहर में जाकर रहने लगा।

उधर स्पेन के राजा को पिसारो की सारी करतूतों का पता चलने के बाद भी वह ख़ामोश रहा। उस राजा के लिए सोना ही सबकुछ था, जो उसे सोना ला देगा, उसका सात खून माफ, वही उसका कृपा पात्र बनेगा। पिसारो की दस्युवृत्ति, आम जनता पर अकथ अत्याचार, लूट-तराज, बलात्कार आदि सब कुछ राजा चार्लकँ के लिए नगण्य घटनाएँ थीं क्योंकि पिसारो ने उन्हें काफ़ी मात्रा में सोना भेजा था। दूसरे शब्दों में कहा जाए तो पिसारो ने सोना देकर स्पेन के राजा को ख़रीद लिया था। राजा ने पिसारो को स्पेन का सर्वश्रेष्ठ 'वाइसराँय' की पदवी से अलंकृत किया और उसे राष्ट्रदूत बना दिया। पिसारो की मदद के लिए स्पेन से पर्याप्त मात्रा में गोला-बारूद, घोड़े और सैनिक भेजे गये।

इंका देश में पहाड़ों पर बहुत से मंदिर थे। उन मंदिरों के संलग्न बहुत से मकान थे जो पुजारियों और तीर्थयात्रियों के लिए बनाए गये थे। मांको अपने सहस्राधिक भक्तों और वीर सैनिकों के साथ मंदिर के संलग्न उन्हीं मकानों में रह रहा था। कभी एक

पहड़ पर तो कभी दूसरे पहाड़ पर। उसका यह पड़ाव कभी तीर्थयात्रियों की तरह लगता तो कभी युद्ध-शिविर जैसा। उसका इस तरह द्रुत स्थान परिवर्तन करते रहने का कारण यह था कि इंका राज्य को अपने कब्जे में करने के बाद स्पैनिश घुसपैठिए और भी शक्तिशाली हो उठे थे और वे मांको की तलाश में थे। वे समझते थे कि मांको को पकड़ने का मतलब होगा सोने की खान पकड़ना, क्योंकि उसे अवश्य ही कुबेर के धनभंडार का पता मालूम होगा। इसतरह मांको के दल के शांतिप्रिय भोले-भाले लोग मजबूर होकर छापामार गोरिला में तब्दील हो गये। मौका मिलने पर वे कभी-कभी स्पैनिश फ़ौज पर कूद पड़ते।

एंडिज़ का ऊँचा पर्वतीय भाग युगों से धर्मक्षेत्र और तीर्थक्षेत्र के रूप में प्रसिद्ध था। उन सभी धार्मिक स्थलों में मांको का स्वागत होता रहा। कहीं सूर्य-देवता की प्रतिनिधि की हैसियत से, कहीं प्रधान पुरोहित के रूप में तो कहीं इंकाराजा के रूप में लोग उनका स्वागत करते। इन स्थानों में मांको की उपस्थिति ने बहुत से पुराने मंदिरों को तो जैसे पुनर्जीवन दे दिया था।

मांको को भी पिसारों की ख़बर मिलती रहती थी। सोने के बँटवारे के विवाद में पिसारो ने अपने सबसे प्रिय मित्र की, जो बहुत-से अभियानों में उसका साथी था, हत्या कर दी। लीमा शहर को सुसज्जित कर पिसारो ने यह घोषणा कर दी थी कि अब लीमा ही पीरू की राज़धानी है तथा पिसारो यहाँ का राजा। अपना राज्य गँवाकर असली इंकाराज पहाड़ों का चक्कर काटता रहा। बहुत दिनों के बाद अचानक मांको को यह सामाचार मिला कि किसी आततायी ने पिसारो की हत्या कर दी है। किंतु इस समाचार के बाद भी मांको अपनी सेना के साथ कुज़को नहीं लौटा, उसे एंडीज़ का पर्वतीय क्षेत्र बहुत भा गया था और इंकाओं के बीच उसने अपनी जगह भी बना ली थी। यूँ पिसारो के मौत के समाचार ने उसे काफ़ी राहत दी। पहले की तरह उसे सतर्क रहने ओर गुप्तचर लगाए रखने की ज़रूरत नहीं महसूस हुई। अतः वह जान भी न पाया कि पिसारो नहीं रहा तो क्या हुआ, स्पेन की सेना तब भी मांको की तलाश जारी रखे थी। पिसारो की मौत के बाद दूसरे ने सत्ता संभाली थी, और मांको का तलाश जारी रखना उसके लिए भी जरूरी था, क्योंकि मांको मिल जाएगा तो और सोना मिलेगा। आखिर एक व्यक्ति को मांको का खोज मिल ही गया। एक दिन जब मांको अपने कुछ साथियों के साथ एक खेल में उलझा था, तब किसी ने पीछ से छूरा घोंपकर उसकी हत्या कर दी। किंतु हत्यारा ज्यादा दूर भाग नहीं पाया, रास्ते मे ही वह पकड़ लिया गया और इंकाओं ने तत्क्षण उसे मार डाला। मांको के छिपने का स्थान आततायी और किसी को नहीं बता पाया। अगर वह किसी तरह इन लोगों के छिपने के जगह स्पैनिश हेड-क्वार्टर को पहुँचा पाता, तो स्पैनिश फौज की बन्दूकें वहाँ छिपे सारे लोगों को भून कर रख देती। बहुत बाद में यह पता चला कि उस स्थान का नाम विटको था।

लेकन अब भी लोग ठीक से बता नहीं पाते कि विटको कहाँ है? मांको के शव को देवताओं को प्राप्य सम्मान दिखाते हुए महा धूमधाम के साथ ममी बनाकर संरक्षित किया गया था।

मांको की मृत्यु के उपरांत उसके दो बेटों ने पिता द्वारा बनाए गये गोरिला फ़ौज का नेतृत्व संभाला। बड़े बेटे का नाम था साइरीतुपाक ओर छोटे का नाम था टितुकुसी। साइरी तुपाक स्पैनिशों के खिलाफ लड़ने के इरादे से अपना फ़ौज लेकर विटको से रवाना हुआ किंतु रास्ते में ही उसकी मौत हो गयी। बहुतों का मत है कि किसी ने जहर देकर उसे मार डाला था। इसके बाद हाँलाकि टितु कुसी ने गोरिला फ़ौज का नेतृत्व संभाला, किंतु वह ख़ुद एक दुरारोग्य व्याधि से ग्रस्त होकर शीघ्र ही चल बसा। साइरी तुपाक का बेटा तुपाक आमारू इंका राजवंश का आखरी उत्तराधिकारी था। उसने अपने पिता की याद में एक विशाल स्मारक बनवाया। इंकावासी आज भी यह घटना सुनाते हैं,किंतु कोई भी यह नहीं बता पाता कि वह स्मारक कहाँ पर बनवा गया था। तुपाक आमारू अवशिष्ट लोगों को लेकर एंडीज़ के और भीतर यानी उत्तर की ओर निकल गया। एंडीज़ के उत्तर में अमेजन के वन में पहुँचते ही वह नई मुसीबत में घिर गया। वहाँ के जंगली बर्बर आदिवासियों ने उसे शत्रु समझकर उस पर हमला कर दिया। थकाहारा अनुभवहीन छोटा युवराज बर्बरों द्वारा बंदी बना लिया गया और बाद में आदिवासियों ने उसे स्पैनिश सेना के सुपूर्द कर दिया। स्वाधीन इंका राज्य की इस आखरी वारिस की मौत भी स्पैनिशों के हाथों हुई। देश की आम जनता युवराज तुपाक की समाधि अपने आँसुओं से भिगोती रही।

आधुनिक कुज़को शहर :

अगले दिन मैं कुज़को शहर देखने के लिए निकल पड़ा। इस शहर में पहुँचते ही शहर के सौन्दर्य ने मुझे मोह लिया था। यह खूबसूरत पर्वतीय नगर कारदियेरा देस एंडीज़ की पश्चिमी ढाल पर बसा था। यहाँ की खूबसूरती पर्यटक मात्र को मोह लेता। तीन हजार चार सौ मीटर की ऊँचाई पर बसे इस नगर की आबोहवा इस समय मनोहर थी, जाड़े की अभी शुरूआत ही थी। प्राचीन इमारतों को नए रंग से सजाया गया था। शहर के लगभग बीचों-बीच एक खूबसूरत बाग था जो पर्यटकों को आकर्षित करता। प्लासा दे अरमास नामक उस बाग के चारों ओर बड़े-बडे एवेन्यू थे। शहर के हर भवन चौकोर आकार के थे, ये इंका जमाने के होने पर भी आधुनिक स्थपति के लगते थे। संयुक्त राष्ट्र अमेरिका के लगभग सभी शहरों में ऐसी ही चौकोर इमारतें हैं। आन्देस की उच्चभूमि में बसे कुज़को को एक शौकिननगर कहना ही शायद उचित होगा। यहाँ के लोगों को देखकर लगता कि उनकी माली हालत काफी अच्छी है। उनकी चाल-चलन और अदब-क़ायदे में अमीरी झाँकती। सड़कों पर होटल, रेस्तोराँ, बार तथा कॉफ़ी-स्टाल्स की भरमार थी। भूटान की राजधानी थिम्पू जैसा ही लगभग यहाँ का परिवेश था। शहर की एक खासियत यहाँ के

चर्च भी थे, लगभग हर सड़क पर तथा हर चौराहे पर एक गिरजाघर दिखायी देता। पर्यटन विभाग से एक टिकट मोल लेने पर यहाँ के अजायबघर, विभिन्न ऐतिहासिक स्थल तथा गिरजाओं में प्रवेशाधिकार मिल जाता। यूँ हर स्थल पर अलग से टिकट की व्यवस्था भी है। यहाँ के सभी चर्च बहुत ही आलीशान हैं तथा इस शहर में ईसाई धर्म के बोलबाला की गवाही देते हैं। यहाँ के मकानों का सिलसिला स्पेन के आन्दालुसिया की याद दिलाते। प्लासा दे अरमास का गिरजा ही शायद यहाँ का सबसे महत्वपूर्ण गिरजा था। अरमास के उत्तरी छोर पर बने इस गिरजे का अंदरूनी हिस्सा कोलकाता के सेंट पाँल चर्च जैसा था, हाँलाकि सजावट में उससे भी ज्यादा भव्य। चर्च की बेदी पूर्णतः चाँदी की पातों से मढ़ी गयी थी। यह कहने की शायद आवश्यकता नहीं कि स्पैनिशों ने यह चाँदी स्थानीय मंदिरों से बटोरा था।

अरमास के दक्षिणी छोर पर बने कोम्पाना नामक एक विशाल गिरजे पर भी पर्यटकों की नज़र पड़ती। कोम्पाना यहाँ का सबसे खूबसूरत गिरजा था जो रोमन कैथलिक वास्तु-शिल्प के अनुकरण में बना था। गाइड ने बताया कि जब कंकिस्टाडरों का इस देश में आगमन हुआ तब उनके यहाँ आने के पीछे दो मकसद थे, पहला सोना-चाँदी लूटना तथा दूसरा- स्थानीय लोगों को ईसाई बनाना। कंकिस्टडरों का मानना था कि सभी स्थानीय लोग ईसाई बन जाएँ तो फिर उन्हें शत्रुओं का भय नहीं रहेगा। इसी कारण उन्होंने कुज़को में बहुत-से चर्च बनाए तथा इंका के सूर्य भक्त उपासकों को बल प्रयोग द्वारा जबर्दस्ती ईसाई धर्म अपनाने को मजबूर किया। गाइड ने मुझे सब दिखाते हुए बताया कि कुज़को के अधिकांश चर्च स्थानीय प्राचीन मंदिरों को तोड़कर उसी पर बनाए गये थे। चर्चों की नींव और दीवारों में पुराने इंका मंदिरों के बड़े-बड़े शिलाखंडों का प्रयोग हुआ था।

बड़े-बड़े एवेन्यू के बीच में प्राचीन काल की सँकरी सड़के और पुराकाल की इमारतों की दीवारें अब भी मौजूद हैं। वर्तमान और अतीत का अंतर यहाँ स्पष्टतः गोचर होता है। बड़े-बड़े पुराने शिलाखंड, जिनका वजन कम-से कम कई टन होगा, नयी सड़कों के पार्श्व में दीवाल की तरह लगाये गये थे। पुराकाल में कुज़को की सड़कें ओर गलियाँ कैसी थी, इन पत्थरों को देखकर ही उसका अनुमान लगाया जा सकता है।

हातुन रूमियोक नामक सड़क के किनारे के एक विशाल शिलाखंड पर हर पर्यटक अपनी ऊँगलियाँ फेरता है। बारह कोण वाले इस विशाल शिलाखंड को इतनी सफाई से कैसे काटा गया होगा, यह समझ पाना मुश्किल है

कुज़को के सांतो डोमिंगो चर्च की नींव देखकर यह सहज ही अनुमान लगाया जा सकता है कि यह चर्च रोमन कैथलिक ढर्रे का नहीं है। पहले वहाँ पर एक सूर्य-मंदिर था जो इंका वास्तुकला का एक सुंदर साक्ष्य था। बाद में उस मंदिर को तोड़कर उसी की नींव पर चर्च बनाया गया। भारत में मुगलों के जमाने में इसतरह के ध्वंस-

कार्य बहुत हुए। यूरोप के रोडस द्वीप में भी ईसाइयों के ऐसे विध्वंसक कार्य के बहुत से नमूने मैंने देखे हैं। परंतु लगता है कि पीरू में धर्म के नाम पर नर-संहार और मंदिरों का तोड़फोड़ अन्यत्र से कहीं ज्यादा हुआ। धर्म-प्रचार के नाम पर पादरियों द्वारा इसतरह की दस्युवृत्ति शायद ही और कहीं अपनाया गया हो। सम्प्रति 'आर्ट एंड रेलिजियस स्कूल' में प्राचीन ध्वंसावशेष के साथ ही उनका इतिहास रखा गया है। स्पेन के काफ़ी लोग अब भी कुज़को में रह रहे हैं, किंतु वे अब पीरू वासियों के साथ घुलमिल गये हैं तथा इस देश के नागरिक बन गये हैं। दस्यु पिसारो का कंकिस्टाडर के वंशज अब गर्व से प्राचीन अभियान की घटना नहीं सुनाते, बल्कि यह प्रसंग छिड़ने पर वे सहजता से कहते हैं, 'उनके साथ हमारा कोई लेना देना नहीं, तभी हमने आजादी हासिल की है। आज हम पीरू या लैटिन अमेरिका के निवासी ही हैं।'

कुज़को में जो दुकानें हैं, उनमें चादर और टोपियों की दुकानों की संख्या ही अधिक हैं। मोरक्को और ट्यूनीशिया की तरह यहाँ की चादरों में भी अत्यंत उज्जवल रंग का प्रयोग होता है।

दोपहर को होटल के.रेस्तराँ में भोजन के लिए गया तो यहाँ के खान-पान के बारे में कुछ जानकारी मिली। एडुयार्डोने मेन्यू-कार्ड देखकर मुझे बताया कि सब्जी वाले बड़े-बड़े मिर्च की सब्जी को 'पिमेन्ते' कहते हैं, जिसे फ्रेंच भाषा में 'पोयाभ्रो' कहते हैं। विभिन्न प्रकार के आलू की सब्जी को 'ओलुको' कहते हैं। आलू और मकई यहाँ का प्रमुख खाद्य है। 'इउका' एक तरह का सुरवा या 'सूप' जैसा था। 'मनि', 'काकाहुयेते', 'रोकोतो' आदि विभिन्न तरीके से बनाए गये सब्जियों के नाम थे। दाल का उपयोग यहाँ बहुत कम था। ये लोग मांसाहारी हैं, किंतु मांस अधिकतर विदेशी पर्यटकों के लिए ही बिकती थी। आम लोग अमरीकियों की तरह गोमांस नहीं खाते थे। एंडिज़ के लोग सुअर और लामा के मांस के अलावा और कोई मांस पसंद नहीं करते। पर्यटकों को बड़े-बड़े होटलों में 'बीफ' या गोमांस मिल जाता था। पेय पदार्थों में आम तौर पर कॉफ़ी और बियर अथवा स्थानीय शराब पर्याप्त मात्रा में मिल जाता था।

कुज़को की सड़क पर चलते हुए मैंने बहुतों को चुइंगम की तरह कुछ चबाते और कभी-कभी इधर-उधर थूकते देखा। एडुयार्डो ने मुझे बताया कि वे लोग कोका-पत्ती चबा रहे हैं जिससे तम्बाखू जैसा नशा होता है। यहाँ के बूढ़े और किशोर सभी कोका-पत्ती के नशे से ग्रस्त हैं। इस पत्ती को चबाने से नशा होता है, सर चकराता है, समय कटता है और अधिक सेवन से बीमारी भी होती है। एडुयार्डो को और अधिक कहने की ज़रूरत नहीं थी क्योंकि मैं पान, तम्बाखू, खैनी आदि के साथ भलीभाँति परिचित था। एडुयार्डो का मत था कि वह एक बहुत बुरी लत है और इस नशाखोरी के कारण देश का अधःपतन हो रहा है। मैंने उससे कहा कि अफ़सोस करने से कोई फ़ायदा नहीं। हमारे देश में

भी लोग पान खाकर अपना जो नुकसान करते हैं सो तो करते ही हैं, जहाँ-तहाँ थूककर अच्छे-अच्छे घरों की दीवारें गंदा कर देते हैं। बस व ट्राम की खिड़की से थूककर लोगों के कपड़े खराब कर देते हैं। विभिन्न देशों मे इस तरह की नशाखोरी है, देश की आर्थिक हालत के अनुसार नशा के किस्म अलग भले ही हों। संयुक्त राष्ट्र अमेरिका में सुबह-शाम टूटे बोतल और टीन बिखरे मिलेंगे। कॉफ़ी-सिगरेट-ह्वीस्की के अलावा कोल्ड-ड्रिंक्स का भी नशा हो गया है लोगों को। जर्मनी में बियर, ग्रीस में उजो, फ्रांस में दारू, नशाखोर किस देश में नहीं है? यहाँ के लोग कोका-पत्ती चबाते हैं तो इसके लिए बहुत चिंतित होने की आवश्यकता नहीं। मेरे ऐसा कहने पर लगा कि एडुयार्डो का मन कुछ शांत हुआ।

शाम के समय प्लासा दे आर्मास पहुँचकर मैं दंग रह गया। लगता है कि शाम के वक्त ही दुकानों में खरीददारों की जमघट लगती है। पीरूवियन पोशाक की दुकानें तो रोशनी और रंगीन पुंचो (चादरों) के कारण उत्सव जैसा वातावरण पैदा कर रही थी। चिल्ल्पों, खरीददारों की खींचा-तानी आदि के कारण काफ़ी चहल-पहल थी। यह बाज़ार मुझे दिल्ली के पालिका-बाजार जैसा लग रहा था।

एडुयार्डो ने बताया कि कुज़को अतीत में इंकाओं की राजधानी रहने पर भी अब वह माहौल नहीं रह गया है। किंतु उसका कुछ प्रभाव अवश्य रह गया है। यूँ मुझे यहाँ बहुत अच्छा लग रहा था। जाड़े में चादर ओढ़कर खुद एक अनजान भाषा के परिवेश में खोए रहने का भी एक अलग ही आनंद है। हम खोए रहना चाहते थे, किंतु यहाँ के लोग ठीक इसके विपरीत हमें पकड़ना चाह रहे थे। एक युवती सहसा मेरे बगल में आकर मेरी बाँह पकड़कर खींचने लगी थी, वह क्या कह रही थी या क्या चाह रही थी मैं समझ नहीं पा रहा था। मेरी दशा देखकर एडुयार्डो ने खुद ही उससे बातचीत शुरू की। तब उस युवती ने मुझे छोड़कर एडुयार्डो को पकड़ा और कुछ देर तक उसे कहीं ले जाने की कोशिश करने के बाद लौट गयी। एडुयार्डो ने मुझे बताया कि वह लड़की एक हस्त-शिल्प के दुकान से जुड़ी हुई है, हस्त-शिल्प के सभी सामान वहाँ मिलते हैं। हस्त-शिल्प की सामग्रियाँ बनाने के लिए उनका अपना महिला-केन्द्र है। उस दुकान पर हमें ले जाने के लिए ही वह युवती हमें खींच रही थी। यह सुनकर मैंने मज़ाक में कहा, "युवती बहुत खूबसूरत और हँसमुख थी, तुम्हें उसके साथ जाना चाहिए था।"

एडुयार्डो मेरी ओर देखकर बोला, "ठीक कहते हो। लेकिन तुम इन्हें नहीं जानते। एकबार दुकान में घुसते ही ये जेब खाली करके छोड़ेंगे।"

कुज़को में एक रात बिताकर ही मुझे लगा कि मेरी यात्रा सार्थक हो गयी है। एक तो यहाँ के पार्वत्य सौन्दर्य ने मुझे मोह लिया था, दूसरे यहाँ के लोग बहुत अच्छे थे। आबोहवा भी अच्छी थी। पर्यटकों के अलावा भी यहाँ लोग आते थे स्वास्थ्य सुधारने

के लिए। चारों ओर के पर्वतीय दृश्य देखकर मन हलका हो जाता। एडुयार्डो को भी कुज़को अच्छा लगा था। रोज सैकड़ों लोग यहाँ घूमने आते। शहर समतल न होने पर भी पहाड़ के साथ ताल-मेल बैठाकर सड़कें इस तरह बनायी गयी थी जिससे पता ही नहीं चलता था कि हम ऊपर की ओर जा रहे हैं या नीचे उतर रहे हैं।

आधुनिक कुज़को शहर का चाहे जो भी आकर्षण हो, यहाँ के पुराने पत्थर रह-रह कर पर्यटकों का ध्यान खींचकर मानों अतीत की गाथा सुनाना चाह रहे थे। मैं भी बरबस उस अतीत में गोता लगाने लगता।

कुज़को की कहानी केवल इंका राज ओर इंका सभ्यता की कहानी है। यहाँ का पूरा इतिहास पता नहीं लग पाया है। कंकिस्टाडरों ने यहाँ पाँव धरते ही सबकुछ नष्ट कर दिया था। आगे चलकर जो भी पता लग सका, उसी के आधार पर यहाँ का छोटा-सा इतिहास लिखा गया, जिस इतिहास में न तो सटीक तारीखें हैं, न ही आदि राजवंश के विषय में सटीक तथ्य।

पुरानी राजधानी का बगीचा काफ़ी भव्य था। पत्थरों की सेटिंग पर पहले ही नज़र पड़ती है। बड़े-बड़े पत्थर एक पर एक इस तरह बैठाए गये कि उनके बीच एक सूई भी नहीं डाला जा सकता। कई टन वज़न वाले इन पत्थरों का ब्लॉक कैसे बनाया गया और उन्हें इतने सूक्ष्म ढ़ंग से कैसे बैठाया गया यह अचंभे में डालने वाली बात है। मिश्र के पिरामिड देखकर मुझे अचंभा हुआ था, किंतु वहाँ की सेटिंग इतनी सूक्ष्म नहीं। इंका-सभ्यता की यह एक खासियत है।

बगीचे की नींव और दीवार अब भी है, किंतु वह सोने का बाग अब नहीं हैं। इंकाराज अताहुयालपा का अपहरण करने के बाद पिस्सारो ने उनकी जिन्दगी के बदले में जो स्वर्ण मांगा था, उसे पूरा करने के लिए बगीचे से सोने की पात वगैरह निकाल लिया गया था। अब भी यह सोचकर हैरानी होती है कि इस राज्य में इतना सोना कहाँ से आया था। तत्कालीन सोने की बाग की कथा सुनकर हैरान होना पड़ता है। बगीचा सोने से मढ़ा हुआ था। यूँ यह बाग बहुत बड़ा नहीं था। इतनी ऊँचाई पर रंग-बिरंगे फूल लगाने का प्रश्न नहीं उठता। ठंड के कारण हिरण मोर या दूसरे आकर्षक जीव-जंतु भी यहाँ नहीं रख सकते। फिर भी राजा के दरबार में तब देश के नामी-गरामी स्वर्णकार थे जिन्होंने अपनी कल्पना और शिल्प के जरिए इस बाग को एक शैकीन इन्द्रपुरी बना दिया था। उस इन्द्रपुरी का द्वारपाल, पेड़, फल, तितलियाँ, पक्षी, सभी शुद्ध सोने से बनाए गये थे, बगीचे का संकीर्ण रास्ता भी सोने से मढ़ा गया था।

तब किसे पता था कि एकदिन वह सबकुछ विदेशी दस्युओं को सौंप देना पड़ेगा। सोने की उस बाग में अब केवल पुराने पत्थर पड़े हैं। और ये पत्थर ही मानों बारबार अतीत की गाथा सुनाने लगते हैं। बाग के आदमकद स्वर्ण-निर्मित द्वारपालों को

देखकर पिस्सारो ख़ुशी से चहक पड़ा था। वह बारम्बार अपने साथियों को बुलाकर पूछता -"क्या यह हकीकत है? कहीं मैं सपना तो नहीं देख रहा?"

कोरिकांचा सूर्यमंदिर :

कुज़को शहर से कुछ नीचे की ओर एक विशाल सूर्य-मंदिर है। मंदिर यानी अब मंदिर का भग्नावशेष मात्र रह गया है। नींव और दीवाल अब भी पहले जैसा ही है, किंतु ऊपर की छत या छाजन नहीं है। मंदिर का चौकोन दालान जैसा था जिसके बीच में वेदी बना हुआ है। चारों दीवारों की लम्बाई चार सौ मीटर के आसपास होगी। वेदी कभी सोने से मढ़ा हुआ था।

उस जमाने में घर की दीवारें और फ़र्श पत्थरों को जोड़कर बनाए जाते थे किंतु ऊपर की छत पत्ते से छाए जाते थे। दीवार पर लकड़ी की टेक बैठाकर उसपर पत्ते का छाजन डाला जाता। दूर से या ऊपर से देखने से मंदिर पत्ते की छाजन वाला घर जैसा दिखता, वाह्य शत्रुओं की इस पर जल्दी निगाह नहीं पड़ती। मूल वेदी से कुछ दूरी पर और कई वेदियाँ थीं जिनपर दूसरे देव-देवियों की सोने की मूर्तिया थीं। छाजन के छिद्र से जब सूर्य-किरणें सीधे आकर सोने से मढ़ी मूल वेदी पर पड़ती ओर वेदी सुनहले रंग में दमक उठता, उसी समय सूर्य भगवान की पूजा और उपासना आरंभ की जाती। तत्कालीन पूजा-पद्धति के बारे में पूर्ण-विवरण अब भी नही मिल पाया है।

मंदिर ऐसे स्थल पर बना था जहाँ उसके एक ओर से हुयातानाइ तथा दूसरी ओर से तुलुमाइ नामक छोटी पहाड़ी नदियाँ बह रही थी। मंदिर से जुड़े एक भवन में पुरोहितों का निवास था। मंदिर की देखरेख, पूजा और सफाई आदि सारे काम पुरोहित करते। पुरोहितों के निवास के निकट ही था कुमारियों के रहने के घर। इन कुमारियों को दासी भी कह सकते हैं। उन्हें पवित्र जीवन यापन के लिए दीक्षा और उपदेश भी पुरोहित ही देते। यानी वे ही देश के भक्तों को ज्ञान और उपदेश देते। दूसरे शब्दों में यह मंदिर एक आश्रम की तरह था जहाँ मंदिर और आश्रम एक साथ था। राजधानी में पुरोहितों की संख्या थी पाँच सौ, कुमारियों की संख्या थी लगभग तीन हजार।

पुरोहित ज्यों राज्य के संभ्रांत परिवार से लिए जाते थे, त्यों ही कुमारियों का चयन भी संभ्रांत और उच्च-पदस्थ राज्य-कर्मचारियों के परिवारों से किया जाता था। इन कन्याओं का चरित्र शुद्ध होने के साथ ही उनका अत्यंत सुंदरी होना अनिवार्य था।

सूर्य को ये लोग प्रधान देवता मानते थे। राज-परिवार के सभी सूर्य-भक्त थे। राजा स्वयम् भी सूर्योपासक थे और प्रधान पुरोहित भी। प्रजा राजा को सूर्य का प्रतिनिधि मानते। दान, उपहार, बलि आदि सबकुछ सूर्य-देवता के उद्देश्य से ही किया जाता था। पशु बलि की प्रथा थी जिसमें मुख्यतः लामाओं की बलि चढ़ाई जाती।

सारे राज्य में सूर्यदेवता का प्राधान्य होने पर भी अन्य देवी-देवताओं के पूजा की पाबन्दी नहीं थी।

सूर्य देव आदि-देवादिदेव माना जाता। उसके बाद स्थान था सृष्टि के देवता वीराकोचा का। सूर्यदेव और वीराकोचा पुरुष माने जाते। जो लोग साधना करना चाहते थे या धर्म-रहस्य जानना चाहते थे वे सीधे सूर्यदेव का ध्यान करने के बजाए वीराकोचा देव की पूजा करते। सृष्टि का रहस्य एकमात्र वीराकोचा ही मानव मन में उजागर कर सकते हैं, ऐसी मान्यता थी।

किंतु वीराकोचा का ध्यान करने की एक असुविधा है। उस असुविधा के चलते आम लोग उनकी पूजा करने से कतराते हैं। कहते हैं कि वीराकोचा देव की आराधना के समय अक्सर उनके पुत्र तागुयापिका भक्तों के सामने आ जाते हैं। तागुयापिका देव-पुत्र होने पर भी उनका चरित्र असुरों जैसा था। पिता जनहित में जो करेंगे, पुत्र ठीक उसके विपरीत करेगा। पिता यदि झरना तैयार करें तो पुत्र उस झरने को सुखा देगा। पिता यदि बारिश लाएँ तो पुत्र सूखा लाएगा। पिता सुसंतान दे तो पुत्र कुसंतान देगा। यानी वीराकोचा और उनके पुत्र में हमेशा संघर्ष छिड़ा रहता। वीराकोचा के बाद वज्रदेवता का पूजा भी बहुत जनप्रिय था।

एडुयार्डो की छुट्टी बहुत कम समय की थी, और वह उस अल्पसमय में ही एंडीज़ की और कई जगह घूमलेना चाहता था। कुज़को में तीन दिन बीतने के बाद उसने मुझसे पूछा कि मैं यहाँ से कहाँ जाऊँगा। मैंने उससे कहा, " मैं एंडीज़ का सौंदर्य देखने यहाँ आया था, किंतु मेरा असली लक्ष्य है माच्चू-पिच्चू। हम तो माच्चू-पिच्चू के बहुत करीब पहुँच चुके हैं। कुज़को के बाद ही हम वहाँ चलेंगे यदि तुम्हें आपत्ति न हो तो।"

एडुयार्डो हामी जताते हुए बोला, "मैं बिलकुल तैयार हूँ। कुज़को तो देख चुका, अब उसके आस पास जाना ही बेहतर होगा। इस होटल में खर्च भी बहुत ज्यादा हो रहा है।"

हमने होटल के रिसेप्शनिस्ट से आगे की यात्रा के बारे में जानकारी ली। उन्होंने बताया कि लोकल बसों में बहुत भीड़ होती है और वह यात्रा तकलीफ़देह भी है। रेलगाड़ी से समय कुछ ज्यादा अवश्य लगेगा, लेकिन आराम से जा पाएंगे। उन्होंने सावधान भी किया कि इस लाइन में जेबकतरे बहुत हैं और सामानों की चोरियाँ भी होती हैं, अतः हम सतर्क रहें।

कुज़को से सुबह सात बजे एक ट्रेन छूटती थी जो दिन में दस बजे माच्चू-पिच्चू पहुँचती थी। हमने इसी ट्रेन से अगले दिन कूच करने की ठान ली।

स्टेशन कुज़को के इन्डियन बाज़ार के सामने ही था। हमारे होटल से सान पेड्रो स्टेशन पैदल पहुँचने में लगभग बीस-पच्चीस मिनट लगते थे।

माच्चू-पिच्चू की राह पर

हमलोग तड़के रवाना हो गये। मेरा सारा सामान पीठ की बैग में था, हाथों में कुछ नहीं। एडुयार्डो एक बड़ा आदिदास हैंड-बैग लिए था। होटल के रिसेप्शनिस्ट ने हमारे लिए दो टिकटों का इंतज़ाम कर दिया था। पहाड़ी ट्रेन में कुछ ही डिब्बे होते हैं, इसलिए पहले से सीटों का आरक्षण न कराया जाए तो स्थानीय इंडियनों से सीट के लिए जूझना पड़ता है। सुबह के साढ़े छह बज रहे थे किंतु रात का अंधेरा अभी नहीं छंटा था। मैंने सीट पर बैठकर राहत की साँस ली। यहाँ का वातावरण बहुत कुछ भोर के दार्जिलिंग स्टेशन जैसा लग रहा था।

हमारे बगल में और एक सज्जन बैठे हुए थे। उन्होंने कुछ आगे झुककर स्पैनिश भाषा में पूछा, "आप लोग टूरिस्ट हैं, है न?"

"जी हाँ।"

"ट्रेन छूटने से कुछ पहले सभी बत्तियाँ बुझ जाएंगी। उस समय सतर्क रहिएगा। सामान ऊपर न रखकर अभी अपने पास ही रखिए, दिन की रोशनी फूटने पर ऊपर रख दीजिएगा।" उन्होंने हमें यह उपदेश दिया।

मैंने विस्मित होने का भान करते हुए पूछा, "लेकिन क्यों?"

"कुज़को और माच्च-पिच्चू क्षेत्र में चोरो का बहुत उपद्रव है। टूरिस्टों को अक्सर झमेले में पड़ना पड़ता है। इसीलिए आप लोगों को सचेत किया।"

उन्हें धन्यवाद जताकर हमने अपना सामान उतारकर बगल में रख लिया।

ट्रेन की रवानगी सात बजे थी, लेकिन वह छूटी साढे-सात बजे। स्टेशन पीछे छूटते ही सुबह की रोशनी में फिर एकबार कुज़को शहर ने मेरा ध्यान खींचा। शहर धीरे-धीरे जाग उठा था। रेल लाइन के बगल में एक झुंड लामा दिखायी पड़ा। लामा एक विचित्र जानवर है। अचानक देखने से लगेगा कि नन्हा सा ऊँट है, करीब से देखने पर बकरे की तरह लगेगा। इसका गला ऊँट जैसा होता है और शरीर व स्वभाव बकरे जैसा। लामा एंडीज़ का वाहन है, गदहे की तरह पीठ पर सामान ढोता है। सामान ही ढोता है, आदमी नहीं, क्योंकि यह जानवर गधे की तरह उतना ताकतवर नहीं। हाँलाकि छोटे-छोटे बच्चे लामा की पीठ पर बैठकर दूर-दूर तक जाते हैं। लामा की चमड़ी से जूते और बैठने के लिए आसन बनाए जाते हैं जो विदेशों में निर्यात किया जाता है। उसकी ऊन से स्वेटर, चद्दर, कम्बल आदि बनते हैं। छोटे लामा का मांस लोग चाव से खाते हैं। अतः लामा यहाँ का एक अत्यंत उपयोगी पशु है।

घूम से दार्जिलिंग के सफर की तरह ही यह ट्रेन अत्यंत धीमी गति से चल रही थी। पहाड़ पर कुछ दूर तक चढ़ाई पार करने के बाद एक समतल घाटी मिली। दृश्य अत्यंत सुहाना था। यहाँ का दृश्य देखकर ही मुझे बारम्बार लगता था कि मेरी इतनी दूर की यात्रा सफल हो गयी है।

कुज़को के बाद आन्ता नामक पहला स्टेशन मिला। ट्रेन स्टेशन में घुसते ही फेरीवाले घुस आए। कॉफ़ी, रोटी और गरम भुट्टे की चीख-पुकार से ट्रेन का कमरा शोर-शराबे से भर उठा। तीन-चार मिनट रुककर ट्रेन आगे बढ़ी, किंतु फेरीवाले ट्रेन से उतरे नहीं, वे भी हमारे सहयात्री बन गये।

जिस सज्जन ने हमें उठाईगीरों से सचेत किया था उन्हें मैंने कॉफ़ी पिलायी। बहुत ख़ुश होकर उन्होंने अपना परिचय दिया; वे माच्चू-पिच्चू सिक्यूरिटि एण्ड टूरिस्ट केयर डिपार्टमेंट में कार्यरत थे, रहते थे कुज़को में और ड्यूटी के लिए रोज आवाजाही करते थे। उन्होंने बताया कि सुबह केवल दो ट्रेन माच्चू-पिच्चू जाती है। शाम को वही दो ट्रेन माच्चू-पिच्चू से कुज़को लौटती है। इसके बाद का ट्रेन लोकल ट्रेन है जिसकी गति और भी मंथर है।

घंटे भर बाद ओलानताइताम्बो नामक एक स्टेशन पर ट्रेन रुकी। स्टेशन पर स्थानीय लोगों की भीड़ देखकर लगा कि वे सब ट्रेन पर टूट पड़ेंगे। परंतु ऐसा कुछ नहीं हुआ। उस सज्जन ने बताया कि उस भीड़ में अधिकांश स्थानीय ग्रामीण लोग हैं जो केवल रेलगाड़ी देखने के लिए ही चले आते हैं। उन्होंने ठीक ही कहा था, मैंने भी गौर से देखा कि भीड़ में ज्यादातर बच्चे थे। कुछ लोग अपना लामा भी साथ में ले आए थे। शायद घर लौटते समय शहर से सामान ख़रीदकर लामा पर लादकर ले जाएगे। यहाँ का परिवेश इतना घरेलू था कि शायद उनकी भाषा जानने से मैं दो-एक मिनट में ही उनसे घुल-मिल जाता। कुज़को से यह ट्रेन लगभग हजार मीटर नीचे उतरने के बाद टेढ़े-मेढ़े घुमावदार पथ से होकर एक उपत्यका से गुज़र रही थी। लगता था धरती की गोद में छिपे एक दुर्गम और रहस्य से भरे देश में पहुँच गया हूँ। ट्रेन स्टेशन छोड़कर आगे बढ़ी तो रिओ उरूबाम्बा नाम की एक नदी भी हमारे साथ हो ली। सुरक्षा कर्मी सज्जन ने मुझसे पूछा, ‘‘आपने कुज़को का इतिहास अवश्य सुना होगा?’’

‘‘बहुत थोड़ा।’’

‘‘पिसारो के डर से जब इंका-राज पहाड़ों में घूमने लगे थे तब इसी ओलानताइताम्बो में इंका राज की सेना रहती थी माच्चू-पिच्चू पर निगरानी रखने के लिए। कुज़को से वहाँ जाने का यह एक ही रास्ता है। वहाँ पहुंचने के लिए सभी को इसी राह से गुज़रना पड़ता था।’’

माच्चू-पिच्चू में ट्रेन रुकी तो मुझे बहुत तसल्ली हुई। आखिर मैं अपने आकांक्षित गंतव्य स्थल पर पहुँच जो गया था।

माच्चू-पिच्चू

दो हजार चार सौ मीटर की उन्नतांश पर बसे माच्चू-पिच्चू को मैंने समझ था कि एक शहर होगा, किंतु इसे शहर नहीं, स्टेशन कहना ही उचित होगा। स्टेशन के इर्द-

गिर्द ही यहाँ की व्यस्तता थी। सुबह दो ट्रेन आते और शाम को लौट जाते। तीन होटल, चार रेस्तराँ, एक यूथ हॉस्टल और कुछ कॉफ़ी की दुकानें थीं यहाँ। कुछ दूरी पर कतिपय पक्के घर और बाकी सब झेपड़ियां - वह भी संध्या में पन्द्रह-बीस के आसपास। स्टेशन के सामने ही बस-स्टैंड था। माच्चू-पिच्चू इंका सभ्यता का एक उल्लेखनीय स्थान था। मूल स्थान एक पहाड़ पर है जहाँ बस से या पैदल पहुँचा जा सकता है। केवल एक ही बस ऊपर-नीचे आवाजाही करती है। सिक्यूरिटि दफ़्तर के सज्जन का साथ होने के कारण हमें कोई भी परेशानी का सामना नहीं करना पड़ा। उन्होंने खुद हमें यूथ-हॉस्टल में ले जाकर वहाँ दो बेड का आरक्षण करा दिया। सामान रख देने के बाद हम हलके हो गये थे। उस सज्जन ने बताया कि माच्चू-पिच्चू के ध्वंसावशेष के निकट कोई होटल नहीं है, इसलिए यहीं से खा-पीकर चलना ही उचित होगा। उनके आत्मीय व्यवहार ने हमें मोह लिया था। शुरू में उनसे कन्नी काटने की कोशिश करने पर भी अब हमारा परिचय मैत्री में बदल गयी थी। उनका नाम था-हिमेनतेस।

'आइकि' नामक एक रेस्तराँ में जाकर हमलोग बैठ गये। वेटर आते ही हिमेनतेस ने आर्डर दिया- "तीन सूप और तीन ओमलेट।" उसके बाद हम दोनों की ओर देखकर बोले, "यहाँ यही एक मेन्यू है। टमाटर की सूप और अण्डे तथा साग का बना ओमलेट खाकर देखिए, बहुत अच्छा लगेगा।"

हिमेनतेस का और भी परिचय ज्ञात हुआ। वे माच्चू-पिच्चू की सुरक्षा-व्यवस्था के साथ भी युक्त थे। गाइड, सुरक्षा और टूरिस्ट-सर्विस आदि सभी कार्यों के लिए कुल चौदह कर्मचारी थे। हिमेनतेस ने हमें माच्चू-पिच्चू के बारे में मोटे तौर पर कुछ जानकारियाँ दी।

इंका सभ्यता के अन्य खंडहरों की तरह यहाँ के ध्वंसावशेषों के विषय में भी कोई जानकारी नहीं मिलती। प्राक्तन स्पेन के अभियात्री शासकों ने यहाँ का इतिहास जानने और उसे संरक्षित करने की कोई भी कोशिश नहीं की। लूटमार करना और सोना ढूँढना ही उनके अभियान का मूल लक्ष्य हुआ करता था।

औपनिवेशिक राजत्व के आखिरी चरण में कुछ पादरियों की प्रचेष्टा से इंका सभ्यता का कुछ इतिहास और तथ्य संग्रह किया गया था। किंतु उसमें भी पूर्ण विवरण तो दूर, साधारण विवरण भी ठीक से लिखा नहीं गया। इंकाराज मांको की तलाश में स्पेन के बन्दूकधारी अभियात्री यहाँ के बहुत-से स्थानों की खाक छानतें रहे, किंतु मांको कहाँ छिपा था इसकी भनक किसी को नहीं लगी। बीसवीं सदी के शुरू में अमरीकी अभियात्रियों ने एंडिज़ के दुर्गम स्थलों और अमेजन के गहन अरण्य में अभियान शुरू किया। एंडीज़ पर्वत की उच्चभूमि में बहुत से पर्वतारोही पर्वताभियान के लिए आए,

और बहुत से पर्वतारोही आए इंका राजस्व के भग्नावशेष के माध्यम से उस युग की सभ्यता और इतिहास ढूँढ़ने। इनमें से बहुतों के मन में प्राचीन युग का सोना तलाशने की ललक भी रही होगी। इनमें से कुछ ने इंकाराज के वंशजो का पता लगाना शुरू किया। इनमें से एक बिंघम नामक अमरीकी पुराविद, एंडीज़ के विभिन्न क्षेत्रों में घूम-घूमकर अपने अनुसंधान का तथ्य बटोरने में लगे थे। पहाड़ दर पहाड़ घूमते समय सन् 1911 ई0 में उन्होंने अकस्मात माच्चू-पिच्चू का आविष्कार किया। माच्चू-पिच्चू के ऊपर एक पहाड़ी किसान को खेती करते देखकर वे हैरान हो गये। इतनी ठोस पहाड़ी जमीन पर किसी भी तरह से खेती नहीं हो सकती। बिंघम ने आश्चर्य से देखा कि वह स्थल उपजाऊ मिट्टी से भरी हुई थी। किसान से पूछने पर वह कुछ बता नहीं पाया। अत्यंत आग्रही होकर बिंघम ने छानबीन की तो वे समझ गये कि वहाँ अन्यत्र से मिट्टी लाकर डाली गयी थी। उसके बाद अचानक उन्हें बड़ी-बड़ी दीवारें और सीढ़ियाँ दिखायी दी। यह देखकर उनके आनंद का ठिकाना न रहा। उन्होंने यह निष्कर्ष निकाला कि संभवतः आखिरी इंकाराज का परिवार यहीं आकर बस गया था और यहीं से वे लोग अक्सर स्पेनियनों पर गोरिला आक्रमण चलाते थे। तभी से बिंघम को माच्चू-पिच्चू का आविष्कारक माना जाता है।

भोजनोपरांत हम लोग एक मिनिबस से ऊपर चले आए। एक चेक-पोस्ट (जाँच चौकी) पर मिनिबस रुकी। बस से उतरकर हमने वहाँ का भग्नावशेष देखने के लिए टिकटें ख़रीदी और वहाँ के एक गाइड को संग ले लिया। हिमेनतेस हमसे विदा लेकर अपने छोटे से दफ़्तर में, जो कि काठ का बना एक कमरा था, घुस गये।

एक नग्न पहाड़ की गोद में थोड़ी सी समतल जगह थी और उस समतल जमीन पर कतार में बहुत से छाजनहीन चारदीवारी के भग्नावशेष थे। वहाँ से बहुत दूर तक नीचे फैली घाटी का दृश्य बहुत सुंदर था।

हमें घुमाते हुए गाइड ने कहानी शुरू किया : "यहाँ से आप नीचे की ओर जो सुंदर घाटी देखरहे हैं उसका नाम है इंका की पवित्र भूमि। नीचे सामने की ओर जो नदी है उसका नाम है उरूबाम्बा। हम जहाँ खड़े हैं यह स्थान स्लेट पत्थरों से भरा हुआ है, उस नदी के तट से मिट्टी लाकर इस स्थान को पाटा गया था। मिट्टी नीचे से हाथों-हाथ ऊपर लायी गयी थी। हिसाब करके देखा गया है कि दो लाख लोगों के कम -से-कम तीन साल की मेहनत के बाद यहाँ इतनी मिट्टी लाना संभव हुआ होगा। गौर से देखिए, नीचे की सम्पूर्ण घाटी यहाँ से साफ दिखायी दे रही है किंतु नीचे से किसी भी तरह इस समतल भूमि के अस्तित्व का पता लगाना असंभव है। नीचे से बगल का यह नंगा पहाड़ दिखायी देता है। यहाँ आने का पथ भी बहुत-ही संकीर्ण था। आजकल पर्यटकों के लिए पथ कुछ चौड़ा किया गया है। ओलानताइताम्बो से यहाँ

तक आने के लिए एक गुप्त रास्ता भी है। अत्यंत भयावह ऊँचे पहाड़ की दीवार पकड़कर आना पड़ता है। यहाँ जो इमारत देखेंगे उनमें किसी पर भी छत या छाजन नहीं है। पत्तों और पुआल से छाजन तैयार किया जाता था। शायद इस क्षेत्र के भूकम्प के कारण ऐसी व्यवस्था थी। यह भी हो सकता है कि दुश्मन की नज़र से ओट करने के लिए ऐसा किया गया हो।

''यह ध्वंसावशेष अत्यंत पुराना है। बिंघम के मत में इंका राज यहाँ अस्थायी रूप से रह रहे थे। इन मकानों का निर्माण हजार साल पहले हुआ था, यानी प्री-कोलम्बियन पीरियड में।

''अब चलिए यहाँ के विशेष स्थानों को देखा जाए। पहले इस विशाल इलाके को देखिए। समतल भूमि के साथ तुलना करने से यह स्थान खास बड़ी नहीं। किन्तु एक बार सोच कर देखिए यह समतल भूमि बनाने के लिए इतनी ऊँचाई पर उतने नीचे की नदी के तट से कई हजार स्क्वायर-मीटर मिट्टी कंधे पर लादकर लाया गया था खेती-बारी करने के लिए। परिकल्पना और परिश्रम का यह एक अद्‌भुत उदाहरण है। अब गौर से देखिए, सिर्फ़ मिट्टी डालकर उनका काम पूरा नहीं हुआ था। हर बगीचे को चौकोन बनाकर विभिन्न खंडों में बाँटा गया था। और देखिए, हर बगीचे में पानी देने के लिए छोटे पत्थरों से नाला भी बनाया गया था।

''अब चलिए, थोड़ा उधर जाएँ। यहाँ से पूरी घाटी का सुंदर विहंगम दृश्य देखिए। समूचा बगीचा और खेती देखने के बाद संभवतः इंकाराज यहाँ आकर ख़ुशी से चहल-कदमी करते थे। यहीं से देखिए दूर की घाटी में जाने का गुप्त-पथ शुरू हुआ है। अच्छी तरह देखिए, हर रास्ता अति सुंदर ढंग से पत्थर से मढ़ा गया था और दीवार से घेरा गया था। सभी रास्ते सीढ़ीनूमा हैं। यहाँ के एक मकान से दूसरे मकान में जाने के लिए अन्दरूनी व्यवस्था है। ज्यों निचली घाटी से मिट्टी लायी गयी थी, त्योंही पत्थर भी लाए गये थे बहुत दूर से। इसके लिए किसी जानवर या ठेले का उपयोग नहीं हुआ। सड़क और मकानों के निर्माण का ढंग देखने से ही इसका पता चलता है।

''इस सड़क का नाम हमने झरना सड़क रखा है। इधर देखिए, ऊपर से नीचे तक एक के बाद एक पत्थर खोदकर बनाए गये बड़े-बड़े हौज। साधारणतः बारिश का पानी इन टंकियों में थामा जाता तथा लाखों लोग यहाँ से उस दूर के नदी तक पंक्ति बनाकर नीचे से ऊपर तक पानी खींच लाते। बारिश होने पर टंकी का पानी लबालब भरने के बाद ऊपर की टंकियों से झरने की तरह बहकर नीचे की टंकियों में जाता और आखिर में नीचे बह जाता। लगता है कि मंदिर में प्रवेश से पहले लोग यहीं मुँह-हाथ धोते थे अथवा ईश्वर का दिया अमृत-वारि मानकर वह पानी सर पर छिड़कते थे। रोगी और संतप्त लोग वह पानी पीते।

''अब चलिए उस पहाड़ी दीवार की तरफ। यहँ से सिर्फ़ सौ मीटर की दूरी है, किन्तु चूँकि ऊपर की ओर उठना है, यह दूरी अधिक प्रतीत होगी। धीरे धीरे आइए,क्योंकि इस ऊँचाई में ओषजन की मात्रा कुछ कम है। पहाड़ से लगे इन मकानों को देखिए, कितने सुंदर ढंग से इनका निर्माण हुआ था। ये पत्थर कुछ तो इसी पहाड़ के अंश हैं, और बीच-बीच में देखिए बाहर से पत्थर लाकर यहाँ बैठाए गये हैं। इन मकानों को देखकर लगता है कि ये शायद राज-परिवार या विशिष्ट पुरोहितों की मॅमी रखने के किए बनाए गये थे। अथवा कब्रिस्तान था। इस अनुमान का कारण यह है कि यहाँ से कुछ मनुष्यों की हड्डियाँ बरामद की गयी थी। इन पत्थरों को देखिए कि कितने सुंदर ढंग से उन्हें पालिश किया गया था।

''पश्चिम की ओर के तीन चौकोर घर और उनके बीच के अर्धगोलाकार दीवार की ओर देखिए। जहाँ भी चौकोर चबूतरे पर एक और अर्ध-गोलाकार दीवार दिखे, समझ लीजिएगा कि वह एक मंदिर है।

''चलिए, अब और ऊपर चलें। इस कमरे को हम 'इंतिहुयाताना' यानी देवभूमि कहते हैं। माच्चू-पिच्चू का यही सर्वोच्च स्थान है। यही स्थल माच्चू-पिच्चू का मूल आकर्षण भी है। आइए, पहले चारों ओर फैली एंडीज़ की हमेशा बर्फ़ से ढँकी रहने वाली चोटियों को देखिए। और दूसरी ओर सुन्दर हरीभरी घाटी। यहाँ से माच्चू-पिच्चू के सभी घर स्पष्ट दिखायी देते हैं। अब देखिए इंतिवेदी या सूर्यदेवता के उद्देश्य से निर्मित पूजा की वेदी। मैं पहले ही आप लोगों को बता देना चाहूँगा कि यहाँ के तत्कालीन धर्म और दर्शन के बारे में हमलोगों को कोई भी जानकारी नहीं, सब अनुसंधानकर्ता बिंघम का अनुमान मात्र है।

''वेदी का मूल आकर्षण यहाँ की वेधशाला है। यह देखिए, एक ही एकाश्म पत्थर खोदकर इस सम्पूर्ण वेदी का निर्माण किया गया था। बीच में एक स्तंभ और उसके चारों ओर लकीरदार ऊँची-नीची वेदियाँ। सूर्य-किरणें इस स्तंभ पर पड़कर उसकी छाया वेदी पर पड़ती है। उस छाया को सूक्ष्म गणित द्वारा हिसाब कर सूर्य की स्थिति का पता लगाते थे और उसी के अनुसार इंका का दिन महीना और साल का पंचांग तैयार करते थे। दूसरे शब्दों में उसे सूर्य-घड़ी कह सकते हैं। इसी छाया के माध्यम से 20 जून यानी सूर्यावर्त के नये पथ का दिन धार्य किया जाता था। इसीलिए 20 जून को इंका का शुभ नववर्ष माना जाता है। इस नव-वर्ष के उत्सव को चारों ओर खुशियों के पर्व के रूप में मनाया जाता है।

''सूर्य-वेदी के निकट के इस छोटी वेदी को देखिए। इस वेदी के ऊपर एंडीज़ के बाज पक्षी कन्दोर की मूर्ति उकेरी गयी है। और यहीं से एक छोटी नाला जमीन पर गयी है। यह देखकर बिंधम ने यह अनुमान लगाया कि यहाँ बलि की प्रथा थी और

बलि का रक्त सीधे जमीन पर जा गिरता था। प्राण सूर्य देव को तथा रक्त और देह मातृदेवी को अर्पण किया जाता था।''

''इस ओर कतार में बहुत से कमरे देख रहे हैं, बिना छत वाले वे कमरे शायद कैदियों के लिए थे। मैंने आपलोगों को बिंघम के आविष्कार और उनके अनुमान के विषय में मोटे तौर पर सारी जानकारी दी। आपलोग अब अपनी इच्छानुसार चारों ओर घूमकर देखिए। कोई जिज्ञासा हो तो यहाँ का गाइड-बुक खरीद सकते हैं। हाँ, यह ध्यान रखिएगा कि शाम के चार बजे आपलोगों को नीचे उतर जाना है, नहीं तो ट्रेन नहीं मिलेगी– धन्यवाद।''

गाइड महोदय अत्यंत द्रुत गति से संक्षेप में अपना कार्य सम्पन्न करने के बाद हमसे विदा लेकर अपने कार्यालय की ओर चले गये। उसके बाद मैं और एडुयार्डो अपनी इच्छानुसार चारों ओर घूम-घूम कर देखने लगे। गाइड से तथ्य लेकर अपनी विचार बुद्धि से देखने में ही मुझे आनंद मिलता है। गाइड का एकरस भाषण सुनते समय, समय लगाकर कुछ देखना संभव नहीं होता।

कुछ देर बाद मैंने एडुयार्डो से कहा कि वह जो देखना चाहे देखे, मैं मंदिर के खंडहर की ओंर जाऊंगा। तत्पचात् मैं धीरे-धीरे अकेले मंदिर में जा पहुँचा। पहले बड़े-बड़े पत्थरों को ध्यान से देखता रहा। दीवारें काफ़ी मोटी थीं और बड़े-बड़े शिलाखंडों से बनायी गयी थी। इस बुलडोजर के जमाने में उस जमाने की बात सोचने में भी हैरत होती है। दरवाज़े या खिड़कियों पर लोहे या लकड़ी की चौखटें नहीं थी। छत का न रहना भी अजीब लग रहा था। इतने ठोस पत्थरों की मोटी दीवार, किन्तु कभी ऊपर छत रहा हो ऐसा कोई भी चिह्न मौजूद नहीं। बहुत-से पुराविदों का मत है कि उस जमाने में छत पर पत्थर बैठाने की तरकीब नहीं जानते थे। मुझे नहीं लगता कि इस बात में कोई सच्चाई है। जो लोग विशाल विशाल शिलाखंड इतनी ऊँचाई पर लाकर इतनी सूक्ष्मता से उन्हें तराशकर घर और कमरे की दीवार इतनी सुंदर ढंग से बना सके हैं वे छत पर पत्थर बैठाने की तरकीब नहीं जानते थे यह विश्वसनीय नहीं लगता। असल में यह क्षेत्र भूकम्प का क्षेत्र है, जबतब यहाँ भूचाल आता है। सिर्फ़ अतीत में भूकम्प होता था ऐसा नहीं, अब भी होता है। शायद इसीलिए विपदा से त्राण के लिए और सुरक्षा की दृष्टि से सर के ऊपर कई टन वजन वाले पत्थरों को नहीं बैठाते थे। यदि वे छत पर भारी पत्थर लगाकर ग्रीक या रोमनों की तरह प्रासाद बनाते तो भूकम्प के कारण पिसारो के आगमन के बहुत पहले ही इंका राज्य का नाश हो जाता। कमरों की दीवारें और उनकी नींव काफ़ी चौड़ी थी। और चूँकि ये दीवारें बड़े-बड़े शिलाखंड बैठाकर बनाई गयी थी, उनके ढहने का उतना खतरा नहीं था। सबसे आश्चर्य लगता है पत्थरों का जोड़ देखकर। बहुत-से पर्यटक पिन, सेफटीपिन आदि उन जोड़ों पर

डालने की व्यर्थ की कोशिशें कर रहे थे। जोड़ों के बीच सूई की नोक जितनी भी दरारें नहीं थीं।

मैं किसी नए तथ्य की खोज करने के बजाए तीन हजार मीटर की ऊँचाई पर स्थित इस विस्मयकर परित्यक्त नगरी को घूम-घूम कर देखता रहा।

समय कैसे बीत गया पता भी नहीं चला। मैं इधर-उधर चक्कर लगाकर बार-बार मंदिर क्षेत्र में ही आ जाता। अचानक हिमेनतेस और एडुयार्डो मेरे सामने आकर रुक गये। हिमेनतेस ने कहा, "और केवल पाँच मिनट समय रह गया है, अब सभी को नीचे उतरना पड़ेगा। यूँ चाहें तो सूर्यास्त तक यहाँ रुक सकते हैं, परंतु सूर्यास्त तक रुकने से पैदल उतर कर जाना पड़ेगा क्योंकि तब बस नहीं मिलेगी। मेरी इच्छा रुकने की थी, किन्तु एडुयार्डो राजी नहीं हुआ। वह पहाड़ से पैदल उतरना नहीं चाहता था, डरता था। अतः हिमेनतेस के साथ हम टूरिस्ट बस में सवार हो गये।

बस से नीचे उतरने में केवल बीस मिनट समय लगे। यूथ हॉस्टल लौटकर मैंने एक प्याली गरम चाय पी और फिर हिमेनतेस के साथ टहलने निकला। उनका बर्ताव मुझे बहुत अच्छा लग रहा था। पर्यटकों के साथ उनका उठना-बैठना था, किन्तु वे जरा भी व्यवसायिक नहीं थे।

चलते-चलते हिमेनतेस बोले, "माच्चू-पिच्चू के बारे में हमलोग तोते की तरह रटे-रटाये तथ्य पेश करते हैं, किन्तु वह सब अनुमान मात्र है, वास्तविक रहस्य का अब भी पता नहीं चल पाया है। पुराविदों के अनुसार माच्चू-पिच्चू कम से कम हजार साल पुराना है। इंका राज आदि यहाँ वास्तव में थे या नहीं कौन जाने। अलग-अलग विशेषज्ञ अलग-अलग राय देते हैं। किसी का कहना है कि यह पवित्र देव-मंदिर क्षेत्र था, कोई कहता है कि यह रहस्यजनक गणितज्ञ और वैज्ञानिकों का शिक्षा केन्द्र था। और कोई इसे पवित्र कुमारियों और पुरोहितों का आश्रम मानता है। सम्प्रति बहुतों का कहना है कि रक्षा के लिए इसतरह के बहुत-से दुर्ग बनाए गये थे। स्पेन के योद्धाओं से बचाव के लिए मांको ने किसी प्राचीन दुर्ग में शरण ली थी और यह स्थल उनकी गोरिला-सेना का मूल केन्द्र था।"

माच्चू-पिच्चू के रहस्य की खोज में

ऐतिहासिक पुरातत्वज्ञ या दूसरे विशेषज्ञों की चाहे जो भी राय हो, यहाँ की उच्चता –आबोहवा–नयनाभिराम दृश्य और पत्थरों के बने स्थायी मकानों को देखकर सभी यह मानते हैं कि यह स्थल इंका सभ्यता का एक अत्यधिक महत्वपूर्ण और रहस्यपूर्ण इलाका है।

मैं उन विशेषज्ञों में नहीं आता। मैं एक अत्यंत साधारण घुमक्कड़ हूँ। जिन स्थानों से अतीत की सभ्यता अब विलीन हो चुकी है उन स्थानों में एकाकी घूमते हुए मुझे

प्रकृति और पत्थरों ने पर्याप्त आनंद दिया। कौन कहता है कि अतीत बातें नहीं करता? स्थान की महत्ता को कौन नकार सकता है?

एक रात रुकने के बाद एडुयार्डो माच्चु-पिच्चू से चला गया। वह बार बार आग्रह करता रहा कि मैं भी उसके साथ चलूँ, परंतु मैं यह अनुरोध नहीं रख पाया। मैं यहीं रह गया। धरती के एक और कोने में नेपाल में स्थित हिमालय के माच्छु-पुच्छारे के निकट बैठकर मुझे इसी माच्चू-पिच्चू में आने की प्रेरणा मिली थी। आज मैं उसी आकांक्षित और बार बार सपनों में देखे गये माच्चू-पिच्चू के ऊपर बैठा था। मैं अब स्वयम् से ही पूछ रहा हूँ– 'अब क्या करोगे, क्या ढूँढ़ोगे?'

मन में उठने वाला यह प्रश्न स्वाभाविक ही था कि अब मै क्या करूंगा। यहाँ करने के लिए कुछ नहीं था। सिर्फ़ घूमना। मुझे किसी चीज की तलाश भी नहीं थी, मैं कोई अनुसंधान करने नहीं आया था। मुझ जैसा सैकड़ो पर्यटक रोजाना यहाँ आते थे। वे क्या ढूँढ़ते हैं और क्या पाते हैं यह तो वे ही बता सकते हैं। मैं न तो कुछ ढूँढ़ रहा था, और न ही कुछ पाने के लिए आया था। मैं क्यों आया था यह मैं खुद भी नहीं जानता। मैं आया हूँ और एंडीज़ के इस विशेष स्थल पर विचर रहा हूँ, यही मेरे लिए सच था, और यह सच मुझे हार्दिक आनंद दे रहा था।

मेरा सारादिन पहाड़ पर बीतता और रात यूथ हॉस्टल में। मैं तड़के उठकर पीठ के बैग में पानी, फल, मकई, चाय की समग्री आदि लेकर निकल पड़ता। माच्चू-पिच्चू क्षेत्र में पर्यटक दस-साढ़े बजे के बाद से आने लगते। उसके बाद इस इलाके में चहल-पहल बनी रहती। गाइडों का भाषण और टूरिस्टों के कैमरा की क्लिक-क्लिक से माच्चू-पिच्चू का हर कोना भर उठता। अपराह्न तीन बजे से पर्यटक क्रमशः नीचे उरतने लगते। शाम चार बजे के बाद कोई गाइड या सुरक्षाकर्मचारी यहाँ नहीं रहता। यूँ सुरक्षा-बल लगाये रखने का सवाल भी नहीं उठता। कोई अवश्य ही कई टन वजन वाले भारी-भारी शिला-खण्डों को चुराकर नहीं ले जाएगा। चार बजे के बाद गिने चुने लोग रह जाते हैं सूर्यास्त देखने के लिए। मैं भी उन्हीं में से एक था। चुपचाप बैठा रहता।

माच्चू-पिच्चू से सूर्यास्त का दृश्य अत्यंत सुहाना लगता है। केवल सूर्य या आकाश में किरणों का खेल ही नहीं, दूर के एंडीज़ की बर्फ़ से ढंकी चोटियों और निकट के पहाड़ों की चोटियों पर विभिन्न रंगों का एक अद्‌भुत खेल शुरू हो जाता है। इस तरह का विचित्र दृश्य जिसने भी नहीं देखा होगा, उसे लिखकर समझाना मुश्किल है। वेधशाला की शिला पर बैठकर सूर्य-किरणों का यह रंगीन खेल देख पाना ही एक पुण्य का काम है। सूर्यास्त देखपाना भी पुण्य है। इस सुनहरे शाम की वेला में माच्चू-पिच्चू में बैठकर मुझे बारबार यही अहसास होता रहा कि सूर्यास्त देखने में भी पुण्य है। मेरा समूचा तन और मन इसी सोच की भावना की उपलब्धि में लग गया। लगा कि मैं शायद यहाँ इसी पुण्य के लिए आया था। सूर्य की अंतिम किरणों ने मन

को रंग में डूबो दिया। मन हलका हो उठा। लगा कि मन इस देह से निकल कर हवा के संग आकाश में बहुत दूर कहीं चला गया है। सूर्य मानों मेरी आत्मा को लेकर बहुत दूर निकल गया है। मेरा अस्तित्व मानों लोप पा रहा है। सफेद तुषार का रंग सुनहरा हो उठा है, धूसर प्रस्तर खंड भी सुनहरे रंग में रंग गया है, मेरी आत्मा भी मानों सुरहरे रंग में रंगकर देह से निकलकर पक्षी की तरह पर फैलाकर उड़ गयी है, देह के साथ मेरा अब और कोई भी सम्पर्क ही नहीं है। सूर्य ढल गया। एंडीज़ के इस ऊँचे भाग में सहसा अंधेरा उतर आया। उड़ते पक्षी की तरह मेरी आत्मा दूर गगन में एकाकी उड़ती रही, उसके बाद तलाशने लगी अपनी देह। किस्मत अच्छी थी जो वह माच्चू-पिच्चू के इस सूर्य-वेदी में एक क्षीण रोशनी देखकर सीधे नीचे उतर आयी। उसके बाद पत्थर पर निश्चल बैठे बिमल की देह को देखकर वह उसमें प्रवेश कर गयी। पक्षी फिर अपने घोंसले में लौट आया था। मुक्त पंछी पिंजड़े में आकर शांत हो बैठा, देह में प्राण लौट आया।

मैं हिलडोल कर अपने चारों ओर देखने लगा। लगभग अंधेरा हो गया था। सारे लोग जा चुके थे। उस विशाल परित्यक्त पाषाण पुरी में मैं अकेला रह गया था। हड़बड़ी में उठकर मैं नीचे उतरने के लिए रास्ते पर आ गया। एक ही रास्ता था इसलिए दिक्कत नहीं थी। किन्तु सधन होते अंधेरे में पहाड़ी सड़क पर सावधानी से चलना पड़ रहा था। नीचे उतकर देखा कि सड़क एकदम सूनसान है। यूथ हॉस्टल पहुँचकर मै सीधे बिस्तर पर आ गया।

अगले दिन सुबह चाय-नाश्ता के लिए रेस्तराँ में गया तो वहाँ कई अमरीकी और यूरोपीय युवक-युवतियाँ दिखे। मुझे यूथ-हॉस्टल का परिवेश बहुत अच्छा लगता है। यहाँ आते ही बहुत पुरानी बातें याद आने लगती हैं। इस यूथ-हॉस्टल की यह खासियत थी कि यहाँ उम्र की कोई बाधा नहीं थी, सदस्य होना भी ज़रूरी नहीं था। जो पहले पहुँचेगा, उसे ही जगह मिल जाएगी। दो बड़े हॉल थे, एक लड़कों के लिए तथा दूसरा लड़कियों के लिए। कुज़कों से जो लोग सुबह आते वे शाम को लौट जाते। बहुत कम लोग ही यहाँ ठहरते। इसलिए यूथ-हॉस्टल लगभग खाली ही रहता। मेरी क़िस्मत अच्छी थी जो हिमेनतेस ने मुझे यहाँ टिका दिया था। दो दिनों में ही यहाँ के मैनेजर से मैं घुलमिल गया था।

एक प्याली कॉफ़ी लेकर मेरे सामने बैठते हुए मैनेजर बोले, "बुयेनस दियास (सुप्रभात)।" उसके बाद वे मुस्कराते हुए बोले, "कल आप काफ़ी रात गये लौटे थे। एकतो आप विदेशी हैं, यहाँ का केचुआ भाषा नहीं जानते, कभी झमेले में पड़ सकते हैं। यहाँ रात आठ बजे के बाद सब बन्द हो जाता है, आपके लिए हम कोई विशेष इंतज़ाम नहीं कर पाएगें।"

उन्होंने बहुत संजीदगी के साथ उक्त बातें कही। मैंने भी मुस्कराते हुए रात में देर से लौटने के लिए क्षमा मांग लिया।

उसदिन सुबह भी मैं माच्चू-पिच्चू के पहाड़ पर चला गया। दिन में वहाँ चुपचाप बैठना संभव नहीं था। जो पर्यटक आते उनमें बहुतेरे मुझे आन्देसवासी समझकर कुछ पूछने आते, कोई फोटो खींचना चाहता और कोई कैमरा मुझे थमाकर फोटो खींच देने को कहता। एक दल चला जाता तो दूसरा दल पहुँचकर वहाँ की नीरवता भंग करता। शाम चार बजे के बाद जब धीरे धीरे सब नीचे उतर गये तो वहाँ का माहौल एकदम शांत हो गया।

सूर्यदेव यथासमय अपने रंगीन गलीचे पर लेटने की तैयारी करने लगा तो चारों ओर रंग का खेल शुरू हो गया। मैं मुत्रमुग्ध सा बैठा प्रकृति के इस भव्य खेल का आनंद लेता रहा। उसके बाद एकसमय सूर्यास्त हो गया और एंडीज़ की क्रोड़ में तुरंत ही रात्रि उतर आयी। मेरी इच्छा हो रही थी कि पिछले दिन की तरह देह छोड़कर उड़ने लगूँ। एक ही स्थान पर एक ही आसन में बैठकर आज भी सूर्यास्त देखा, किन्तु पिछले शाम जैसी मनोदशा आज मुझे नहीं मिली। देह से मन, प्राण या आत्मा बाहर नहीं जा पायी।

अच्छी तरह से सोचने के बाद मैं समझ गया कि आज मेरे मन में समय से नीचे उतरने की चिंता थी ताकि यूथ-हॉस्टल में पहुँचने में रात न हो जाए। इसीलिए ऐसा सजग मन लेकर देहच्यूत होकर ऊपर उठने की चिंता नहीं कर पा रहा था। मैं बैठकर यही सोचने लगा कि पिछली शाम मैंने दिवास्वप्न देखा था, या चिंता में तल्लीन था, या सचमुच मन इस देह से अलग होकर उड़ने लगा था? बहुत सोचकर भी मैं किसी निष्कर्ष पर नहीं पहुँचा। रात गहराने से पहले ही मैं सड़क पर आ गया।

नीचे उतरते हुए मैंने सोचा कि इस स्थान का अवश्य ही कोई महत्व है, यहाँ बैठकर यदि मन को स्वच्छन्द विचरने दिया जाए तो अवश्य ही कोई नयी उपलब्धि होगी। यह विचार मेरे मन में पैठ गया। सोचा, जैसे भी हो, माच्चू-पिच्चू के मंदिर क्षेत्र में मुझे रहना ही पड़ेगा ताकि सूर्यास्त के समय नीचे उतरने की चिंता या उद्वेग मुझे स्पर्श न करे। इस चिंता से मुक्त होने का एकमात्र उपाय था कि मैं वहीं रात बिताऊँ। वहाँ रहने के लिए जगह की कोई कमी नहीं, केवल ठंड से बचाव के लिए पर्याप्त ऊनी वस्त्र रहना ज़रूरी है। मेरे पास गरम कपड़े भी थे, और एंडीज़ के बर्फ़ पर रहने लायक स्लीपिंग-बैग भी। यह सोच बलवती होती गयी और मैंने मन ही मन तय कर लिया कि अगले दिन यूथ-हॉस्टल छोड़कर मैं पहाड़ पर चला जाऊँगा।

अगले दिन मैंने हिमेनतेस से यह बात कही तो उसने उत्तर दिया, "माच्चू-पिच्चू में कोई भी रात बिता ही सकता है, यह वृहद् पहाड़ी इलाका किसी की व्यक्तिगत सम्पत्ति नहीं है। किन्तु मंदिर-क्षेत्र में सूर्यास्त के बाद एक घंटे से ज्यादा कोई भी नहीं रहता। उससे अधिक समय तक वहाँ रहना हो तो इसके लिए विशेष अनुमति लेनी

पड़ेगी। विशेष अनुमति पाने में कई अड़चनें हैं। इसके लिए कुज़को के 'नेशनल आर्कियोलॉजि एण्ड म्यूजियम कमिटी' को लिखना पड़ेगा। अनुमति मिलने में कम से कम बीस-बाईस दिन तो लग ही जाएंगे।''

यह सुनकर मैंने तय किया कि मंदिर क्षेत्र में जितनी देर रहना संभव हो मैं वहाँ रहूंगा, उसके बाद मंदिर के बाहर कहीं टिक जाऊंगा।

हिमेनतेस के साथ घूमते हुए मैंने मंदिर के निकट ही पहाड़ की गोद में एक गुफा जैसी जगह ढूँढ़ ली। यह गुफा मंदिर के बहुत करीब था किन्तु मंदिर-क्षेत्र से बाहर। यह जगह मुझे बहुत जॅचा। मंदिर से लगभग सटा हुआ लेकिन लोगों की निगाह वहाँ नहीं पड़ती। गुफा के बाद ही गहरी खाई थी। अतः उधर से किसी के आने का प्रश्न ही नहीं उठता। मंदिर के बाद एक छोटी-सी दीवार थी, उसके बाद सॅकरा गलियारा जिसे घुटने के बल रेंगकर पार करने के उपरांत दो शिलाखंडों को लांघना पड़ता। गुफा एक छोटे से बारजा की तरह था। यह जगह मुझे बहुत भा गया। पीठ का बैग उतारकर मैं घाटी का सुंदर दृश्य देखने लगा। हिमेनतेस ने मुझे बारबार सचेत किया कि यहाँ चोर-उचक्के आते रहते हैं, अतः सतर्क रहूँ। दिन में गुफा में आवाजाही न करूँ तो ज्यादा अच्छा क्योंकि इससे लोगों की निगाह उस गुफा पर पड़ सकती है। और यदि सुरक्षा-बल के लोग कुछ कहें तो उन्हें बता दूँ कि मैं यहाँ एंडीज़ की विशेष बाज पक्षी कन्दोर देखने आया हूँ।

मुझे खान-पान की असुविधा नहीं थी। साथ में गैस-कार्तुस था जिससे पानी गँरमाने और खाना पकाने का काम चलेगा। थोड़ा चावल और दो किलो मकई का दाना था मेरे पास। चार-पाँच दिन चलने लायक सूखे मेवे और बिस्किट भी था। पर्यटन दफ़्तर से पानी मिल जाएगा। हिमेनतेस जैसे भले आदमी से परिचित होना मेरी खुश किस्मती थी। ईश्वर की अनुकंपा से ही यह संभव हुआ। मैंने माच्चू-पिच्चू में अपना पड़ाव डाल लिया।

दिन में कभी पर्यटकों के साथ तो कभी अकेले खंडहरों के इर्द-गिर्द घूमता, अथवा हिमेनतेस तथा दूसरे गाइडों के साथ गप-शप करता। रोजाना एक ही कहानी सुनते-सुनते मुझे माच्चू-पिच्चू का इतिहास कंठस्थ हो गया था। बहुत खोजबीन करने के बाद भी मंदिर तथा वहाँ की पूजा-पद्धति के विषय में कुछ भी पता नहीं चला। मैं क्या चाह रहा था यह उन्हें समझा पाना मुश्किल था। वे मुझे सलाह देते रहे कि इतिहास और पुरातत्व के बारे में मुझे शोध करना हो तो मुझे कुज़को यूनिर्वासिटी में जाना चाहिए। वहाँ के शिक्षित पंडित अवश्य ही मेरी मदद कर पाएंगे।

लेकिन मै यहाँ कोई शोध करने नहीं आया था। इस रहस्यजनक स्थान में जो रहस्य छिपा हुआ था मैं उसे पाना या अनुभव करना चाहता था अथवा ऐसा ही कुछ

चाहता था जो मैं स्वयम् नहीं जानता था। साँझ के समय जब लोग लौट जाते और ढलते सूर्य की किरणों का खेल शुरू होता तब एकायक मेरा मन जाग उठता और मैं ढलते सूरज के अपरूप सौन्दर्य में सराबोर हो जाता। आसमान में रंग-बिरंगे बादलों का विभिन्न आकार ढलते सूरज का कोई रहस्यमय इशारा जैसा लगता। लगता कि निरंतर रूप बदलते इस सौन्दर्य के भीतर कोई आज्ञात भाषा छिपी हुई है। मन ही मन सूर्यदेव के प्रति प्रार्थना करता- हे लोकनाथम् अमृतम्, तुम ही इस दृश्यमान जगत के श्रष्टा हो, तुमही मेरे मन का प्राण हो क्योंकि यह प्राण तुम्हारा ही देन है; क्या तुम अपने अरूप आनन्द लोक का रहस्य उजागर नहीं करेगो?

माच्चू-पिच्चू में मुझे आठ दिन बीत गये थे। दिन का समय कुछ एकरस लगने पर भी सूर्यास्त के बाद मुझे बहुत अच्छा लगता। यहाँ गुफा के अंधेरे में रहने का मुझे अभ्यास हो चला था। रात के अंधेरे में पहाड़ी चूहों का सरपट दौड़, नन्ही पहाड़ी छिपकलियों की आवाजाही, पत्थरों को सहलाकर जाती हवा की सरसराहट और पेड़-पौधों के डोलने की मृदु आवाज सुनते-सुनते न जाने कब मुझे झपकी आ जाती। कभी-कभी ठंड के कारण नींद उचट जाती। जब कुकुर-कुंडली बनाकर या साँप की तरह ऐंठकर भी शरीर को ऊर्जा देना मुश्किल होता और फिर नींद नहीं आती तो स्लीपिंग बैग जकड़कर आसमान में फैले अनंत नक्षत्रों की लीला देखकर समय गुज़ारता। आसमान की इस समीपता और अंधकार के इस अपनापन का मुझे पहले कभी इसतरह अहसास नहीं हुआ था। रात को इसतरह अनुभव करने का ख्याल पहले कभी क्यों दिमाग में नहीं आया सोचकर मैं खुद ही हैरान होता। इस अनुभव का अपना एक अलग ही आनन्द था।

यहाँ से सूर्योदय नहीं दिखाई देता। सामने एक और पहाड़ था, सूर्योदय के समय सूरज उसके ओट में होता। सूरज की रोशनी जब गुफा तक आ पहुँचती, तब मेरी नींद उचटती।

10 जून 1989 को सुबह जागने पर मैं बहुत ताज़गी महसूस कर रहा था। गुफा के बाहर चहल-कदमी करने लायक जगह न होने पर भी खड़े होकर या बैठकर अनायास योगाभ्यास या व्यायाम किया जा सकता था। मैं सूर्य-प्रणाम और भुजंगासन करने के बाद ध्यान में बैठता। यहाँ की नीरवता में ध्यान करने का निराला आनंद मिलता। पक्षी की चहचहाहट और हवा की सरसराहट भले ही कभी-कभी उस अखंड नीरवता को तोड़ने का प्रयास करती, लेकिन यहाँ के निस्तब्ध वातावरण में उसका शायद ही कोई प्रभाव पड़ता। सुबह के धूप में बैठ मैं उस निस्तब्धता का आनंद लेता। आज मंदिर जाने को मन न हुआ, सोचा कि दिनभर वहीं बैठकर समय गुजारूंगा। आज शरीर भी मन की तरह ही हलका था। लग रहा था कि मैं आनायास इस पहाड़ से

सामने के अनंत महाशून्य में छलांग लगा सकता हूँ। अचानक मेरी निगाह कोयल जैसी किसी अनजान पक्षी पर पड़ी जो मेरे बहुत करीब आकर मकई के दाने चुगने के उपरांत पर फैलाकर सामने के महाशून्य में कूद गया। वह पक्षी जैसे मुझे बोल गया– देखो न, मैं उड़ रहा हूँ, तुम भी आ जाओ। दोपहर के आसपास मुझे एक और पक्षी दिखा। यह पक्षी बाज की तरह विशाल था, केवल गले के पास का भाग सफेद था, मानो सफेद फीता बांध रखा हो। मुझसे कुछ ही दूरी पर एक चट्टान पर आ बैठा, मैं भी स्थिर होकर उसे देखने लगा। समझ गया कि यही यहाँ का प्रसिद्ध कन्दोर पक्षी है। कन्दोर को यहाँ के लोग गरुड़ की तरह पवित्र मानते हैं और यह यहाँ का राष्ट्रीय पक्षी है।

काफ़ी देर तक स्थिर रहने के बाद मैं थोड़ा हिल-डोल कर बैठा। सोचा था कि मेरे हिलने-डोलने से शायद पक्षी उड़ जायगा। किन्तु ऐसा कुछ नहीं हुआ, उसे जैसे मेरी परवाह नहीं थी। कन्दोर का दर्शन यहाँ शुभ माना जाता है। मैंने भी सोचा कि एंडीज़ का देवता कन्दोर के रूप में मुझे दर्शन देने आया है। मैंने दण्डवत होकर कन्दोर को प्रणाम किया। मेरा प्रणाम स्वीकार करते हुए कन्दोर ने मुझे कुछ देर तक घूरा और अपना मौन आशीष देकर महाशून्य में कूद गया। सामने की वादी का दृश्य यहाँ से बहुत ही सुहाना लगता था। किन्तु सामने की खाई बहुत गहरी थी, वहाँ कोई गिरे तो उसकी हड्डी-पसली का भी पता न चले।

दोपहर को स्टोव पर भुट्टा पकाया और नमक मिलाकर खाने के लिए बैठा ही था कि सुबह वाली चिड़िया, जो कोयल जैसी थी, फिर आकर हाजिर हुई। मैंने थोड़ा मकई हाथ में लेकर उसकी ओर हाथ बढ़ाया। मुझे हैरानी हुई जब दो चार बार इधर-उधर फुदकने के बाद वह अनाम पहाड़ी चिड़िया पालतू पक्षी की तरह आगे बढ़कर मेरे हाथ से दाना चुगने लगी। हम दोनों में दो मिनट में ही दोस्ती हो गयी। हमने साथ भोजन किया और भोजनोपरांत चिड़िया ज्यों चुपके से आयी थी त्यों चुपके से ओझल हो गयी। आज प्रकृति का सबकुछ ही बहुत अच्छा लग रहा था। मेरे चारों ओर जैसे आनन्द ही आनन्द था। दिन भी जैसे जल्दी ही ढल गया। सूर्यास्त का समय करीब आया तो मैं मंदिर प्रांगण में पहुँच गया और अन्य दिनों की तरह वेध शाला की शिला पर जा बैठ। दिनभर की धूप से मंदिर के पत्थर काफ़ी गरम हो जाते हैं और उनपर बैठना अच्छा लगता है। सूर्यास्त के साथ ही ताप मात्रा में गिरावट शुरू हो जाती है। मुझे बहुत अजीब लगा कि मंदिर बिलकुल सूनसान था, शायद आज कोई पर्यटक नहीं आया था, आया भी हो तो पहले ही नीचे उतर गया था।

क्रमशः सूर्यास्त का नैसर्गिक खेल शरू हो गया। धरती के इस अनजान छोर के भग्नावशेष पर बैठ मैं अनंत सुंदर नित्य-परिवर्तनशील प्राणवायु के स्रोत की ओर

मुग्ध दृष्टि से निहारता रहा। सूर्यास्त के समय आसमान और बादलों में जो रंग-बिरंगी छटाएँ देखने को मिलती है वैसी शोभा यकीनन इस जग में और किसी चीज में नहीं। बरसों पहले तिब्बत में सूर्योदय के समय जिस अपरूप सौन्दर्य ने मुझे मुग्ध किया था, बहुत कुछ वैसा ही था सूर्यास्त का यह रूप भी। मैं इस सौन्दर्य को आत्मसात् कर रहा था। यह सौन्दर्य केवल आँखों को तृपत नहीं करता, हृदय से होकर आत्मा को भी स्पर्श कर लेता है।

लाल गोलाकृति के रूप में सूर्य देवता आखरी दर्शन देकर ओझल हो गये। सूर्यास्त क बाद भी काफ़ी देर तक विविध रंग का वह नृत्य निशशब्द चलता रहा। उस रंग ने मेरे मन को रंग दिया और मेरा रंगीन मन अब नाचने लगा। नाचते नाचते वह बादलों में जा भिड़ा और बादल बनकर आसमान में विचरने लगा। फिर एक समय वह रंगीन बादल मंदिर में लौट आया जहाँ शाम की आरती शुरू हो गयी थी। बादल में से वह रंगीन आत्मा आरती के दृश्य देखने लगी।

कोई घंटा-ध्वनि नहीं थी, मंत्र नहीं था, गीत नहीं था, केवल भक्तों और पुजारियों के मौन प्रार्थना से मंदिर के अभ्यंतर में रचित हुआ था एक स्वर्णिम प्रकाश। उस प्रकाश के स्पर्श से सभी लोग क्रमशः आलोकित होने लगे। मंदिर के हॉल में सैकड़ो सुन्दरी कुमारी छन्दोबद्ध ढंग से चुपचाप नृत्य कर रही हैं। उनके नृत्य के छन्द से पनप रहा है शब्द-तरंग और उस शब्द-तरंग से सृष्ट हो रही है स्वर्णिम छटा। वह स्वर्णिम छटा क्रमशः पुंजीभूत होकर सरल पवित्र कुमारियों के पीछे-पीछे डोल-डोल कर उनकी शोभा बढ़ाने लगी। लगा कि कुमारियों की भक्ति और तेज के कारण सूर्यास्त के पवित्र आलोक ने उन्हें आश्रय किया है। उनके पहनावे में सफेद लम्बी कमीज है। उनके कोमल मुखड़े आनन्द से उद्‌भासित हैं। बदलों के संग सैर करते मेरी उस आत्मा को उन्होंने अपने दल में शमिल कर लिया और फिर सारी रात चलता रहा सूर्य-नृत्य। उस नृत्य में केवल छन्द था और आनन्द था।

सारीरात नाचने के बाद कुमारियाँ एक-एक कर ओझल हो गयीं, केवल आत्मा मंदिर प्रांगण में रह गयी। देवालय के प्रकाश की ज्योति क्रमशः क्षीण होकर बुझ गयी। एक पुरोहित ने आकर उस आत्मा से कहा, "अब तुम लौट जाओ, तुम्हारी देह तुम्हारा इंतजार कर रही है।" ऐसा कहकर उसने उंगली के इशाने से वेध शाला के निकट बैठे एक मूर्ति को दिखाया- आत्माने धीरे-धीरे उस मूर्ति में प्रवेश किया। मैंने धीरे-धीरे अपनी आँखें खोली और आश्चर्य से देखा कि मैं ही वह मूर्ति हूँ। तो क्या मेरी ही आत्मा इतनी देर तक मुझे छोड़कर उन लोगों के साथ नृत्य कर रही थी? चाहे जो हो, इस अद्‌भुत अनुभव ने मेरे देह-मन में आनन्द भर दिया।

वेधशाला से उठकर देखा, चारों ओर भयंकर अंधेरा था। इतने अंधेरे में गुफा की ओर जाना ख़तरनाक होगा। गनीमत थी कि स्लीपिंग बैग चादर की तरह ओढ़ने

के लिए मैं साथ ही रखा था, क्योंकि यहाँ सूर्यास्त के साथ ही ठंड बढ़ जाती है। बिना छत वाले मंदिर के किसी दीवार के कोने में बैठकर रात गुज़ारने के सिवा और उपाय नहीं था। बैठे-बैठे न जाने कब आँख लग गयी। मैंने फिर सपना देखा– चारो ओर उत्सव जैसा माहौल है, रथ में बैठाकर सूर्य देवता को नगर-परिक्रमा कराया जा रहा है। काफ़ी लोग हैं, बहुत भीड़ है, और वह एक अनजान देश है। उनकी भाषा भी मेरे लिए अपरिचित है। शहर के लोगों की आंतरिकता और उनके आग्रह से मैं भी उनकी भीड़ में शामिल हो गयाा हूँ और नाचते हुए आगे बढ़ रहा हूँ। मेरे पीछे अचानक ढोल वाले आ पहुँचते ही मैंने ताण्डव नृत्य शुरू कर दिया। शोभायात्रा ठीक मेरे गुफा के सामने आकर रुकी, यहीं से सूर्य-देवता को महाशून्य में विसर्जन दिया गया। सूर्य-देव नीचे गिरने के बजाय सीधे पहाड़ पर से ऊपर की ओर उठने लगे। मैंने भी आव देखा ने ताव, नाचते-नाचते उस महाशून्य में कूद गया। सब कोई हाय-हाय कर उठे। उनकी चीख़-पुकार से होंश आते ही मैंने नीचे की ओर देखा जहाँ एक गहरी खाई थी। भय से मेरे मुँह से चीख़ निकल गयी– साथ ही मेरी नींद टूट गयी। असल में मैं सपना देख रहा था और जहाँ बैठा था वहाँ से नीचे के पत्थर पर लुढ़क गया था। मैंने खुद को संयत किया, किन्तु दिल तब भी धड़क रहा था। मैं डरपोक नहीं हूँ। फिर भी न जाने वह कैसी अनुभूति थी जिससे सारे शरीर में सिहरण हो रहा था। मैं उठकर खड़ा हो गया। ठंड काफ़ी थी, शायद यह सिहरण इसीलिए हो। यह अवश्य ही सपना था, किन्तु इससे पहले वाला? मन में प्रश्नों का अम्बार लगने लगा। आखिर रात बीत गयी। पौ फटते ही मैं अपनी गुफा में लौट आया। अब कुछ पल सोना ज़रूरी था।

अगले दिन इच्छा हुई कि इस स्वप्न के बारे में किसी से बोलूँ, हाँलाकि ऐसे अनुभव दूसरी भाषा में व्यक्त करना मुश्किल होता है। हिमिनतेस से कहा तो उसने बताया कि सपना स्मृति का रोमंथन है, स्मृति ही सपने के माध्यम से भिन्न रूप में दिखाई देते हैं, इसमें रहस्य की कोई बात नहीं है। उसका उत्तर सुनकर मैंने यह प्रसंग वहीं समाप्त कर दिया। मेरे पिछले दिन के अनुभव से मैं आश्वस्त था कि यह स्थान अत्यंत महत्वपूर्ण है। लोगों की आवाजाही और शोर-शराबा समाप्त होते ही प्रकृति अपने छन्द में आ जाती है। किन्तु प्रकृति के उस नीरव छन्द को हृदयंगम करने के लिए या समझने के लिए मानसिक तैयारी आवश्यक है। मुझे लगा कि माच्चू-पिच्चू का यह स्थल ऐसा है जहाँ इस तैयारी के लिए किसी प्रयास की आवश्यकता नहीं, वह स्वतः ही आ जाती है।

मैंने तय किया कि अब दिन का वक्त पर्यटकों के साथ गुज़ारने के बजाय माच्चू-पिच्चू के आसपास का स्थल देख लेना उचित होगा। माच्चू-पिच्चू पहाड़ के नीचे रेलवे स्टेशन तक जाने के लिए बस या जीप से पन्द्रह या बीस मिनट लगते, पैदल नीचे उतरने में घंटे भर से अधिक नहीं लगता। किन्तु उसी रास्ते पैदल वापस आने में दो

घंटे से अधिक का समय लगता। मुझे मच्चू-पिच्चू से नदी की घाटी तक जाने का एक पैदल मार्ग मिल गया। पहाड़ी पेड़-पौधे और पत्थरों के रोड़े से जूझकर रास्ता तय करने में दिक्कत अवश्य हुई, किन्तु इस यात्रा में जोखिम जैसी कोई बात नहीं थी। हिमेनतेस ने बता दिया था कि यह पैदल मार्ग अत्यंत सँकरा है। मुझे यह रास्ता नैनीताल से काठगोदाम जाने वाली पैदल-सड़क जैसी लगी।

दोपहर के आसपास मैं जहाँ पहुँचा वहाँ एक ध्वंसावशेष देखकर मुझे आश्चर्य हुआ। काफ़ी लोग वहाँ चहल-कदमी कर रहे थे, वे सब अवश्य ही पर्यटक थे। मंदिर और आवासीय माकानों का यह खंडहर भी माच्चू-पिच्चू के जमाने का था, हाँलाकि इसका परिसर माच्चू-पिच्चू से छोटा था। यहाँ वेधशाला तथा खेती योग्य भूमि नहीं थी। नीचे की घाटी का सुहाना दृश्य यहाँ से भी दिखायी देता था। मैं खंडहर का चक्कर लगा रहा था जब एक स्थानीय किशोर ने मुझसे कहा, "तुम रात में हमारे यहाँ रह सकते हो, केवल दो इंतिस लगेंगे।"

टूटी-फूटी स्पैनिश भाषा में उसने ये बात कही। स्पष्ट था कि वह यहीं का पहाड़ी बालक था, उसकी मातृभाषा संभवतः केचुआ या आइमारा हो। उसकी वेशभूषा बता रही थी कि वह अत्यंत निर्धन परिवार का है और उसका चालचलन बता रहा था कि इस पथ में चलने-फिरने का वह आदी है। उसका प्रस्ताव अनसुनी करते हुए मैं ध्वंसावशेष के पत्थरों को देखने-परखने में लगा रहा। यहाँ से माच्चू-पिच्चू का पहाड़ खूबसूरत लग रहा था, हाँलाकि ऊपर की समतल भूमि यहाँ से गोचर नहीं होती। खंडहर के निकट ही एक कॉफ़ी की दुकान थी, वहाँ मकई की रोटी, जिसे स्थानीय भाषा में 'तरतिया' कहते हैं, बिकते देखकर मैं वहाँ जा बैठा। दुकानदार एक महिला थी। उसने गरम रोटियाँ और तले हुए आलू परोसकर टूटी-फूटी स्पैनिश में मुझसे पूछा, "आप माच्चू-पिच्चू से आ रहे हैं?"

"जी हाँ।" मैंने कहा।

"आज आप लौट नहीं पाएंगे, काफ़ी चढ़ाई है। यहाँ से ऊपर पहुँचने में साढ़े तीन घंटे लगेंगे।"

"क्यों? साढ़े तीन घंटे क्यों लगेंगे?"

"इस स्थान का नाम ओलानताइतम्बो है। आप बहुत दूर आ गये हैं।"

यह जानकर मुझे आश्चर्य हुआ। माच्चू-पिच्चू जाते समय ओलानताइताम्बो स्टेशन पड़ा था। ओलानताइताम्बो इंका सभ्यता का ही एक और ध्वंसावशेष है। चलने की धूम में मैं इतनी दूर आ गया हूँ इसका मुझे गुमान नहीं था। महिला ठीक ही कह रही थी। माच्चू-पिच्चू लौटने में साढ़े तीन घंटे या उससे अधिक लग जाएंगे और इस पहाड़ी पगडंडी पर से रास्ता तय करना आसान तो नहीं ही होगा, अंधेरा होते ही चढ़ाई

खतरनाक साबित होगी और भटकने की भी पूरी संभावना है। अतः रात के लिए यहीं पड़ाव डालना उचित होगा। मेरे ऐसा कहते ही महिला ख़ुश होकर दुकान से बाहर निकली और किसी को गुहार देने लगी– "मिहेने... मिहेने।"

कुछ ही देर में मिहेने हाजिर हुआ। देखा, यह वही किशोर था जिसने मुझसे बात की थी। मिहेने के पहुँचते ही महिला और किशोर में उनकी अपनी भाषा में कुछ कहासुनी शुरू हो गयी। यह झड़प मेरे कारण था यह मैं समझ रहा था, किन्तु ऐसी क्या बात हो सकती है यह मैं अनुमान नहीं कर पा रहा था। कुछ ही पल में बात स्पष्ट हो गयी जब महिलाने टूटी-फूटी स्पैनिश में मुझसे कहा, "एक रात के लिए आपको तीन इंतिस देने पड़ेंगे। मेरे बेटे को रेट नहीं मालूम, उसने आपको दो इंतिस कहा था।"

मैंने हँसकर कहा, "ठीक है, तीन इतिस दूंगा।"

चाय-कॉफ़ी का यह दुकान ही अनका घर था। शाम के बाद जब पर्यटक लौट जाते हैं, दुकानपर ही वे सोने का इंतजाम कर लेते हैं। इनकी आर्थिक दशा बहुत बुरी थी। पत्थर जोड़ कर किसीतरह चार दीवार बनाए गये थे, ऊपर पेड़ की डाल बिछाकर उनपर पत्तों का छाजन डाला गया था। इससमय के मौसम में यह कमरा आराम दायक था, किन्तु ठंड बढ़ने पर इन्हें अवश्य ही तकलीफ़ झेलनी पड़ती है। हिमालय क्षेत्र में भी इस तरह के मकानों की बस्तियाँ दिखायी देती हैं।

सूर्यास्त के थोड़ी ही देर बाद अंधकार छा गया। लालटेन एक ही थी। बिस्तर लगाकर माँ-बेटे ने तरतिया खाया, फिर मुझे इशारे से उनके साथ बाहर जाने को कहा। उन्होंने इशारे से ही समझाया कि घर में टॉयलेट नहीं है, अतः बाहर जाना पड़ेगा, फिर रात में निकलने की ज़रूरत नहीं पड़ेगी। मुझे उन्होंने दो कम्बल दिए और माँ और बेटे ने एक कम्बल ओढ़कर रात बिताया। उनकी सरलता और उदारता ने मुझे मोह लिया।

सुबह जब नींद खुली तो चारों ओर धूप फैली हुई थी। मिहेने दो मुर्गियों के पीछे दौड़ रहा था। मुझे उठते देखकर मिहेने की माँ ने मेरी ओर एक प्याली कॉफ़ी बढ़ाकर कहा, "बुएनस दियास सिनियर", यानी 'सुप्रभात'। नींद अच्छी हुई थी। पासपोर्ट और रुपये का पाउच साथ में था, नहीं तो रात गुज़ारना मुश्किल होता।-

साढ़े दस बजे एक गिनिबस, जिसे यहाँ कलेकटिवो कहते हैं, मिला। उसी से मैं माच्चू-पिच्चू के लिए रवाना हुआ और एक घंटे में माच्चू-पिच्चू पहुँच गया। बस से उतरते ही कुछ ही दूरी पर खड़े हिमेनतेस की निगाह मुझपर पड़ी। वह लगभग दौड़ते हुए मेरे पास आया और बोला, "कल दिनभर तुम दिखायी नहीं दिए, कहाँ कये थे?"

"मैं बगल की सँकरी पगडंडी से नीचे की ओर उतर गया था। चतले-चलते ओलानताइतामबो पहुँचने पर मालूम हुआ कि शाम ढलने से पहले यहाँ वापस आना

असंभव है। इसलिए कल रात वहीं रह गया था।

हिमेनतेस ने हँसकर कहा, "अच्छा किया। जंगल के रास्ते नीचे उतरने में जितना समय लगता है,लौटने में उससे तिगुना समय लगता है। रात क्या चाय की दुकान में थे?"

"हाँ" मैं बोला।

"वह दुकानदारनी बहुत अच्छी है, बहुत गरीब भी। उसका बेटा बहुत फुर्तिला है।" हिमेनतेस ने कहा, फिर वह वहाँ के कुछ और घ्वंसावशेष के बारे में बताने लगा जिनमें कालका, चिनचेरोस तथा पिसाक विशेष उल्लेखनीय है। उरूबाम्बा नदी के किनारे-किनारे और नीचे की ओर जाने पर इसतरह के और कई ध्वंसावशेष मिलेंगे जिनके इतिहास के बारे में सटीक जानकारी नहीं मिल पायी है। चिनचेरो और पिसाक में हर रविवार को हाट लगता है। ये हाट पर्यटकों को आकर्षित करने के लिए है, इसलिए वहाँ चीजें बहुत महंगी हैं जिनमें अधिकांश यहाँ की पैदावार नहीं है। सब्जी और कोका पत्ता अवश्य ही स्थानीय उपज है। उरूबाम्बा नदी के किनारे-किनारे सीधे उत्तर की ओर जाने के लिए एक सड़क है, जिसपर दिन में केवल एक बस जाती है। उधर रेलमार्ग नहीं है। वहाँ पहुँचने पर स्थानीय आदिवासियों से मिलने का अवसर मिलेगा। वहाँ आम पर्यटकों की भीड़ नहीं होती। किन्तु दिक्कत यह है कि आदिवासी केचुआ के अलावा और कोई भाषा नहीं जानते। हिमेनतेस ने वादा किया कि अगर मैं वहाँ जाना चाहूँ तो उससे कहने पर वह सारा इंतजाम कर देगा।

हिमेनतेस से बातचीत समाप्त कर मैंने गुफा की राह पकड़ी। सुबह से ब्रश नहीं किया था। अब ब्रश और पेस्ट लेकर पुनः चौराहे के बम्बे पर लौटना पड़ेगा। माच्चू-पिच्चू में पानी का यही एक नल है। वेधशाला की बगल में पहुँचकर लोगों की नज़र बचाकर मैं झाड़ियों में घुस गया, फिर एक विशाल चट्टान लांघकर पहाड़ी दीवार पकड़कर सॅकरे गलियारे से आगे बढ़ने पर अपने अस्थायी डेरे यानी गुफा की ओर चला। यह रास्ता बहुत सावधानी से तय करना पड़ता था। क्योंकि चूक होने पर कई सौ मीटर नीचे की खाई ही स्वागत करेगी जहाँ हड्डी-पसली का पता भी नहीं चलेगा।

गुफा के करीब पहुँचकर मैं ठिठक गया। गुफा के ठीक सामने पॉव पसार कर एक आदमी बैठा हुआ था। बहुत चकित हुआ मैं। मेरे संग गुफा में हिस्सा बाँटने कि लिए यह कौन घुमक्कड़ आ हाजिर हुआ।

मेरे कदमों की आहट से वह व्यक्ति बेतहाशा चौंक पड़ा और उठकर खड़ा हो गया। खड़ा होते समय वह ज़ोर से चीख़ा। यह चीख़ रोने की आवाज़ जैसी थी। इससे मैं और भी चकित था। मैंने खुद से ही पूछा– आखिर माजरा क्या है? शेक हैंड करने की भंगिमा में मैंने उसकी ओर हाथ बढ़ाया और मुँह से बोला, "बुयेनस दियास" (यानी

सुप्रभात)। मेरी हाव-भाव से वह शायद कुछ आश्वस्त हुआ। उसने किसीतरह हाथ मिलाया और प्रत्याभिवादन में कहा, "बुयेनस दियास।" उसका हाव-भाव मुझे असहज और विचित्र लग रहा था। मेरी उत्कंठा दूर करने के लिए मैंने उसे घूर कर देखा। उसका चेहरा बता रहा था कि उसे कोई तकलीफ़ है। वह फिर धम्म से बैठ गया और कातर स्वर में बोला कि उसके पाँव में बहुत दर्द है। मैंने झुक कर उसका पाँव देखा। पाँव में फ्रैक्चर था।

मुझे उससे कुछ पूछने की ज़रूरत नहीं पड़ी। वह स्वयम् ही अपने बारे में बताने लगा। वह एक स्थानीय व्यक्ति है। गुफा की बगल के सॅकरे जंगली पथ से वह अक्सर आवाजाही करता है। कल वह यहाँ से जा रहा था। बड़े पत्थर को लांघते समय फिसल गया था, फिर लौट नहीं पाया। पाँव में बहुत दर्द है, लगता है टूट गया है। किसीतरह घिसटता हुआ वह इस गुफा तक आ गया था, कल शाम से यहीं पड़ा है।

उसकी हालत देखकर मुझे बहुत चिंता हुई। वह पॉव हिला भी नहीं पा रहा था। जब भी कोशिश करता, यंत्रणा से चीख़ने लगता। मैं जंगल से कुछ पेड़ के पतले और मजबूत डाल संग्रह कर लाया और खपच्ची की तरह उससे उसकी टांग बॉध दिया। फर्स्ट-एड का जो सामान्य ज्ञान मुझे था, उससे मैं इतना ही कर सकता था। इसतरह टांग में कुछ मजबूती आने से उसे कुछ राहत अवश्य मिली। उसने रोते हुए कहा कि कलरात से वह भयंकर तकलीफ़ में था। वह मुझे बारबार धन्यवाद देने लगा। उसकी हालत देखकर मुझे अपनी सुध नहीं थी। सोचा था नल पर जाकर ब्रश करूंगा और पानी लाकर खाना पकाऊंगा। लेकिन अब यह मेरी सोच से परे था। अब समस्या यह थी कि इसे यहाँ से कैसे निकाला जाए। उसे उठाकर मंदिर तक ले जाना असंभव था। भयंकर सॅकरे गलियारे से अकेले चलने में ही ख़तरा था, दो लोग अगल-बगल चल ही नहीं सकते थे। ऐसी कोशिश करने से दोनों ही खाई मे जा गिरेंगे। ऐसे में मुझे हिमेनतेस याद आया। उसे कहने पर वह अवश्य मदद करेगा।

मैंने उससे कहा, "तुम फ़िक्र मत करो। मैं जा रहा हूँ, कुछ लोगों को बुला लाऊंगा। तुम्हें यहाँ से निकालने के लिए कोई न कोई उपाय ज़रूर निकल आएगा।"

मेरा ऐसा कहना था कि उसने मेरे दोनों पॉव जकड़ लिए। वह व्याकुल होकर बोला, "तुम मुझे छोड़कर कहीं मत जाओ। यहीं रहो। मैं थोड़ा ठीक होते ही खुद ही धीरे-धीरे चला जाऊंगा।"

उसका कातर अनुरोध सुनकर मैं हँस पड़ा। सोचा, शायद उसे इस हालत में अकेले छोड़कर जाना ठीक न होगा। कल से बेचारा भूखा-प्यासा पड़ा है, पहले कुछ खाने का इंतज़ाम किया जाए, फिर बाद में देखा जाएगा। मेरे पास मकई था और केवल एक संतरा। वही हम दोनों ने बाँट कर खाया। धीरे-धीरे अपराह्न हो आया। खपच्चियों

के सहारे पॉव मजबूती से बंधा था, जिससे उसका दर्द कुछ कम हो गया था, फिर पिछली रात वह अवश्य ही सो नहीं पाया था, इसीसे शायद उसे नींद आ गयी। उसने अपना नाम रोमांकि बताया था। रोमांकि सो रहा था और मैं उसके बारे में सोच रहा था। उसकी उम्र पच्चीस-तीस के बीच होगी। कल से वह घर नहीं लौटा था, उसके घर वाले बहुत चिंतित होंगे। उन्हें भी ख़बर पहुँचाना ज़रूरी है।

मुझे अचानक ख्याल आया कि घास-पत्ते में भी भेषज गुण होते हैं। उसके घाव पर पत्तों का रस डाला जाए तो कैसा रहे? पास ही बहुत से जंगली पौधे थे। मैं उनसे कुछ पत्ते तोड़ लाया। ये पत्ते रसभरे और नरम थे। फिर कुछ घास भी ले आया। उन्हें पत्थर पर रखकर दूसरे पत्थर से कूटने लगा। कूटने की आवाज़ से रोमांकि की नींद उचट गयी। वह लेटे लेटे मेरी हकीमी देखता रहा। घास और पत्ते कूट कर मैंने उसकी टांग पर जहाँ बहुत सूजन था, फैला दिया। फ़िर और कूटे हुए पत्तों का रस निचोड़कर ऊपर से डालने लगा। सोचा, अनाड़ी विद्या कभी-कभी कारगर होती है, इन घास-पत्तों में भेषज गुण हो तो उसे राहत मिलेगी, न हो, तो कोई नुकसान नहीं होगा। इस प्रयोग में हर्ज ही क्या है।

रोमांकि को मैंने फिर एकबार समझाया– "तुम्हारे घर पर ख़बर करना ज़रूरी है। तुम्हें डॉक्टर के पास जाना होगा। एक्सरे करने के बाद हड्डी बैठाया जाएगा, फिर पाँव मे प्लास्टर होगा। बिना डॉक्टर के यह सब नहीं हो पाएगा। इसलिए तुम कुछ देर अकेले रहो, अभी हिमेनतेस से नहीं मिला तो बाद में कोई नहीं मिलेगा। सारे लोग नीचे उतर जाने के बाद मैं अकेले क्या करूंगा? तुम्हारी तकलीफ़ बढ़ गयी तो बहुत मुसीबत होगी।" स्पैनिश भाषा में मैं पारंगत तो नहीं, बस काम चलाऊ बोल लेता हूँ। मैंने उसे कई बार समझाया कि बिना औरों की मदद के वह यहाँ से निकल नहीं पाएगा, और उसे डॉक्टर के पास जाने में विलम्ब नहीं करना चाहिए। बिना चिकित्सक के वह ठीक नहीं हो पाएगा। किन्तु रोमांकि अकेले रहने के लिए राजी नहीं था। मुझे समझ में नहीं आ रहा था कि क्या करूँ। चुपचाप उसकी बगल में बैठा रहा। धीरे-धीरे साँझ हो आयी। पीने का पानी ख़त्म हो गया था। रातमें मकई उबालने के लिए भी पानी चाहिए यह बात रोमांकि को समझाकर मैं पानी का बर्तन लेकर गुफा से निकल गया।

माच्चू-पिच्चू के मंदिर प्रांगण में देखा, वहाँ कोई भी नहीं था, सब जा चुके थे। बेचारे रोमांकि की बात सोचकर आज मैं वहाँ के रहस्यमय सूर्यास्त का आनंद नहीं ले सका। सूरज की रोशनी सम्पूर्ण गायब होने से पहले ही मुझे रात का खाना बना लेना पड़ेगा। इसलिए मुँह-हाथ धोकर मैं पानी लेकर गुफा में लौट आया। लौटकर देखा, रोमांकि बैठे मुस्करा रहा था। शायद उसका दर्द काफ़ी कम हो गया था। मैंने फिर घास-पत्ते कूटकर उसकी टांग पर नया प्रलेप चढ़ा दिया। उसके बाद मैंने अपने पिकनिक-

गैस-स्टोव पर मकई उबलने के लिए चढ़ा दिया। रोमांकि विस्मय से मेरे सामानों को देख रहा था। भोजन से निवृत होकर स्लीपिंग बैग चादर की तरह ओढ़कर हम दोनों लेट गये।

यह कहने की आवश्यकता नहीं कि रात में हम दोनों ही ठीक से सो नहीं पाए। स्लीपिंग बैग मेरे लिए पर्याप्त होने पर भी वह दो व्यक्तियों के लिए नहीं था। नींद अच्छी नहीं हुई किन्तु राहत की बात यह थी कि रोमांकि का दर्द काफ़ी कम हो गया था और सूजन भी कम हो गया था। मैंने तय किया कि आज उसे बिना बताए ही मैं उसे यहाँ से निकालने का कोई उपाय करूंगा। मैं पर्यटकों के पहुँचने के समय का इंतजार करता रहा ताकि हिमेनतेस की मदद मांग सकूँ।

सुबह नाश्ते का सामान लाने जा रहा हूँ कहकर मैं निकल पड़ा। हिमेनतेस ठीक वक्त पर ही माच्चू-पिच्चू पहुँचा। उसी समय एक छोटा वैन पावरोटी, फल, बिस्किट पिक्चर पोस्टकार्ड आदि लेकर वहाँ पहुँचा। बिस्किट और पावरोटी ख़रीदकर मैंने हिमेनतेस से अनुरोध किया कि वह मेरे गुफा में आ जाए। उसने कहा, "तुम चलो, मैं पर्यटकों को आवश्यक हिदायत देकर आधे घंटे में आता हूँ।"

गुफ़ा में पहुँचते ही रोमांकि ने पूछा, "तुमने किसी से बात तो नहीं की-किसी को मेरे बारे में बताया तो नहीं?"

उसके चेहरे पर शंका का भाव था जिसे देखकर मुझे बहुत हैरानी हुई। उसकी बात का जवाब न देकर मैं नाश्ते की तैयारी में जुट गया। पावरोटी और बिस्किट पाकर वह बहुत ख़ुश था।

कुछ ही देर बाद हिमेनतेस गुफा में आया। मेरे साथ रोमांकि को देखकर उसने झुंझलाकर पूछा, "इस आदमी के साथ तुम्हारी दोस्ती कैसे हुई?"

हिमेनतेस के लहजे से मैं और हैरान हुआ। ज़ाहिर था कि रोमांकि को मेरे साथ देखकर वह नाख़ुश था।

मैंने रोमांकि के पाँव की ओर इशारा कर कहा, "उससे मेरा कोई परिचय नहीं था। यहाँ आते समय उसकी टांग टूट गयी, तबसे वह असहाय हालत में यहीं पड़ा है।"

मेरा इतना कहना था कि रोमांकि केचुआ भाषा में हिमेनतेस से बात करने लगा। वह अपना पाँव दिखाया, मेरी ओर इशारा किया। उनकी बातचीत मेरे पल्ले नहीं पड़ रही थी और हिमेनतेस बहुत नाराज लग रहा था। न जाने किस बात पर दोनों में गहमागहमी हो रही थी। आख़िर रोमांकि रोने लगा और हिमेनतेस को जकड़कर गिड़गिड़ाने लगा। उसे परे हटाकर हिमेनतेस ने क्रुद्ध स्वर में उसे कुछ कहा और गुफा से निकल गया।

बात क्या थी और उनमें क्या बहस हुई यह मैं नहीं समझ सका। हिमेनतेस को जाते देखकर मैं भी उसके पीछे हो लिया और ख़तरनाक गलियारा पार करने के बाद हिमेनतेस के सामने जाकर खड़ा हुआ। मैंने अनुरोध के स्वर में कहा, "बात क्या है कुछ बताओगे भी। बेचारा टांग तोड़कर दो दिनों से तकलीफ़ में है, इस हालत में उसे डॉटना-डपटना क्या उचित है? अब ज़रूरी है उसे गुफा से निकालकर उसके इलाज का प्रबंध करना।"

मेरी बात सुनकर हिमेनतेस ने मुझे लगभग डॉटने के स्वर में कहा– "उसका इलाज कराकर क्या होगा? वह जैसा है, वैसी ही उसे सज़ा मिली है, यह अच्छा ही हुआ। उसे हमलोग अच्छी तरह जानते हैं। वह एक छटा हुआ बदमाश है। उसके लिए मैं कुछ भी नहीं कर पाऊंगा। उससे पूछो जाकर- वहाँ वह क्या करने गया था?"

हिमेनतेस की नाराजगी यह जता रही थी कि उससे बहस करने से कोई फ़ायदा नहीं होगा। मैंने शांत लहजे में कहा, "शामतक तुम और बाकी लोग यहाँ से चले जाओगे। यहाँ और कोई नहीं मैं जिसकी मदद मांग सकूँ। तुमसे मेरा इतना ही अनुरोध है कि किसी तरह उसके घर पर ख़बर भिजवा दो, फिर जो करना है, वे ही करेंगे।"

हिमेनतेस इस पर राजी हो गया। उसने बताया कि वह स्वयम् सीधे मदद नहीं कर पाएगा, क्योंकि इसमें बहुत अड़चन है। पहली बात वह गुफा पर्यटकों के लिए नहीं है। वहाँ तक पहुँचने का रास्ता बहुत ख़तरनाक है, सालभर पहले एक अमरीकी पर्यटक उस गुफा से आते समय नीचे खाई में गिर गया था, फिर उसकी लाश का भी अता-पता नहीं चला। उसके बद से ही गाइड और सुरक्षाकर्मियों को हिदायत है कि माच्चू-पिच्चू के भग्नावशेष से ओलानताइतामबो तथा उरूबाम्बा नदी की घाटी तक जाने वाले गुप्त-पथ के बारे में किसी पर्यटक को जानकारी न दी जाए। हाँलाकि बहुत से स्थानीय लोग उस रास्ते के बारे में जानते हैं, किन्तु वे भी इधर से आवाजाही नहीं करते। अधिकारियों को यह पता चल जाए कि हिमेनतेस न मुझे उस रास्ते की जानकारी दी है और मुझे गुफा में रहने की अनुमति भी दी है तो उसके लिए अपनी नौकरी बचाना मुश्किल होगा।

हिमेनतेस की समस्या समझकर मैंने उसे आश्वस्त किया, "तुम निश्चिंत रहो, मैं तुम्हें कठिनाई में नहीं डालूंगा। अधिकारियों को बिना बताए मैं स्वेच्छा से यहाँ ठहर गया था, इसके लिए मैं किसी भी समस्या का सामना करने को तैयार हूँ।"

हिमेनतेस ने कहा, "तुम यहाँ के अधिकारियों को नहीं जानते, तभी ऐसा कह रहे हो। वे तुम्हें अकारण परेशान करेंगे। हमारी मिलिटरी हुकूमत क़तई दयालु नहीं।"

हिमेनतेस के साथ सलाह-मशविरा कर यह तय किया गया कि वह मुझे एक पत्र लिख देगा जिसे लेकर मैं रोमांकि के घर जाऊंगा और उसके घरवालों को वह पत्र

दिखाऊंगा। फिर वे लोग मेरे साथ ऊपर आएंगे। यहाँ से वे रोमांकि को कैसे निकालेंगे, यह उनकी समस्या है।

हिमेनतेस की डयूटी पूरी होने पर हम मिनिबस से नीचे पहुँचे। स्टेशन के करीब पहुँचकर मुझे बस से उतारकर रोमांकि के मुहल्ले में जाने का रास्ता बताकर हिमेनतेस स्टेशन चला गया। उसके लिए कुज़को लौटना अनिवार्य था, इसलिए उसने क्षमाप्रार्थना की कि यहाँ रुककर वह मेरी मदद नहीं कर पाएगा। माच्चू-पिच्चू स्टेशन से लगभग दो किलो मीटर चलने के बाद मुझे एक गाँव मिला। रोमांकि को वहाँ हर आदमी जानता था, इसलिए उसका मकान ढूँढ़ने में कोई परेशानी नहीं हुई। गाँव के मकान पत्थर के थे और उनपर टीन का छाजन था। लगता था कि गाँव में सिर्फ़ गरीब लोग बसते हैं। गाँव के कुछ कुत्ते और लामाओं का झुंड मुझे आकर्षक लगा। गाँव के कुछ बच्चे मुझे अपने संग रोमांकि के घर ले आए। दरवाज़ा खुला था, बच्चे मुझे अंदर ले गये। कमरे में एक वृद्धा और दो युवतियाँ बैठकर गपशप कर रही थीं। मुझे देखते ही वे सब उठकर खड़ी हो गयीं और मुझसे कुछ पूछने लगीं। मैं उत्तर नहीं दे पाया। सिर्फ़ वह चिट्ठी निकालकर उनकी ओर बढ़ा दिया। चिट्ठी हाथ में लेकर हिज्जे करती हुई एक युवती जिसतरह पढ़ने लगी, उससे स्पष्ट था कि स्पैनिश भाषा उसे ठीक से नहीं आती। दूसरी युवती उसी की बहन थी, यह उनके चेहरे से ही स्पष्ट था। यानी ये लोग रामांकि की माँ और दो बहनें थीं। रोमांकि का नाम सुनते ही रोमांकि की माँ व्यग्र होकर मुझसे कुछ पूछने लगीं। मैंने इशारे से उनकी बेटी के हाथ की ओर इशारा किया, मतलब यह कि सबकुछ उस पत्र में लिखा है। रोमांकि की माँ ने तत्क्षण अपनी छोटी बेटी से कुछ कहा। वह तेजी से बाहर निकल गयी और थोड़ी ही देर बाद एक वयस्क व्यक्ति को साथ लेकर लौट आयी। वस्यक व्यक्ति ने मुझे आपादमस्तक घूरकर देखा, फिर बड़ी बेटी के हाथ से पत्र लेकर पढ़ने लगा। ज़ाहिर था कि इस व्यक्ति को स्पैनिश पढ़ना आता था। पत्र पढ़कर उन्होंने पत्र का सार समझा दिया कि रोमांकि को चोट लग गयी है और घरवालों का वहाँ जाना ज़रूरी है। रोमांकि की माँ और बहनें पुनः व्यग्र होकर मुझसे कुछ पूँछताछ करने लगीं। मैंने उस वयस्क सज्जन के माध्यम से उन्हें सांत्वना देते हुए कहा कि घबराने की कोई बात नहीं है, डॉक्टर दिखाने से ठीक हो जाएगा। उस व्यक्ति ने मेरा परिचय जानना चाहा तो मैंने बताया कि मैं एक पर्यटक हूँ, इससे अधिक मेरा कोई परिचय नहीं। मैंने उनलोगों से आग्रह किया कि वे रोमांकि के लिए कुछ खाने का सामान अवश्य ले जाएं, क्योंकि वह दो दिनों से भूखा है। मेरी बात सुनकर रोमांकि की माँ बगल के कमरे में चली गयी, एक बहन ने मुझे एक स्टूल ला दिया बैठने के लिए।

सारा घर जैसे एकायक व्यस्त हो पड़ा था। लड़कियाँ, जिनकी उम्र करीब बीस-बाईस थी, अपना नाम बताती हुई मुझसे हाथ मिला गयीं। मैंने रोमांकि का खबर पहुँचाने

की तकलीफ़ की, इसके लिए वे मुझे धन्यवाद देती रहीं। लकड़ी का चूल्हा जलाकर उसपर पानी बैठाया गया। मैंने अनुमान किया कि मेरे लिए शायद चाय-वाय का इंतज़ाम हो रहा है। अनुमान सही था। थोड़ी ही देर में कॉफ़ी की सुगंध से कमरा महक उठा। एक बड़े गिलास में मुझे कॉफ़ी दिया गया। रोमांकि के लिए भुट्टे का स्वादिष्ट ओमलेट बना (मकई के दाने का चूरा, अंडा और आलू की भुजिया मिलाकर) उसके बाद दरवाज़े पर साँकल चढ़ाकर माँ और उनकी दोनों बेटियाँ मेरे साथ निकल पड़ी। बड़ी लड़की, जिसने अपना नाम केतानी बताया था, कुछ स्पैनिश शब्द बोल लेती थी, किन्तु उसकी माँ और बहन को यह भाषा बिलकुल नहीं आती। रास्ते में एक दुकान से मैंने कुछ मोमबत्तियाँ ख़रीद लीं। हम लोग माच्चू-पिच्चू की ओर बढ़ रहे थे और साँझ होने लगी थी। छोटी लड़की ने स्टेशन के पास से एक दूसरा रास्ता पकड़ा। उनकी बातचीत से यह मालूम हुआ कि वह अपने एक और भाई तथा रोमांकि के दोस्तों को बुलाने जा रही है। इससमय ऊपर तक पहुँचाने के लिए कोई गाड़ी नहीं मिलती, अतः पूरी दूरी पैदल ही तय करनी थी। बेटे की चिंता में रोमांकि की माँ इतनी दूर आ तो गयी थी, किन्तु पहाड़ पर चढ़ते हुए वे बुरी तरह हाँफने लगी थीं। दो कदम चलतीं, फिर विश्राम लेतीं। मैंने सोचा कि इतनी मंथर गति में पहाड़ पर चढ़ने में काफ़ी रात हो जाएगी। मैंने यह बात केतानी से कही तो उसने भी सहमति जताते हुए माँ से कहा कि वे घर लौट जाएँ। अपनी हालत और बेटे की चिंता में वे राजी होकर वहीं खड़ी हो गयीं और हमें सावधानी से जाने को बोलीं। हम कुछ ही क़दम बढ़े थे कि उन्होंने चीख़कर केतानी से कुछ कहा। केतानी मुझे बतायी– ''माँ धीरे-धीरे चलकर आएगी। बहन और लोगों को इकट्ठा करने के बाद शायद गाड़ी के लिए कोशिश करेगी। गाड़ी मिलजाए तो माँ उन्हीं के साथ आएगी।''

माच्चू-पिच्चू पहाड़ पर चढ़ने के लिए मोटर का जो रास्ता है वह बहुत घुमावदार है, उस रास्ते पैदल चढ़ने में बहुत समय लगता है। सीधी पगडंडी जो ऊपर गयी है उसमें थकान ज्यादा है किन्तु समय बहुत कम लगता है। केतानी के चलने का ढंग बता रहा था कि वह पहाड़ पर चढ़ने का आदी है। उसने कई बार बात करने की कोशिश की, किन्तु मै खामोश रहा, बात करने से शक्ति ह्रास होती है। लगभग एक घंटे के बाद हम माच्चू-पिच्चू के ऊपर पहुँच गये। हमारी किस्मत अच्छी थी कि आसमान से आधा चाँद अपना प्रकाश फैला रहा था। ऊपर पहुच कर केतानी बैठ गयी। हमने बहुत द्रुत रास्ता तय किया था, इससे दोनों ही थक गये थे। थोड़ी देर विश्राम लेने के बाद हम फिर आगे बढ़े। केतानी ने कुछ पत्थर इकट्ठा कर सड़क के बीच में रख दिया, इससे उसकी बहन समझ जाएगी कि हम इधर से गये हैं। इसके बाद हम वेधशाला की बगल से जंगल होकर गुफा की ओर बढ़े। चाँदनी नहीं होती तो बिना टार्च के इस पथ पर चलना असंभव होता। बड़े चट्टान को लांघकर बहुत ही

सावधानी से हमने गलियारा पार किया। केतानी बहुत ही फुर्तिली और बुद्धिमती थी। बड़े पत्थर को लांघने के पहले उसने पेटीकोट जैसी अपनी 'जूप' उतारकर हाथ में धर लिया था। इससे वह आसानी से चल पा रही थी। आख़िर हम गुफा के पास पहुँच गये। हमारा आहट पाकर रोमांकि चीख़ उठा– "कौन है वहाँ?" जवाब न देकर मैंने केतानी को आगे बढ़ा दिया। केतानी को सामने देखकर रोमांकि पहले बेतहाशा घबरा गया, बाद में चाँदनी में जब उसने अच्छी तरह देख लिया कि वह आकृति उसकी बहन ही है, तब ख़ुशी से चहक उठा। केतानी ने रोमांकि को चूमकर उसे ढाढ़स दिया। मैंने मोमबत्ती जलाकर एक पत्थर पर रख दिया।

केतानी को देखकर ही रोमांकि समझ गया था कि मैं उसके घर गया था। केतानी ने भोजन के लिए पोटली खोलकर भाई के सामने रख दिया, फिर मुझे भी उनका साथ देने के लिए आग्रह करने लगी। भोजन से निपटकर हम औरों के आने का इंतज़ार करने लगे। रोमांकि ने धीरे-धीरे अपनी दुर्दशा की कहानी बहन से कहना शुरू किया था जब मैं उन दोनों को वहीं छोड़कर टूरिस्ट-साइट इलाके में लौट गया ताकि केतानी की बहन जिन्हें ले आए उनको राह दिखाकर गुफा तक ले जा सकूँ।

सूर्यमंदिर के खंडहर में एकाकी बैठकर मैं औरों के आने का इंतज़ार करता रहा। चाँदनी रात में वह निस्तब्ध खंडहर बहुत ही रहस्यमय लग रहा था। मैं बैठ बैठ पुरानी इंका सभ्यता के बारे में सोचने लगा। इस निर्जन स्थल में अद्भुत शांति का अहसास हो रहा था। मुझे लगा कि कोई मेरी पीठ सहलाकर और निःशब्द संगीत सुनाकर मुझे सुला देना चाहता है। अंधकार और चाँदनी घुल-मिल कर नीचे की वादियों को एक मायामय नगरी में परिणत कर रहे थे।

शायद झपकी आ गयी थी मुझे जब अचानक एक गाड़ी की आवाज़ से मैं चौकन्ना हुआ। हाँ, एक गाड़ी ही थी जो आकर वहाँ रुकी। मैं शीघ्रता से गाड़ी के पास पहुँचा। चार-पाँच लोग गाड़ी से नीचे उतरे। रोमांकि की माँ, छोटी बहन, और उनके साथ तीन लोग और थे। मैं उन्हें गुफा की ओर ले आया। वे अपने साथ दो टार्च लाए थे, इससे बहुत सुविधा हुई। बड़े पत्थर के निकट पहुँचकर रोमांकि की माँ रुक गयीं, इससे आगे जाना उनके लिए ख़तरनाक होता। बाकी लोग एक-एक कर गुफा के पास पहुँचे। उन्हें देखकर रोमांकि भी आश्वस्त हुआ। फिर सिगरेट सुलगाकर वे आपस में मशविरा करने लगे। रोमांकि के पॉव में खपच्ची बंधा था, किन्तु पांव हिलाने में भी उसे तकलीफ़ होती, अतः सहारा देकर उसे नहीं ले जा सकते। यहाँ तक स्ट्रेचर लाना संभव है, किन्तु स्ट्रेचर पर लादकर उसे ले जाना असंभव। पहली बाधा थी वह सँकरी गलियारानुमा रास्ता, पहाड़ की चट्टान पकड़कर तिरछे चलना पड़ता था उसे पार करने के लिए। वहाँ से अकेले चलने में ही इतना ख़तरा था, फिर किसी को पीठ पर लाद

कर ले जाने का प्रश्न ही नहीं उठता। यह दूरी केवल पचास मीटर की थी, किन्तु लगता था कि यह विघ्न एक पर्वत की तरह है। जो तीन युवक आए थे उनमें शायद एक रोमांकि का भाई था, बाकी दो उनके दोस्त। बहुत सोच-विचार के बाद भी जब कोई उपाय नहीं सूझा तो रोमांकि का भाई आग-बबूला होकर रोमांकि को गाली देने लगा। उसके हावभाव से लग रहा था जैसे कह रहा हो, अभागे, तू क्यों यहाँ मरने आया था? तुझे मरने के लिए और कोई जगह नहीं मिली? काफ़ी देर तक विचार-विमर्श और तर्क-वितर्क करने के बाद जब उन्हें कोई उपाय नहीं सूझा तो मैंने रोमांकि से कहा, "मेरी राय में एक ही उपाय है। बगल के जंगल के सँकरे रास्ते से सीधे ओलानताइतामबो चले जाओ। पीठ पर लादकर एक-एक आदमी बारी-बारी से दस-बीस मीटर भी तुम्हें ढोकर ले जाए तो कल सुबह तक हम वहाँ ज़रूर पहुँच जाएंगे। यह यात्रा तकलीफ़देह तो होगी, किन्तु मौजूदा स्थिति में यही एकमात्र उपाय है।"

मेरी यह राय सबने मान ली। यह तय हुआ कि ड्राइवर माँ और बहनों को लेकर चला जाएगा। बाकी हम तीन लोग किसीतरह उसे पीठ पर लाद कर ले जाएंगे। रोमांकि का छोटा भाई काफ़ी हट्टा-कट्टा था। उसके दोस्त भी सेहतमंद थे। केवल मैं ही दुबला आदमी था। यद्यपि ओलानताइतामबो यहाँ से बहुत दूर था, फिर भी सुविधा यह थी कि हमें केवल ढाल पर उतरना था।

रोमांकि और उसका भाई इस पथ से परिचित थे। गर्मियों में वे इस पथ पर जंगली फल बटोरने जाते थे।उनके दोस्त कभी इस राह पर नहीं गये। इस पथ पर दो मुख्य बाधाएँ थीं, अव्वल तो रास्ते के रोड़े-पत्थर, और दूसरा कँटीली झाड़ियाँ, थोड़ी भी असावधानी हुई कि काँटे घुटने के ऊपर चुभे। इसके अलावा रास्ते के दोनों ओर बिच्छू बूटी की झाड़ियाँ थी, जिनसे बचना पड़ता था। किस्मत अच्छी थी कि हमारे साथ टार्चलाइट थी। रोमांकि को चावल के बस्ते की तरह पीठ पर लादकर धीरे-धीरे चलते हुए और बीच बीच में विश्राम करते हुए हम सुबह उरूबाम्बा नदी के तट पर पहुँच गये। ओलानताइताम्बो तक हमें नहीं जाना पड़ा, उससे पहले ही हमें सड़क मिल जाएगी ऐसा ड्राइवर ने कहा था और वह यहाँ आकर इंतजार कर रहा था। हम सड़क तक पहुँचने से पहले ही रोमांकि की बहनें हमारे दल में आकर शामिल हो गयी। वे कॉफ़ी, बिस्किट और सिगरेट लायी थीं। मैंने वहीं उनसे विदा ली और जिस राह नीचे उतरा था, उसी रास्ते ऊपर लौटने लगा। रोमांकि बारबार मुझे धन्यवाद देता रहा।

गुफा तक पहुँचने में मुझे दोपहर हो गयी। कहा जाय तो लगातार दो रात मैं सोया नहीं था। फिर पिछली रात बहुत परिश्रम हुआ था, दो बार माच्चू-पिच्चू से उतरना और चढ़ना पड़ा। दोनों पैर जवाब दे रहे थे। मैं बुरीतरह थक गया था और कुछ भी करने की क्षमता नहीं थी मुझमें। किसतरह मैंने खुद को स्लीपिंग बैग के हवाले किया और पसर गया।

जब नींद खुली तो लगा कि किसीने मेरे पाँव में धक्का मारकर मुझे जगा दिया। किसीतरह आँखे खोलते हुए मैंने पूछा, "कौन?"

सामने हिमेनतेस खड़ा मुस्करा रहा था। उसके बगल में खड़ी केतानी मुस्करा रही थी। वे मेरे लिए कुछ खाने का सामान लाए थे। केतानी बतायी कि रोमांकि को डॉक्टर दिखाया है और उसके पाँव में प्लास्टर चढ़ा दिया है, डॉक्टर ने कहा है कि चिंता की कोई बात नहीं है।

मैंने दोनों को धन्यवाद जताकर कहा कि उनसे मैं बाद में बातें करूंगा, मैं अभी और कुछ देर सोना चाहता हूँ। मुझे सोने के लिए कहकर वे दोनों मुझसे विदा ले गये। एक गिलास पानी पीकर मैं फिर सो गया।

अगले दिन बहुत तड़के मैं जाग गया। मेरी गुफा से सूर्योदय नहीं दिखता, किन्तु दूर के पहाड़ पर फैली धूप दिखायी देती है। शरीर में अब ताज़गी लौट आयी थी। प्रातः कृत्य से निवृत्त होकर, मुँह-हाथ धोकर, सूर्य-प्रणाम करने के उपरांत मैं ध्यान करने बैठा। शरीर और मन इतना हलका था कि कुछ ही क्षण में मैं ध्यानमग्न हो गया।

गुफा की जिन्दगी

रोमांकि की इस घटना के बाद मेरा गुफा का जीवन बहुत मधुर हो उठा। जहाँ तक संभव था मैंने खुद को गुफा में समेट लिया था। सुबह जब पहली बस आती तो रोमांकि की दोनों बहनें मेरे लिए जलपान और फ्लास्क में कॉफ़ी लेकर आ धमकतीं। हम सब मिलकर उसे बाँटकर खाते-पीते। फिर दोनों बहनें मुखर हो उठती और अपनी सरल हँसी से आबोहवा को मधुर बना देतीं। इस तरह लगभग एक घंटा मेरे साथ गुज़ारकर वे विदा लेतीं। यूँ मैं उनकी सारी बातें नहीं समझ पाता था। केतानी फिर भी कुछ स्पैनिश बोल लेती थी, किन्तु उसकी बहन भिहाने स्पैनिश का एक शब्द भी नहीं जानती, वह अपनी प्राणवंत हँसी से ही मानों स्वयम् को व्यक्त करती।

हिमेनतेस के साथ मेरी मैत्री और गहन हो गयी थी। उसी के माध्यम से मैं दोनों बहनों के जरिए अपनी ज़रूरत की छिटपुट चीजें मंगा लेता। वे पहले पैसे लेने में आनाकानी करतीं, किन्तु जब मैंने समझा दिया कि पैसे न लेने पर मैं उनकी लायी किसी चीज को हाथ भी नहीं लगाऊंगा तब उन्हें राजी होना पड़ा। हिमेनतेस ने चुटकी ली, "तुम्हारी किस्मत अच्छी है। हम इनके पीछे चक्कर लगाते हैं तो ये हमें घास नहीं डालती और ये तुम्हारे पास गुफा में पहुँचकर धरना डालती हैं।"

मैंने हिमेनतेस को आश्वस्त करते हुए कहा, "तुमने ठीक ही कहा, मैं किस्मत का धनी हूँ। लेकिन एक बात जान लो, मैं उन दोनों को अपनी बेटी की तरह देखता हूँ।"

हिमेनतेस ने चौंक कर कहा, "क्या कहते हो? तुम्हारी उम्र कितनी है?

"लगभग पचास।"

हिमेनतेस ने विस्मय से कहा, "मैं तुम्हारी उम्र पैंतीस के आसपास समझता था। मेरी उम्र छब्बीस है।"

हिमेनतेस, केतानी और भिहाने, ये तीनों ही समझ नहीं पाते थे कि मैं दिनभर वहाँ अपना समय कैसे काटता हूँ। हॉलाकि मैंने उन्हें कईबार यह बताया था कि मैं लिखता हूँ, किन्तु यह बात उनके गले नहीं उतरती थी। और सच तो यही था कि सुबह एक घंटा उनके साथ बिताता था, बाकी सारा समय कैसे बीत जाता यह मैं खुद भी नहीं जानता था।

इधर कई दिनों से मैं साइट पर यानी भग्नावशेष तक भी नहीं गया। सूर्यास्त देखने भी नहीं। सूर्यास्त के समय का रंगीन आकाश देखकर गुफा में बैठे-बैठे ही मैं अभिभूत हो पड़ता। सूर्यास्त के साथ ही मैं सपनों की दुनिया में पहुँच जाता। इस स्वप्न के लिए मुझे बिछौने की भी ज़रूरत नहीं पड़ती।

एक विचित्र अनुभव

एक दिन दोपहर के भोजनोपरांत मैं गुफा में बैठ उदास दृष्टि फैलाए नीचे की उरूबाम्बा घाटी की ओर देख रहा था। ऐसे में अचानक वही कन्दोर, जिसे पहले और एक बार देखा था, उड़कर आया और मेरे बगल में बैठ गया। इधर-उधर देखने के बाद कन्दोर ने अपने पंख समेट कर पैरों को थोड़ा मोड़ा और निश्चित ढंग से बैठ कर टुकुर-टुकुर मुझे देखने लगा। मैंने बिस्किट तोड़कर उसकी ओर बढ़ाया, किन्तु उसकी उसमें दिलचस्पी नहीं थी। फिर मैंने सीधे उसकी आँखों की ओर झाँका। अद्भुत उज्ज्वल थी उसकी आँखें। गोलाई के अन्दर का भाग गाढ़ा नीला और उसके मध्य में कत्थई रंग का बिन्दु। उस बिंदु में से एक अजीब तरह की रोशनी मानों चारों ओर फैल रही थी। मैं चकित होकर उस अजीब रोशनी की ओर देखता रहा। आश्चर्य हुआ कि कंदोर ज्यों का त्यों बैठा रहा और स्थिर नयनों से मुझे एकटक देखता रहा। मैं भी एकाग्रचित्त से उसकी आँखों की बिन्दु पर निगाहें जमाए रहा।

कुछ पल यूँ ही बीतने के बाद भी जब पक्षी महोदय टस से मस नहीं हुए तो मुझे एक बचकानी खेल सूझा। मैंने मन ही मन तय किया कि कन्दोर नहीं हिलेगा तो मैं भी नहीं हिलूंगा, देखें किसकी विजय होती है। हम दोनों एक दूसरे की आँखों में आँखें जमाए स्थिर बैठे रहे। कभी-कभी मेरी दृष्टि फिसलकर उसके माथे या होंठ पर पड़ती, फिर मैं सचेत होकर उसकी आँखों की बिन्दुओं पर ध्यान जमाता। इस तरह कुछ ही देर बाद मेरा मन स्थिर हो गया। बिना पलक झपकाए हम एक दूसरे की आँखो में दृष्टि जमाए बैठे रहे। एकबार लगा कि पक्षी की आँखों ने मुझे सम्मोहित कर दिया है, फिर लगा कि ऐसा नहीं हो सकता, मैंने ही उसे सम्मोहित किया है। न जाने इसतरह

कितनी देर हम बैठे थे, एकाएक लगा कि कन्दोर की आँखें और उज्ज्वल हो उठी हैं और उनसे निकलती ज्योति मेरे समूचे शरीर पर पड़ने लगी है और मेरा शरीर धीरे-धीरे हलका होने लगा है और एक समय मेरा शरीर बिलकुल ही हलका हो गया और मेरा मन मेरे तन से अलग हो गया। मन ने तब उड़ना चाहा। कंदोर की आँखों से आँखें बिना हटाए मैंने कंदोर रूपी महात्मा से कहा– "तुमने जब मुझे इतना ही हलका बना दिया है तो मुझे अपने साथ एकबार नीले गगन की सैर पर ले चलो।" कंदोर मेरे मन की बात समझ गया, उसने एक आँख दबाकर इशारा किया– "मेरे साथ इस घाटी में कूद जाओ।" उसकी बात समझते हुए मैं मंत्रमुग्ध की तरह उसके साथ महाशून्य मे कूद गया। मेरे पंख नहीं हैं, फिर भी उड़ रहा हूँ। नीचे की उरूताम्बा नदी बहुत खूबसूरत लग रही है। हम पहाड़ के किनारे-किनारे उड़ते हुए ओलानताइताम्बो के खंडहर के ऊपर पहुँचे , वहाँ से वह छोटा सा घर दिखा जहाँ मैं एक रात ठहरा था। ऊपर से पेड़ों का सिर्फ़ शीर्ष दिखायी दे रहा है, लगता है मैदान को किसीने हरे रंग के गुच्छों से सजाया है। कन्दोर इसके बाद दाँयी ओर मुड़ गया, हम एक पहाड़ के ऊपर से उत्तर की ओर उड़ चले। कुछ ही पल में हमारे सामने बर्फ़ से ढँके पर्वत का एक और रूप था। ढलते सूरज की किरणों में वे शुभ्र चोटियाँ और भी सुंदर लग रही थीं। कुछ देर तक उस सौंदर्य का आनंद लेने के बाद हम सूर्यास्त से पहले ही माच्चू-पिच्चू की ओर लौटने लगे। अब हम घने जंगल के ऊपर से उड़ रहे थे। नीचे साँप की तरह कुछ नदियाँ थीं। उन्हीं में से एक नदी को चुनकर हम उसके ऊपर से उड़ने लगे। अदभुत थी यह उड़ने की अनुभूति। मछली ज्यों महासागर के अतल में तैरती है, हम त्यों ही शून्य में तैर रहे थे जहाँ केवल हवा थी, किन्तु नीचे गिरने का भय नहीं था। उड़ते-उड़ते अब हम मच्चू-पिच्चू के खंडहरों के करीब पहुँचे, फिर मेरी गुफा के सामने का छोटा आंगन दिखाई दिया, हम वहीं आकर बैठ गये।

मुझे बैठाने के बाद कंदोर बोला, "रात होने लगी है, अब मैं चलूँ।"

कृतज्ञता, भक्ति और आंतरिक परिपूर्ण मन से मैंने दंडवत होकर कंदोर को प्रणाम करते हुए कहा, "तुम पक्षी नहीं, तुम देवता हो, तुम मेरा प्रणाम ग्रहण करो। ओम् खगाय नमः।"

प्रणाम करने के बाद मैंने सिर उठाकर देखा, पक्षी जा चुका था। मैंने गौर से देखा, मैं दंडवत् प्रणाम करने की भंगिमा में ही था। मैंने खुद को देखा, मेरा शरीर स्वाभाविक था और मैं पूरे होंश में। मन में आकाश विचरण का आनंद तब भी समाया हुआ था। मैं इस भारी शरीर को लेकर उड़ा कैसा? क्या मैं वाकई उड़ रहा था, या यह सपना था। क्या पक्षी की आँखों में आँखें मिलाने के कारण मैं मायाजाल में फँस गया था? यह पक्षी कौन है, क्या वह छद्मवेश में सूर्यदेव का कोई वाहन है? मन में इस तरह के विचित्र प्रश्नों की झड़ी लगते ही मैंने खुद को समझाया, इन बातों का

विश्लेषण ढूँढ़ने के बजाए आनंद के उस चरम मुहूर्त को थामे रहना ही बेहतर है। मैं इस अनुभव को खोना नहीं चाहता, यह मेरे जीवन का एक परम अनुभव है, एक स्मरणीय अपलब्धि का क्षण।

अंधेरा हो चला था। मोमबत्ती जलाकर मैं डायरी लिखने लगा। मैं अब भी जोर देकर कह सकता हूँ कि मैं अपने पूरे होंशो-हवास में था।

कंदोर देवता

हम साधारणतः तीन अवस्था में रहते हैं- जाग्रत, स्वप्न और सुसुप्त। इसके बाद की स्थिति समाधि की स्थिति है। समाधि की स्थिति में मनुष्य सम्पूर्ण चेतन अवस्था में आध्यात्म जगत का स्वाद बटोरता है। मैं पूरी चेतन अवस्था में आकाश-विचरण करने गया था। साधारण विचार-बुद्धि द्वारा किसी तरह मैं यह नहीं समझ पा रहा था कि स्थूल शरीर लेकर आकाश की सैर कैसे संभव है? और अगर मैं सूक्ष्म देह में उड़ान भर रहा था तो किस समय अपनी स्थूल काया में लौट आया? कन्दोर जिस समय ओझल हुआ, उसी समय शायद मैं स्थूल शरीर में लौटा था। मैं विभ्रम में था। सामने की उपत्यका में चाँदनी बिखरी पड़ी थी और जी चाह रहा था कि फिर से शून्य में कूद पड़ूँ, देखूँ फिर से उड़ सकता हूँ या नहीं। यही सब सोचते-विचारते न जाने कब मुझे नींद आ गयी।

अगले दिन सुबह केतानी और भिहाने रोज की तरह आने पर मैंने उन्हें समझा दिया कि मुझे अब बहुत कुछ लिखना है, अतः वे कुछ दिनों के बाद आएँ। शायद मेरी बात वे समझ नहीं सकीं, इसलिए हिमेनतेस का इंतज़ार करना पड़ा। वही हमारे बीच दो-भाषिए का काम करता है। उसके आने पर मैंने उसे कहा कि अब कुछ दिन मैं एकांत में रहना चाहता हूँ, इसलिए इन लड़कियों से कह दो कि उन्हें रोज-रोज तकलीफ़ उठाकर इतनी दूर आने की ज़रूरत नहीं, मैं खुद ही इनके घर अवश्य जाऊगां यह मेरा वादा रहा।

हिमेनतेस ने उन्हें समझा दिया। केतानी का चेहरा उदास हो गया। वह बोली, "ठीक है, तुम नहीं चाहते तो पहाड़ लांघकर हम तुम्हें तंग करने क्यों आएंगे। लेकिन हमारा एक अनुरोध तुम्हें रखना पड़ेगा।"

"कैसा अनुरोध?"

"कुज़को के मेले में तुम हम लोगों के साथ जाओगे, तबतक भैया का पाँव भी ठीक हो जाएगा।"

उसने आगे बताया कि कुज़को का मेला इस क्षेत्र का सबसे बड़ा मेला है। इस क्षेत्र का सारा कुछ इस मेले में बिकने के लिए आता है। तीन दिन तक इस मेले में

नाच-गाना-सर्कस आदि का उत्सव चलता है। यह उत्सव सूर्यदवता का उत्सव है जो हर साल मनाया जाता है।

मैंने कहा, "ठीक है, और चार दिन बाद मेला है। मैं तुमलोगों के साथ जाऊंगा।"

मैंने हिमेनतेस से कहा, "अब ये कुछ दिन मैं बिलकुल अकेला रहना चाहता हूँ, मुझे जो कुछ चाहिए वह अभी ख़रीदकर ले आऊंगा। चलो, बाज़ार तक इक्ट्ठे चलें।"

हिमेनतेस हमारे संग बाज़ार तक नहीं जा सकता, क्योकि उसकी ड्यूटी यहाँ है। उसने सिक्यूरिटि विभाग के मिनिबस से हमें भेजा। माच्चू-पिच्चू का बाज़ार बहुत छोटा था। सब्जी की चार दुकानें, एक मांस का दुकान, तीन-चार किराना दुकान, बाकी सब कॉफ़ी या बियर की दुकानें। बस स्टैंड और रेल स्टेशन के करीब था यह बाज़ार। केतानी और भिहाने इसी मुहल्ले की हैं, सब उनके परिचित हैं। चेहरे और पोशाक में ये दोनों हमारे देश की भोटिया जैसी थीं। गले मे मोटे मनका की माला, बाल लम्बे और गुँथे हुए, चेहरा भारी। हमेशा हँसती रहतीं। पहाड़ पर पहाड़ी चुहिया की तरह सरपट चढ़ जाती। इन दोनों का चेहरा मुझे बहुत मीठा लगता। उन्हें दुःख था कि मुझे केचुआ भाषा नहीं आती, लेकिन यही मेरे लिए वरदान था। बिना भाषा जानें ये रोज गुफा तक पहुँचतीं, और भाषा जानता तो शायद मुझे अपने घर उठा लातीं।

रोमांकि को जब ये लेने गये थे, इनके पास टार्च नहीं था, यह याद आते ही मैंने एक टार्च ख़रीदी और उसमें बैटरी भरकर उन्हें थमा दिया। कहा, "इसे रखो, मेले के समय मुलाकात होगी।" फिर रोमांकि के लिए कुछ फल ख़रीद दिया। रोमांकि के लिए मैंने कुछ भी नहीं किया था, फिर भी यह परिवार मेरा बहुत अहसान मान रहे थे। मैने मिनिबस ड्राइवर से कहा उन्हें उनके घर तक छोड़ आए। ड्राइवर बहुत खुश हुआ, मानों उसे कोई तोहफा मिल गया हो। उन्हें दुकान पर चाय पिलाकर मैंने उनसे विदा ली।

एक बजे के आसपास माच्चू-पिच्चू साइट पर पहुँचकर मैने ड्राइवर और हिमेनतेस को धन्यवाद दिया, फिर लौट आया गुफा में। गुफा में आते ही मुझे पिछले दिन की उड़ान याद आयी। मैने निश्चय किया कि अब गुफा में ही रहूंगा, अगर फिर कन्दोर देव आ ही जाएँ।

कुंदोर पीरू का संरक्षित पक्षी है। अंतर्राष्ट्रीय वन्य जीव (वर्ल्ड वाइल्ड लाइफ़) संस्था की सूची में एक नम्बर पर कंदोर का नाम है और उसकी सुरक्षा तथा संरक्षा का उल्लेख है। लैतिन अमरीकी इस पक्षी को प्रकृति का अमूल्य सम्पदा मानते हैं। अमेज़न के घने जंगल में अब भी कंदोर को देवता मानकर उसकी पूजा करते हैं। संयुक्त राष्ट्र में ईगल पर बहुत सी लोक-कथाएँ प्रथलित हैं। अमरीकी इंडियन (रेड इंडियन)

के लोक-नृत्य में ईगल-नृत्य का बोलबाला है। भारत के रामायण में जटायू का उल्लेख है जो इस महाकाव्य का उल्लेखनीय चरित्र है। भरतीय धर्म और शास्त्रों में गरूड़ का ज़िक्र है। ये सब ईगल के ही अलग-अलग नाम हैं। इस पक्षी में अवश्य ऐसी कोई विशेषता है जिसके बारे में अब भी हमें ज्ञान नहीं। कुछ देश में इस पक्षी को पालतू बनाकर शिकार के काम में लाया जाता है। जेनेवा के झंडे में बाज पक्षी का प्रतीक है।

मुझे कंदोर एक अत्यंत रहस्यमय पक्षी लगा। लगता था कि उसमें कोई देवात्मा छिपा है। स्थानीय लोग कंदोर को राजपक्षी कहते हैं। पर्यटकों की भाषा में कंदोर 'रॉयल बर्ड ऑफ एंडीज़' है।

मैं अविरत कंदोर की अपेक्षा में बैठा रहा। लेकिन मेरे इंतज़ार करने से ही वह थोड़े ही आएगा। उसे आकर्षित करने की क्षमता नहीं थी मुझमें। वह किसी ऊर्ध्व जगत का जीव था जिसे आवाहन करने के लिए जो गुप्त विद्या चाहिए, वह मुझमें नहीं थी। दो दिन बीत गये, पर वह नहीं दिखा। इस बीच आकाश में जब भी कोई पक्षी देखता, लगता कि अब कंदोर भी आएगा। कुछ अनजान पक्षी दिखाई पड़े, मैंने एक जोड़ी शुका (यूरोपीय अल्पाइन पक्षी, जो दो हजार मीटर की ऊँचाई पर दिखते हैं) पक्षी भी देखी।

कंदोर की अपेक्षा में बैठे-बैठे मुझे एक लाभ अवश्य हुआ। मुझे स्वयम् से परिचित होने का मौका मिल गया। उस गुप्त कोने में रहस्यमय परिवेश में आत्मावलोकन का ऐसा सौभाग्य कितने लोगों को मिल पाता है? स्वयं से परिचित होना यानी अपनी देह और मन को जानना। मन, चित्त, बुद्धि और अहंकार के आगार इस देह को इसतरह जानने का अवसर बहुत कम ही मिल पाया था जीवन में।

याद आया, बरसों पहले जब हिमालय के विभिन्न गुरुओं के साथ सत्संग करते समय ध्यान में बैठता था, तब अनायास स्थान-काल के परे पहुँचकर निस्तब्ध जगत का अनुभव संचय करता था। वहाँ गुरु बार-बार यही उपदेश देते– 'चले जाओ अंत्र की दुनिया में जहाँ रूप, रस, गंध, शब्द, स्पर्श आदि का कोई अस्तित्व नहीं, अपनी आत्मा के साथ एकरूप हो जाओ। जीवात्मा जब परमात्मा में लीन हो जाती है तो किसी भाषा से उसे व्यक्त नहीं किया जा सकता। वही जीव की मुक्ति है, वही हमारा परम लक्ष्य है।''

इस परम पवित्र तीर्थस्थल पर मुझे यही सब बातें याद आती रही। लेकिन यहाँ ध्यान में बैठकर मैं किसी भी तरह मन को शून्य की स्थिति में रहीं पहुँचा पा रहा था। मन अपना अनुभव और स्मृति लिए एक स्पप्नमय जगत बनाए बैठा था और उस जगत का नायक बनकर आनंद में थिरक रहा था।

मैं मन ही मन मैं सोचता रहा क्या इसी अनुभव को बटोरने के लिए मुझे यहाँ आना पड़ा था। मेरे प्रिय साधुबाबा ने कई बार 'एंडे-एंडे' कह-कह शायद एंडीज़ की

ओर ही इशारा किया था। पोखरा में मच्छपुच्छारे देखकर मुझे माच्चू-पिच्चू का खयाल आया था। आज मैं उसी माच्चू-पिच्चू में बैठकर सोच रहा था, बाबा के निर्दश के पीछे अवश्य कोई कारण था। मैं अपनी साधारण बुद्धि से उस कारण को नहीं ढूँढ़ पा रहा था।

माच्चू-पिच्चू का मंदिर अब ध्वंसस्तूप होने पर भी यहाँ का स्थान-महात्म अब भी है। मैंने यहाँ जाग्रत अवस्था में सपना देखा। दो बार मैं जाग्रत अवस्था में यहाँ के नीले आकाश में उड़ चुका हूँ। जब लौटा हूँ तो स्पप्न और जागरण के मध्य कोई व्यवधान मुझे नहीं दिखा। यदि मैं अपने इस अनुभव के बारे में हिमेनतेस को बताऊँ तो वह सोचेगा कि मैं गाँजा पीकर सपने देखता हूँ।

दो दिन बाद शाम को हिमेनतेस आया। उसके लौटने का समय हो रहा था, वह याद दिलाने आया था कि मैं कुजक़ो मेले की बात भूल न जाऊँ। आज 21 जून था। 23 जून से मेला शुरू होगा। 24 जून को असली उत्सव होगा। हिमेनतेस ने अपना पता एक काग़ज़ पर लिखकर मुझे थमाया और बारबार सतर्क कर गया कि मैं सावधान रहूँ, मेरे गुफावासी होने की ख़बर चारों ओर फैल गयी है। यहाँ उठाईगीरों, चोरों का अभाव नहीं। कुछ लोग और मतलब से भी घूम-फिर रहे हैं।

उस दिन संध्या के समय अचानक कंदोर देव दिखायी पड़े। लेकिन आज यह विशाल पक्षी बैठा नहीं, एक झलक दर्शन देकर ग़ायब हो गया।

अगले दिन सुबह आँखें खोली तो आश्चर्य से देखा कि कंदोर-देव ठीक मेरे सामने बैठा सो रहा है। एकबार तो जी चाहा कि मैं उसे जकड़ लूँ, सारे रहस्य के नायक को स्पर्श करूं। कंदोर इतने करीब था कि उसे छूने की इच्छा जब्त करना मुश्किल हो रहा था। लेकिन मैंने अपना संयम बनाए रखा और स्लीपिंग बैग में लेटे-लेटे ही उसे देखता रहा। मेरे इस देखने में कौतूहल भी था, भक्ति भी। मैं उठ नहीं पा रहा था, ताकि आहट से उसकी नींद न टूट जाए। एक ही शब्द बारबार जाप करता रहा– ओम् खगाय नमः, ओम् खगाय नमः, ओम् खगाय नमः, ओम् खगाय नमः।

मेरे मंत्र ने ही शायद खग दवता को जगा दिया। एकबार मेरी ओर देखकर वे घाटी में कूद गये। हवा में लहराते कंदोर की ओर मैं विस्मय से देखता रहा। जिस छंद में वह तैरता चला गया उससे मुझे लगा कि वह रूप में पक्षी है, असल में देवता है।

दूर आकाश में धीर-धीरे कंदोर-देव ओझल हो गये। कुछ ही देर बाद केतानी आयी, उसके साथ और एक व्यक्ति था, शायद रोमांकि का दोस्त। मुझे देखकर वे बोले, "ओफ़! क्या मुश्किल में पड़ गये थे हम! हमें आए काफ़ी देर हो चुकी है।"

"कैसी मुश्किल?"

“हमलोग जितनी बार पत्थर लांघने की कोशिश करते, एक कन्दोर हमारे सिर पर झपटने को आ जाता– हमें इधर आने ही नहीं दे रहा था।” केतानी बोली।

“नहीं असल में आसपास कहीं कन्दोर का घोंसला होगा और उसमें उसका बच्चा होगा, इसीलिए वह डर कर बारबार हमपर झपट रहा था।” रोमांकि के दोस्त ने अपनी राय ज़ाहिर की।

मैंने मन ही मन कन्दोर के उद्देश्य से प्रणाम जताया। अवश्य ही वह बहुत सुबह गुफा के समाने आ गया था और केतानी लोग मेरी नींद में खलल न डाल पाए इसके लिए भी चौकन्ना था। मुझे अब और कोई शक नहीं था कि कन्दोर के रूप में वह मेरा रक्षक था।

उस सज्जन को अच्छी स्पैनिश आती थी। उन्होंने बताया कि वे बहुत तड़के आ गये थे, क्योंकि जिस गाड़ी से वे आए हैं, वह सुबह आठ बजे से किराए पर चली जाती है, अतः आठ बजे के बाद गाड़ी नहीं मिलेगी। रोमांकि मुझसे मिलना चाहता है, इसलिए उन्हें इतनी सुबह आना पड़ा। रोमांकि साथ में आया है, वह गाड़ी में है।

यह सुनकर मैं तुरंत उनके साथ हो लिया। साइट पर पहुँच कर देखा, रोमांकि के पाँव में प्लास्टर है और वह गाड़ी के सामने एक लाठी के सहारे धीरे-धीरे चल-फिर रहा है। मुझे देखकर उसने मुस्कराकर मुझे गले लगाया, लगा जैसे वह मेरा बहुत परिचित मित्र हो। फिर केतानी से पूछा, “इतनी देर क्यों लगी?”

“एक कन्दोर हमें बारबार रोक रहा था, शायद उधर उसका बसेरा हो। जब तक वह उड़ नहीं गया, हमें इंतज़ार करना पड़ा।” केतानी ने जवाब दिया।

केतानी की बात सुनकर मैंने रोमांकि से कहा, “कंदोर इस क्षेत्र का देवतात्मा है, मेरा ईश्वर, मेरा रक्षक। मुझे कईबार इसका प्रमाण मिला है।”

रोमांकि बोला, “तुम ठीक कह रहे हो, वह अवश्य ही तुम्हारा रक्षक है। मैं जब तुम्हारे गुफा की ओर जा रहा था, तब उसी कंदोर ने मेरे सर पर ठोकर मारा था। मैं संभल नहीं पाया था और गिरने से मेरा पाँव टूट गया था, किसी तरह सँकरा पथ पार कर मैं गुफा तक पहुँच गया था, फिर आगे नहीं जा पाया था। आज मैं तुम्हें असली बात बता दूँ– उसदिन मेरा वहाँ जाने का इरादा अच्छा नहीं था।” इतना कहकर रोमांकि ने सिर झुका लिया।

मैंने उसे सांत्वना देकर कहा, “अब लज्जित होने या अफ़सोस करने से क्या फ़ायदा? तुम उसकी सजा भुगत चुके हो। उस बात को भूल जाओ।” मैंने स्वयं ही प्रसंग बदला, “हां, तो बताओ, इतनी सुबह कैसे आना हुआ?”

"हाँ, वही बताऊंगा।" रोमांकि ने खखार कर गला साफ़ किया, फिर एक सिगरेट सुलगाकर बोला, "परसों कुज़कों का मेला शुरू होगा, यह हमारा सबसे बड़ा त्योहार है। हमारा यानी इंका-इंडियनस् का। पहले स्पैनिश इसमें शामिल नहीं होते थे, किन्तु इस मेले को पेरू के अन्यतम राष्ट्रीय उत्सव के रूप में स्वीकृति मिल गयी है। तुमने हमारे संग जाने का वादा किया है, इसीलिए हम तुम्हें लेने आए हैं। हम कल सुबह रवाना होगे। वहाँ तम्बू लगाकर हम छः सात दिन रहेंगे। पहले से न पहुँचने पर तम्बू गाड़ने के लिए अच्छी जगह नहीं मिलेगी और दूसरी बात यह कि जिस डॉक्टर ने मुझे देखा है, वे तुम्हारे बारे में सुनचुके हैं और तुमसे मिलना चाहते हैं। मैंने उनसे वादा किया है कि तुम्हें उनसे अवश्य मिलाऊंगा। मेरी माँ भी तुम्हारे लिए इंतज़ार कर रही हैं।"

रोमांकि की बातें सुनकर मैं बहुत खुश हुआ।

सुबह जागते ही कंदोर देव का दर्शन मिला था, मेरा मन आनंद-सागर में गोता लगा रहा था। मैं उनके साथ चलने को राजी हो गया। इससे वे तीनों आनंद से उछल पड़े। मैंने स्लीपिंग-बैग समेटा और पीठ की झोली में बाकी सामान भर लिया। मुझ जैसा रमता जोगी यात्रा के लिए हमेशा तैयार रहता है।

इनके साथ मेले में जाने के लिए मेरे राजी हेने का असली कारण यह था कि ये स्थानीय लोग थे। पुराने खंडहर, बाजार-हाट, पहाड़, कंदोर आदि की तरह यहाँ के स्थानीय लोग भी मेरे लिए आकर्षक थे। स्थानीय लोगों से मेलजोल किए बिना उस स्थान की विशेषता नहीं परख सकते। इसीलिए इस स्थानीय परिवार से मेलजोल का यह अवसर मैंने ग्रहण किया। ये लोग ही तो असल में माच्चू-पिच्चू के लोग हैं। इन्हें बिना जानें क्या माच्चू-पिच्चू को जानना संभव है?

एक परिवार के साथ

रोमांकि के परिवार के सभी सदस्यों के साथ मेरा पहले ही परिचय हो चुका था। उनके घर पहुँचकर उन्हें और करीब से जानने का मौका मिला। दो भाई, दो बहनें और माँ, परिवार में यही कुल सदस्य थे। रोमांकि ने शादी की थी, पारिवारिक कारणों से उसकी बीवी चली गयी थी। बहनों की शादी नहीं हुई थी। रोमांकि कभी-कभी ठेके पर काम करता था, बहनें भी। छोटा भाई एक फैक्टरी में काम करता था। माँ घर का काम संभालती। आर्थिक स्थिति अच्छी नहीं थी, किसी तरह गुज़ारा हो जाता। परिवार के सभी लोग बहुत हँसमुख थे। दोनों बहनों में बहुत पटती थी। माँ का आदर सभी करते थे और लगता था कि माँ ही उन सबका घनिष्ट मित्र है। उनके आत्मीय स्वभाव के कारण मैं कुछ ही देर में उनसे और घुल-मिल गया। उस दिन रात में भोजन के बाद सब गिटार लेकर गाना गाने बैठे। रोमांकि ने बाँसुरी ली। गीत के साथ ही नाच

शुरू हुआ। काफ़ी रात तक नाच-गाना चलता रहा, इससे सोने में बहुत रात हो गयी। गुफा की नीरवता के बाद मैं एक सम्पूर्ण नए परिवेश में था।

अगले दिन तड़के हम कुज़को के लिए एक ट्रक से रवाना हुए। कुल तीन परिवार और उनके सामान से ट्रक भर गया। मेले में जाने की ख़ुशी में सभी उत्साहित थे। ट्रक से कुज़को पहुँचने में एक घंटा लगा। रोमांकि मुझे लेकर डॉक्टर की क्लिनिक के सामने उतर गया, बाकी लोग मेले के मैदान की ओर ट्रक लेकर चले गये।

जहाँ हम उतरे, वह इलाका मेरा परिचित था। इस सड़क का नाम था 'आवेनिदा सोल'। सड़क के किनारे ही डॉक्टर का मकान था, जिसकी निचली मंजिल में उसका क्लिनिक था। क्लिनिक में बैठे दूसरे रोगियों के बीच मुझे बैठाकर रोमांकि डॉक्टर के चैम्बर में घुस गया। कोलकाता के साधारण चिकित्सालय जैसा ही यहाँ का परिवेश था। डॉक्टर से परिचय हो तो आप जल्दी निपट लेंगे, नहीं तो लाइन में बैठे रहिए।

मरीज इधर-उधर ताक कर अपना समय काट रहे थे। उनमें कोई सिगरेट पी रहा था तो कोई कोकापत्ती चबा रहा था। कुछ ही देर बाद रोमांकि के साथ डॉक्टर साहब स्वंय बाहर आए और मुझे अभ्यर्थना जताकर अंदर ले गये। वे कुछ मोटे थे और उनका बदन भारी था। उन्होंने मुझसे पूछा, "पहले बताइए आप किस देश के हैं?"

"मैं इण्डियन हूँ। कोलकाता में मेरा घर है।" चिकित्सक चौंके, "क्या कह रहे हैं? इण्डियन, यानी एशियाटिक इण्डियन। कोलकाता तो यहाँ से बहुत दूर है।"

मैंने हँसकर कहा, "नहीं, कोई खास दूर नहीं। इस जेट के युग में धरती बहुत छोटी हो गयी है। जेब में पैसे हों तो एक सप्ताह के भीतर दुनिया के किसी भी छोर तक अवाजाही कर सकते हैं।"

"हाँ, आप ठीक ही कह रहे हैं। तो हम स्पैनिश के बदले अंग्रज़ी में बातचीत करें, इससे शायद आपको सहूलियत होगी, क्यों?"

"मुझे एतराज नहीं।" मैंने हँसकर जवाब दिया।

डॉक्टरने अपना परिचय दिया। वे लीमा के निवासी थे। वे स्पैनिश मूल के थे। डॉक्टरी की पढ़ाई उन्होंने कैलिफोर्निया में की। पेशे के लिए उन्होंने कुज़को को चुना था। कुज़को स्वास्थ्य केंद्र है और यहाँ पर्यटक बहुत आते हैं, इससे क्लिनिक अच्छा ही चलता है। विवाहित हैं, दो बेटे और एक बेटी। अपना संक्षिप्त परिचय देकर उन्होंने घंटी बजाई और एक कम उम्र का बालक आया तो उससे तीन कप काफ़ी लाने को कहा।

"मैंने अपना परिचय दे दिया, अब आप अपने बारे में बताइए।"

मैंने कुछ झिझक के साथ कहा, "बाहर काफ़ी मरीज इंतजार में बैठे हैं, इसलिए मैं आपका समय नष्ट करना नहीं चाहता।"

"आप इसकी चिंता न करें। मेरे सहयोगी हैं, वे उन्हें देख लेंगे।" डॉक्टर ने निश्चिंत स्वर में कहा, फिर मेरी बात सुनने के लिए आराम की मुद्रा में बैठ गये।

"मेरे बारे में क्या कहूँ- मैं एक साधारण पर्यटक हूँ। करदियार देस् एंडीज़ के विषय में बहुत बार सुना था, इसीलिए देखने चला आया।"

"वह तो मैं समझ ही गया था", डॉक्टर बोल पड़े, "और अवश्य ही कंदोर का निरीक्षण भी करना चाहते हैं, इसीलिए माच्चू-पिच्चू में रह रहे हैं। आइए, बगल के कमरे में आपको एक चीज दिखाऊँ।" कहते हुए वे उठे और मुझे बगल के कमरे में ले गये। वहाँ दराज से एक ऐक्स-रे प्लेट निकालकर उसे रोशनी के सामने रखकर मुझे दिखाते हुए बोले, "रोमांकि की टिबिया और पेरोने हड्डियों की रेडियोग्राफी देखिए, स्प्लिंट (खपची) और पुलटिस बाँधने के कारण चौबीस घंटों में ही यह हड्डी जुड़ गयी थी। वह जब मेरे पास आया तो मुझे खास कुछ करना नहीं पड़ा, केवल प्लास्टर करके छोड़ दिया। हड्डी आप ही ने बैठा दिया था। मैंने सुना था कि कुछ लोग अपना हाथ फेरकर ही सिम्पल फ्रैक्चर की हड्डियाँ सेट कर देते हैं। किन्तु मैं आपसे जानना चाहता हूँ कि आपने किस हर्बल कम्पोजिशन का प्रयोग किया था। यदि आप कृपा करके वह फारमूला बता दें तो निर्धन क्षेत्र के गरीबों को बहुत लाभ होगा। प्लीज़ डू मी दिस फेवर।"

डॉक्टर की बातें सुनकर मैं हैरान था। साथ ही मेरी नीम हकीमी इतना कारगर साबित हुई थी जानकर मुझे घोर आश्चर्य हुआ। मैंने उन्हें समझाकर कहा, "मैं न तो डॉक्टर हूँ और न ही मुझे चिकित्सा का कोई ज्ञान है। जिन घास-पत्तों को कूटकर मैंने पुलटिस बाँधा था, रोमांकि से कहने पर वह आपको ला देगा, फिर किसी जड़ी-बूटी के विशेषज्ञ को दिखाकर उसकी भेषज क्षमता की जाँच करा लीजिएगा। और खपची बाँधने में मैंने अपनी सामान्य फर्स्ट-एड ज्ञान का सहारा लिया था। खपची और पुलटिस का इतना अच्छा असर हुआ था जानकर मैं खुद भी चकित हूँ। आप यकीन मानें, इस विषय की मुझे और कोई जानकारी नहीं।"

मेरी बात सुनकर डॉक्टर पहले कुछ गंभीर हो गये, फिर आत्मीय ढंग से बोले, "मैं दबाव तो नहीं डाल सकता, किन्तु अभी आप कुछ दिन तो यहाँ रुकेंगे ही, इसलिए मेरा अनुरोध है कि कभी समय निकालकर घर पर आइए- मैं सपरिवार ऊपर के कमरों में रहता हूँ। अपना घर समझकर आइए, फिर एकांत में खुलकर बातें होंगी। गांधी के विषय में मेरे बहुत-से प्रश्न हैं।"

हमने कॉफ़ी पी, फिर उठ पड़े। डॉक्टर ने रोमांकि के कंधे पर हाथ रखकर कहा, पन्द्रह दिन बाद प्लास्टर खोल दूंगा, फिर तुम पहले की तरह ही चल-फिर पाओगे।"

बाहर निकलकर रोमांकि बोला, "डॉक्टर साहब का मानना है कि तुम बहुत बड़े डॉक्टर हो, अपना सही परिचय नहीं देना चाहते।"

मैं चुप रहा। मुझे जो कहना था सो कह चुका था। यदि किसी को मुझपर यकीन न हो तो मैं क्या कर सकता हूँ?

कुज़को का मेला-स्थल शहर से तीन किमी की दूरी पर था। वहाँ पहुँचाने के लिए कुज़को से पाँच बसों का इंतज़ाम था। मेला-स्थल का नाम था साकसाहुयामान। वहाँ जाने से पहले एकबार हिमेनतेस से मिलना ज़रूरी था। मैंने जेब से हिमेनतेस का पता निकालकर रोमांकि से पूछा उसे उस मुहल्ले की जानकारी है या नहीं। उसने कहा कि कुज़कों में ऐसी कोई सड़क या गली नहीं है जिससे वह परिचित न हो।

रोमांकि को एक कॉफ़ी की दुकान पर बैठा कर मै उसके बताए राह पर चल पड़ा। हिमेनतेस का मकान ढूँढ़ने में परेशानी नहीं हुई, हाँलाकि दरवाज़े पर कोई नेमप्लेट नहीं था। वह घर पर नहीं था। एक वृद्ध बाहर आए तो मैंने उससे कहा कि मैं हिमेनतेस का दोस्त हूँ। हिमेनतेस आए तो उसे बता दें कि मैं आज से रोमांकि के साथ मेले में रहूंगा। इसके बाद मैं कॉफ़ी की दुकान पर लौटा जहाँ रोमांकि को छोड़ गया था। वहाँ से मिनिबस पकड़कर हम लगभग पन्द्रह मिनट में साकसाहुयामान पहुँच गये।

साकसाहुयामान एक रमणीक स्थल था। इसका उन्नतांश कुज़को जैसा ही था, शायद सौ मीटर और अधिक हो। एक पुराने सूर्यमंदिर के ध्वंसावशेष के इर्द-गिर्द वह गाँव बसा था। लगता था कि यह गाँव बहुत पुराना है। सूर्यमंदिर के बड़े-बड़े पत्थर और फर्श के सिवा अब कुछ अवशिष्ट नहीं था। उरूबाम्बा नदी बहुत करीब से बहती थी। वार्षिक मेले के चलते यहाँ चहल-पहल और व्यस्तता थी, उसके अलावे गाँव में मुझे कोई खासियत नहीं दिखी। बस से उतरकर पैदल काफ़ी दूर तक चलना पड़ा। बेचारे रोमांकि के लिए मुझे दुःख हो रहा था। पैर में प्लास्टर के कारण लाठी टेककर चलने में उसे अवश्य तकलीफ़ हो रही थी। किसी तरह लंगड़ता हुआ वह मुझे लेकर तम्बू वाले क्षेत्र में पहुँचा। मेले का क्षेत्र काफ़ी विस्तृत था, मुझे गंगा-सागर मेले की याद आ रही थी। साकसाहुयामान का प्राकृतिक सौंदर्य मनोरम था और यह स्थल मेले के लिए सर्वथा अनुकूल था। एक ओर ऊँचा पहाड़, दूसरी ओर घाटी, और लहरों की तरह दूर-दूर तक फैली एंडीज़ पर्वत की शृंखलाएँ।

हम तम्बू के करीब पहुँचे तो भिहाने दौड़ कर आयी और परिवार के सदस्य की तरह ही मेरे गले लगकर मुझे चूमकर मेरा स्वागत किया। केतानी, उसकी माँ तथा और लोग भी आगे बढ़ आए और मुझसे बोले, "तुम मेले के दौरान हमें छोड़कर कहीं नहीं जाओगे। देखना, यहाँ बहुत आनंद आएगा।" मेले का आयोजन बहुत व्यापक था। तंबू लगाने के लिए सरकार की ओर से जगह का आवंटन किया गया था। जो लोग मेले में शरीक होने के लिए दूर से आए थे और यहीं रहेंगे, उनके लिए तंबुओं का अलग क्षेत्र था। कुज़को के आसपास की घाटियों से लोग तो आए ही थे, समस्त फीरू के केचुआ और आइमारा सम्प्रदाय ने भी अपने प्रतिनिधि भेजे थे। सैनिटरी व्यवस्था

बहुत अच्छी नहीं थी। भारतीय होने के नाते मैं यहाँ की इस व्यवस्था की निंदा नहीं करूंगा, क्योंकि हमारे देश के मेलों में शौच और स्वच्छता की जो व्यवस्था होती है उससे मैं परिचित हूँ।

हर वर्ष सूर्य जब अत्तरायन होकर कर्क रेखा पर लम्बरूप होता है और दक्षिणी गोलार्ध में शीत ऋतु होती है, तभी यहाँ का सूर्योत्सव शुरू होता है। इस उत्सव का इतिहास बहुत पुराना है। एंडीज़ का सूर्योत्सव इंकाओं के जमाने का सबसे बड़ा पर्व था। यह खेद का विषय है कि पीरू पर स्पैनिश आधिपत्य होने के बाद उन्होंने यह पर्व बंद करा दिया था। उन्हें भय था कि इस उत्सव के आड़ में यहाँ के देशवासी एकजुट हो गये तो उस शक्ति के सामने स्पैनिश नहीं टिक पाएंगे और उन्हें यह स्वर्णभूमि छोड़कर भागना पड़ेगा। दूसरी ओर पीरूवासी यह विश्वास करते थे कि सूर्यदेवता को उत्सव के जरिए प्रसन्न कर पाने से वे ही भक्तों की रक्षा करेंगे। इंका प्रचलित सभी पूजा-अर्चना को स्पैनिशों ने शुरू में जंगली कहा था, किन्तु बाद में वे यह समझ गये थे कि सूर्यदेवता सरल साधारण देशवासियों के हृदय में बसा है, बंदूक की ताकत पर उसे नहीं हटाया जा सकता।

पीरू और बॉलीविया के स्वाधीन होते ही देशवासियों ने पुरानी प्रथाओं को पुनः अपना लिया। यद्यपि अब यहाँ की जनसंख्या का चालीस प्रतिशत स्पैनिश वंशज है, किन्तु वे स्वयम् को पीरूवियन कहकर ही गर्व करते हैं। मेले में इंका जमाने की पवित्रता की झलक नहीं मिलेगी, किन्तु एंडीज़वासियों की आनंद-लहरी का स्पर्श ज़रूर मिलेगा।

कुज़को का मेला अब पीरू का राष्ट्रीय पर्व था। कुज़को में पहले इंका राज की राजधानी थी और वहाँ का सूर्यमंदिर प्रसिद्ध था। इस मेले की शुरूआत कुज़को के किसी इंका-राज ने ही की थी। किन्तु कोई यह नहीं बता पाता कि किस राजा के समय से और कब से इस उत्सव की शुरूआत हुई थी। कुज़को शहर से साकसाहुयामान तक रास्ते के दोनों ओर दुकानें लगायी गयी थीं और यहाँ के मैदान में हर घंटे नए तंबुओं की संख्या बढ़ती ही जा रही थी, यानी मेला-स्थान में पड़ाव डालने के लिए निरंतर लोग पहुँच रहे थे। चारों ओर माइक और बिजली का तार लगाया जा रहा था। हर तंबू में ऊँची आवाज़ में ट्रांजिस्टर बज रहा था। संध्या से पहले सारा मैदान तंबुओ से भर गया। लोग रंग-बिरंगे तंबुओं के बाहर गिटार लेकर बैठ गये थे, शायद गाने-बजाने के माध्यम से वे अपनी थकान मिटाना चाहते थे या यही उनके मूल उत्सव की प्रस्तुति थी। केचुआ भाषा न जानने के कारण मैं किसी से बातचीत नहीं कर पा रहा था, चुपचाप घूम-फिरकर मेले की तैयारी देखता रहा। शाम के सात बजे करीब मैं रोमांकि के तंबू के सामने लौट आया। पाँव के कारण वह दौड़-धूप भले न कर पाए, चिल्ल-पों मचाने में वह भी उस्ताद था।

अचानक लाउड-स्पीकर की आवाज़ गूंज उठी। एंडीज़ के इस नैसर्गिक परिवेश में माइक का गरजना छन्द पतन की तरह लगा। किन्तु वर्तमान युग में कम्यूनिकेशन मीडिया के रूप में माइक के बिना काम नहीं चलता। इतने बड़े मेले में नियम-शृंखला बनाए रखने के लिए उसका प्रयोग अनिवार्य है।

लाउड-स्पीकर से जो घोषणाएँ हो रहीं थीं वह रोमांकि ने मुझे समझा दिया। कहा जा रहा था : यत्र-तत्र मलत्याग करना निषिद्ध है; चोरों से सतर्क रहिए, अपना सामान सुरक्षित रखिए; मेले और उत्सव क्षेत्र में पुलिस के सिवा और कोई आग्नेयास्त्र नहीं रख सकता ; कैम्प में पुलिस आपकी सहायता के लिए तैनात है, ज़रूरत पड़ने पर उनसे सम्पर्क करिए; कल 24 जून को सुबह दस बजे जुलूस निकलेगा। शाम को विभिन्न इलाके मे नाच और नाटक होगा। सरेआम जुआ खेलने की मनाही है..... आदि।

घंटे भर बाद लगा कि वह मैदान एक विशाल उत्सव प्रांगण बन गया है। मुझे आश्चर्य हुआ कि यहाँ के सभी लोग नाचने – गाने और विभिन्न वाद्य-यंत्र बजाने में माहिर थे। उनके सुर और छन्द की आबोहवा महसूस करने में लिए मैं भी तंबू से निकल पड़ा। जो लोग संख्या में कम थे वे अगल-बगल के तंबू के दल के साथ जा मिले थे। सब अलग-अलग झुंड बनाकर नाचने-गाने में लगे थे। कानों में बहुत ज्यादा गूंज रही थी यहाँ की बाँसुरी की तान। यहाँ के वंशी की अपनी खासियत है। एक साथ कई वंशी कतार में सजा लेते हैं, हर वंशी अलग स्वर में बँधा होता है। सा-रे-गा-मा आदि सात स्वरों के लिए सात वंशी एक साथ करके बहुत कुछ माउथ-आर्गन की तरह बजाते हैं। यह वंशी ही एड़ीज़ का मूल वाद्ययंत्र है। तीन चार लोग इकट्ठे वंशी बजा रहे थे और बीच-बीच में बजाना बंद करके गीत गा रहे थे। वंशी के बाद जनप्रिय था गिटार और ड्रम (ढोल)। वंशी उनके हृदय के आवेग को उजागर कर रहा था। गीत के माध्यम से वे अपने मन की बात कह रहे थे। नृत्य के जरिए उनके देह का छंद स्पष्ट हो रहा था। गिटार यहाँ स्पैनिश प्रभाव से पहुँच था। वाद्य-संगीत, नृत्य और गीत, जिसमें सभी लोग शामिल थे, उत्सव के माहौल को मनोरम बना रहे थे।

बहुत साल पहले दक्षिणी फ्रांस के बंजारों के साथ जब मैं कामार्ग क्षेत्र में था, तब वहाँ भी ऐसा ही परिवेश मिला था मुझे। किन्तु यह मानना ही होगा कि एंडीज़ का यह आनंदोत्सव अतुलनीय था। मैंने और जगह विभिन्न अनुष्ठानों में देखा है कि दल नाच-गाना करता है, बाकी लोग उसका आनंद लेते हैं और वाहवाही द्वारा कलाकारों का हौसला बढ़ाते हैं। किन्तु यहाँ हर व्यक्ति कलाकार था, यहाँ सभी नाच-गाने में हिस्सा ले रहे थे। आबाल-वृद्ध-वनिता सभी नाच रहे थे, गा रहे थे और गिटार या बाँसुरी बजा रहे थे। इनके संगीत का छंद मुझे बहुत अच्छा लग रहा था, घंटे भर तक मैं विभिन्न तंबुओं का चक्कर लगाता रहा, उसके बाद रोमांकि के तंबू में वापस आया।

यहाँ भी सबकोई नाच-गाना कर रहे थे। मुझे देखते ही उन लोगों ने मुझे भी खींच लिया उनके साथ नाचने के लिए।

रोमांकि का भाई भी आ गया था। एक समय वह मुझे तंबू के भीतर ले जाकर बोला कि वह चिचा लाया है। फिर उसने मुझे दो बक्से दिखाए जिनमें चिचा यानी बियर की कई दर्जन बोतलें थी। फिर उसने आंतरिकता के साथ कहा, ''जब जी चाहे पी लेना, संकोच मत करना।''

मैंने भी उसे आश्वस्त किया, ''अवश्य, तुम निश्चिंत रहो।''

तंबू के बाहर जहाँ नाच-गाना हो रहा था वहीं बगल में लकड़ी के चूल्हे पर चिचारोन यानी मांस की छोटी-छोटी बोटियों का पकवान बन रहा था। मांस की बोटियाँ उबालकर मिर्च और टमाटर के सॉस के साथ इसे खाया जाता था। और एक तंबू में तरतिया यानी मकई के दाने का चूर्ण मिलाकर अंडे का ओमलेट बन रहा था। सब आपस में मिल-बाँटकर खाएंगे। हर तंबू हरेक के लिए खुला था। छोटे-छोटे परिवार मिलकर इसी तरह एक-एक बड़े परिवार में तब्दील हो गये थे। यह मेल-मिलाप और आपसी सद्भाव देखते ही बनता था। भारत में दुर्गोत्सव या दुर्गामंदिरों में भजन-कीर्तन के साथ जो उत्सव मनाया जाता है, उसके साथ यहाँ की तुलना की जा सकती है। वहाँ के चाय के साथ चिचा या कॉफ़ी की , खिचड़ी के साथ चिचारोन तथा तरतिया की, पान के साथ कोकापत्ता की और भजनकीर्तन के साथ यहाँ के समवेत संगीत की तुलना की जा सकती है।

रोमांकि की माँ और बहनें नाच-गाना कर रहीं थीं और खाना भी पका रही थीं। इनकी हालत देखकर मुझे निश्चय हो गया था कि आज रात कोई सोएगा नहीं।

रात के लगभग बारह बजे अचानक हिमेनतेस आ धमका। इतनी रात गये उसका आना मुझे कुछ अजीब लगा। कुछ देर हमलोगो के बीच बैठने के बाद उसने मुझे उसके साथ चलने को कहा। मैं राजी हो गया क्योंकि उसके साथ बातचीत करने में भाषा की समस्या नहीं थी और उससे मुझे बहुत जानकारी मिल सकती थी।

विभिन्न तंबू के गीत और संगीत का आनंद लेते हुए हम आगे बढ़ते गये। हिमेनतेस से और उसके जरिए औरों से बातचीत करते हुए मैंने इस उत्सव के बारे में और भी जानकारी प्राप्त की।

कुज़को के इस उत्सव की सारी व्यवस्था गवर्नमेंट ऑफ पीरू के टूरिस्ट डिपार्टमेंट के हाथों है। किसी सम्मानीय स्थानीय व्यक्ति को इस उत्सव के लिए सभापति नियुक्त किया जाता है। इस व्यक्ति का लैतिन अमरीकी इंडियन होना अनिवार्य है। इंकाओं के समय दूसरी व्यवस्था थी। इंकाराज़ अपने कुज़को के महल

से संध्या के समय निकल कर पहले सूर्य-मंदिर जाते, वहाँ सूर्य प्रणाम करने के उपरांत वे साकसाहुयान की ओर कूच करते। उसदिन किसी घर में तथा सड़क पर रोशनी जलाने की मनाही रहती। राजा के साथ जुलूस में राज्य के सब नागरिक शामिल होते, यह जुलूस चुपचाप रात के अंधेरे में सारीरात धीरे-धीरे चलते हुए साकसाहुयामान के सूर्यमंदिर में पहुँचता। वहाँ पहुँचकर सब निश्शब्द सूर्योदय की प्रतीक्षा करते। सूर्योदय के साथ ही प्रार्थनाएँ तथा उसके बाद विभिन्न ढंग की आराधनाएँ की जाती। सुबह एक लामा की बलि चढ़ाकर उसकी कलेजी सूर्यदेव के उद्देश्य में अर्पण करते। और इसके बाद विभिन्न प्रकार का उत्सव शुरू होता। स्पैनिश या कंकिस्टाडरों के आगमन के साथ यह उत्सव बंद कर दिया गया क्योंकि उत्सव के नाम पर लोगों का इकट्ठा होना उनके लिए भय का कारण बन सकता था। दूसरा कारण धर्मीय कारण था। स्पैनिश अपने साथ अपने देश का ईसाई धर्म ले आए थे और उनके राजा तथा पोप का आदेश था सभी स्थानीय लोगों को धर्मांतरित कर उन्हें ईसाई बनाने का। इंका अपना धर्म तथा परंपराओं को थामे रहें तो इस देश में ईसाई धर्म का प्रचार संभव नहीं होगा, इसीलिए यहाँ अपना आधिपत्य जमाने के बाद स्पैनिशों ने यहाँ के आदि धर्म को कुचलकर स्वर्ग दिलाने का प्रलोभन देकर स्थानीय लोगों कों ईसाई बनाना शुरू किया था।

आज़ादी मिलने के बाद पीरू तथा बोलीविया ने अपना अत्यंत प्राचीन उत्सव फिर से मनाना अवश्य शुरू किया, किन्तु दुर्भाग्यवश प्राचीन धर्म को पुनर्जीवित करना संभव नहीं हुआ। ईसाई पादरियों ने इंका धर्म को जड़ से उखाड़ फेंका था। ऐसा नहीं कि सभी पादरी बुरे थे। बारटोलोम द लास कासास नामक एक पादरी ने स्पेन के शासक और महामान्य पोप से आग्रह किया था कि 'लातिन अमरीकी इंडियन भी इंसान हैं और धर्मप्रचार के नाम पर उनपर अत्याचार करना क़तई ईसाई धर्म के अंतर्गत नहीं आता।' दुर्भाग्यवश पादरी लास कासास का इस देश में आगमन काफ़ी देर से हुआ था, उससे पहले ही इंका धर्म उखड़ चुका था। अब कुज़कों में जो मेला होता है उसमें धर्म का कोई स्थान नहीं। अब यह मेला विभिन्न आदिवासी सम्प्रदायों का समावेश, लोकनृत्य, ग्रामीण कुटीर उद्योग और ख़रीद-फरोख़्त के लिए ही प्रसिद्ध है। पर्यटकों को आकर्षित करना भी शायद इस मेले का उद्देश्य हो।

मेले की व्यवस्था और देखरेख पूर्णतः सरकारी उद्यम होने के कारण पुलिस तथा ट्रांसपार्ट विभाग हर तरह से मदद करती है। चूँकि इसका सारा जिम्मा पर्यटक दफ़्तर पर है, इस विभाग से संबद्ध लोगों के पास इस समय बहुत काम है। हिमेनतेस की भी व्यस्तता काफ़ी बढ़ गयी है। आज रात के दो बजे तक उसकी ड्यूटी है, उसके बाद वह घर लौटेगा। सुबह फिर दस बजे से उसकी ड्यूटी शुरू होगी।

हिमेनतेस ने मुझे घुमाते हुए बताया कि आज रात कोई सोएगा नहीं, नाच-गाना रातभर चलेगा। भोर के समय कोका पत्ता चबाकर वे लोग कुछदेर विश्राम करेगें, उसके

बाद फिर से उत्सव शुरू होगा। जुलूस के समय सभी उसमें शामिल होंगे, सजाए हुए गाड़ी के पीछे-पीछे नाचते-गाते हुए सभी स्थानीय लोग शहर की परिक्रमा करेंगे।

हिमेनतेस के साथ मैदान का चक्कर लगाकर मैं तंबू में लौट आया। हिमेनतेस ने ठीक ही कहा था। महफ़िल में लोग झूम रहे थे, कुछ-कुछ नशा चढ़ने लगा था उनपर। इन्हें देखकर मुझे पशुपतिनाथ मंदिर का स्मरण हो आया, शिवरात्री के दिन गाँजा-भांग सेवन करके मंदिर के इर्द-गिर्द लोग लुढ़क पड़ते हैं। मुझपर किसी का ध्यान नहीं था, अतः मौका ताड़कर मैंने अपना स्लीपिंग बैग उठाया और तंबू के एक कोने में जाकर पसर गया।

अगले दिन बहुत तड़के केतानी ने एक प्याली कॉफ़ी के साथ मुझे जगाया। उसने कहा सुबह का काम अभी निपटा लूँ तो अच्छा, नहीं तो बाद में मैदान में बैठने की जगह नहीं मिलेगी, पूरा मैदान गंदगी से भर उठेगा। समझा, मैदान जाने को कह रही है। यह बात उसके बजाय उसका कोई भाई आकर कहता तो कुछ सहज लगता।

24 जून, 1989

सुबह साकसाहुयामान सूर्यमंदिर के खंडहर पर पहुँचकर मैंने सूर्य प्रणाम किया– ओम् मित्राय नमः, ओम् रबये नमः, ओम् सूर्याय नमः, ओम् मानवे नमः, ओम् खगाय नमः, ओम् पुष्णे नमः, ओम् हिरण्यगर्भाय नमः, ओम् मरिचये नमः, ओम् आदित्याय नमः, ओम् सवित्रे नमः, ओम् अर्काय नमः, ओम् भास्कराय नमः। सूर्य के इन द्वादस नामों पर मैंने कुछ वनपूलों की अंजलि दी। उसके बाद मेरे प्रिय देवता कंदोर के उद्देश्य से ओम् खगाय नमः उच्चारण कर कन्दोर को प्रणाम निवेदन किया। मन ही मन सोचा कि यहाँ के निवासी शायद अपना मंत्र भूल गये हैं, किन्तु सभी जीवों के जन्मदाता आलोकमय तेजरूपी प्राणपुरुष सूर्यदेव को भक्ति-अर्घ देना मैं नहीं भूला। इच्छा हो रही थी कि कुछ देर ध्यान में बैठकर गायत्री जाप करूं किन्तु केतानी और भिहाने दोनों बार-बार कह रहे थे कि जल्दी चलो, नहीं तो देर हो जाएगी। अतः लौटना पड़ा।

उत्सव में आए सभी लोगों ने नए कपड़े पहन लिए थे और ऊपर से नयी चादर ओढ़े थे। छोटे बच्चे अपने रंग-बिरंगी पोशाक के ऊपर चादर ओढ़ना नहीं चाहते थे। ठंड काफ़ी थी और लोग धूप सेंकने में व्यस्त थे। यह क्षेत्र कुज़को से काफ़ी ऊपर था और यहाँ से कुज़को शहर बहुत ख़ूबसूरत लग रहा था। विभिन्न रंग के तंबू, गुब्बारे और पताकाओं से पूरी घाटी भर गयी था। रोमांकि की माँ मुझे एक पुंचो (चादर) ओढ़ाकर बोली, "बहुत सुंदर, बहुत सुंदरा" बगल के तंबू के एक युवक ने मेरे सिर पर एक टोपी डालकर कहा, "अब ठीक लग रहा है, अब तुम हम जैसे हो। बिना टोपी पहने और चादर ओढ़े जुलूस में नहीं जाना चाहिए।" उसने ठीक कहा था, टोपी

और चादर यहाँ का राष्ट्रीय पोशाक है। लड़कियों के लिए लहंगा और कमीज। मनका के गहने भी यहाँ की एक और विशेषता है। झुमका, माला, कंगन, बाजूबंद, कमरबंद आदि अति सूक्ष्म कारुकार्य द्वारा मनका से बनाए जाते हैं। चादर और टोपियों में भी बहुत लोग मनका पिरोते हैं। मनका के आभूषण तथा अन्य सामान पीरू का अन्यतम कुटीर-उद्योग एवं हस्त-शिल्प है।

छोटे बच्चों की ख़ुशी देखते ही बनती थी, वे सब आनंद से उछल रहे थे। दस बजे के आसपास माइक से जुलूस की घोषणा की गयी। नियत स्थल पर पहले पुलिस की पायलट कार, फिर उत्सव के सभापति यानी फाउस्टिनो नाभारों की गाड़ी, उसके पीछे नगरपालिका के विभिन्न पुष्पक रथ, व्यापार मंडल तथा सेना विभाग द्वारा आयोजित गार्ड ऑफ ऑनर, बैंड पार्टी। इनके पीछे एक ट्रैक्टर पर सूर्य के प्रतीक इंकाराज की मूर्ति और सबसे पीछे की ओर कोई भी आकर शरीक हो सकता है। इस क्षेत्र के लगभग नब्बे प्रतिशत लोग इस जुलूस में हिस्सा लेते हैं। लोकनृत्य के दल में सभी स्थानीय लोगों को गिना जा सकता है।

जुलूस देखने के लिए कुज़को महापालिका दफ़्तर के आसपास काफ़ी लोग इकट्ठे थे। विशेष अतिथियों के लिए वहाँ अलग व्यवस्था थी। इसके अलावा टिकट काटकर कोई भी बैठने के लिए कुर्सी या बेंच आरक्षित कर सकता था। जुलूस साकसाहुयामान से कुज़को तक जाकर फिर साकसाहुयामान वापस लौटेगा। दो किलोमीटर लम्बे इस जुलूस में सौंदर्य और आनंद दोनों ही भरपूर था। इनकी वंशी की तान पर थिरक रहा था संगीत और इनके नाच में था हृदय का आवेग। हमारे देश में दुर्गापूजा के बाद विसर्जन के समय ऐसा ही माहौल बनता है। मुंबई तथा सम्पूर्ण महाराष्ट्र में गणेशोत्सव के समय भी ऐसा ही आनंद दिखता है।

जुलूस के साथ बढ़ते हुए अचानक देखा कि एक खुले जीप पर बिचित्र वेश-भूषा में सज्जित दो स्थानीय लोग अपने बाएँ हाथ पर कंदोर पक्षी लिए खड़े हैं और उन्हें देखकर सभी लोग ख़ुशी से तालियाँ पीट रहे हैं। मैं कभी आगे, कभी पीछे, कभी दर्शक बनकर और कभी लोकनृत्य के दल में शामिल होकर इस उत्सव का आनंद लेता रहा। प्रसंगतः बता दूँ कि मैंने बिहार में छट्पूजा का प्रचलन देखा था, वह छट्पूजा भी असल में सूर्योत्सव है।

लगभग तीन घंटा चलने के बाद साकसाहुयामान के मैदान में लौटकर जुलूस समाप्त हुआ। दोपहर के दो बज रहे थे। सभी लोग थके और भूखे थे। तंबू में लौटकर खा-पीकर हम सब लेट गये। घंटे भर बाद मेला शुरू होगा। मेला यानी वहाँ लगी दुकानों का चक्कर और ख़रीद-फरोख़्त।

शाम को हिमेनतेस से फिर मुलाकात हो गयी। वह मुझे मेले के एक विशेष इलाके में ले गया। उसने कहा, "तुम्हें याद होगा, तुमने पूछा था कि एंडीज़ का धर्म या रहस्य

अब भी कहीं जीवित है या नहीं? ये सब तंबू ओझाओं के हैं। इनका दावा है कि इन्हें सबकुछ मालूम है। विभिन्न बीमारियों में साधारण लोग इन्हीं के पास पहुँचते है।''

और एक जगह देखा कुछ लोग तमाशबीन की तरह गोलाई में खड़े हैं और उनके बीच खड़ा एक व्यक्ति कोई भाषण दे रहा है। हिमेनतेस ने मेरे कानों में फुसफुसाया, ''यह व्यक्ति दावा कर रहा है कि वह किसी भी बीमारी का इलाज कर सकता है, उसे एंडीज़ की सभी बीमारियों का रहस्य ज्ञात है और वह दाँत-दर्द, गठिया तथा किसी भी स्त्री-रोग का शर्तिया इलाज कर सकता है।'' कुछ देर वहाँ रुक कर हम आगे बढ़े और इसतरह की कुछ और छोटी-मोटी भीड़ से होकर एक बड़े तंबू के सामने आ गये। वहाँ एक बड़ा पत्थर था जिसके चारों ओर लोग खड़े थे और बच्चे जैसे किसी चीज की प्रतीक्षा में आग्रह के साथ बैठे थे। हिमेनंतेस ने बताया कि वह बड़ा पत्थर बहुत पुराना है, उसका ऊपरी भाग बेदी की तरह ऊँचा है और चारों ओर ढालू है जिसके एक ओर नाली है। इंकाओं के समय उस वेदी पर विभिन्न पशुओं का बलि होता था। अब वह पुरानी प्रथा फिर लौट आयी है, किन्तु बलि के साथ की पूजा-पद्वति अब नहीं है। अब ज्यादातर मुर्गे का गला काटकर सूर्य भगवान को चढ़ाते हैं। पशुओं में अब सिर्फ़ लामा की बलि होती है। लामा-बलि के बाद उसकी कलेजी भगवान को अर्पण करते हैं। ज्यादातर किसी बीमारी या किसी विपदा से निजात पाने के लिए जो लोग मनौती मानते हैं वे ही सालभर आजके इस शुभदिन की अपेक्षा करते हैं।

हिमेनतेस ने मेरा ध्यान उस पत्थर की ओर खींचा जहाँ एक लड़का एक मुर्गा लेकर पहुँच गया था। उसने मुर्गा पत्थर पर रखकर छूरे से उसका गला काट दिया और उसका रक्त वेदी के चारों ओर झर जाने दिया। स्पष्ट था कि जो जैसा मनौती मानता है वह वैसा पशु लाकर खुद ही बलि चढ़ाता है, वहाँ इकट्ठी भीड़ केवल मूक दर्शक है। मुर्गा बलि के बाद वह मांस खाते हैं। असल में लामा या हिरण जैसे किसी बड़े पशु की बलि देखने के लिए ही वहाँ इतने लोग इंतज़ार कर रहे थे। पशुओं का वध करने के लिए किसी ओझा को बुलाते हैं, बलि चढ़ाने का काम ओझा करता हैं,। लोग कहते हैं कि भोर के समय कंदोर आकर खून और कलेजी खा जाता है।। किन्तु ज्यादातर कोई स्थानीय व्यक्ति आकर वह सब ले जाता है क्योंकि वेदी पर समर्पित खून और कलेजी खाने से बहुत-से दुरारोग्य बीमारियाँ दूर हो जाती हैं ऐसा लोगों का विश्वास है।

मैंने हिमेनतेस को बताया कि भारत मे अब भी इसतरह की पशु-बलि होती है। वहाँ से चलकर हम एक और क्षेत्र में पहुँचे जहाँ तंबुओं के सामने लोग विभिन्न प्रकार की जड़ी-बुटियाँ, पेड़ की छाल, पत्ते, घास तथा लता-गुल्म फैलाए बैठे थे। उनके पास पहुँच कर शारीरिक या मानसिक क्लेश के बारे में बताने पर वे उपयुक्त दवा बना देते।

हमारे देश में भी खानाबदोश तथा विभिन्न जनजाति के लोग बाज़ार में आकर उनके प्राकृतिक दवाओं से रोगो का उपचार करते हैं। इसके अलावे आयुर्वेद तथा यूनानी दवाओं का प्रचलन भारत में सर्वत्र है।

इन ओषधि-विक्रेताओं के बारे में मुझे उत्सुक होते देखकर हिमेनतेस ने कहा, "एंडीज़ की इन सब आदि विद्याओं के बारे में मुझे कोई जानकारी नहीं है। तुम इस विषय में जानकारी चाहो तो कुछ पैसे खर्च कर एक विशेषज्ञ दो-भाषिये की सेवा लो, इस मेले में बहुत दो-भाषिये आए होंगे, वे तुम्हारी मदद कर पाएंगे। शाम को नाच और नाटक वाली मंडली निकलेगी, अतः अभी मुझे जाना है। तुम बाद में मेरे दफ़्तर आओ, मैं किसी अच्छे दुभाषिये की तलाश करता हूँ। एंडीज़ के अधिकांश ओझा ही यहाँ के देशी डॉक्टर हैं तथा पहाड़ी दवाओं के विक्रेता हैं, वे केचुआ तथा आइमारा के सिवा और कोई भाषा नहीं जानते। एंडीज़ के ये जड़ी-बूटी विक्रेता सारी दुनिया में प्रसिद्ध हैं, उनसे जानने को बहुत कुछ है। इंकाओं की पुरानी आदतें इनकी दिनचर्या के साथ जुड़ी है– लेकिन वह सब जानने के लिए काफ़ी वक्त चाहिए और काफ़ी छानबीन भी करनी पड़ेगी।"

मैंने उसका प्रस्ताव मान लिया। वाकई इन लोगों से घनिष्ट परिचय किए बिना कुछ जानना संभव नहीं था। हिमेनतेस चला गया तो मैं अपने तंबू में लौट आया। वहाँ सब गोलाई में एक दूसरे का हाथ पकड़कर नाच रहे थे। मुझे भी नाचने के लिए उस गोलाई में शामिल होना पड़ा। बीच में पाँच लोग बाँसुरी लिए बैठे थे। वे पतलून, पुंचो और कान तक ढँकने वाली टोपी पहने थे। वंशी बादक ही बजाना रोककर गाना भी गा रहे थे। हम सब एक-दूसरे का हाथ थामें नाच रहे थे, बहुत कुछ संथालियों की तरह। नाच की भंगिमा सहज थी, अतः उनसे ताल मिलाने में मुझे दिक्कत नहीं हुई। गीत का एक शब्द भी मेरे पल्ले नहीं पड़ रहा था, किन्तु स्वर शब्द और छन्द के लिए भाषा की ज़रूरत नहीं पड़ती।

शाम को रोमांकि के साथ मौदान के स्टेडियम जैसे एक स्थल पर पहुँचकर मैं उसके साथ बैठा। उसका साथ पाकर मुझे अच्छा लगा। वह अपने टूटे पाँव के कारण बहुत दुःखी था। वह नाच वगैरह में हिस्सा नहीं ले पा रहा था, एक जगह बैठे-बैठे आनंद लेने कि सिवा उसके पास उपाय नहीं था। उसका मत था कि बैठे-बैठे नाटक और नाच देखने में कोई आनंद नहीं, जबतक न खुद हिस्सा लिया जाए। ज्यादा देर इतनी ठंड में चुपचाप बैठे रहने से आदमी यूँ ही ऐंठ जाए। ठंड से बचाव के लिए उसने एक पैकेट विशेष चुरुट खरीदा था– चुरुट जिसमें तम्बाखू के साथ कोई ओषधि मिलाया गया था जिससे हलका नशा होता।

नाट्योत्सव शुरू हुआ। रंगीन पोशाकों में लैस एक-एक दल स्टेडियम के सामने धीरे से चलकर दर्शकों के सामने पहुँचता और अपना विशेष पर्व अभिनय करता। यह

अभिनय बंगाल के 'जात्रा' की तरह था। कुछ दल चलते हुए ट्रक पर खड़े होकर अपना नाटक दिखा रहे थे। अधिकांश दल इंका जमाने की प्राचीन पोशाकों से लैस था।

इनके नाटक या नौटंकी में प्राचीन इंका-राज का राजत्व, उस समय का स्वर्ण युग, सोने चाँदी का प्राचूर्य, सूर्यदेव, कंदोरपक्षी, लामा और हिरणों की भरमार तथा दूसरी ओर स्पैनिश कंकिस्टाडरों की गाथा थी। जहाज़ की तरह सजाए गये ट्रकों पर बंदूकधारी जलदस्यू और डाकुओं का दल, निरीह देशवासियों पर अकथ्य अत्याचार... आदि। सभी अभिनय में स्पैनिशों की निंदा की गयी थी। स्पैनिशों की बर्बर अत्याचार देखकर दर्शक उत्तेजित हो रहे थे। स्पैनिशों पर इंकाराज के गोरिला-आक्रमण का नाटक देखकर दर्शक तालियाँ बजा रहे थे। इन अभिनयों में एंडीज़ के ओझा, डॉक्टर, चरवाहा और ग्रामीण भी दर्शाये गये थे। दर्शकों का आनंद और उत्साह देखते ही बनता था, वे ही जैसे असली अभिनेता और अभिनेत्रियाँ थीं। इस नाट्योत्सव के अंतिम चरण में नाट्यकर्मी और दर्शक आपस में घुल मिल कर एक हो गये। मैंने ऐसा दृश्य पहले और कहीं नहीं देखा था। दुर्गा प्रतिमा के विसर्जन के समय भारत में कुछ ऐसा ही दृश्य दिखता है जब लज्जा-संकोच त्यागकर सभी नाचने लगते हैं।

रात दस बजे के आसपास सब थककर अपने-अपने तंबुओं की ओर लौटने लगे। हम लोग भी आपने तंबू में लौट आए। यहाँ पहुँच कर फिर सब नाचने लगे। अब जैसे पारिवारिक उत्सव शुरू हुआ था, सब नाच रहे थे, झूम रहे थे। सभी थके-मांदे थे, थकान के कारण पाँव नहीं उठ रहे थे, तब भी नाचे जा रहे थे। रोमांकि की माँ ने मुझे एक कप कॉफ़ी देकर इशारे से समझाया कि कॉफ़ी पीकर मैं, सो जाऊँ, औरों की चिंता न करूँ, वे सब नशे में हैं, जब उनसे और नाचते न बनेगा तो खुद ही सो जाएंगे।

उनकी बात समझकर मैंने भी देर नहीं की। खुद को स्लीपिंग बैग के हवाले कर मैं लेट गया, मैं भी बुरीतरह थक गया था।

25 जून

उत्सव समाप्त नहीं हुआ था, केवल जुलूस वाला दिन बीत गया था। मेला अभी और कई दिन तक चलेगा। जो लोग दूर-दूर से आए थे, वे या तो अपने तंबुओं में ठहरे थे, या सरकारी तंबुओं में। सरकारी तंबुओं मे रहने के लिए किसी अधिकारी या गाँव के प्रधान का चरित्र प्रमाण पत्र आवश्यक था। यदि ऐसा कुछ न हो तो रोमांकि जैसे किसी स्थानीय रंगरूट से परिचय रहना ही काफ़ी था।

हिमेनतेस ने पिछले दिन शाम को उसके दफ़्तर में मिलने को कहा था, किन्तु नाट्योत्सव के कारण मैं जा नहीं पाया था। इसलिए आज सुबह होते ही मैं कुज़को पहुँचा। चलते समय पीछे से भिहाने दौड़ी आयी और वह भी मेरे संग हो ली। उससे

मैं बातचीत नहीं कर पाता था क्योंकि वह सिर्फ़ केचुआ भाषा ही जानती थी। मैंने उसे इशारे से बताया कि मैं कुज़को जा रहा हूँ, उसने भी इशारे से कहा कि वह भी जाएगी। भिहाने ने एक कुज़कों की ओर जाने वाली लॉरी रोकी, उसमें हम दोनों सवार हो गये। लॉरी वाले बहुत कम पैसा लेते थे, बस से भी बहुत कम। यहाँ के ट्रक ड्राइवर इस तरह सवारी ढोते हैं।

कुज़को के पर्यटक दफ्तर में हिमेनतेस नहीं मिला। वहाँ के एक सज्जन ने मुझसे पूछा, "क्या आप बिमल डे हैं?"

"जी हाँ।" मैंने कहा।

उन्होंने मुझे एक पत्र दिया। पत्र पढ़कर जाना कि हिमेनतेस ने मेरे लिए एक दुभाषिये का इंतजाम कर लिया है। वह इसी कार्यालय में ठीक दस बजे आएगा।

अभी नौ बजे थे। यानी अभी एक घंटा मुझे इंतज़ार करना पड़ेगा। भिहाने को लेकर मैं एक चाय की दुकान पर पहुँचा। उससे कहा कि वह जो चाहे खा-पी सकती है, मैं भी कुछ लूंगा। भिहाने ने एतराज नहीं किया, वह बहुत ख़ुश थी।

कॉफ़ी पीकर हम दस बजे पुनः पर्यटक दफ्तर पहुँचे। वहाँ एक नवयुवक मुस्कराता हुआ स्वयम् ही मेरी ओर बढ़ आया और अपना परिचय देता हुआ बोला, "मेरा नाम अलफ्रेडो फ्लोरेस है, मैं इंका आर्ट अकादमी के फाइनल इयर का छात्र हूँ और अक्सर दोभाषिये का काम करता हूँ।"

मैंने उससे हाथ मिलाकर कहा, "हाँ, मैं एक दुभाषिये की तलाश में हूँ। आप यदि मेरी मदद कर सकें तो मुझे प्रसन्नता होगी।"

अलफ्रेडो तेईस बर्षीय युवक था। उसकी मातृभाषा स्पैनिश थी। उसे अच्छी अंग्रेज़ी आती थी, केचुआ तथा आइमारा बोलियों का भी उसे अच्छा ज्ञान था। अक्सर पर्यटकों के साथ वह दुभाषिये का काम करता था। वह मेरे लिए उपयुक्त था, उससे मेरा काम चल जाएगा। उसका स्वभाव भी अच्छा लगा। अतः उसे लेने के लिए मैं राजी हो गया। उससे कहा कि आज से ही वह मेरे साथ रहेगा। फिर मुझे पसंद आए तो आगे की बातचीत होगी।

मैंने अलफ्रेडो के काम की शुरूआत भिहाने से की। मैंने उसे बताया कि भिहाने मेरे दोस्त की छोटी बहन है, उसे समझाकर कहो की अगर वह कुछ ख़रीदना चाहती है तो मैं बड़े भाई की तरह उसे ख़रीद दूँगा। भिहाने हँसकर बोली कि उसे कुछ नहीं चाहिए, वह सिर्फ़ मेरे साथ घूमने आयी थी क्योंकि मैं बहुत अच्छा आदमी हूँ। हम तीनों मेले की ओर लौट चले। चलते-चलते मैंने अलफ्रेडो से कहा कि मैं वास्तव में एक घुमक्कड़ व्यक्ति हूँ। यहाँ क्यों आया हूँ यह मैं खुद भी नहीं जानता। अजीबों-गरीब बहुत से प्रश्नों का उत्तर जानने के लिए मन उत्सुक है। मैं खासकर एंडीज़ की पुरानी

बातें, धर्म, रीति-नीति आदि के बारे में जानना चाहता हूँ और इसलिए अलफ्रेडो को मेरे साथ-साथ रहना पड़ेगा। अलफ्रेडो ने उत्तर दिया कि उसकी हॉवी (शौक) मुझसे भिन्न नहीं है, इसलिए मेरे साथ रहने में उसे बहुत ख़ुशी होगी। अलफ्रेडो हाँलाकि लीमा से आया था, किन्तु कुज़को में पिछले छह साल से रह रहा था और उसे आसपास के सभी स्थानों की अच्छी जानकारी थी।

एक कलेकटिवो पकड़कर हम तीनों मेले के मैदान में उतरे, फिर तंबू में चले आए। अलफ्रेडो ने खुद ही सबसे परिचय कर लिया। वह काफ़ी स्मार्ट था और वह ईमानदार भी लगा। रोमांकि को देखकर वह पहले कुछ चौंका, फिर स्वाभाविक ढंग से उससे बतियाने लगा। रोमांकि और उसकी माँ – बहने शायद मेरे बारे में कुछ कह रहे थे क्योंकि उनसे प्राथमिक वार्तालाप के बाद अलफ्रेडो मेरी ओर घूमकर सप्रशंस दृष्टि से मुझे देखता हुआ बोला, "आश्चर्य, आपने उसका टूटा पाँव जोड़ दिया? आपने कुछ ही दिनों में एक कंदोर को पालतू बना लिया?"

मैंने अलफ्रेडो से कहा, "मेरे बारे में इस परिवार की धारणाएँ सही नहीं हैं, मैं तुम्हें बाद में समझा दूंगा।" अलफ्रेडो पुनः रोमांकि के साथ बातचीत में जुट गया, उनकी बातचीत से लग रहा था कि तब भी मेरे बारे में ही चर्चा जारी थी।

तंबू के निकट ही कुछ दुकानों में गोश्त भूना जा रहा था, यह मैं लौटते समय देख आया था। उनकी बातचीत मे बिना खलल डाले मैं माँ को लेकर निकला कुछ गरम पकवान लाने के लिए। भिहाने भी हमारे संग आ गयी। मेले में मैंने अबतक कुछ नहीं ख़रीदा था। रोमांकिलोग ही मुझे खिला-पिला रहे थे, अतः अब मेरे लिए मौका था कि मैं भी कुछ करूँ। अपना देश होता तो मैं लाई-चना-दालमोट-पापड़-भजिया आदि ले आता, किन्तु यहाँ के ठंड में यह सब कहाँ मिलता? इसलिए मैंने मांस का चॉप,बियर और दो बोतल स्थानीय शराब ख़रीदा और हम तंबू में लौट आए। खाने-पीने का सामान देखकर रोमांकि उछल पड़ा। पाँव ठीक रहने पर वह आनंद से अवश्य नाच उठता। बगल के तंबू वाले तथा रोमांकि के दो दोस्त भी हमारे बियर-पर्व में शामिल हो गये। खान-पान के बीच अलफ्रेडो ने मुझसे अचानक पूछा कि मैं बुढ़िया माँ से मिल चुका हूँ या नहीं।

मैंने आश्चर्य से पूछा, "यह बुढ़िया-माँ कौन है?"

"बूढ़ी माँ इस इलाके की बहुत नामी कुरानडेरो है।"

"कुरानडेरो का मतलब?" मैंने पूछा।

"कुरानडेरो केचुआ शब्द है। कुरानडेरो बहुत गुणी और सम्मानित व्यक्ति होते हैं, स्थानीय पेड़-पौधे और जड़ी-बूटियों के बारे में वे विज्ञ होते हैं। कुरानडेरो एंडीज़

के आदिवासी हैं और वे विभिन्न रोगों का इलाज करते हैं।घर में अशांति हो तो उपदेश देते हैं। धार्मिक अनुष्ठानों में सक्रिय अंश लेते हैं। इंकाओं के समय वे ही देश के पुरोहित तथा धर्म संबंधी सलाहकार होते थे। अब भी उनका प्रभाव कुछ कम नहीं। देश के सत्तर प्रतिशत लोग अब भी बीमार पड़ने पर पहले उनके पास जाते हैं। वे ही यहाँ के चिकित्सक हैं। हाँलाकि आधुनिक डॉक्टर उन्हें नीम-हकीम कहते हैं लेकिन ये नीम-हकीम ही हमारी परंपरा को थामे हुए हैं।''

मैंने कहा, ''समाज-कल्याण में रत ऐसे गुणीजनों को हमारे देश में गुरु कहते हैं। वैसे हमारे यहाँ भी वैद्य, हकीम और ओझाओं का अभाव नहीं। ठीक है, अभी चलो, बूढ़ी-माँ से मिल आएँ।''

''नहीं-नहीं, अभी नहीं, बाद में, बाद में होगा...।'' सब एक साथ बोल उठे। समझा इस वक्त इनके बीच से उठना ठीक न होगा।

अलफ्रेडो ने वहाँ की स्थिति भाँप कर मुझसे कहा, ''मैं अभी जा रहा हूँ। बूढ़ी-माँ के विषय में सारी जानकारी लेकर मैं संध्या के समय आ जाऊंगा।'' यह कहकर वह चला गया।

और कुछ देर की गपशप के बाद हम उठ पड़े और चहल-कदमी करते हुए दुकानों की पंक्ति के सामने पहुँचे। वहाँ बहुत शोर-शराबा था, हर दुकानदार ग्राहकों को आकर्षित करने के लिए गुहार लगा रहा था। हस्त-शिल्प के सामान ही अधिक थे। कपड़े-लत्तों की दुकानों मे सबसे अधिक भीड़ थी। यहाँ का परिवेश किसी भी भारतीय मेले जैसा था। बच्चों के आकर्षण के लिए चक्रदोला, झूला, सर्कस आदि की व्यवस्था थी। सर्कस के जोकर सड़क पर आकर सस्ते में टिकट बेच रहे थे।

रोमांकि ने अफसोस जताया, ''इसबार मेले में मैं कुछ नहीं कर पाया।''

''क्यों, पाँव ठीक रहने पर तुम क्या करते?''

''क्या करता, मतलब? हमलोग ही यहाँ के मूल संगठक हैं। टूरिस्ट डिपार्टमेंट तो रुपये मुहैया करती है, बाकी काम तो हम स्थानीय लोग ही करते हैं। कौन कहाँ दुकान लगाएगा, कहाँ रहेगा, किसकी तंबू कहाँ लगेगी आदि कामों के लिए हम दलाली करते हैं और इसके लिए विभिन्न दलों से रुपया पाते हैं। जगह का कब्जा और ट्रांसपोर्ट की व्यवस्था भी हमारी स्थानीय युवा गोष्ठी द्वारा सम्पन्न होती है।''

उनके साथ कुछ देर तक इधर-उधर घूमने के बाद मैं एक शेयर-टैक्सी पकड़कर अकेले ही कुज़को पहुँचा। हिमेनतेस से एकबार मिलना ज़रूरी था। पयर्टक दफ़्तर पहुँचकर देखा हिमेनतेस किसी दल के साथ बातचीत में जुटा है। मुझे देखकर वह खड़ा हो गया। मैने उसे इशारा किया कि वह अपना काम निपटाए, मैं बाहर उसके लिए इंतज़ार करूंगा। उसे फुर्सत मिले तो बाहर आ जाए।

मेले के कारण कुज़को में इनदिनों बहुत भीड़ थी। बाहर चिलचिलाती धूप थी। शाम को सूर्यास्त के साथ ही भयंकर ठंड से घिग्घि बँध जाती है। मेले में काफ़ी संख्या में ईसाई पादरी आते हैं ईसामसीह की अमृतवाणी सुनाने के लिए। कहना न होगा कि कुज़को और समस्त पीरू में कैथलिकों का बोलबाला है। इन ईसाइयों को प्राचीन इतिहास से कोई लेना-देना नहीं। क्रिश्चियन कैथोलिक मिशन इस पापी धरती की मुक्ति के लिए प्रार्थनाओं का जाल बुनकर लोगों को आकर्षित करता है।

हिमेनतेस को वक्त मिलते ही उसने मुझे अंदर बुला लिया। मैंने उसे बताया कि मैं अलफ्रेडो के संग परिचित हो चुका हूँ, वह मुझे अच्छा लगा। हिमेनतेस ने कहा कि इस बीच अलफ्रेडो आया था , वह भी मुझसे प्रभावित है और मेरे साथ दिनभर रहने को राजी है। दुभाषिये के खर्च के विषय में हिमेनतेस ने दो सुझाव दिए। पहला , दो डॉलर प्रतिदिन, साथ ही चाय और जलपान का खर्च मुझे उठाना पड़ेगा। बाहर कहीं जाना हो तो मुझे ही उसका सारा खर्च देना होगा। दूसरा, पाँच डॉलर प्रतिदिन, यातायात तथा रहने-खाने का सारा खर्च उसका। मुझे पहला सुझाव ठीक लगा और मैंने यह शर्त मानली। सस्ते में यह एक अच्छा बंदोबस्त था। हिमेनतेस ने टूरिस्ट ऑफिस के छापे फार्म पर हमारे नाम और अनुबंध की शर्तें लिख लिया। बतौर एडवांस मुझे पच्चीस डॉलर जमा करना पड़ा। उसके बाद मैं उठ पड़ा, मेले के कारण हिमेनतेस बहुत व्यस्त था, उसका और वक्त जाया करना मैंने उचित नहीं समझा।

साकसाहुयामान के मैदान में लौटकर देखा, आज का दृश्य कल से भिन्न था। आज कोई जुलूस नहीं था। हर तंबू के सामने लकड़ी जलाकर उसके चारों ओर लोग खड़े होकर या बैठकर गपशप कर रहे थे। यह दृश्य देखकर मुझे हिमालय की याद आयी, पौड़ी गढ़वाल क्षेत्र के कई उत्सव में मैंने लोगों को इसीतरह आग सेंकते देखा था। आग के इर्द-गिर्द जो लोग बैठे थे, उनमें अधिकांश लोग पाइप या लम्बे चुरुट से धूम्रपान कर रहे थे। उनकी आँखें और हावभाव सुझा रही थी कि धूम्रपान में गाँजा या ऐसे किसी मसाले का मिश्रण अवश्य है। आज शायद लोग कल की थकान मिटाने में लगे थे। किसी-किसी का पाइप तो दो हाथ तक लम्बा था। धुँए की महक चारों ओर फैल रही थी। इन अड्डों में बच्चे तथा किशोरियाँ नहीं थीं,वे शायद तंबुओं में होगी

संध्या होने के कुछ देर बाद अलफ्रेडो आया। मैं बेसब्री से उसकी राह देख रहा था। उसने आकर मुस्कराकर कहा कि बूढ़ी-माँ की ख़बर मिल गयी है, वे इस मेले में ही हैं और उनसे मिलने में कोई अड़चन नहीं है।

उसकी बात सुनकर मैं तत्काल उठा और उसके संग बाहर निकल आया। मेले के अंतिम छोर पर कुछ बहुत पुराने तंबुओ के निकट पहुँचकर अलफ्रेडो रुका, फिर वह बूढ़ी-माँ के बारे में बताने लगा, ""पाचामामा" यानी बूढ़ी-माँ पहले एक पहाड़ पर

अकेली रहती थी। लोग अपनी विभिन्न समस्याओं के निदान के लिए, खासकर बीमारी से निजात पाने के लिए उनके पास जाते थे। अब उनकी उम्र हो गयी है, इसलिए उनके भक्त उन्हें अकेली नहीं रहने देते, वे अपने भक्तों के घर पर ठहरती हैं। चार साल पहले यहाँ पाचामामा की तंबू देखा था। उनसे मिलने के लिए दूर-दराज से लोग आते थे। अब वैसी भीड़ नहीं होती। वे बहुत गुणी हैं। सुना है उन्हें चुरुट बहुत पसंद है। आप अगर उनके लिए कुछ चुरुट ख़रीद लें तो अच्छा हो।''

अलफ्रेडो की बातें सुनकर मुझे बहुत साल पहले के बक्रेश्वर के केष्टो साधु की याद आ गयी। उनसे बात करने के लिए उन्हें गाँजा देना पड़ता था, नहीं तो वे बात ही नहीं करते। अतः यह पाचामामा, जिन्हें मैं साधु-माँ भी कह सकता हूँ, चुरुट पीती हैं तो इसमें आश्चर्य ही क्या? तारापीठ की कालीमाँ और कालीघाट की भद्रेश्वरी माँ तारा भी बहुत गाँजा पीती थी। ख़ैर, मैने अलफ्रेडो की बात मानकर एक चुरुट की दुकान से कुछ कीमती देशी चुरुट ख़रीद लिया। मेले के लिए यह चुरुट विशेष ढंग से बनाया गया था। इसमें कोका-पत्ता और कानाबिस मिलाया गया था जिससे कड़ा नशा होता। अलफ्रेडो ने मुझसे पूँछकर एक चुरुट अपने लिए जेब में रख लिया।

तंबू में घुसकर मुझे अचरज हुआ, सारे लोग जैसे झपकी ले रहे थे। कुछ ही दूरी पर एक वृद्धा एक छोटी सी चौकी पर बैठी थी। हमें अंदर आते देख कुछ लोगों ने हमारी ओर देखा, औरों ने कोई ध्यान नहीं दिया। अलफ्रेडो ने बताया कि वह वृद्धा ही बूढ़ी-माँ हैं। अंदर इतना धुंआ था कि उनका चेहरा ठीक से देख पाना मुश्किल था। इसलिए हमसे जितना संभव हुआ हम आगे बढ़े और उनके लगभग पाँव के पास जाकर बैठे गये। फर्श पर पुआल का मोटा परत बिछा था। तंबू के बीचोंबीच एक लकड़ी के कोयले की अंगीठी रखी गयी थी। कोई बातचीत नहीं कर रहा था, सब जैसे नशे में बुत थे। आँच की गर्मी, चुरुट का धुआँ और लोगों की चुप्पी तंबू के अंदर का परिवेश रहस्यजनक बना रहा था।

अलफ्रेडो मेरे कानों में फुसफुसाया, ''मुझे नहीं मालूम, उनका ध्यान कैसे खीचें? क्या करें?''

मैंने कहा, ''चुपचाप बैठो। मुझे मालूम है कब क्या करना होगा। थोड़ा धीरज रखो।''

मैं चुपचाप बूढ़ी-माँ को देखता रहा। उनकी उम्र क्या थी अनुमान करना मुश्किल था। सत्तर भी हो सकता था, नब्बे भी। पूरे चेहरे पर झुलसे हुए बैगन की तरह सलवटें। सर का आधा भाग लगभग गंजा, जो बाल बचे हैं वे भूरे तथा लम्बी जटाओं की तरह उलझे हुए। उनकी आँखें बंद थीं। चेहरे पर पवित्र शांत भाव झलक रहा था। एक पुरानी चादर से खुद को लपेटे वे पाँव फैलाकर बैठी थीं। और जो लोग बैठे थे वे सभी पचास साल से अधिक उम्र के थे, उन सबने भी खुद को चादर से ढप रखा था। कुछ समय

बाद एक व्यक्ति उठा और उसने लकड़ी के कोयले की आग में एक पाइप सुलगाकर बूढ़ी-माँ की हाथों में थमा दिया। बूढ़ी-माँ ने आँखे खोलकर पाइप थामा, एकबार अपने चारों ओर देखा, फिर मुस्कराकर पाइप खींचा और मुँह ऊपर की ओर करके धुँआ छोड़ा। जिस परिमाण में उन्होंने धुँआ खींचा था उससे स्पष्ट था कि धूमपान में वे माहिर हैं। यह परिवेश मुझे भा गया। तारकेश्वर और काशी में साधुओं के बीच मुझे ऐसा ही घरेलू परिवेश मिला था। यहाँ अभाव था तो केवल उस 'बोम्–बोम्' शब्द का। पाइप खींचकर बूढ़ी-माँ ने उसी व्यक्ति को लौटा दिया। वह दूर जाकर मौज से पाइप खींचने लगा।

यह तंबू काफ़ी बड़ा था। अंदर पच्चीस-छब्बीस लोग थे। इनकी दाढ़ी-मूँछें तिब्बतियों की तरह बहुत हलकी थी या नहीं थी। इसलिए स्त्री-पुरूष में भेद कर पाना मुश्किल हो रहा था। काफ़ी देर तक इसीतरह चुपचाप बैठे रहने के बाद अलफ्रेडो अधीर होने लगा था। उसकी हालत समझकर मैंने एक स्पेशल चुरुट निकाल लिया और अंगीठी के पास जाकर उसे सुलगा लाया। उसके बाद सम्मानपूर्वक सिर झुकाकर मैंने वह चुरुट बूढ़ी-माँ को पकड़ा दिया। मेरी ओर देखते हुए उन्होंने मुझे पहचानने की कोशिश की, किन्तु पहचान नहीं सकी। उन्होने धीरे से कुछ कहा मुझसे। अलफ्रेडो ने तुरंत अंग्रज़ी में अनुवाद कर दिया "कहाँ से आए हो?"

"मैं इंडिया से आया हूँ, यानी मैं एशियटिक इंडियन हूँ।"

मेरा उत्तर सुनकर वे थोड़ा हँसी, मैं समझ नहीं पाया कि मेरा उत्तर वे समझ पायीं या नहीं। इसके बाद उन्होंने चुरुट की एक लम्बी कश ली, कुछ देर तक धुँआ जब्त किए रहीं, फिर आहिस्ता-आहिस्ता धुँआ छोड़कर हँसती हुई बोली, "बहुत बढ़िया चुरुट है।"

उन्होंने चुरुट मेरी ओर बढ़ा दिया, मैंने उसे थामकर अलफ्रेडो को दे दिया। वे कुछ पल मेरा चेहरा देखती रहीं, फिर बोलीं, "तुम्हारी शकल हमलोगों जैसी ही है।"

सोचा था वे बात नहीं करतीं। किन्तु वे बोलने लगी थीं। मैंने जेब से एक और चुरुट निकालकर उनके सामने रखते हुए कहा, "आप कंदोर के विषय में कुछ बताइए। मेरी बहुत-सी जिज्ञासाएँ हैं, मैं आपसे कुछ सुनना चाहता हूँ।"

मेरी बात सुनकर भी उन्होंने अनसुनी कर दी। चुरुट हाथ गें लेकर उन्होंने उसे कुछ पल सूँघा, उसके बाद फिर आँखें बंद कर ली। लगा कि वे बहुत थकी हुई हैं। अलफ्रेडो ने मेरा प्रश्न फिर से दुहराया, लेकिन जैसे वे कुछ भी सुन नहीं रही थीं।

अलफ्रेडो ने मेरी कानों में फुसफुसाकर कहा, "अब बैठना बेकार है, लगता है वे दूसरी दुनिया में चली गयी हैं। चलिए आज लौटें,कल फिर आएंगे।"

मैंने कहा, "थोड़ी देर और चुपचाप बैठो, उसके बाद चलते हैं।"

धुंए से भरे हुए तंबू में हम बैठे रहे। दो लालटेन की रोशनी थी। उस क्षीण रोशनी में बूढ़ी-माँ का चेहरा चमक रहा था। पता नहीं कितनी देर यूँ बीता, अचानक बूढ़ी-माँ मेरी ओर देखकर बोलने लगीं, "तुम बहुत दूर से आए हो, मैं भी बहुत दूर से आयी हूँ ..."अलफ्रेडो अंग्रेज़ी में व्याख्या करता रहा, "मैं पहले अमेज़न के घने जंगल में थी... युद्ध करती थी। कंकिस्टाडरों के आने से पहले एलडोराडो नाम का एक श्वेत व्यक्ति आया था, मैंने उसे देखा था। हम सब औरतें थी, अमेज़न के जंगल में हम लोग ही प्रमुख थे, पुरुष लोग हमारे लिए काम करते थे। घर-गृहस्थी और खेती-बाड़ी का काम पुरुष करते थे। इसके अलावे संतान पाने के लिए हमलोग पुरुषों का इश्तेमाल करते थे। पुरुषों में मांसपेशियाँ अवश्य हैं, किन्तु वे पशुओं की तरह हैं, उनमें धैर्य नहीं है, वे अहंकारी हैं, वे युद्ध करते हैं राज्य जीतने के लिए... हम नारियाँ युद्ध करती हैं जीने के लिए... बहुत फ़र्क़ है... पुरुष मूर्ख है।" बूढ़ी-माँ रुक-रुक कर यह सब बोलीं, फिर आँखे बंद कर लीं। अलफ्रेडो अपने दुभाषिये का काम करता रहा, किन्तु कुछ उसकी समझ में नहीं आया। उसने मुझसे फिर एकबार कहा, "अब चलिए, वे ऊट-पटांग बातें कर रही हैं।"

बूढ़ी-माँ की बातों को मन ही मन दुहराकर मैंने कंठस्थ कर लिया, फिर पूछा, "क्या कंदोर में कोई दैव-शक्ति है?"

बूढ़ी माँ ने तुरंत उत्तर दिया, "वे देवता हैं, वे ही एंडीज़ के रक्षक हैं।"

"आप सपने के बारे में कुछ बताइए।"

"मैं स्वप्न-तत्व नहीं जानती। यह जानना हो तो खाललाभाइयासों के पास जाओ।" यह कहकर मेरी ओर देखती हुई वे बोले, "लाओ एक और चुरुट दो, तुम्हारा चुरुट बहुत बढ़िया बना है।"

मैंने एक और चुरुट दिया जिसे उन्होंने बगल में रख दिया। फिर उन्होंने किसी को बुलाया। मेरे बगल से एक महिला उठीं, उन्होंने एक व्यक्ति को वहाँ बुला लाया। फिर वे आपस में कुछ बातचीत करने लगीं। मैने महसूस किया कि अब हमें प्रस्थान करना चाहिए, शायद इनके भोजन का समय हो गया है। और थोड़ी देर बैठने के बाद हम वहाँ से निकल आए।

रात के लगभग दस बजे थे। इस ठंडे देश के लिए यह काफ़ी रात थी। अलफ्रेडो को एक कलेकटिवो पर बैठाकर मैं तंबू में लौटा। वहाँ सब खर्राटे भर रहे थे। कई दिनों से ये लोग ठीक से सोए नहीं थे। इसीलिए आज सब जल्दी सो गये थे। मैं स्लीपिंग बैग खोलकर लेट गया। लेटे-लेटे बूढ़ी-माँ के बारे में सोचने लगा। सोचते-सोचते न जाने कब नींद आ गयी।

अगले दिन गिटार और वंशी की आवाज़ से मेरी नींद खुली। सूरज चढ़ आया था, चारों ओर धूप थी। शरीर और मन हलका लग रहा था, नींद अच्छी हुई थी। तंबू से बाहर आया तो रोमांकि ने 'बुएनस दियास' कहकर अभिवादन किया। मैं एक स्टूल पर बैठकर सुबह के मौसम का आनंद लेने लगा। यहाँ से बहुत दूर नीचे की घाटी बहुत मनोरम लग रही थी। मैंने रोमांकि से कहा, "तुम्हारे कारण ही मेरा यहाँ आना हुआ। मैं यहाँ का सुखद अनुभव कभी नहीं भूलूंगा। तुम मेरी आंतरिक कृतज्ञता ग्रहण करो।"

रोमांकिने उठकर मुझे जकड़ लिया, "तुमने मेरी विपदा में मेरी रक्षा की थी, और इस मेले में तुम्हारा संग पाकर हम सब बहुत खुश हैं। मेरा पाँव ठीक होता तो तुम्हें बहुत मजेदार जगहों पर ले जाता।"

मैंने उसे टोंका, "तुम्हारा पाँव ठीक होता तो तुमसे मेरी दोस्ती कैसे होती?"

यह सुनकर वह हँस पड़ा। बहनें नाश्ता लेकर आयीं और हमारे संग बैठ गयीं। मैं उन्हें बूढ़ी-माँ के बारे में बताने लगा।

अलफ्रेडो ठीक समय पर उपस्थित हुआ। उसने मुस्कराकर कहा कि उसे बहुत खेद है कि बूढ़ी-माँ कल रात नशे में थीं जिससे उनसे बातचीत नहीं हो सकी। मैंने उसे आश्वस्त किया, "मैं कतई दुःखी नहीं हूँ क्योंकि मुझे जो जानना था जान गया हूँ, अब मैं तुमसे कुछ जानना चाहता हूँ। मेरा पहला प्रश्नः अमेज़न के वन में महिला शासित कोई सम्प्रदाय था या नहीं? दूसरा प्रश्नः खाललाभाइयास नाम का कोई स्थान है या नहीं?"

अलफ्रेडो इन प्रश्नों का उत्तर नहीं दे पाया। अतः हमने दुबारा बूढ़ी-माँ के पास जाने का निश्चय किया। उनका तंबू इसी मैदान की दूसरी ओर था, कोई खास दूर नहीं। हम दोनों बूढ़ी-माँ के तंबू के पास पहुँचे तो देखा एक प्रौढ़ा महिला बिस्तर धूप में डालकर उसपर बैठ चादर सी रही है।

अलफ्रेडो ने मुझसे कहा, "पहचाना, वे ही हैं।"

मैंने वाकई नहीं पहचाना था। इस समय उनका चेहरा कुछ और लग रहा था, उम्र भी कम लग रही थी। अलफ्रेडो ने हमारे वहाँ पहुँचने का कारण बताया तो वे बोलीं, "मुझे नहीं लगता कि मैं तुमलोगों से पहले मिली हूँ। मुझे तुम लोगों से कोई बात नहीं करनी है, तुमलोग और किसी के पास जाओ।"

समझा कि उन्हे आगंतुक पसंद नहीं, अतः उन्हें प्रणाम कर हम वहाँ से दूर हट गये। मुझे उन दो सवालों का उत्तर चाहिए था। अलफ्रेडो ने सोच-विचार कर कहा, "अगर यह जानकारी ज़रूरी है तो कुज़को यूनिवर्सिटी चलिए। हमारे प्रोफेसर से पूछ लीजिएगा। वे इंका कला और इतिहास के विशेष अध्यापक हैं। वे अवश्य ही बता पाएंगे।"

हम कुज़को पहुँचे। विश्वविद्यालय दो दिन बंद रहने के बाद आज ही खुला था। इंका आर्टस् एण्ड हिस्ट्री डिपार्टमेंट में पहुँचकर लगभग एक घंटा बैठने के बाद प्रोफेसर हियामाहुन्तेस से मुलाकात हुई। मेरा परिचय पाकर वे खुश हुए। उसके बाद एक स्थान पर बैठकर हमने बातचीत शुरू की। मैंने अपना पहला सवाल किया, "अमेज़ान क्षेत्र में क्या कोई नारी संप्रदाय है? अथवा पहले कभी था?"

"अभी तो शायद नहीं है, अंततः मेरी जानकारी में नहीं है। किन्तु पहले अवश्य था।"

प्रोफेसर का उत्तर सुनकर मैं उत्तेजित हो उठा। मैंने कहा, "आप मुझे उनके बारे में कुछ बताइए, मैं जानना चाहता हूँ।"

प्रोफेसर हियामाहुन्तेस ने पीरु के उत्तर में ब्राजिल के निकट स्थित अमेज़न के घने जंगल के विषय में बताना शुरू किया, "अमेज़न नदी की समतलभूमि पर पहले भी और अब भी बहुत से आदिवासियों या जनजातियों का निवास रहा है। विशेषज्ञ उस अंचलको लातिन अमरीकी भू-मध्यसागर कहते हैं, यह सागर पानी का नहीं, हरे भरे वनों का सागर है। हजारों साल पहले धरती का यह क्षेत्र पूरीतरह आदिम जनजातियों ने गढ़ा था। स्पैनिशों के आगमन के पूर्व हम एलडोराडो नाम के एक श्वेत व्यक्ति को जानते थे, उनका आगमन संभवतः कनाडा से हुआ था। कुछ लोग विकिंग भी कहते हैं, इस बारे में सटीक जानकारी नहीं है। हम एलडोराडो का आदर करते थे और देशवासी उन्हें देवता मानते थे। स्पैनिशों के आगमन के साथ-साथ एलडोराडो अपने संगी-साथियों को लेकर अमेज़न के गभीर अरण्य में जा छुपा। स्पैनिशों ने उन्हें पकड़ने के लिए बहुत बार अपनी सेना लेकर अमेज़न के जंगल में धावा बोला, किन्तु उसका कोई पता नहीं चला। उसे पकड़ने की कोशिश में स्पैनिश सेना को एक भयंकर दुस्साहसी नारी-वाहिनी से सामना करना पड़ा और उनके सामने उन्हें मुँह की खानी पड़ी। उस स्थान की स्थिति मैं लाइब्रेरी में जाकर किताब देखकर बता पाऊंगा। वह स्थान अमेज़न के उद्गम के बहुत करीब है। नारी-वाहिनी द्वारा आक्रांत होकर कंकिस्टाडरों के होंश उड़ गये थे। अमेज़न के उस भयंकर जंगल में जहाँ हर पल और हर कदम पर ताकत और बाहुबल चाहिए वहाँ महिलाओं द्वारा शासित उस संप्रदाय को देखकर स्पैनिश सेना को पलायन करना पड़ा था। उसके बाद बहुत-से अभियात्रियों ने उस नारी-सेना के बारे में लिखा। उस इलाके का नाम यूरेनाँक है। वहाँ के गहन वन में जिस संप्रदाय का वास था, वह समाज नारी-प्रधान समाज था। समाज मे नारियों को वरीयता दी जाती थी। शिशुओं में कन्याओं का आदर ज्यादा था। लड़कों की बीमारी के इलाज की व्यवस्था नहीं थी। पुरुष घर-गृहस्थी संभालते, खेतीबारी करते। संतान प्रप्ति के लिये नारियाँ पुरुषों के संग सहवास करतीं। सारा सम्प्रदाय नारी-प्रधान

था और फ़ौज भी नारियों की थी। इस साहसी नारी योद्धाओं के विषय में हमलोगों को खास जानकारी नहीं है, सिर्फ़ यूरोपीय और ख़ासकर स्पैनिशों ने उनके बारे में जो कुछ लिखा उसी से हम इतना जान पाए हैं।''

''अच्छा,'' मैंने पूछा, ''किस समय या कितने साल पहले वहाँ नारी-सेना का अस्तित्व था, इस बारे में आपको कुछ पता होगा?''

प्रोफेसर ने कुछ पल सोचा, फिर कहा, ''नारी प्रधान समाज वहाँ कब से था, यह किसी को नहीं मालूम। वे ही अमेज़न के मूल आदिवासी हैं। उनके अस्तित्व के बारे में हमें जानकारी मिली सोलहवीं शताब्दी के अंतिम चरण में। यह समझ लीजिए कि कोलम्बस ने अमेरिका आविष्कार किया सन् 1492 ई0 में। दियेगो दे आमाग्रो ने एंडीज़ में प्रवेश किया सन् 1535 ई0 में। उसके भी काफ़ी बाद में जो अभियात्री अमेज़न के गहन वन में धन-भंडार की तलाश में अथवा एलडोराडो को ढूँढ़ने गये थे उन्होने ही इस नारी-सेना के बारे में लिखा। आप मुझे समय दें तो मैं इस विषय पर और भी सूचनाएँ इकट्ठी कर लूंगा।''

अमेज़न में महिला प्रधान समाज और महिला योद्धाओं का अस्तित्व प्रमाणित हो चुका था, इतनी जानकारी ही पर्याप्त थी मेरे लिए, इससे अधिक मैं कुछ जानना नहीं चाहता था। यदि किसी को इस विषय की और विस्तृत जानकारी चाहिए तो उनके लिए इंका इंस्टिट्यूट का दरवाज़ा खुला है।

मैंने प्रोफेसर से अब दूसरा प्रश्न किया– ''खाल्लाभाइयास नाम का कोई गाँव, पहाड़ या जगह है जहाँ एंडीज़ का प्राचीन तथ्य या धर्म के बारे मे जानकारी मिल सकती है, खासकर स्वप्न-तत्व के बारे में?''

फ्रोफेसर ने सर खुजलाकर मूँछों पर दो अंगुलियाँ फेरकर कहा, ''खाल्लाभइयास या खाइयाभाइयास? खाइयाभाइयास ही होगा, केचुआ भाषा में शायद खल्लाभाइयास हो।''

मैं बोला, ''आप ठीक ही कह रहे हैं, केचुआ भाषा में खाल्लाभाइयास कहते हैं। असल में जिन्होंने मुझे इस स्थान का नाम बताया है वे केचुआभाषी आदिवासी हैं।''

फ्रोफेसर खुश होकर बोले,''हाँ, देखिए मेरा अनुमान सही था। खाइयाभइयास नाम की एक घाटी के बारे में मैने सुना था। जहाँ तक मुझे याद है वह स्थान यहाँ से बहुत दूर बोलीविया में हैं। शायद टिटिकाका झील के आसपास कहीं होगा। मुझे दो दिन समय दें तो मैं और भी जानकारी दे पाऊंगा।''

मैंने प्रोफेसर को धन्यवाद देते हुए कहा, ''बस इतनी जानकारी मेरे लिए पर्याप्त है। आपके ज्ञान और स्मरणशक्ति की तारीफ़ करनी पड़ेगी। आपने अपना इतना अमूल्य समय मुझे दिया, उसके लिए मैं आपका आभारी हूँ। इस सहयोग के लिए

बहुत-बहुत धन्यवाद।" यह कहकर मैंने फ्रोफसर से विदा ली और अलफ्रेडो के साथ यूनिवर्सिटी से बाहर आ गया।

मैंने मन ही मन सोचा कि बूढ़ी माँ के विषय में मेरा ख़याल सही था। उन्हे रात में देखते ही मुझे लगा था कि वे ध्यानस्थ थीं। उस समय किसी पुण्यात्मा द्वारा आविष्ट होकर उन्होंने वे बाते कही थी। इसीलिए आज उन्होंने हमें पहचानने से भी इनकार कर दिया था। बाद में अलफ्रेडो को ये बातें समझा दूंगा। मेरी किस्मत सचमुच बहुत अच्छी थी, मैं बिनकुल सही स्थान पर पहुँच गया था।

मैं सही स्थान पर पहुँच तो गया हूँ, किन्तु यहाँ क्यों आया हूँ, यह मुझे अब भी नहीं मालूम। यहाँ का स्वप्न, कंदोर और बूढ़ी-माँ-सभी एक एक कर मुझे विभिन्न रहस्यों से भरा संवाद दे रहे थे।

वहाँ से हम पर्यटन दफ़्तर पहुँचे। विभिन्न नक्शे और टोपोग्राफी देखने के बाद हमें उस घाटी का संधान मिल गया। फ्रोफेसर ने ठीक ही बताया था, टिटिकाका सरोवर के पूरब में एक ऊँची पर्वतीय घाटी थी जिसका नाम खाइयाभइयास था। नक्शों में इस नाम के सिवा और कुछ न मिला। मेरे लिए इतना ही पर्याप्त था, मुझे और किसी लेखा-जोखा की ज़रूरत नहीं थी। मुझे थिओरी में कम, यथार्थ या प्रयोग में अधिक विश्वास था। टिटिकाका पहुँचने के बारे में पर्यटक दफ़्तर से ही मार्ग-दर्शन मिल गया। अलफ्रेडो कईबार टिटिकाका सरोवर तक जा चुका है, उसे भी इस रास्ते की जानकारी थी। मैंने उससे पूछा कि वह मेरे साथ जाना चाहेगा या नहीं, वह तुरंत राजी हो गया। उसके मेरे बीच पहले वाला अनुबंध ही रहा, सिर्फ़ उसके यातायात का खर्च मुझे और देना पड़ेगा। हमने तय किया कि अगले दिन ही निकल पड़ेंगे।

अलफ्रेडो कुज़को में अकेला रहता था। उसके पिता इंजीनियर हैं, लीमा में रहते हैं। उसकी माँ और छोटा भाई भी वहीं रहते हैं। वह इंका आर्टस एवं इतिहास के फाइनल इयर का छात्र था। इस साल प्रैक्टिकल परीक्षा में उसे अधिक अंको की ज़रूरत थी। दुभाषिये का काम और विभिन्न ऐतिहासिक स्थलों की सैर उसके अध्ययन के अंतर्गत ही था, इसलिए मेरे साथ इस यात्रा में जाने में उसी की भलाई थी।

हिमेनतेस और अलफ्रेडो के साथ बैठकर मैंने यह तय किया कि अगले दिन सुबह हम टिटिकाका के लिए कूच कर जाएंगे। हिमेनतेस ने अलफ्रेडो के लिए रिआयत की व्यवस्था कर दी, साथ ही यह भी कहा कि वह आधिकारिक तौर पर विश्वविद्यालय को यह सूचना भेज देगा कि अलफ्रेडो टूरिस्ट लेकर ऑफिशियल मिशन पर जा रहा है। इस व्यवस्था से अलफ्रेडो का हौसला और भी बुलंद था। हिमेनतेस ने मेरे लिए एक टूरिस्ट टैक्सी का इंतज़ाम कर दिया। यह तय हुआ कि टैक्सी मुझे तड़के माच्चू-पिच्चू ले जाएगा, वहाँ प्रार्थना आदि से मैं निपट लूँ तो टैक्सी मुझे स्टेशन पर छोड़ेगा। अलफ्रेड़ो मुझे स्टेशन पर मिलेगा।

रोमांकि को मैने रात में ही बता दिया कि मैं तड़के निकल जाऊंगा। किसी ने इस पर आपत्ति नहीं की, सिर्फ़ मुझे यह वादा करना पड़ा कि अगली बार कुज़को आने पर मैं उनके घर पर ठहरूंगा।

अगले दिन भोर में लगभग साढ़े चार बजे टैक्सी आकर तंबू के बाहर रुकी। मैं पहले ही जाग गया था, अतः टैक्सी की रोशनी देखते ही चुपचाप उठा और बाहर आ गया। किसी को मैंने जगाया नहीं। वे जाग जाते तो विदा का क्षण कुछ भारी हो उठता।

रुकसैक लेकर मैं टैक्सी पर सवार हुआ तो ड्राइवर ने मुस्कराकर मुझे सुप्रभात कहा, फिर गाड़ी माच्चू-पिच्चू की ओर चल पड़ी। बाहर अंधेरा था। घंटे भर बाद हम पहाड़ पर पहुंच गये। ड्राइवर को वहीं रुकने के लिए कहकर मैं टॉर्च लेकर निकला और सूर्यमंदिर की ओर बढ़ा। न जाने क्यों माच्चू-पिच्चू पहुँचकर लगा कि मैं अपने गाँव लौट आया हूँ।

पहले सूर्यमंदिर में जाकर प्रणाम किया, फिर गुफा की ओर बढ़ा। गुफा के करीब पहुँचकर लगा कि जैसे वह मेरा ही घर है। वहाँ मैं चादर ओढ़कर बैठ गया और कंदोर की कल्पना कर ध्यान में रत हुआ। मन को एकाग्र करने में कोई कठिनाई नहीं हुई। फिर भी जाने क्यों ऐसा लग रहा था जैसे पंख समेटकर कंदोर मेरे सामने बैठा मुझे देख रहा है। काफ़ी देर तक यूँ बीतने के बाद ठंडी हवा मुझे चुभने लगी, शायद आज ठंड कुछ अधिक थी। भोर का आकाश क्रमशः स्वच्छ होने लगा था। कंदोर देवता के उद्देश्य से कुछ वनफूलों की अंजलि देकर मैं उठा और आकाश में चारों ओर निगाहें दौड़ाता रहा यह सोचकर कि शायद कहीं कंदोर का दर्शन मिल जाए। उसे स्मरण कर मैंने मन ही मन कहा– 'तुम्हारी इच्छा ही पूरी हो। तुम्हारा रहस्य मैं तो नहीं समझ पाया।' फिर गुफा की अदृश्य आत्मा को, जिन्होंने मेरी रक्षा की थी और उनकी महिमा को अनुभव करने का मौका दिया था, अलविदा कहकर मैं टैक्सी में वापस आया।

लगभग पौने सात बजे टैक्सी कुज़को स्टेशन पर पहुँची। टैक्सी से उतरते ही देखा हिमेनतेस, रोमांकि, केतानी, भिहाने और उनके कुछ और परिचित मुझे विदा करने आए हैं। उनके इस अपनत्व से मैं मुग्ध था।

रोमांकि के डॉक्टर के नाम मैंने एक लिफाफा तैयार रखा था, वह हिमेनतेस को देकर कहा कि लिफाफे में रोमांकि के इलाज का खर्च है, इसे डॉक्टर को पहुँचा दे। रोमांकि को नहीं दिया क्योकि मेले में उसके हाथ रुपया लगता तो वह खर्च कर देता। अलफ्रेडो ट्रेन में सीट रोककर बैठा था। ट्रेन में चढ़कर लगा कि मैं अपने ही देश में हूँ, चारों ओर शोर, फेरीवाले, ट्रेन में सीट पाने के लिए सर पर सामान उठाए यात्रियों की भागम-भाग। ऐसा नहीं लग रहा था कि मैं इस वक्त दक्षिण अमेरिका में हूँ। किसी भी भारतीय रेल स्टेशन जैसा ही दृश्य था।

मैंने रोमांकि को कुछ इंतिस् थमाकर कहा, "ट्रेन छूटने पर तुम सब चाय-नाश्ता कर लेना।" हिमेनतेस ने मुझे आलिंगन में लेकर अपना आवेग रोककर किसी तरह कहा, "तुम्हें मैं दूसरे पर्यटकों की तरह नहीं समझता, अगली बार आओ तो मेरे घर पर ठहरो।" उससे मेरी दोस्ती इतनी गाढ़ी हो गयी थी कि लगता था वह मेरा कोई सगा है। इतने दिनों तक मेरा पासपोर्ट, एयर टिकट, ट्रैवेलर्स चेक आदि उसीकी हिफाजत में थी। एक-एक कर सभी को मैंने अलविदा कहा। केतानी और भिहाने की आँखें बता रही थीं कि उनके पास भी कहने को बहुत कुछ था, सिर्फ़ भाषा के अभाव में वे कह नहीं पा रही थीं। उनकी आंतरिकता और सरलता की सुंदर छवि संजोये मैं प्राचीन इंका की राजधानी कुज़को से कूच कर गया। सुबह के ठीक साढ़े सात बजे ट्रेन ने पूनो के लिए अपनी यात्रा शुरू की।

दस घंटे की यात्रा के लिए हम तैयार होकर बैठ गये। ट्रेन पूनो पहुँचेगी शाम के साढ़े पाँच बजे। वहाँ से हमें टिटिकाका झील की ओर जाना है। वहाँ से बोलीविया। खिड़की के बाहर का दृश्य सुहावना लग रहा था। घंटे भर की यात्रा के बाद पर्वत की विभिन्न हिमाच्छादित चोटियाँ दिखायी देने लगी। लाइन के बगल में अक्सर असंख्य लामा और आलपाकास चरते दिखायी देते। अलफ्रेडो ने बताया कि इस क्षेत्र में लामा, आलपाकास और भिगोने बहुत हैं। इन जानवरों से सामान ढोने का काम लिया जाता है। भिगोने का मांस बकरे के मांस जैसा होता है। रेलमार्ग पर कोई गाँव या लोकालय नहीं दिखायी पड़ा। एंडीज़ की बर्फ़ीली चोटियाँ दूर से बार-बार मेरा ध्यान खींचती रही।

ट्रेन में चाय-कॉफ़ी-पावरोटी-बिस्किट बेचने वाले आ गये थे यात्रियों के चाय-नाश्ते की मांग पूरी करने। पठारी समतल भूमि पर ट्रेन द्रुतगति से आगे बढ़ रही थी। ठंड बहुत थी और लोग ठंड से बेहाल थे।

ट्रेन चलने की आवाज़ और बाहर की दृश्य के साथ जब मैं अभ्यस्त हो चला था तब अलफ्रेडो ने मुझसे अचानक कहा, "आप बुरा मत मानिएगा, किन्तु आपसे कुछ पूछे बिना मुझसे और रहा नहीं जाता।"

"हाँ, हाँ कहो, क्या पूछना है?" मैंने मुस्कराकर कहा।

"आप बूढ़ी-माँ की उसरात की बातें सुनकर एक अनजान स्थान की खोज में निकल पड़े हैं। उस रात बूढ़ी-माँ नशे में थी, अगली सुबह आपको पहचान भी न पायी। फिर भी आप उनकी बातों को अहमियत दे रहे हैं। यही बात मेरी समझ में नहीं आ रही। क्या आप कुछ खुलासा करेंगे?"

"तुम्हारा यह कौतूहल स्वाभाविक है। यह सच है कि बूढ़ी-माँ ने उसदिन जो कुछ कहा, मैंने उसे अहमियत दी। इसका कारण यह कि उन्होंने जो कुछ कहा, मुझे उसपर यकीन है। मेरा जो प्रश्न था, उसका सटीक उत्तर मुझे मिल गया था। तुम्हारे

प्रोफेसर ने जो सूचानाएँ दीं, उससे भी मुझे लगा कि बूढ़ी-माँ की बातें बिलकुल सच थी। वे नशे में बोल रही थीं या नींद में, इसकी परख करने की क्षमता मुझमें नहीं है। मैं इतना जानता हूँ कि अंग्रेज़ी में 'ट्रैंस' नाम का एक शब्द है जिसका अर्थ 'परा' या 'उस पार का' होता है। मनुष्य जब ट्रैंस में या उस विशेष अवस्था में होता है तब वह ऐसी बातें बता देता है जिसकी साधारण बुद्धि से व्याख्या नहीं हो सकती।''

''लेकिन बूढ़ी-माँ की बातों को आपने सच कैसे मान लिया था?''

''यह एक रोचक प्रश्न है। तुममें कौतूहल है जानकर अच्छा लगा। बूढ़ी-माँ जब उत्तर दे रही थीं, मैं गौर से उनका चेहरा देख रहा था। वे पूरीतरह किसी अन्य जगत में थीं यह मेरा व्यक्तिगत निरीक्षण और अनुभव है। अल्प शब्दों में इसे समझाना असंभव है। उनकी बातों में कितनी सच्चाई है अब इस पर गौर किया जाए। उन्होंने कहा था कि अमेज़न के घने जंगल की नारी-फ़ौज की वे एक योद्धा हैं। अब हम यह जान गये हैं कि अमेज़न के वनों में नारी-बाहिनी का अस्तित्व था, अतः वे उस फ़ौज की एक योद्धा हो सकती हैं। या तो उन्हें पूर्व जन्म की बातें याद हैं, अथवा अतीत से बातें करने की उनमें क्षमता है। दूसरे, उन्होंने बताया कि स्वप्न-तत्व जानने के लिए खाललाभाइयास योग्य स्थान है। हमने खोज लेकर जाना कि खललाभइयास या खाइयाभाइयास नाम की एक घाटी है। हम वहीं जा रहे हैं, देखा जाए वहाँ हमें क्या मिलता है।''

अलफ्रेडो का चहरा बता रहा था कि मेरी बातों पर वह पूरीतरह यकीन नहीं कर पा रहा था। उसने फिर एक प्रश्न किया, ''आपको बूढ़ी-माँ पर इतना विश्वास था तो आप वहीं क्यों नहीं रुक गये?''

मैं बोला, ''बहुत सही प्रश्न है तुम्हारा। बूढ़ी-माँ मेरे लिए मेरे अनुभव के सोपान तक पहुँचने के लिए एक आलंबन मात्र हैं। ठीक सीढ़ी की तरह। हम सीढ़ी का इश्तेमाल करते हैं ऊपर चढ़ने के लिए, सीढ़ी पर बैठे नहीं रहते। बूढ़ी-माँ वही सीढ़ी है। उन्होंने बता दिया है कि मुझे कहाँ जाना है। वहीं जा रहा हूँ। उनके पास रह जाता तो मुझे कोई लाभ नहीं होता। जानते हो, सत्संग के नाम पर बहुत लोग गुरु का चरण थामें बैठे रहते हैं। उससे समय कटता है। किन्तु बिना अग्रसर हुए क्या फ़ायदा?''

''गुरु कौन?''

''जो हमें आगे बढ़ने में मदद करते हैं, वे ही गुरु हैं। लेकिन स्थान-काल-पात्र के अनुसार गुरु का स्वरूप भी भिन्न होता है।''

मुझे लगा कि अलफ्रेडो इसतरह की बातें सुनने का आदी नहीं था। फिर भी उसमें जानने का आग्रह था देखकर मैंने उसे थोड़े शब्दों में समझने की कोशिश की।

मेरे चुप होने के बाद अलफ्रेडो ने प्रसंग बदल कर बोलना शुरू किया, "आपने इंका के कई खंडहर देखे हैं। इंका सभ्यता बहुत पुराना नहीं है, स्पैनिशों के आगमन के कुछ ही शताब्दियों पहले उसका विस्तार हुआ था। इंकाओं की सबसे बड़ी विशेषता यह थी कि पहाड़ पर बड़े-बड़े पत्थरों की दीवाल बनाकर उसके बीच मिट्टी भरकर उन्होंने खेतीबारी शुरू की थी। सोने और चाँदी का उपयोग वे अच्छीतरह जानते थे। सोना सूर्य का और चाँदी चाँद का प्रतीक था। इंका राजभक्त थे, हर परिवार और सम्प्रदाय अपना सर्वश्रेष्ट शिल्प राजा को दान करते। राजा की मृत्यु होने पर उनका धन-भंडार राजगृह में रखकर उसे पिरॉमिड की तरह सुरक्षित बना देते। राजा का शव महल के कमरें में ही रखा जाता। नए राजा के सिंहासन पर बैठने के बाद नए दास-दासियों की नियुक्ति होती। दक्षिण पीरू के पिसका बंदरगाह के निकट पारावास नाम का एक प्रायद्वीप है। प्राचीन राजाओं के बहुत सामान वहाँ मिले हैं। इंका सभ्यता के विषय में जानने के लिए उसके पहले का इतिहास जानना भी ज़रूरी है, जैसे मोचिका सभ्यता, रेकुये, चिमू, अज़टेक, नाज़का आदि। इन सभ्यताओं की झाँकी और शिल्पभंडार लीमा के राष्ट्रीय संग्रहालय में मिलेगा। सोना और चाँदी की पातों पर सूक्ष्म बेल-बूटे का काम देखकर आप चकित हो जाएंगे। हम टिटिकाका की ओर जा रहे हैं, तियाहुयानको में आप वहाँ की संस्कृति देखिएगा।"

एंडीज़ के ऊँचे पठार पर रेलयात्रा का यह सुखद अनुभव शुष्क इतिहास के तथ्यों से भरकर मैं गँवाना नहीं चाहता था, साथ ही अलफ्रेडो को निराश भी नहीं करना चाहता था। इसीलिए उसे टोंकने के लिए मैंने बाहर हिरणों का एक झुंड देखकर पूछा, "ये क्या है?"

"भिगोने", उसने तुरंत उत्तर दिया, "लामा और आलापाकास की तरह ही है, किन्तु उससे छोटा और जंगली। इस क्षेत्र में भिगोने काफ़ी है। ऊँची पहाड़ी समतल भूमि पर ही ये पाए जाते हैं।"

लगभग चार घंटे बाद एक सौ चालीस किलोमीटर की दूरी तय करके ट्रेन सिकुयानी नामक स्टेशन पर रुकी। इस स्टेशन से बीस किलोमीटर दूर स्थित विराकोचा सूर्यमंदिर बहुत प्रसिद्ध है। इंकाओं के समय का यह मंदिर अब भी अच्छी हालत में है। दस अगस्त को यहाँ विराकोचा मेला लगता है। स्टेशन पर काफ़ी भीड़ थी और खान-पान का सामान बेचने वाले भी बहुत थे। हमने भी खाने के लिए कुछ सामान ख़रीद लिया। ट्रेन ने फिर सरकना शुरू किया। दृश्य और भी सुहावना था। बर्फ़ से ढके एंडीज़ को बाएँ रखकर हम लगातार तराई की ओर बढ़ रहे थे। इस मार्ग पर दिन भर में एक ही रेलगाड़ी चलती थी। कोई जंगल, खाई या घाटी नज़र नहीं आ रही थी, यात्रा निरंतर पठार पर से थी।

शाम तीन बजे करीब जुलियाका नामक एक जंक्शन पर ट्रेन रुकी। कुज़को के बाद यही पहला जंक्शन था। स्टेशन पर ऊन के बहुत गट्ठर रखे थे। बाद मे जाना कि जुलियाका ही पीरू का सबसे बड़ा ऊन का बाज़ार है। यहाँ ऊनके व्यापार के अलावा बहुत सी ऊनी-मिलें भी हैं। आधा घंटा रुककर ट्रेन फिर आगे बढ़ी।

कुज़को से अबतक मैं खिड़की की बगल में बैठा था। मेरी दाँयी ओर अलफ्रेडो। दूसरे यात्रियों से हमें सरोकार नहीं था क्योंकि यह डिब्बा डबल-सीट टूरिस्ट कोच था। जुलियाका से एक यात्री उठा, उसे बैठने की जगह नहीं मिली थी। बहुत से सामानों के बीच उसने अपना आसन जमा लिया। अचानक उसने उठकर मेरी खिड़की से बाहर थूका। मैं कुछ बोला नहीं, क्योंकि कोलकाता के आसपास ट्रेन यात्रा के दौरान खिड़की से पान की पीक फेंकने वाले यात्रियों को मैं देखचुका हूँ। थोड़ी देर बाद उसने दुबारा आकर बाहर थूका। मैंने कुछ नहीं कहा, लेकिन अलफ्रेडो ने झुंझलाकर मुझसे कहा, "देख रहे हैं, कैसा अभद्र है। वे कोकापत्ता चबा रहे हैं, और इसके लिए हमें भुगतना पड़ रहा है।" उसके बाद उसने उस व्यक्ति से कहा, "खिड़की से बारबार थूक कर हमें परेशान न करे।"

उस यात्री ने विनयपूर्वक कहा, "ठीक है, मैं और आपको परेशान नहीं करूंगा।"

थोड़ी देर बाद मैंने देखा कि वह व्यक्ति अब हमें परेशान तो नहीं कर रहा था, किन्तु बाहर थूकने के बजाए वह अपनी दो टांगो के बीच फर्श पर ही थूकने लगा था। मैं समझ रहा था कि पान-तंबाखू या कोकापत्ता चबाकर कोई पीक नहीं गटक सकता। मैने मजबूरन उस यात्री से कहा, "कृपया आप खिड़की से ही थूकिए, इसतरह कम्पार्टमेंट गंदा मत कीजिए।" मेरी इस उदारता से अलफ्रेडो ख़ुश नहीं था। हमारी किस्मत अच्छी थी कि पूनो पहुँचने में अब केवल एक घंटे की देर थी। यह व्यक्ति और पहले आ धमकता तो हमें अवश्य ही परेशानी होती।

पूनो

ट्रेन ठीक समय पर पूनो पहुँची। यह टरमिनस स्टेशन होने के कारण हमें उतरने के लिए हड़बड़ी नहीं करनी पड़ी। पूनो स्टेशन ज्यादा बड़ा नहीं था, हमारे देश के किसी मझोले स्टेशन जैसा था।

अलफ्रेडो यहाँ पहले भी आया था, वह इस शहर से परिचित था। उसके साथ स्टेशन से बाहर निकल कर लगा जैसे स्पेन के किसी शहर में पहुँच गया हूँ। सफेद रंग का एकमंजिला और दुमंजिला मकान, टैक्सी, बस और दुकानें बारसीलोना के आसपास के किसी भी शहर की याद दिलाता। सरसरी निगाह से देखकर लगा कि इस शहर में आकर्षणीय खास कुछ नहीं होगा। हॉलाकि हम पूनो घूमने नहीं आए थे।

मुझे टिटिकाका लेक देखना था और वहाँ से आगे की यात्रा करनी थी। कुछ देर पैदल चलने के बाद हम होटल पोसादा रियल पहुँचे। वहाँ के रिसेप्शनिस्टों की आवभगत ने मुझे मोह लिया। दो छोटे बच्चे हमें कमरा दिखाने ले गये। बहुत से कमरे खाली थे,उनमें से एक हमने चुन लिया और अपना सामान रख दिया। सामान यानी मेरे पीठ का बैग और अलफ्रेडो का सूटकेस। होटल महंगा नहीं था, केवल चार डॉलर, बेड एंड ब्रेकफास्ट सिस्टम।

होटल से निकलकर हमने एक जगह बिस्किट और कॉफ़ी ली, उसके बाद टूरिस्ट ऑफिस पहुँचे। 527 कायामारका एवेन्यू स्थित टूरिस्ट कार्यालय तब भी खुला हुआ था। उन्होंने हमें सुझाया कि हम तड़के नाव लेकर द्वीपों की सैर करने चले जाएँ। पर्यटक दफ़्तर के सज्जन ने हमें यह कहकर सचेत किया, "आज ही आए हैं तो दौड़ धूप बिलकुल मत कीजिएगा।"

मैंने चकित होकर पूछा, "क्यों?"

उन्होंने कहा, "पूनो तीन हजार आठ सौ दस मीटर की उन्नतांश पर है। दिन में तेज धूप की गर्मी और रात में कड़ाके की ठंड, पानी बाहर रखो तो जम जाए। यह ऊँचाई और तापमात्रा दोनों फेफड़े के लिए ख़राब है। तेज चलेंगे ता तुरंत हॉफने लगेंगे। यहाँ के लोग अभ्यस्त हैं, उन्हें कठिनाई नहीं होती। दूसरे, स्थानीय लोगों के फेफड़े की आकृति दुनिया के किसी भी देश के लोगों के फेफड़े की आकृति से बड़ी होती है। इनका 'थॉरसिक केज' बड़ा होने के कारण इनके रक्त में लाल कणिका की मात्रा अधिक हेती है। यह ईश्वरीय देन है।"

इसतरह सावधान किये जाने के फलस्वरूप मैंने सोचा कि अब आज कहीं घूमना-फिरना नहीं, सीधे होटल पहुँचकर खा-पीकर विश्राम किया जाए। कल सुबह पूनो शहर घूमेंगे और झील के किनारे जाएंगे। कुज़को के मेले के चलते कई रात ठीक से सो नहीं पाया था। मेरा प्रस्ताव अलफ्रेडो को भी अच्छा लगा। किन्तु वह मुझे सीधे होटल न ले जाकर पूनो के प्रसिद्ध अंतर्राष्ट्रीय रेस्तराँ में ले आया, उसकी इच्छा चाइनीज मेन्यू लेने की थी। मैंने एतराज नहीं किया। मेरे लिए यह अच्छा ही था, क्योंकि चाइनीज रेस्तराँ में बढ़िया शाकाहारी डिश भी मिलता है।

टिटिकाका झील

टिटिकाका झील के बारे में बहुतों से सुना था, यहाँ आने की बहुत बार सोचा था, किन्तु टिटिकाका तक आने का मौका कभी नहीं मिला। इसबार भी जब स्विटज़रलैंड से रवाना हुआ, टिटिकाका आने का कोई इरादा नहीं था। मेरे दिमाग में केवल 'एंडे-एंडे' यानी एंडीज़ और माच्चू-पिच्चू था। किन्तु टिटिकाका तक जाना मेरे

भाग्य में था सो मैं यहाँ तक पहुँच गया था। मैं बहुत ख़ुश था। लग रहा था कि मैं किसी और ही दुनिया में आ गया हूँ।

बहुत तड़के उठकर मैं तैयार हुआ, फिर अलफ्रेडो को जगाया। वह गाढ़ी नींद में था, उसे जगाने में थोड़ा समय लगा। मेरे साथ रहने से दो दिनों में उसकी सुबह जल्दी उठने की आदत पड़ जाएगी।

एक टैक्सी लेकर हम झील के किनारे पहुँचे। सूर्योदय होने में अब भी देर था। हम दोनों झील के किनारे चहल-कदमी करते रहे। टिटिकाका झील एक विशाल झील है। इस झील का दृश्य दूसरी बड़ी झीलों से खास भिन्न नहीं था। जहाँ तक नज़र जाती, सिर्फ़ पानी ही पानी, सागर की तरह, दूसरा छोर नहीं दिखता। भारत की चिलका झील की तरह। इस झील की लम्बाई एक सौ अस्सी किलोमाटर और चौड़ाई साठ किलोमीटर थी। लेक का चक्कर लगाने के लिए छह सौ किलोमीटर रास्ता तय करना पड़ेगा, हॉलाकि झील के चारों ओर हर जगह सड़क नहीं है। झील की अधिकतम गहराई तीन सौ मीटर थी। इस झील की प्रधान विशेषता यह है कि यह धरती का सर्वोच्च नाव्य झील है। टिटिकाका झील समुद्र की सतह से तीन हजार आठ सौ बारह मीटर की ऊँचाई पर है।

इतनी ऊँचाई पर हिमालय में बहुत सी छोटी मोटी झीलें हैं। ज्यों गंगोत्री-यमुनोत्री के रास्ते दधिताल 3307 मीटर, नन्दघुंटी और त्रिशूल के रास्ते होमकुंड 4000 मीटर, उससे भी ऊँचाई पर रूप कुंड 5020 मीटर, केदारनाथ से आगे बासुकीताल 4135 मीटर। इसतरह के और भी लेक या कुंड हिमालय के ऊँचे भाग पर अवस्थित हैं, किन्तु आयतन में वे बहुत ही छोटे हैं, हॉलाकि पवित्रता में वे सर्वोच्च हैं। किन्तु वे झीलें नाव्य नहीं हैं।

काफ़ी देर के बाद धीरे-धीरे आसमान साफ होने लगा। सूर्योदय में अब विलम्ब नहीं था। लेक के किनारे क्रमशः और भी लोग आ गये थे। वे भी मेरी तरह भोर के समय प्रिय बिछौने का मोह छोड़कर सूर्योदय देखने आए थे।

आसमान काफ़ी देर तक गाढ़े कोहरे से ढँका रहा। फिर उस कोहरे की चादर को हटाकर पूरब के आसमान से लाल रंग के सूर्यदेव झॉक उठे। सूरज ऊपर उठने लगा तो आकाश में छाए बादल अपना खेल दिखाने लगे। सूरज जब क्षितिज से बाहर निकल आया तब भी उसके रक्तवर्ण चेहरे पर निगाहें टिकाए रहना संभव था। उसके बाद एकायक ही सूर्यदेव तीव्र होकर अपने पूरे तेवर में आ गये। मैं उस तेजरूपी सृष्टिकर्ता को बारबार प्रणाम करता रहा।

टिटिकाका झील पर सूर्योदय देखना मेरे लिए एक नया अनुभव था। बचपन में दार्जिलिंग के टाइगर-हिल से सूर्योदय देखना शुरू किया था। उसके बाद दुनिया के

विभिन्न स्थानों में पहुँचकर मैं वहाँ का सूर्योदय देखता रहा हूँ। हर जगह सूर्योदय के समय कुछ देर तक रंगीन बादलों का खेल चलता है। किन्तु यहाँ यह अद्भुत था कि सूर्योदय के बाद एक मिनट के अंदर ही सूरज का रूप प्रखर हो उठता है, फिर उसकी ओर देखना संभव नहीं होता।

सूर्योदय के साथ ही तापमान बढ़ गया। ठंड से निजात देना सूर्यदेव की ओर से शायद हमें तोहफ़ा था। सभी ख़ुश थे, धूप ने शरीर और मन चंगा कर दिया था।

टिटिकाका झील के अंदर के द्वीप इस झील का एक और आकर्षण था। छोटे-बड़े मिलाकर इस झील में करीब साठ द्वीप थे, जिनमें से पाँच मुख्य थे। नाव द्वारा उन द्वीपों में सहज ही पहुँचा जा सकता था। उन द्वीपों के निवासी सभी आदिवासी थे और वे अपनी पहले जैसी जीनव-यात्रा थामे हुए थे। पर्यटकों के लिए उन द्वीपों मे जाने की मनाही नहीं थी। झील का पूर्वी भाग बोलीविया में तथा पश्चिमी भाग पीरू में होने के कारण इन द्वीपों में कुछ पीरू के थे और पूर्वी छोर के द्वीप बोलीविया के।

टिटिकाका की इस ऊँचाई पर पहुँचकर ज्यों मुझे हिमालय के विभिन्न कुंडो की याद आ रही थी त्यों ही बारबार मानसरोवर भी याद आ रहा था। दोनों झीलों की कुछ तुलना की जा सकती है। ऊँचाई,आबोहवा, पवित्रता और दोनों झीलों के आसपास के आदिवासियों के चेहरे में काफ़ी समानता थी। 1956 में मैं तिब्बत गया था और यह 1989 साल था। इस दीर्घ अवधि में दुनिया भर में सामाजिक और राजनैतिक उथल-पुथल हुआ है। फिर भी मुझे लगता है कि ऊँचाई पर स्थित इन दो झीलों के आसपास के लोगों के जीवन में कोई खास परिवर्तन नहीं हुआ है। ऊँचाई और आबोहवा ने इनकी पवित्रता अक्षुण्ण रखा है। मानसरोवर टिटिकाका से बहुत छोटा है, वहाँ नाव चलाने की भी व्यवस्था नहीं है। सुना है कि पर्यटको के आकर्षण के लिए सन् 1992 ई० से चीन सरकार वहाँ नाव चलाने की सोच रही है। मुझे यहाँ तिब्बत का प्रसंग नहीं खींचना है, मानसरोवर की याद आ गयी, सो लिख दिया। मानसरोवर के उत्तर में बर्फ़ से ढँके कैलाशनाथ के दर्शन से ज्यों मन में पवित्रता आती है, त्यों ही यहाँ भी दूर से झाँकते बर्फ़ से ढँके करदियार राँयल पर्वतमाला मन को सौंदर्य की सुखद अनुभूति से भर देता है।

पर्यटक दफ़्तर के प्रभारी के सुझाव के अनुसार हमने ताकिल नामक एक द्वीप पर जाने का निश्चय किया। इस द्वीप को स्थानीय लोग इसला दा ताकुइले कहते हैं। मैंने अलफ्रेडो से कहा कि हम एक रात वहाँ ठहरेंगे। यहाँ से ताकिल तीन घंटे की यात्रा थी, यातायात में छह घंटे। लेक के किनारे बड़े-बड़े साइनबोर्ड पर विभिन्न नाव छूटने और लौटने का समय लिखा था। हमलोग एक टूरिस्ट-बोट पर चढ़ गये। इस नाव में आराम की खास व्यवस्था नहीं थी, फिर भी काम चलाऊ था। पश्चिम बंगाल

की सरकार कोलकाता से सुंदरवन भ्रमण के लिए जिन नावों की व्यवस्था करती है उसकी तुलना में यहाँ की व्यवस्था काफ़ी अच्छी थी। ठंड के कारण डेक पर रहने का सवाल ही नहीं था, किन्तु नाववालों ने बताया कि लौटते समय इतनी ठंड नहीं रहेगी और उस समय डेक के खुले बरामदे में बैठ कॉफ़ी या बियर पीते हुए टिटिकाका का सौंदर्य देखना अच्छा लगेगा।

झील का आरपार नहीं दीख रहा था, इससे लग रहा था कि मैं समुद्री यात्रा पर हूँ। चाय-कॉफ़ी-सैंडविच आदि के लिए नाव का रेस्तराँ खुला हुआ था, आर्डर देने पर सीट पर दे जाने की व्यवस्था थी। हम लोगों ने नाव पर ही नाश्ता कर लिया। लगभग तीन घंटे बाद नाव एक द्वीप के घाट पर आ लगी तो मैं चौंका, क्योंकि दूर से यह द्वीप कैसा दीखता है यह मैं, औरों से बातचीत में लगे होने के कारण, देख ही नहीं पाया। सोचा कि लौटते समय इसका ध्यान रखूंगा।

नाव से उतरते ही चारों ओर से फेरीवालों ने हमें घेर लिया। पिक्चर-पोस्टकार्ड, हाथ का बुना चादर, मनका की माला, छोटे-छोटे स्टैचू आदि विभिन्न तरह की चीजों का प्रदर्शन करते हुए फेरीवालों ने हमें बहुत तंग किया। किसीतरह उनसे पिंड छुड़ाकर आगे बढ़े तो गाइडों ने हमे घेरा। हाथ जोड़कर उनसे भी कन्नी काटा लकिन कुछ स्थानीय गाइड तब भी हमसे चिपके रहे। उसके बाद होटल के दलाल आ धमके। उनमें से एक कम उम्र का युवक कुछ अंग्रेज़ी बोल लेता था और उसके बात करने का ढंग अच्छा था: मैंने उससे कहा, "हम यहाँ ठहर सकते हैं, अगर सस्ते में कमरा मिल जाए।"

उसने तुरंत जवाब दिया, "यहाँ सबकुछ सस्ता है, लेकिन होटल जैसी सहूलियत यहाँ आपको नहीं मिलेगी यह मैं पहले ही बता देना चाहूंगा।"

"क्यों? क्या यहाँ अच्छा होटल नहीं हैं?"

उसने हँसते हुए कहा, "मुझे खेद है, यहाँ एक भी होटल नहीं है।"

उसका जवाब सुनकर मुझे घोर आश्चर्य हुआ। मैंने पूछा, "तो आपलोग अभी 'होटल-होटल' कहकर चिल्ला क्यों रहे थे?"

"यहाँ होटल का मतलब है रहने की व्यवस्था। यह बहुत छोटा टापू है, बूढ़े-बच्चों को मिलाकर यहाँ की कुल आबादी दो-सौ लोगों की है। टूरिस्ट यहाँ रहने के लिए नहीं आते, हम उनसे रहने का आग्रह करते हैं। कोई राजी होता है तो गाँव में किसी के घर पर उसके रहने का बंदोबस्त कर देते हैं, पेयिंग-गेस्ट की तरह। यकीन मानिए, बहुत सस्ता है, और आवभगत में कोई कमी नहीं होगी। यहाँ के ग्रामीण पर्यटकों का बहुत सम्मान करते हैं। और करें भी क्यों न, वही तो इनकी आय का मुख्य स्रोत है।"

अलफ्रेडो ने केचुआ भाषा में मोलभाव करना शुरू किया। इससे युवक की समझ में आया कि हम अमरीकी टूरिस्ट नहीं हैं। मेरा और अलफ्रेडो का चेहरा देखकर ही उसे यह समझ लेना चाहिए था। हमारी अंग्रेज़ी सुनकर उसे लगा था कि हम सेंट्रल अमेरिका से आए हैं। मोलभाव के बाद तय हुआ कि रात में टिकने के लिए हमें एक-एक इंतिस, यानी दो व्यक्तियों के लिए दो इंतिस, देने पड़ेंगे। हमने हामी भर दी। उससे बातचीत होने के बाद दूसरे दलाल हमें छोड़ गये। तब जाकर मुझे चारों ओर निगाहें दौड़ाने का मौका मिला। इस द्वीप को एक छोटी सी पहाड़ी कह सकते हैं। वल्कि पहाड़ी कहना भी ग़लत होगा, पानी के अंदर से टीले की तरह एक स्थलभाग ऊपर उठ आया था। घाट के निकट थोड़ा समतल था,उसके बाद ही ऊपर चढ़ने के लिए सीढ़ियाँ बनी थी। गाँव ऊपर में था।

नाव से जो लोग उतरे थे, सीढ़ी-दर-सीढ़ी चढ़ते हुए सभी हाँफ रहे थे। नाव के मॉनिटर ने हमें पहले ही चेत दिया था कि हम द्रुत न चलें, सीढ़ियों पर आहिस्ता-आहिस्ता उठें और चलते हुए बातचीत न करें।

घाट पर उतरने के बाद हम यह हिदायत भूल गये थे। सीढ़ियों से जूझते हुए लगा कि मॉनिटर ने ठीक ही सुझाव दिया था। अलफ्रेडो के साथ मैं सबसे पहले ऊपर चढ़ गया। ऊपर आते ही एक छोटा सा गाँव दिखा, नागालैंड के किसी पहाड़ी गाँव की तरह। हमारे साथ के युवक ने कहा, "आपलोग आठ सौ तैंतीस सीढ़ियाँ चढ़कर ऊपर आए हैं। अब आप चार हजार एक सौ मीटर की ऊँचाई पर हैं।"

हम गाँव में दाखिल हुए। गाँव छोटा था, लेकिन बहुत साफ-सुथरा। सड़क के दोनों ओर गाँव वालों का घर, पत्थर की भीत पर मिट्टी और घास की दीवार। जलीय घास का छप्पर देखते ही लगा कि पुरानी परंपराएँ यहाँ बरकरार हैं। ग्रामीण अपने डेरे के बाहर अतिथियों की आवभगत के लिए या ग्राहक पकड़ने के लिए खड़े थे। ज्यादातर महिलाएँ और बच्चे। पुरुषों में अधिकांश वयस्क और बूढ़े। हर घर के बरामदे में ऊन का सामान और सिले हुए सामान की दुकानें सजी थी, विक्रेताएं सभी महिलाएँ। सिलाई-बुनाई़ का काम ही यहाँ का घरेलू उद्योग था। एक घर के सामने रुककर उस युवकने गर्व के साथ कहा "इस गाँव में एकमात्र मैं ही अमेरिकन भाषा बोलता हूँ।" अमेरिकन भाषा से उसका आशय अंग्रेज़ी से था। फिर उसने कहा, "आइए, मेरी पत्नी से आपलोगों का परिचय करा दूँ।" यह कहकर उसने गुहार लगायी– "होहिता, होहिता।"

गुहार सुनकर होहिता बाहर आयी। उसके गोद में एक शिशु और साथ में एक नन्हीं बच्ची। बच्ची माँ का पेटीकोट थामें पीछे से हमें टुकुर-टुकुर निहार रही थी।

"मेरी एक बेटी और एक बेटा है। आगे और भी होगा, मुझे शादी किए सिर्फ़ तीन साल ही हुए हैं।" युवक ने कहा, फिर अपने परिवार से हमारा परिचय कराया। युवक का नाम पेदेरोसा था।

पेदेरोसा ने बगल की झोपड़ी दिखाकर कहा, "यह हमारा गेस्ट-हाउस है, आप यहीं रहेंगे। खाना-पीना हमारे साथ करेंगे। कॉफ़ी-ओमलेट-सूखी मछली-मांस-रोटी सबकुल मिल जाएगा। हाँ, याद रखिएगा, कमरे में टिकने का चार्ज प्रति व्यक्ति एक इंतिस है, और जो कुछ चाहिए उसके लिए अलग से नगद देना पड़ेगा।"

इसके बाद हम दोनों गाँव और द्वीप का चक्कर लगाने के लिए निकल पड़े। द्वीप बहुत छोटा था। गाँव के बीच में एक ही रेस्तराँ था, रेस्तराँ के चारों ओर बीस-पच्चीस झोपड़ियाँ थीं जो पर्यटकों के लिए बनी थी। गर्मियों में पर्यटकों की संख्या बढ़ जाती, उस समय ये झोपड़ियाँ भर जाती। यहाँ दक्षिणी गोलार्ध में गृष्मकाल यानी भारत में जिस समय शीतकाल होता है। झोपड़ियों के बगल में एक को-ऑपरेटिव स्टोर था, वहाँ ज़रूरत के सभी सामान मिल जाते हैं।

यहाँ दिन में एक ही बार टूरिस्ट नौका आती जो शाम को लौट जाती। इसके अलावे कुछ प्राइवेट नावें भी चलतीं, किन्तु उनकी संख्या अधिक नहीं थी। यहाँ के लोगों को पूनो जाना पड़ता काम करने के लिए। अधिकांश युवक सुबह पूनो चले जाते, देर रात गये लौटते। जाड़े के समय वे पूनो में ही रह जाते। झोपड़ियाँ, जलीय घास की बनी कश्तियाँ और हस्तशिल्प के सिवाय यहाँ कुछ भी नहीं था पर्यटकों को आकर्षित करने के लिए। दो घंटे में ही हम पूरे द्वीप का चक्कर लगा चुके थे। द्वीपवासियों में जो लोग मछली पकड़ते, उन्हें भी अधिक मछली नहीं मिलती, जितनी मिलती उससे ही द्वीपवासियों का काम चलता। पर्यटकों के लिए खाने-पीने का सामान पूनो से मंगाया जाता। दोपहर का खाना हमने रेस्तराँ में खाया। शाम चार बजे टूरिस्ट नाव लौट गयी, और भी जो दो प्राइवेट नाव आए थे, वे भी लौट गये। द्वीप पर केवल पाँच-छह पर्यटक रह गये। शाम को गाँव वाले अपने-अपने घरों में चले गये थे। अलफ्रेडो के साथ बैठकर मैंने सूर्यास्त का मनोरम दृश्य देखा। द्वीप के किनारों को चूमती बलखाती लहरों के मृदु शब्दों के सिवा चारों ओर बेहद सन्नाटा था। यह नीरवता मुझे बेहद प्यारी लगी।

ठंड बढ़ चली थी, इसलिए हम गाँव लौट आए। द्वीप में बिजली नहीं थी। केरासिन लैम्प और लालटेन से लोगों का काम चलता। रेस्तराँ में और तीन पर्यटक बैठे हुए थे। हम लोग वहाँ दाखिल हुए तो गाँव की कुछ लड़कियों ने आकर पूछा कि हमें गाना-बजाना अच्छा लगता है या नहीं? हम सब हँस पड़े, हँसकर बोले, "ऐसा कोई है क्या जिसे गाना-बजाना अच्छा न लगता हो?" इस उत्तर से लड़कियाँ समझ गयीं कि उनका

प्रस्ताव हम पर्यटकों ने स्वीकार कर लिया है। यह तय हुआ कि रात के भोजन के बाद लड़कियाँ नाच-गाना करेंगी और लड़के वंशी बजाएंगे। कहना न होगा कि इस द्वीप में पर्यटकों के मनोरंजन की यही एक व्यवस्था थी।

रात में यथासमय यह महफ़िल शुरू हुई। गाँव के और भी बहुत से लोग चादर ताने वहाँ पहुँच गये थे। कार्यक्रम पहले वंशी-वादन से शुरू हुआ, उसके बाद गाना। आधे घंटे के भीतर यह नहफ़िल जम उठी थी। मुझे उम्मीद नहीं थी कि इस छोटे से द्वीप के लोग संगीत में इतने माहिर होंगे। वंशी की तान और गीत के छंद ने हम सबको मोह लिया। उसके बाद नाच शुरू हुआ, लोकनृत्य। कुछ देर तक नाच देखने के बाद हमलोग भी उनके साथ भीड़ गये। एक-दूसरे का हाथ थामे घूम-फिर कर हम लोग भी उनके साथ नाचते रहे। लगभग दो घंटे बाद हम लोग रुके। कुछ लड़कियों ने प्रस्ताव दिया कि हम चाहें तो उनके साथ और नाच सकते हैं। किन्तु मैं और अलफ्रेडो उनसे बिदा लेने को मजबूर थे, हम दोनों वाकई थक गये थे।

पेदेरोसा के घर पर पहुँचते ही उसकी पत्नी ने आगे बढ़कर कहा, "आपलोगों के लिए भोजन तैयार है।" मैं चौंक पड़ा। बाद में ख्याल हुआ कि हमसे ही ग़लती हो गयी थी, पेदेरोसाने अवश्य ही उसके घर पर हमें खाने के लिए कहा था। लेकिन रेस्तराँ में पहुँचकर हमें लगा था कि सभी पर्यटक वहीं भोजन करते हैं। दो नन्हें शिशुओं को संभालती हुई होहिता ने कष्ट उठाकर हमारे लिए खाना पकाया था। इसलिए उसे संतुष्ट करने के लिए मैंने कहा, "रेस्तराँ का खाना क्या घर जैसा स्वादिष्ट होता है? दीजिए, फिर से खाऊंगा।"

मेरे ऐसा कहने पर अलफ्रेडो बहुत चकित हुआ। भोजन करने बैठा तो देखा वह मुझसे भी ज्यादा ख़ुश था। सूखे आलू और मकई की खिचड़ी, साथ में सूखे मांस का पकौड़ा। खाने के बाद अलफ्रेडो ने कहा, "खाना वाकई बहुत स्वादिष्ट था।"

बिस्तर की हालत ने हमें चिंता में डाल दिया। एक कम्बल बिछाया गया था और एक कम्बल ओढ़ने के लिए रखा गया था। बहुत ठंड थी, इतने से रात गुजारना असंभव था। पेदेरोसा ने खेद के साथ कहा कि उसके पास और अतिरिक्त कम्बल नहीं है। हमें मजबूरन कमीज-पतलून स्वेटर आदि पहन कर ही सो जाना पड़ा।

अगले दिन सूर्योदय से पहले ही मैं जाग गया। मैं अकेला ही निकला। टिटिकाका झील पर फिर एक बार सूर्योदय देखकर और सूर्य-प्रणाम कर लौट आया। इस द्वीप पर अैर रुकने का कोई औचित्य नहीं था, यहाँ देखने या उपलब्धि करने लायक कुछ नहीं था। अतः मैंने पूनो लौटने का निर्णय लिया। हमारी किस्मत अच्छी थी, सुबह ही हमें पूनो के लिए एक प्राइवेट नाव मिल गयी। द्वीपवासियों को अलविदा कहकर हम नाव पर चढ़ गये। इस नाव की मशीन बहुत अच्छी थी, नाव ने हमें सिर्फ़ ढाई घंटें में पूनो पहुँच दिया।

हम लोग बिना समय गँवाए सीधे टूरिस्ट ऑफिस पहुँचे। वहाँ के प्रभारी अवश्य ही सज्जन और विनयी थे, किन्तु दुर्भाग्यवश उन्हें अपने काम के बारे में खास जानकारी नहीं थी। मेरी इच्छा टिटिकाका झील के किनारे-किनारे बोलीविया तक जाने की थी किन्तु वे हमें कोई मार्ग-दर्शन नहीं दे सके। हम मजबूर होकर बस स्टैंड चले आए और वहाँ से विभिन्न दिशाओं में जाने वाली बसों के बारे में जानकारी लेते रहे। मालूम हुआ कि कोपाकाबाना और तियाहुयानाका होकर हमें बोलीविया की राजधानी ला पाज़ पहुँचना पड़ेगा। उधर की सड़क बहुत अच्छी है, पैन अमेरिकन हाईवे हमें सीधे ला-पाज़ पहुँच देगी। इस रास्ते बहुत सी बसें और मिनीबसें चलती हैं, अतः यान-वाहनों का अभाव नहीं है। उधर के लिए कोई रेल लाइन नहीं है।

हमें इधन-उधर घूमते-फिरते देखकर एक टैक्सी ड्राइवर ने आकर हमसे पूछा कि हमें कहाँ जाना है? हमारा गंतव्य जानने के बाद उसने उत्साहपूर्वक कहा, "मैं उधर ही रहता हूँ, पैसेंजर लेकर आया था। मैं खाली गाड़ी लेकर लौट रहा हूँ, अगर आपलोग जाना चाहें तो मैं सस्ते में ले जाऊंगा और रास्ते में दूसरी सवारी भी नहीं बैठाऊंगा यह मेरा वादा।"

अलफ्रेडो उससे कुछ देर मोलभाव करता रहा, फिर बोला, "सस्ता ही है। मिनीबस का जो किराया है, उससे दुगने से कुछ ही अधिक मांग रहा है। इतने सस्ते में टैक्सी नहीं मिल सकती।"

मैं राजी हो गया। यह तय हुआ कि ड्राइवर जहाँ तक हो सके हमें टिटिकाका झील के किनारे-किनारे ले जाएगा। पहले कोपाकाबाना रुककर सूर्यद्वीप जाने के लिए नाव लेंगे। वहाँ घंटे भर ठहरकर फिर आगे बढ़ेंगे और देसागुयादेरो बार्डर पर पहुँचकर टैक्सी छोड़ देंगे। वहाँ से तियाहुयानाको के लिए बस पकड़ेंगे।

लगभग साढ़े दस बजे हम रवाना हुए। सड़क बहुत अच्छी थी। लेक के उसपार बर्फ़ ढँके करदियार रॉयल का दृश्य देखते हुए हम आगे बढ़ते रहे। पानी, पहाड़ और तुषार-शृंग के सिवा रास्ते में उल्लखनीय कुछ नहीं दिखा। यहाँ बड़े पेड़ बिलकुल नहीं थे। लेक के किनारे की समतल भूमि पर आलू और मकई की खेती होती थी। लेक के पानी में कभी-कभी मछुआरों के जलीय घास से बनी नौकाएँ दिखायी देतीं। ऐसा नहीं लगता था कि हम चार हजार मीटर की ऊँचाई पर से गुज़र रहे हैं। रास्ते में जुली नाम के एक गाँव में रुककर हम लोगों ने कॉफ़ी पी। यहाँ कड़ाके की सर्दी थी। सड़क के किनारे पानी पर बर्फ़ का हलका परत दिखायी दिया। साढ़े बारह बजे के आसपास हम लोग मुख्य सड़क छोड़कर सीधे पूरब की ओर बढ़े। वहाँ यूनगुयो नाम की एक छोटी सीमा चौकी थी। कोपाकाबाना बोलीविया में पड़ता था, इसलिए इस बॉर्डर स्टेशन पर हमें चेक-अप कराना पड़ता। ड्राइवर के सुझाव से हमने यहाँ अपना पासपोर्ट जमा

कर दिया, लौटते समय फिर ले लेंगे। पासपोर्ट जमा कर देने के कारण हमें सीमा पर और कोई परेशानी नहीं होगी।

सीमा चौकी से हम कुछ देर के बाद कोपाकाबाना शहर पहुँच गये। धीरे-धीरे शहर के मध्य से होकर हम शहर के केन्द्रस्थल पर पहुंचे। यह शहर भी स्पेन के किसी छोटे शहर जैसा था, सिर्फ़ यहाँ के नागरिक भिन्न थे। रास्ते के किनारे कई बड़े-बड़े गिरजाघर दिखायी पड़े। ड्राइवर ने बताया कि दो एक दिनों में ही वहाँ का सेंट पॅल उत्सव शुरू होगा। इस क्षेत्र का यही सबसे बड़ा पर्व है। और आगे बढ़कर उत्तर की ओर जाने वाली एक छोटी कच्ची सड़क से होकर हम एक घाट पर पहुंचे। गाड़ी पार्क करने के बाद हमने चारों ओर प्राकृतिक दृश्य देखने के लिए निगाहें दौड़ायी। यह घाट गंगा नदी के किसी फेरी घाट की तरह था। घाट पर पाँच-छह नाव बँधी थी, किनारे कुछ चाय की दुकानें थीं। परिवेश गाँव जैसा था। दूर में एक छोटा टापू दिखायी पड़ा। अलफ्रेडो और ड्राइवर, दोनों ने मुझे बताया कि वही प्रसिद्ध इसला देल सोल यानी सूर्यद्वीप है। इंकाओं के समय हर वर्ष इंका-राज यानी सूर्य के प्रतिनिधि एक विशेष दिन उस द्वीप पर पूजा चढ़ाने जाते थे। उनकी राजकीय नौका पर केवल रानी, सेविकाएँ और प्रधान पुरोहित जा सकते थे। सूर्य देवता के लिए वे काफ़ी मात्रा में सोने की बनी सामग्रियाँ ले जाते थे जिसे सूर्यद्वीप के निकट झील में डाल दिया जाता था।

अलफ्रेडो ने आगे बताया, लीमा, कुज़को और ला-पाज़ के म्यूज़ियम में यहाँ के बारे में बहुत तथ्य मिल जाएगा। बहुतों का मानना है के इंकाराज बीमार पड़ने पर या राज्य में कोई अमंगल होने पर राजा खुद मनौती मानने और पूजा चढ़ाने के लिए सूर्यद्वीप पर जाते। उस द्वीप के निकट ही एक और छोटा-सा टापू है जिसका नाम चन्द्रद्वीप है। उस टापू पर पूजा चढ़ाने के लिए नागरिक लोग जाते थे।

झील का पानी शांत था और द्वीप भी कोई बहुत दूर नहीं था। ड्राइवर ने सुझाया कि पाल वाले नाव पर जाना ठीक होगा, उसका किराया ज्यादा नहीं है, यातायात और द्वीप-भ्रमण दो घंटे में हो जाएगा। हमारे पास बोलीवियन मुद्रा पेसेतो नहीं था, इसलिए किराये मे इंतिस देना पड़ा। इंतिस का मूल्य पेसेतो से अधिक था।

पाल वाले नाव पर झील की सैर करने का अनुभव और आनंद निराला था। यॅाट पर नौका-विहार जैसा। नाव खेने की ज़रूरत नहीं थी, मस्तूल पर बँधे पाल या मोटे वस्त्र में हवा थामकर पाल की दिशा परिवर्तन करते हुए गंतव्य की ओर बढ़ना पड़ता था। ड्राइवर टैक्सी पर ही रह गया था।मैं, अलफ्रेडो और एक ही मल्लाह। आधा घंटा हमने कोई बातचीत नहीं की। सन्नाटा उपभोग करते हुए हम द्वीप पर पहुँचे। द्वीप पर पाँव धरते ही मन में आनंद की एक लहर दौड़ गयी। यह कैसा आनंद था, इसे मैं व्यक्त नहीं कर पाऊंगा। लगा कि यहाँ का पुण्य और पवित्र हवा श्वाँस के जरिए शरीर

के प्रत्येक कोष में जा पहुँची है। इससे मैं समझ गया कि यह स्थान अब भी जाग्रत है। माझी केचुआ भाषा में अलफ्रेडो को यहाँ के बारे में बताने लगा था। मैंने उसे टोंक कर कहा, "अभी कुछ बताने की ज़रूरत नहीं, मैं चुपचाप चारों ओर का दर्शन करना चाहता हूँ। तुम्हें जो बताना है वह लौटते समय हम नाव पर बैठकर सुनेंगे।"

द्वीप में एक टूटे मंदिर का खंडहर था। सीढ़ियों से उठकर खंडहर लांघने के बाद एक छोटी तलैया पर नज़र पड़ी। उसकी गहराई देखकर लगा कि तलैया झील से जुड़ी है। मैंने अनुमान किया कि शायद मंदिर में प्रवेश से पूर्व इंका राज यहाँ पुण्यस्नान करते थे और जलाहुति देते थे। खंडहर के पत्थरों की आकृति के साथ कुज़को के खंडहरो के पत्थरों का सादृश्य था। कुछ देर चारों ओर देख लेने के बाद मैं तलैया के किनारे चुपचाप बैठ गया। किन्तु ठंड इतनी थी कि ज्यादा देर बैठना संभव नहीं हुआ। यहाँ की नीरवता और रहस्यमय अनुभूति से मुझे लगा कि यह स्थान ध्यान करने के लिए एक उपयुक्त स्थान है। द्वीप पर पुजारी, पंडा, गाइड, संग्रहालय आदि का उपद्रव न होने के कारण यहाँ बेहद शांति थी।

मन में प्रगाढ़ शांति लिए मैं नाव पर आ गया। अलफ्रेडो से कहा कि वह कोई बातचीत न करे। दूर सरकते द्वीप की ओर मैं मंत्रमुग्ध-सा देखता रहा। शांत टिटिकाका झील पर मृदु हवा के संग निश्शब्द डोलती हमारी नाव धीरे-धीरे कोपाकाबाना के घाट पर आ लगी।

तट पर पहुँचकर मैंने ड्राइवर से पूछा उसे खाललाभाइयास के बारे में कोई जानकारी है या नहीं। ड्राइवर बोला, "खाललाभइयास मतलब कुरानडेरोस, और कुरानडेरोस का मतलब है वे लोग जो स्थानीय लोगो का इलाज करते हैं। बोलीविया के लगभग हर गाँव में कुरानडेरोस मिलेंगे।" उसके उत्तर से जाहिर था कि मैं जिस खाललाभइयास के बारे में पूछ रहा था, उसके बारे में उसे कुछ मालूम नहीं था।

कोपाकाबाना में भोजन से निवृत्त होने के बाद ड्राइवर हमें एक विशाल चर्च के सामने ले आया। उसने कहा, "यहाँ आकर इस चर्च में प्रवेश किए बिना लौट जाना ठीक नहीं होगा। यहीं सेंट पॅल चर्च है, इस क्षेत्र का सबसे बड़ा गिरजाघर। स्थानीय लोग लगभग सभी ईसाई हैं। इसी चर्च के नाम पर यहाँ नाच-गाना और मेले का उत्सव होता है।"

इस चर्च की शक्ल माद्रिद के बड़े चर्च जैसी थी। अंदर जाकर हमने वर्जिन मेरी के उद्देश्य में मोमबत्ती जलाकर प्रार्थना की, फिर बाहर निकल आए।

कोपाकाबाना से टिटिकाका झील और करदियार रॉयल पर्वतश्रृणी का दृश्य अत्यंत सुहाना था। यह दृश्य देखते हुए हम सीमा चौकी पर लौट आए और अपना पासपोर्ट वापस ले लिए। इसके बाद हम पुनः राजमार्ग पर पहुँचकर पीरू के अंदर से

दक्षिण की ओर मुड़ गये। एक घंटे के बाद हम पुनः एक और बॉर्डर पर पहुँचे। यहीं हमें टैक्सी छोड़ देनी थी। ड्राइवर ने बताया कि बॉर्डर लांघते ही बस अड्डा है। वहाँ से बस, टैक्सी और प्राइवेट कार आसानी से मिल जाएगी। ड्राइवर के भद्र व्यवहार से खुश होकर मैंने उसे किराए के साथ कुछ बख़शीश भी दी। वह ख़ुश होकर हमें धन्यवाद देता हुआ चला गया। इस बॉर्डर का नाम था देसागुयेदेरो।

सीमा चौकी पर हमें कोई दिक्कत नहीं हुई। पासपोर्ट, विज़ा और सामान वगैरह चेक कराया, फिर पीरू की सीमा लांघकर बोलीविया में प्रवेश किए। इसपार की चौकी में कस्टम अधिकारी ने हमें चेत दिया कि बैंकों के अलावा हम कहीं भी डॉलर एक्सचेंज न करें, क्योंकि समाजविरोधी गोरिलाओं के चंगूल में फँसने का बोलीविया में डर है।

ड्राइवर ने ठीक ही कहा था। हमें तियाहुयानाको के लिए बस मिल गयी। केवल दो घंटे की यात्रा थी। मैं बहुत ख़ुश था, क्योंकि वहीं मैं अपने प्रश्नों का उत्तर ढूँढूंगा। शाम के लगभग साढ़े छह बजे हम तियाहुयानाको पहुँच गये।

तियाहुयानाको

अलफ्रेडो तियाहुयानाको पहले भी आ चुका था, उसे यहाँ के होटलों की भी जानकारी थी। वह मुझे शहर के मूल केन्द्र प्लाज़ा सैनफ्रांसिस्को ले गया। वहाँ काइये लोआइसा सड़क के किनारे होटल न्यूमैन में हमने कमरा लिया। यह एक भव्य होटल था, इसका दर मेरे अनुकूल था। इस होटल से अलफ्रेडो का पहले से परिचय था, दूसरे वह बतौर गाइड मेरे संग आया था, इसलिए होटलवालों ने उसके लिए दर में काफ़ी रियायत कर दी। होटल में गरम पानी की व्यवस्था थी। बहुत दिनों बाद गरम पानी पाकर मैंने जी भरकर नहाया। उसके बाद भोजन से निपटकर जल्दी लेट गया। पिछली रात पेदेरोसा के घर पर अच्छी नींद नहीं हुई थी, फिर दिनभर की यात्रा का थकान भी था। जल्दी नींद आ गयी।

अगले दिन तड़के उठकर हम यहाँ के दर्शनीय स्थलों की सैर पर निकल पड़े। पर्यटन दफ्तर द्वारा आयोजित कंडकटेड ट्यूर। बस में उनका ही गाइड भी था, अतः मेरे साथ पर्यटकों की तरह घूमने के सिवाय अलफ्रेडो के लिए काम नहीं था। यहाँ की प्राचीन सभ्यता का खंडहर स्थल शहर के निकट ही था। सूर्योदय के कुछ ही देर बाद हम पत्थर के एक विशाल तोरण के निकट पहुँचे। गाइड हमें उस तोरण के निकट ले जाकर बोलना शुरू किया– "कालासासाइया में आप सबका स्वागत है। आप सामने यह जो विशाल सूर्य-तोरण देख रहे हैं, उसके भीतर से सूर्य को देखिए। आज से लगभग चार हजार वर्ष पूर्व यहाँ के निवासी इसीतरह भोर के सूरज का स्वागत करते थे। मोनोलिथिक (एकाश्म) ढंग से बना इतना बड़ा तोरण दुनिया में और दूसरा नहीं है। आप इस तोरण को अच्छी तरह जाँच-परख लें। कब किसने इस सूर्यतोरण का

निर्माण किया था यह प्रश्न मुझसे मत कीजिएगा क्योंकि इसका उत्तर हमें नहीं मालूम। तियाहुयानाको के विभिन्न भागों में इस तरह के अखंड पत्थरों का काम आप बहुत देख पाएंगे। सब खंडहरों का विस्तृत विवरण हम अब भी नहीं जान पाए हैं। इस जगह का नाम कालासासाइया है। यहाँ इस सूर्यतोरण के अलावे सूर्य-मंदिर और दूसरे घर-द्वारों का ध्वंसस्तूप है।

"एक ही पत्थर को खोदकर इतने बड़े तोरण का निर्माण कितना कठिन है इसका आप सहज ही अनुमान लगा सकते हैं। अखंड पत्थर के इस तोरण का वजन सौ टन से भी ज्यादा है। इससे भी अधिक आश्चर्य की बात यह है कि यह पत्थर टिटिकाका झील के उसपार से लाया गया था। जरा सोचिए, लगभग चार हजार साल या उससे भी पहले जब कोई यान-वाहन या इस आधुनिक युग जैसा यंत्र नहीं था तब इस विशाल वजन के पत्थर को किसी दूसरी जगह से यहाँ तक कैसे लाए होंगे? तोरण के ऊपरी भाग के बीचो-बीचो जो सूर्य का प्रतीक आप देख रहे हैं उसके लिनटॅल (सरदल) की ओर देखिए, वह एक कंदोर पक्षी की तरह लग रहा है। इस तरह की डिजाइन आप आंडेन आर्टस् में अक्सर पाएंगे। इस तोरण की शैली पर गौर कीजिए, यही तियाहुयानाको की शिल्प-परंपरा या यहाँ के शिल्प का अपना ढंग है।"

गाइड का वक्तव्य समाप्त होने पर हम गौर से तोरण को चारों ओर से धूम-धूम कर देखने लगे। वास्तूकला की दृष्टि से उसमें कोई खास सौंदर्य नहीं दिखा, हो सकता है कि काल के प्रवाह में उसकी सूक्ष्म कारीगरी मिट गयी हो। किन्तु एकाश्म पत्थर के इस सूर्यतोरण का विशाल आकार और उसका वजन निस्संदेह आश्चर्य में डालता था। मैंने ईजिप्त के पिरॉमिडों पर जो पत्थरों का ब्लॉक देखा था, वे इसकी तुलना में छोटे थे। तोरण के बीच से चार लोग अगल-बगल चलकर गुजर सकते थे। दरवाजे की ऊँचाई दो व्यक्तियों की ऊँचाई के बराबर थी। पत्थर पर उकेरी गयी वास्तुकला नील नदी के तट के कारनाक मंदिर की याद दिलाती।

सूर्यतोरण देखने के बाद हम गाइड के साथ सूर्यमंदिर देखने गये। एक जगह रुककर गाइड ने हमारा ध्यान एक विशाल ध्वंसस्तूप की ओर खींचकर कहा, "वह जो प्रासाद जैसे भवन का खंडहर देख रहे हैं, वही है प्रसिद्ध कालासासाइया सूर्यमंदिर का ध्वंसावशेष। यहाँ की ज्यामितिक संरचना और ऊपर की ओर जाती सीढ़ियों को ध्यान से देखिए। असंख्य भक्तों और दर्शकों के इस्तेमाल के कारण सीढ़ियाँ लगभग आधी घिस गयी हैं। मंदिर में प्रवेश के लिए यह मुख्य द्वार है। बड़े-बड़े एकाश्म पत्थरों के ब्लॉक देखिए, लगता है कोई दानव इन पत्थरों को यहाँ लाया था, यह आदमियों का काम नहीं हो सकता। स्थानीय लोग समझते हैं कि किसी उन्य ग्रह से बहुत ताकतवर मनुष्य या दानवों ने आकर यहाँ इन पत्थरों का महल बनाया था। अब सीढ़ियों

से उपर आइए। यहाँ से देखिए पूरे कालासासाइया का ध्वंसावशेष दीखता है। समतल भूमि के चारों ओर के ध्वंसस्तूपों को यहाँ से अच्छी तरह देख लीजिए, उसके बाद हम मंदिर का भीतरी भाग देखेंगे।''

गाइड के निर्देशानुसार हम खंडहरों का मुआइना करने लगे। बड़े-बड़े पत्थर खंड बैठाकर सीढ़ियाँ बनायी गयी थी। मंदिर का तोरण भी सूर्य-तोरण की तरह एकाश्म पत्थर का था। जो दीवारें खड़ी थीं उनमें दरवाजे-खिड़कियों की जगह फाँक रह गयी थी। काल प्रवाह में दरवाजे, खिड़कियों और छतों का नामो-निशान मिट गया था। तब भी चार हजार वर्षों की थपेड़े सह चुके इन भारी भरकम विशाल एकाश्म पत्थरों को देखकर लगा कि आज से चार हजार साल बाद भी यह खंडहर टिका रहेगा, कोई प्राकृतिक दुर्योग इसे पूरीतरह मिटा नहीं पाएगा।

सूर्यमंदिर के भीतर के एक वृहत् कमरे की दीवार देखकर चकित होना पड़ा। लगा कि दीवार पर बहुत से नरमुंड टांग दिए गये हैं। गौर से देखने पर पता चला कि वे सब पत्थर की मूर्तियाँ थीं। इन मूर्तियों की बनावट कुछ अजीब थी, कुछ मूर्तियों की आँखों की गोलाई से लगता था जैसे उन्हें ऐनक पहनाया गया हो। कुछ मूर्तियों की आँखें जैसे विस्मय से हमें घूर रही थीं। दीवार से लगी ये नरमुंड की मूर्तियाँ मानों अतीत की गाथा सुनाना चाह रही थीं।

मंदिर से जुड़े विभिन्न कमरों की पत्थर की सेटिंग दिखाते हुए गाइड कहने लगा, ''यहाँ की पुरातत्वीय विशेषता पर ध्यान दीजिए। एकाश्म पत्थर के घर, महल और मंदिर प्राचीन बोलीविया की विशेषता थी। स्पैनिशों के शासनकाल में यहाँ से बहुत पत्थर लॉ-पाज़ ले जाया गया था जिन्हें वहाँ की विभिन्न गिरजाघरों की भीत बनाने के काम में लाया गया था। आप लोग ला-पाज़ के बड़े गिरजाओं में लगे शिलाखंडों को देखकर ही यह समझ जाएंगे। ये पत्थर मजबूत होने के साथ ही बहुत सुंदर ढंग से तराशे गये हैं, इसीलिए स्पैनिश उन्हें वहाँ ले गये। लेकिन दूरी के कारण ज्यादा पत्थर उठाकर ले जाना संभव नहीं हुआ था। पत्थर की मूर्तियों आदि को स्पैनिशों ने स्पर्श नहीं किया था, क्योंकि उनका आकर्षण केवल सोना और चाँदी में था। यहाँ से छोटी-मोटी मूर्तियाँ और मंदिर के जो आसबाब बरामद हुए थे उन्हें आप पीरू और बोलीविया के विभिन्न संग्रहालयों में देख सकते हैं। भूकम्प के कारण यहाँ की जमीन पर बहुतबार उलट-फेर हुआ है, इसके बावजूद जो खंडहर रह गये हैं उनसे यह स्पष्ट हो गया है कि तियाहुयानाको में एक नहीं, कई सभ्यताओं के चिह्न विद्यमान हैं।''

मैदान की बड़ी-बड़ी दरारों की ओर इशारा कर गाइड ने बताया कि वे सभी दरारें भूकंप का नतीजा है। मैंने गाइड से सूर्यमंदिर के पुरोहित, यजमान, भक्त, पूजा-विधि आदि के बारे में जानना चाहा तो उसने खेद प्रकट करते हुए कहा, ''इस ध्वंसावशेष

का कोई भी इतिहास हमें नहीं मालूम। हम नहीं जानते कि किसने, कब और क्यों यहाँ नगर बसाया था। नगर और मंदिर कैसे ध्वंसप्राप्त हुआ, हमें यह भी ज्ञात नहीं। पिछले बीस साल की अकथ परिश्रम और अनुसंधान के बाद विशेषज्ञ अनुसंधानकारियों ने यह आविष्कार किया कि ये सभी टिटिकाका झील के उसपार से लाए गये थे। विशाल बेड़ों पर पत्थरों को लादकर इस पार पहुँचाते थे। वर्षाकाल में जब झील का पानी बढ़ जाता, तब वह बेड़ा खींचकर इसपार ले आते बारिश के बाद जब झील का पानी उतर जाता तब बेड़ा समेत पत्थरों को बड़ी-बड़ी बल्लियों पर चढ़ाकर यहाँ तक खींच लाते। यह बताने की ज़रूरत नहीं कि इस काम के लिए बहुत ही शक्तिशाली लोगों की ज़रूरत थी। इसीकारण स्थानीय लोग सोचते हैं कि इस काम के लिए दूसरे ग्रहों से मजदूर लाए गये थे।''

गाइड ने हमें और कुछ पत्थर दिखाने के बाद अपना कार्य सम्पन्न किया। कुछ देर तक इधर-उधर घूमने के बाद हम बस में आ गये।

होटल वापस आने के बाद मैं आगे की परिकल्पना बनाने लगा। यहाँ खाललाभइयास के बारे में मुझे किसी से काई जानकारी नहीं मिल पायी थी, अत; ला-पाज़ पहुँचकर पता लगाना पड़ेगा। धरती का प्राचीनतम सूर्यतोरण और सूर्यमंदिर देख आया, किन्तु मन में सदैव रहस्यमय कंदोर और आकाश विचरण का अजीब अनुभव तैरता रहा, मुझे ऐसा कोई चाहिए था जो मुझे इन विषयों को समझा सकता। हमारे होटल मैनेजर ने अच्छा सुझाव दिया। उन्होंने कहा कि ला-पाज़ के हाट में बहुत से ओझा या कुरानडेरोस आते हैं, उनसे पूछने पर वे अवश्य बता पाएंगे। उनका सुझाव मुझे ठीक लगा। मैंने तय किया कि रात यहीं विश्राम करने के बाद हम सुबह ला-पाज़ की बस पकड़ेंगे। ला-पाज़ यहाँ से सत्तर कि0मी0 की दूरी पर था, बस से जाने में दो घंटे लगते।

दोपहर के भोजनोपरांत कुछ देर आराम करने की इच्छा थी, लेकिन अलफ्रेडो मुझे बैठने नहीं दिया। वह लगभग जबर्दस्ती मुझे उन्हीं खंडहरों के पास खींच ले गया। सुबह गाइडने जो संक्षिप्त विवरण दिया था उससे वह ख़ुश नहीं था। उसका कहना था कि गाइड ने अपना काम ठीक से नहीं किया। अलफ्रेडो को तियाहुयानाको का विस्तृत विवरण कंठस्थ था। उसके साथ मैं पुनः चार हजार साल पुरानी सभ्यता– यानी मृत सभ्यता के ध्वंसावशेष पर पहुँचा।

अलफ्रेडो मुझे एक विशाल मूर्ति के सामने ले गया। इस बुत का नाम था 'एल फ्रेल' यानी भाई। उसकी आँखें गोल थीं, वक्ष पर टिके दोनों हाथ कोई चीज थामें थीं। पुरातत्वविदों के लिए यह बुत बहुत अहमियत रखता होगा, लेकिन इस बुत के बारे में अब भी कोई जानकारी नहीं मिल पायी थी। यह किसकी मूर्ति थी , इस मूर्ति में

क्या संदेश था, यह किसी को नहीं मालूम। कुछ लोग उसे प्राचीन युग का देवता और कुछ लोग प्रधान पुरोहित मानते हैं। मुझे यह मूर्ति पुरी के जगन्नाथ जैसी लगी, फ़र्क़ यह कि इस मूर्ति के दो हाथ थे, जगन्नाथ जी के हाथ नहीं हैं।

तियाहुयानाको की सभ्यता के साथ टिटिकाका झील ओतप्रोत ढंग से जुड़ी है। वैसे ही, जैसे हरिद्वार और बनारस के साथ गंगा। टिटिकाका झील के विभिन्न द्वीप खासकर सूर्य-द्वीप और चन्द्रद्वीप आज भी स्थानीय लोगों के लिए परम पवित्र स्थान हैं। तियाहुयानाको सभ्यता के विषय में कोई प्रामाणिक जानकारी नहीं है, किन्तु विशेषज्ञ यहाँ के खंडहरों को दो हजार से चार हजार साल तक पुराना बताते हैं। कुछ लोग इन खंडहरों को एक ही शहर का ध्वंसावशेष नहीं मानते, उनके मत में एक ही स्थान में विभिन्न समय में अलग-अलग शहर बसाए गये थे। किन्तु इस विषय में सभी एक मत हैं कि भारी-भरकम अखंड पत्थरों के घर-बार का जो अवशेष बचा है, वह कमस्सकम चार हजार वर्ष पुराना है।

मिस्र की शिलालिपि से फाराओ तथा पिरॉमिडों के इतिहास का पता चला था। महेञ्जोदारो और हड़प्पा की शिलालिपि से उस समय का परिचय मिलता है। किन्तु तियाहुयानाको का इतिहास आज भी रहस्य के घेरे में है, यहाँ से बहुत कम जो भी शिलालिपियाँ मिलीं भी तो उनका कूटानुवाद करना संभव नहीं हो पाया। सोलहवीं शताब्दी में जब स्पैनिश जलदस्युओं का यहाँ पदार्पण हुआ था, तब भी यहाँ के ये खंडहर इसीतरह थे। स्थानीय लोगों को इन खंडहरों के इतिहास के बारे में कोई जानकारी नहीं थी। विशेषज्ञों की राय में भूकंप, महामारी अथवा चार हजार मीटर उन्नतांश की जलवायु में आकस्मिक परिवर्तन के कारण या तो यहाँ के सारे लोगों की मौत हो गयी थी अथवा वे यहाँ से और कहीं चले जाने के लिए विवश हुए थे। ये सभी अटकलें भर हैं, कोई प्रामाणिक तथ्य नहीं।

हम लोग पुमा पुनचु के ध्वंसावशेष के निकट जाकर रुके जहाँ भूकंप के स्पष्ट चिह्न विद्यमान थे। ऊँची ऊँची दीवारों और फ़र्श के पत्थर यत्रतत्र बिखरे पड़े थे। मन में फिर प्रश्नों की झड़ी लग रही थी– यहाँ महल था या मंदिर? यह नगर था या राजमहल? हज़ारों पर्यटकों की तरह मेरा प्रश्न भी अनुत्तरित रहा। यहाँ की ठंडी हवा अतीत की गाथा जब्त किए हुए थी। एंडीज़ पर्वत के इस ऊँचे भाग में टिटिकाका झील के किनारे एक अनंत रहस्य छिपा हुआ था। वैज्ञानिक, पुरातत्ववेत्ता और इतिहासकारों ने जो भी विचार व्यक्त किया हो, उससे उस रहस्य का पर्दाफाश नहीं होता। पर्यटक यहाँ आकर खंडहर देखते और अपने-अपने ढंग से यहाँ के बारे में सोचते। यहाँ देखने का कम चिंता का ख़ुराक ज्यादा था। काश! ये ठोस पत्थर बोल पाते और हमें उस रहस्यमय अतीत के बारे में कुछ बताते। •

ला-पाज़

तियाहुयानाको से हम अगले दिन बोलीविया की राजधानी ला-पाज़ के लिए एक मिनिबस द्वारा रवाना हुए। टिटिकाका की समतलभूमि छोड़कर पहाड़ी पर आगे बढ़ते ही समूचा दृश्य बदल गया। यह सड़क पश्चिम बंगाल से भूटान की राजधानी थिम्पू जाने वाली सड़क की याद दिलाती। स्थानीय लोगों का चेहरा भोटियाओं जैसे, सड़क के किनारे कभी-कभी दिखते मकान भी भोटियाओं के मकानों जैसे। धीरे-धीरे हम ला-पाज़ शहर में दाखिल हुए। इस शहर का निचला भाग तीन हजार दो सौ मीटर और ऊपरी भाग चार हजार दो सौ मीटर की ऊँचाई पर था। आसपास का दृश्य थिम्पू के अनुरूप होने पर भी यहाँ थिम्पू जैसी ग़रीबी नहीं थी। सुबह की धूप में ला-पाज़ शहर जैसे खिल उठा था। बाज़ार के निकट बस रुकते ही कुली, होटल के दलाल और मुद्रा विनिमय करने वाले पिल पड़े। अलफ्रेडो की केचुआ जुबान सुनते ही दलालों ने हमें छोड़कर दूसरे यात्रियों को घेरना शुरू किया। अलफ्रेडो को साथ में लाकर मैंने अच्छा ही किया था क्योंकि बोलीविया की राष्ट्रभाषा यद्यपि पीरू की तरह ही स्पैनिश थी, किन्तु यहाँ की आबादी का लगभग पचास प्रतिशत आदिवासियों का था जो केचुआ या आइमारा भाषा बोलते थे।

अलफ्रेडो कईबार ला-पाज़ आ चुका था, उसे इस शहर के बारे में जानकारी थी। मैंने उससे कहा कि यदि आदिवासी क्षेत्र में कोई होटल मिल जाए तो हम वहीं ठहरेंगे, इससे मुझे वहाँ के मूल निवासियों से मेलजोल का मौका मिलेगा। दूसरे लातिन अमरीकी देशों की तरह बोलीविया में भी विदेशियों पर कड़ी नज़र रखी जाती थी, इसलिए हमने पहले पर्यटन दफ्तर जाने का निश्चिय किया। अलफ्रेडो ने बताया उसे पर्यटन दफ्तर से एक कन्सेशन फार्म मिल जाएगा जिससे उसे गाइड होने के नाते किसी भी होटल में पच्चीस प्रतिशत छूट मिल जाएगी।

दूसरे शहरों की तरह ला-पाज़ में भी यान-वाहनों की भरमार थी। सड़क के दोनों किनारे दस बारह मंजिल की इमारतें की संख्या काफ़ी थी। पहाड़ी शहर होने के बावजूद शहर काफ़ी सजा-सँवारा था। एवेन्यू देल मेरकादो नामक सड़क के किनारे के एक आठ मंजिले इमारत में पर्यटक दफ्तर था, चलते-चलते हम वहाँ पहुँच गये। इमारत

की भीतरी दीवार पर विभिन्न कार्यालयों का नाम लिखा था। पर्यटक दफ्तर का नाम इंस्टिट्यूट बोलीवियानो दे टूरिस्मो था, जिसका अंग्रेज़ी रूपांतर बोलीवियान इंस्टिट्यूट ऑफ ट्यूरिज्म होगा। अलफ्रेडो ने मुझे बताया कि नाम इंस्टिट्यूट होने पर भी वह संस्था नहीं दफ्तर ही था। बोलीविया में सरकारी दफ्तरों को साधारणतः इंस्टिट्यूट कहते हैं।

लिफ्ट द्वारा हम छठीं मंजिल पर पहुँचे। पर्यटन दफ्तर लगभग खाली था। डिरेक्टर महोदय ने स्वयम् ही हमारी आवभगत की। होटल के बारे मे पूछने पर उन्होंने हमें एक लिस्ट देकर कहा, "इसमें आपको बहुत से होटलों का पता मिल जाएगा, इंडियन यानी आदिवासी इलाके में कई अच्छे होटल हैं। लेकिन आप रुपये-पैसे के मामले में सतर्क रहिएगा, ब्लैक-मार्केट में रुपये मत तुड़ाइएगा, इससे आप पर पुलिस की निगाह पड़ेगी। बैंको के अलावे कहीं से भी बोलीवियानो यानी बोलीवियान पेसो विनिमय करना क़ानूनी अपराध है। बोलीविया के किसी भी सभा-समिति में भाषण देने के लिए अथवा छात्रों से सम्पर्क करने के लिए हमें या पुलिस कार्यालय को सूचित करना होगा। पर्यटक स्थलों के अलावा और कहीं जाने के लिए विशेष अनुमति लेनी होगी।"

उनकी बात समाप्त होने पर अलफ्रेडो ने अपना गाइड लाइसेंस उन्हें दिखाया। लाइसेंस जाँचने के बाद उसे लौटाते हुए उन्होंने कहा, "आपका लाइसेंस पीरू के लिए वैध है, किन्तु यह लाइसेंस यहाँ नहीं चलेगा।"

मैंने बाधा देकर कहा, "नहीं वह गाइड की हैसियत से यहाँ नहीं आया है। अलफ्रेडो मेरा दोस्त है, वह मेरे साथ घूमने आया है। मुझे कचुआ और आइमारा भाषा नहीं आती, इस विषय में अलफ्रेडो मेरी मदद करेगा।"

"आप तो पर्यटक हैं, अंग्रेज़ी और स्पैनिश जानना ही पर्याप्त है, केचुआ या आइमारा भाषा से आपको क्या सरोकार?"

मैंने कहा, "मैं भारतवर्ष से आया हूँ। यहाँ की प्राचीन कथाओं में सूर्यदेवता का उल्लेख है,उसी विषय में मैं कुछ तथ्य संग्रह करना चाहता हूँ। मेरी इच्छा है कि स्थानीय लोगों से इस विषय में जानकारी लूँ। सुना है वे केचुआ और आइमारा के अलावे और कोई भाषा नहीं समझते। इसीलिए अलफ्रेडो को संग लाया हूँ, वह मेरी मदद करेगा। गाइड की हैसियत से नहीं, दुभाषिये की हैसियत से।"

डिरेक्टर साहब मेरी बात सुनकर चौंके, फिर उन्होंने आश्चर्य से पूछा, "आप दूर पूरब के इंडिया से आए हैं, यानी आप सचमुच के इंडियन हैं?

मैंने उन्हें आश्वस्त किया, "जी हाँ, मैं इंडिया से आया हूँ। हमारी राजधानी नई-दिल्ली है, यूँ मेरा होम टाउन कोलकाता है।"

मेरे इस कथन का जादुई असर हुआ। उन्होंने तपाक से हाथ मिलाया, फिर हँसते हुए कहा, "वेलकम टू बोलीविया।" इसके बाद उन्होंने नम्र स्वर में कहा, "मैंने इंडिया के बारे में बहुत पढ़ा है। मैंने महात्मा गांधी के बारे में पढ़ा है, उनका अहिंसा आंदोलन

मुझे बहुत प्रेरित करता है। और कोलकाता के विषय में आज कौन नहीं जानता, 'ए सिटी ऑफ मिज़री एंड रिव्यूलेशन !'''

मेज पर रखे कालिंग बेल की घंटी बजाकर उन्होंने एक लड़के को बुलाया और उसे तीन कप कॉफ़ी लाने को कहा। इसके बाद आराम से बैठकर वे बोले, "मेरे लिए यह पहला अवसर है जब मैं किसी कोलकातावासी से आमने-सामने बैठकर बातचीत कर रहा हूँ। शुरू में मैं कुछ रूखाई से पेश आया था, इसके लिए कृपया बुरा मत मानिएगा। इसकी वजह आप समझ रहे होंगे, हमारे देश की हालत ही ऐसी है।लगभग हर महीने यहाँ एकबार आपातकालीन स्थिति की घोषणा की जाती है। एक ही दिन में लगातार छह बार राष्ट्रपति बदले गये थे। एक सौ सत्तर वर्षों में यहाँ एक सौ तिरान्वे बार सरकार बदली गयी। हमारे देश का इतिहास बहुत जटिल है। मिलिटरी रूल और इमर्जेंसी यहाँ लगा ही रहता है। देश में सर्वत्र सेना तैनात है, आए दिन गोरिला आक्रमण होता रहता है। इन्ही कारणों से यहाँ पर्यटक आने पर उनसे ठीक से पूछताछ करना और उन्हें सतर्क करना हमारा फ़र्ज़ बनता है। आप समझ रहे होंगे, पर्यटकों की सुरक्षा और पर्यटन में उनके साथ सहयोग हमारा कर्तव्य है।"

इतना कहकर वे थोड़ा रुके। इस बीच कॉफ़ी आ गयी थी। मौका पाकर अलफ्रेडो ने पूछा, "अच्छा, बोलीविया में क्या खाललावाइयास नाम का कोई स्थान है?"

उन्होंने कुछ पल सोचा, फिर ठुड्डी खुजलाते हुए बोले, "ठीक याद नहीं आ रहा। वहाँ आपको क्या काम है?"

मैंने उत्तर दिया, "सुना है खाललाभइयास में बहुत-से नामी ज्ञानी अनुभवी कुरानडेरोस हैं। मैं उनसे मिलना चाहता हूँ, शायद सूर्य के विषय में उनसे कुछ परिकथाएँ सुनने को मिले।"

कुरानडेरोस शब्द सुनकर वे उछल पड़े, "तो ये कहिए, आप कुरानडेरोस से मिलना चाहते हैं। हाँ-हाँ, वे लोग असल में बोलीविया क्षेत्र के टिटिकाका झील के उत्तर की ओर के आदिवासी हैं। उनकी जड़ी-बूटियों से बहुत सी बीमारियाँ दूर हो जाती हैं। खाललाभाइयास नहीं, उस क्षेत्र का नाम कायाहुयाइयान है। बहुत से प्रसिद्ध ओझा हैं वहाँ। लेकिन सावधान, उनमें अधिकांश नीम-हकीम और फ़रेबी हैं।"

इस जानकारी से मुझे ख़ुशी भी मिली और मैं बहुत उत्साहित भी हुआ। मैंने उनसे अनुरोध किया कि वे नक्शे पर मुझे वह स्थान दिखा दें और वहाँ कैसे पहुँचा जा सकता है इस विषय पर भी मेरा मार्ग दर्शन करें। उनकी बातचीत से यह स्पष्ट हो गया था कि बोलीविया के केचुआ भाषा में खाललाभाइयास का असली नाम कायाहुयाइयान था। इस शब्द को स्पैनिश भाषा में जिसतरह लिखते हैं, वही उच्चारण भेद से खाल्लाभाइयास लगता था। सही उच्चारण के अभाव मे कोई हमें सटीक जानकारी नहीं दे पाया था।

डिरेक्टर साहब उठकर दीवार पर लगे बड़े मानचित्र के सामने गये और टिटिकाका झील के पूर्वोत्तर क्षेत्र का एक स्थान दिखाते हुए बोले, "काइया- हुयाइयान का असली इलाका यही है, यह क्षेत्र एक उपत्यका है। इस घाटी का नाम कोइयासुइओ है। वहाँ पहुँचने मे दिक्कत होगी, आवागमन की खास सुविधा नहीं है। वहाँ की ऊँचाई भी पाँच हजार मीटर से कम नहीं, वहाँ ठंड काफ़ी है और पर्यटकों के लिए कोई भी व्यवस्था नहीं है। लेकिन हाँ, इतनी तकलीफ़ सहकर आपको वहाँ जाने की ज़रूरत ही क्या? बोलीविया कुरानडेरो का देश है और ला-पाज़ बोलीविया की राजधानी– देश के नामी कुरानडेरो आपको यहीं मिल जाएंगे।"

"कहाँ?" मैंने सोत्साह पूछा, "उनका पता मिल जाएगा?"

डिरेक्टर साहब ठठाकर हँस पड़े। हँसते-हँसते बोले," उनके पते की ज़रूरत नहीं पड़ेगी, आप उनके मुहल्ले में घुसेंगे तो वे खुद ही आप पर पिल पड़ेंगे। मेरकादो दे लॅस ब्रूजोस बाज़ार में पहुँचते ही आप उन्हें देख पाएंगे। ओझा और नीम हकीमों की वहाँ भरमार है। मैं आपको पुनः सावधान करना चाहूंगा, ढोंगी कुरानडेरो और जेबकतरों से वह बाजार भरा हुआ है।"

हमें जो सूचनाएँ चाहिए थीं वह मिलते ही हम उठना चाहते थे। किन्तु डिरेक्टर महोदय बात करने के मूड में थे और उन्होंने गांधी जी के अहिंसा आंदोलन पर चर्चा छेड़ दी थी। आखिर उनसे दुबारा मिलने का वादा करके मैं उठ पड़ा। उन्होंने अपने विजिटर्स बुक में मेरा नाम-पता नोट कर लिया और बारबार आग्रह करते रहे कि मैं उनसे पुनः मिलूँ। लेकिन मुझे आश्चर्य हो रहा था कि पूछने पर भी उन्होंने अपना नाम नहीं बताया। उनके दफ्तर में भी उनका कोई नेम-प्लेट नहीं था, एक फलक पर केवल डिरेक्टर लिखा था। उनके सहयोग और सूचनाओं के लिए उन्हें धन्यवाद देकर हम बाहर आ गये।

इंडियन इलाके में रेजिडेनशियल कोपाकाबाना नामक एक होटल में हमने कमरा लिया। होटल अच्छा ही था। कमरे में दो अलग खाट थे। गरम पानी की व्यवस्था थी। किन्तु सहूलियत के हिसाब से होटल महंगा था, प्रतिव्यक्ति प्रतिदिन दस डॉलर। अलफ्रेडो ने मैनेजर से बातचीत कर अपने लिए तीस प्रतिशत की रिआयत करा ली। यह कहने की आवश्यकता नहीं कि अलफ्रेडो का सारा खर्च मुझे ही देना था। कमरे में सामान रखकर हम तुरंत बाहर निकले। होटल का यह इलाका बहुत कुछ शिमला के मॉल रोड जैसा था।

लॉ-पाज़ में देखने लायक बहुत कुछ था। खासकर यहाँ का अजायबघर, एल लिबेरतादोर, प्रेसिडेनशियल पैलेस, लेजिसलेटिव पैलेस, कैथेड्रल, सैन-फ्रांसिस्को चर्च, एल थियेट्रो अल एयरे लिबरे नामक खुला रंगमंच अदि पर्यटकों को आकर्षित

करते। यहाँ के बड़े-बड़े एवेन्यू भी खूबसूरत थे। अलफ्रेडो की इच्छा थी कि मुझे सबकुछ दिखाए। मैंने मन ही मन सोचा कि अजायबघर और सरकारी इमारतें देखने के लिए मैं अपने खर्चे पर एक दुभाषिये को साथ लेकर यहाँ नहीं आया हूँ। शहर का मानचित्र देखकर मैं खुद ही घूम सकता था। मैं बोलीविया जिस उद्देश्य से आया था, पहले उसे पूरा करना चाहता था। इसीलिए मैं अलफ्रेडो को लेकर सीधे ओझाओं के हाट में उपस्थित हुआ।

ओझाओं का हाट

काइए लिनारेस एवेन्यू पहुँचते ही मुझे लगा कि मैं अचानक राजधानी से किसी दूर के देश में पहुँच गया हूँ। मानों किसी ने जादू के बल से मेरे मन को किसी अनजान देश में ला पटका था। लिनारेस एवेन्यू के कुछ अन्दर दाखिल होने पर मैंने खुद को शोरगुल वाले एक बाज़ार में पाया। इस बाज़ार का स्थानीय नाम ओझाओं का हाट या बाज़ार था। यहाँ ओझाओं और खानाबदोशों की जमघट थी। एक अधेड़ महिलाने अचानक मेरी कलाई पकड़ ली और हाथ देखते हुए गंभीर स्वर में कुछ कहने लगी। अलफ्रेडो ने मुझे बताया कि वह कह रही है कि मेरी क़िस्मत में पर्यटन लिखा है। मैंने उस महिला के माथे की ओर देखकर कहा कि मैं तुम्हारा मस्तक देखकर बता सकता हूँ कि तुम्हें सुबह से एक भी ग्राहक नहीं मिला है। अलफ्रेडो द्वारा मेरा कथन स्थानीय भाषा में दुहरा दिए जाने के बाद उसने तुरंत मेरी कलाई छोड़ दी और कुछ कहकर अन्यत्र चली गयी। अलफ्रेडो ने मुझसे साश्चर्य पूछा, "आखिर तुमने यह कैसे बता दिया? वह कह रही थी कि तुमने ठीक कहा है।"

"अन्दाज से। "मैंने कहा, "अभी लगभग एक बजे हैं, भोजन का समय है, ऐसे वक्त में भी वह ग्राहक ढूँढ़ रही है देखकर मुझे लगा कि सुबह से उसे कोई ग्राहक नहीं मिला होगा।"

बाज़ार में दोनों ओर झोपड़ियों जैसी बहुत-सी दुकानें थीं जहाँ विभिन्न रंग के 'पोनचो' लटक रहे थे। इसके अलावा रंगीन मनका की माला, हाथ की बीनी पेटीकोट, कमीज और दीगर कपड़े-लत्ते आदि की दुकानें थीं। बगल की एक सड़क के किनारे चांदी-तांबा-पत्थर-मनका की दुकानें काठमंडू (हनुमान धोका) बाजार की याद दिलाती। सड़क कुछ प्रशस्त होते ही आयुर्वेदिक दवाइयों की महक आने लगी। आगे बढ़कर देखा, बड़ी-बड़ी दरियाँ बिछाकर उनपर विभिन्न प्रकार के सूखे पत्ते, जड़ें और जड़ी-बूटियाँ रखी गयी हैं। भारत की ग्रामीण हाटों में भी आदिवासियों द्वारा इसी तरह के पेड़-पौधों की जड़ें, छाल और टोटका औषधियाँ बेची जाती हैं।

सड़क पर लगायी गयी ऐसी दुकानों की यहाँ भरमार है। लगता था जैसे सड़क पर पनसारियों की दुकाने सजी हैं। वहाँ से कुछ और आगे बढ़ने पर छोटे-छोटे झुंडों

को सम्बोधित करते विचित्र पोशाक वाले ओझा दिखाई पड़े जिनके सामने रखे नरमुंड आदि यह स्पष्ट कर देते थे कि वे ही यहाँ के ओझा हैं जिन्हें स्थानीय भाषा में कुरानडेरोस कहा जाता है। वे चीखकर और कसमें खाकर यह दावा कर रहे थे कि वे किसी भी प्रकार के दर्द, दुरारोग्य बीमारी और मानसिक रोग से निजात दिला सकते हैं और उनके पास हर मर्ज की दवा है। ये दवाइयाँ सस्ती हैं और वे एंडीज़ के वास्तविक ओझा हैं।

ओझा के बाज़ार के उस परिवेश से बाहर न निकलकर हमदोनों वहीं एक छोटे से रेस्तोराँ में मध्याह्नभोजन के लिए जा बैठे। मीट के टुकड़े और भूँजे आलू की महक से अलफ्रेडो की भूख शायद बहुत बढ़ गयी थी। उससे मालूम हुआ कि इस व्यंजन को वहाँ 'पारिया' कहते हैं।

भोजनोपरांत हम पुनः ओझाओं के हाट में पहुँचे। यहाँ का दृश्य मेरे लिए एक नया अनुभव था। मैंने अपने देश में ओझाओं को भी देखा है और साधुओं का जमघट भी, लेकिन कभी ओझाओं का मेला नहीं देखा। यह बाज़ार ओझाओं का मेला जैसा था। ओझा लोग अपने परिवार के साथ आए थे। उनकी झोपड़ियाँ देखकर लगता था कि वे वहीं रात में भी ठहरते थे।

ओझाओं को पहचानना आसान होता है। दुनियाभर के ओझाओं की वेशभूषा लगभग एक जैसी होती है और इसीलिए वे आसानी से पहचान में आ जाते हैं। तिब्बत के तांत्रिक ओझा से लेकर भारत के ओझा, अफ्रीका के माराबू और यहाँ के कुराडेरोस तक सभी ओझाओं के पहनावे पागलों जैसे होते हैं, लगता है वे तन पर सारी गृहस्थी लादकर घूमते हैं। उनकी आँखो में चमक होती है और चेहरे पर रहस्य का भाव। परंतु कुरानडेरोस आम ओझाओं से कुछ अलग हटकर होते हैं। इनकी तुलना तिब्बत के तांत्रिक ओझाओं से की जा सकती है। प्रेत से निजात दिलाने के लिए आवश्यक हुआ तो ये भूत-प्रेत का आह्वान भी करते हैं। विभिन्न बीमारियों के लिए ये विभिन्न जड़ी-बूटियों और पत्तों से औषधियाँ बनाते हैं। कुछ कुरानडेरोस की ख्याति पागलपन दूर करने में है।

ला-पाज़ में आज मेरा पहला दिन था, इसलिए बिना किसी से कुछ पूछे-जाँचे मैं वहाँ के परिवेश और स्थितियों का जायजा लेता रहा। शाम तीन बजे के बाद यकायक ठंड तेजी से बढ़ने लगी तो मुझे ख्याल आया कि ला-पाज़ की ऊँचाई के बारे में मैं भूल गया था। हम इतनी ठंड के लिए तैयार होकर नहीं निकले थे, अतः मजबूरन हमें होटल लौटना पड़ा। हमने तय किया कि आज और होटल से बाहर नहीं निकलेंगे, अगले दिन सुबह के नाश्ते के बाद दुबारा ओझाओं के बाज़ार में पहुँचेंगे।

अगली सुबह हम ब्रेकफास्ट के बाद बाहर निकले तो अलफ्रेडो ने एक टैक्सी बुला लिया। उसकी मंशा थी कि मुझे वहाँ के और भी कुछ बाज़ार दिखा दे। इसमें

मुझे खास रुचि नहीं थी, अतः मैंने कहा कि जाते समय रास्ते में जो मार्केट पड़ेंगे सिर्फ़ उन्हें ही मैं गाड़ी में बैठे-बैठे देखूंगा, गाड़ी से उतरकर नहीं। हम पहले बुयोनोजाइरेस मेरकाडो (बाज़ार) पहुँचे, उसके बाद कैथिड्रल सैन फ्रांसिस्को। बुएनोस एयर मार्केट यहाँ का सबसे आधुनिक मार्केट है। कैथिड्रल सैन फ्रांसिस्को की भीत और दीवार के फाउण्डेशन के सारे प्रस्तर खण्ड तियाहुआनोको के ध्वंसावशेष से लाए गये थे। इसके बाद हम निग्रो मार्केट पहुँचे। निग्रो मार्केट नाम होने पर भी मुझे यहाँ निग्रो ज्यादा नहीं दिखे। इसके बाद सागरनागा बाज़ार जहाँ हस्तशिल्प के सभी सामान बिकते हैं। बोलीविया हस्तशिल्प के लिए प्रसिद्ध है। लगभग बीस मिनट बाद हम मेरकादो दे लसब्रूजोस यानी ओझाओं के बाज़ार के निकट पहुँच गये और टैक्सी से उतरकर हमने टैक्सी छोड़ दी। बाज़ार में काफ़ी चहल-पहल थी जिससे लगा कि बाज़ार में लोगों की आवाजाही सुबह ही अधिक होती है। यहाँ क़ोकापत्ता चबाकर पीक थूकने की आदत कुछ अजीब थी, लोग अपने दाएँ-बाँए-पीछे पिच्च से थूक देते, वह थूक किसी पर पड़ जाए तो मानों कसूर थूकने वालों का नहीं। भारत में लोग पान की पीक थूकने के लिए खाली जगह तलाशते हैं। यहाँ भीड़-भाड़ में भी लोग इसतरह थूकते हैं देखकर मुझे काफ़ी हैरानी हुई।

हम ओझाओं के हाट का कुछ देर तक चक्कर लगाते रहे। इन ओझाओं का हावभाव ऐसा था मानों उन्हे सबकुछ मालूम है। सामने गुडडा-गुड़िया सजाकर एक कुरानडेरो जिसरतह लगातार भाषण दिए जा रहा था, उससे मुझे कुछ कौतूहल हुआ। मैंने अलफ्रेडो से कहा कि उसकी बातें ध्यान से सुने और मुझे बाद में समझा दे कि वह क्या कह रहा है। हम भीड़ में धँसकर कुरानडेरो के सामने जाकर खड़े हो गये। उसकी बातें मैं समझ नहीं पा रहा था, किन्तु उसका बोलने का नाटकीय अन्दाज और भीड़ इकट्ठा करने की क्षमता देखकर मैं काफ़ी प्रभावित हुआ।

बाद में अलफ्रेडो ने बताया कि ओझा मानव जीवन में विभिन्न देवी-देवताओं के प्रभाव की चर्चा कर रहा है। देवी-देवता दूसरे ग्रह में रहते हैं परंतु उनका चरित्र बहुत कुछ मनुष्यों जैसा ही है। वे जब हमारे बीच आते हैं तो मनुष्य का रूप लेकर आते हैं। देवी-देवताओं में सर्वाधिक शक्तिशाली हैं तुतुहानाभिन्न। वे धरती के दृश्य और अदृश्य सभी पदार्थों के शृष्टिकर्ता हैं। विश्व-ब्रह्माण्ड का वे ही आदि शक्ति हैं। जैविक जगत का मुख्य प्राण वे ही हैं। दृश्य और अदृश्य, जो रचा गया है और नहीं रचा है, दिन और रात आदि के मूल मे वे हैं। भगवान तुतुहानाभिन्न भला-बुरा, जीवन-मृत्यु, शांति-अशांति जैसी विपरीत शक्तियों के कारणों के भी मूल में हैं।

आदि देवता के बाद दूसरा स्थान है पाचाकामान का। उन्होंने रोशनी रचा है। उनका प्रिय पुत्र है पाचाताता। पाचाताता का दूसरा नाम है इनति। इंका सभ्यता के जमाने में इनति की पूजा परमदेवता सूर्यदेव के रूप में होती थी। पाचामामा धरती देवी

है। पाचामामा और पाचाताता आपस में भाई-बहन हैं। धरती देवी और चन्द्रदेवी वस्तुतः एक ही देवी के दो नाम और दो रूप हैं।

अलफ्रेडो ने आगे बताया, ओझा के अनुसार इनतिपुत्र का नाम उनारू खोचाय है।वे पवित्रता और न्याय का प्रतीक हैं। वे धर्म की रक्षा करते हैं और धरती पर सभी को शांतिपूर्ण ढंग से सामाजिक जीवन जीनें की प्रेरणा देते हैं। उनारू खोचाया देवता की पूजा आइमार लोग बीराकोचा के नाम से करते हैं।

मैं मोटेतौर पर इतना समझ पाया कि तुतुहानाभिन्न आदि शृष्टिकर्ता हैं। उसके बाद पाचाकामान ने सूर्य और चन्द्रमा की रचना की। उनारूखोचाय नाम के एक और देवता को धरती पर शांति और व्यवस्था बनाए रखने के लिए लगाया गया।

अलफ्रेडो दूसरे छोटे-मोटे देवी-देवताओं के नाम याद नहीं रख पाया था। अतः मैंने मौका ताड़कर उसके जरिए ओझा से आग्रह किया कि वे हमें अन्य उप-देवताओं के विषय में जानकारी दें। इस आग्रह से ओझा बहुत ख़ुश हुए और शतरंज के मोहरों की तरह अपने गुड्डा-गुड़ियाओं को सहेजकर हमसे मुखातिब हुए। उसके बाद वे हमें तमाम देवी-देवताओं के बारे में बताने लगे।

एंडीज़ में बहुत से देवी, देवता और मुनि हैं, इसके अलावे बहुत से दैत्य और दानव भी हैं। वे लोगों का भला भी करते हैं और बुरा भी। काइयाहुआइया के कुरानदेरो युगों से इन देवी-देवताओं की पूजा करते आए हैं। वे सब अमर हैं।

ओझा ने एक गुड्डा दिखाकर कहा, यह देखिए, यह बलवान व्यक्ति पुरून रून है। इनका निवास ऊँचे पर्वत में है। ये युवक-युवतियों को काम और सौदर्य प्रदान करते हैं।

पाचागागारे :- भय और भरोसे की देवी हैं।

च्छास्का :- ये शुक्र ग्रह की रानी हैं, बहुत खूबसूरत हैं।

आछाले :- ये वन-दवी हैं। एंडीज़ के घने जंगल में किसी का बेटा-बेटी-पति भटक जाने पर वनदेवी आछाले से प्रर्थाना करनी पड़ती हैं।

ओझा ने एक और गुड्डा दिखाकर कहा, इनसे मिलिए, ये हैं भयंकर दैत्य इओभार च्छेंगार। भूत-प्रेत-दैत्य दानव से छुटकारा पाने के लिए इनकी आराधना करनी पड़ती है। इओभान च्छेंगार एंडीज़ के ओझाओं का परम पूजित दैत्य है। एंडीज़ में कोई अकेला मिल जाए तो ये राक्षस की तरह हमला करके उसे खा लेतें हैं। अतः सावधान, पहाड़ों में कभी अकेले नहीं घूमना चाहिए।

एकेको :- आनंददायिनी देवी, गृहस्थी में सुख और आनन्द लाती हैं।

सुपाइ :- यमराज, वे दुःख और मृत्यु के मालिक हैं।

इल्लापा :- वज्र और बारिश के देवता। एंडीज़ के नदी-नाले-झरने-झील-हिमपात आदि उन्हीं के चलते है। आसमान में चमकने वाली बिजली के भी वे ही मालिक हैं।

ओझाने आगे बताया कि इन देवी-देवताओं के अलावे एंडीज़ में बहुत-सी आत्माएँ घूमती रहती हैं। उनमें से अधिकांश पहले इंसान थे, मृत्यु के बाद वे सूक्ष्मदेह में विचरते हैं और आवश्यक होने पर मदद के लिए भी आ जाते हैं। काइयाहुआइया के आदिवासी श्रद्धापूर्वक उनके नाम भेंट चढ़ाते हैं।

इसके बाद ओझा ने कहा, "मैंने सब बता दिया। अब आप कहें कि इनमें से कौनसा स्टैचू आप ख़रीदेंगे?"

ओझा का अन्तिम वाक्य सुनकर अलफ्रेडो उहापोह में पड़ गया। उसे असमंजस में देखकर ओझा गुस्से से चीख़ पड़ा, "मैं सारे ग्राहकों को छोड़कर तुमलोगों को इतना वक्त दिया, और अब कह रहे हो कि कुछ नहीं ख़रीदोगे। मैने गप्पे मारने के लिए यहाँ दुकान नहीं लगाया है, मुझे ग्राहक चाहिए।"

स्थिति संभालने के लिए मैने अलफ्रेडो से कहा, "उन्हें बताओ कि हम पर्यटक हैं, भारी मूर्तियाँ लेकर हमें पर्यटन में दिक्कत होगी। हम बाद में आकर ले जाएंगे।"

ओझा ने कहा, "बताओ किस होटल में ठहरे हो? मैं खुद वहाँ पहुँचा दूँगा। मेरे दुकान की चीजें न्यूयर्क तक गयी हैं, अतःसमझ सकते हो कि इनका काफ़ी कद्र है। जो लेना चाहो, अभी ले लो।"

ओझा से बहस करना बेकार था। हमने वाकई उसका बहुत समय जाया किया था, अब बिना कुछ ख़रीदे वहाँ से जाना ठीक ना होता। मैंने अलफ्रेडो से कहा कि वह अपनी पसंद का कोई स्टैचू ख़रीद ले। इसके बाद मोल-भाव शुरू किया। आख़िर हमने ओझा को ख़ुश करने के लिए वन देवी आछाले की एक मूर्ति ख़रीद ली और उसके बाद उस दुकान से रुख़सत हुए।

ओझाओं का यह हाट अति विचित्र था। यहाँ सभी जोर शोर से प्रचार कर रहे थे कि वे काइयाहुआइया के ओझा हैं, काइयाइहुआइया की पहाड़ियों के पेड़-पौधे-जड़ी-बूटियों से बनी उनकी दवा बहुत कारगर है, उनका परामर्श बहुत उपयोगी होगा, वे पागलपन दूर कर सकते हैं आदि। कोई ग्राहक का सरदर्द दूर कर रहा था तो कोई अमीर बनने का फार्मूला बेच रहा था। एक महिला विभिन्न स्त्री-रोग के निदान के बारे में सलाह दे रही थी। कोई बंसुरी बजाकर नाच रहा था और नाच दिखाकर पैसे वसूल रहा था। यह परिवेश इतना मजेदार था कि इसे बाज़ार नहीं, मेला कहना अधिक उचित होगा।

इस बाज़ार में केवल ला-पाज़ के लोग आते हों, ऐसा नहीं है। पूरे बोलीविया से यहाँ लोग दैवी-औषधियां ख़रीदने और कुरानडेरो (ओझाओं) से मशविरा करने के लिए पहुँचते थे। भयंकर जाड़े के दिनों के अलावे यहाँ लगभग सालभर ऐसी ही भीड़ लगी रहती है। यह स्पष्ट था कि जो लोग यहाँ दवाइयाँ बेचने आते हैं वे अपनी जीविका की तागिद से आते हैं, यही उनका धंधा या व्यवसाय था।

मुझे यहाँ से काइयाहुआइयाओं की असली जगह कोइया सुइयो उपत्यका किसी ज्ञानी गुरु की तलाश में जाना था। मुझे उम्मीद थी कि मेरे इष्टदेवता जब मुझे यहाँ तक ले ही आए हैं, मेरी बाकी मंशा भी वे अवश्य पूरी करेंगे।

ला-पाज़ को दो भागों में बांट सकते है, एक निचला भाग जिसकी औसत ऊँचाई लगभग तीन हजार दो सौ मीटर थी, और ऊँचा भाग जिसकी ऊँचाई चार हजार मीटर थी। यहाँ की आबोहवा अत्यंत रूखी थी। यूरोप में ऐसी ऊँचाई पर सालभर बर्फ़ जमा रहता है, जैसे मँ ब्लाँ में। परन्तु यह देश भूमध्यरेखा के निकट होने के करण इतनी ऊँचाई पर भी बर्फ़ का नामोनिशान नहीं है। अप्रैल से सितम्बर तक यहाँ शीतऋतु रहती है, शुष्क-ठंडी हवा में लगता है सबकुछ जम जाएगा। अक्टूबर से मार्च यहाँ वर्षाकाल है। जून-जुलाई-अगस्त यहाँ का मौसम पर्यटन के अनुकूल होता है। अभी जुलाई का प्रारंभ था, दिन की धूप में शरीर गर्म होता और रात की ठंडक से बचने के लिए कम्बल ओढ़ना पड़ता। दिन और रात के तापमान में बारह से अठारह डिग्री तक का अंतर होता।

कोइयासुइओ पहुँचने से पहले कुछ दिन ला-पाज़ में ठहरकर यहाँ के लोगो से परिचित होने लगा। कैथिड्रल सैन-फ्रांसिस्को के बगल के पक्के चबूतरे पर हरदिन कोई न कोई रंग-बिरंगी अनुष्ठान होता रहता। स्पैनिशबैंड, इन्डियन लोकनृत्य, बंसुरी , गीत तथा युवक-युवतियों की आवाजाही देख देख कर समय बीत जाता। यहाँ के लोग बहुत मिलनसार और ख़ुशमिजाज थे। ये जबतब गीत गाते हैं, बंशी बजाते हैं या नाचने लगते हैं। पैसे के लिए नहीं, केवल आनन्द के अतिरेक में। सांझ होते ही ये सब नशे में बुत होने लगते। बियर, ह्विस्की, कोका और ड्रग के नशे में ये झूमने लगते। जवानी में कदम रखते यूवा वर्ग पर ड्रग जैसे छा गया था। हमारे देश में पान, बीड़ी, सिगरेट और बड़े शहरों में बियर का प्रकोप आजकल बढ़ने लगा है किन्तु आम सड़कों पर नशेड़ियों की संख्या अब भी कम है। ईश्वर इस स्थिति से बचाए।

हाँलाकि कई शताब्दी तक यहाँ स्पैनिश ने राजत्व किया, फिर भी यहाँ के मूल निवासी अपनी परंपरा बनाए रहे। स्पैनिशभाषा और गिरजाघरों के बावजूद बोलीविया में एंडीज़ की संस्कृति अब भी बरकरार है। यहाँ के हाट-बजार में मूल स्पैनिश की संख्या बहुत कम है। ला-पाज़ के ऊँचे भाग में, जिसका स्थानीय नाम अल्टी-प्लानों है, एक व्यस्त व्यवसायी क्षेत्र में मुझे कुछ यहूदी दिखाई पड़े। और वहीं पर कुछ जर्मन भी थे। अलफ्रेडो ने मुझे बताया कि यह भी बोलीविया की एक विशेषता है। हिटलर के डर से कुछ सम्पन्न यहूदी जर्मनी से बोलीविया आ गये थे अपनी जान बचाने के लिए। अमरीका ने जब यूरोप को हिटलर के शासन से मुक्त किया तब बहुत से उच्चपदस्थ नाजी सैनिक व उनके सहयोगी अमरीका के डर से दक्षिण अमेरिका में आ धमके, कुछ नाजियों ने बोलीविया में भी शरण लिया। यह किस्मत का अजीब खेल

है कि एक दूसरे के परम शत्रुओं को एक ही स्थान में आकर शरण लेना पड़ा। यहूदी और जर्मन, दोनों जर्मन भाषा बोलते हैं। अतः इन्होंने एक ही क्षेत्र में बसना मुनासिब समझा। दोनों व्यवसाय करते हैं।

कहते हैं किसी देश का परिचय वहाँ की राजधानी से ही मिल जाता है। ला-पाज़ के इर्दगिर्द का परिवेश देखकर तो ऐसा ही लगता है। बोलीविया की आबादी लगभग अस्सी लाख है जिसका लगभग साठ प्रतिशत बोलीवियन इन्डियन की आबादी है। शेष चालीस प्रतिशत वर्णसंकर और गोरे लोगों की आबादी है। अल्पसंख्यक चीनी और काले लोग भी हैं। सरकारी भाषा स्पैनिश होने पर भी देश के मात्र पच्चीस प्रतिशत लोग यह भाषा बोलते हैं। केचुआ, आइमारा और गुआराणी यहाँ की स्थानीय भाषाएं हैं। अंग्रेज़ी का प्रचलन बहुत कम है। स्पैनिश भाषा जानने पर कोई दिक्कत नहीं होती, खासकर ला-पाज़ में।

देश में खनिज सम्पदा प्रचूर मात्रा में उपलब्ध होने पर भी अभीतक उसका समुचित इस्तेमाल नहीं हो पाया है। ला-पाज़ की विभिन्न दुकानें देखकर लगता है कि लगभग पचास प्रतिशत सामग्रियाँ यू०एस०ए० से मंगायी जाती है। यहाँ से खनिज, ईंधन और धातु का निर्यात होता है। देश ग़रीब है, पचास प्रतिशत आबादी कृषि पर निर्भरशील है। बाकी लोग कारखाना, खदान और दफ्तरों में काम करते हैं। देश के विकास में एक और प्रमुख बाधा है यहाँ का धनी व्यापारी वर्ग, देश की सारी सम्पत्ति उन्हीं की हाथों में है। आम जनता दो जून की रोटी कमाने में ही व्यस्त है। इसके बावजूद देशकी संस्कृति और परंपरा के वे ही धरोहर हैं। उनका मोरेनादा लोकनृत्य देखकर कोई नहीं कह पाएगा कि देशवासी दुःखी या पीड़ित हैं। जीने के लिए ज्यों शरीर के लिए भोजन चाहिए, त्यों ही मन के लिए आनन्द चाहिए। उस आनन्द से ये लोग वंचित नहीं हैं। 'कोकोन', जिसे स्थानीय भाषा में 'पास्ता' कहते हैं, यहाँ का एक उल्लेखनीय व्यवसाय है। साल में लगभग बीस टन पास्ता संयुक्त राष्ट्र अमेरिका को चालान किया जाता है, जिससे लगभग एक मिलियन डॉलर की आमदनी होती है, लेकिन सारा धन व्यक्तिगत खाते में जाता है। इन व्यक्तियों का हाथ सरकारी तंत्र से भी अधिक मजबूत है। देश का प्रधान उपज गेहूँ, मकई, आलू और कोका है।

मैंने पहले भी यह लिखा है कि मेरा यह सफर केवल देश देखने के लिए नहीं है।एक अज्ञात कारण से मैं इस यात्रा पर निकला था। मैंने बहुत देश देखे हैं। अजायबघर में रखे मृत जीव-जंतु और खंडहरों के पत्थर देख कर मैं अभ्यस्त हो गया हूँ। न्यूयर्क, टोकियो, सिंगापुर, पैरिस, लन्दन, ऐथेन्स, मास्को सब देख आया हूँ। यहाँ शहर और उसके तमाम आकर्षण के बावजूद मन बारम्बार कह रहा है आगे बढ़ो-आगे बढ़ो। इसी तागित से मैं महान एंडीज़ पर्वतमाज़ा के माच्चू-पिच्चू से यहाँ तक पहुँचा हूँ। ला-पाज़ पहुँचने के बाद से लगातार मन में एक ही शब्द उच्चारित होने लगा

था– काइयाहुआइया। ओझाओं का देश, कुरानडेरो का स्वर्गराज्य। मुझे वहाँ यथाशीघ्र पहुँचना ही होगा।

ला-पाज़ में तीन दिन रहने के बाद मैंने आगे की यात्रा शुरू की।

गुरु की तलाश में :

जब गंतव्य का पता हो तो वहाँ पहुँचने में दिक्कत नहीं आती। अब हमें ओझाओं के देश काइयाहुइया तक जाना ही था क्योंकि ला-पाज़ में मुझे ऐसा कोई ओझा नहीं मिला जो ठीक से समझाता। ओझाओं के हाट में ग्राहकों की तलाश में आने वाले ओझाओं को लता-गुल्म, फूल-फल और जड़ी-बूटियों से बनने वाली औषधियों के बारे में अवश्य अच्छी जानकारी थी। किन्तु मैं यहाँ औषधि के लिए नहीं आया था अतः काइयाहुयाइया के लिए वाहनों की खोज में हम सुबह होटल से निकल पड़े।

हमें चाकालताया तक जाने के लिए एक ट्रक मिल गया। वहाँ से काइयाहुयाइया की दूरी पचास मील के करीब रह जाएगी। हमें ड्राइवर की बगल में जगह मिल गयी। बोलीविया में सर्वत्र जहाँ बसें या टैक्सियाँ नहीं चलती वहाँ ट्रक वाले सवारी लेते हैं। ट्रक में यात्री बैठाने के लिए किसी अनुमति की आवश्यक्ता नहीं पड़ती। ड्राइवर की बगल में सीट न मिले तो पीछे सामानों के ऊपर बैठना पड़ता है। किराया बहुत कम लगता है।

सड़क पहाड़ी थी, अतः ट्रक की रफ्तार बहुत धीमी थी। अतः ठण्ड लगने का अन्देशा नहीं था।

ला-पाज़ पीछे छोड़कर हम उत्तर-पूरब की एक सड़क पर आगे बढ़ रहे थे। राजधानी से लगभग दस किलोमीटर की दूरी पर हमें एक गाँव मिला। उसके बाद क्रमशः छोटे-छोटे गाँव और घर-बार ओझल होते गये। अचानक एक जगह सड़क पर अलपाकास का एक झुंड दिखायी पड़ा जो पहाड़ी बकरे की तरह दिखते हैं। मैंने पहले पीरू में भी देखा था। लामा और अलपाकास में बहुत मामूली फ़र्क़ है, ज्यों टट्टू और घोड़े में मामूली फ़र्क़ होता है। यानी जो फ़र्क़ होता है वह शकल में नहीं वल्कि ताकत और उनके जान्तव चरित्र में। लगभग सौ से अधिक अलपाकास सड़क पर ट्रक के सामने धीरे-धीरे चल रहे थे, ट्रक के हार्न ओर चरवाहे की हाँक का उन पर कोई प्रभाव नहीं पड़ रहा था। जब ट्रक का आगे बढ़ना असंभव हो गया तो ड्राइवर चरवाहे को डाँटने लगा, फिर गाली-गलौज करने लगा। चरवाहा बेचारा करे भी तो क्या करे? दाँयी ओर गहरी खाई और बाँयी ओर दीवार की तरह खड़ा पहाड़। अतः डाँट-डपट से कोई फ़ायदा होने का नहीं। आखिर ड्राइवर ने ट्रक रोका। बोला, इतनी धीमी चाल से बढ़ने पर पेट्रोल की खपत अधिक होगी। आगे कोई छोटा मैदान मिले तो चरवाहा वहाँ अपने जानवरों को रोक लेगा।

हम बोलीविया के अभ्यंतर से गुजर रहे थे। पहाड़ और उपत्यका के बीच की यह घुमावदार सड़क क्रमशः काफ़ी ऊँचाई पर आ गयी थी। यहाँ का उन्नतांश लगभग पाँच हजार मीटर होगा। आस-पास के पौधों और ठंड से ऐसा ही लगा। इस राह पर अलफ्रेडो पहले कभी नहीं आया था, अतः उसे भी अच्छा लग रहा था। आधा घंटा रुककर हम फिर आगे बढ़े। लगभग एक किलोमीटर की दूरी पर सड़क के बगल की एक छोटे से मैदान में अलपाकास का झुंड उतारकर चरवाहा खड़ा था। इससे हम निश्चिंत तो हुए परंतु सड़क की हालत बहुत खराब थी और दस-पन्द्रह किमी से अधिक की गति से ट्रक चलाना असंभव था। दो घंटे में हमने कुल बाईस किमी की यात्रा की थी। ट्रक में हम कुल पाँच लोग थे, ड्राइवर, उसका सहयोगी, मैं, अलफ्रेडो तथा एक और यात्री।

हमारे दाँए गहरी खाई, सामने खस्ता हाल सड़क। अतः ड्राइवर बहुत ही सावधानी से बाँयी ओर के पहाड़ से लगभग सटकर ट्रक धीरे-धीरे आगे बढ़ा रहा था। ऐसे में एक मोड़ पर अचानक सेना के एक दर्जन जवानों की उपस्थिति ने हमें एकबारगी चौंका दिया। वे मोड़ की आड़ में छिपे थे, जिससे हम उन्हें देख नहीं पाये थे। सड़क के दोनों ओर मशीनगन लगी थी। शायद हमें चौंकाना पर्याप्त नहीं था, एक जवान ने मशीनगन से ब्लैंक फायर कर दिया। ड्राइवर ने ट्रक रोका तो कुछ जवान ट्रक पर चढ़कर सामानों की जाँच करने लगे। हमें सर के ऊपर हाथ रखकर नीचे उतरने को कहा गया। ट्रक में पनसारी के दुकान की सामानों के अलावा कुछ नहीं था। जब उन्हें सन्देहजनक कुछ नहीं मिला तो हमें आगे जाने को कहा। आगे बढ़ते हुए ड्राइवर ने सैनिकों को भद्दी गालियाँ देते हुए गियर चढ़ाया। फिर बोला, ''देखा तो आपने, इन अत्याचारों के कारण इस रास्तें कोई भी आना नहीं चाहता।''

''वे क्या तलाश रहे थे?'' अलफ्रेडो ने पूछा।

''कुछ नहीं, असल में इनके पास दिनभर करने को कोई काम नहीं रहता, इसलिए भले राहगीरों को तंग करते हैं। उनका काम गोरिल्ला सेना और ड्रग के तस्करों को पकड़ना है। लेकिन असली चोर को वे नहीं पकड़ते, रिश्वत लेकर छोड़ देते हैं। और साधारण सैनिक रिश्वत न लेकर यदि उन्हें पकड़ भी ले तो आला अधिकारी मोटी रकम लेकर उन्हें छोड़ देते हैं।'' कुछ थमकर ड्राइवर ने आगे कहा, ''इस क्षेत्र में अच्छे कोकेन की उपज होती है। और पूछिए मत, ये सेना के अधिकारी शासन के नाम पर देश को चौपट किए जा रहे हैं।''

ड्राइवर अपने आप बड़बड़ाने लगा था और अलफ्रेडो उसकी बातों का अनुवाद कर दबी आवाज में मुझे बता देता। वह कह रहा था, ''देश का सारा धन मिलिटरी के खाते में जा रहा है। बोलीविया की करेंसी को बोलीवियानो या बोलीवियान पेसो कहा जाता है। अब बोलीवियानो की कोई कीमत नहीं रह गयी है। लोगों के पास पैसे नहीं

हैं। लेकिन देश का धनिक वर्ग दिन-ब-दिन और भी अमीर बनता जा रहा है...।''

रास्ते का चेहरा यकायक बदल गया था। हमलोग पहाड़ के ऊपर एक समतल जमीन पर पहुँच गये थे। आश्चर्य से यह दृश्य देखकर मैंने पूछा, ''क्या ही सुंदर दृश्य है, इस जगह का नाम क्या है?''

ड्राइवर अपनी बड़बड़ाहट रोककर तुरंत बोला, ''चाकालताइया- यानी दाँयी ओर के उस विशाल पहाड़ का नाम। कुछ ही देर में हम चाकालताइया शहर में पहुँचेंगे। चाकालताइया स्थानीय लोगों के लिए एक पवित्र पहाड़ है।''

कुछ ही देर के बाद हम एक गाँव में दाखिल हुए। इस गांव का नाम भी चाकालताइया था, हाँलाकि ड्राइवर इसे ही शहर बता रहा था। शहर कहलाने लायक कुछ भी नहीं था यहाँ। एक छोटा-सा गिरजाघर और उसके चारों ओर कुछ पक्के मकान और कुछ गरीबों की चाय की दुकानें। इसके अलावे दो पनसारी की दुकानों के सिवा यहाँ कुछ भी नहीं था। बाद में मालूम हुआ कि पनसारी की दो दुकानें इस क्षेत्र की नामी दुकानें थी जहाँ पहाड़ी और ग्रामीण दुकानदार सामान ख़रीदने आते। ट्रक का सामान यहीं उतरना था।

ट्रक की आवाज पाकर ग्रामीणों ने वहाँ आकर भीड़ लगा दी। छोटे-छोटे बच्चे ट्रक के पीछे का हिस्सा पकड़कर झूलने लगे। लगा कि मैं उनके लिए एक आकषर्ण की चीज बन गया था। हाँलाकि मेरा चेहरा इन लोगों जैसा ही था, फिर भी उन्हे शायद मेरे विदेशी होने की भनक लग गयी थी। हम कुछ खाने के इरादे से एक रेस्तोराँ में दाखिल हुए।

लगभग घंटे भर बाद ड्राइवर से हमने मशविरा की और ज्ञात हुआ कि चाकालताइया से हमारा गंतव्यस्थल काफ़ी दूर है और वहाँ जाने के लिए चाकालताइया से कोई वाहन नहीं मिलेगी। उसने कहा कि वह हमें अचाचि नामक एक बस्ती तक पहुँचा सक़ता है, वहाँ से काइयाहुइयान जाने की शायद कोई व्यवस्था हो जाए। इस प्रस्ताव पर हमने हामी भर दी क्योंकि और कोई चारा नहीं था। हमारे संग जो एक अतिरिक्त यात्री आया था, वह यहीं उतर गया था।

हमने आगे की यात्रा शुरू की। रास्ता क्रमशः दुर्गम होता जा रहा था। इस पहाड़ी सड़क पर आगे का नैसर्गिक दृश्य अत्यंत मनमोहक था जो आगे बढ़ते रहने की प्रेरणा देता। हमारे सामने रॉयल करदियार पर्वतमाला का अपरूप सौंदर्य था और उसकी तुषारशुभ्र चोटियों का सौंदर्य देखते ही बनता था। पहले चोटी का नाम था हुयान्रा पोटिसी, अगली चोटी कन्दोरिटी और उसके बाद इल्लुम्पू। ये चोटियाँ हिमालय की गुरला मांधाता पर्वत चोटियों की याद दिलाती। ऊपर समतल भूमि में पहुँचकर गाड़ी थर्ड गियर में चलने लगी जिससे इंजन की आवाज काफ़ी कम हो गयी और हमें इसका सुकुन मिला। सामने का नैसर्गिक दृश्य जेहन में भरते हुए हम शायद पाँच हजार मीटर

की ऊँचाई से गुजर रहे थें। ड्राइवर ने बताया कि रायल करदियार पर्वतमाला का यह बर्फ़ सालभर बना रहता है, कभी पिघलता नहीं।

लगभग एक घंटे की यात्रा के बाद हम टिटिकाका झील के निकट पहुँच गये। ऊपर से लेक एक नीले सागर जैसा दिख रहा था। हमने टिटिकाका झील का पश्चिमी भाग (पीरू की ओर) देखा था, अब देख रहे थे पूर्वी भाग। आगे ढालू थीं और ट्रक ढलान की ओर जा रहा था। तियाहुयानाको के निकट मैंने झील का दक्षिणी छोर देखा था, यानी इस विशाल लेक का अधिकांश भाग देखने का मुझे मौका मिला था। लेक के दक्षिण की समतल जमीन पर हमारी टैक्सी साठ, सत्तर और अस्सी किमी की गति से दौड़ी थी परंतु यहाँ पच्चीस-तीस किमी से अधिक की गति संभव न था। एक तो पहाड़ खुद ही एक बाधा था, ऊपर से सड़क की खस्ता हालत। झील के तट से ही पहाड़ शुरू हो जाता था जिससे खेती लायक जमीन का अत्यंत अभाव था। कभी-कभी जो जमीन दिखती भी तो उसका आयतन दो-तीन बिघा से अधिक न होगी। लेक के किनारे के उथले पानी में जलज पौधों का जंगल था जिनके लट्ठ से बाड़ा बनाया जाता है। लट्ठों से बने कुछ बाड़ा भी दिखे। स्थानीय बासिन्दे जाल फेंक कर मछली पकड़ रहे थे। इस भयंकर सर्दी में भी उनका उत्साह देखते ही बनता था। यह दृश्य अमरीकी पर्यटकों को चकित करता है और वे इनकी तस्वीरें ले जाते हैं। यूँ ऐसे दृश्य हमारे देश में बहुत आम है। लेक के किनारे के एक गांव में (इसे भी ड्राइवर शहर कहता था) पहुँचकर हम रुक गये। इसी गाँव का नाम अचाचि था।

एक पेट्रोल की दुकान से ट्रक की टंकी भर लेने के बाद ड्राइवर ने मुझसे कहा, "आपके लिए ही मुझे यहाँ तक आना पड़ा। कृपया पेट्रोल की कीमत चुका दें।"

पेट्रोल की कीमत सुनकर अलफ्रेडो चीख़ पड़ा, "इतनी कीमत हम नहीं दे सकते... यह बहुत ज्यादा है।"

यह बहस शीघ्र ही झगड़े में तब्दील होने लगा। मैंने अलफ्रेडो को रोका और स्थिति शांत करने के लिए उन्हें लेकर एक कॉफ़ी की दूकान मे घुसे। सूखे उबले मांस और कॉफ़ी का आर्डर देने के बाद हमने बातचीत शुरू की। मैने ड्राइवर से पूछा, "यहाँ से काइयाहुइयान की दूरी कितनी है?"

इस प्रश्न का ड्राइवर के पास कोई उत्तर नहीं था। क्योंकि वह वहाँ कभी नहीं गया था। उसे इतना निश्चित पता था कि यहीं से होकर वहाँ जाना पड़ता है। दुकानदार को भी वहाँ की दूरी के बारे में जानकारी नहीं थी। दिन के दो बजे थे, ड्राइवर किसी भी तरह रात से पहले आज ला-पाज़ नहीं लौट पाता। अतः उसे रात यहीं रुकना पड़ेगा। मैंने किराया और पेट्रोल की पूरी कीमत उसे थमाकर कहा, "देखो, कल सुबह तक यदि किसी वाहन का इंतजाम न हो पाए तो तुम हमें लेकर काइयाहुयान तक चलोगे, इसके लिए हम तुम्हें एक डालर प्रतिघंटे की दर से भुगतान करेंगे।" ड्राइवर

बिना मोल-तोल किए राजी हो गया, क्योंकि इसमें उसे फ़ायदा था। उसे खाली ट्रक लेकर लौटना था, रास्ते में कुछ सवारी मिलने पर भी उनसे बहुत मामूली किराया मिलता। स्थानीय लोग बहुत गरीब हैं और पैसे बचाने के लिए वे लम्बी दूरियाँ पैदल तय करते हैं।''

मैंने ड्राइवर से जो सौदा किया उससे अलफ्रेडो नाख़ुश था। अपनी नाराज़गी जाहिर करते हुए वह बोला, "आप अमरीकियों जैसे पैसा लुटा रहें हैं। आप समझते क्यों नहीं कि ये आपको ठग रहे है।''

मैंने उसकी भर्त्सना का उत्तर नहीं दिया। सिर्फ़ ड्राइवर को दिए जाने वाले पैसे को लेकर चिल्ल-पों की अवश्यकता नहीं थी। मुझे तो हरदिन अलफ्रेडो को भी काफ़ी पैसे देने पड़ते थे। मैं ट्रक छोड़ना नहीं चाहता था। यहाँ तक पहुँच गया था तो जैसे भी हो मुझे काइयाहुयान तक पहुँचना ही था।

दूसरे पहाड़ी गांवों की तरह इस गांव के केन्द्र में भी एक चर्च था– सामने क्रॉस लगा एक मंजिला छोटा मकान। इस चर्च का कोई वाह्य आडम्बर नहीं था। एक मकान के सामने फलक पर लिखा था 'होटल'। इस होटल में हम चार लोगों के रहने की व्यवस्था हो गयी। चार व्यक्तियों के लिए सिर्फ़ दो डालर। दो खाट पर एकसाथ दो-दो व्यक्तियों को सोना पड़ेगा। दूसरे गांवों से इस गांव की एक खास भिन्नता यह थी कि यहाँ पेट्रोल की दुकान थी जो अन्यत्र नहीं थी। पेट्रोल पम्प का मालिक गर्व के साथ बोला कि उसकी दुकान इस क्षेत्र का एकमात्र पेट्रोल की दुकान है।

अचाचि गांव झील के किनारे बसा था। इच्छा थी कि कुछ देर झील के किनारे चहलकदमी करूँ। किन्तु यहाँ ठण्ड के साथ ही तेज हवा भी थी और इस शीत लहरी को झेलकर घूमना संभव नहीं था। झील की सागर जैसी विशालता देखकर ही संतोष करना पड़ा। यहाँ पर्यटक नहीं आते थे। गांव में बिजली नहीं थी।

होटल मालिक और उनकी पत्नी ने मिलकर झील की स्वादिष्ट मछली और चावल की व्यवस्था की थी। उनका व्यवहार अत्यंत आत्मीय था।

अगले दिन सुबह आठ बजे हम पुनः रवाना हुए। पवित्र और शांत दिखने वाली टिटिकाका झील के किनारे-किनारे उत्तर की ओर बढ़कर एस्कोमा नामक गांव में पहुँचते ही वहाँ के ग्रामीण मुस्कुराते हुए हमें घेरकर खड़े हो गये और कॉफ़ी-शॉप के मालिक ने तुरंत हमारे लिए कॉफ़ी का इंतजाम कर दिया। एक व्यक्ति एक कनस्तर पेट्रोल लाकर बार-बार ख़रीदने का आग्रह करता रहा और बहुत ऊँची कीमत मांगता रहा। यह बताने पर कि हमें पेट्रोल की ज़रूरत नहीं है, वह मन मसोसकर रह गया और चेतता रहा कि आगे पहाड़ पर कहीं पेट्रोल नहीं मिलेगा। गांव से हमने रास्ते के लिए सूखे मांस, पावरोटी और बिस्किट ख़रीद लिए। यहाँ चारों ओर लामा और आलपाकास दिखायी पड़े , पशुपालन ही यहाँ का मुख्य धंधा था। खेती नहीं होती थी।

पन्द्रह मिनट बाद हम वहाँ से आगे बढ़े तो टिटिकाका लेक का साथ छूट गया। अब हम पूरब की ओर पहाड़ पर चढ़ रहे थे। सड़क कच्ची थी लेकिन काफ़ी चौड़ी। यूँ यह सड़क भी अच्छी नहीं थी। दोनों ओर का दृश्य सुहावना था। ट्रक सेकेण्ड गियर पर चल रहा था। इस रास्ते ड्राइवर की यह पहली यात्रा थी और वह ख़ुश लग रहा था। उसे नयी जगहों से परिचित होने का मौका जो मिला था। हम जितनी ऊँचाई पर उठ रहे थे सड़क की दशा उतनी ही खराब होती जा रही थी। कुछ देर बाद सामने से एक ट्रक आता दिखायी पड़ा तो हमारे ड्राइवर ने ट्रक रोक दी और विपरीत दिशा की ट्रक करीब आने पर नीचे उतर कर उसने ट्रक को रोका।

उस ट्रक में इंसान और जानवरों की मिलीजुली सवारी थी। अधिकांश आलपाकास और कोई पन्द्रह बीस इंसान। ट्रक ड्राइवर ने विपरीत दिशा के ड्राइवर से जाकारी ली कि यहाँ से ओझाओं का देश चार घंटे का रास्ता है और यह सड़क सीधे साराजानि तक पहुँचकर समाप्त हो जाती है। वहाँ से आगे केवल सेना की ट्रक या जीप जाती है। स्थानीय लोग विभिन्न गांवों के लिए पैदल यात्रा करते हैं।

इस खबर से मैं मन ही मन ख़ुश हुआ। अबतक इस सड़क के बारे में मुझे काफ़ी संशय था। कहीं कोई माइल-स्टोन या साइन-बोर्ड नहीं था और लोगों से पूछने पर कोई सटीक जानकारी नहीं मिलती थी। हाँलाकि यह समस्या हर पहाड़ी क्षेत्र में है।

कुछ देर के बाद ट्रक की गति बहुत धीमी हो गयी थी, सड़क के कारण नहीं वल्कि आलपाकास के कारण। चारों ओर ये जानवर विचर रहे थे और सड़क पर भी कब्जा जमाए थे। ट्रक के हार्न से उनके कान अवश्य खड़े होते, किन्तु वे सड़क छोड़ने को राजी न होते।

क्रमशः हम काफ़ी ऊँचाई पर आ गये थे। ड्राइवर ने आगाह कर दिया कि अब ठंड और बढ़ेगी। यहाँ का दृश्य देखकर मुझे तिब्बत के शिगात्से की याद आ गयी। पेड़ गायब हो चुके थे। रंग-बिरंगी पहाड़ी घास और पत्थरों के सिवा यहाँ कुछ नहीं था। इसीतरह हम लगातार तीन घंटे तक और भी चढ़ाई की ओर बढ़ते रहे।

आखिर एक दर्रे पर पहुँचकर हम रुक गये और ट्रक से उतरकर चहलकदमी करने लगे। यह इस क्षेत्र का सर्वोच्च स्थान था। एक फलक पर उन्नतांश लिखा था पाँच हजार साठ मीटर। दर्रे की पास पत्थरों का एक स्तूप देखकर मुझे घोर आश्चर्य हुआ। उधर बढ़कर मैंने उस स्तूप पर एक पत्थर चढ़ाया। ड्राइवर ने भी एक पत्थर उठाकर वहाँ डाला। यह देखकर मैंने उससे पूछा, "तुमने इस स्तूप पर पत्थर क्यों चढ़ाया?" उसने उत्तर दिया, "एंडीज़ में यही नियम है। सड़क यातायात में हम सर्वोच्च स्थान पर पहुँचकर देवता के उद्देश्य से पत्थर चढ़ाते हैं।" मैंने उसे बताया कि सिर्फ़ एंडीज़ में ही नहीं, हिमालय में भी हम इसी तरह देवता को श्रद्धा निवेदन करते

हैं।'' तिब्बत में सर्वत्र यह परंपरा कायम है। मुझे यहाँ आकर लगा कि हिमालय हो या एंडीज़, मनुष्य के मन की श्रद्धा और विश्वास में कितनी समरूपता है।

ठंड बहुत थी, अतः हमें ट्रक में आकर बैठना पड़ा। यहाँ से सड़क आगे नीचे की ओर जाती थी। हमलोग करदियार पर्वत लांघकर दूसरी ओर पहुँच गये थे। आगे एक विशाल उपत्यका दिखाई पड़ा। कुछ ही देर बाद सड़क के दोनों ओर आलपाकास के झुंड दिखाई देने लगे। पुंचो (चादर) और टोपी पहने चरवाहे हमे निःशब्द घूरते रहे। क्रमशः हम साराजानि शहर में दाखिल हुए। हमारी ट्रक यात्रा यहीं तक थी। आगे सड़क अत्यंत दुर्गम है और उसपर केवल मिलिटरी वाहन ले जाने की अनुमति है।

साराजानि शहर वस्तुतः एक छोटा सा पहाड़ी कस्बा था। लगता था कि करदियार पहाड़ के बीच इसे सतर्कता पूर्वक छिपा कर रखा गया है। यह पर्वतीय इलाका बहुत खूबसूरत था।

ट्रक से उतरने के बाद यहाँ तक की निर्विघ्न यात्रा के आनंद से मैं सराबोर था। लगा कि यह स्थान मेरा परिचित है, हाँलाकि मैं यहाँ पहली बार आया था। मैंने वादानुसार ड्राइवर को भुगतान कर दिया तो उसको बांछे खिल गयी और वह मुझे आंतरिक धन्यवाद देने लगा। इसके बाद हम एक चौराहे पर पहुँचकर खड़े हो गये। लगा कि शहर की सर्वाधिक चहल-पहल यहीं है। यहाँ गिरजा, डाकघर,थाना, रेस्तोराँ, होटल, कॉफ़ी-स्टाल, पनसारी की दुकानें आदि सबकुछ था। शहर में ट्रकों के सिवा और कोई वाहन नज़र नहीं आए। स्थानीय सभी लोग आदिवासी थे। गिरजाघर के अलावा स्पैनिशों का कोई चिह्न नहीं था। हम एक रेस्तोराँ में घुसकर स्टूल पर बैठ गये। नाम रेस्तोराँ होने पर भी इसे कॉफ़ी-शाप कहना ही उचित होगा। अलफ्रेडो की इच्छा थी कि हम सीधे किसी होटल में जाकर आश्रय लें। लेकिन मैं निश्चित नहीं था कि हम यहाँ रुकेंगे या नहीं, अतः मैंने कॉफ़ी-शॉप चुना। दुकान के एक कोने में चार-पाँच लोग ताश खेलने में मग्न थे। मैंनें सोचा कि कोई जानकारी प्राप्त करने कि लिए यही सही जगह है। मैंने ताश खेलने वालों पर नजर रखी और ज्योंही एक दाँव खत्म हुआ मैंने उनसे पूछा, ''हमलोग बाहर से आए हैं, क्या आप कृपया हमें कुछ जानकारी दे पाएंगे?''

मेरी बात सुनकर भी उन्होंने मेरी ओर ध्यान नहीं दिया, वे ताश के खेल में इतना रमे हुए थे। मेरा प्रयास विफल होते देखकर अलफ्रेडो ने कहा, ''सब को एक-एक प्याली कॉफ़ी पिला दें।'' मैंने कहा, ''नहीं ऐसा करने पर शायद वे बुरा मान जाएँ।'' परंतु मुझे लगा कि इन लोगों से कुछ जानकारी अवश्य मिल सकती है। खेल खत्म होने पर वे कुछ देर अवश्य बैठेंगे, मुझे सब्र से उस पल का इंतज़ार करना चाहिए।

एक महिला मुस्कराती हुई आर्डर लेने आयी तो हमने कॉफ़ी और रोटी का आर्डर दिया। मैंने एक पैकेट सिगरेट भी ख़रीद लिया। मुझे सिगरेट ख़रीदते देखकर अलफ्रेडो आश्चर्य से मुझे घूरने लगा। मैंने उसे आश्वत किया कि यह उसके लिए नहीं है, उन लोगों के लिए है। कहकर मैंने ताश खेलने वालों की ओर इशारा किया। हम रोटी और कॉफ़ी के इंतज़ार में थे कि कोने की मेज से आती हो-हल्ला से यह स्पष्ट हो गया कि ताश के खेल में कोई पार्टी जीत गयी है और खेल खत्म हो गया है। हम इसी मैंके की फ़िराक में थे। मैं तुरंत आगे बढ़कर उनकी ओर सिगरेट बढ़ाया जिसे वे निस्संकोच ले लिए। अलफ्रेडो ने माचीस जलाकर उन्हें सिगरेट सुलगाने में मदद की। मैंने सिगरेट की डिबिया उनकी मेज पर रखकर अलफ्रेडो को प्रश्न पूछने के लिए इशारा किया जिसके लिए वह तैयार ही था। उसने पूछा, "क्या आप बता पाएंगे यहाँ से काइयाहुइयान कितनी दूर है?"

"काइयाहुइयान?" किसी ने दुहराया, फिर वे आपस में मशविरा करने लगे। बाद में एक ने कहा, "जहाँ कुरानडेरो लोग औषधियाँ बेचते हैं आप वहाँ जाना चाहते हैं?"

हमने सोत्साह हामी भरी।

"काइयाहुइयान बोलने से सबलोग नहीं समझेंगे, खाइयाभास कहें, वह स्थान इसी नाम से अधिक परिचित है। वह यहाँ से काफ़ी दूर है।"

"यह बताएँ कि हम वहाँ तक जाएँ कैसे?"

"ट्रक उधर नहीं जाता, पैदल पहुँचने में चार-पाँच दिन लगेंगे। यहाँ से कन्दोर वैली होकर जा सकते हैं, उल्ला-उल्ला होकर भी पहुँच सकते हैं।"

एक अन्य व्यक्ति ने पूछा, "लेकिन आप वहाँ क्यों जाना चाहते हैं?"

"हम किसी अच्छे कुरानडेरो से मिलना चाहते हैं।"

"कुरानडेरो से मिलने? तो इसके लिए उतनी दूर क्यों जाएंगे? हमारे यहाँ भी बहुत-से नामी-गरामी कुरानडेरो हैं। अभी कुछदिन पहले दो लोगों को भूत से छुटकारा दिलाया गया, छुटकारा क्या-भूत भागने को मजबूर हुआ, है न?" उसने अपने बगल वाले से समर्थन मांगा। बगल में बैठे व्यक्ति ने हामी भरते हुए कहा, "तू उस लकड़ी के बने घर की बात कर रहा है न? हाँ, बहुत अजीब घटना थी। पाँच महीने से भूत उस लड़की के कंधे पर सवार था, आखिर ओझा ने उसे झाड़ू मारकर भगाया।" एक और व्यक्ति ने आगे बढ़कर इन्हें टोंका, "तुमलोगों ने तो सिर्फ़ सुना है, मैं प्रत्यक्ष दर्शी हूँ, वहाँ मौजूद था। और उस लड़की तिनताइया को मैं बचपन से जानता हूँ। उस जैसी सुंदरी इस शहर में और कोई नहीं। उसे ओझा ने जिसतरह झाड़ू से पीटा देखकर बहुत

दुःख हो रहा था। लेकिन और कोई उपाय नहीं था। अब तिनताइया पूरीतरह स्वस्थ हो गयी है।"

इस तरह हमारी बातचीत आगे बढ़ने लगी। मामूली सिगरेट के जरिए किसी से हेलमेल करने का यह एक अजीब लेकिन कारगर तरीका था। इस बीच हमें रोटियाँ परोसी गयी और बातचीत जारी रखते हुए हम रोटियाँ खाने लगे।

इस शहर में पाँच-छह ओझा थे जिनमें से दो का नाम-यश बहुत ज्यादा था। वे हरतरह की बीमारी की दवा बेचते थे और छोटे-बड़े हर तरह के भूत-प्रेत के प्रकोप से रक्षा करने का वादा करते थे। यह तय करते हुए कि हम पहले इन्हीं ओझाओं से मिलेंगे, हमने उनका नाम पता नोट कर लिया और भोजनोपरांत वहाँ से निकलकर एक होटल में जाकर कमरा लिया। होटल में अपना सामान रखकर हम ओझा से मिलने के लिए निकल पड़े। शहर छोटा था लेकिन एक सहूलियत यह थी कि यहाँ पर्यटकों के इर्द-गिर्द भीड़ नहीं इकट्ठी होती और दलाल परेशान नहीं करते। सब अपने-अपने काम में व्यस्त रहते हैं। शहर काफ़ी शांत है और यहाँ का नैसर्गिक दृश्य अत्यंत मनोहर। मुझे यहाँ का वातावरण किसी धार्मिक गांव जैसा लगा। ठंड के कारण भी शायद सड़कों पर लोगों की जमघट नहीं रहती। हमें स्थनीय नामी ओझा का मकान ढूँढ़ने में कोई परेशानी नहीं हुई। शहर के एक छोर पर पहाड़ों से घिरा पक्का मकान था उनका। दरवाज़े पर दस्तक देने पर एक महिला ने दरवाज़ा खोलकर हमारा अभिवादन किया और सामने दो विदेशियों को देखकर तुरंत अन्दर चली गयीं। कुछ ही क्षण बाद एक सज्जन ने आकर पूछा, "कहिए?"

"सुना है यहाँ एक नामी कुरानडेरो रहते हैं, हम उन्हीं का मकान ढूँढ़ रहे थे। हमलोग ला-पाज़ से आए हैं।

"आइए, अन्दर आइए। वे मेरे पिता हें, मैं उन्हें बुला देता हूँ।"

हम एक मेज के सामने बैठ गये। थोड़ी ही देर बाद एक व्यक्ति आकर हमारे सामने बैठ गये और हम दोनों पर निगाहें फेरकर उन्होंने पूछा, "तुम दोनों में से रोगी कौन है?"

"हममें कोई बीमार नहीं, असल में हम कुछ जानकारी लेने के लिए यहाँ आए हैं– यानी हमें आपसे कुछ प्रश्न पूछने हैं।"

"वही कहो! यानी तुमलोग पत्रकार हो? मेरे बारे में तीन बार अख़बारों मे लिखा गया है। एक बार तो फोटो के साथ। काफ़ी दिन हो गये... मारिया! मारिया!!"

उनकी पुकार सुनकर मारिया दौड़ी आयी। मारियाने ही हमारा दस्तक सुनकर दरवाज़ा खेला था। वृद्ध ने उससे कहा, "जिस अख़बार में मेरा फोटो छपा था, जरा इन्हें दिखा दो।"

अलमारी खेलकर मारिया ने एक सहेजकर रखा गया अख़बार निकाला और ओझा की तस्वीर के साथ छपा रपट हमें दिखाया। स्पैनिश भाषा की उस अख़बार में रपट का शीर्षक था– 'साराजानि के ओझा ने एक और दुराराग्य बीमारी से निजात दिलाई।'

इस परिवार में किसी को स्पैरिश नहीं आती थी। अलफ्रेडो के माध्यम से केचुया भाषा में हमारी बातचीत आगे बढ़ी। जब वृद्ध सज्जन को मालूम हुआ कि हम पत्रकार नहीं पर्यटक हैं और अपना कौतूहल मिटाने के लिए घूम रहे हैं तो वे कुछ हताश हुए, किन्तु सहयोग के लिए राजी हो गये। बोले, "ठीक है, पूछो, क्या जानना चाहते हो?"

"क्या आप मानते हैं कि कंदोर एक रहस्य जनक पक्षी है और उसमें दैवी शक्ति है?"

"अवश्य। यह सच है कि कन्दोर हमारा आराध्य देवता है। वह अपनी सदा जाग्रत दृष्टि से हमारी रक्षा करता है।" उन्होंने भक्तिभाव से उत्तर दिया।

"क्या हम जाग्रत अवस्था में सपना देख सकते हैं? आपकी इस विषय में राय क्या है?"

"अवश्य, यदि तुम्हारी साधना और तैयारी इस लायक हो तो सबकुछ संभव है।"

"कन्दोर पक्षी की आँखो मे आँखे डालने पर क्या मन का परिवर्तन संभव है?"

"कन्दोर हमारा आराध्य देवता है, उसके लिए कुछ भी असाध्य नहीं। तुममें यदि प्रस्तुति हो तो वह तुम्हें आकाश में भी ले जा सकता है।"

'तुम्हें आकाश में ले जा सकता है' सुनते ही मेरे रोंगटे खड़े हो गये। आनंद और उत्साह से मेरा मन भर गया और मैं सोचने लगा कि मैं बिलकुल सही स्थान पर पहुँच गया हूँ। किन्तु मेरा उनसे अभी एक और प्रश्न था।

"प्रस्तुति शब्द का आशय क्या है? आप कैसी तैयारी की बात कह रहे हैं?"

"तुम लोग एक काम करो। कुर्भा गांव के डान कुरानडेरो से जाकर मिलो। वे तुम्हें विस्तार से समझा देंगे।"

इसके बाद उनकी बातचीत और जानकारी के लिए उन्हें धन्यवाद देकर और आभार जताकर हम उनके घर से बाहर निकल आए। रास्ते में अलफ्रेडो ने कहा, "वे बहुत घमंडी हैं, इसीलिए अख़बार निकालकर हमें दिखाया और अपनी तारीफ़ ख़ुद करने लगे।"

मैं उससे सहमत नहीं हो पाया। मैंने कहा, "नहीं भई, तुमने सज्जन को ठीक से परखा नहीं। उन्होंने अखबार अहंकार के कारण नहीं, पुरानी स्मृति के आकर्षण में दिखाया था। बुढ़ापे में पुरानी स्मृतियाँ खंगालना समय यापन का एक जरिया मात्र है।"

हमलोग होटल में लौट आए। सामने होटल का फलक लगा था किन्तु वास्तव में यह एक पनसारी की दुकान थी। दुकान के पीछे बतौर होटल उपयोग करने के लिए दो कमरे बनाए गये थे। कमरे में एक बड़े तख्त पर भारी गद्दा बिछा था और दो तकिया

और दो कम्बल रखा था। एक ही खिड़की थी। हाथ-मुँह घोने और गुसल संडास के लिए मालिक के घर जाना पड़ेगा जो पास में ही था। भोजन के लिए बगल के कॉफ़ी की दुकान या रेस्तोराँ में, जहाँ हमने दिन में भोजन किया था।

सांझ होते ही सड़कें निर्जन हो गयी, जैसे सारा शहर सो गया हो। हम त्वरित रेस्तोराँ में आ गये, डर था कि देर करने पर शायद वह बंद हो जाए और हमें उपवास करना पड़े। बाहर की सन्नाटा के विपरीत रेस्तोराँ में काफ़ी जमघट थी और सिगरेट के धुँए और कॉफ़ी की महक के साथ ताश का अड्डा जमा हुआ था। दिन में जो लोग मिले थे वे भी थे, कुछ और लोग तथा मिलिटरी के सात जवान। हमारे प्रवेश करते ही दुकान की महिला ने कहा, ''आइए आज बहुत बढ़िया खाना बन रहा है, तुन्ता (मकई के खण्डा का सूप) और चिचारण (भुना हुआ मांस)।

दिन में जिनसे बात हुई थी उनमें से एक ने ताश की मेज से ही चीख़कर पूछा, ''क्या हुआ, उनका घर मिला?''

''जी हाँ, धन्यवाद। ये कुरानडेरो बहुत अच्छे और नम्र स्वभाव के हैं। उनसे मिलकर अच्छा लगा।''

''मैंने तो कहा था। मेरे दोस्त की माँ को भूत के चंगूल से उन्होने ही बचाया था।''

ताश के पत्तों से बिना नज़र हटाए एक व्यक्ति ने कहा, ''मेरे भतीजे की बीमारी उन्होंने ही दूर की थी।

यहाँ का यह परिवेश बहुत अपनाव भरा था। ये लोग बहुत ही सहज और सरल इंसान थे।

अगले दिन तड़के मुर्गे की बांग सुनकर मेरी नींद उचट गयी। कुछ देर बिस्तर पर करवटें बदलकर मैं समय काटता रहा, उसके बाद उठ पड़ा। अलफ्रेडो गाढ़ी नींद में था। मैं कमरे से बाहर निकला और गांव के एक छोर से दूसरे छोर तक चहलकदमी करता रहा। दूर के पहाड़ी दृश्य बहुत आकर्षक थे। मैं मन ही मन 'हरे राम हरे राम राम राम हरे हरे' गुनगुनाता हुआ कुछ देर तक टहलता रहा। यहाँ के इस पवित्र परिवेश में मन बहुत हल्का था और टहलना अच्छा लग रहा था। परंतु ठंड बहुत होने के कारण अधिक देर तक बाहर नहीं रह पाया, मुझे कमरे में लौटना पड़ा।

सुबह नाश्ता से निपटकर हम बाहर निकले तो होटलमालिक ने हमें बुलाकर मुस्कुराकर पूछा, ''मुँह-हाथ धोने के लिए गरम पानी लेंगे?''

''गरम पानी? हाँ, हाँ, अवश्य!'' अलफ्रेडो चिहुँक पड़ा।

''जी हाँ, गरम पानी-नहाने के लिए भी मिल जाएगा। और कपड़े धोने हों ते हमें दे दीजिएगा।''

हमारी ख़ुशी का कारण यह था कि इस क्षेत्र में गरम पानी दुर्लभ है, मुझे ला-पाज़ के होटल के सिवा और किसी होटल में गरम पानी नहीं मिला था। हमारी ख़ुशी देखकर उस सज्जन ने हमे असली बात बता दी। असल में कुछ हीं दूरी पर एक गर्म पानी का सोता था, जिसमें नहाने से कई बीमारियाँ दूर हो जाती हैं। गांव वाले वहीं जाकर नहाते थे। वह गर्म पानी का सोता बारहों महीने बना रहता है। दूर-दराज से भी लोग वहाँ नहाने के लिए आते हैं। होटल मालिक ने हमें राह दिखाने के लिए एक लड़का हमारे संग भेजा। हम तैयार होकर उसके साथ नहाने के लिए चल पड़े।

एंडीज़ का नंदन कानन

गांव से निकलकर हमलोग एक कच्ची सड़क पर आगे बढ़े। यात्रा तकलीफदेह थी किन्तु चारों ओर का रमणीक दृश्य मन में ताजगी भर रहा था। दूर से झांकती एंडीज़ की बर्फ़ीली चोटी इस नैसर्गिक दृश्य की शोभा बढ़ा रही थी। यत्र-तत्र आलपाकास घूम रहे थे। चारों ओर असंख्य वनफूल खिले हुए थे। लगता था कि हम नन्दन कानन से गुज़र रहे हैं। मुझे कई कन्दोर पक्षी दिखाई दिए। इस क्षेत्र में कन्दोर पक्षी बहुत हैं और कुरानडेरो लोग इस पक्षी को श्रद्धा की नज़रों से देखते हैं। जो लड़का हमारी अगुआई कर रहा था वह बहुत चालाक और होशियार था और अलफ्रेडो उससे इस क्षेत्र के बारे में जानकारी ले रहा था।

इस पहाड़ की उपत्यका का नाम कन्दोर वैली था जहाँ बहुत-से कन्दोर पक्षी हैं। कुरानडेरो लोग विशेष उत्सव के समय कन्दोर को लामा का मांस चढ़ाते हैं। हमारा किशोर गाइड बता रहा था कि यह उसकी समझ से परे है कि इस पक्षी को इतना सम्मान क्यों दिखाया जाता है और आनुष्ठानिक तरीके से उन्हें मांस चढ़ाने की भी क्या आवश्यकता है क्योंकि कन्दोर मांसभक्षी हैं और किसी भी प्राणी का मांस खा लेता है। कोई लामा या आलपाकास मर जाए तो कन्दोर के झुंड पहुँचकर उस जंतु की लाश को खा जाते हैं। यही नहीं, वे मुर्गी, कबूतर, चूहा जैसे छोटे-छोटे प्राणियों पर भी झपटते हैं।

लगभग डेढ़ घंटा चलने के बाद हम एक कुंड के पास आकर रुक गये। किशोर गाइड, जिसका नाम मनतेरो था और जिसकी उम्र चौदह-पन्द्रह के आसपास थी, बोला कि गर्म पानी का कुंड वही है। यहाँ पहुँकर लोग नहाकर शरीर स्वच्छ रखते हैं। मनतेरो बहुत फुर्तीला था, कुंड के करीब पहुँचकर उसने कपड़े उतार दिए और झट से पानी में कूद गया। फिर वहीं से चीख़ा, "मेरी तरह कपड़े उतारकर पानी में कूद जाइए।" हम दोनों भी कपड़े अतारकर कुंड में दाखिल हो गये। कुंड के पानी का तापमान हमारे शरीर के तापमान से कुछ ही डिग्री अधिक था और नहाने में बहुत मजा आ रहा था। पूरीतरह नंगे होकर हम कुंड में नहा रहे थे और शिशुओं की तरह एक दूसरे पर पानी

छिड़क रहे थे। इस ठंडे देश में इस तरह नहा पाने का आनंद ही कुछ और है। हमारे तन-मन की थकान मिट गयी थी और हम खुद को ताजा महसूस कर रहे थे।

स्नानोपरांत धूप में बैठकर हमने शरीर को और ताजगी दी। मुझे लगा कि इस कुंड के पानी में अवश्य कोई बात है जिससे शरीर इतना हलका और ताजगी भरा लग रहा है। मैंने बहुत से कुंडों में स्नान किया है, लेकिन ऐसा कभी अनुभव नहीं हुआ। लग रहा था कि इस हलके शरीर को लेकर मैं आसमान में उड़ सकता हूँ। मन भी हलका, शुद्ध और पवित्र हो गया था। एंडीज़ के इस दुर्गम क्षेत्र के इस कुंड के बारे में बहुत कम लोगों को पता था, खुशकिस्मती और अच्छे कर्मफल के बिना यहाँ पहुँचना संभव नहीं था। मुझे यह स्थल पवित्र और साधना के योग्य लगा। गायत्री मंत्र जाप करते हुए इस अनुभव के लिए मैंने ईश्वर को धन्यवाद दिया।

मुझे यह स्थल इतना भा गया था कि यहाँ से उठने की इच्छा नहीं हो रही थी लेकिन मैं अकेला नहीं था, अलफ्रेडो और मनतेरा को भूख लग गयी थी। अतः वहाँ से लौटना पड़ा। गाँव लौटकर हम मध्याह्न भोजन से निपटे और उसके बाद मनतेरो को साथ में लेकर डान कुरानडेरो से मिलने के लिए निकल पड़े।

मनतेरो सरल भी था और चालाक भी। साधारणतः ऐसे दो परस्परविरोधी गुण एक व्यक्ति में दिखाई नहीं देता। वह बहुत हँसमुख था और चलते-चलते कहीं ठोकर भी लग जाता तो खिलखिलाकर हँसने लगता। पहाड़ी अलपाकास पकड़ने के लिए वह हिरण की स्फूर्ति से उनके पीछे भागने लगता। वह पहाड़ी जानवरों से बच्चों की तरह बातें भी करने लगता। वह गांव के सभी लोगों को पहचानता था और उनकी अच्छाइयों और बुराइयों से भी वाकिफ था। उसमें एक अच्छा गाइड बनने की क्षमता थी किन्तु दुर्भाग्यवश उसे स्थानीय केचुआ भाषा के अलावे और कोई भाषा नहीं आती थी। मैंने अलफ्रेडो के माध्यम से उसे बताया कि स्पैनिश भाषा सीख लेने से उसका भविष्य उज्ज्वल हो सकता हैं। उसने हामी भरते हुए कहा कि बड़ा होकर वह स्पैनिश अवश्य सीखेगा, क्योंकि शहर से जो लोग अलपाकास पकड़ने के लिए आते हैं वे सब स्पैनिश बोलते हैं, बिना स्पैनिश जाने अच्छी आमदनी नहीं हो सकती।

मैं घड़ी नहीं ले गया था और अलफ्रेडो की कलाईघड़ी बंद हो गयी थी, इससे हम समय का अन्दाज नहीं लगा पा रहे थे। मनतेरो ने बताया था कि साराजानि से कुर्भा गांव पहुँचने में एक घंटा लगेगा। ला-पाज़ से जो लोग सूखे पत्ते ख़रीदने के लिए आते हैं उनके साथ वह अक्सर कुर्भा गांव आवाजाही करता है। वह डान कुरानडोरो को भी पहचानता था। उसने कहा, "वे बहुत अच्छे इंसान हैं, मुझे जब भी देखते हैं कुछ न कुछ खाने को अवश्य देते हैं। एक बार रात हो गयी थी तो मैं उन्ही के घर में टिका था।"

कुर्भा गांव के पहाड़ की गोद में कुछ कच्चे मकान दिखाई पड़े, डान कुरानडेरो का निवास वहीं था। घर के बगल में एक झरना था और आलपाकास हिरणों की तरह विचर रहे थे। बहुत शांत परिवेश था। हम घर के निकट पहुँचते ही जिस व्यक्ति ने आगे बढ़कर फाटक खोला वे ही डान कुरानडेरो थे, इस क्षेत्र के नामी ओझा और वैद्य।

उन्होंने हमसे पूछा, "तुम लोग ग्रेंगो हो?" (स्पैनिश भाषा में विदेशियों को ग्रेंगो कहते हैं)।

अलफ्रेडो ने कहा, "जी हाँ।"

बरामदे में एक दरीं बिछाकर उन्होंने हमें बैठने के लिए कहा। मनतेरो के सर पर हाथ फेरकर उन्होंने पूछा, "कैसा है तू?"

इसके बाद डान कुरानडेरो, जिनका असली नाम डान फ्लोरेनतिन था, हमारी ओर मुखातिब हुए। हमें कुछ पूछना नहीं पड़ा, उन्होंने खुद ही हमसे पूछताछ शुरू की– "तुम लोग बीमार नहीं हो, यहाँ क्यों आए हो? तुम लोग व्यापारी भी नहीं लगते, जड़ी-बूटियां ख़रीदने के लिए नहीं अए हो, तो फिर तुम्हें क्या चाहिए? इससे पहले मैने तुम दोनों को कभी नहीं देखा, मेरे पास आने का मकसद क्या है?"

उनके तीन सवाल सुनकर अलफ्रेडो कुछ ऊहापोह में पड़ गया। मैंने उससे कहा, "तुम चिंतित न हो, जो कहना है मैं कहूंगा, तुम उन्हें मेरी बातें केचुआ भाषा में समझा दो।"

मैंने कहा, "आपने ठीक ही समझा है, हम दोनों ग्रेंगो हैं, अलफ्रेडो पीरूवियन है और मैं आया हूँ धरती के दूसरे छोर के हिमालय पर्वतीय क्षेत्र से। मेरे मन में कुछ प्रश्न हैं जिनका मैं उत्तर ढूँढ़ रहा हूँ। साराजानि के कुरानडेरो ने हमें आपके बारे मे बताया। मैंने उनसे जानना चाहा था कि कन्दोर पक्षी की आंखो से आंखें मिलाने से क्या मन में परिवर्तन आता है? उन्होंने बताया कि प्रस्तुति रहने पर कन्दोर हमें आसमान में भी ले जा सकता है। मैंने 'प्रस्तुति' शब्द की व्याख्या मांगी तो उन्होंने हमें आपके पास भेजा। आप यदि इस प्रस्तुति के बारे में आलोकपात करें तो आपकी बहुत कृपा होगी और मैं हमेशा आपका आभारी रहूंगा।"

मेरी बातें सुनने के बाद डान कुरानडेरो ने मेरे चेहरे की ओर देखा, उसके बाद उनकी आँखें मेरी आँखों में सध गयी। लगा कि अपनी पैनी दृष्टि से वे मेरे भीतर तक झांक रहे थे। उनकी उम्र साठ से आसपास थी। शुष्क और ठंडी आबोहवा से उनके चेहरे पर झुर्रियाँ उभर आयी थी और गाल पर दरारें थी। त्वचा का रंग तांबे जैसा था। शरीर गठीला और मजबूत था। चेहरे के भाव में सहजता थी। लम्बे बाल थे। पाजामें जैसा एक ढीला पतलून और फटी कमीज पहने थे, ऊपर से मोटे ऊन का एक चादर ओढ़े हुए थे। उनकी आँखों की उज्ज्वल नीली पुतलियाँ बहुत कुछ कन्दोर पक्षी की

आँखों जैसी थी। कुछ देर तक मुझे घूरने के बाद उन्होंने अपनी आँखें आसमान की ओर टिका दी और कुछ सोचने लगे। अलफ्रेडो शायद इस नीरवता को तोड़ने के लिए कुछ कहना चाह रहा था, मैंने उसे इशारा किया कि वह चुप रहे। और भी कुछ देर तक वहाँ खमोशी छायी रही, उसके बाद डान कुरानडेरो ने खुद ही मौन तोड़ा और मेरी ओर देखकर बोले, "मुझे एक सिगरेट दो।"

अलफ्रेडो ने जेब से सिगरेट की डिबिया निकालकर उनके सामने रख दिया। उन्होंने एक सिगरेट निकालकर उसे घुमा-फिराकर देखा, सुलगाया, और फिर कश खींचकर आराम से धुँआ छोड़ते हुए बोले, "सिगरेट बहुत अच्छी है।"

इसके बाद वे अचानक उठ कर खड़े गये और बोले, "तुम लोग इंतज़ार करो, मैं अभी आया।" ऐसा कहकर वे मनतेरो को साथ में लेकर कहीं चले गये।

उनके इस बर्ताव से अलफ्रेडो बहुत खीझ गया था। अलफ्रेडो शहरी था और उसे इन गांवो का परिवेश यूँ भी अच्छा नहीं लगता था। उसने मुझे समझाने की कोशिश की- "डान ने हमारे सवाल का जवाब नहीं दिया और वहाँ से वे खिसक गये। इसका साफ मतलब यह है कि हमारे प्रश्न का उत्तर उन्हें नहीं मालूम। वे मनतेरो को भी साथ में ले गये, स्पष्ट है कि वे उससे हमारे बारे में जानकारी लेना चाहते हैं।"

मैंने अलफ्रेडो से कहा, "थोड़ा धीरज रखो। इतनी जल्दी किसी के बारे में राय बना लेना उचित नहीं, खासकर जब हम ऐसे परिवेश में पहली बार आए हों।"

मैं उठकर घर के इर्दगिर्द चक्कर काटने लगा। घर की भीत स्थानीय पत्थरों की थी जिसपर मिट्टी और पत्थर के टुकड़ों से दीवाल बनाए गये थे। लकड़ी की कड़ियों पर टीन और हलके पत्थर सजाकर छत बनाया गया था जिसके ऊपर घास-फूस डाला गया था। दरवाजा-खिड़की के सिवाय और कुछ बाहर से नहीं लाया गया था। घर के पिछवाड़े आलू बोया गया था। घर के बाहर दो लामा चर रहे थे। घर में और कोई नहीं था।

लगभग आधा घंटा बाद डानकुरानडेरो लौट आए,मनतेरो कुछ अनजान पौधे की जड़ें लिए था। मनतेरो ने हमसे कहा, "गाँव में एक आदमी बीमार है, यह दवा उनके लिए ले जाऊंगा।"

डान कुरानडेरो बोले, "आज और समय नहीं है, मुझे बागीचे का काम निपटाना है। कल ऐसे ही वक्त आओ, तब बातें होंगी। क्या तुमलोग कॉफ़ी पियोगो?"

अलफ्रेडो धीरज खो चुका था। मैं क्या उत्तर दूंगा बिना पूछे वह बोल पड़ा, "नहीं, कल ही पियेंगे।"

डान कुरानडेरो से विदा लेकर हम रास्ते पर आ गये। अलफ्रेडो का मत था कि हम फालतू चक्कर काट रहे हैं, 'एंडीज़ के अधिकांश कुरानडेरो फ़रेबी है। वह मेरे

साथ दोभाषिये की हैसियत से आया था, मैं उससे इस विषय में कोई बहस करना नहीं चाहता था। उसकी और मेरी उम्र में तथा सोच में काफ़ी फ़र्क़ था, इसलिए मैं उसे दोष भी नहीं देता। रास्ते से बाँयी ओर जाती पगडंडी की ओर इशारा कर मनतेरो ने कहा कि उस पगडंडी से जाने पर कुछ ही दूर में तीन चार कुरेनडरो के घर हैं, हाँलाकि वे उतना नामी नहीं हैं। डानकुरानडेरो बहुत नामी व्यक्ति हैं और भले भी, वे गरीबों से पैसा नहीं लेते। मैंने मनतेरो से पूछा, "इस जगह का नाम क्या है?"

खाललाभास इस घाटी का नाम है और इस पहाड़ का भी यही नाम है।" उसने कहा।

इस उत्तर से मैं निश्चिंत हो गया कि हम सही स्थान पर पहुँच चुके थे। खाललाभास, खइयाभाइयास और काइयाहुआइयान एक ही जगह के अलग-अलग नाम थे। स्पैनिश, केचुआ, आइमारा तथा गुयारानी भाषा के लोग अपनी अपनी भाषा में इसे अलग-अलग नाम से पुकारते थे। मनतेरो ने बताया कि पूरे क्षेत्र में कुरानडेरो की भरमार है, किसी का पेशा भूत भगाना है तो कोई गठिया की इलाज करता है, कोई सरदर्द दूर कर सकता है, कोई मरनेवाले को गीत सुनाता है, कोई घास बेचता है, कोई जड़ी-बूटियां बेचता है, कोई पुराने मर्ज़ दूर करता है तो कोई नयी बीमारी की दवा देता है। जंगल में रहने वाले कुरानडेरों का जीवन विचित्र है, वे अकेले में बात करते हैं पर साथ में कोई हो तो चुप रहते हैं। कुछ कुरानडेरो आसमान की ओर देखकर ऊट-पटांग बकते रहते हैं। मनतेरो और भी बहुत से कुरानडेरो को पहचानता था जो उसकी राय में पागलों जैसे थे। यह कहकर वह हँसने लगा।

मैंने चुटकी ली, "तू भी तो यहाँ का नामी कुरानडेरो जैसा लगता है।"

मनतेरो ने हँसी रोककर कहा, "नहीं, मैं कभी भी कुरानडेरो नहीं बन सकता क्योंकि मेरे माता-पिता कुरानडेरो नहीं हैं।"

उसकी बात से स्पष्ट था कि कुरानडेरो बनना पारिवारिक पेशा था।

गांव लौटकर हम सीधे रेस्तोराँ में दाखिल हुए। मैंने मनतेरो को हमारे साथ भोजन करने को कहा। वह ख़ुशी से राजी हो गया।

लामा-बलि

अगले दिन हम पुनः डान कुरानडेरो से मिलने के लिए रवाना हुए। हमने रेस्तोराँ के मालिक को पहले ही आगाह कर दिया था कि हमें निकलना है और दोपहर का भोजन जल्दी चाहिए। रास्ते में मनतेरो की माँ से मुलाकात हुई। वे एक हँसमुख पहाड़ी महिला थीं। मैंने उनसे कहा कि मनतेरो हमें भा गया है, हम जितने दिन रुकें वह हमारे साथ ही रहेगा। वे शर्मीली मुस्कान के साथ बोलीं, ठीक हैं, वह अब आपका बेटा है।"

हम पिछले दिन जिस रास्ते गये थे, उसी रास्ते आगे बढ़ डान कुरानडेरो के घर के समीप पहुँचे तो देखा वे घर के खलियान में खड़े हैं। और करीब जाने पर बहुत अजीब लगा कि वे एक ही स्थान पर खड़े-खड़े नाच रहे हैं। अलफ्रेडो ने मुझे समझाया कि वे नाच नहीं रहे, बल्कि अपने पांवो से आलू कुचल रहे हैं। यह सुनकर मैं और भी हैरान हुआ। किन्तु जब कुरानडेरो के निकट पहुँचा तो सारी बातें स्पष्ट हो गयी।

खलियान में सूखे पुआल पर आलू सूखने के लिए डाला गया था। आलू पांवों से कुचला जा रहा था, बाद में कड़ी धूप में ये कुचले आलू सुखाए जाएंगे। सूखे आलू रखने में सहूलियत होती है और सालभर रखने के बाद भी आलू सड़ते रहीं या खराब नहीं होते। एंडीज़ की पठार पर, पीरू और बोलीविया में, आलू इसी तरह सुखाकर रखे जाते हैं ताकि जाड़े में उसका उपयोग किया जा सके। पांवों से कुचलने पर आलू से पानी निकल जाता है। एकदिन की धूप में आलू सूखते नहीं, रात की ठंड में गीले आलू जम जाते हैं और दोपहर की कड़ी धूप में फिर से नरम हो जाते हैं। तब उन्हें फिर से कुचला जाता है और गीला भाग उलटकर धूप में डाल देते हैं। आलू से निचूड़ा गया पानी नीचे बिछे पुआल में चला जाता है। कई दिन कुचलने और सूखाने के बाद आलू का रंग काला पड़ जाता है। इसतरह सुखाए गये आलू बहुत स्वादिष्ट होते हैं। इस सूखे आलू को चुनो कहते हैं जो बाजार में भी बेचने के लिए लाया जाता है। पुराने आलू से अच्छा चुनो नहीं बनता, अतः खेत में आलू तैयार होते ही उसे चुनो बनाने की प्रक्रिया शुरू होती है।

खलियान के बगल में खड़े-खड़े हम डान कुरानडेरो की व्यस्तता देखते रहे। मनतेरो ने जूते उतारे और सीधे खलियान में जाकर आलू कुचलने में लग गया। मेरी भी इच्छा हो रही थी कि चुपचाप खड़े रहने के बजाए आगे बढ़कर डान की मदद करूँ, लेकिन बिना पांव धोए खाने की चीज को पांव से कुचलना मेरे संस्कार में नहीं था। अलफ्रेडो ने बताया कि यहाँ कोई भी पांव नहीं धोता, ठंडे पानी में पांव डालते ही पांव जम जाएगा।

डान कुरानडेरो को जैसे हमारी उपस्थिति की परवाह नहीं थी, वे अपने काम में जुटे रहे। आलू कुचलते हुए वे कभी-कभी मुस्कराते, फिर एकबार बोले, "इन्हें सुखाने में और तीन-चार दिन लग जाएंगे। कभी-कभी गांव वाले मदद के लिए आ जाते हैं। उन्हें मैं नगद पैसे नहीं दे पाता, आलू का हिस्सा देना पड़ता है। हर रोज हिस्सा देने लगूँ तो मेरे लिए कुछ बचेगा ही नहीं। इसीलिए रोज आदमी नहीं रखता।"

लगभग दो घंटे बाद वे आलू की ढेर से निकलकर हमारे करीब आकर बोले, "इसबार आलू की पैदावार अच्छी हुई है, मेरा बागीचा छोटा है परंतु मेरे अकेले के लिए काफ़ी हुई है, मेरी पत्नी और लड़के अपने परिवार के साथ झील के किनारे रहते हैं क्योंकि

यहाँ का जीवन बहुत कठिनाई भरा है। वे कभी-कभी यहाँ आते हैं, कभी मैं उनके पास जाता हूँ। आओ बाहर धूप में ही बैठा जाए, घर के अंदर बहुत ठंड होगी।''

मुझे बोलने का मौका मिलते ही मैंने पिछले दिन का प्रश्न दुहराया, ''प्रस्तुति रहने पर कन्दोर हमें आसमान में ले जा सकता है– इस कथन की व्याख्या मुझे समझाइए। प्रस्तुति का मतलब क्या है?''

''प्रस्तुति और कुछ नहीं, कन्दोर को दान देना पड़ेगा।''

''कन्दोर को दान? किस चीज का दान?'' मैंने पूछा।

पिछले दिन की तरह उन्होंने उत्तर न देकर आज भी हमसे सिगरेट मांगा। मैं उनके लिए कई पैकेट सिगरेट और माचीस ले गया था। मैंने एक पैकेट सिगरेट और एक माचीस उनके सामने रख दिया तो वे बहुत ख़ुश हुए। एक सिगरेट सुलगाकर कश खींचते हुए वे बोले- ''हाँ, जो कह रहा था– दान का मतलब है कन्दोर को एक लामा भेंट करना पड़ेगा। कन्दोर पक्षी का रहस्य जानने के लिए पहले उन्हें संतुष्ट करना पड़ेगा। वे संतुष्ट हो जाएँ तो मैं उनके बारे में सब बता दूंगा। दरअसल कन्दोर हमारे देवता हैं, बिना उनकी अनुमति लिए हम कुछ भी नहीं कर सकते।''

इतना कहकर उन्होंने सिगरेट की कुछ कश ली, फिर कुछ कहने लगे जिसका अनुवाद करने के बजाय अलफ्रेडो उनसे उलझ गया। दोनों में कहासुनी होने लगी तो मुझे घोर आश्चर्य हुआ। मैंने मुश्किल से अलफ्रेडो को शांत किया और उससे कहा, ''तुम बिलकुल उत्तेजित नहीं होगे अलफ्रेडो। वे क्या कह रहे हैं यह मुझे बताओ, जो उत्तर देना होगा मैं दूंगा। हमें एक दूसरे से दोस्ती हो गयी है, इसका मतलब यह नहीं कि तुम मेरे लिए कोई झमेला मोल लो। यह मत भूलो कि तुम दोभाषिये की हैसियत से मेरे संग हो, अतः तुम्हारा एक मात्र काम है दो-भाषिये का काम। दिमाग ठंडा रखो। तुम यहाँ लड़ने-झगड़ने या बहस करने के लिए नहीं आए हो।''

मेरी बातों का कुछ असर हुआ। वह थोड़ा शांत होकर बोला, ''यह डान कुरानडेरो एक फ़रेबी है और आपको ठगने की फिराक में है। कन्दोर पक्षी को भेंट करने के लिए वे एक लामा ख़रीदने के लिए कह रहे हैं– मालूम है एक लामा की कीमत कितनी है? यही नहीं वे खुद ही हमें लामा बेचना चाहते हैं, फिर कौन जाने वे लामा हमें देंगे या कन्दोर पक्षी को देने के नाम पर खुद रख लेंगे? आप इसका मतलब समझ रहे हैं?''

भारतीय होने के नाते मैं पूरी बात समझ गया था। अलफ्रेडो पेरुवियन था, लेकिन वह स्पैनिश संस्कृति में अभ्यस्त था, इसलिए वह ऐसा प्रस्ताव नहीं पचा पा रहा रहा था। मैंने उसे समझाया कि हम दोनों ही यहाँ पहली बार आए हैं, अतः बिना बहस किए हमें डान कुरानडेरो की बातें सुननी चाहिए। इससे हमें एक नया अनुभव तो मिलेगा। अलफ्रेडो

आखिर मेरी बातें मान गया। उसके पास उपाय भी नहीं था, गुस्सा करके भी वह जा नहीं पाता क्योंकि साराज़ानि से ला-पाज़ के लिए रोज ट्रक नहीं मिलते।

मेरी किस्मत अच्छी थी कि डान कुरानडेरो ने अलफ्रेडो की बातों का बुरा नहीं माना था। उनकी सुझाव के अनुसार मैंने उनसे एक लामा ख़रीदने में अपनी सहमति जता दी। आलापाकास की कीमत बहुत कम होती, किन्तु कन्दोर को आलपाकास चढ़ाने की परंपरा नहीं थी। कुरानडेरो शताब्दियों से कन्दोर के लामा का गर्भस्थान विभिन्न उत्सवों और धार्मिक पर्वो के समय चढ़ाते आए हैं। एंडीज़ के विभिन्न क्षेत्र में यह प्रथा अब भी प्रचलित है। ला-पाज़ के बाज़ार में तथा एंडीज़ के विभिन्न पर्वों में लामा की बलि दिए जाने की बातें मैंने भी सुनी थी। आज मुझे खुद ही एक ऐसे अनुष्ठान में शरीक होने का मौका मिला था। डान कुरानडेरो ने बहुत सस्ते में एक बूढ़ा लामा हमें बेचने का प्रस्ताव दिया और कहा कि उस अनुष्छन में हमें सक्रिय ढंग से शामिल रहना पड़ेगा। यह तय हुआ कि अगली सुबह ही यह अनुष्ठन किया जाएगा।

डान कुरानडेरो ने हमें रात वहीं ठहरने के कहा था। मैं राजी था, परंतु उनके बिस्तर की हालत देखकर अलफ्रेडो रुकने को तैयार नहीं हुआ। अतः हम दोनों साराजानि लौट आए, मनतेरो वहीं रुक गया। दो दिनों से पहाड़ी रास्ते आवाजाही करते हुए हम काफ़ी थक गये थे, परंतु नए अनुभव की तागिद में इस थकान की मैं उपेक्षा कर सकता था।

अगली सुबह अलफ्रेडो को मैंने लगभग जबर्दस्ती बिस्तर से उठाया। उसके बाद हमने बिस्किट और कॉफ़ी ली और आठ बजे करीब वहाँ से रवाना हुए। कुर्भा गांव पहुँचने में लगभग एक घंटा लगा।

डान कुरानडेरो के घर पहुँचकर देखा कि जो लामा हमने ख़रीदा था, उसे एक खूंटे से बांधा गया था और उसके चारों ओर कुछ लोग घेरा बनाकर खड़े थे, जिनमें अधिकांश बच्चे थे। हमारे पहुँचते ही डान कुरानडेरो कमरे से निकल आए। वे ओझाओं का पोशाक पहने थे। सर पर कनटोप, कंधे पर झालर लगा चादर। गले में मनका की माला। हाथ में एक साँप की आकृति जैसी लाठी। हमें देखकर उन्होंने चीख़कर कुछ कहा, फिर लाठी ऊपर फेंककर फिर उसे लपक लिया। उसके बाद मिट्टी छूकर धरती को प्रणाम किया। फिर मेरे सिर और शरीर पर फूंक मारते हुए हाथ फेरा और बड़बड़ाकर कुछ बोलते रहे जो मैं समझ नहीं पाया। मनतेरो ने लामा की ओर इशारा कर कहा कि इसी लामा की बलि होगी। लामा बूढ़ा है परंतु बहुत खूबसूरत है। कुछ ही देर में तीन-चार लोग और आ गये और हम सब लामा साथ में लेकर वहाँ से निकल पड़े। डान कुरानडेरो सबसे आगे थे, उनके पीछे लामा लिए गांव के बच्चे और उनके

पीछे हमलोग। बच्चे ख़ुशी में झूमते हुए चल रहे थे। लागभग आधे घंटे की यात्रा के उपरांत हम एक झरने के निकट पहुँच कर रुक गये। वहाँ और भी लगभग बीस लोग उपस्थित थे। लगा कि इन सबको ख़बर भेजी गयी थी। इतनी भीड़ देखकर अलफ्रेडो भी हैरान था।

झरने से अंजुरी में पानी भरकर डान कुरानडेरो ने मंत्रोच्चारण के साथ सभी लोगों पर पानी छिड़का। मंत्र की भाषा अलफ्रेडो नहीं समझ पाया, इसलिए वह चुप रहा। झरने के निकट पत्थरों से बने एक चबूतरे पर लामा को लाया गया और इसपर भी थोड़ा पानी छिड़का गया। एक व्यक्ति हाथ में एक बड़ा छूरा लेकर आगे बढ़ा, कुरानडेरो ने कुछ देर तक उससे कुछ बातें की। उसके बाद सभी लोग लामा को घेरकर उसके चारों ओर खड़े हो गये, कुरानडेरो और छूरा लिए व्यक्ति बीच में बैठ गये। कुरानडेरो का इशारा पाकर सभी लोग अचानक नाचने लगे। जिससे जैसे बन पड़ा, वह उस तरह नाचने लगा। हम भी इस नृत्य में शरीक हुए। कुछ ही देर मे वह स्थल किसी आनन्दोत्सव का स्थल लगने लगा। लगभग एक घंटा नाचने के बाद एकसमय नाच बंद हुआ और कुरानडेरो तथा उसके सहयोगी ने मिलकर लामा को लेटा दिया। फिर दोनों मिलकर एकसाथ मंत्र पाठ करते रहे और मंत्र पाठ के दौरान ही लामा को जिबह कर दिया गया यानी छूरे से उसका गला रेता गया। गांव के लोग थालियों में लामा के गले से रिसता खून संग्रह करते रहे जबतक खून का बहना बन्द नहीं हो गया। उसके बाद दो-एक लोगों की मदद से लामा का खाल उतार कर उसे खूंटियों में टांग दिया गया। इस दृश्य ने मेरा मन कुछ बोझिल बना दिया था लेकिन लोगों का उत्साह और आनंद देखकर मन का भारीपन मिट भी गया। कामाख्या और कालीघाट में इसीतरह बकरे की बलि दी जाती थी। इसके बाद डान कुरानडेरो ने छूरे से लामा का जननेन्द्रिय और गर्भस्थान काटकर एक बर्तन में रखा और वह बर्तन मुझे थमाकर बोले, "मेरे साथ चलो, लामा का यह पवित्र गर्भस्थान कन्दोर को भेंट करना है।"

अलफ्रेडो को साथ में लेकर मैं कुरानडेरो के पीछे पीछे झरने के बगल की एक संकरी पगडण्डी से होकर ऊपर चढ़ने लगा। कुछ देर तक चलने के बाद एक और चबूतरा जैसे स्थान पर पहुँचकर हम रुक गये और उस पत्थर पर मांसपिंड रखकर खड़े हो गये। गांव के बाकी लोग सब नीचे ही रह गये थे। डान कुरानडेरो अपनी लाठी आसमान की ओर उठाकर धीरे धीरे उसे घुमाते हुए मंत्रपाठ करने लगे और नाचने लगे। उन्होंने हमें भी नाचने को कहा। मैं उन्हीं की नाच का नकल उतारने में व्यस्त हो गया। अलफ्रेडो कुछदेर तक बुत की तरह खड़ा रहा, फिर वह भी नाचने लगा।

काफ़ी देर तक इसतरह नाचते रहने के बाद डान कुरानडेरो ने मुझे आसमान की ओर देखने को कहा। मैंने ऊपर देखा तो पाया कि कई कन्दोर हमारे सर के ऊपर आसमान में मंडरा रहे हैं।

कुरानडेरो ने हँसकर कहा, "हमारी पुकार उन्होंने सुन ली है। चलो, थोड़ी दूरी पर हम रुकें, देखना हमारा दान वे अवश्य ग्रहण करेंगे।"

हमें दूर जाने की ज़रूतर नहीं पड़ी। वहाँ से थोड़ा हटते ही एक कन्दोर झपटा और मांसपिंड लेकर आसमान में ओझल हो गया। डान कुरानडेरो ने मेरे सिर पर फूंक मारकर कहा, "तुम्हारा दान उन्होंने ले लिया है। तुम्हारी मनोकामना अवश्य पूरी होगी।"

नीचे उतर कर हम झरने के निकट पहुँचे तो देखा मनतेरो और छूरावाला व्यक्ति हमारा बाट जोह रहा था, गांव के बाकी लोग तथा बच्चे वहाँ से जा चुके थे। जिबह किए गये लामा का भी कोई नामोनिशान नहीं था।

कुरानडेरो ने कहा, "यही यहाँ का नियम है। कन्दोर को लामा का गर्भस्थान दान किया गया, बाकी मांस गरीब लोगों को बांट दिया गया। हमारे लिए भी थोड़ा बचा है जिसे हम लौटकर पकाएंगे।"

जब हम कुरानडेरो के घर पहुँचे तो लगभग ढाई बजे थे। उन्होने तुरंत लकड़ी का चूल्हा जलाया और एक बड़ी कढ़ाही उसपर रखकर उसमें पानी डाला। पानी खौलने लगा तो उन्होंने कई प्रकार के पत्ते और मसाले उस पानी में डाला और मुझे एक पेड़ की जड़ी देकर कहा, "इस जड़ी को कढ़ाही में डाल दो, मांस बूढ़े लामा का है, यह जड़ी उसे नरम कर देगा। उसके बाद मांस की छोटी छोटी बोटियां बनाकर मंत्रपाठ के साथ कढ़ाही में डाला गया। लगभग एक घंटा लगा मांस पकाने में। पूरा कमरा खुशबू से भर उठा था। बाद में मांस कटोरियों में परोसा गया। इसका स्वाद ऊँट के गोश्त जैसा था।

भोजनोपरांत अनुष्ठान का मूल्य चुकाकर मैंने कहा, "अनुष्ठान पूरा हो गया। अब आप मुझे कन्दोर के रहस्य के बारे में बता दें।"

डानकुरानडेरो थोड़ा गंभीर होकर बोले, "थोड़ा समय लगेगा। मुझे जो करना था मैंने कर दिया, अब स्वयं कन्दोर तुमपर कृपा करेंगे।"

उनका यह उत्तर पाकर में लगातार सवाल करने लगा। "कन्दोर प्रसन्न होने पर क्या मुझे सपने में दिखेंगे?"

"नहीं।"

"क्या वे आप जैसे किसी और के माध्यम से मुझसे सम्पर्क करेंगे?"

"नहीं।"

"मैं कैसे जानूंगा कि वे प्रसन्न हुए हैं? हो सकता हैं उन्हें बूढ़ा लामा पसंद न आया हो, शायद उन्हें जवान लामा देना था..."

मेरी बात से डानकुरानडेरो ठठाकर हंस पड़े। इतना खुलकर हँसते हुए मैंने उन्हें पहले कभी नहीं देखा था। हँसी थमने पर वे बोले, "कन्दोर को बूढ़े मांस और नरम मांस से कई फ़र्क़ नहीं पड़ता, वे सब कुछ ग्रहण करते हैं। असल चीज है प्रणाली। यदि ठीक से बलि दिया जाए और सभी मंत्रों (यहाँ मंत्र शब्द का प्रयोग किया गया है, परंतु कुरानडेरो इसे मंत्र न कहकर 'रहस्य कथा' या 'गुप्त कथा' कहते हैं- लेखक) का उच्चारण किया जाए तो कन्दोर उसे अवश्य ग्रहण करते हैं। मैंने सुचारू ढंग से अपना काम किया है पूरी निष्ठा के साथ, कहीं कोई कसर नहीं रखी। कन्दोर तुम्हें कब और किसतरह अपना रहस्य बताएंगे यह मुझे नहीं मालूम।"

उनके कथन से स्पष्ट था कि हमने पूजा आर्चना की, बलि चढ़ाया और आगे जो होगा ईश्वर की मर्जी से होगा, हमें फल की आशा नहीं करनी चाहिए। यही बात जेहन में भरकर मैंने उन्हें आभार जताया और सांझ के आसपास वहाँ से निकल पड़े। साराजानि लौटते हुए अलफ्रेडो मुझपर पिल पड़ा। डान कुरानडेरो के प्रति उसकी खीझ अब भी नहीं मिटी थी। वह कहने लगा : "डान कुरानडेरो एक नम्बर को फ़रेबी हैं। उसने चालाकी से बूढ़ा लामा हमें बेच दिया, फिर उसका मांस गांववालों को बांटकर मुफ्त में अपना नाम कमाया। हमें तो कुछ भी फ़ायदा नहीं हुआ।"

मैं उससे सहमत नहीं था। मैंने कहा, "यह सोचना ग़लत है कि उन्होंने हमें ठगा है या हमें कोई फ़ायदा नहीं हुआ। उन्होने हमें नहीं बुलाया था, हम खुद ही उनके पास गये थे। बूढ़ा लामा उन्होंने हमें बहुत ही सस्ते में बेचा। अनुष्ठान के लिए उन्होंने हमसे कोई पैसा नहीं मांगा, कुछ दक्षिणा मैंने अपनी मर्जी से दी। कन्दोर की कृपा पाने के लिए कुरानडेरो जो अनुष्ठान करते हैं, वही उन्होंने मेरे लिए किया, न तो हमें ठगा और न ही झूठ बोला। उन्होंने सच ही कहा कि वे जो कर सकते थे वह उन्होंने कर दिया, फलाफल के बारे में उन्हें नहीं मालूम। अलफ्रेडो, उन्हें तुम गलत मत समझो। तुमलोग चर्च में पादरी के माध्यम से प्रार्थना करते हो, फलाफल के लिए पादरी पर दोषारोप नहीं करते, वह ईसामसीह की कृपा पर निर्भर करता है न?"

"वह अलग बात है।" अलफ्रेडो ने आपत्ति जताई।

"अलग कतई नहीं। तुम ज्यों ईसा को मानते हो, डान कुरानडेरो त्यों ही कन्दोर और सूर्यदेवता को गानते हैं। क्रोध गत करो, तर्कसंगत तरीके रो इरो रागझने की कोशिश करो।"

अलफ्रेडो शांत हो गया। मैं ख़ुश था कि मुझे धरती के एक और छोर पर आकर तांत्रिकों जैसे एक अनुष्ठान का अनुभव हुआ। मनतेरो ने ऐसे अनुष्ठान बहुत देखे थे और उसे इसमें आनन्द आता था। वह भी ख़ुश था।

रात में बातचीत के दौरान अलफ्रेडो ने स्पष्ट कर दिया कि हरदिन पहाड़ी सड़कों पर घंटो चलते हुए वह बेहद थक गया था। मैं उसकी मानसिक अवस्था भी समझ रहा था। वह शहरी जीवन यानी अच्छे होटल, नाइटक्लब, कोलाहल आदि का अभ्यस्त था और इन पहाड़ी गांवो के शांत परिवेश में उसे आकर्षित करने लायक कुछ नहीं था। इसके अलावे मैं जिस उद्देश्य से भटक रहा था यह भी उसकी समझ से परे थी। कोई अनजान आकर्षण मुझे इन पहाड़ी वादियों में ला पटका था। मैं एंडीज़ का ऐसा तथ्य जानना चाह रहा था जिस बारे में इतिहास के पन्नो में या गाइड की किताबों में कभी कुछ नहीं लिखा गया था। माच्चू-पिच्चू में कन्दोर से आँखे मिलाने के बाद आसमान विचरण का अनुभव दिवास्वप्न नहीं था, कन्दोर की आंखों में मुझे सम्मोहिनी शक्ति का आभास मिला था। कन्दोर का रहस्य जानने के लिए ही मैं यहाँतक पहुँचा था और हार मानकर लौटना नहीं चाहता था।

अगले दिन मैंने अलफ्रेडो को फिर एकबार डान कुरानडेरो के पास जाने के लिए राजी किया। कहा के साराजानि से आवाजाही करते हुए हम थक जाते हैं और उन्हें समझने के लिए हमें वक्त नहीं मिलता है, अतः हम उन्हीं के पास रहेंगे। हो सकता है उनका ठीक से निरीक्षण करने पर ही कुछ छिपे तथ्य सामने आ जाए। मैंने पश्चिम बंगाल के बीरभूम जिले के बक्रेश्वर में ऐसे बहुत से तांत्रिकगुरु देखे थे जो किसी को दीक्षा या मंत्र नहीं देते, लेकिन उनकी सेवा करने पर बहुत सी गुप्त बातों की जानकारी मिल जाती है। ऐसा सोचकर मैंने होटल का भुगतान कर दिया और अपना सामान लेकर हम डान कुरानडेरो के घर पहुँचे। सुबह मनतेरो से मुलाकात नहीं हो पायी थी।

डान कुरानडेरो घर पर मौजूद नहीं थे। सामान रखकर हम उनकी तलाश में निकल पड़े। मैदान में एक पहाड़ी व्यक्ति मिला। उसने हँसकर हमारा अभिवादन किया, फिर बोला, "कल का मांस बहुत बढ़िया था, आपलोगों को धन्यवाद।"

उससे कुछ पूछने की ज़रूरत नहीं पड़ी,उसने खुद ही आगे कहा कि डान कुरानडेरो पत्ते बटोरने गये हैं, दोपहर तक लौट आएंगे।

दोपहर बीत चला, पर डान नहीं लौटे। धीरे-धीरे अलफ्रेडो का मिजाज फिर गरम होने लगा। उसने कहा, "मैं समझ नहीं पा रहा हूँ कि आपने इस अज्ञात पहाड़ी गांव को क्यों चुना। करदियार पहाड़ पर बहुत-से दर्शनीय स्थल हैं, वहाँ जाते तो अच्छा भी लगता। बोलीविया के अन्दर भी पोटोसी, सुकर आदि दर्शनीय स्थान हैं। इस कुरानडेरो से आपको कुछ नहीं मिलेगा, आप फालतू समय बर्बाद कर रहे हैं।"

उसका इतना कहना था कि दूर से डान कुरानडेरो आते हुए दिखे। सोचा, नाम लेते ही वे उपस्थित हुए, बहुत लम्बी उम्र है उनकी। उनके पीछे-पीछे पहाड़ी उद्भिज और पत्तों का बोझा लिए जो पहुँचा उसे देखकर हमें बहुत आश्चर्य हुआ क्योंकि वह

मनतेरो था। पीठ का बोझ उतारकर हाँफता हुआ वह आकर मुझसे लिपट गया। उसने बताया कि बहुत तड़के वह कुरानडेरो की मदद के लिए आ गया था। बिना कोई भूमिका बांधे मैंने कुरानडेरो को बताया कि आज हम उन्ही के घर पर रुकेंगे।

उन्होने विनय के साथ कहा, "तकलीफ सहकर यदि मेरे यहाँ रहना चाहो तो यह उच्छी बात है, मुझे ख़ुशी होगी।" फिर हमें एक कमरा दिखाकर वे बोले, "फर्श पर घास-फूस का गद्दा बिछा है, ओढ़ने के लिए चमड़े का चादर दे दूंगा।"

हमने उन्हें बताया कि हमारे पास स्लिपिंग बैग है, अतः चादर की ज़रूरत नहीं पड़ेगी। कुछ भोजन का प्रबंध हो जाता तो अवश्य अच्छा होता।

कुरानडेरो ने असमान पर सूरज की स्थिति देखकर कहा, "सूरज ढलान पर है, जल्दी ही ढल जाएगा। अभी खाना बना लें तो रात में कुछ बनाने की ज़रूरत नहीं होगी। कल का मांस बचा हुआ है, सिर्फ़ चावल और आलू बना लेने से काम चल जाएगा।"

लकड़ी की अंगीठी जलाकर उन्होंने भोजन पकाया। भोजन से निपटते लगभग शाम हो गयी। खाना खाकर मनतेरो जाने को हुआ, उसे लौटना था। मैंने उसे अगले दिन क लिए चावल, आटा, मोमबत्ती, माचिस, सिगरेट और सूखे मेवे लाने के लिए पैसे दिए। डान कुरानडेरो ने उसे समझा दिया कि वह कितना सामान लेगा और उसकी कीमत क्या होगी। खर्चे के मामले में हम उनपर बोझ नहीं बन रहे थे देखकर डान कुरानडेरो ख़ुश थे।

कुछ देर विश्राम करने के बाद मैं ऊनी चादर ओढ़कर अंगीठी के करीब जाकर बैठ गया और उन्हें एक पैकेट सिगरेट थमा दिया। सिगरेट उलट-पलट कर देखने के बाद उन्होंने सुलगाया और धुँआ छोड़ते हुए कहा, "बुरा नहीं है। काफ़ी धुँआ निकलता है पर कोका जैसा नशा भी नहीं होता। अजीब है!"

मैंने उनसे पूछा कि मैं बहुत कुछ जानना चाहता हूँ, लेकिन इन रहास्यों को मैं कैसे जानूंगा? चुपचाप इंतज़ार करते रहने से ही क्या मेरी मनोकाँक्षा पूरी हो जाएगी अथवा मुझे और कोई पूजा वगैरह करनी पड़ेगी? वे मुझे जो भी सलाह देंगे या जो कुछ करने को कहेंगे उसे मानने के लिए मैं तैयार हूँ।

मेरा प्रश्न सुनकर वे हिलडोल कर बैठे और कुछ देर तक मुझे एकटक घूरते रहे। उसके बाद अचानक उठकर बरामदे से कुछ सूखी लकड़ियाँ और डंठल ले आए और उन्हें अंगीठी में डाल दिया। आग सुलग उठी तो आंच से कमरा गर्म होने लगा। उसके बाद पुनः हमारे सामने डान कुरानडेरो बैठ गये और सहज ढंग से बोले, "मैंने तुम्हारे बारे में बहुत सोचा। तुम यहाँ अपने या अपने परिवार के किसी की बीमारी के कारण नहीं आए हो। बीमारी, भूत या औषधियों के लिए यहाँ नहीं आए हो, आए हो सिर्फ़ जानने के लिए। तुम सभ्य परिवार से हो, शिक्षित भी। लेकिन फोटो खींचने के

लिए भी नहीं आए हो। मुझे लगता है कि तुम्हारा दिमाग कुछ ख़राब हैं।''

उनकी बातें सुनकर अलफ्रेडो ठठाकर हँस पड़ा। इस क्षेत्र में पहुँचने के बाद यह पहला मौका था जब वह इसतरह हँस रहा था। उसे हँसते देखकर मुझे ख़ुशी हुई, सोचा उसका मन अवश्य हलका हो गया होगा।

हँसते-हँसते उसने कहा, "आपने ठीक कहा है, ठीक ही कहा है कि ये पागल हैं। इन्हें ख़ुद नहीं मालूम कि यहाँ क्यों आए हैं?''

मेरी ओर देखते हुए डान कुरानडेरो बहुत गंभीर स्वर में बोले, "मैं ओझा हूँ, झाड़-फूँक जानता हूँ, कुछ टोटका दवाओं के बारे में जानता हूँ और यहाँ की अनमोल जड़ी-बूटियां पहचानता हूँ तथा उन्हें बेचता हूँ। मैं तुम्हारे लिए न कुछ कर सकता हूँ, न तुम्हें कुछ दे सकता हूँ। यहाँ आ गये हो तो रहो, खाना-पीना करो। जब बोरियत लगे, लौट जाना। बस,यही मेरी सलाह है।''

उनकी बातें सुनकन अलफ्रेडो ने मुझे कहा, "समझ रहे हैं न , मैंने ठीक ही कहा था। इतनी दूर आकर समय और ऊर्जा बर्बाद करके कोई फ़ायदा नहीं हुआ। चलिए, कल ही हम लौट जाएं। लामा-बलि और ओझा की ऊट-पटांग हरकतें सब बेमतलब थी। अच्छा है उन्होने खुद अपने मुँह से ही बता दिया। वे करते भी क्या, हम उन्हीं के घर पर आकर जो डट गये हैं।''

अलफ्रेडो को जैसे अपना मनोबल वापस मिल गया था। यहाँ आकर रुकने की उसकी कतई इच्छा नहीं थी। वस्तुतः ओझाओं की हरकतें वह पसंद नहीं करता था। अब ओझा की बातों से उसकी बांछें खिल गयी थी क्योंकि यहाँ से लौटने का रास्ता अब खुल गया था। अलफ्रेडो अचानक उठकर खड़ा हो गया और बोला, "उकड़ूँ बैठे-बैठे पांव की पेशियाँ तन गयी हैं। फिर वह चहल-कदमी करने लगा।

बारामदे के बाहर अस्ताचल गामी सूरज की रोशनी से आसमान रंगीन हो उठा था और यह दृश्य बहुत सुहाना लग रहा था। मैं भी उठकर बरामदे में आ गया था और यह खूबसूरत नजारा देख रहा था। ऐसे में अचानक एक कन्दोर उड़ता हुआ मेरे बहुत करीब आ गया। मैने भक्ति भाव से उसे प्रणाम किया। यह देखकर डान कुरानडेरो मुस्कराकर बोले, "कन्दोर अंतर्यामी है, उन्हे मालूम है कि कौन उनकी पूजा करता है।''

कुछ क्षण इधर-उधर मंडराने के बाद कन्दोर वापस उड़ गया।

सांझ ढल गयी थी। घर में रोशनी का कोई प्रबंध नहीं था। एक पुरानी मोमबत्ती थी अवश्य, किन्तु उसे जलाने की आवश्यकता नहीं हुई। डान कुरानडेरो ने कहा, "सूर्यास्त से पहले हमें सारा काम निपटा लेना चाहिए और सूर्योदय से पहले बिस्तर छोड़ देना चाहिए। इस शाश्वत प्राकृतिक नियम को जो मानेगा वह स्वस्थ और मजबूत देह का अधिकारी बनेगा।''

अगले दिन सुबह उठकर अलफ्रेडो ने अपना सामान सहेज लिया ताकि सुबह की ठण्ड कुछ कम होने पर हम वहाँ से प्रस्थान कर सकें। डान कुरानडेरो बहुत तड़के उठकर आलू की देखभाल में जुट जाते हैं, उसके बाद पत्ते सूखने के लिए डालते हैं। वे बागीचे की अन्य कामों में भी व्यस्त रहते हैं। मैं तड़के जाग गया था, उसके बाद से डान कुरानडेरो के पीछे-पीछे घूमता रहा और उनके काम देखता रहा। उबले आलू का नाश्ता निपटाकर वे पुनः अपने कार्य में जुट गये थे और मैं भी उनके पीछे हो लिया था। उनमें कोई आकर्षण क्षमता थी और उनके करीब होने पर मन काफ़ी हलका लगता था। उनमें मुझे पवित्रता का भाव दिखता था हॉलाकि उनका चेहरा और पोशाक इससे ठीक विपरीत था।

अचानक उन्होंने आलू कुचलना बंद कर दिया और आलू के ढेर से उतरकर मेरे सामने आ गये। फिर उन्होंने मेरे कंधे पर हाथ रखकर आत्मीय ढंग से मुझसे कुछ कहा जो मैं समझ नहीं पाया। मजबूरन मैंने अपने दुभाषिया अलफ्रेडो को गुहार लगायी। अलफ्रेडो ने आकर मुझे उनकी बातें समझा दी। वे कह रहे थे, ''मैंने तुम्हारे बारे में सोचा है। मुझे लगता है कि तुम एकबार आइयापाप्पा से मिल लो तो अच्छा हो। वे ही तुम्हारी मनोकामना पूरी कर सकते हैं।''

''आइयापाप्पा कौन हैं?'' मैंने पूछा।

''वे इस क्षेत्र के बहुत ही नामी कुरानडेरो हैं। हमें कोई भी परेशानी हो तो हम उन्हीं के पास जाते हैं।''

उनमे मिलने के प्रस्ताव पर हामी भरकर मैंने उनका पता पूछा तो वे सर खुजाने लगे। फिर बोले, ''हूँ ! मेरे पास उनका पता नहीं है, और न ही वहाँ तक जाने को कोई रास्ता है। उसपर मुश्किल यह कि इधर आबादी भी इतनी कम है कि पूछताछ के लिए कोई आदमी भी नहीं मिलेगा।''

उसके बाद कुछ देर तक हम सब खामोश रहे। मेरा मन कह रहा था कि मुझे आइयापाप्पा से ज़रूर मिल लेना चाहिए और डान कुरानडेरो शायद सोच रहे थे कि मुझे उनतक कैसे पहुँचाया जाय। उन्हें कोई उपाय नहीं सूझ रहा था। मैंने पूछा, ''आप वहाँ कैसे जाते हैं?''

''मुझे रास्ता मालूम है। इस घाटी से आगे जाकर ऊपर की ओर चढ़ना पड़ेगा। असल में कोई रास्ता नहीं है, पहाड़ से सटकर चलना पड़ता है और पथ दुर्गम है। उनके डेरा तक पहुँचने में लगभग पूरा दिन लग जाता है।''

मैं वहाँ जाने के लिए राजी था, परंतु अलफ्रेडो ने कहा कि उसे ऐसे एडवेंचर में रुचि नहीं है क्योंकि वहाँ जाने के लिए सड़क नहीं हैं, निश्चित दूरी का पता नहीं है, पहाड़ पर अंदाज़ से बढ़ना पड़ेगा और भटकने की संभावना बनी रहेगी।

हारकर मैंने डान कुरानडेरो से कहा, "आप चलिए न हमारे संग।"

"हम सभी कुरानडेरो आइयापाप्पा से मिलने की चाह रखते हैं। मैं जाना चाहूँ तो भी अभी उपाय नहीं है। यह समय आलू सुखाने का है, और जड़ी-बूटियाँ तथा पत्तों को रोज निकालकर धूप में डालना पड़ता है।" डान कुरानडेरो ने खेद के साथ ये बाते कहीं।

मैं कुछ देर सोचता रहा, फिर बोला, "अच्छा, मनतेरो ये काम नहीं कर पाएगा?"

"वह बच्चा है, उसे इतना दायित्व देना ठीक नहीं होगा।"

"मैं मनतेरो की माँ से मिल चुका हूँ। वे बहुत अच्छी हैं और शायद बेटे का संग देने के लिए यहाँ आकर रहने को राजी हो जाएँ।" मैंने दूसरा उपाय सुझाया।

डान कुरानडेरो के माथे बल पड़े। वे बोले, "मनतेरो बच्चा है, उसे मामूली दो-चार पैसे देने से काम बन जाता है। लेकिन उसकी मां क्या इतने कम पैसे में राजी होगी?"

"मैंने कम पैसे देने की बात नहीं कही। मैं उन्हें खुश कर दूंगा। मेरे साथ भाषा की दिक्कत है, आप खुद दी उन्हें समझा दें तो अच्छा हो।"

डान कुरानडेरो काफ़ी देर तक सोचते रहे, फिर मुस्करा कर बोले, "ठीक है, अगर मनतेरो के माँ मेरे घर और बागीचे की देखभाल करने की जिम्मेदारी लेती हैं तो मुझे वहाँ जाने में आपत्ति नहीं है। आइयापाप्पा से मिले बहुत दिन हो गये हैं, इसलिए वहाँ जाना मुझे अच्छा ही लगेगा।"

उनकी यह बात सुनकर मैं ख़ुशी से झूम उठा। कहना न होगा कि अलफ्रेडो खुश नहीं था और उसके चेहरे पर हवाइयाँ उड़ रही थी।

सूरज कुछ चढ़ने के बाद एक लामा की पीठ पर एक बस्ता लादे मनतेरो फुदकता हुआ आ पहुँचा। वह मुझे बहुत अच्छा लगता था क्योंकि वह हँसमुख और मिलनसार था। पहाड़ी सड़क पर इतनी दूर चलकर आने के बाद भी उसके हाव-भाव में थकावट का कोई चिह्न नहीं था। लामा की पीठ से बोरी उतारकर उसने उसका सारा सामान निकाला और डान कुरानडेरो के सुपूर्द किया। सामान सहेजकर कुरानडेरो ने मनतेरो को मेरा प्रस्ताव समझा दिया।

प्रस्ताव सुनकर मनतेरो ख़ुशी से उछल पड़ा। उसने कहा, "मैं राजी हूँ – यानी मेरी माँ भी राजी हैं। घर पर इन दिनों उनके पास कोई काम नही है। कभी-कभी इधर-उधर उन्हें कुछ काम ज़रूर मिल जाता हैं, लेकिन उसमें मजदूरी बहुत कम मिलती है।"

मनतेरो तुरंत गाँव वापस जाना चाहता था ताकि वह अपनी माँ को यह खुशखबरी दे सके। वह जिद कर रहा था कि अब लामा की पीठ पर बोझा नहीं है, वह लामा पर सवार होकर जाएगा, उसे वापस जाने में परेशानी नहीं। फिर उसे समझाया गया

कि वह हमारे साथ दोपहर का भोजन करे, उसके बाद लौट जाए और माँ को संग लेकर अगले दिन सुबह आ जाए। उसकी माँ को डान कुरानडेरो घर और बागीचे का काम समझा देंगे और उसके बाद हम आइयापाप्पा के दर्शन के लिए निकल पड़ेंगे।

एंडीज़ का यह पठारी क्षेत्र मुझे शुरू से अच्छा लगा था। दूर-दूर तक निर्जनता थी, जहाँ छोटे-छोटे गांव बसे थे वहाँ शांति थी और लोग बहुत हँसमुख और भोले। डान कुरानडेरो को करीब से जानने के बाद उनके प्रति मेरे मन में अगाध श्रद्धा थी, वे बहुत भले इंसान थे। मुझे लगा कि इस क्षेत्र के बहुत से कुरानडेरो अपनी गुणों के कारण श्रद्धा के पात्र हैं और उनमें कोई बात अवश्य है। हो सकता है यह इस क्षेत्र का स्थान-महात्म हो, ये वादियाँ तपोभूमि जैसी लगती थी। यहाँ की ऊँचाई, ठंडक और लोगों का भोलापन मुझे बारम्बार तिब्बत की याद दिलाता।

अगले दिन सुबह मनतेरो अपनी माँ के साथ पहुँच गया तो मैं निश्चिंत हो गया। अलफ्रेडो की गंभीर मुद्रा देखकर मैंने उससे कहा, ''देखो अलफ्रेडो , तुम एक दुभाषिये की हैसियत से मेरे संग आए थे और अबतक तुमने अपना कर्तव्य निभाया है। इस बीच हम दोनों में दोस्ती भी हो गयी है हाँलाकि मेरे और तुम्हारे सोच-विचार में काफ़ी फ़र्क़ है। हर एक व्यक्ति का अपना मतामत होता हैं अतः आवश्यक नहीं कि कोई दो व्यक्ति हर बात में सहमत हों। तुम्हें अबतक मालूम हो गया होगा कि मैं शौक से घूमने वाला पर्यटक नहीं हूँ, यात्री नहीं हूँ, घूमता हूँ तो किसी जिज्ञासा या मकसद से। कुछ है जो मुझे दूर भारत से यहाँ खींच लाया है, मै कहाँ और कितने दिनों के लिए जा रहा हूँ यह खुद मुझे नहीं मालूम। अब मैं तुमपर कोई दबाव नहीं डालूंगा, तुम चाहो तो मेरे संग चलो, और तुम्हारा मन न चाहे तो यहीं से लौट जाओ। भारी मन से चलोगे तो तन भी भारी होगा, और तन मन में स्फूर्ति न हो तो ऐसे पहाड़ी रास्तों से यात्रा करना असंभव हो जाता है। तुम खुद सोचकर मुझे बताओ कि क्या करोगे?''

अलफ्रेडो कुछ चिन्तित लग रहा था। शायद वह ऊहापोह में था। उसे यकीन था कि मैं यहाँ से और आगे जाने की नहीं सोचूंगा। उसे मुझसे लगाव हो गया था और मुझे अकेला छोड़कर जाने की उसकी इच्छा उतनी बलवती नहीं थी खासकर यह जानते हुए कि बिना उसकी मदद से मै किसी से भी बातचीत नहीं कर पाऊंगा। वह निर्णय नहीं ले पा रहा था देखकर मैंने कहा, ''मैं एक ही सलाह दे सकता हूँ, न मानो तो मैं कतई बुरा नहीं मानूंगा। इतनी दूर तक तुमने मेरा साथ दिया है, और थोड़ी दूर तक जाने में क्या हर्ज है? तुम अभी जवान हो, शायद ऐसा अनुभव भविष्य में तुम्हारे काम आए। तुम आइयापाप्पा के डेरा तक चलो, उसके बाद अच्छा न लगे तो लौट आना।''

अलफ्रेडो ने मेरी बात मान ली। मन की शंका दूर भगाकर उसने कहा, ''ठीक है, मैं राजी हूँ। चलिए।''

•

महागुरु आइयापाप्पा

दोपहर में हमने हलका खाना खाया, फिर पीठ पर अपना सामान लाद लिया। गांव से कुरानडेरो के लिए जो सामान मंगाया था, वह भी हमने साथ रख लिया। कुरानडेरो के हाथों या पीठ पर कोई सामान नहीं था, उन्होंने कनटोप पहन लिया था और एक भारी पुंचो ओढ़ लिया था। सभी सामान मैने और अलफ्रेडो ने अपनी पीठ पर लाद लिए थे। डान कुरानडेरो के घर से निकलकर हमने साराजानि इलाका पीछे छोड़ और एक घाटी से होकर उत्तर-पूरब की ओर बढ़े।

काफ़ी देर तक चलने के उपरांत हम एक छोटे से झरने के निकट सुस्ताने के लिए बैठ गये। डान कुरानडेरो सामने के एक पहाड़ की ओर इशारा कर कहा, "उसी पहाड़ की गोद में आइयापाप्पा का डेरा है, यहाँ से बहुत दूर है, आज नहीं पहुँच पाएंगे। एक मकान में रात बिताकर कल तड़के फिर यात्रा शुरू करेंगे।"

कुछ देर की विश्राम के बाद हमने फिर चलना शुरू किया। कोई सड़क नहीं थी, हम ऊबड़-खाबड़ पहाड़ी जमीन पर से गुजर रहे थे। यहाँ के पत्थर भुरभुरा थे, पत्थरों में मिट्टी की मात्रा अधिक थी। टिटिकाका झील के किनारे मैंने लावा जैसा ठोस पत्थर देखा था, यहाँ वैसे पत्थर नहीं थे। ऊँचाई के कारण इधर कोई पेड़-पौधे नहीं थे। यहाँ घास उगते थे।

देखते-देखते शाम हो गयी। हम सूर्यास्त नहीं देख पाए, सूरज किसी पहाड़ की ओट में ढल रहा था। सूर्यास्त के बाद ही हम एक परित्यक्त मकान के सामने पहुँच गये। डान कुरानडेरो ने कहा, "हम आज यहीं रात बिताएंगे।"

मकान एक भुतहा मकान जैसा दिख रहा था। कोई दरवाजे-खिड़कियाँ नहीं थी, केवल दीवारें टिकी हुई थीं। कई कमरे और बरामदे लांघकर हम एक छोटे से कमरे में घुसे और वहीं सामान रखकर बैठ गये। कमरे के ऊपर छत भी नहीं थी। खुले छत के कारण तारों की जगमगाहट दिखायी दे रही थी। अलफ्रेडो डान कुरानडेरो से पूछा, "यहाँ हम सोएंगे कहाँ?"

वे बोले, "सोने की ज़रूरत क्या है? पूंचो ओढ़कर यहीं बैठे-बैठे रात बिता देंगे, शरीर थक जाएगा तो अपने आप फर्श पर लुढ़क जाएगा।"

डान कुरानडेरो ने ठीक ही कहा था मगर उनकी बात अलफ्रेडो ठीक से समझ नहीं पाया। मैंने उसे कहा, "इसे एडवेंचर समझो, इस अनुभव का आनंद लो।"

मैंने झोले से मोमबत्ती निकाला तो डान कुरानडेरो ने मुझे वहाँ रोशनी करने से मना किया। अलफ्रेडो ने रात के भोजन के बारे में पूछा तो वे हँसकर बोले, "एक रात के उपवास से शरीर का कोई नुकसान नहीं होगा।"

क्रमशः अंधकार घना हो उठा और आसमान के तारों की जगमगाहट बढ़ गयी। ठंड भी तेजी से बढ़ने लगी। मैंने और अलफ्रेडो ने स्लीपिंग बैग जकड़ लिया। भारी चादर में लिपटे डान कुरानडेरो धीरे-धीरे आसमान की ओर चेहरा करके लेट गये। चारों ओर निस्तब्धता थी। मुझे शीघ्र ही नींद आ गयी।

तड़के उठकर हमने वहाँ से आगे की यात्रा शुरू की। रास्ते में मुझे आसमान में मंडराते कुछ कन्दोर दिखायी पड़े और पहाड़ी घास चरते कुछ आलपाकास भी।सुबह आठ बजे के आसपास एक झोपड़ी के सामने रुककर डान कुरानडेरो ने गुहार लगाई, "आलताहिया... आलताहिया!"

दो बार गुहार लगाने के बाद रजाई ओढ़कर एक व्यक्ति बाहर निकला और डान कुरानडेरो को देखकर मुस्कराया। उसने हमें अंदर चलने को कहा। हम कमरे में दाखिल हुए तो आलताहिया की पत्नी और छोटा बच्चा झट बिस्तर से उठकर हमें बैठने की जगह दी।

हँसमुख और सीधा-सादा आलताहिया एक सामुदायिक समिति द्वारा नियुक्त चरवाहा था जो गर्मियों में इस क्षेत्र के आलपाकास और लामा का झुंड लिए रहता है। पशुपालन ही उसका पेशा है। उसे लगभग तीन सौ आलपाकास और चालीस लामा की देखभाल करनी पड़ती है। आलताहिया के घर पर हम लगभग एक घंटा रुके, गरम कॉफ़ी पी, फिर चल पड़े। डान कुरानडेरो की चलने की क्षमता देखकर मुझे आश्चर्य हो रहा था। उन्हें देखकर नहीं लगता था कि रात में अच्छी नींद नहीं हुई थी या रात में भोजन नहीं मिला था। उनमें थकान या आलस्य का कोई चिह्न नहीं था। दोपहर को एक जगह रुककर हमने सूखे मेवे और बिस्किट खाया तथा थोड़ी देर वहाँ विश्राम करने के उपरांत पुनः चल पड़े। अब राह बहुत दुर्गम था, बड़े-बड़े पत्थर राह के रोड़े बने हुए थे जिन्हें लांघते हुए आगे बढ़ना पड़ रहा था। आबोहवा में इतनी ठंडक नहीं होती तो एक दिन में इतनी दूरी तय करना संभव न होता। डान कुरानडेरो ने हमें धीरे-धीरे चलने की सलाह दी। ऊँचाई काफ़ी थी और इतनी ऊँचाई में साधारणतः ऑक्सीजन की कमी होती है, अतः तेज चलने से श्वांस फूलने लगता। दूर से झांकता एक बर्फ़ से ढका पहाड़ का दृश्य बहुत खूबसूरत लग रहा था। यह क्षेत्र मुझे बारम्बार तिब्बत की याद दिलाता।

अपराह्न में हम एक और पहाड़ पर पहुँचकर एक ऐसे स्थान पर रुक गये जहाँ से उपत्यका का पूरा दृश्य गोचर होता था और लगता था कि पर्वत की बर्फ़ीली चोटी अब बहुत करीब आ गयी है। चारों ओर का विहंगम दृश्य अत्यंत मनोहर और पावन था। मुझे लगा कि यहाँ एक मंदिर होता तो बहुत अच्छा होता।

डान कुनानडेरो ने हमारा ध्यान खींचकर कहा, "वह जो दूर मे एक साथ सटे हुए कुछ मकान दिखाई दे रहे हैं, वही है आइयापाप्पा का डेरा।"

मैंने चौंककर उधर देखा तो मुझे पहाड़ की गोद में कुछ गुफा जैसे धब्बे दिखे। मैं मन्दिर की सोच रहा था, शायद हमारा वह गंतव्य स्थल ही मेरे लिए मन्दिर था। और करीब पहुँचने पर देखा वहाँ कोई गुफा नहीं, बल्कि सचमुच कुछ मकान ही थे। लगभग और आधा घंटा चलने के बाद हम महागुरु आइयापाप्पा के घर के सामने पहुँच गये।

डान कुरानडेरो ने बताया कि इस क्षेत्र में उनके जैसा जितने भी ओझा, वैद्य और पारिवारिक समस्याओं के सलाहकार हैं, वे सभी अपनी समस्याओं के निदान के लिए आइयापाप्पा की शरण में आते हैं। अतः मैं उन्हें महागुरु ही कहूंगा क्योंकि वे इस क्षेत्र के सबसे गुणी और सर्वाधिक सम्मानित कुरानडेरो थे।

आइयापाप्पा का मकान पत्थरों से बना था, पत्थर पर पत्थर बैठाकर लगभग इंका-सभ्यता के अनुरूप ही था यह मकान। प्रस्तर खण्ड छोटे थे जिन्हे मिट्टी से जोड़ा गया था। घर में प्रवेश करने के लिए जिस तोरण से गुजरना पड़ता वह काफ़ी बड़ा था जिसपर कोई किवाड़ नहीं लगा था। दूर से यही तोरण गुफा जैसा लग रहा था। तोरण के बाद एक गोलाकार दीवार था और उसके आगे बहुत से कमरे। कमरे की खिड़कियाँ बहुत छोटी थी। छत के लिए लकड़ी के फ्रेम पर पतले पत्थर बैठाए गये थे। पहाड़ को मूल दीवार मानकर उसी के साथ मकान का ढाँचा खड़ा किया गया था, संभवतः आँधी-पानी के प्रकोप से बचने के लिए ऐसा किया गया हो।

आइयापाप्पा के डेरे में प्रवेश करने के बाद प्रथम कमरे गें हमें एक महिला मिलीं जिन्होंने शायद बहुत दूर से ही हमारा आगमन देखा हो। किन्तु वे न तो मुस्कुराई, न ही कुछ बोलीं। डान कुरानडेरो हमें एक दूसरे कमरे में ले गये जो अन्दर से बन्द था। हौले से दस्तक देते ही एक व्यक्ति ने दरवाजा खोला और डान कुरानडेरो को देखकर वे मुस्कराए और हमें अन्दर आने को कहा। कमरे में दाखिल होकर मैंने देखा कि कमरे के बीचो-बीच बने एक गड्ढे में आग जल रहा है। सामान उतार कर हम आग तापने के लिए वहीं जाकर बैठ गये। कुछ देर तक हम आग तापते रहे, किसी ने कोई बात नहीं की। और कुछ पल के बाद डान कुरानडेरो ने मुझे छूकर वहाँ से उठने के लिए इशारा किया। उनके साथ कमरे के एक कोने पर पहुँचने पर कुरानडेरो ने मेरे कानों में अस्फुट शब्दों में कहा– "आइयापाप्पा"।

दीवार की दूसरी ओर पहुँचकर मैंने एक तख्त पर एक व्यक्ति को अर्द्ध-शायित अवस्था में देखा। अपर्याप्त रोशनी में उनका चेहरा स्पष्ट नहीं दिखाई पड़ा। वे ही आइयापाप्पा थे। तख्त के निकट पहुँचकर हम दोनों ने सिर झुकाकर उन्हें प्रणाम किया, फिर वहाँ से आग के पास लौट आए। मैं सोच भी नहीं सकता था कि आइयापाप्पा जैसे एक असाधारण व्यक्ति का दर्शन मुझे इतने सहज और साधारण ढंग से मिलेगा। वे हमसे

कुछ नहीं बोले, लगा कि उन्होंने हमें देखा ही नहीं।

कुछ देर के बाद एक महिला तीन थालियों में मुझे, अलफ्रेडो और कुरानडेरो को गरम चावल और उबले आलू परोस गयी। हमें अवश्य ही भूख लगी थी, चावल देखकर वह भूख जैसे और भी बढ़ गयी।

हमें जो भात परोसा गया था, वह स्थानीय 'किनोया' चावल से पका था। भारतीय चावल से चह चावल भिन्न है। किनोया चावल आकार में बहुत छोटा होता है, यह स्वादिष्ट और स्वास्थ्य-वर्धक भी है। चबाते समय यह थोड़ा-बहुत साबूदाना जैसा लगता है। इस ऊँचाई पर साधारण चावल की पैदावार संभव नहीं है। किनोया चावल की उपज यहाँ हजारों सालों से होती आई है। इंकाओं के समय भी यही चावल उनका मुख्य आहार था, पूजा आदि अनुष्ठानों में इसी चावल का उपयोग होता था। गेहूँ, रोटी और पावरोटी स्पैनिश अपने साथ इस देश में लाए थे जिससे किनोया चावल का महत्व कुछ कम हो गया था, किन्तु आमलोग, खासकर ऊँचे पर्वतीय क्षेत्र के लोग इसी चावल का व्यवहार करते थे। एंडीज़ में सर्वत्र किनोया चावल और आलू की खेती होती है। चार हजार मीटर की ऊँचाई पर चावल की खेती के लिए यहाँ की सरकार भी सहयोग करती है और किसानों को उत्साहित करती है।

भोजनोपरांत हम बगल के कमरे में जाकर अपना-अपना बर्तन धोकर रख दिया और पुनः आग के पास आकर बैठ गये। इस मकान की खासियत थी यहाँ की नीरवता। पूरा मकान निस्तब्ध था। लगता था जैसे किसी के पास न कहने को कुछ है, न सुनने को। हम मानों एक ऐसे जगत में पहुँच गये थे जहाँ बातचीत और भाषा का कोई अस्तित्व नहीं था। हम लोग काफ़ी थके हुए थे, शायद इसलिए यह नीरवता अच्छी लग रही थी। शायद थकान मिटाने में यह नीरवता ही महौषधि का काम करे।

क्रमशः सांझ उतर आयी। एक-एक कर और पांच लोग कमरे में आकर बैठ गये। आग की भट्टी में कभी-कभी एकाध लकड़ी का टुकड़ा डालने के सिवा मेरे पास और काम नहीं था। अलफ्रेडो बैठे-बैठे ही सो रहा था। डान कुरानडेरो से जब भी निगाहें मिलती लगता कि वे मुझे धीरज रखने के लिए इशारा कर रहे हैं।

कमरे में जो भी नया व्यक्ति आता, वह महिला उसे भी चावल और उबले आलू परोस जाती। सब चुपचाप आग के निकट बैठे थे, आग तापने के अलावा यहाँ किसी को कोई काम नहीं था। और आइयापाप्पा तो तब भी उसी अधलेटे मुद्रा में थे, कमरे में कौन आया कौन गया इससे उन्हें कोई सरोकार नहीं था। मैं उनका चेहरा भी नहीं देखपाया था। निश्चुप बैठे-बैठे न जाने हमने दो घंटे बिताए या चार घंटे, यहाँ समय की कोई कीमत नहीं थी।

अचानक अइयापाप्पा अपना चादर समेटकर उठ पड़े और सीधे हम लोगों के निकट आकर खड़े हो गये। मैं सीधा होकर बैठ गया तकि उनका चेहरा देख सकूँ। किन्तु कमरे में आँच के सिवा और कोइ रोशनी नहीं थी। मुझे अब भी उनका चहरा

नहीं दीखा। जो लोग बैठे थे वे ज्यों का त्यों बैठे ही रहे, न कोई उठा, ना किसी ने उनके पाँव छुए। जिस देश में जैसा आचार हो, वहाँ वैसा ही करना चाहिए। अतः मैं भी चुपचाप बैठा रहा।

आइयापाप्पा शायद सबको पहचाते थे और उस लगभग अंधेरे में उन्हें मालूम था कि कौन कहाँ बैठा है। उन्होंने उपस्थित व्यक्तियों में किसी से कुछ नहीं कहा, केवल थोड़ा झुककर मेरी पीठ पर हलकी थपकी दी और मेरी हथेली में कुछ डाल दिया। फिर, वे बगल की रसोई में चले गये। मैंने अपनी हथेली माथे से छुलाया , जैसे हम प्रसाद पाकर करते हैं। मुझे बहुत कौतूहल हो रहा था कि इस महापुरुष ने मुझे क्या दिया, यह जानने के लिए मैंने फिर एक लकड़ी का टुकडा आँच में खोंसा ताकि कुछ रोशनी हो और मैं यह देख सकूँ। मुझे लगा कि किसी सूखे मेवे का कुछ छोटा-छोटा टुकड़ा वे मुझे दे गये हैं। प्रसाद मानकर ज्यों ही मैंने एक टुकड़ा अपने मुँह में डालना चाहा, डान कुरानडेरो ने मेरा हाथ पकड़ कर मुझे रोका और मुझे ऐसा न करने का इशारा किया। अलफ्रेडो तब भी सो रहा था, अतः मैं पूछ भी नहीं पा रहा था कि इस प्रसाद का मैं क्या करूँ।

कुछ ही देर के बाद आइयापाप्पा बगल के कमरे से लौटकर सीधे अपने बिस्तर पर चले गये। उनके पीछे-पीछे एक महिला, जिन्हें हमने यहाँ आते ही पहले देखा था, आयीं और उन्होंने मुझे एक चिलम, जिसमें थोड़ी आग भी थी, थमा दिया। मैं बहुत चकित था और समझ नहीं पा रहा था कि चिलम का मैं क्या करूँ? मैंने कुरानडेरो की ओर देखा। उन्होंने इशारा किया कि मेरे हाथ में जो है उसे उस चिलम में डाल दूँ। मैं उनका इशारा ठीक से समझ नहीं पा रहा था, अतः चिलम और आइयापाप्पा का दिया वह सामान जिसे मैं प्रसाद समझ रहा था, कुरानडेरो को थमा दिया। उन्होंने उन शुष्क पदार्थों को चिलम में डाला और फिर चिलम का एक जोर कश गाँजा पीने के अन्दाज में लिया। मैंने मन ही मन कहा, "जय बोम् भोलानाथ!" एक कश खींचकर उन्होंने चिलम मुझे दिया, मैंने भी प्रसाद मानकर एक कश खींचा और अपने बगल में बैठे सज्जन की ओर चिलम बढ़ा दिया। बारी-बारी से सबने कश खींचा, यहाँ तक कि निद्रातुर अलफ्रेडो ने भी शायद नींद में ही एक भरपूर कश ले ही लिया।

कुछ पल के उपरान्त ही मेरा सिर चकराने लगा, मुझे लगा भूचाल आ गया है और पूरा कमरा डाँवाडोल हो रहा है। फिर लगा कि मैं किसी बड़े से उड़न-खटोले में सवार हूँ जो बहुत तेजी से घूम रहा है और घूमते-घूमते वह धरती से बाहर छिटक गया और मैं भी छिटक गया। आश्चर्य, सिर का चकराना बन्द हो गया था, अब मैं सूखे पत्ते की तरह महाशून्य मे तैर रहा था। बहुत अच्छा लग रहा था कि मेरे शरीर में कोई वजन नहीं था। भार-शून्य देह के साथ मैं महाशून्य में महानन्द में तैर रहा था। फिर क्या हुआ मुझे पता नहीं, क्योकि जब आँखें खुलीं तो रात बीत चुकी थी और भोर हो गया था।

मैं उठकर बैठ गया। रात हमने अंगीठी के बगल में फर्श पर ही सोकर बिताए थे। अंगीठी की आँच के कारण ठण्ड से तकलीफ नहीं हुई थी। मुझे रात की घटना याद आयी और सोचने लगा कि आइयापाप्पा ने मेरे हाथों में जो सूखा पदार्थ दिया था वह क्या था जिसे चिलम में भरकर एक फूँक मारते ही इतना नशा हो गया था। नशे में ही मैं किसी और दुनिया की सैर करता हुआ सो गया था।

आइयापाप्पा ने मुझे जो दिया था वह छत्रक या कुकुरमुत्ता जैसी कोई चीज थी। मेक्सिको में लोग एक खास तरह का छात्रक पीते हैं जिसका शायद पीरू और बोलीविया में भी अभाव नहीं था। भारत में गाँजा और अमेरिका में एल. एस. डी. का उपयोग होते देखा है। इस क्षेत्र में मुख्यतः कोकापत्ता सूखाकर उसका धुँआ पीकर लोग दिवास्वप्न देखते हैं। इन नशीली पदार्थों का असर बहुत कुछ कोकेन जैसा ही होता है। ख़ैर, मैं यहाँ इन नशीली वस्तुओं पर अनुसंधान करने के लिए नहीं आया था, अतः मैंने अपने दिमाग को झटका और कमरे से बाहर निकला।

सूर्योदय होने ही वाला था। मैंने क्षितिज की ओर चेहरा करके सूर्यदेवता के उद्देश्य में प्रणाम किया, उसके बाद गायत्री मंत्र का जाप करने लगा। सूर्योदय के साथ ही चारों ओर जैसे आनन्द की रोशनी फैल गयी। चौबीस घंटों में से मुझे यही मुहूर्त सबसे अधिक प्यारा लगता था।

थोड़ी देर बाद डान कुरानडेरो बाहर निकले, मेरे निकट पहुँचकर उन्होंने मुस्कराकर अभिवादन किया और मुझे अन्दर चलने को कहा। मुझे लेकर वे सीधे रसोई में पहुँचे और स्वयं ही लकड़ी का चूल्हा सुलगाकर कॉफ़ी बनाने लगे। फिर हम दोनों कॉफ़ी लेकर आइयापाप्पा के बिस्तर के निकट पहुंचे। हमारे निकट पहुंचते ही आइयापाप्पा तुरंत उठकर बिछौने पर बैठ गये। मैं पहलीबार उनका चेहरा स्पष्ट देख पा रहा था। उन्हें देखकर लगा जैसे किसी बच्चे को बूढ़ा सजाया गया है। उन्होंने हम दोनों की ओर देखा, वह दृष्टि स्नेह से ओतप्रोत थी। उन्होने यत्नपूर्वक कॉफ़ी की कटोरी थामीं और सशब्द चस्का लेकर बोलें, "इत्ता इत्ता"। उनके हाव-भाव से मुझे लगा कि ये शब्द कॉफ़ी की तारीफ में कहे गये थे– 'बढ़िया-बढ़िया' जैसा कुछ। कॉफ़ी पीकर वे बाहर निकले, उनके साथ हम भी हो लिए। घर के संलग्न एक छप्पर के नीचे पहुँचकर वे कुरानडेरो को भाँति-भाँति के नन्हें पौधे, लता-गुल्म और जड़ियाँ दिखाने लगे।मैं उनकी बातचीत नहीं समझ पा रहा था, केवल आग्रपूर्वक उनके हाव-भाव देख रहा था। न मालूम उनकी उम्र कितनी थी, मुँह में एक भी दाँत नहीं था, चेहरे पर हमेशा मुस्कराहट चिपकी रहती थी, बहुत हल्के पाँव चलते थे जिससे कोई पदचाप नहीं सुनाई पड़ता। उनके चलने-फिरने हिलने-डोलने में जैसे कोई छन्द छिपा था। सिर के बाल छोटे और बेतरतीब ढंग से काटे गये थे। सिर पर कनटोप और शरीर पर चादर ओढ़े थे। उनकी त्वचा ताम्रवर्ण की थी। मुझे आश्चर्य हुआ कि उतनी ठण्ड में भी उनके पांवों में जूते-मोजें नहीं थे, वे नंगे पांव घूमते थे।

वहाँ से वे हमें कुछ और दूरी पर ले गये जहाँ से नैसर्गिक खूबसूरती देखते ही बनती थी। इन पहाड़ों पर कोई हरियाली नहीं थी, किन्तु दूर के तुषारावृत पर्वत के क्रोड़ में होने के कारण ये बहुत सुन्दर दिख रहे थे। कुछ देर तक टहलने के बाद हमलोग वापस आ गये और आइयापाप्पा अपने बिस्तर पर जा बैठे। अबतक कमरे के सभी लोग जाग चुके थे। लोगों के खान-पान की व्यवस्था करने वाली महिला ने सबकों कॉफ़ी ला दिया। उनका नाम दिनता था और उम्र पैंतीस-चालीस के बीच। वे एक सीधी-सादी पहाड़ी औरत थीं।

कॉफ़ी पाकर लोग, यहाँ तक कि आइयापाप्पा भी बहुत खुश थे जिससे लगा कॉफ़ी यहाँ दुर्लभ है। मैंने मनतेरो के जरिए कुरानडेरों के लिए जो सामान मंगाया था वह सब यहाँ ले आया था, उसमें कॉफ़ी भी थी। आइयापाप्पा ने तो कॉफ़ी की एक अतिरिक्त कटोरी मांगकर पी।

एक समय मौका देखकर डान कुरानडेरो आइयापाप्पा को मेरे विषय में बताने लगे। आइयापाप्पा ने मेरी ओर देखा और उनकी दृष्टि शायद मेरे अन्दर तक पैठ गयी। कुछ देर तक वे मुझे एकटक घूरते रहे, उसके बाद हाथ के इशारे से डान कुरानडेरो को थमने के लिए बोले यानी मेरे बारे में वे और कुछ सुनना नहीं चाहते थे। अलफ्रेडो कुछ कहना चाह रहा था, मैंने उसे चुप रहने के लिए इशारा किया। काफ़ी देर तक हम सब चुपचाप बेठे रहे। हम सब यानी हम पाँच लोग मैं, अलफ्रेडो, कुरानडेरो, आइयापाप्पा और दिनता। रात में और जो लोग यहाँ ठहरे थे वे सुबह उठकर चले गये थे। सुबह का लगभग सारा समय हमने वहीं बैठकर बिताए, किन्तु कोई बातचीत नहीं हुई।

मुझे इस घर का परिवेश बहुत आकर्षक लग रहा था। यहाँ न तो पूजा-पाठ या रस्मों-रिवाज जैसी कोई बात थी, न ही गुरुदर्शन के नाम पर विभिन्न रोड़े। आइयापाप्पा एक वास्तविक ज्ञानी-गुरु थे जिनका दर्शन पाना या जिनके सान्निध्य में पहुँचना बहुत सहज था। मुझे अनायास भारत की याद आती रही जहाँ स्थिति भिन्न थी। वहाँ जो लोग योग ज्ञान तथा विभिन्न शिक्षा को लेकर व्यवसाय करते हैं उनका दर्शन पाना सहज नहीं होता और इसीलिए शायद आम लोग ऐसे गुरुओं को असाधरण व्यक्ति मान लेते हैं। लेकिन जिनलोगों से वास्तविक ज्ञान और शिक्षा मिल सकती है वे हमेशा साधारण वेश में सबके बीच उपस्थित रहते हैं, उनमें कोई आडम्बर नहीं रहता। जहाँ गुरु-दर्शन के लिए भीड़ लगती है, वहीं फ़रेब का बोलबाला है। सच्चे गुरु के दर्शन के लिए भीड़ से नहीं जूझना पड़ता है। उन्हें पहचानने के लिए उपयुक्त कर्मफल होना अवश्य आवश्यक है।

सुबह का सारा समय हम लोगों ने बिना बातचीत किए व्यतीत किया। आइयापाप्पा ज्यादा हिलते-डोलते नहीं, वे बैठकर या अर्ध-शायित मुद्रा में खिड़की के बाहर देखते रहते हैं। कभी-कभी बाहर निकल कर संग्रहित जड़ी-बूटियों पर ध्यान लगाते हैं।

दोपहर को दिनता ने हमें यत्न-पूर्वक भोजन कराया। भात, उबले आलू और फलों का अचार। उनका व्यवहार बहुत आत्मीय था, यद्यपि वे भी बहुत कम ही बोलतीं थीं। भोजनोपरांत अलफ्रेडो बाहर टहलने के लिए निकल गया, बैठ-बैठ वह उकता गया था। कुरानडेरो भी दिनता के साथ बाहर चले गये। मैं आइयापाप्पा के बगल में बैठा रहा। उनके पास अकेले बैठने का मौका पाकर मैं खुश था। हम चुपचाप बैठे-बैठे एक दूसरे की ओर देखते रहे। परिवेश बहुत हलका था और मेरा देह-मन भी। घण्टों मैं उसीतरह उनके पास चुपचाप बैठा रहा।

शाम को दिनता लौटी और उसने कमरे के निर्धारित स्थान पर लकड़ी जला दी। डान कुरानडेरो तख्त पर मेरे पार्श्व में बैठ गये और आइयापाप्पा से मृदु-स्वर में कुछ कहा जो मैं नहीं समझ पाया। अलफ्रेडो लौटकर हमलोगों के सामने बैठे गया और मुझसे धीमे स्वर में बोला, "यह जगह बहुत खूबसूरत है, किन्तु दुर्भाग्यवश यहाँ समय काटने लायक कुछ भी नहीं है।" कुछ देर के बाद और कुछ लोग आए और वे सीधे आग के निकट जाकर बैठ गये। दक्षिणा-स्वरूप वे अपने संग ईंधन की लकड़ी ले आए थे।

सांझ होते ही हमने भोजन कर लिया। यहाँ खाना खाने के लिए नहीं, जीने के लिए खाया जाता था। आइयापाप्पा के तख्त के बगल की खिड़की बन्द करने के बाद भी उसके फाँक से ठण्डी हवा रिस रही थी। आइयापाप्पा ने कनटोप पहन लिया और खुद को रजाई के हवाले कर दिया। हम तीनों उठकर आग के पास आकर बैठ गये। मैंने तय कर लिया था कि आज धूम्र-पान नहीं करूंगा, आइयापाप्पा स्वयम् मेरे हाथों में दें तब भी नहीं।

आज पुनः पिछले रात की पुनरावृत्ति हुई। आइयापाप्पा अपने बिस्तर से उठे और छत्रक थमा गये, लेकिन मुझे नहीं, डान कुरेनडेरो को। कुछ देर बाद दिनता चिलम दे गयी और वह चिलम लोगों के हाथों में घूमने लगा। मैंने नहीं ली, किसीने मुझसे अग्रह भी नहीं किया, कुरानडेरो ने भी नहीं। इच्छा थी कि मैं लोगों के चेहरे के भाव पढ़ूँ, किन्तु रोशनी के अभाव में मैं किसी का चेहरा देख ही नहीं पा रहा था।एक के बाद एक लोग नशे में अंगीठी के पास ही ढेर होते जा रहे थे। एक समय दिनता आयीं और उन्होंने अंगीठी में एक कुंदा डाल दिया, साथ ही दरवाजे के नीचे पुराने कपड़े ठूँस गयी ताकि बाहर की ठण्डी हवा अन्दर आने से रोका जा सके। इस घर में वे ही माँ की भूमिका का निर्वाह करती थीं। वे शायद चिलम नहीं पीती थीं, मैंने उन्हें धूम्रपान करते नहीं देखा। कुछ देर बाद मुझे नींद आ गयी। यहाँ की निस्तब्ध रातें बहुत लम्बी होती हैं।

अगली सुबह बहुत तड़के किसी ने मेरे कंधे पर हाथ रखकर मुझे जगाया। मैं उठकर बैठ गया और आश्चर्य से देखा कि मुझे जगाने वाला और कोई नहीं, स्वयं आइयापाप्पा थे। मैंने उन्हें सुप्रभात जताया, उन्होंने मुझे बाहर चलने के लिए इशारा किया।

बाहर निकलकर मैंने सूर्य-प्रणाम किया, फिर उनका अनुसरण करने लगा। उनकी चलने की गति देखकर यह विश्वास कर पाना कठिन था कि यह वृद्ध दिन-रात अपने बिस्तर पर बैठे या लेटे रहते हैं। उनकी चलने की भंगिमा में एक छन्द था। एंडीज़ की इस उच्चभूमि में एक अनजान पहाड़ के एक रहस्यमय महात्मा के साथ मैं भी कदम मिलाकर चल रहा था।

उनके साथ चलते-चलते मुझे बहुत पुरानी याद ताजा हो गयी। लगभग बत्तीस साल पहले इसी तरह एक और महापुरुष के साथ मैं तिब्बत के पठान पर यात्रा कर चुका था। वे मेरे परम् आराध्य गुरुजी थे। मुझे लगा कि उस अतीत की ही पुनरावृत्ति हो रही है। यहाँ की आबोहवा और दृश्य तिब्बत जैसी ही थी। ऊँचाई, पहाड़, ठंड, और एक वयोवृद्ध सन्त का संग। वहाँ मैं मौनी था, यहाँ भी भाषा न जानने के कारण मौनी बन गया था। पुरानी स्मृति उभरते ही मैं बारम्बार मन ही मन आइयापाप्पा को प्रणाम करने लगा। मन भी अजीब है। कितनी ही स्मृतियाँ मन में दफन हो जाती हैं और फिर महासमुद्र में खो गये काठ के टुकड़े की तरह कोई हलचल, कोई उथल-पुथल, कोई लहर उसे पुनः खींचकर सामने ले आती है। अतीत की स्मृति और आइयापाप्पा की उपस्थिति ने मेरे मन में आनन्द भर दिया।

काफ़ी दूर तक चलने के बाद वे एक पहाड़ी नाले के पास रुके जहाँ कुछ सूखे घास और पात-पतवार इकट्ठे किए गये थे। उन्होंने अपनी लाठी से उस ढेर को उलट-पुलट दिया और उस अम्बार से कुछ पत्ते निकालकर उन्हें सूंघा। एकबार आस-पास निगाहें फेरकर वे वापसी के लिए मुड़े। मेरी ओर देखकर उन्होंने दूर के बर्फीले पहाड़ों की ओर अपनी लाठी से इशारा किया। उनकी आँखें उज्जवल और ओजपूर्ण थीं। भाषा के अभाव में हमारे बीच कोई बातचीत तो नहीं हुई किन्तु मुझे लगा कि आनन्दमय क्षणों को अपभोग करने के लिए किसी भाषा की अवश्यक्ता नहीं होती। ऐसे महानुभवों के साथ एकात्म और अन्तरंग होने के लिए मानसिक प्रस्तुति चाहिए, किसी भाषा या माध्यम की मदद अनिवार्य नहीं। उपलब्धियों को भाषा में पिरोना संभव नहीं है, जो ऐसा करने का प्रयत्न करते हैं वे गलत या भ्रामक व्याख्या देते हैं। मैं उस अदृश्य शक्ति के प्रति कृतज्ञ था जिसने मुझे यहाँ तक पहुँचा दिया था।

घर लौटते ही दिनता ने हमें गर्म कॉफ़ी की कटोरी थमा दिया। उन्होंने हमें दूर से ही लौटते हुए देख लिया था और कॉफ़ी गरमा लिया था। अलफ्रेडो और कुरानडेरो पहले ही कॉफ़ी पी चुके थे। आइयापाप्पा सीधे अपने तख्त पर जाकर बैठ गये थे, हम सब भी उसी तख्त पर नीचे पाँव लटकाकर बैठ गये। कुछ देर तक सब मौन रहे, फिर डान कुरानडेरो ने मुँह खोला और अलफ्रेडो अपने दूभाषिये के काम में जुट गया।

"तो अब मैं चलूगा।" डान कुरानडेरो ने आइयापाप्पा से कहा। आइयापाप्पा ने कोई उत्तर नहीं दिया, वे कुरानडेरो की ओर देखते रहे। लगा कि वे सहमत थे।

डान कुरानडेरो ने अलफ्रेडो से कहा, "तुम दोनों यहाँ रह जाओ, फिर जब चाहो लौट आना। यहाँ रहने खाने की कोई दिक्कत नहीं है, यह तुमने देख ही लिया।"

उनकी उक्ति का अनुवाद करने के बाद अलफ्रेडो मेरी ओर देखता रहा, वह मेरी राय जानना चाहता था।

मुझे कुछ कहना नहीं पड़ा, आइयापाप्पा ने ही समस्या का समाधान दे दिया। उन्होनें डान कुरानडेरो से कहा कि वे अलफ्रेडो को अपने साथ ले जाएँ और मुझे वहीं रहने दें।

डान कुरानडेरो ने उनकी आज्ञा शिराधार्य कर लिया, मुझे भी आपत्ति नहीं थी। मैं स्वयं ही वहाँ रहना चाहता था। अलफ्रेडो कुछ ऊहापोह में था, फिर उसने कहा, "मैं भी लौटने की ही सोच रहा था क्योंकि यहाँ मेरे करने लायक कोई काम नहीं है। ये महानुभव तो बात ही नहीं करते, यहां दुभाषिये का क्या काम है? यहाँ सोने की ठीक व्यवस्था नहीं है, भोजन की व्यवस्था भी अत्यंत गरीबों जैसी है, समय काटने के लिए भी कुछ नहीं है।"

मैंने सहमति जताते हुए कहा, "तुमने ठीक ही कहा, मैं तुमसे सहमत हूँ।"

उसके बाद और बातचीत नहीं हुई। डान कुरानडेरो उठ पड़े, तत्काल निकलना पड़ेगा अन्यथा राह में तकलीफ होगी। लौटते समय ढलान होने के कारण कहीं रात बिताने की आवश्यक्ता नहीं पड़ेगी यदि तुरंत प्रस्थान किया जाए। मैंने अलफ्रेडो से मशविरा कर उसे उसके प्राप्य पैसे चुकता कर दिए। वह ख़ुशी से मुझे बारबार धन्यवाद देने लगा। डान कुरानडेरो ने अलफ्रेडो को आश्वस्त किया कि उसे राजधानी लौटने में कोई दिक्कत नहीं होगी, ट्रक न मिलने पर किसी मिलिटरी जीप में व्यवस्था हो जाएगी, उसमे भी खर्च उतना ही होगा जितनी कि ट्रक में।

उन दोनों के प्रस्थान का निर्णय लेने के बाद आधे घण्टे के अन्दर वे कूच कर गये। इस विदाई में किसी सेंटिमेंट या भावुकता की गंध नहीं थी। दिनता ने एक कागज के छोटे से पैकेट में राह के लिए कुछ भोजन सामग्री भर दिया था। आइयापाप्पा बिस्तर से ही चिपके रहे, उठे नहीं। वे निर्विकार थे, उनके पास किसी के लिए आह्वान भी नहीं थी, विसर्जन भी नहीं। मैंने बाहर निकलकर उन्हे अलविदा कहा।

उनके प्रस्थान के बाद घर में सन्नाटा छाया रहा। इस पहाड़ की गोद में हम तीन प्राणियों के सिवा शायद और कोई प्राणी नहीं था। ऐसी निस्तब्धता का भी अलग आनन्द है, तन-मन बहुत हलका लगता है, लगता है जैसे मैं हूँ लेकिन मेरा तन गायब हो गया है। ऐसे परिवेश में आइयापाप्पा और दिनता ही मेरे अपने लोग थे। आइयापाप्पा के तख्त पर चादर आढ़कर बैठे रहने के सिवा कोई काम नहीं था मेरे पास। वे तो अधिकांश समय आँखें मूंदे रहते थे। आँखे खोलते भी तो खिड़की के बाहर आसमान की ओर निगाहें टिकाए रहते। वे बातचीत नहीं करते थे। दिनता खाना पकाती, घर-द्वार की सफाई करती, शाम होते ही कमरा गर्म रखने के लिए आग जला देती, जो लोग आते उन्हे

खाना खिलाती, चिलम भर लाती। बाहर निकल कर ईंधन तैयार रखती। बाकी समय स्वेटर बुनती। वे सब कुछ निःशब्द करतीं, बोलतीं बहुत कम। मैंने गौर किया कि दिनता की गति-विधियों में भी एक छन्द था।

सुबह के भोजन के बाद मैं कुछ देर बाहर टहल आया। क्रमशः शाम हुई, कमरे की धूनी में ईंधन जला दिया गया, बाहर के तीन लोग आकर आँच के पास बैठ गये। आज मेरी तीसरी शाम थी और मैंने गौर किया कि एक ही लोग रोज नहीं आते, नये-नये लोग आते रहते हैं। भोजनोपरांत छत्रक का धूम्रपान करने के बाद वे नशाग्रस्त होते हैं अथवा स्वप्न देखते हैं अथवा उनमें कोई शारीरिक-मानसिक परिवर्तन होता है यह मुझे नहीं मालूम, लेकिन कुछ तो कारण होगा ही उनके आने का। आइयापाप्पा से उनकी बातचीत क्या, मुलाकात या दुआ-सलाम तक नहीं होती। फिर वे लड़के उठकर अपने-अपने घर लौट जाते हैं। वे क्यों आते हैं, उनकी क्या समस्या है, यह मैं समझ नहीं पा रहा था। निश्चित तौर पर एक ही बात कही जा सकती थी और वह यह कि आइयापाप्पा इस क्षेत्र के एक अति पूज्य व्यक्ति थे, इसमें कोई शक नहीं था।

यहाँ का परिवेश मुझे बहुत अद्‌भुत लग रहा था। यहाँ कोई बोलचाल, किस्सागोई, आवभगत, उपदेश, धर्मकथा, आलोचना या दर्शन-ज्ञान जैसा कुछ नहीं था। आइयापाप्पा न तो किसी को आशीष देते, न ही अभिशाप। ऐसे परिवेश में मैं पहले कभी भी नहीं पड़ा। जापान के शिन्तो मन्दिर में और भारत के कई आश्रमों में मैंने घण्टों नीरवता में बिताए हैं, किन्तु वहाँ प्रार्थना-मंत्र या जाप या ध्यान के माध्यम से समय व्यतीत होता था। यहाँ ऐसा कोई भी मानसिक अवलम्बन नहीं था। समय बिताने का कोई साधन या उपकरण न रहने के बावजूद समय बीत रहा था। इसी तरह और दो दिन बीत गये।

इसके बाद एक अजीब घटना घटी। आइयापाप्पा के यहाँ सण्डास की बहुत दयनीय हालत थी। सण्डास यानी पहाड़ की एक खाई पर दो तख्ता बिछाकर फ़ारिग होने की व्यवस्था की गयी थी, खुले आसमान के नीचे एक खुला पाख़ाना। दोनों पटरा बहुत पुराने थे और उनकी हालत इतनी ख़स्ता कि मुझे हमेशा डर लगता कि एक भी पटरा टूटा तो सीधे खाई में गिरना पड़ेगा। उसदिन पाख़ाने से लौटकर मैंने सोचा कि दिनभर बैठे न रहकर उस संडास के पटरे बदलने के लिए कुछ करूँ। घर के आसपास बहुत ढूँढ़ने के बाद भी उपयोग में लाने लायक मुझे कोई पटरा या तख़्ता नहीं मिला। फिर भी मेरे दिमाग़ में यह बात धँस गयी कि तख़्ता न भी मिले तो भी कोई उपाय करना होगा क्योंकि उस संडास के उन पुराने पटरों पर बैठने में बहुत ख़तरा था।

शाम को किसी ने दरवाज़ा खटखटाया जो अन्दर से बन्द था। मैंने दरवाज़ा खोला और मुझे यह देखकर घोर आश्चर्य हुआ कि आगन्तुक अपने कंधे पर दो अदद

पटरा लादे हुए था। मुझे तो ऐसे ही पटरों की तलाश थी। मैं आनन्द से लगभग अछल पड़ा।

मैंने उन्हें संडास के पास ले जाकर उसकी हालत दिखायी तो वे मेरा इंगित समझ गये। कुछ ही देर में हम दोनों ने मिलकर पुराने पटरों को बदल दिया। हमारा यह काम देखकर दिनता भी ख़ुश होकर मुस्कराने लगी। मुझे आश्चर्य हो रहा था कि किसने मेरे मन की बात जानकर पटरे की व्यवस्था कर दी, वह भी सही नाप की? मुझे अब कोई सन्देह नहीं था कि ऐसा आइयापाप्पा ने ही किया है और वे अंतर्यामी हैं। उनके अन्तर्यामी होने का प्रमाण मुझे दूसरी बार मिला था। पहली बार तब जब उन्होंने डान कुरानडेरो के साथ अलफ्रेडो को वापस भेज दिया था और मुझे रोक लिया था। उसदिन उनके साथ प्रातः भ्रमण कर लौटते समय मेरी इच्छा हो रही थी कि मैं यहाँ और कुछ दिन रह जाऊँ। हो सकता है कि यह मामूली बात थी या केवल संयोग था, किन्तु मेरा उत्साह बढ़ाने के लिए यही काफ़ी था। मैं फिर एक बार निश्चित हो गया था कि उनसे वार्ता के लिए भाषा की आवश्यक्ता नहीं थी, वे मन की बात पढ़ लेते थे।

आइयापाप्पा के पास कभी-कभी दिन में भी लोग आते, वे साधारणतः ओझा या कुरानडेरो क़िस्म के लोग होते। वे कोई मशविरा लेने या जड़ी-बूटियों के लिए आते। शाम को जो लोग आते वे साधारणतः रात में धूम्रपान करने के लिए ठहर जाते। वे क्यों धूम्रपान करते यह मुझे सटीक ज्ञात नहीं था, किन्तु इन कुछ दिनों के अनुभव से मुझे लगा कि धूम्रपान के माध्यम से मन में जो विकार या परिवर्तन आता है वही उनको अभिप्रेत होता है। संभवतः प्रत्येक व्यक्ति का अनुभव एक जैसा नहीं होता, ज्यों मुझे और अलफ्रेडो को अलग तरह का अनुभव प्राप्त हुआ था, शायद डान कुरानडेरो का अनुभव हम दोनों से भिन्न रहा हो। एक चीज जो मैंने गौर किया था, वह यह कि शाम को जब लोग आते हैं तब वे उदास, गंभीर और किसी समस्या से पीड़ित दिखते हैं, परन्तु जब वे लौटते हैं उस समय लगता है वे हल्का महसूस कर रहे हैं, उनके चेहरे का भाव इतना बदल जाता है।

आइयापाप्पा के संग प्रातः भ्रमण के साथ मेरी दिनचर्या शुरू होती, फिर सारादिन उन्हीं के पास बैठा रहता। शाम को लोग आते तो उनके बीच जा बैठता। इसी तरह और चार दिन बीत गये।

और दिन की भाँति उसदिन भी मैं आइयापाप्पा के बिस्तर पर बैठा था, वे रोज की तरह लेटे थे। मेरे मन में उस दिन विचार आया कि चुपचाप न बैठकर मैं मन ही मन यदि गायत्री मंत्र का जाप करूँ तो मेरा समय अच्छा एवं द्रुत बीतेगा। मैं आसन लगाकर बैठा और मन ही मन जाप करने लगा, 'ओऽम भू भूर्व स्व...'। कई बार मंत्रोच्चारण के बाद सहसा मुझे एक धक्का लगा। चौंककर मैंने आँखें खोली तो देखा आइयापाप्पा बैठे हुए हैं और एकटक मुझे घूर रहे हैं, शायद उन्होंने ही मुझे धक्का मारा था। उन्होंने हाथ उठाकर मुझे थमने के लिए कहा। यह पहला मौक़ा था जब

उन्होंने सीधे से मुझे कुछ जताया। मैंने जाप बन्द कर दी, वे पुनः धीरे-धीरे लेट गये। शरीर पर धक्का खाने के साथ ही मेरे मन में भी धक्का लगा था, मैं मन-ही-मन आहत हुआ था कि उन्होंने मुझे धक्का क्यों मारा, मुझे गायत्री जाप करने से क्यों रोका? इन प्रश्नों का उत्तर मुझे कौन देता? सुना था कि गायत्री मंत्र में एक तीव्र वाइब्रेशन या कम्पन है। क्या वह कम्पन आइयापाप्पा को कोई विघ्न पहुँचा रहा था? शायद ऐसा हो। केचुआ भाषा ज्ञात होता तो मैं अवश्य उनसे पूछता। किन्तु यह जानने का कोई उपाय ही नहीं था। वे शायद मुझे धक्का मारने के लिए ही उठ बैठे थे। कुछ देर के बाद मन में यह विचार आया कि मैं यहाँ गायत्री पाठ करने के लिए नहीं आया था, यहाँ आया था किसी और उपलब्धि या अनुभव के लिए। ऐसा विचार आते ही मेरा मन शान्त हो गया।

यद्यपि हर शाम मैं धूनी की आँच के पास चिलम फूँकने वालों के बीच बैठा रहता, किन्तु पहले दिन के बाद न तो आइयापाप्पा ने मुझे चिलम का मसाला थमाया न ही दिनता ने चिलम पकड़ाया। इससे मुझे बहुत राहत थी। आइयापाप्पा तथा दिनता चिलम नहीं पीते थे। उन दोनों में बाचतीत भी बहुत कम ही होती। दिनता ही घर का सारा काम संभालतीं, लगता कि वास्तविक मालिक वे ही हैं। इन दोनों का सम्बन्ध दादा और पोती जैसा लगता था मुझे। शायद यही हक़ीकत भी हो।

और दिनों की भाँति आज भी तड़के उठकर आइयापाप्पा के साथ प्रातः भ्रमण पर निकला था, किन्तु आज उन्होंने एक नयी राह पकड़ी। आइयापाप्पा के चाल में जो छन्द और गति थी उसे देखकर मुझे अनायास पश्चिम बंगाल के बीरभूम के साधुबाबा की याद आ जाती, वे भी जब आश्रम से बाहर निकलते तो लगता कि चल नहीं रहे हैं, दौड़ रहे हैं। न जाने इस उम्र में उनमे इतनी तेजी कहाँ से आती है, चलते समय लगता नहीं कि उनके पाँव जमीन पर पड़ रहे हैं। चलते-चलते एक जगह रुककर उन्होंने अपनी लाठी से एक झाड़ी की ओर इशारा किया। मैं उधर बढ़ गया। वहाँ झाड़ियों का गुच्छा था। समझ में नहीं आया कि वहाँ मुझे क्या करना है। फिर वे स्वयम् आगे बढ़े और उन झाड़ियों से कुछ पत्ते तोड़कर उन्हें बगल के एक पत्थर से कूटा और फिर अपने एक घुटने पर लगा लिया और मेरी ओर देखने लगे। उनका भाव कुछ ऐसा था मानों पूछ रहे हों, "क्यों, कुछ याद आया?" कुछ ही क्षणों में मुझे याद आया कि माच्चू-पिच्चू में रोमांकि का पांव टूटने के बाद मैंने ऐसे ही कुछ पत्तों को कूटकर उसका प्रलेप लगा दिया था और इससे उसका दर्द कम हो गया था, उस पत्ते ने महौषधि का काम किया था। मैं अचरज में पड़ा कि उस घटना के बारे में इन्हें कैसे मालूम हुआ? मेरी उनसे आजतक कोई भी बातचीत नहीं हुई। उनके प्रति श्रद्धा से मेरा मस्तक नत हो गया। मैंने वहाँ से कुछ पत्ते संग्रह कर अपने पास रख लिया। मन-ही-मन सोच रहा था कि इस पत्ते में ऐसा क्या गुण है जो तेज दर्द भी ग़ायब कर देता है। आइयापाप्पा ने इशारों से मुझे समझा दिया कि उस पत्ते में बहुत भेषज गुण है और

पत्तों को कूट कर किसी भी चोंट पर प्रलेप लगाने से दर्द का उपशम होता है और आघात ठीक हो जाता है।

इस तरह आइयापाप्पा से घनिष्टता और दिनता के साथ मेरी अन्तरंगता बढ़ी रही। प्यार और आन्तरिकता किसी भाषा पर निर्भरशील नहीं इसे अबतक मैं बखूबी जान गया था।

यहाँ की रातें लम्बी और बहुत सर्द होतीं, यद्यपि अभी मौसम हिमपात का नहीं था। रात में तापक्रम शून्य से कुछ डिग्री नीचे उतर जाता। शायद इसीलिए सांझ ढलते ही लोग निष्प्राण होकर सो जाते। सूर्योदय के साथ ही सब फिर से प्राणवन्त हो उठते। सुबह प्रातः भ्रमण से लौटने के उपरांत हम सब लगभग एक घण्टा बरामदे में धूप में बैठते, वहीं बैठकर सुबह का जलपान करते। उस दिन भी जलपान से निवृत्त होकर मैं और दिनों की तरह आइयापाप्पा का बिस्तर धूप में डालने के लिए उठने को हुआ तो आइयापाप्पा ने मुझे रोका और इशारे से कहा कि मैं बैठा रहूँ। वे दिनता को लेकर उठे और अन्दर चले गये। कुछ देर के बाद वे लौट आए और मुझे इशारे से बताए कि मैं वहीं बैठा रहूँ। दिनता कमरे से मेरा चादर लाकर मुझे दे गयी ताकि ज़रूरत पड़ने पर मैं चादर ओढ़ सकूँ।

उनकी आदेशानुसार मैं बरामदे में बैठा रहा। वहाँ से आकाश और कभी-कभी आसमान में विचरते एकाध पहाड़ी पक्षी की ओर देखता। और कुछ नहीं था समय बिताने के लिए। वहाँ रहते हुए यह मैं जान चुका था कि मंत्र या जाप द्वारा समय बिताना आइयापाप्पा को पसन्द नहीं था। साधारणतः मध्यह्न भोजन के बाद मैं अपनी डायरी लिखता था, इससे कुछ समय बीत जाता। आज मन को व्यस्त रखने के लिए कुछ नहीं था अतः मन में स्मृति के बादल मण्डराने लगे, एक-के-बाद एक स्मृतियाँ उभरने लगीं। एक स्मृति अपना खेल खेलकर ओझल होते ही नए तरंग की भाँति दूसरी आ जाती। इन स्मृतियों में कोई तारतम्य नहीं था, कोई निरंतरता नहीं, कोई धारावाहिकता नहीं। एक चिंता मुझे भूमध्य सागर में पटकती तो दूसरी बंगाल की खाड़ी में। कभी गंगा नदी के बारे में सोचता तो कभी जेनेवा की याद आ जाती। कभी दादा अम्मा की याद आती तो अगले ही क्षण एथेन्स के एक पारम्परिक ग्रीक गिरजाघर की। बचपन की शरारतों की याद आई, फिर ग्रीनलैण्ड में एस्किमों परिवार में बिताए लम्हों की। सगे-सम्बन्धी, यार-दोस्त, परिचित-अपरिचित न जाने कितने चेहरे याद आए। दिमाग़ खाली नहीं रहता, पहले मैं इन अजीबो-ग़रीब चिंताओं के साथ ख़ुद को ढालता रहा, फिर थक गया। फिर सोचा कि अब मैं किसी सोच के साथ ख़ुद को ढालूंगा नहीं, मन में जो भी आता है आए, उसमें नुकसान ही क्या! मैंने स्वयम् को चिन्ता के सागर के हवाले कर दिया।

आइयापाप्पा के घर पर रहते हुए मुझे लगता था कि मैं समय, समाज, बुद्धि और भाषा के बाहर की किसी दुनिया में आ पहुँचा हूँ। यहाँ समय का कोई बंधन नहीं था,

नियम नहीं था, पाबन्दी नहीं थी, कर्मसूची नहीं थी। धरती की किसी समस्या का यहाँ अनुप्रवेश नहीं होता था। यहाँ दिन में दो बार भोजन करते थे, सुबह और शाम। वस्तुतः दोपहर का भोजन या मध्याह्न-भोजन नाम की कोई चीज़ नहीं थी, समय की पाबन्दी न रहने के कारण कभी-कभी सुबह का भोजन दोपहर को बारह बजे मिलता और शाम का भोजन अपराह्न दो बजे। आइयापाप्पा कभी-कभी कॉफ़ी पीते, दिनता भी। साँझ या रात के समय रोशनी की कोई व्यवस्था नहीं थी, धूनी तथा चूल्हे की आँच से जो रोशनी मिलती उसी से काम चलाया जाता। आग जलाने के लिए ईंधन की कमी नहीं थी, आस-पास छोटी-छोटी झाड़ियों का जो जंगल था उसे काटकर सूखा लिया जाता।

मुझे बरामदे में बैठाकर वे दोनों अन्दर चले गये थे। मैं सिर्फ़ दो बार पेशाब करने के लिए उठा था। इस पर भी दिनता आकर मुझे सचेत कर गयी कि मैं वहाँ से बिलकुल न उठूँ, आइयापाप्पा की मनाही है।

स्टेशन पर घण्टों बैठा जा सकता है क्योंकि वहाँ हमें यह मालूम रहता है कि विलम्ब से सही, ट्रेन ज़रूर आएगी। दूसरे वहाँ चलते-फिरते यात्रियों की ओर देखकर भी समय बीत जाता है। एक बार मुझे एक एयरपोर्ट पर दो-दिन बैठकर गुज़ारना पड़ा था। किन्तु यहाँ इस तरह मुझे बैठाए रखने का क्या प्रयोजन था यह मेरी समझ से परे था। दो-एक बार, अपराह्न में, मैंने कोशिश की कि उठकर थोड़ा चहल-कदमी कर लूँ। लेकिन उठने का प्रयत्न करते ही दिनता आकर सामने खड़ी हो जातीं जिससे मैं समझ गया कि वे मुझ पर निगाह रख रही हैं। मैंने मन ही मन सोचा कि यह अच्छा ही हुआ कि अलफ्रेडो यहाँ से जा चुका था, ऐसी परिस्थिति वह कतई बर्दाश्त नहीं कर पाता।

सूर्यास्त के समय आइयापाप्पा दरवाज़े के पास आकर खड़े हो गये। उन्होंने मुझे अन्दर आने के लिए इशारा किया। उनके बगल से होकर मैंने दहलीज़ पार की और हाल में आ गया। अभी धूनी नहीं सुलगाया गया था। भूख से मेरे पेट में चूहे कूद रहे थे, इसलिए सोचा सीधे रसोई में जाकर दिनता से भोजन मांगू। आगे बढ़ा तो यह देखकर चौंका कि आइयापाप्पा के तख़्त पर कोई लेटा हुआ है। आज तक मैंने उनके तख़्त पर किसी को लेटते या सोते नहीं देखा था। मुझे यह जानने की जिज्ञासा हुई कि वहाँ आख़िर कौन लेटा है, मैंने बाहर से किसी आगन्तुक को आते हुए भी नहीं देखा था। रसोई को जाने के लिए तख़्त से कुछ ही दूर से गुज़रना पड़ता था, मैं सीधे न जाकर तख़्त के बगल में पहुँचा और भौंचक्क रह गया। वहाँ आइयापाप्पा सो रहे थे। फिर दरवाज़े पर कौन था? मैं तुरंत दरवाज़े के पास पहुँचा, वहाँ कोई भी नहीं था। मेरे रोंगटे खड़े हो गये। दरवाज़े के पास खड़े होकर स्वयम् उन्होंने ही मुझे अन्दर आने के लिए इशारा किया था। उनके बगल से होकर मैंने दहलीज़ पार की थी और वे वहीं खड़े थे। अन्दर पहुँचकर देखा वे

अपने तख़्त पर सो रहे हैं। यह कैसे संभव है। एक व्यक्ति एक ही समय में दो स्थानों पर कैसे उपस्थित रह सकता है? तर्क या चिंतन द्वारा इस घटना पर कोई आलोकपात नहीं किया जा सकता। वे दरवाज़े से पलटकर अपने बिस्तर तक जाते तो मुझे लांघ कर जाते, मैंने उन्हें ऐसा करते देखा होता। मेरे जीवन की यह एक अद्भुत घटना थी।

कुछ ही क्षणों के बाद दिनता मुझे आलू और चावल की कटोरी थमा गयी।

अगले दिन आइयापाप्पा के तख़्त के निकट बैठ कर मैं अपनी डायरी में इस अनुभव को पिरो रहा हूँ। वे लेटे हुए हैं। उनकी ओर देकर मेरा मन प्रफुल्लित हो उठता है। इस अधलेटे बूढ़े व्यक्ति को देखकर कौन कह पायेगा कि उनमें कोई अद्भुत और अलौकिक शक्ति है।

उक्त घटना के ठीक दो दिन बाद उन्होंने मुझे पुनः बरामदे में बिठा दिया और यह समझा दिया कि मैं वहीं बैठा रहूँ, उठूँ नहीं। फिर वे दिनता को संग लेकर बाहर निकल गये। उनके साथ बाहर निकलना मुझे अच्छा लगता था, परन्तु उनकी आज्ञा कुछ और थी। अतः उनकी आज्ञा शिरोधार्य कर मैं दिनभर बैठे-बैठे स्मृति रोमन्थन करता रहा। शाम को वे लौट आए। दिनता की पीठ पर विभिन्न घास-फूस से भरा झोला देखकर मैं समझ गया कि वे यही सब संग्रह करने के लिए गये थे।

इसके बाद अगले तीन दिन भी उन्होंने मुझे लगातार वहीं बैठाया। ठण्ड काफ़ी थी, किन्तु हवा नहीं थी, इस कारण धूप में बैठना अच्छा ही लगता। इस तरह पाँच दिन चुपचाप बैठे रहने का अनुभव संचय किया। यहाँ अब मैं अपनी पुरानी आदत के कारण केवल सूर्योदय के समय सूर्य-प्रणाम का मंत्र मन-ही-मन पाठ करता, सिर्फ़ दो मिनट तक। यहाँ रोज दाँत साफ करना नहीं हो पाता था, स्नान करने का प्रश्न ही नहीं था। हजामत न करने के कारण दाढ़ी-मूँछों का जंगल बन गया था। शरीर के लिए निहायत ज़रूरी काम के सिवा और कुछ नहीं कर पाता था। कुछ ही दिनों में मेरा शरीर पहाड़ियों जैसा हो गया। शरीर की भले ही अवहेलना हो रही हो, मन की स्थिति ठीक इसके विपरीत थी। मन की हर चिन्ता और गतिविधि के बारे में मैं सम्पूर्ण सचेत हो गया था। अब डायरी लिखना भी मेरे लिए एक समस्या बन गयी थी। समस्या थी कि क्या लिखूँ और क्या न लिखूँ। चौबीसों घण्टे दिमाग में जो विचार आते रहते उन सब का वर्णन कर पाना संभव नहीं। अतः यथा-संभव संक्षेप में मैं डायरी लिखता, लेकिन मुझे लगता कि मेरा डायरी लिखना शायद आइयापाप्पा को मंजूर न हो।

दिनभर बैठे रहने का लुत्फ़ मन उठाता है जबकि परेशानी शरीर झेलता है। मन चंचल शिशु की तरह यत्र-तत्र भागने लगता है, वह किसी बन्धन में नहीं होता, उसपर कोई प्रतिबंध नहीं होता। स्थान-काल की सीमा के बाहर वह विचरण करता है। पुरानी स्मृतियों को लेकर नया महल बनाता है और कभी भावना या कल्पना के राज्य में भटक भी जाता है। कभी चिन्ता के सागर में तैरते हुए वह आनन्द से सराबोर हो जाता है

तो कभी आघात पाकर ख़ुद को समेट लेता है। यह एक मजेदार खेल है। असल में सोच-विचार या चिन्तन की स्वाधीनता ही मन का आनन्द है। दूसरी ओर, दिनभर एक ही स्थान पर बैठे रहने की तकलीफ़ शरीर झेलता है। देह को गति चाहिए, उठने-बैठने चलने-फिरने के जरिए वह ख़ुद को व्यस्त रखना चाहती है। अधिक देर तक बैठे रहने से रक्त-प्रवाह विद्रोह करने लगती है। शरीर का हर कोष, अंग-प्रत्यंग हिलना-डोलना पसन्द करते हैं, कभी-कभी जड़वत् बैठे दोनों पांव अचानक ख़ुद को झटककर उठना, टहलना चाहते हैं, शरीर को टहलाना चाहते हैं। धूमने-फिरने के लिए शरीर मन पर दबाव डालता है, एक तरह से आक्रमण करने लगता है कि बहुत हो चुका, अब हमें घूमने दो।

शरीर और मन की इन स्थितियों के बीच मेरा दिन बीत रहा था। और मैं स्वयम् को काबू करता रहा कि आइयापाप्पा ने मुझे बैठे रहने की आज्ञा दी है, उसपर अमल करो। यह भी एक अनुभव ही है। चलने की शक्ति का अभाव ही देह की पराधीनता है, यही शरीर के दुःख का कारण है।

अन्तिम दिन मैंने अचानक महसूस किया कि चिन्ता का स्रोत मन से ग़ायब हो गया है। शुरू में चिन्ता के जो बादल मण्डराने लगे थे, वे छँट गये हैं, जो आँधियाँ उठती थीं, वे थम गयी हैं। अब चुपचाप बैठे रहने के बावजूद मन में कोई चिन्ता नहीं थी, स्मृतियाँ भी नहीं झाँकती थी। मन में आमूल परिवर्तन आ गया था। मस्तिष्क हलका हो गया था, शरीर भी।

आज सुबह से ही मन जैसे उदासीन हो गया था, उसमें कोई इच्छा-शक्ति नहीं थी। आँखें देख रही थीं, कान सुन रहे थे, शरीर बता रहा था कि ठण्ड है यानी सारी इन्द्रियाँ सजग थीं किन्तु आसपास की किसी चीज़ से मन का सम्बन्ध नहीं था। मन की वही दशा थी जैसे झरने का पानी उच्छ्वास से बहते हुए नदी बने और वह नदी आगे जाकर एक ऐसे झील में समा जाये जिसमें प्रवाह नहीं है, लहरें नहीं हैं, है तो केवल परिपूर्णता। मुझे नहीं मालूम कि बिना किसी साधना के, बिना किसी दीक्षा के मैं इस परिपूर्णता को कैसे महसूस कर सका। मन शांत और परिपूर्ण था, उसमें कोई चाहत नहीं थी, वह चाहने और पाने की सीमा लांघ चुका था। दिन भर मैंने इसी अनुभूति को महसूस करते हुए बिताया और अपना अनुभव डायरी में लिखने की कोशिश की, यद्यपि कुछ अनुभव ऐसे होते हैं जिन्हें भाषा में पिरोना या जिनका वर्णन करना टेढ़ी खीर होता है।

अगली सुबह जब आइयापाप्पा मुझे लेकर बाहर निकलने लगे तो दिनता ने मुझे मेरा स्लीपिंग-बैग थमा दिया। मैं समझ नहीं पाया कि इसकी क्या ज़रूरत पड़ेगी, ठण्ड से बचाव के लिए अथवा आज और कहीं रात बितानी है। जो हो, कुछ ही देर बाद हम दोनों पहाड़ पर धारे-धीरे चढ़ने लगे थे। रास्ता दुर्गम था, अतः रुक-रुक कर हम ऊपर की ओर चढ़ रहे थे। ऊँचाई के कारण मुझे ऑक्सीजन की कमी महसूस हो रही थी किन्तु

आइयापाप्पा की चलने की शक्ति और स्फूर्ति हमेशा की तरह थी। लगभग दो घण्टे चलने के उपरांत एक पत्थर के निकट हम रुक गये। वहाँ से सामने एक उपत्यका का सुन्दर दृश्य दिखायी दे रहा था। आइयापाप्पा ने आस-पास से कुछ घासफूस उठाकर एक गद्दी जैसा बनाया और उसपर बैठ गये। शायद ठण्ड से बचने के लिए उन्होंने ऐसा किया था। उनकी देखा देखी मैंने भी ऐसा किया और बैठ गया। नीचे के घाटी बहुत आकर्षक लग रही थी। दाँयी ओर का पहाड़ लम्बवत् खड़ा था। ठण्ड बहुत थी, इसलिए धूप बहुत सुखद लग रही थी। आइयापाप्पा पहाड़ की ओर टकटकी लगाये हुए थे, लगता था कि वे कुछ तलाश रहे हैं। उनकी दृष्टि का अनुसरण कर मैंने कई बार उधर ताका, परन्तु मुझे कुछ भी दिखायी नहीं दिया। कुछ समय बीतने के बाद अचानक पहाड़ की खाई से एक कन्दोर निकल आया, वह सीधे हम लोगों के सिर के ऊपर पहुँचकर एक चक्कर लगाया और फिर बहुत दूर निकल गया। आइयापाप्पा अब बहुत ख़ुश थे, लगा कि यहाँ आने का यही मक़सद था। उन्होंने मुझे इशारे से कुछ समझाया और मैंने जो समझा वह यूँ है— "तुम यहाँ दिनभर बैठे रहोगे। कन्दोर फिर आएगा, तुम उसे देखो और दिनभर यहीं बैठे रहो। जब सूरत नीचे की ओर लुढ़कने लगे तब घर लौट आना।"

ऐसा समझाकर वे उठे, मेरे सिर पर हाथ रखकर मुझे आशीष दिया, और फिर अपनी झोली से मांस का एक टुकड़ा निकालकर मैं जहाँ बैठा था उससे कुछ ही दूरी पर रख दिया। इसके बाद वे नीचे उतर गये।

मैं वहीं बैठा रहा। यह स्थल कुज़कों की घाटी जैसा था। लेकिन यह घाटी और भी बड़ी थी। आलप्स् के पठार की मिट्टी उपजाऊ नहीं होने के कारण यहाँ भी पेड़ नहीं उगते थे, पथरीली जमीन पर घास-पतवार छाये रहते थे। इस स्थान की प्रसिद्धि यहाँ की जड़ी-बूटियों या महौषधि के कारण थी।

क्रमशः सूर्य प्रखर होने लगा था। यहाँ की भयंकर ठण्ड में सूर्य का उत्ताप न मिलता तो यहाँ आराम से बैठना असंभव होता। काफ़ी देर की अपेक्षा के बाद भी जब कोई कन्दोर नहीं दिखा तो उठकर कुछ देर तक चहल-कदमी करता रहा, फिर यथास्थान जाकर बैठ गया। आइयापाप्पा की एक हिदायत मैं उच्छी तरह समझ गया था, वे जब बैठे रहने के लिए कहते हैं तो उनका आशय होता है चुपचाप बैठो, वहाँ से उठो नहीं। लेकिन बैठे-बैठे मेरे पांव सुन्न हो गये थे, इसलिए मजबूरन मुझे उठना पड़ा था। मैंने मन ही मन आइयापाप्पा से क्षमा प्रार्थना की।

और कुछ देर बीतने के बाद एक कन्दोर उड़ता हुआ आया, मेरे सिर के ऊपर कुछ पल मण्डराया, फिर झपट कर मांस का टुकड़ा उठाकर वापस उड़ गया। थोड़ी ही देर बाद वह फिर लौट आया और मेरे सामने बैठकर मुझे घूरने लगा। उसे देखते हुए मुझे माच्चू-पिच्चू की याद आ गयी। उसदिन माच्चू-पिच्चू के सूर्यमन्दिर में इसीतरह एक कन्दोर को देखते हुए मुझे आकाश-भ्रमण का विचित्र अनुभव हुआ था और उसी अनुभव की तह तक जाने की तागिद से मैं यात्रा की थकान और दीगर परेशानियों को

झेलता हुआ आइयापाप्पा की शरण में आगा था। मुझे निरंतर उस दिन की घटना की याद आती रही और सोचता रहा कि यह कन्दोर देवता भी क्या मुझे आसमान की सैर करायेंगे! लेकिन ऐसा कुछ नहीं हुआ। कन्दोर कुछ देर तक मुझे घूरने के बाद उड़कर चला गया। थोड़ी देर बाद एक दूसरा कन्दोर आकर वहाँ बैठ गया और इस कन्दोर को देखकर मैं बेतहाशा चौंका क्योंकि यह मुझे बहुत परिचित सा लगा। मैंने गौर से उसे देखा तो मेरा मन आनन्द से भर उठा। उसके गले की गोलाकृति दाग हू-बहू माच्चू-पिच्चू के कन्दोर जैसी थी और मैं लगभग निश्चित हो गया कि यह वही कन्दोर है। मैं इस कन्दोर-देवता की ओर देखते हुए उन्हें बारबार अपना आभार और श्रद्धा निवेदन करता रहा।

कुछ ही क्षणों के अन्दर कन्दोर और मेरे बीच एक आत्मीय और अन्तरंग सम्बन्ध स्थपित हो गया और मुझे लगा कि हम दोनों का प्राण और आत्मा एक ही है। फिर मुझे लगा कि मैं खुद भी कन्दोर हूँ और उसके बाद मैं भूल गया कि मैं इन्सान हूँ। मैं कन्दोर बन गया। मैं पहाड़ के किनारे पहुँचकर नीचे महाशून्य में कूद गया और अपने पंख फैलाकर शून्य में तैरने लगा। डैना और पूँछ हवा में टिकाकर मैं ऊपर-नीचे हो रहा था, नीचे की घाटी की खूबसूरती देख रहा था और आनन्द से गगन की सैर कर रहा था। पहाड़ की दीवार की सीध में बढ़ते हुए मुझे और कुछ कन्दोर दिखाई दिये और मन हुआ कि उन्हें भी अपने पास बुला लूँ। फिर मेरी इच्छा आइयापाप्पा का घर देखने की हुई। घाटी छोड़कर मैं पहाड़ पर उस रास्ते बढ़ा जिधर से सुबह यहाँ पहुँच था। उसी पथ से आगे बढ़कर मैंने आइयापाप्पा का घर देखा। घर के निकट पहुँचकर दिनता को देखा, वे कुछ लोगों से बातें कर रही थी और बरामदे के सामने दो अदद लामा चर रहे थे। आइयापाप्पा के वहाँ लामा देखकर मुझे आश्चर्य हुआ क्योंकि अबतक मैंने वहाँ लामा नहीं देखा था। दिनता की ओर मैंने कई बार देखा, पंख फड़फड़ाकर उनका ध्यान खींचना चाहा, लेकिन उन्होंने मुझे पहचाना नहीं। यही स्वाभाविक भी था, क्योंकि मेरा तो रूप ही बदल गया था।

मैं कन्दोर बन गया था लेकिन मेरी स्मृति पूर्ववत् थी। मुझे यह अहसास था कि मैं इन्सान से खग बना हूँ। पहाड़ के ऊपर उड़ने में तकलीफ होती, किन्तु उपत्यका में उड़ना बहुत अच्छा लगता और उससे भी अच्छा लगता अधिक ऊँचाई पर डैना फैलाकर हवा में तैरते रहना। लगता जैसे विशाल समुद्र की उत्ताल तरंगों पर छोटी सी किश्ती पर सैर कर रहा हूँ। यहाँ की हवा में भी वैसी ही लहरें थीं, कुछ छोटी लहरें, कुछ बड़ी लहरें। लेकिन यह मजेदार बात थी कि हवा की इन लहरों के बीच तैरने में कोई जोखिम नहीं थी। काफ़ी देर तक इसतरह विचरण करने के उपरांत मैं लौटकर अपने स्थान पर बैठ गया। अब मेरा शरीर कन्दोर का नहीं, अपना ही था। लगा कि मैं देह छोड़कर चला गया था, देह में प्रवेश करते ही लगा कि काफ़ी अरसे के बाद मानों मैं अपने घर लौटा हूँ।

कन्दोर कुछ देर तक मुझे देखते रहने के बाद उड़ कर चला गया। मैं वहीं रहा जहाँ आइयापाप्पा ने मुझे बैठाया था।

इसके बाद मैं काफ़ी देर तक वहीं बैठा रहा और अपने इस अद्‌भुत अनुभव के बारे में सोचता रहा। क्या मैं यथार्थ ही कन्दोर के साथ एकत्म हो गया था? क्या ऐसा होना संभव है? अथवा यह मेरा भ्रम है? यदि मेरा चिन्तन मुझे इस तरह के अनुभव देता है तो मेरी चिन्तन-शक्ति अवश्य ही अत्यंत प्रबल है। माच्चू-पिच्चू में भी मुझे ऐसा ही अनुभव हुआ था, वहाँ भी इसीतरह मैंने आसमान की सैर की थी।

काफ़ी देर के बाद कन्दोर पुनः लौट आया और मेरे करीब बैठकर मुझे देखता रहा। वह काफ़ी देर तक बैठा, फिर उड़ गया। मेरी इच्छा हो रही थी कि उसके साथ दुबारा उड़ूँ, कोशिश भी की कि उसके साथ एकात्म हो जाऊँ, लेकिन बहुत प्रयत्नों के बाद भी इसबार ऐसा नहीं हो पाया। हताश होकर मैं अपना भारी स्थूल तन लेकर वहीं बैठा रह गया और कन्दोर उड़कर चला गया। एंडीज़ की इस उच्च-भूमि पर लब्ध अनुभव मुझे बारम्बार चकित कर रहा था।

क्रमशः दिन ढल गया और शाम होते ही ठण्ड तेजी से बढ़ने लगी। यहाँ आने से पहले दिनता ने मुझे स्लीपिंग बैग थमा दिया था, यही गनीमत थी, वर्ना यहाँ टिकना दूभर हो जाता। और कुछ पल वहाँ बिताकर मैं उठ पड़ा। कन्दोर फिर नहीं लौटा। पहाड़ से नीचे उतरना आसान था, कोई परेशानी नहीं हुई। मैंने घर का रुख किया और सूर्यास्त से काफ़ी पहले घर पहुँच गया।

घर के सामने पहुँचकर यह देखकर मैं हैरान हो गया कि घर के सामने के मैदान में दो लामा चर रहे थे। ऐसा ही मैंने आसमान से देखा था। मैं दौड़कर लामाओं के पास पहुँचा, उनकी पीठ थपथपाकर यह निश्चय किया कि वे लामा ही हैं, मैं दिवास्वप्न नहीं देख रहा हूँ। इसका मतलब यह है कि मैं वाकई यहाँ तक उड़कर आया था। क्या आदमी यथार्थ ही उड़ सकता है? मेरा अनुभव तो यही प्रमाण कर रहा था।

इस अनुभव ने मुझे जो धक्का दिया था और उससे जो तीव्र आनन्द और उच्छ्वास की मुझे अनुभूति हो रही थी उसे जब्त कर खुद को संयमित करने में मुझे थोड़ा वक्त लगा। इसबीच दिनता बाहर निकल आयी थी, उसने मुस्कराकर मुझे कमरे में जाकर बैठने का इशारा किया और संकेत दिया कि वे मेरे लिए भोजन परोस रही हैं।

कमरे में प्रवेश करते ही मुझे एक और धक्का लगा। इसबार मेरे लिए खुद को संभालना मुश्किल हो गया। आइयापाप्पा के सामने चार लोग बैठे थे, उनकी पोशाकें देखकर मैंने उन्हें पहचाना, आसमान विचरण के समय मैंने यहाँ लामाओं के अतिरिक्त इन्हें ही देखा था। विस्मय से हतवाक् होकर मैं आइयापाप्पा के सामने साष्टांग लेट गया और मैं आपनी सारी श्रद्धा, भक्ति और आभार उनपर न्योछावर करता रहा। मुझे केचुआ भाषा नहीं आती, और अगर मुझे यह भाषा आती भी तो शायद वह भाषा लुप्त हो जाती क्योंकि ऐसे अनुभव और अनुभूतियाँ भाषा में नहीं पिरोये जा सकते। मैंने मन

ही मन कहा कि हे महात्मा, तुमने मुझे आज जो अनुभव दिये उसके बदले में तुम्हें कुछ अर्पण करने की मुझमें शक्ति नहीं है। तुम्हें अच्छी तरह मालूम है कि मैं क्या दे पाऊंगा, तुम वही ले लो। फिर मैं उठकर बैठ गया। मैंने जो साष्टांग प्रणाम किया उस ओर आइयापाप्पा ने कुछ भी ध्यान नहीं दिया। मैंने मन ही मन कहा– तुम खुद को जितना भी निर्लिप्त रखो, मैं तुम्हें पहचान गया हूँ।

आइयापाप्पा उठे नहीं, लेटे ही रहे। मैं चौकी पर उनकी बगल में बैठ गया। दिनता खाना ले आयी तो मैं, उठने लगा, किन्तु दिनता ने मेरे कन्धे पर हाथ रखकर मुझे बैठा दिया। वहीं बैठकर मैंने खाना खाया, बहुत भूख लगी थी। उसरात मैं आग की धूनि के पास भी नहीं गया, आइयापाप्पा की बगल में ही सो गया।

सुबह आइयापाप्पा ने मुझे अपनी लाठी से खोंच कर जगाया। कभी दिनता सोती रहती तो उसे भी वे इसीतरह जगाते थे।

प्रातः भ्रमण पर निकलने के बाद मेरे मन में एक के बाद एक प्रश्न उठते रहे और मुझे आश्चर्य हुआ कि मुझे हर प्रश्न का उत्तर मिलता गया। मन की सारी क्षुधा और प्यास मिटती गयी। मेरे मन में प्रश्न उठता और उस प्रश्न का उत्तर जैसे कोई मेरे मन में डाल देता। थोड़ी ही देर में मैं समझ गया कि आइयापाप्पा और मेरे बीच निःशब्द बातचीत चल रही है। उनके साथ रहकर मुझे एक रहस्यमय जगत का परिचय मिला। उन्होंने मेरे मन को प्रभूत आनन्द और शांति दी। उनके चरणस्पर्श ने मुझे स्वस्ति और पूर्णता प्रदान किया। पूर्णता मन की सम्पूर्णता की स्थिति के सिवा कुछ नहीं। चलते – चलते आइयापाप्पा के उद्देश्य से मेरा मस्तक बारबार नत होता रहा। पिछले दिन का अनुभव भी स्मृति-पटल पर उभरता रहा, मुझ जैसे एक साधारण व्यक्ति का ऐसे असाधारण अनुभवों से गुजरना इस महात्मा की अनुकम्पा का ही फल था।

चलते चलते मैं आइयापाप्पा के यहाँ प्राप्त अनुभवों का मन ही मन विश्लेषण करता रहा-

पहला चरण :- आइयापाप्पा ने मुझे अपने बरामदे में घण्टों बैठाकर रखा था। शुरु में मन में हजारों चिन्ताएँ और स्मृतियाँ उभरती रहीं। बचपन से लेकर मेरे पर्यटक जीवन की सारी स्मृतियों का रोमन्थन होता रहा। अन्त में उस स्मृति ज्वार में भाँटा पड़ा, मस्तिष्क हलका हो गया, अथवा चिन्ताशील जो मन है वह क्लान्त हो गया और चिन्ता का प्रवाह रुक गया।

दूसरा चरण :- मैं स्वयं को देख रहा था, मानों एक मन दूसरे मन का अवलोकन कर रहा था। चंचल मन के यकायक शांत होते ही दूसरा मन चकित हो गया। अन्त में दोनों मन यानी स्थायी और अस्थायी मन एक हो गये। चिन्ता-विचार, संकल्प-विकल्प सब स्तब्ध हो गये। इस स्थिति में मन की एकाग्रता अत्यधिक बढ़ गयी। इसी एकाग्रता में लगा कि कन्दोर और मैं एक ही हूँ। इस स्थिति में मैं कन्दोर क्या, किसी भी प्राणी में प्रवेश कर सकता था। ऐसी ही स्थिति में मैंने आइयापाप्पा

को एक से दो होते देखा था। यह उनकी कृपा थी जिससे मेरी आस्था उनपर पूरीतरह टिक गयो थी।

तीसरा चरण :- तीसरे चरण में मैं पहाड़ की गोद में बैठकर अपने मन की एकाग्रता को काफ़ी बढ़ा लिया था। ऐसी स्थिति में मेरी आत्मा दुनिया के किसी भी व्यक्ति या प्राणी की आत्मा के साथ एकात्म हो सकता था। आकाश-विचरण की इच्छा बलवती होते ही इच्छाशक्ति क्रियाशक्ति में तब्दील हो गयी और मैं अपना देह त्यागकर कन्दोर की देह में प्रवेश कर गया, आसमान में उड़ा, और फिर अपनी देह में लौट आया, और यह सबकुछ मेरे होंशो-हवास में ही हुआ, यानी मन की इच्छाशक्ति और क्रियाशक्ति ने मिलजुलकर काम किया।

चौथा चरण :- इस चरण में अपने देह में वापस लौटकर मुझे अपनी देह में एक सुखद चैन की अनुभूति हुई और मैंने महसूस किया कि कन्दोर की देह की अपेक्षा मुझे मेरा यह मनुष्य शरीर ही अधिक आवश्यक है। आइयापाप्पा के घर लौटकर लामाओं और आगन्तुकों को देखकर मुझे अहसास हुआ कि मेरा आसमान विचरण कोई कोरी कल्पना या दिवास्पप्न नहीं था बल्कि एक हकीकत थी। इस सत्य की जानकारी ने मुझे जो धक्का दिया उससे मस्तिष्क अपनी पहली दशा में आ गया, यानी अपनी स्वाभाविक दशा पर, और इसके साथ मन में विचार विश्लेषण और तमाम प्रश्न उठने लगे। विगत कुछ दिनों से मन से जो सोच-विचार और चिन्ताएँ ओझल हो गयीं थीं, वे पुनः अपनी उपस्थिति जताने लगे।

पाँचवां चरण :- मन की स्वाभाविक अवस्था लौट आयी थी। मन आनन्द और तृप्ति से सराबोर हो गया था। इस स्थिति में मुझे एक और रोमहर्षक अनुभव हुआ। अबतक भाषा की असुविधा के कारण आइयापाप्पा से मेरी कोई बातचीत नहीं हुई थी, मेरे मन का प्रश्न मन में ही रह जाता था। लेकिन आज ऐसा नहीं हुआ। प्रातः भ्रमण के समय मेरे मन में जो प्रश्न उठे, मुझे तत्काल उनका उत्तर भी मिलता गया। मन ने प्रश्न पूछा और मन ने ही उत्तर दिया, लगा जैसे आइयापाप्पा मेरे मन में प्रवेश करके स्वयम् उत्तर दे रहे हैं। वे भी मानों मेरा ही विशेष अंश थे। मेरा प्रश्न था– मुझ जैसे इन्सान का कन्दोर बनकर आसमान में उड़ना कैसे संभव हुआ?

उत्तर मिला : आत्मा का कोई रूप नहीं होता, सभी आत्माओं में वही विश्वात्मा हैं। इस ज्ञान से कोइ भी आत्मा किसी भी और आत्मा के साथ एकात्म हो सकता है। लेकिन वह व्यक्तिगत देह से विच्छिन्न नहीं हो सकता।

प्रश्न : मनुष्य क्या चलते-फिरते स्वप्न देख सकता है?

उत्तर : संभव है, परन्तु उसके लिए सहज मन चाहिए।

प्रश्न : कन्दोर के माध्यम से मुझे जो अनुभव प्राप्त हुआ, ऐसा अनुभव प्राप्त करना क्या किसी के लिए भी संभव है?

उत्तर : इच्छा-शक्ति प्रबल होने पर किसी के लिए भी।

प्रश्न : इस अनुभव के जरिये क्या ईश्वरीय शक्ति प्राप्त की जा सकती है?

उत्तर : अत्यधिक प्रश्न करके केवल अपने चलने की राह को दुर्गम बना रहे हो, अतः चुप रहो। अधिक प्रश्न करके जो पा रहे हो उसे खोना नहीं।

आइयापाप्पा के साथ उसदिन काफ़ी देर तक टहलता रहा। बार-बार उनका अन्तिम उपदेश याद आता रहा– 'अधिक प्रश्न करके जो पा रहे हो उसे खोना नहीं।' इस बात में बड़ी सच्चाई थी। यात्रा करते करते मेरा मन जटिल हो गया था, हर प्रश्न का वह विश्लेषण करना चाहता है, परख करना चाहता है। पार्थिव क्षेत्र में बिचार-बुद्धि-विश्लेषण की अहमियत है किन्तु अपार्थिव और आध्यात्मिक क्षेत्र मे यह विद्या विघ्न डालती है। मन को एकाग्र कर सहज राह पर आगे बढ़ना पड़ता है। मैंने मान लिया कि आइयापाप्पा मुझे यही सीख दे रहे हैं।

जब हम घर लौटे तो उन चार लोगों ने, जो पिछले दिन यहाँ आकर ठहरे थे, आइयापाप्पा को घेर लिया। मुझे आइयापाप्पा के साथ देखकर उन्होंने मुझसे भी कुछ प्रश्न किए। मैं चुप था क्योकि मैं उनकी बातें नहीं समझ रहा था। कुछ देर के बाद उनमें से एक व्यक्ति ने मुझसे स्पैनिश भाषा में कहा, "हमलोग ला-पाज़ से आए हैं। मैं,मेरी पत्नी और मेरे दो बेटे। मेरा बड़ा बेटा जब चार साल का था तब उसे कैंसर हुआ। शहर के सभी डॉक्टरों ने जवाब दे दिया था। ला-पाज़ के कैंसर विशेषज्ञ सबसे बड़े डॉक्टर ने बच्चे के और केवल तीन महीने जीने का भरोसा दिया था। आप समझ ही सकते हैं कि उससमय मेरी पत्नी और मैं किस मानसिक स्थिति से गुजरे थे। उसके बाद हमारे कुरानडेरो ने आइयापाप्पा से औषधि लाकर हमें दी थी, और उसी दवा से मेरे बेटे की जिन्दगी बच गयी। तब से हम इन्हें भगवान की तरह मानते हैं क्योंकि अमेरिका में शिक्षित डॉक्टर ने कह दिया था कि बेटा तीन महीने से अधिक नहीं जी पाएगा। अब उस बेटे की उम्र उन्नीस वर्ष है, छोटा लड़का सत्रह साल का है।"

इतना कहकर वे रुके, फिर बोले, "मैंने सुना कि आपको केचुआ भाषा नहीं आती। आइयापाप्पा और दिनता को केचुआ के अलावा और कोई भाषा नहीं आती, ऐसे में आप बातचीत कैसे करते हैं?"

मैंने कहा, "आइयापाप्पा से बातचीत के लिए किसी भाषा की ज़रूरत नहीं पड़ती।"

मेरे उत्तर पर बिना ध्यान दिये वे फिर बोलने लगे– "हम यहाँ अक्सर आते हैं, साल में दो-तीन मर्तबा तो ज़रूर। जाड़े में आइयापाप्पा यहाँ नहीं रहते, टिटिकाका लेक के निकट चले जाते हैं। यहाँ आना अच्छा लगता हैं, परन्तु लड़के यहाँ रहना नहीं चाहते क्योंकि यहाँ उनके लिए समय काटना दूभर होता है। हम आज भी ठहरेंगे, कल लौट जाएंगे। आप ला-पाज़ पहुँचकर हमसे अवश्य मिलिएगा, मैं वहाँ व्यापार करता हूँ। आइयापाप्पा दो बार हमारे यहाँ पधार चुके हैं।"

रात में हम सब धुनि की बगल में बैठे थे। नए अतिथियों की आवभगत के लिए पिछले दिन से ही दिनता रसोई में व्यस्त थी हाँलाकि उसे खाना नहीं पकाना पड़ रहा था। क्योंकि ला-पाज़ के महोदय अपने साथ काफ़ी सामान और भोजन-सामग्री ले आए थे। आग के चारों ओर हम सब चादर ओढ़ कर बैठे थे। मैं आइयापाप्पा के बारे में सोच रहा था। उन्हें देखकर कौन कह सकता था कि उनमें कोई ईश्वरीय शक्ति छिपी है। दिन का अधिकांश समय वे कम्बल ओढ़ कर लेटे रहते हैं या अधलेटे मुद्रा में खिड़की के बाहर आसमान पर निगाहें टिकाए रहते हैं। सुबह प्रातः भ्रमण पर निकलते हैं, इसके अलावा निकलते ही नहीं। दिन में एक बार सण्डास जाते हैं, उसके बाद फिर उन्हें शायद मूत्रत्याग की भी आवश्यक्ता नहीं होती। भोजन एकबार करते हैं, वह भी बहुत थोड़ा सा चावल या ताजा मकई उबाल कर। कॉफ़ी यदि दो-तीन बार मिल जाए तो उसमें उन्हें आपत्ति नहीं होती। कोई सिगरेट या चुरुट ले आता तो तत्काल उसे सुलगाकर पीते और उसकी तारीफ करते। बातचीत वे बहुत कम ही करते। कभी-कभी उन्हें खाँसी आती, किन्तु उस खाँसी में बल्गम लेशमात्र नहीं होता। और यहाँ आने वाले हर व्यक्ति को वे एक ही प्रसाद बाँटते– सूखा छत्रक।

धुनि के पास ला-पाज़ का परिवार बैठा था, उनके साथ मैं भी। कुछ देर बाद दिनता भी आकर बैठ गयी। चुप्पी थी, कोई बातचीत नहीं कर रहा था। आइयापाप्पा हमेशा की तरह अपने बिस्तर से उठकर दीवार की खूंट से टंगी अपनी झोली से अपना खास मसाला या छत्रक लेकर धुनि के करीब आए। दिनता ने शीघ्र उनके हाथ से मसाला लेकर चिलम ले आयी, चिलम में कुछ सूखे घास हथेली में मसलकर डाला, कुछ सूखे पत्ते भी मसल कर डाला, फिर लकड़ी के कोयले का एक जलता हुआ छोटा टुकड़ा उसमें डालकर एक बार खींचा और चिलम में आग पकड़ते ही आइयापाप्पा का दिया हुआ मसाला उसमें भर दिया। उन्होंने चिलम हलके से खींचा, फिर ला-पाज़ से आए सज्जन को थमा दिया। उस परिवार के चारों सदस्यों ने चिलम में फूँक मारी, फिर चिलम मेरे हाथों में आते ही मैंने उसे दिनता को दे दी। एक फूँक मारकर दिनता ने पुनः चिलम मुझे सौंप दिया। आइयापाप्पा ठीक मेरे पीछे खड़े थे, मुझे आनाकानी करते देख उन्होंने इशारा किया कि उसे मुँह में लगाओ। उनकी आज्ञा का उल्लंघन भला मैं कैसे करता? मैंने चिलम थामकर एक कश खींचा। कुछ ही क्षणों में छत्रक ने अपना असर दिखाना शुरू किया। पहले थोड़ा सिर चकराया, उसके बाद ही लगा कि देह हलका होने लगा है। मैंने अपने इर्द-गिर्द निगाहें फेरी, आइयापाप्पा अपने बिस्तर पर जाकर बैठ गये थे, धीरे-धीरे उनका सिर सामने की ओर झुक गया। दोनों लड़के आग के पास सो गये। लड़कों की माँ अपना चादर तानकर अपने पति के शरीर को टेक बनाकर सो गयीं। आइयापाप्पा के यहाँ आने वालों के लिए सोने की यही व्यवस्था थी। मैंने उठकर दो कम्बल लाकर उन दोनों लड़कों के ऊपर डाल दिया और आँच उकसाकर आइयापाप्पा के बगल में अपनी स्लीपिंग-बैग में घुसकर लेट गया।

मुझे नीन्द नहीं आयी। मन में कुछ परिवर्तन होने लगा और देह क्रमशः इतना हलका हो गया कि मानों देह का कोई अस्तित्व ही नहीं था। मेरा मन उड़ान भरने लगा था या स्वप्न देख रहा था मालूम नहीं, ये दोनों बातें जैसे मेरे वश में थी। मैंने देवी के बारें में सोचा और तत्काल स्विट्जरलैण्ड अपने घर पहुँच गया। मैंने पत्नी से कहा कि आइयापाप्पा के घर के आसपास कोई डाकखाना नहीं है इसलिए मैं पत्र नहीं भेज सका। देवी बोली, मैं जानती हूँ कि तुम सकुशल हो, मुझे कोई चिन्ता नहीं है। तुम्हारा जबतक मन चाहे वहाँ रहो। उससे बातें करने के बाद मैं लौट आया। यहाँ से मैं स्विटजरलैण्ड कैसे, किस राह से पहुँचा, याद नहीं। बस सोचा और पहुँच गया। मन की गति आलोक की गति से भी तीव्र होती है। फिर मुझे अपने भारतीय मित्र गोरा की याद आई। तत्काल मैं शान्तिनिकेतन पहुँच गया। वह घर पर नहीं था, अतः संगीत-भवन पहुँचा, वहाँ वह गीत सिखा रहा था। कुछ देर इन्तजार करने के बाद लगा कि यहाँ रुकना ठीक नहीं क्योंकि मेरा शरीर एंडीज़ में रह गया है। अतः क्षण भर में पुनः वापस आ गया। मैंने अपने इर्द-गिर्द देखा, आइयापाप्पा मेरी बगल में सो रहे थे और कुछ दूरी पर धुनि के आसपास दिनता तथा और लोग सो रहे थे। न जाने वे सो रहे थे या मेरी तरह जाग्रत अवस्था में सपना देख रहे थे। फिर मन किया कि कन्दोर बनकर उड़ूँ, लेकिन मैं कन्दोर नहीं बन पाया। इसके बाद ना जाने कब मुझे नींद आ गयी।

अगली सुबह कई सवाल मुझे घेरे हुए थी। मुझे अबतक देह-मन की चार स्थितियों का पता था– जाग्रत, सुप्त; स्पप्नावस्था और पृथक। ये चारों स्थितियाँ पूर्णतया स्वतंत्र रूप से कार्य करती हैं, जैसे चलते-चलते हम स्वप्न नहीं देखते, अथवा सपना देखते समय हमें कभी यह अहसास नहीं होता कि मैं एक ही समय में जाग्रत और स्वप्नावस्था में कैसे पहुँचा, कैसे पूरे होंश में स्विटजरलैण्ड पहुँचा, शांतिनिकेतन गया और एंडीज़ में पड़े अपने देह को खोने के भय से लौट भी आया। रात की ये बातें सोचते-सोचते सिर में चक्कर आने लगा। मैंने आइयापाप्पा के उद्देश्य में प्रणाम निवेदन कर कहा, हे एंडीज़ के ऋषि, मैं तुम्हारे प्रति हमेशा आभारी रहूँगा। तभी लगा कि मेरे पीछे कोई उपस्थित है और साथ ही याद आया– प्रश्न करके जो पा रहे हो उसे खोना नहीं।

सुबह का प्रातः भ्रमण केवल आधेघण्टे में समाप्त कर आइयापाप्पा लौट आए, अतः उनके साथ मैं भी। उस समय मुझे इस बात की कोई भनक नहीं थी कि एक आघात मेरा बाट जोह रहा है।

घर के बरामदे में अतिथि परिवार प्रस्थान के लिए तैयार खड़ा था और उनका सामान दो लामाओं की पीठ पर लादा जा चुका था। वे आइयापाप्पा को अलविदा कहने के लिए ही खड़े थे। आइयापाप्पा सीधे बढ़कर परिवार के मुखिया सज्जन से कुछ

बोले, उसके बाद वे सज्जन मेरी ओर मुखातिब होकर स्पैनिश भाषा में बोले, "ठीक है, चलिए।"

मैंने आश्चर्य से पूछा, "कहाँ?"

वे बोले, "आप हमारे संग ला-पाज़ तक चल सकते हैं, उसके बाद आपकी जो मर्जी।" इस उक्ति से मेरा माथा ठनका, यह तो मेरे लिए बिना बादल बरसात जैसी बात हो गयी। मैंने सोचा था कि मेरा अनुभव शुरू हुआ है, और मालूम हुआ कि अनुभव बटोरना समाप्त हो चुका है। आइयापाप्पा का आदेश था, मेरे आनाकानी करने या आपत्ति करने का प्रश्न ही नहीं था। वे अन्तर्यामी हैं, दूरद्रष्टा हैं, अतः सबकुछ समझकर ही उन्होंने मुझे वापस भेजने का निर्णय लिया होगा, हाँलाकि इस आकस्मिक निर्देश के लिए मैं प्रस्तुत नहीं था। मैं बरामदे में बैठ गया, दिनता इसबीच मेरे लिए एक कटोरी गरम कॉफ़ी और बिस्किट ले आयी थी। कॉफ़ी पीकर मैंने स्वयम् को मजबूत किया, आइयापाप्पा को इसतरह एकायक छोड़कर जाने में मुझे तकलीफ हो रही थी। उस सज्जन ने तागिद की, "जल्दी कीजिए, अभी कूच करने से आज रात ही साराजानि पहुँच जाएंगे।"

मुझे कोई तैयारी नहीं करनी थी, स्लीपिंग-बैग समेटा और अपना रूक-सैक यानी पीठ का बैग टांग लिया। दिनता ने मुस्कराकर अलविदा कहा। लेकिन आइयापाप्पा कहाँ थे? कमरे में जाकर देखा वे लेट गये थे। मैंने उन्हें दण्डवत प्रणाम कर मन ही मन कहा, 'हे एंडीज़ के महागुरु, तुमने मुझे जो दिया वह मेरे लिए जीवन का एक अमूल्य सम्पदा है, मैं तुम्हें याद रखूंगा। मेरे पास तुम्हें देने के लिए श्रद्धा के सिवा कुछ नहीं है, यदि मुझसे लेने लायक कुछ हो तो अवश्य ले लेना। तुम मुझे अपने पथ पर चालित करो।' आवेग से मेरी आँखें भर आयीं। मैंने उनकी चरणों में अपना माथा टेका।

निर्लिप्त भाव से उन्होंने कनखियों से मुझे देखा। उनके पास किसी के लिए न आह्वान था, न विसर्जन, यह मैं तो पहले ही दिन से देखता आया हूँ।

मुझे देर करते देख बाहर खड़ा परिवार विचलित हो रहा था। उस सज्जन ने मुझे आवाज दी। मैं बाहर निकल आया और उनके साथ चल पड़ा यहाँ का अनुभव और आइयापाप्पा की समृतियाँ सँजोये।

•

पेद्रो के साथ ला-पाज़ का सफर

चलते-चलते सज्जन ने अपना परिचय दिया– "मेरा नाम पेद्रो गज़ालेस है।"

मैंने कहा, "मैं बिमल दे हूँ।" मैंने सोचा कि पेद्रो मेरा गुरुभाई है। साराजनि से आइयापाप्पा के घर पहुँचने में हमें एक पूरा दिन और सुबह के कुछ घण्टे लग गये थे। पेद्रो ने बताया कि वापसी में चढ़ाई नहीं है, ज्यादातर नीचे उतरना है, अतः हम रात में ही पहुँच जाएंगे। उन्होंने कहा कि ला-पाज़ मे उनका अपना व्यवसाय है, दोनों लड़के अभी पढ़ाई कर रहे हैं। वे अपनी पारिवारिक कहानी बताने लगे।

लेकिन मेरी मनः स्थिति भिन्न थी। मुझे लग रहा था कि हीरे की खान में रहकर भी मैं हीरा नहीं चुन सका। आइयापाप्पा के यहाँ मैं पच्चीन दिन रहा जो लगता है क्षणभर में बीत गया।

सोचा था रास्ते में डान कुरानडेरो का घर पड़ेगा, उनसे मुलाकात हो जाएगी। लेकिन उस रास्ते न जाकर पेद्रो ने दूसरा पहाड़ी रास्ता लिया था। राह में कभी-कभी हम रुककर विश्राम करते, सूखे अन्न ग्रहण करते और फिर चल पड़ते। इसतरह रात के लगभग नौ बजे हम सराजानि पहुँच गये। वहाँ पहुँचकर हम उसी होटल में टिके जहाँ मैं पहले अलफ्रेडो के साथ रह चुका था। यहाँ का एकमात्र होटल यही है। यात्रा की थकान थी, अतः हम कमरा लेने के बाद सीधे बिस्तर पर पसर गये।

सुबह मनतेरो ने मुझे जगाया। शायद होटल से ही किसी ने उसे मेरे आने की सूचना दे दी थी। हम दोनों पेद्रो परिवार के साथ सुबह की नाश्ता के लिए चाय की दुकान पर जाकर बैठ गये। मनतेरो इतना खुश था जैसे उसे अपना पुराना दोस्त मिल गया हो। उससे बातचीत करने में दिक्कत नहीं हुई क्योंकि अब पेद्रो मेरी मदद कर रहा था। उससे मालूम हुआ कि डान कुरानडेरो स्वस्थ हैं। पेद्रो यहीं से सामान ढोने के लिए दो लामा किराये पर ले गये थे। होटल के बगल में रखी एक गाड़ी दिखाकर पेद्रो ने बताया कि यही उनकी गाड़ी है। पुरानी फोर्ड गाड़ी थी, पाँच लोगों के बैठने के लिए उसमें पर्याप्त जगह थी।

पनसारी की दुकान से डॉन कुरानडेरो के लिए कुछ सामान खरीदकर मैंने उनसे अनुरोध किया कि वे ये सामान मनतेरो के जरिये डान कुरानडेरो को भेज दें और मेरा आभार और धन्यवाद कहें। मैंने इस काम को अपना कर्तव्य समझा। ये बातचीत भी मैंने पेद्रो के जरिये की। उसके बाद हमलोग साराजानि से टिटिकाका झील की ओर चल पड़े।

मेरे और पेद्रो की उम्र में खास अन्तर नहीं थी। उनकी पत्नी का नाम मणिका और बड़े तथा छोटे बेटों का नाम क्रमशः जोसे और एरो था। साधारणतः किसी से

परिचय और अन्तरंगता होने पर मैं स्वयम् ही उससे बतियाने लगता हूँ, लेकिन आज ऐसा नहीं हुआ। पेद्रो चुपचाप गाड़ी चला रहे थे और मैं भी चुप था। असल में मेरे दिमाग में अब भी आइयापाप्पा बसे थे, आँखे राह तक रही थीं और मन में आइयापाप्पा के तमाम चित्र उभर रहे थे। रहस्यमय एंडीज़ की छिपी पर्वतीय कन्दराओं में न जाने और भी कितने आइयापाप्पा होंगे। करदियार डेस एंडीज़ के विशाल पहाड़ी क्षेत्र में अवश्य ही आइयापाप्पा जैसे और भी होंगे। जो वास्तविक खोजी मन लेकर उन्हें ढूँढ़ते हैं, वे ही उनका दर्शन पाएंगे। किन्तु यदि प्रस्तुति नहीं है तो हजार कोशिशों के बाद भी इनका दर्शन दुर्लभ होगा। हिमालय और भारत के तीर्थों में घूमकर मैंने यही जाना है। किन्तु बिना किसी साधना या उपासना के एंडीज़ के एक महागुरु का दर्शन पाना मेरे लिए गुरुकृपा थी या यह मेरा कर्मफल था इस प्रश्न का उत्तर मेरे पास नहीं था।

टिटिकाका रो राराजानि जाते वक्त मुझे यह रास्ता अति दुर्गम लगा था।वापसी यात्रा में वैसा नहीं लगा, क्योंकि सड़क ढलान पर थी और पेद्रो सड़क की दशा और नुक्कड़ों से, भलीभाँति परिचित था। दोपहर को हमें टिटिकाका लेक दिखायी दिया, पहाड़ के ऊपर से वह अत्यंत रहस्य मय लगता। उसके तट लाल पत्थरों से घिरे थे, ऊपर से वह शांत और गहरा प्रतीत होता। इस विश्व-प्रसिद्ध लेक के बारे में कहते हैं कि लगभग दस हजार साल पहले दूसरे ग्रह से लोगों ने आकर यहाँ सूर्यदेवता की उपासना के लिए मंदिरों की स्थापना की थी। यह किंवदंती है, इतिहासकार इसे सत्य नहीं मानते। हो सकता है शान्त, गंभीर और गभीर झील की गहराई में कोई रहस्य छिपा हो। प्रकृतिदेवी स्वयं इसका रहस्योद्घाटन न करें तो वैज्ञानिक प्रयासों से ऐसे रहस्यों का भेद कभी नहीं खुलेगा।

एंडीज़ पहुँचने के बाद मैंने टिटिकाका झील को कई बार कई स्थानों से देखा था और झील के मध्य के कुछ द्वीपों का सैर भी किया था। आज काफ़ी ऊँचाई से झील का एक विशाल रूप और उसकी रहस्यमय स्थिर जलराशि मानों मुझे उसकी असीमता की याद दिला रही थी। उस असीमताने मेरे मन को स्पर्श किया और साथ ही मेरा क्षुद्र 'मैं' एक वृहद् 'मैं' में परिणत हो गया। आइयापाप्पा के लिए जो 'मैं' हाय-हाय कर रहा था, वह 'मैं' जैसे एकायक ओझल हो गया। मेरी परिव्राजक सत्ता मुझमें लौट आयी थी। टिटिकाका लेक के किनारे पहुँचते ही मैंने पेद्रो को कुछ देर के लिए वहाँ गाड़ी रोकने को कहा। वे सभी उतर कर चहल-कदमी द्वारा अपने देह की जकड़न दूर करने लगे और मैं टिटिकाका के ठण्डे पानी में घुसकर पुण्यस्नान करने लगा। भारतीय संस्कार हमेशा मेरा अनुसरण करती थी।

अरसे के बाद मैंने स्नान किया था और नहाने के बाद मेरे मन में काफ़ी परिवर्तन आ गया। लगा जैसे मैं सपने से जगा हूँ। आइयापाप्पा अब स्मृति बन गये थे। मैं पर्यटक था, यही सच था। मेरा भाराक्रांत मन अब सहज हो गया था। मैंने पेद्रो से कहा, "लगता है मेरा पुनर्जन्म हुआ है।" •

बोलीविया में आखिर के कुछ दिन

अगले दिन रात में हम ला-पाज़ पहुँच गये। पेद्रो ने मुझे उनके घर पर ही कुछ दिन रहने के लिए अनुरोध किया। मुझे भला क्या आपत्ति होती। उनका घर काफ़ी बड़ा था, रहने की कोई दिक्कत नहीं थी।

ला-पाज़ से मैं पहले परिचित हो चुका था, अतः यहाँ मुझे कोई असुविधा नहीं थी। दिन में मैं मुख्य डाकघर जाकर वहाँ से जेनेवा फ़ोन किया और देवी से कहा कि मैं सकुशल हूँ और मेरा एंडीज़ आना सार्थक हुआ है। अबतक जहाँ था वहाँ से फ़ोन करना या पत्र भेजना संभव नहीं था, इसलिए काफ़ी दिनो तक उससे सम्पर्क नहीं कर पाया। देवी बोली, "मैने सपने में देखा कि तुम एक वृद्ध व्यक्ति के साथ रह रहे हो।" यह सुनकर मेरा मन आनन्द से झूम उठा, यह अवश्य ही आइयापाप्पा की करामात है। मैंने कहा, "तुमने ठीक देखा था, वह वृद्ध यहाँ का एक महागुरु है, मैं वहाँ आकर तुम्हें उनके बारे में विस्तार से बताऊंगा।"

ला-पाज़ और बोलीविया में देखने लायक और बहुत कुछ था जो मैं पिछली बार नहीं देख पाया था। खासकर अल्टी-प्लानो (उच्च-भूमि) का पहाड़ी-सौन्दर्य। गांव के लोगों से मिलने से शायद और बहुत कुछ जान पाता कितु मन कह रहा था कि अब वापस चलो, जितना पा चुके हो वही यथेष्ट है, इससे अधिक कुछ नहीं चाहिए। अतः तय किया कि यहाँ से लीमा जाने के बजाय यहीं से मुझे लौटने की व्यवस्था करनी चाहिए। यहाँ कई ट्रैवेल एजेन्सियाँ थीं। उन्होंने सुझाया कि हावाना और न्यूयर्क होकर यूरोप जाने के लिए वहाँ से रेगुलर फ्लाइट की अच्छी व्यवस्था है।

आइयापाप्पा के घर पर, यात्रा के दौरान या यहाँ लौटने के बाद मेरी पेद्रो के बेटों से कभी खास बातचीत नहीं हुई थी। शायद मुझे अपने पिता का मित्र मानकर वे मुझसे कुछ दूर ही रहते। यहाँ पहुँचकर मैंने पाया कि दोनों भाई काफ़ी मिलनसार हैं और उनके दोस्तों की संख्या भी काफ़ी है।

ला-पाज़ पहुँचकर अगली सुबह से ही पेद्रो अपने कामकाज में व्यस्त हो गये थे, इससे मुझे उनके बोटों से बातचीत करने का मौका मिला। दो-एक घण्टे में ही दोनों बेटे मुझसे अन्तरंग हो गये। भारत के बारे में उनमें बहुत जिज्ञासा थी। भारत का

आयतन, सीमा, जंनसख्या, धर्म आदि के बारे में वे लगातार प्रश्नों की झड़ी लगाने लगे। इसका एक कारण यह कि जोसे इतिहास और आर्कियोलॉजी का छात्र था। एरो हॉलाकि अब भी स्कूल की सीमा नहीं लांघ पाया था, किन्तु वह अपने बड़े भाई का भक्त था और भैया के प्रश्नों में उसे भी बहुत रुचि थी। पेद्रो दिनभर व्यस्त रहने के बावजूद रात में पूरा परिवार एकत्र बैठकर भोजन करता और उसी समय तमाम पारिवारिक मसलों पर बातचीत होती। अक्सर वे एकसाथ होटल या रेस्तोराँ में जाकर भी खाते-पीते। ला-पाज़ में रेस्तोराँ का अभाव नहीं था, वहाँ लोगों की जमघट लगी रहती। पेद्रो के घर लौटते ही जोसे एक प्रिय दोस्त की तरह उनके कन्धे पर हाथ रखकर बोला, "चलो न आज बिमल को लेकर एलडोराडो चलें।

पेद्रो ने मणिका की ओर देखा तो वे बोलीं, "चलो न, जब बच्चे ऐसा चाह रहे हैं।"

पेद्रो राजी हो गये।

आपसी समझ, अन्तरंगता और प्यार इस परिवार की खूबी थी। कुछ ही देर में हम निकल पड़े। इनका मकान शहर के केन्द्रस्थल पर था और शहर का नामी रेस्तोराँ एलडोराडो घर से खास दूर नहीं था, अतः हम पैदल ही गये। अन्दर दाखिल होते ही मुझे वहाँ की सरगर्मी का पता चला। ला-पाज़ थी तो बोलीविया की राजधानी, किन्तु यहाँ के परिवेश से लगता था कि मैं माद्रिद के किसी रेस्तोराँ में आया हूँ, गीटार हाथ में लिए झूमते-गाते स्पैनिश संगीत सुनाते परिवेश ने वैसा ही माहौल बना दिया था। यहाँ की भोजन सामग्री या मेन्यू भी स्पैनिश थी। पेद्रो का पूरा परिवार 'पायलार' का भक्त था, जिसका उन्होंने आर्डर दिया। 'पायलार' पकाने का मुख्य उपकरण समुद्र की मछली और हर तरह की सामुद्रिक गुग्गल या गुगली थी। हाँलाकि ला-पाज़ समुद्र से दूर था, परन्तु यहाँ इसकी व्यवस्था थी। रेस्तोराँ की प्रसिद्धि के अनुरूप ही भोजन बहुत स्वादिष्ट था।

हम लोग उठने ही वाले थे कि एक सज्जन हमारे बगल से जोसे के करीब पहुँचकर बोले, "अरे, जोसे।"

जोसे ने कुर्सी से उठकर उनसे हाथ मिलाया, फिर हमसे कहा, "ये हैं हमारे प्रोफेसर, हेरारदो तेरास।" इसके बाद उसने एक एक कर हम सबका परिचय अपने प्रोफसर को दिया।

प्रोफसर तेरास ने मुझसे कहा, "मैने जोसे से आज ही आपके विषय में सुना। मेरी इच्छा थी कि आपसे मिलूँ। मेरी ख़ुशकिस्मति है कि आज ही आपसे मुलाकात हो गयी।

मैंने कहा, "मुझे भी आपसे मिलकर ख़ुशी हुई। मुझे आपका यह देश बहुत भा गया है।"

वे बोले, "आप हमारे यूनिवर्सिटी में आइए, वहाँ साथ बैठकर कॉफ़ी पीते हुए बातचीत हो जाएगी।' मैंने उनका आमंत्रण स्वीकार किया। उन्हें शायद जल्दी थी, वे तुरंत रेस्तोराँ से बाहर निकल गये। हमलोग भी वहाँ से सीधे घर लौटे।

सुबह आठ बजे जोसे से किसी ने फ़ोन पर बात की, उसके बाद जोसे ने मुझसे कहा, "प्रोफेसर हेरारदो तेरास का फ़ोन था, उन्होंने आपको शाम के तीन बजे कॉफ़ी के लिए बुलाया है। मैंने उन्हें आपकी ओर से हाँ कह दिया है।"

"अच्छा किया। मैं ठीक समय पर पहुँच जाऊंगा, तुम निश्चिंत रहो। मैं यूनिवर्सिटी पहचानता हूँ।"

"घर से ढाई बजे के आसपास निकलना ठीक होगा। मैं माँ से कह देता हूँ।" ऐसा कहकर जोसे ने अपनी माँ को बुलाया और उनसे कहा कि वे मुझे शाम के तीन बजे इतिहास विभाग में पहुँचा दें।

मैंने कहा कि वे परेशान न हों, मुझे गाड़ी की ज़रूरत नहीं। शहर में मुझे कुछ काम है, निपटाकर मैं आराम से यथासयम वहाँ पहुँच जाऊंगा।

पेद्रो सुबह आठ बजे के आसपास अपनी गाड़ी लेकर काम पर निकल जाते थे। घर में एक और गाड़ी थी जिसे मणिका और जोसे आवश्यक्तानुसार इस्तेमाल में लाते। मणिका ही दोनों बेटों को स्कूल-कालेज में पहुँचाने और वहाँ से वापस लाने का काम करती। जोसे और एरो सुबह नौ बजे घर से निकलते।

मैं दस बजे करीब निकल पड़ा। मुझे बैंक, ट्रैवेल – एजेंसी, डाक और टूरिस्ट दफ्तर जाना था। मुझे ला-पाज़ में घूमना-फिरना अच्छा लगता, यहाँ का वातावरण सौहार्दपूर्ण था। लोगों से दोस्ती पल में हो जाती। सिगरेट, कॉफ़ी या बियर के एवज में घंटो अड्डा जमाया जा सकता था। हाँ, इसके लिए भाषा का ज्ञान निहायत अवश्यक है, वर्ना आप पास भी नहीं फटक सकते। विदेशियों के साथ ये व्यावसायिक धन्धे पर आ जाते हैं। स्पैनिश भाषा जानने पर यहाँ कोई असुविधा नहीं होती। अंग्रेज़ी का विशेष प्रचलन नहीं है, फ्रेंच और जर्मन तो और भी कम या नहीं के बराबर।

ला-पाज़ में शिक्षित लोगों का अभाव नहीं है, लेकिन काम के समय इनका आलस्य बेजोड़ है। यहाँ के सरकारी कर्मचारी यदि भारत में जाएँ तो काम के बोझ से नहीं, द्रुत काम करने के दबाव से उनका हर्ट-फेल हो जाए। इनके काम का कुछ नमूना पेश है – मुझे सौ डॉलर तुड़ाने में लग गये एक घण्टा, डायरी के बीस पन्ने फैक्स करने में लग गये पचपन मिनट। इसमें मैंने लाइन मे खड़े रहने का समय नहीं जोड़ा है। यहाँ के सरकारी कर्मचारियों में कार्य-कुशलता और आत्मविश्वास का अभाव है, हर बात के लिए वे अपने ऊर्ध्वतन कर्मचारी या अधिकारी का मुँह ताकते हैं, ऊपरवाला कहेगा ऐसा करो तो वे वैसा करेंगे, खुद नहीं जानते कि उन्हें क्या करना है। इसी से हर काम में इतनी देर लगती।

मैं तीन बजे से कुछ पहले ही विश्वविद्यालय पहुँच गया था। इतिहास और भूगोल का विभाग एक ही भवन में था। वहाँ प्रोफेसर्स स्टाफ रूम के करीब पहुँचा तो मुझे

जोसे खड़ा मिला। वह मुझे देखकर बहुत खुश हुआ। उसने कहा इतिहास और भूगोल के तीन प्रोफेसर मुझसे वार्ता करेंगे। वह मुझे अपनी यूनिवर्सिटी के बारें में बताने लगा। कॉमर्स विभाग सबसे अच्छा है। विज्ञान विभाग की प्रयोगशाला ठीक नहीं है, वहाँ सहूलियत बहुत कम है। वहाँ उपकरणों की कमी एवं अभाव होने के कारण हर साल मेधावी छात्र छात्र-वृत्ति पाकर बाहर चले जाते हैं। आर्कियोलॉजी विभाग की हालत भी ख़राब है, कुछ अमरीकी फाउण्डेशनों की आर्थिक मदद से वह किसीतरह टिका है। इतिहास और भूगोल शिक्षा की दशा उतनी बुरी नहीं, लेकिन रिसर्च की हालत दयनीय है। सौभाग्य से कुछ अच्छे प्रोफेसर अब भी टिके हुए हैं जो लेक्चर देने के अलावा और भी काम करते हैं। हेरारदो तेरास भी एक वैसे प्रोफेसर हैं। औरों को तो लेक्चर देने के अलावा और किसी काम से मतलब ही नहीं। विश्वविद्यालय की अन्दरूनी हालत चाहे जैसी हो, पुरानी इंका स्टाइल में बनी यहाँ की इमारत मुझे अच्छी लगी।

ठीक तीन बजे प्रो. तेरास अपने दो सहकर्मियों के साथ उपस्थित हुए, इतिहास के प्रोफेसर पेरेस तथा भूगोल के प्रोफेसर फुयेरका। प्रो. फुयेरका यहीं के बासिन्दा हैं। स्टाफरूम में न बैठकर हम काफेटरिया में एक बड़ी मेज के इर्द-गिर्द बैठ गये। सेल्फ-सर्विस सिस्टम था, अतः हमें अपनी कॉफ़ी खुद जाकर लानी पड़ी। उसके बाद बीतचीत शुरू हुई। जोसे एक प्याली कॉफ़ी पीकर अपने क्लास में लौट गया।

तेरास ने बताया कि उन्होंने लातिन अमेरिका और यूरोप के बहुत से देश देखे हैं, एक बार सैनफ्रांसिस्को भी गये हैं। प्रो. पेरेस लातिन अमेरिका के सारे देश तथा मध्य अमेरिका घूम चुके हैं। प्रो. फुयेरका लातिन अमेरिका, मध्य अमेरिका और यूरोप की यात्रा कर चुके हैं। यह बताने के बाद तेरास ने कहा, "सुना कि आप भी बहुत घूमे हैं।"

"जी हाँ।" मैंने संक्षिप्त उत्तर दिया।

"हाल ही में हमने टी0वी0 पर 'गांधी' फिल्म देखी। गांधी जी, उनकी अहिंसा नीति, हिन्दू-मुस्लिम संघर्ष, हिन्दू धर्म, सिख धर्म आदि विष्रयों पर हमारे कई प्रश्न हैं, आप कुछ प्रश्नों का उत्तर दें तो हमें ख़ुशी होगी।"

"अवश्य, पूछिए।"

इसके बाद इन्हीं विषयों पर मैंने अपनी क्षमतानुसार उनकी जिज्ञासाओं को शांत किया। यह देखकर अच्छा लगा कि भारत से इतने दूर बसे ये विद्वान भारतीय धर्म, संस्कृति और शिक्षा के विषय में जानने का आग्रह रखते थे।

लगभग डेढ़ घंटे की आलोचना के उपरांत प्रोफेसर पेरेस ने कहा, "आपकी बातचीत से हम बहुत प्रभावित हैं। मुझे हार्दिक ख़ुशी होगी यदि आप हमारे इतिहास विभाग में छात्र छात्राओं के सामने इतिहास के मद्देनजर एक भाषण दें, क्योंकि बाहर से विजिटिंक प्रोफेसर बुलाने जैसा फंड हमारे पास नहीं है और बच्चों को उत्साहित

करने लायक वक्ता हमें नहीं मिल पाते। आप राजी हों तो हम तिवानाको और एटनोग्राफिया म्यूज़ियम के क्यूरेटरों को भी आमंत्रित करेंगे क्योंकि इतिहास विभाग का म्यूजियमों के साथ बहुत घनिष्ट संबंध है।"

मैंने कहा, "देखिए, मैं न तो वक्ता हूँ, ना ही स्कॉलर। फिर भी भारतीय पर्यटक होने के नाते कुछ तथ्यों की जानकारी मैं अवश्य दे पाऊंगा। किन्तु दुर्भाग्यवश मैं स्पैनिश भाषा में पारंगर नहीं हूँ, यदि आप अंग्रेज़ी से स्पैनिश में इंटरप्रेट करने के लिए दुभाषिया बुला सकें तो आपका आमंत्रण स्वीकार करने में मुझे कोई आपत्ति नहीं है।"

मेरा उत्तर सुनकर वे बहुत प्रसन्न हुए। तय हुआ कि अगले दिन शाम ठीक चार बजे मैं विश्वविद्यालय पहुँच जाऊँगा।

ला-पाज़ में दो विश्वविद्यालय थे, मुझे लगातार तीन दिन सन् आन्देज़ और एक दिन वहाँ के कैथलिक विश्वविद्यालय में भाषण देनी पड़ी। मेरे वक्तव्य का विषय पीरू और बोलीविया में देखे ऐतिहासिक स्थल, वहाँ का संक्षिप्त इतिहास, भौगोलिक स्थिति, धर्म-संस्कृति-दर्शन, कुछ पौराणिक कहानियाँ आदि थे। इन व्याख्यानों के दौरान पेद्रो, मोनिका और जोसे भी उपस्थित रहे। मुझे यहाँ के शिक्षकों और विद्यार्थियों से मिलना-जुलना अच्छा ही लगा।

मैंने वापसी यात्रा के लिए बुकिंग करा ली थी। पेद्रो, मोनिका और जोसे मुझे एयरपोर्ट छोड़ने आए। मुझे अलविदा कहते हुए उन्हें दुखी होते देख मेरा मन भी व्यथित हो उठा। लगा कि ये पराये नहीं, मरे अपने लोग हैं।

एयरफ्रांस की बोयिंग सात-सौ-सात हवाई पट्टी से ऊपर उठी तो नीचे गहरी खाई नजर आयी। थोड़ी ही देर में पहाड़ों का सिलासिला शुरू हुआ। भूमि का यह रूप परिवर्तन स्वप्नवत् लग रहा था। और कुछ क्षणों के बाद अनन्यसुन्दर रहस्यमय करदियेरा रेयाल-दे- लास एंडीज़ का मोहक रूप प्रकट हुआ। और तभी मुझे खयाल आया कि नीचे की इस पर्वत के एक अनजान कोने में एक चौकी पर शायित होंगे महाज्ञानी आइयापाप्पा। उनके उद्देश्य में मैं बारम्बार प्रणाम निवदेन करता रहा। लगा मानों वे मुझे देख भी रहे हैं और मेरे संग जा भी रहे हैं। ऐसा सोचते ही मेरा रोम पुलकित हो उठा। लगा कि यह हवाई जहाज़ एक कन्दोर है और मुझे तथा आइयापाप्पा को धरती से दूर ऊँचे आसमान में लिए जा रहा है।

•••